Die Bedeutung der Schaffung und Erhaltung von Arbeitsplätzen im Planungs- und Wirtschaftsverwaltungsrecht

Europäische Hochschulschriften
Publications Universitaires Européennes
European University Studies

Reihe II
Rechtswissenschaft

Série II Series II
Droit
Law

Bd./Vol. 4335

PETER LANG
Frankfurt am Main · Berlin · Bern · Bruxelles · New York · Oxford · Wien

Marc Zastrow

Die Bedeutung der Schaffung und Erhaltung von Arbeitsplätzen im Planungs- und Wirtschaftsverwaltungsrecht

PETER LANG
Europäischer Verlag der Wissenschaften

Bibliografische Information Der Deutschen Bibliothek
Die Deutsche Bibliothek verzeichnet diese Publikation in der Deutschen Nationalbibliografie; detaillierte bibliografische Daten sind im Internet über <http://dnb.ddb.de> abrufbar.

Zugl.: Freiburg (Breisgau), Univ., Diss., 2005

Dekan: Prof. Dr. Andreas Voßkuhle
Erstgutachter: Prof. Dr. Andreas Voßkuhle
Zweitgutachter: Prof. Dr. Reinhard Sparwasser
Datum der mündlichen Prüfung: 07. Februar 2005
Diss.-Ort: Freiburg im Breisgau

D 25
ISSN 0531-7312
ISBN 3-631-54894-X

www.peterlang.de

Vorwort

Die vorliegende Arbeit wurde im Wintersemester 2004 / 2005 von der Juristischen Fakultät der Albert-Ludwigs-Universität Freiburg im Breisgau als Dissertationsschrift angenommen.

Ganz besonders danke ich meinem Doktorvater, Herrn Professor Dr. Andreas Voßkuhle, für die engagierte Betreuung der Arbeit. Er hat mich zur Wahl des Themas ermutigt, wertvolle Anregungen und Hinweise gegeben, stand bei Fragen stets zur Verfügung und hat das Gutachten überaus zügig erstellt.
Herrn Professor Dr. Reinhard Sparwasser danke ich für die Erstellung des Zweitgutachtens in kürzester Zeit.

Das Entstehen dieser Arbeit habe ich ganz wesentlich meinen Eltern zu verdanken, die mich während der Anfertigung dieser Arbeit finanziell unterstützt und stets ermutigt haben. Dafür danke ich ihnen herzlich und widme ihnen diese Arbeit.

Schließlich danke ich allen, welche die Entstehung der Arbeit mit Anteilnahme begleitet haben.

Frankfurt / Main, im Dezember 2005

Marc Zastrow

Inhaltsverzeichnis

Einleitung

1. Thema und Gang der Untersuchung

Das Thema der Erhaltung und Schaffung von Arbeitsplätzen ist nicht zuletzt aufgrund der anhaltend hohen Arbeitslosigkeit von großer Aktualität. Mit der vorliegenden Arbeit soll insbesondere anhand von Normen des Bau-, Wirtschaftsverwaltungs- und Immissionsschutzrechts untersucht werden, inwieweit und mittels welcher dogmatischen Institute der Aspekt der Schaffung und Erhaltung von Arbeitsplätzen bei der Normanwendung im Öffentlichen Recht berücksichtigt werden kann oder muss; auf dieser Grundlage wird ein System der Berücksichtigung des Arbeitsplatzaspektes im Öffentlichen Recht entwickelt.
Zunächst soll die wirtschaftliche und immaterielle Bedeutung von Arbeit für die Gesellschaft und den einzelnen Menschen unter Berücksichtigung der historischen Entwicklung dargestellt werden. Anschließend wird ohne Bezug zu bestimmten Normen untersucht, mittels welcher dogmatischen Institute Arbeitsplatzaspekte Einzug in das Öffentliche Recht finden können, so dass ihre Berücksichtigung durch die Verwaltung möglich oder sogar geboten ist. Im Mittelpunkt steht also nicht die Frage, inwiefern die Schaffung oder Erhaltung von Arbeitsplätzen *Motiv und Ziel* einer Norm, ihrer Ausgestaltung oder Änderung ist, sondern inwiefern Normen die Berücksichtigung des Arbeitsplatzaspekts durch die sie anwendende Verwaltung und Justiz ermöglichen. Neben expliziten Berücksichtigungsgeboten und Verträgen kommen unbestimmte Rechtsbegriffe wie das „öffentliche Interesse“, das Verhältnismäßigkeitsprinzip sowie das Ermessen in Betracht. Sodann wird erörtert, welche Aussagen und Direktiven das Grundgesetz, die Verfassungen der Bundesländer sowie Internationale Verträge zum Thema Arbeitsplätze enthalten. Im Hauptteil der Arbeit erfolgt die Analyse einzelner Normen insbesondere des Bau-, Wirtschaftsverwaltungs- und Immissionsschutzrechts daraufhin, inwiefern sie eine Berücksichtigung des Arbeitsplatzgesichtspunkts gestatten oder gar verlangen, wobei sich die thematische Untergliederung an die zuvor erörterten dogmatischen Kategorien anlehnt. Untersucht wird also die Geltung von Arbeitsplatzargumenten im Sinne der Berücksichtigung des Aspekts der Schaffung und Erhaltung von Arbeitsplätzen im Rechtskonkretisierungsprozess. Beispielsweise hat eine Gemeinde bei der Bauleitplanung nach § 1 Abs.5 Nr.8 BauGB den Belang der Erhaltung und Schaffung von Arbeitsplätzen zu berücksichtigen. Voraussetzung für den vorzeitigen Beginn einer Anlage im Sinne des BImSchG nach § 8 a BImSchG ist unter anderem das Bestehen eines *öffentlichen Interesses* oder eines *berechtigten Interesses* des Antragstellers am vorzeitigen Beginn. Die Verwaltung *kann* den Abbruch eines Gebäudes anordnen oder nachträgliche Anordnungen nach § 17 BImSchG verfügen. Schließlich wird auf dieser Grundlage ein System der Berücksichtigung des Arbeitsplatzaspektes erarbeitet, das generalisierende Aussagen insbesondere zur Berücksichtigungsfähigkeit sowie zur Art und Weise der

Berücksichtigung des Arbeitsplatzaspektes, zur Bestimmung der Auswirkungen auf Arbeitsplätze und zur Ermittlung der Auswirkungen auf Arbeitsplätze beinhaltet.

2. Die Bedeutung der Arbeit für Mensch und Gesellschaft

2.1. Arbeit und Arbeitslosigkeit

Der Begriff des Arbeitsplatzes soll im Rahmen dieser Arbeit in einem umfassenden räumlich-funktionalen Sinn als Stätte der Ausübung einer beruflichen Tätigkeit und als Aufgabenbereich eines Arbeitnehmers verstanden werden[1]. Die Schaffung und Erhaltung von Arbeitsplätzen ist nicht nur ein wichtiges Thema, sondern auch ein politischer „Dauerbrenner" – das liegt gewiss nicht zuletzt am Mangel an Arbeitsplätzen. Kaum eine wirtschaftspolitische Maßnahme wird nicht unter anderem damit begründet, einen Beitrag zur Sicherung oder Schaffung von Arbeitsplätzen zu leisten[2]. Eine erhebliche Arbeitslosigkeit besteht seit Mitte der 70er Jahre[3]. Heute wird die Arbeitsmarktproblematik von den meisten Deutschen als wichtigste Aufgabe der Politik betrachtet[4]. Nicht übersehen werden darf allerdings, dass Vollbeschäftigung welthistorisch gesehen ein seltener Ausnahmefall und nicht unerhebliche Unterbeschäftigung die Regel ist[5]. Arbeitslos ist grob gesagt, wer arbeiten kann und arbeiten will, aber keine – zumutbare - Arbeit findet[6].

---

[1] Im räumlich-funktionalen Sinn wird der Arbeitsplatz-Begriff in §§ 95 Abs.3 S.2, 99 Abs.1 S.2 BetrVG gebraucht, im funktionalen Sinn in §§ 1 Abs.5 ArbPlSchG, 5 Abs.1 BeschFG, 102 Abs.3 Nr.3 BetrVG, 1 Abs.2 Nr.1 b u. 2 b KSchG, im räumlich-gegenständlichen Sinn in Art. 12 GG, §§ 2 Abs.1 MuSchG, 3 Abs.1 Nr.1 d ArbSichG, 2 Abs.1 Nr.2 Arbeitsstättenverordnung (Ebert S. 76 f.).

[2] Friedrich / Wiedemeyer S.15.

[3] Nach dem Krieg ging die Arbeitslosenquote kontinuierlich zurück. In den 60er Jahren und der ersten Hälfte der 70er Jahre lag sie niemals über 3 %, in neun Jahren sogar unter 1% (Quelle: Statistisches Bundesamt, in: Drechsler / Hilligen / Neumann – Stichwort Arbeitslosigkeit).

[4] Nach Wössner in Empter / Frick S.180 (180) sind gar 89 % (1995) dieser Auffassung; Friedrich / Wiedemeyer S.61 u. 64 Abbildung 14; Bästlein, Der Städtetag 5/1999 S. 8 (8).

[5] Buß S. 121; ein gewisser Prozentsatz an Arbeitslosigkeit ist (in einer Marktwirtschaft) unvermeidbar - Friedrich / Wiedemeyer S. 33.

[6] Görgens S.102. Diese Definition liegt allerdings der an formalen Kriterien orientierten amtlichen Arbeitslosenquote nicht zugrunde, die den Anteil der registrierten Arbeitslosen an der Gesamtzahl der abhängigen Erwerbspersonen (= abhängige Erwerbstätige plus Arbeitslose) angibt. Als Arbeitsloser gilt demnach, wer bei der Arbeitsverwaltung als arbeitslos registriert ist (Maier S. 14; Walter S. 36). Dementsprechend gehen einerseits Arbeitslose nicht in die Statistik ein, die sich – etwa weil sie keinen Anspruch auf Geldleistungen des Arbeitsamtes haben – nicht registrieren lassen (sog. stille Reserve) – vgl. Friedrich / Wiedemeyer S. 22; Wieland, DVBl. 1999, 1709 (1710). Andererseits tauchen in der Arbeitslosenquote als arbeitslos Gemeldete auf, die im Grunde gar nicht arbeiten wollen (Görgens S. 105 f.; Walter S.

Zu unterscheiden sind insbesondere die saisonale, die friktionelle, die konjunkturelle und die strukturelle Arbeitslosigkeit. Saisonale Arbeitslosigkeit ist jahreszeitlich bedingt und entsteht durch schwankende klimatische Bedingungen, die vor allem für das Baugewerbe, die Landwirtschaft und den Tourismus relevant sind[7]. Unter der auch als Fluktuations- oder Sucharbeitslosigkeit bezeichneten friktionellen Arbeitslosigkeit ist eine solche zu verstehen, die aus dem Zeitbedarf für Informationssammmlung, Bewerbungen, Vorstellungen, Eignungstests etc. bei der Suche nach einem Arbeitsplatz entsteht[8] und vor allem ein Problem der Markttransparenz von Anbietern von und Nachfragern nach Arbeitskraft darstellt. Anders als die saisonale und die friktionelle ist die konjunkturelle Arbeitslosigkeit eine makroökonomische, alle Branchen erfassende Erscheinung, die auf einer vorübergehend zu geringen gesamtwirtschaftlichen Nachfrage im Verhältnis zu den vorhandenen Produktionsmöglichkeiten beruht[9]. Die Definitionen struktureller Arbeitslosigkeit gehen weit auseinander; legt man eine extensive Interpretation zugrunde, so ist strukturell jede Arbeitslosigkeit, die sich auf dauerhafte Nachfrageänderungen, eine Erhöhung des Arbeitskräfteangebots, technischen Fortschritt, eine schwaches Wirtschaftswachstum, eine Verschlechterung der Standortbedingungen bzw. verschärfte ausländische Konkurrenz oder hohe Arbeitskosten als mögliche Ursachen zurückführen lässt[10].
Im folgenden soll dargestellt werden, was unter Arbeit eigentlich zu verstehen ist und welche Bedeutung sie einerseits für die Gesellschaft insgesamt, andererseits für den einzelnen besitzt.

2.2. Die Bedeutung der Arbeit für Wirtschaft und Gesellschaft

Arbeit läßt sich ganz allgemein - also insbesondere ohne eine Beschränkung auf Erwerbsarbeit gegen Entgelt - beschreiben als zweckgerichtete und planmäßige körperliche oder geistige Tätigkeit des Menschen zur Befriedigung von Bedürf-

---

38). Zu berücksichtigen ist auch, daß die Arbeitslosenquote über die Menge der insgesamt geleisteten Arbeit kaum etwas aussagt – die durchschnittliche Arbeitszeit der Erwerbstätigen, Teilzeitarbeit oder Kurzarbeit spielen bei ihr keine Rolle. Die Erwerbsquote (der 15- bis 65jährigen) ist heute aufgrund der verstärkten Erwerbstätigkeit von Frauen trotz hoher Arbeitslosigkeit sogar etwas höher als in den 60er Jahren. Ferner besagt die Arbeitslosenstatistik nichts über den Umfang unterwertiger, also dem Ausbildungsniveau nicht adäquater Beschäftigung oder über im Betrieb „versteckte" Unterbeschäftigung (Görgens S. 104). Schließlich geben selbst Erwerbsquoten nur über entgeltliche Arbeit, nicht jedoch beispielsweise über Hausarbeit und Kindererziehung Auskunft.

[7] Görgens S.43; Müller/Röck 4.1 – teilweise wird z.B. auch erhöhte Arbeitslosigkeit an Quartalsenden (Kündigungen !) oder zu Schulentlassterminen zur saisonalen Arbeitslosigkeit gerechnet.

[8] Görgens S.44; Müller/Röck 4.1; Walter S.40.

[9] Görgens S.47 f.; Müller/Röck 4.1; Walter S.41 mit dem Hinweis, dass eigentliche Ursache das Koordinationsversagen des Preissystems sei.

[10] Görgens S.74 ff.; Müller/Röck 4.2.1. – 4.2.7.; mit engerem Verständnis Walter S.40.

nissen, zur Schaffung von Werten[11]. In der Volkswirtschaft versteht man unter Arbeit jede menschliche Tätigkeit, die zur Befriedigung der Bedürfnisse anderer und in der Regel gegen Entgelt verrichtet wird[12]. Eine nicht unerhebliche inhaltliche Einschränkung besteht darin, dass nur der eigenen Bedürfnisbefriedigung dienende Tätigkeiten wie etwa private Haushaltsaktivitäten nicht zur Arbeit gezählt werden.
Arbeit ist für die Menschheit und deren Wirtschaft schlicht existentiell. Alleine durch die Arbeit werden die in der Natur vorhandenen Rohstoffe im weitesten Sinne für den menschlichen Gebrauch erschlossen und sämtliche materiellen und kulturellen Werte geschaffen, der Mensch muss seine Daseinsbedingungen selbst schaffen[13]. In den Kategorien der Wirtschaftswissenschaft ausgedrückt gehört Arbeit neben Boden und Kapital zu den Produktionsfaktoren, durch deren Einsatz das Sozialprodukt erwirtschaftet wird[14]. Dabei darf nicht übersehen werden, dass sich der Produktionsfaktor Kapital – zu verstehen als Realkapital wie insbesondere die Produktionsmittel im Gegensatz zum Geldkapital[15] - letztlich immer auf den Einsatz menschlicher Arbeit zurückführen läßt. So beginnt denn auch Adam Smith sein ökonomisches Hauptwerk mit dem Satz: „Die jährliche Arbeit eines Volkes ist der Fonds, welcher dasselbe mit allen Bedürfnissen und Annehmlichkeiten des Lebens versorgt, die es jährlich verbraucht."[16]
Die wirtschaftliche Bedeutung von Arbeit wird nicht zuletzt an den Kosten von Arbeitslosigkeit deutlich. Diese ergeben sich zum einen aus den Aufwendungen für die soziale Absicherung in Form von Arbeitslosengeld I und II sowie Sozialhilfe, welche ihrerseits wiederum von den Sozialversicherungsbeiträgen anderer Arbeitnehmer und der Arbeitgeber und aus Steuermitteln bezahlt werden. Zum anderen resultieren aus der Arbeitslosigkeit Mindereinnahmen des Fiskus und der Sozialversicherungsträger – die finanziellen Probleme der Gesetzlichen Kranken- und der Rentenversicherung gehen zu einem nicht unerheblichen Teil darauf zurück[17].

2.3. Die Bedeutung der Arbeit für den Menschen

Die Erwerbsarbeit dient zunächst der individuellen Sicherung materieller Existenz. Nur wenige können allein von ihrem Vermögen auf dem von ihnen ge-

---

[11] Dtv-Lexikon Bd. 1 („Arbeit"); Lexikon Politik („Arbeit"); vgl. auch Papst Leo XIII., Rerum novarum S.649.
[12] Bartling/Luzius B I. 2 ba).
[13] Blüm S.24; Ryffel in Ryffel / Schwartländer S.211 (214).
[14] Bartling/Luzius B I 2 a).
[15] Bartling/Luzius B I 2 bc).
[16] Smith, Der Wohlstand der Nationen.
[17] 1996 addierten sich die engeren Kosten der Arbeitslosigkeit in Deutschland zu einer Gesamtsumme von 159 Mrd. DM; knapp die Hälfte der Gesamtkosten besteht aus Mindereinnahmen, gut die Hälfte aus Ausgaben - Friedrich / Wiedemeyer S.51.

wünschten Standard leben. Aufgrund der finanziellen Absicherung durch Arbeitslosengeld I und II sowie Sozialhilfe führt zwar Arbeitslosigkeit nicht mehr zu Existenznot; gleichwohl erleiden aber die meisten Arbeitslosen deutliche finanzielle Einbußen[18].

Unmittelbarer Sinn der Arbeit ist also die Erbringung von Leistung gegen Entgelt - sei es in der Form des Abbaus von Rohstoffen und der landwirtschaftlichen Ernte (Primärsektor), der Produktion von Waren (Sekundärsektor) oder der Verrichtung von Dienstleistungen (Tertiärsektor). Neben diesem materiellen hat die Arbeit jedoch auch einen erheblichen immateriellen Wert. Bevor auf Untersuchungen zur aktuellen *tatsächlichen* Situation eingegangen wird, soll kurz ein Überblick über ideengeschichtliche Grundlagen gegeben werden.

In der Antike war vom Erwerbszwang abgenötigte und insbesondere körperliche Arbeit keineswegs geschätzt; als menschenwürdig galt nur gestaltende, freiwillige Arbeit[19]. Schon daran wird deutlich, dass die Bedeutung der Arbeit für den Menschen und ihre Bewertung keineswegs „naturgesetzlich" vorgegeben, sondern Resultat eines vielfältigen Wandlungen unterworfenen historisch-gesellschaftlichen Prozesses ist[20].

Gemäß dem Wort des Herrn, dass „der Menschensohn gekommen ist, um zu dienen und nicht, um bedient zu werden"[21] und dass der Christ „willig zu dienen hat, als ob er dem Herrn dienen würde"[22], begreift das frühe Christentum die – anständige - Arbeit nicht als etwas Erniedrigendes, sondern als Dienst an der Gemeinschaft und als Dienst auch an Gott und seinem Werk[23]. Durch eigene Arbeit soll der Christ nicht nur verhindern, für andere eine Last darzustellen, sondern auch in der Lage sein, Notleidenden zu helfen. Daneben wurde die Arbeit wegen ihrer Mühen und Drangsale auch als Sühnewerk für die Sünden aufgefasst[24].

Auch bei Luther und Calvin ist die Arbeit ein Gebot Gottes – allerdings ein rein weltliches. Sie bewirkt keine Gnade Gottes und taugt somit nicht als Bußwerk. Gerade Calvin entwickelte ein sehr starkes christliches Arbeitsethos; im materi-

---

[18] Bieback in Achten u.a. S.105 (146); Wank S.21; Friedrich / Wiedemeyer S. 19; in einer 1989 durchgeführten Erhebung beurteilten ca. 75 % der Arbeitslosen ihre Situation als finanziell belastend – Friedrich / Wiedemeyer S. 47.

[19] Jaspers S.111; Hölzel S. 13 f.; Blüm S.7; Eschenauer S. 34 ff; Brocker, ZfP 45 (1998), 134 (134).

[20] Brocker, ZfP 45 (1998), 134 (134); dem entspricht es, wenn Schorlemmer in Maier S.46 (Universitas 3 / 1995 S. 221, 226) schreibt: „Nicht so sehr durch den Verlust der Arbeit sind wir bedroht, als vielmehr durch die Fixierung auf Arbeit als Identitätsstifter und den Sinnanker schlechthin".

[21] Matthäus 20, 28 in: Die Bibel.

[22] Epheser 6, 7 in: Die Bibel.

[23] Rovira S.70.

[24] Rovira S.78.

ellen Erfolg der Arbeit erblickte er ein Zeichen göttlichen Wohlgefallens, ein Zeichen der Auserwählung[25].

Das erstarkende Bürgertum maß der Arbeit einen über ihre Funktion der individuellen und gesamtgesellschaftlichen Existenzsicherung hinausreichenden Eigenwert zu und betrachtete ein Leben ohne Arbeit als unmoralisch[26]. Diese Einstellung findet ihren prägnanten Ausdruck in dem Satz „Müßiggang ist aller Laster Anfang".

Vor allem der Soziologe Max Weber hat herausgearbeitet, dass der Kapitalismus für seine Entwicklung eines bestimmten Arbeitsethos bedurfte[27]. Kennzeichnend für den kapitalistischen Durchbruch war, dass der Arbeitserfolg wiederum in die Arbeit investiert wurde[28]. Der Kapitalismus war Grundlage für einen immensen wirtschaftlichen, technischen und schließlich auch sozialen Fortschritt, ging allerdings zur Zeit der beginnenden Industrialisierung mit grausamen Arbeitsbedingungen in Fabriken und Bergwerken, überlangen Arbeitszeiten und weit verbreiteter Kinderarbeit einher[29]. Arbeit ist hier ein Gut, das angeboten und nachgefragt wird, sie ist eben – wie in jeder Wirtschaftsform - ein Produktionsfaktor.

In der sozialistischen Theorie hatte die Arbeit zentrale Bedeutung. Sofern unter sozialistischen Bedingungen bzw. Produktionsverhältnissen durchgeführt, galt sie als Schlüssel zum Fortschritt und zur Entfaltung des Menschen, als Mittel zur Freiheit von den Zwängen der Natur, von Not und Mangel[30]. Das „Arbeiten, das durch Not und äußere Zweckmäßigkeit bestimmt ist", hört auf und mit ihm „das Reich der Notwendigkeit". Nun, „jenseits desselben, beginnt die menschliche Kraftentwicklung, die sich als Selbstzweck gilt, das wahre Reich der Freiheit"[31]. Die angestrebte Bedeutung von Arbeit reicht also deutlich über die Existenzsicherung hinaus.

In den westlichen Demokratien prägt die Arbeit und das durch sie Erreichbare das kulturelle Wertesystem, ohne indes als „Selbstzweck" oder ausschließlich Mittel im Dienste eines überpersönlichen Zieles angesehen zu werden[32].

3. Die Bedeutung von Arbeit und Arbeitslosigkeit für den Einzelnen

Welche „immaterielle" Bedeutung die Arbeit heute für den Einzelnen besitzen kann, lässt sich aus den sogenannten psycho-sozialen Folgen von Arbeitslosig-

---

25 Weinstock S.22 f; Rovira S.84; Fürstenberg in Ryffel / Schwartländer S.53 (56).

26 Eschenauer S.47 ff.; Nenninger S.374.

27 Weber S.237 ff.

28 Blüm S.7 – insofern läßt sich durchaus von Askese sprechen, der „Prototyp" des Kapitalisten ist nicht der „Playboy".

29 Blüm S. 15 / 16.

30 Blüm S.21.

31 Marx, zitiert bei Schild in Ryffel / Schwartländer S.153 (178).

32 Brocker, ZfP 45 (1998), 134 (153).

keit erkennen. Arbeitslos im hier gebrauchten Sinne ist jemand, der arbeiten kann und arbeiten will, aber keine Arbeit findet.
Durch das Fortfallen des Arbeitsrhythmus verliert der Arbeitslose vielfach eine wichtige Orientierung für seine Lebensgestaltung und die Strukturierung seiner Zeit, da Lebensrhythmus und Tagesablauf in erster Linie durch eben jenen Arbeitsrhythmus bestimmt sind. Die viele Zeit wird nicht als Freizeit empfunden, welche einen erheblichen Teil ihres Wertes ja gerade aus dem Gegensatz zur Arbeit bezieht, sondern führt zu Langeweile[33]. Es entwickelt sich ein Gefühl ungegliederten Dahinlebens, der Beliebigkeit und Leere[34]. Ein Leben ohne Arbeit verliert seine ordnende Mitte und oftmals ein wesentliches Sinnzentrum[35].
Das Gefühl der eigenen Nützlichkeit und des Gebrauchtwerdens ist bei vielen unmittelbar an die Ausübung einer beruflichen Tätigkeit gebunden[36]. Das Prestige eines Menschen, seine Statuszuweisung und Wertschätzung werden entscheidend durch dessen Beruf und Arbeit bestimmt und verleihen Identität[37]. Dementsprechend führt der Verlust von Arbeit zu einem verminderten Selbstwertgefühl, sinkender Selbstachtung und einem Gefühl der Stigmatisierung[38]. Man fühlt sich als Almosenempfänger, abgeschoben und nicht mehr gebraucht[39]. Oftmals verlaufen die Gefühle bei nach dem Verlust des Arbeitsplatzes vereinfacht gesagt nach dem Muster Schock – Optimismus – Pessimismus - Fatalismus[40]. Die psychischen Folgen reichen von Gefühlen der Ohnmacht, Niederge-

[33] Bieback in Achten S.105 (147); Wank S.23; Görgens S.8; Harrison in Wacker S.38 (44); Opaschowski, Arbeit. Freizeit. Lebenssinn ? S.67; ders., Psychologie und Soziologie der Freizeit S.38; ein „moralisches Recht" auf Freizeit wird nur der arbeitenden Bevölkerung zuerkannt.

[34] Opaschowski, Psychologie und Soziologie der Freizeit S.141.

[35] Brakelmann in Beuthien S.13 (15).

[36] Bieback in Achten u.a. S.105 (148); Bahnmüller in Wacker S.107 (114); Opaschowski, Arbeit. Freizeit. Lebenssinn ? S.68.

[37] Frey in „Zukunft der Arbeit" S.8 (9); Ruland in GS für Martens S. 679 (682) spricht vom „Gefühl sozialer Deklassierung".

[38] Bieback in Achten u.a. S.105 (148); Brocker, ZfP 45 (1998), 134 (134); Frey in „Zukunft der Arbeit" S.8 (11); Görgens S.8; Harrison in Wacker S.38 (45); bisweilen werden Arbeitslose auch in der Öffentlichkeit als „Versager", „Schmarotzer" oder „Drückeberger" hingestellt – Friedrich / Wiedemeyer S. 44.

[39] Brakelmann in Beuthien S.13 (13).

[40] Wank S.24; Harrison in Wacker S.38 (40); Wacker in Wacker S.15 (30 ff.); Friedrich / Wiedemeyer S. 54.
Dazu die Ergebnisse einer 1938 in den USA durchgeführten Studie, die durchaus auf Deutschland und die heutige Zeit übertragbar sind: „Zunächst gibt es einen Schock; dann folgt eine aktive Phase der Stellensuche, während der der einzelne noch optimistisch ist und sich mit seinem Schicksal noch keineswegs abgefunden hat; er bewahrt bis dahin eine ungebrochene Haltung. Im zweiten Stadium, wenn alle Bemühungen fehlgeschlagen sind, wird der Betreffende pessimistisch und leidet unter Ängsten und ernsthaften Depressionen; dies ist die kritischste Phase. Und schließlich wird er fatalistisch und findet sich mit seiner neuen Lage ab, allerdings mit eingeschränkten Erwartungen für die Zukunft. Jetzt ist er ein gebrochener

schlagenheit und Hilflosigkeit bis hin zu Resignation, Depression und im Extremfall sogar Suizid[41]. Viele betrachten sich als Versager[42]. Auch psychosomatische Störungen wie Schlaflosigkeit, Kreislaufprobleme, Konzentrationsschwäche, erhöhte Krankheitsanfälligkeit und anderes mehr bleiben nicht aus[43]. Außerdem entfällt nicht nur der Kontakt zu den Kollegen während der Arbeit, nicht selten führt Arbeitslosigkeit auch zur Abnahme sonstiger Kontakte mit Bekannten, Freunden und Verwandten bis hin zu sozialer Isolation[44]. Schließlich führt der Ausfall als Ernährer der Familie zusammen mit dem gesellschaftlichen Bedeutungsverlust gerade bei arbeitslosen Vätern regelmäßig zu Autoritätsverlust gegenüber den Kindern, familiäre Spannungen und Eheprobleme nehmen zu[45]. Oftmals übernehmen die Kinder arbeitsloser Väter deren negative Einstellungen für die eigene Zukunftsperspektive, was sich beispielsweise in mangelhaften Schulleistungen, geringem Selbstwertgefühl oder gar asozialem Verhalten aus-

---

Mensch." (Eisenberg / Lazarsfeld 1938; zitiert aus Harrison in Wacker S.38); vgl. auch das gemeinsame Wort der evangelischen und der katholischen Kirche von 1997 zur wirtschaftlichen und sozialen Lage in Deutschland: „Arbeitslose, die längere Zeit keine Arbeit finden, werden schließlich in vielen Fällen unfähig, Arbeit zu suchen, und werden zu Menschen ohne Erwartungen. Verbitterung und Resignation zerstören das Vetrauen in die demokratische Gestaltbarkeit der Gesellschaft. Perspektivlosigkeit und Angst vor dem sozialen Abstieg sind ein Nährboden für Gewaltbereitschaft und Fremdenfeindlichkeit" (Evangelische Kirche / Deutsche Bischofskonferenz: Für eine Zukunft in Solidarität und Gerechtigkeit , 1997, S. 25 f., zitiert in: Friedrich / Wiedemeyer S. 16).

[41] Wank S.24; Brakelmann in Beuthien S.13 (14); Frey in „Zukunft der Arbeit" S.8 (10/11).

[42] Auffällig ist, daß sich die ostdeutschen Arbeitslosen als Verlierer, aber in weit geringerem Maße als die westdeutschen als Versager sehen; dies mag zwar auch an der in den neuen Ländern stärker verbreiteten Einstellung liegen, daß der Staat jedem Arbeitswilligen einen Arbeitsplatz zur Verfügung zu stellen hat und damit eben auch der Staat in erster Linie für die Situation des einzelnen Arbeitslosen verantwortlich ist (van Bebber in FAZ v.29.5.1999). Insbesondere ist in diesem Zusammenhang jedoch auf die unterschiedliche Struktur von Arbeitslosen in Ost und West hinzuweisen: So haben im Westen 47 % der Arbeitslosen keine abgeschlossene Berufsausbildung, im Osten sind es nur 21 % (Stand 1997 – Friedrich / Wiedemeyer S. 36 Abbildung 5).

[43] Reuter, RdA 1978, 344 (346); Wank S.24; Frey in „Zukunft der Arbeit" S.8 (10); die Weltgesundheitsorganisation (WHO) stellte bereits 1986 fest, dass die derzeitigen Niveaus an Massenarbeitslosigkeit für die davon betroffenen Länder eine „größere epidemiologische Katastrophe" bedeuten – Friedrich / Wiedemeyer S.57.

[44] Bieback in Achten u.a. S.105 (148); Wank S.22; Brakelmann in Beuthien S.13 (16); Nenninger S.378; Frey in „Zukunft der Arbeit" S.8 (11).
Als Gründe sind hier zu nennen, dass viele soziale Kontakte durch die Arbeit vermittelt werden, das beeinträchtigte Selbstwertgefühl und überhaupt die psychische Verfassung des Arbeitslosen, möglicherweise auch die fehlenden finanziellen Mittel für diverse Freizeitbeschäftigungen (Hobbies etc.), durch die soziale Kontakte entstehen und aufrechterhalten werden.

[45] Bieback in Achten u.a. S.105 (147); Kachler in Maier S. 55; Nenninger S.378; Ruland in GS für Martens S. 679 (682); in vielen Fällen vermag die Familie nicht zur Stabilisierung und Reintegration des Arbeitslosen beizutragen, sondern wird durch das Zusammenwirken von materiellen und psycho-sozialen Belastungen eher überfordert – Friedrich / Wiedemeyer S.57.

drückt[46]. Durch die Vollbringung von Leistung und in Zusammenarbeit mit anderen werden sämtliche Kräfte des Menschen herausgefordert, geübt und weiter entwickelt[47] - das Nichtstun führt zum Verlust an Qualifikation. Insgesamt lässt sich mit dem BVerfG feststellen, dass der Arbeitsplatz die wirtschaftliche Existenzgrundlage für den Arbeitnehmer und seine Familie darstellt; vom Arbeitsplatz werden Lebenszuschnitt und Wohnumfeld ebenso bestimmt wie gesellschaftliche Stellung und Selbstwertgefühl. Mit der Beendigung des Arbeitsverhältnisses wird dieses ökonomische und soziale Beziehungsgeflecht in Frage gestellt[48].

Diese Ausführungen zu den Auswirkungen von Arbeitslosigkeit sind ersichtlich pauschal. In welcher Intensität und Zahl die geschilderten Folgen auftreten, hängt unter anderem von der Dauer der Arbeitslosigkeit, dem Charakter der Betroffenen, der finanziellen[49] und familiären Situation und davon ab, inwiefern jemand an seiner Arbeit Freude hat und in ihr Erfüllung findet oder sie lediglich als „Job" begreift. In diesem Zusammenhang ist allerdings anzumerken, dass auch eine noch so einfache und monotone Arbeit, die vom Betroffenen als schlichte Notwendigkeit zum Erwerb des Lebensunterhaltes angesehen wird, im Vergleich zum zwangsweisen Nichtstun eine erhebliche Selbstverwirklichungschance bedeuten kann. Die subjektive Einstellung zur Arbeit kann vor und nach deren Verlust durchaus unterschiedlich ausfallen – das Nichtarbeitenkönnen wird als härter empfunden als das Arbeitenmüssen[50].

Gerade aufgrund der zunehmenden Bedeutung der Freizeit ist gegenüber einer Überbetonung oder gar Überhöhung des „immateriellen" Wertes von Arbeit sicherlich Skepsis angebracht. Allerdings hat eine Aufwertung der Freizeit nicht zwangsläufig eine Abwertung der Arbeit zur Folge[51]. Und wie oben dargelegt beeinträchtigt Arbeitslosigkeit außer dem Lebensbereich Arbeit eben auch Familie, Freizeit und Freunde. Somit lässt sich festhalten, dass sie trotz zunehmen-

---

46 Frey in „Zukunft der Arbeit" S.8 (11).

47 Ryffel in Ryffel / Schwartländer S.211 (216).

48 BVerfGE 97, 169 (177) – Kleinbetriebsklausel des KSchG.

49 Empirischen Untersuchungen zufolge weisen Arbeitslose, die kaum finanzielle Schwierigkeiten haben, auch durchweg geringere nichtfinanzielle („immaterielle") Probleme auf – Friedrich / Wiedemeyer S.53.

50 Von Nell-Breuning in ders. S.7 (14); Wank S.20.

51 Opaschowski, Arbeit. Freizeit. Lebenssinn ? S.27: Folge sei eher eine „relativierende Neubewertung".
Auf die Frage, ob es am schönsten wäre zu leben, ohne arbeiten zu müssen, antworteten 1990 von den befragten unter-30jährigen Arbeitnehmern 62 % mit nein, 24 % mit ja, 14 % waren unentschieden (Maier S. 46). Der Anteil der Verneinenden war damit zwar geringer als im Jahre 1952 (75 %), aber höher als 1972 (56 %) und 1980 (50 %).
Hank in Maier S. 45 (FAZ v. 8.1.1994) befindet: „Die seit Mitte der siebziger Jahre geführte Diskussion, die das Ende der Arbeitsgesellschaft, den Übergang zur Freizeitkultur oder das Recht auf Faulheit postulierte, hat sich als haltloses Geschwätz erwiesen. (...) Es gibt keine Utopie mehr jenseits der Arbeit".

der Bedeutung der Freizeit in der Regel für die Identität und Persönlichkeitsentfaltung, für Selbstachtung, Selbstverwirklichung und gesellschaftliche Anerkennung eine herausragende Rolle spielt und sinnstiftend wirkt[52]. Um es mit den Worten des früheren Bundespräsidenten Herzog auszudrücken, ist Arbeit nicht nur eine Geldquelle, sondern zugleich eine Quelle für Selbstwertgefühl, für Sozialprestige und für innere Zufriedenheit[53].
Natürlich gibt es auch Menschen, die Arbeitslosigkeit als alles in allem nicht so schlimm empfinden, und mehr oder weniger freiwillig Arbeitslose[54] – sei es, dass an die Entlohnungshöhe oder die sonstige Attraktivität einer Stelle überzogene Anforderungen gestellt werden, sei es, dass Arbeitsaufnahme schlechthin verweigert wird. An dem prinzipiellen Befund ändert dies indes nichts.
Angesichts der geschilderten Bedeutung von Arbeit und Arbeitsplätzen für Wirtschaft, Gesellschaft und den einzelnen Menschen bei anhaltend hoher Arbeitslosigkeit ist es keineswegs erstaunlich, dass die politischen Parteien dem Thema Arbeitsplätze eine herausragende Bedeutung beimessen.

Zusammenfassung der Einleitung

Arbeit ist für das menschliche Dasein von existentieller Bedeutung. Durch Arbeit erwirtschaftet der Einzelne die materielle Lebensgrundlage für sich, seine Familie und die Gesellschaft insgesamt. Der der Arbeit darüber hinaus beigemessene ideelle Wert ist vielfältigen Wandlungen unterworfen. Arbeit hat heute auch für Selbstwertgefühl, Persönlichkeitsentfaltung und Sozialprestige eine große Bedeutung, mit Arbeitslosigkeit sind oftmals negative psychische und soziale Folgen verbunden. Die Schaffung und Erhaltung von Arbeitsplätzen stellt sich dementsprechend auch als wichtiges politisches Thema dar.

---

[52] Vgl. Hank in Maier S. 45; Ruland in GS für Martens S.679 (681 f.).
[53] Aus der Antrittsrede des Bundespräsidenten vom 1.7.1994, zitiert aus Bayer in „Zukunft der Arbeit" S.3 (3).
[54] Nach einer Untersuchung des Instituts für Arbeitsmarkt- und Berufsforschung waren beim Zugang in die Arbeitslosigkeit 3,5 % aller Arbeitslosen nicht an einer erneuten Arbeitsaufnahme interessiert. Von allen registrierten arbeitslosen sind nach eigener Einschätzung 10 %, nach Einschätzung der Vermittler von Arbeitsämtern 15 % „unechte" Arbeitslose, d.h. Personen, die nicht als Nachfrager von Arbeitsplätzen auftreten – Friedrich / Wiedemeyer S. 44. Teilweise wird geschätzt, dass gar 30 bis 40 % der Arbeitslosen arbeitsunwillig seien (Nachweise bei Uske S. 44); die Überprüfung solcher Behauptungen ist schwierig.

Teil 1: Die dogmatische Verortung von Arbeitsplatzaspekten

Die Berücksichtigung des Aspektes der Schaffung und des Erhalts von Arbeitsplätzen kann durch verschiedene dogmatische Konstruktionen möglich oder gar geboten sein. In Betracht kommen ausdrückliche Berücksichtigungsgebote, unbestimmte Rechtsbegriffe, das Verhältnismäßigkeitsprinzip, das Ermessen und schließlich Vereinbarungen.

I. Ausdrückliche Berücksichtigungsgebote

Ausdrückliche Gebote zur Berücksichtigung des Arbeitsplatzaspektes finden sich in den hier untersuchten Rechtsgebieten selten. Nach § 2 Abs.2 Nr.7 Raumordnungsgesetz (ROG) wird als Grundsatz der Raumordnung die bevorzugte Verbesserung von Entwicklungsvoraussetzungen in strukturschwachen Räumen angemahnt, wozu insbesondere ausreichende und qualifizierte Ausbildungs- und Erwerbsmöglichkeiten gehörten, nach Nr.9 ist zu einer räumlich ausgewogenen, langfristig wettbewerbsfähigen Wirtschaftsstruktur sowie zu einem ausreichenden und vielfältigen Angebot an Arbeits- und Ausbildungsplätzen beizutragen. Gemäß § 1 Abs.6 Nr. 8 c) BauGB (§ 1 Abs.5 S.2 Nr.8 BauGB a.F.) sind bei der Aufstellung von Bauleitplänen insbesondere die Erhaltung, Sicherung und Schaffung von Arbeitsplätzen zu berücksichtigen. Schließlich ist in § 3 Investitionsvorranggesetz (InVorG) die Sicherung und Schaffung von Arbeitsplätzen explizit als besonderer Investitionszweck im Sinne dieses Gesetzes festgelegt.

II. Unbestimmte Rechtsbegriffe

Auch sich durch einen hohen Abstraktionsgrad ausweisende und auf ergänzende Konkretisierung angewiesene[55] unbestimmte Rechtsbegriffe wie etwa das „Wohl der Allgemeinheit", das „berechtigte Interesse" und dergleichen können möglicherweise dazu führen, dass der Arbeitsplatzaspekt von der Verwaltung berücksichtigt werden kann oder muss. Mit den unbestimmten Rechtsbegriffen eng verknüpft ist die Frage des Umfangs der gerichtlichen Überprüfbarkeit von sich auf unbestimmte Rechtsbegriffe stützenden behördlichen Entscheidungen.
Gefestigte und von der Literatur überwiegend gebilligte Rechtsprechung ist, dass unbestimmte Rechtsbegriffe hinsichtlich Auslegung und Anwendung im konkreten Fall grundsätzlich gerichtlich voll überprüfbar sind[56]; die Unbestimmtheit eines Rechtsbegriffes als solche gibt für eine Lockerung der Gesetzesbindung oder für einen administrativen Beurteilungsspielraum keinen An-

---

[55] Pache S.35 f.

[56] BVerfGE 13, 153 (164); 56, 257 (275 mwN); 64, 261 (279); BVerwGE 15, 207 (208); 24, 60 (63 f.); 45, 162 (164 ff.); 81, 12 (17); 88, 35 (37 ff.); 94, 307 (309); VGH München, BayVBl. 1993, 49 (50 mwN); Obermayer § 40 Rn 62; Sachs in Stelkens / Bonk / Sachs § 40 Rn 147; Kopp § 40 Rn 40, 46 ff..

lass[57]. Ein administrativer Beurteilungsspielraum besteht nach der Rechtsprechung nur bei Prüfungsentscheidungen und prüfungsähnlichen Entscheidungen, beamtenrechtlichen Beurteilungen, Entscheidungen wertender Art durch weisungsfreie, pluralistisch mit Sachverständigen oder Interessenvertretern besetzte Gremien, Entscheidungen verwaltungspolitischer Art sowie Prognoseentscheidungen und Risikobewertungen insbesondere im Bereich des Wirtschafts- und Umweltrechts[58]. Im übrigen werden als Begründung eines Beurteilungsspielraumes seine ausdrückliche sachgebietsspezifische Normierung, die Art der unbesbtimmten Rechtsbegriffe, der – insbesondere wertende oder prognostische - Charakter der durch den unbestimmten Rechtsbegriff geregelten Entscheidung, die verfassungsrechtliche Legitimation der Verwaltung zur Vornahme bestimmter politisch-wertender Beurteilungen oder die Natur der Sache genannt[59]. Nach überwiegender Auffassung begründet ein Beurteilungsspielraum keinen Freiraum der Verwaltung bei der Normauslegung oder der Sachverhaltsfeststellung, sondern lediglich bei der Subsumtion des festgestellten Sachverhaltes unter den gesetzlichen Tatbestand[60]. Demnach obliegt es also den Gerichten, darüber zu urteilen, ob die Erhaltung oder Schaffung von Arbeitsplätzen beispielsweise ein „berechtigtes Interesse“ im Sinne einer bestimmten Norm darstellen kann (Gesetzesauslegung) und – außer beim Bestehen eines Beurteilungsspielraumes - auch, ob die Verwaltungsbehörde im Einzelfall eine korrekte Subsumtion vorgenommen hat, den unbestimmten Rechtsbegriff also richtig angewendet hat.

In der Literatur wird die strikte Trennung von unbestimmten Rechtsbegriffen auf der Tatbestandsseite und Ermessen auf der Rechtsfolgeseite zum Teil sehr skeptisch betrachtet[61]. Sofern mit der Kritik an der strikten Trennung von Ermessen und unbestimmtem Rechtsbegriff bei unbestimmten Rechtsbegriffen generell die *Auslegungs*kompetenz der Gerichte bestritten und der Verwaltung diesbezüglich ein administrativer Beurteilungsspielraum zugebilligt wird, hätte dies angesichts der multizentralen Behördenorganisation in Deutschland in Bezug auf die Rechtssicherheit und die „Gleichheit vor dem Gesetz“ nicht hinnehmbare Konsequenzen. Denn die Möglichkeit einer im Endergebnis auf eine einheitliche Linie hinauslaufenden gerichtlichen Korrektur bestünde dann nicht[62].

---

[57] Pache S.37.
[58] Nachweise bei Maurer § 7 Rn 37 ff.; Uerpmann S.238 ff.
[59] Pache S.38 ff.
[60] ders. S.43 ff.
[61] Ossenbühl, DÖV 1968, 618 ff; Bullinger in ders. S.131 ff = JZ 1984, 1001 ff.; Schmidt-Eichstaedt, DVBl.1985, 645 ff ; Herdegen, JZ 1991, 747 ff.
[62] Bachof, JZ 1955, 97 (101); Kellner, DÖV 1972, 801 (808); Ossenbühl, DVBl.1974, 309 (310).

III. Der Grundsatz der Verhältnismäßigkeit

1. Begriff und Geltungsbereich des Verhältnismäßigkeitsprinzips

Der nach allgemeiner Auffassung in Rechtsprechung und Literatur mit Verfassungsrang ausgestattete Grundsatz der Verhältnismäßigkeit[63] im weiteren Sinne stellt auf die Relation von Zweck und Mittel staatlicher Maßnahmen ab. Beides darf nicht außer Verhältnis zueinander stehen[64]. Ein zur Erreichung eines bestimmten Zwecks bzw. Erfolges eingesetztes Mittel muss demnach geeignet, erforderlich und verhältnismäßig im engeren Sinne sein[65]. Das Verhältnismäßigkeitsprinzip gilt jedenfalls für die hier interessierende in die Freiheitssphäre der Bürger eingreifende Tätigkeit der Exekutive und darüber hinaus für den Gesetzgeber[66]. Damit ist allerdings noch nichts darüber gesagt, ob beispielsweise im Falle eines belastenden Verwaltungsaktes stets *sowohl* das die Verwaltung ermächtigende Gesetz *als auch* die konkrete behördliche Maßnahme am Grundsatz der Verhältnismäßigkeit zu messen sind[67].

2. Geeignetheit und Erforderlichkeit

Geeignet ist eine Maßnahme nur, wenn durch sie der erstrebte Erfolg erreicht werden kann, sie also zwecktauglich ist. Erforderlich ist eine geeignete Maßnahme, wenn der Zweck nicht durch ein gleichermaßen wirksames, jedoch weniger belastendes Mittel erreicht werden kann. Teilweise wird hier formuliert, das eingesetzte Mittel müsse das mildeste für den belasteten Bürger sein[68], teilweise, das Mittel müsse den Betroffenen *und die Allgemeinheit* möglichst wenig

---

[63] BVerfGE 19, 342 (347 ff.); 23, 127 (133); 27, 211 (219); 35, 382 (401); BVerwGE 13, 258 (259); 38, 68 (70 f.); von Krauss S.22 f.; Gentz, NJW 1968, 1600 (1604); Grabitz, AöR 98 (1973), 568 (569); Krüger, NJW 1973, 1 (4); Wendt, AöR 104 (1979), 414 ff.; Hirschberg S.1; Schnapp, JuS 1983, 850 (852); Heinsohn S.66 ff.; Dürig, JZ 1953, 193 (199) sieht sie im Rechtsbegriff des öffentlichen Interesses verankert. Das Bundesverfassungsgericht leitet den Grundsatz der Verhältnismäßigkeit aus dem Rechtsstaatsprinzip und dem Wesen der Grundrechte her (BVerfGE 23, 127, 133 f.). Etliche Autoren sehen die Verhältnismäßigkeit auch in einzelnen grundgesetzlichen Bestimmungen verankert – genannt werden Art.1 Abs.1, Art. 1 Abs.3, Art.19 Abs.2 GG, außerdem Art.5 Abs.3 S.2 EMRK (Nachweise bei Jakobs S.30 ff.; Heinsohn S.68 ff).

[64] BVerfGE 7, 377 (407); 15, 226 (234); 20, 45 (49); 25, 236 (247); 27, 211 (219); 28, 66 (88) – st.Rspr.

[65] Darüber besteht trotz einer verwirrenden Vielfalt an unterschiedlichen Begriffen Einigkeit - dazu Jakobs S.9; Kim S.14 .

[66] z.B. BVerfGE 15, 226 (234); 16, 194 (202); 17, 232 (242).

[67] Dazu in Teil 3 – 4. Kapitel.

[68] dezidiert von Krauss S.15; Pieroth / Schlink Rn 285.

beeinträchtigen[69]. Insbesondere Hirschberg hat darauf aufmerksam gemacht, dass die den einzelnen am wenigsten belastenden Maßnahmen nicht immer mit den die Allgemeinheit oder Dritte am wenigsten belastenden Maßnahmen übereinstimmen müssen[70] und sich dann die Frage stellt, was letztlich maßgeblich sein soll. Die Problematik braucht indes nicht vertieft zu werden. Denn bei den hier in Frage stehenden Maßnahmen, die zur Schließung eines Betriebes und damit zum Verlust an Arbeitsplätzen führen können, besteht insoweit Kongruenz: Was den Betriebsinhaber als unmittelbaren Adressaten einer entsprechenden behördlichen Maßnahme besonders stark belastet, belastet auch die Arbeitnehmer als Drittbetroffene besonders.

3. Verhältnismäßigkeit im engeren Sinne

In ähnlicher Weise wird dieser Aspekt allerdings bei der Verhältnismäßigkeit im engeren Sinne, auch als Proportionalität oder Angemessenheit bezeichnet[71], virulent. Um verhältnismäßig in diesem Sinne zu sein, darf eine Maßnahme nicht außer Verhältnis zum erstrebten Erfolg stehen, sie muss in recht gewichtetem und wohl abgewogenem, angemessenem Verhältnis zum Erfolg stehen, Schwere des Eingriffs und Gewicht wie Dringlichkeit der diesen rechtfertigenden Gründe sind abzuwägen[72]. Die Abwägung ist als Interessen- und nicht als bloße Güterabwägung vorzunehmen – bei Prüfung der Verhältnismäßigkeit einer einzelfallbezogenen Verwaltungsmaßnahme ist also nicht das abstrakte, generelle Gewicht eines Rechtsgutes oder Interesses, sondern Gefährdungsgrad und Gewicht im jeweiligen Einzelfall maßgebend[73]. Anders als bei der Frage der Notwendigkeit einer Maßnahme sind hier auch Überlegungen darüber anzustellen, ob nicht mit einem unerheblichen Weniger an Geeignetheit ein erheblich geringerer Eingriff möglich ist[74]. Die Schwierigkeit der Prüfung besteht darin, dass eigentlich nicht vergleichbare Güter und Interessen miteinander zu vergleichen sind.

Ob die Verhältnismäßigkeit im engeren Sinne für Arbeitsplätze überhaupt eine Rolle zu spielen vermag, hängt entscheidend davon ab, inwiefern bei der Prüfung der Angemessenheit einer Maßnahme lediglich deren Auswirkungen auf den unmittelbar betroffenen Bürger oder aber auch auf Dritte bzw. die Allgemeinheit berücksichtigt werden. Nur bei Einbeziehung der Auswirkungen auf die indirekt betroffenen Arbeitnehmer nämlich kann der Aspekt der Arbeitsplät-

---

[69] Maurer § 10 Rn 17 – dies entspricht einer in den Polizeigesetzen vielfach gebrauchten Formulierung.

[70] Hirschberg S.67 .

[71] Pieroth / Schlink Rn 289.

[72] Kim S.20; Lerche S.19; Maurer § 10 Rn 17; Pieroth / Schlink Rn 289.

[73] Der durch den Eingriff hervorzubringende Nutzen muss den durch den Eingriff verursachten „Schaden" allerdings keineswegs übersteigen. Mittel und Zweck dürfen nur nicht außer Verhältnis zueinander stehen.

[74] Gentz, NJW 1968, 1600 (1604); Wendt, AöR 104 (1979), 414 (467).

ze eigenständige Bedeutung haben, andernfalls ginge es ausschließlich um die Existenz - und damit gewissermaßen auch den Arbeitsplatz – des Betriebsinhabers. Dass diese Frage kaum erörtert und von vielen Formulierungen der Verhältnismäßigkeit nicht eindeutig beantwortet wird, dürfte daran liegen, dass Eingriffsmaßnahmen der Verwaltung regelmäßig negative Auswirkungen nur auf den direkt belasteten Bürger haben. Besonders im Polizeirecht werden in die Prüfung der Verhältnismäßigkeit im engeren Sinne allerdings auch die Folgen für Dritte und die Allgemeinheit mit einbezogen. Das dürfte damit zusammenhängen, dass nach der Formulierung des Erforderlichkeitsgrundsatzes in vielen Polizeigesetzen von mehreren geeigneten Mitteln dasjenige zu wählen ist, das den Einzelnen *und die Allgemeinheit* am wenigsten beeinträchtigt[75].
Nach allgemeiner Auffassung ist das Verhältnismäßigkeitsprinzip jedenfalls auch aus den Grundrechten herzuleiten und dient primär dem Freiheitsschutz des Adressaten einer belastenden staatlichen Maßnahme. Das aber schließt eine umfassendere Beachtung der negativen Folgen keineswegs aus, denn der Grundrechts- und Freiheitsschutz des Einzelnen leidet darunter mitnichten, sondern wird im Gegenteil sogar verstärkt. Es bedeutet keinen Widerspruch, zwischen Verhältnismäßigkeitsprinzip und Grundrechten einen engen und untrennbaren Zusammenhang herzustellen und zugleich bei der Proportionalitätsprüfung über den je einzelnen Adressaten einer Maßnahme hinausgehende Umstände als berücksichtigungsfähig und –bedürftig zu erachten, nämlich alle relevanten Umstände des einzelnen Falles[76]. Bemerkenswerterweise wird diesem Standpunkt auch von denen nicht ausdrücklich widersprochen, die die Proportionalität als Vergleich zwischen allgemeinem Nutzen und Nachteil für den Einzelnen formulieren. Die Verhältnismäßigkeit im engeren Sinne ist insofern ein rein formales Prinzip, als es für die jeweilige Entscheidung keine inhaltlichen Maßstäbe

---

[75] Z.B. § 5 Abs.1 PolG BaWü: „Kommen für die Wahrnehmung einer polizeilichen Aufgabe mehrere Maßnahmen in Betracht, so hat die Polizei die Maßnahme zu treffen, die den Einzelnen und die Allgemeinheit voraussichtlich am wenigsten beeinträchtigt." So schreiben Wolf / Stephan, der erstrebte Zweck sei in wertender Abwägung den nachteiligen Folgen gegenüberzustellen, die beim Störer *oder bei Unbeteiligten* beabsichtigt oder unbeabsichtigt eintreten (Wolf / Stephan § 5 Rn 13), auch bei Würtenberger / Heckmann / Riggert und Drews / Wacke / Vogel / Martens heißt es ausdrücklich, in die vorzunehmende Abwägung seien auch etwaige Nebenwirkungen auf Dritte einzustellen (Würtenberger / Heckmann / Riggert Rn 349; Drews / Wacke / Vogel / Martens § 24.6). Außerhalb des Polizeirechts weist etwa Gentz darauf hin, dass auch zu beachten sei, welchen Schaden der begünstigte Staat durch den Eingriff an anderer Stelle erleide (Gentz, NJW 1968, 1600, 1604). Demgegenüber postuliert beispielsweise von Krauss, das Opfer *des Einzelnen* und der Gewinn für die Allgemeinheit müssten in einem vernünftigen Verhältnis zueinander stehen (von Krauss S.17; ebenfalls allein auf den Adressaten der Maßnahme abstellend Gusy Rn 316; Haus / Wohlfarth Rn 331; Pieroth / Schlink Rn 310).

[76] BVerfGE 27, 344 (352); Gentz, NJW 1968, 1600 (1604); Goerlich, JR 1977, 89 (92) bezüglich Gesetzen; Wendt, AöR 104 (1979), 414 (467); Hirschberg S.148; König, BayVBl. 1983, 161 (166); Jakobs S.22f., 26f; Alexy S.298.

angibt. Daher sagt es nichts darüber aus, *welche* Umstände im Einzelfall relevant sind[77]. Wenngleich der Grundsatz der Verhältnismäßigkeit keine optimal ausgewogene Entscheidung verlangt, soll er doch zu einem vernünftigen Entscheidungsvorgang und einem annehmbaren Entscheidungsergebnis beitragen. Und vernünftigen Entscheidungen wäre ein kategorischer Ausschluss der absehbaren Nachteile für Dritte bzw. die Allgemeinheit abträglich. Dieser würde ja bedeuten, dass eine Maßnahme mit geringem allgemeinem Nutzen enorme und zum Nutzen insgesamt nicht mehr vertretbare Nachteile hervorbringen dürfte, solange sie nur für den Adressaten nicht mit unverhältnismäßigen Nachteilen verbunden ist. Auch wenn unzählige Menschen von einer Maßnahme betroffen sind und sich dieses Betroffensein sogar als mittelbar-faktischer Grundrechtseingriff qualifizieren lässt, wäre die Verhältnismäßigkeit ausschließlich durch Vergleich des Vorteils der Maßnahme mit dem Nachteil für *jeden Einzelnen* zu überprüfen – auf die Zahl der nachteilig Betroffenen käme es mithin gar nicht an. Somit sind zur Beurteilung der Verhältnismäßigkeit einer Maßnahme auch die mit dieser verbundenen Nachteile für Dritte und die Allgemeinheit relevant. Damit kann hier auch die Vernichtung oder Gefährdung von Arbeitsplätzen relevant sein.

IV. Ermessen

1. Begriff und Wesen des Ermessens

Unter Verwaltungsermessen soll hier entsprechend der herrschenden Terminologie die gesetzesgelenkte Wahlfreiheit der Verwaltung bei der Rechtsfolgebestimmung verstanden werden[78]. Ermessen bedeutet demnach, dass die Verwaltung bei Verwirklichung eines gesetzlichen Tatbestandes zwischen mindestens zwei verschiedenen zulässigen Rechtsfolgen die ihr am zweckmäßigsten erscheinende wählen kann, wobei sich die Wahlfreiheit bei der Rechtsfolgebestimmung sowohl auf das „Ob“ der Vornahme einer Maßnahme im einzelnen zu beurteilenden Fall (Entschließungsermessen) als auch darauf beziehen kann, welche von unterschiedlichen zulässigen Maßnahmen die Verwaltung im konkreten Fall ergreifen kann (Auswahlermessen). Fraglich ist nun, inwiefern die Behörde den Arbeitsplatzaspekt im Rahmen des ihr eingeräumten Ermessens berücksichtigen darf oder gar muss oder ob es sich nicht vielmehr um einen „sachfremden“, nicht in die Ermessenserwägungen einzustellenden Gesichtspunkt handelt.

---

[77] Hirschberg S.77 u. 148 .

[78]; Ossenbühl, DÖV 1968, 618 (619 FN 11); ders. DÖV 1976, 463 (465); Schmidt-Aßmann in Maunz / Dürig Art.19 Abs.4 Rn 189; Maurer § 7 Rn 7; vgl. auch die Empfehlung Nr.R (80) 2 des Ministerkomitees des Europarates über Ermessensausübung durch Verwaltungsbehörden in ZRP 1981, 68 (69).

2. Ermessensbindungen und Arbeitsplatzaspekt

Denn Ermessen ist niemals vollkommen frei, sondern unterliegt rechtlichen Bindungen[79]. Selbstverständlich darf die Behörde ihr Ermessen nicht überschreiten, indem sie eine nicht im Rahmen der Ermessensvorschrift liegende Rechtsfolge wählt[80]. Umgekehrt liegt eine rechtswidrige Ermessensunterschreitung vor, wenn die Behörde von dem ihr zustehenden Ermessen keinen hinreichenden Gebrauch macht[81] - weil sie sich etwa irrtümlich für gebunden hält.
Für den Arbeitsplatzaspekt bedeutsam ist, dass die Behörde ihr Ermessen entsprechend dem Zweck der Ermächtigung auszuüben hat (§ 40 VwVfG) – tut sie dies nicht, liegt Ermessensmissbrauch bzw. Ermessensfehlgebrauch vor. Ohne Zweifel darf sich der eine Ermessensvorschrift anwendende Amtsinhaber nicht von persönlichen Beweggründen wie Antipathie, Sympathie, Eigenvorteilhaftigkeit oder dem Willen zur Schikane leiten lassen[82]. Allgemeiner Konsens besteht andererseits darüber, dass bei der Ermessensausübung alle wesentlichen zu berücksichtigenden Umstände des Einzelfalles zu ermitteln und abzuwägen sind[83]. Und welche Gesichtspunkte berücksichtigungsfähig oder gar –bedürftig sind, bestimmt sich nach dem Zweck einer Ermessensnorm. In diesem Zusammenhang wird formuliert, beim Vollzug einer Ermessensnorm müsse deren allgemeine Zielsetzung für den zu entscheidenden Fall verwirklicht werden[84], Ermessensbetätigung müsse stets der Konkretisierung des Gesetzeszwecks dienen[85], Ermessen bedeute eine besondere Zuständigkeit zur Rechtskonkretisierung im Rahmen einer vorgegebenen Zweckbestimmung[86]. Ist auch die Bestimmung des Gesetzeszwecks mitunter schwierig und können Gesetze auch mehreren Zwekken zu dienen bestimmt sein, so lässt sich doch der Primärzweck beispielsweise der – hier interessierenden – Normen des Immissionsschutzrechts oder des Baugesetzbuches bereits aus dem Sinn des Gesamtgesetzes klar ermitteln: erstere sollen dem Immissionsschutz dienen, letztere einer „geordneten städtebaulichen Entwicklung und dem Wohl der Allgemeinheit entsprechenden sozialgerechten Bodennutzung“ (§ 1 Abs.5 S.1 BauGB). Allerdings werden nicht selten über die hauptsächliche, primäre Zwecksetzung hinausreichende zusätzliche Zwecke in

---

[79] BVerfGE 18, 353 (363); 69, 161 (169 mwN).

[80] Vgl. § 40 VwVfG; Nachweise bei Alexy, JZ 1986, 701 (702 f.); Herdegen , JZ 1991, 747 (750); kritisch zum Begriff Ermessensüberschreitung Meyn, JA 1980, 327 (332).

[81] BVerwGE 15, 196 (199); 64, 7 (12 f.); Knack § 40 9.2.1.a. Man spricht dann auch von Ermessensnichtgebrauch oder Ermessensmangel.

[82] Jellinek S.347; Stern S.35; Obermayer VwVfG § 40 Rn 31.

[83] BVerwGE 56, 254 (267); 61, 105 (111) zu § 2 Abs.1 S.2 AuslG; 62, 230 (239) zu § 25 Abs.1 WoBindG 1974; 77, 128 (133) zu Art.28 Abs.2 GG; Schmidt-Aßmann, VVDStRL 34 (1976), 221 (251 f.); Obermayer § 40 Rn 44.

[84] Vgl. Meyer / Borgs § 40 Rn 6; Obermayer VwVfG § 40 Rn 3.

[85] Dombrowski S.29; Roellecke, DÖV 1968, 333 (337).

[86] Starck in Festschrift für Sendler S.167 (167).

die Ermessensabwägung einbezogen[87]. Unter dem Stichwort „Verbot der Widerzwecklichkeit“ führt Keppeler zum Versagungsermessen aus, dass die Behörde Zwecke, „die dem Primärzweck des ermächtigenden Gesetzes zuwiderlaufen bzw. die dort vorgegebene – legitime - Zweckverfolgung beeinträchtigen würden“ nicht zur Grundlage ihrer Ermessensausübung machen dürfe[88], wobei er unter „Ermessensausübung“ nur ein die Freiheitssphäre der Bürger beschränkendes bzw. aktualisierendes Tätigwerden der Verwaltung wie etwa die Versagung einer Genehmigung versteht[89]. Bezüglich des Bau-, Immissionsschutz- und Wirtschaftsverwaltungsrechts ist für den Gesichtspunkt der Erhaltung von Arbeitsplätzen indes gerade charakteristisch, dass dessen Einbeziehung in die angestellten Ermessenserwägungen für den Verzicht auf ein sofortiges Eingreifen bzw. die Befreiung von grundsätzlich erforderlichen Voraussetzungen streitet – also etwa, den vorzeitigen Beginn einer Anlage nach § 8 a Abs.1 BImSchG zuzulassen oder einen nach § 65 LBO möglichen Gebäudeabbruch nicht anzuordnen. Die Berücksichtigung des Arbeitsplatzaspektes hätte also eine tendenziell eingriffsvermeidende bzw. freiheitsfördernde Wirkung. Dass eine Ermessensnorm über den jeweiligen fachgesetzlichen Primärzweck hinaus weitere Zwecke verfolgen kann, wurde bereits erwähnt. So werden im Baurecht in § 1 Abs.5 BauGB „Sekundärzwecke“, die über den Primärzweck einer „geordneten städtebaulichen Entwicklung und dem Wohl der Allgemeinheit dienende sozialgerechte Bodennutzung“ (§ 1 Abs.5 BauGB) anzusteuern sind, explizit genannt. Auch unbestimmte Rechtsbegriffe wie etwa das „öffentliche Interesse“ in den Tatbeständen der Ermessensnormen kommen als „Einfallstore“ für Belange jenseits des Primärzwecks dieser Normen in Betracht, schließlich kann sich die Einbeziehungsmöglichkeit oder gar Berücksichtigungsbedürftigkeit aus dem im Wege einer systematischen Auslegung zu erschließenden Zusammenwirken verschiedener Normen ergeben[90]. Anstatt im Zusammenhang mit der Begrenzung der im Rahmen des Ermessens zulässigen Erwägungen immer vom Zweck der Ermessensnorm zu sprechen, sollte man präziser formulieren, dass es neben dem Zweck der Fachgesetze und – damit eng verknüpft – dem Normzweck auch um den Zweck des Ermessens der jeweiligen Ermessensnorm geht[91]. Zu fragen ist also, aus welchem Grunde eine Norm eine bestimmte Entscheidung nicht zwingend vorsieht, sondern in das Ermessen der zuständigen Behörde stellt. Dienen Normen etwa des Wirtschaftsverwaltungsrechts zwar nicht dem Erhalt oder der Schaffung von Arbeitsplätzen, so kann der Sinn des Ermessens nichtsdestowe-

---

[87] Keppeler S.107, Uerpmann S.152 (zu § 31 Abs.2 Nr.1 BauGB).

[88] Keppeler S.112.

[89] Widersinnig wäre es, die Behörde nicht für befugt zu halten, den Zweck der Ermessensnorm irgendwie beeinträchtigende Gesichtspunkte in ihre Ermessenserwägungen einzustellen. Denn dann bliebe vom Ermessen nichts mehr übrig.

[90] Keppeler S. 113 f.

[91] Pietzonka, NJW 1957, 1582 (1585) mit Bezug auf Baunormen; Koch in GK-BImSchG § 17 Rn 94.

niger darin bestehen, im Rahmen des von der Behörde verfolgten Primärzwecks die Berücksichtigung dieses Aspektes zu ermöglichen. Der Zweck einer Ermessensermächtigung liegt durchweg darin, verschiedene Zwecke in Einklang zu bringen[92]. Die Ermessensentscheidung ist typischerweise metajuristischen Zielen, Wertungen oder Erkenntnissen verpflichtet[93].
Verschiedentlich wird die Aussonderung von Ermessensgesichtspunkten auf Kompetenzerwägungen gestützt. Tatsächlich besteht zwischen den behördlichen Zuständigkeiten und den Gesetzeszwecken ein enger Zusammenhang: Ebensowenig wie die Verwaltung im allgemeinen ist eine einzelne Behörde Selbstzweck, sondern dient der Besorgung ihr zugewiesener staatlicher Aufgaben. Diese wahrzunehmenden Aufgaben richten sich nach dem die jeweilige Materie regelnden Gesetz. Aus Wortlaut oder Ratio der Gesetze ergeben sich die präzisen Aufgaben samt der zu ihrer Wahrnehmung legitimen Mittel in der Form von Handlungsermächtigungen. Sinn und Zweck des je einschlägigen Gesetzes ist mithin die Erfüllung der durch eben dieses Gesetz festgelegten Aufgabe(n)[94]. Grundsätzlich ist daher mit der Zuordnung bestimmter Aufgaben zu bestimmten Behörden auch die Zuordnung bestimmter Gesetzeszwecke verbunden. Eine Behörde darf nicht in eine fremde Zuständigkeit eingreifen, indem sie *ausschließlich* anderen Behörden zugewiesene Aufgaben wahrnimmt. Sie darf nicht um des Schutzes oder der Förderung solcher Belange willen tätig werden, deren Wahrnehmung ausschließlich einer anderen Behörde obliegt[95]. Die Berücksichtigung des Arbeitsplatzaspektes streitet allerdings im hier erörterten Zusammenhang zumeist gerade für das Unterlassen eines Eingriffs, für ein Untätigbleiben der Verwaltung. Eine Behörde darf im Rahmen des ihr eingeräumten Ermessens grundsätzlich auch Gesichtspunkte und Interessen berücksichtigen, die zu schützen nicht ihr eigentlicher Daseinszweck ist. Eine Berücksichtigung des Arbeitsplatzaspektes bei der Ermessensausübung nach den hier zu untersuchenden Normen ist somit nicht prinzipiell ausgeschlossen.

V. Vereinbarungen

Ferner ist zu untersuchen, inwiefern die Erhaltung oder Schaffung von Arbeitsplätzen Gegenstand vertraglicher Vereinbarungen sein kann, der Arbeitsplatzaspekt also kraft durch Behörde und Unternehmen „selbst gesetztem" Recht zu berücksichtigen ist. Wird durch einen Vertrag ein öffentlich-rechtliches Rechtsverhältnis geregelt, handelt es sich nach § 54 VwVfG um einen öffentlich-rechtlichen Vertrag. Maßgebend für die Abgrenzung eines öffentlich-rechtlichen von einem privatrechtlichen Vertrag ist also die Rechtsnatur des

---

92 Koch in GK-BImSchG § 17 Rn 94.
93 Scholz, VVDStRL 34 (1975), 145 (169).
94 Keppeler S.118; Meyer / Borgs § 40 Rn 11.
95 Forsthoff S.99; Drews / Wacke / Vogel / Martens § 24 d); Keppeler S.119; Giehl § 40 Anm.IV 1.

Vertragsgegenstandes, die sich wiederum nach dem Inhalt des Vertrages richtet. Es kommt darauf an, ob er sich auf einen nach öffentlichem Recht zu beurteilenden Sachverhalt bezieht[96]. Zu den öffentlich-rechtlichen Verträgen zählen insbesondere die städtebaulichen Verträge.

Zusammenfassung Teil 1

Die Schaffung und Erhaltung von Arbeitsplätzen kann explizit als – im Rahmen einer Abwägung – zu berücksichtigender Belang oder als Tatbestandsmerkmal normiert sein. Auch unbestimmte Rechtsbegriffe wie etwa das „öffentliche Interesse“ können zu einer Berücksichtigung des Arbeitsplatzaspektes führen. Diese eröffnen der Verwaltung kein Ermessen, über ihre Auslegung befindet die Rechtsprechung. Des weiteren kann eine staatliche Maßnahme möglicherweise unverhältnismäßig und damit unrechtmäßig sein, wenn sie zur Vernichtung von Arbeitsplätzen führt. Bei der Beurteilung der Unverhältnismäßigkeit im engeren Sinne sind nämlich nicht nur die negativen Folgen für den Adressaten, sondern auch für Dritte und die Allgemeinheit zu berücksichtigen. Außerdem kommt eine Berücksichtigung des Arbeitsplatzgesichtspunktes im Rahmen der Ermessensausübung in Betracht. Ob der Arbeitsplatzaspekt in die Ermessensentscheidung einbezogen werden kann, hängt insbesondere vom Gesetzeszweck und vom Zweck des eingeräumten Ermessens ab. Schließlich ist eine Berücksichtigung im Wege von Vereinbarungen möglich.

---

96 Maurer § 14 Rn 10 f.

Teil 2: Direktiven des Verfassungsrechts und internationaler Vereinbarungen

1. Kapitel: Grundgesetz

I. Menschenwürde (Art. 1 Abs.1 GG) und Allgemeines Persönlichkeitsrecht (Art.2 Abs.1 i.V.m. Art. 1 Abs.1 GG)

Gemäß Art.1 Abs.1 GG ist der Staat zur Achtung und zum Schutz der unantastbaren Würde des Menschen verpflichtet. Die Menschenwürde ist oberster Wert[97] und tragendes Konstitutionsprinzip[98] des Grundgesetzes. Gleichzeitig gehört Art.1 Abs.1 GG nach Systematik und Entstehungsgeschichte zu den Grundrechten[99] - indes ist die Würde des Menschen nicht nur *Grenze*, sondern auch *Aufgabe* der staatlichen Gewalt[100], die den Einzelnen mithin gegen Angriffe durch andere in der Form von Erniedrigungen, Verfolgungen etc. schützen muss. Eine über diese Abwehrpflicht hinausgehende staatliche Pflicht zur Sicherung der materiellen Mindestvoraussetzungen für ein Leben in Würde hat das BVerfG zunächst – wohl unter dem Eindruck der knappen Ressourcen der Nachkriegszeit – abgelehnt[101]; mittlerweile ist von Rechtsprechung[102] und Literatur[103] jedoch anerkannt, dass Art.1 Abs.1 GG in Verbindung mit dem Sozialstaatsprinzip den Staat zur Gewährleistung eines Existenzminimums verpflichtet[104].

---

97 BVerfGE 5, 85 (204); 6, 32 (41); 7, 377 (405); 27, 1 (6); 30, 173 (193); 32, 98 (108); 45, 187 (227); 50, 166 (175); 72, 155 (170).

98 BVerfGE 6, 32 (36).

99 BVerfGE 15, 249 (255); soweit aufgrund der in Art.1 Abs.3 GG bestimmten Bindung der öffentlichen Gewalt an „die nachfolgenden Grundrechte", deren ohnehin lückenlosen Schutz und des proklamatorischen Charakters des Art.1 Abs.1 S.1 GG von Dürig vertreten wurde, Art.1 Abs.1 GG stelle kein Grundrecht dar (vgl. Dürig in Maunz / Dürig, Art.1 Abs.1 GG Rn 13), ist dies nicht überzeugend – der erste Abschnitt des GG mit der Überschrift „Die Grundrechte" umfaßt auch Art.1 Abs.1 GG; proklamatorischer Charakter und Unbestimmtheit einer Norm schließen ihre Qualifikation als Grundrecht keineswegs aus (vgl. Pieroth / Schlink Rn 380).

100 Enders S. 428; das kommt in dem Begriff des „Schützens" zum Ausdruck.

101 BVerfGE 1, 97 (104); im Hauptausschuß des Parlamentarischen Rates wurde der Satz „Keinesfalls darf das Mindestmaß der zum Leben notwendigen Nahrung, Kleidung und Wohnung verweigert werden" gestrichen (Dürig, JZ 1953, 193, 197).

102 BVerfGE 40, 121 (133) – Waisenrente; 82, 60 (85); BVerwGE 71, 139 (141).

103 Dürig, JZ 1953, 193 (197); Bachof, VVDStRL 12 (1954), 37 (42); Löw, DÖV 1958, 516 (520); Benda in HBVerfR S.107 (115); Herdegen in Maunz / Dürig, Art.1 Rn 114; Isensee, Der Staat 19 (1980), 367 (371); Maunz / Zippelius § 23 I 2; Kunig in von Münch Art.1 Rn 30 u. 36; vgl. auch Enders S.429.

104 Aufgabe der Sozialhilfe ist es, dem Empfänger der Hilfe die Führung eines Lebens zu ermöglichen, das der Würde des Menschen entspricht.

Fraglich ist, ob zu einem menschenwürdigen Leben die Möglichkeit zur Arbeit gehört und sich dementsprechend aus Art.1 Abs.1 GG ein Staatsziel Vollbeschäftigung ergibt. Teilweise wird das bejaht[105]. Dagegen spricht allerdings, dass auch Menschen, die – mögen sie auch noch so gerne arbeiten wollen – zu sinnvoller Arbeit nicht in der Lage sind, durchaus in Würde leben. Soweit das BVerfG zu Recht den Würde- und Freiheitsgehalt der Arbeit betont[106], sagt dies nichts über den Zusammenhang von Arbeitslosigkeit und Würde aus. Eine allzu extensive Auslegung des Würdebegriffs wäre stets mit der Gefahr verbunden, dass Art.1 Abs.1 GG letztlich zu einer Art Abhilfenorm in schwierigen Lebenslagen und damit zu kleiner Münze verkäme[107]. Aus der bloßen Tatsache, trotz Arbeitswilligkeit nicht arbeiten zu können, resultiert also kein gegen die Menschenwürde verstoßender Zustand. Arbeitslosigkeit ohne materielle Existenznot verletzt die menschliche Würde ungeachtet ihrer oftmals schwerwiegenden negativen Folgen für den Einzelnen nicht[108].
Allerdings könnte das aus Art. 2 Abs.1 iVm Art.1 Abs.1 GG hergeleitete allgemeine Persönlichkeitsrecht[109] als Recht auf Achtung und Entfaltung der Persönlichkeit Direktiven bezüglich der Schaffung und Erhaltung von Arbeitsplätzen beinhalten.

Zu beachten ist, dass die Vorstellungen darüber, was zu den Minima menschlicher Existenz in Würde zu rechnen ist, nicht für alle Zeiten gleich ist, sondern vom allgemeinen Wohlstandsniveau abhängt (vgl. BVerwGE 14, 294 (296 f.); VGH Kassel, NJW 1984, 2305 (2306); VGH Kassel, DVBl 1991, 1371).Indes ist die Sozialhilfe in ihrer derzeitigen Höhe keineswegs verfassungsrechtlich geboten. Die Gewährung von Sozialhilfe darf auch von der Arbeitsbereitschaft des Empfängers abhängig gemacht werden.

[105] Achterberg, JZ 1975, 713 (720 – Grenze: Haushaltsvorgaben); Kempen in Kittner, S.129 (150); ders. in Festschrift für Gnade S. 57 (70): Art.1 GG könne dazu verpflichten, unter den Zielen des Art.109 Abs.2 GG / § 1 StabG die Vollbeschäftigung vorrangig zu realisieren; Kittner in Böckenförde u.a., S.91 (92); zurückhaltender Häberle, JZ 1984, 345 (351); auch Pietzcker in S. 15 (15) und Ruland in Gedächtnisschrift für Martens S. 679 (681) bezeichnen Arbeitslosigkeit als Angriff auf die Würde des Menschen, ohne allerdings unmittelbar auf Art. 1 GG Bezug zu nehmen.
Das BAG hat die Möglichkeit zur Arbeit und Sicherung der wirtschaftlichen Existenzgrundlage als für die Würde des Menschen wesentlich erachtet (BAGE 33, 185, 191).

[106] BVerfGE 7, 377 (397); 50, 290 (362); 59, 36 (48); 59, 231 (262) – der Beruf wird in seiner Beziehung zur Persönlichkeit des Menschen im ganzen verstanden, die sich „erst darin voll ausformt und vollendet, dass der Einzelne sich einer Tätigkeit widmet, die für ihn Lebensaufgabe und Lebensgrundlage ist und durch die er zugleich seinen Beitrag zur gesellschaftlichen Gesamtleistung erbringt.(...) Die Arbeit als „Beruf" hat für alle gleichen Wert und gleiche Würde."
Zustimmend Badura in Festschrift für Herschel S.21 (25); Brugger in Ryffel / Schwardtländer S.111 (113); Häberle, JZ 1984, 345 (350); Papier, DVBl 1984, 801 (801); Schneider, VVDStRL 43 (1985), 7 (24); Lecheler, VVDStRL 43 (1985), 48 (65); vgl. auch Breuer HdbStR VI § 147 Rn 22; kritisch Rittsteig in Alternativkommentar Art.12 Rn 13 ff.

[107] Dahingehend auch Nenninger S.352; auch der Würde gebührt Würde !

[108] BVerfGE 45, 187 (227 f.); 84, 133 (158); Dörr in Scholz S.252 (255 f.).

[109] BVerfGE 54, 148 (153)

Betrachtet man mit guten Gründen Arbeit als zentrale Entfaltungschance menschlichen Wesens, wie dies auch das BVerfG etwa mit der Aussage tut, dass sich die Persönlichkeit des Menschen „erst darin voll ausformt und vollendet, dass der Einzelne sich einer Tätigkeit widmet, die für ihn Lebensaufgabe und Lebensgrundlage ist und durch die er zugleich seinen Beitrag zur gesellschaftlichen Gesamtleistung erbringt"[110], so heißt dies, dass sich der arbeitswillige Arbeitslose in einem zentralen Bereich nicht entfalten kann. Nur beim Vorhandensein wählbarer Arbeitsplätze können Arbeit und Beruf die vom BVerfG hervorgehobene Bedeutung für die Persönlichkeitsentfaltung haben[111]. Indes ist mit einem auf Abwehr staatlicher Entfaltungsverhinderung[112] gerichteten Recht noch längst kein Recht auf Schaffung der - übrigens höchst subjektiven – Voraussetzungen für die freie Entfaltung des Einzelnen oder eine entsprechende Direktive verbunden. Hier braucht diesen Fragen jedoch nicht näher nachgegangen zu werden, da das Grundrecht auf freie Entfaltung der Persönlichkeit im Bereich der individuellen Leistung durch das Grundrecht der Berufsfreiheit konkretisiert wird[113], welches dementsprechend als lex specialis vorgeht.

II. Berufsfreiheit (Art.12 GG)

1. Kein Recht auf Arbeit

Unstreitig gewährleistet Art. 12 Abs.1 GG als subjektives öffentliches Abwehrrecht die grundsätzliche Freiheit des einzelnen Menschen, darüber zu entscheiden, welchen Beruf und welche Arbeit er aufnehmen und ausüben möchte[114]. Jeder aktive staatliche Eingriff in die Berufswahl- oder -ausübungsfreiheit bedarf der Rechtfertigung, Art. 12 Abs.1 GG gibt also ein Recht *zur* Arbeit[115] in dem Sinne, dass niemand durch den Staat willkürlich an Aufnahme oder Ausübung einer Berufstätigkeit gehindert werden darf. Ein Recht *auf* Arbeit im strengen Sinne eines klagbaren subjektiven Rechts des Einzelnen auf Zuteilung, gegebenenfalls Schaffung und Sicherung eines eigenen - womöglich der jewei-

---

[110] BVerfGE 7, 377 (397); von Mangoldt / Klein / Starck Art.12 Abs.1 Rn 8; Wieland, DVBl. 1999, 1709 (1710 III. 17.); Dreier bezweifelt allerdings unter Hinweis auf das Beispiel der Nachtarbeit am Fließband, ob dieser Persönlichkeitsbezug tatsächlich für jede Berufstätigkeit gilt (Dreier Art.12 Rn 29 f.).

[111] Hege S.70

[112] Beispielsweise darf der Staat nicht einem Einzelnen oder bestimmten Gruppen *verbieten*, zu arbeiten (vgl. Martens S.41 ff.).

[113] BVerfGE 1, 264 (274); 19, 330 (336); 30, 292 (334); 54, 301 (313); 75, 284 (292).

[114] Durch Art. 12 I GG geschützt ist auch die freie Entscheidung darüber, *überhaupt* einen Beruf zu ergreifen (negative Berufsfreiheit, vgl. BVerfGE 58, 358, 364).

[115] Rath S.56; Schaub S.63 – sofern diesbezüglich von einem „Recht auf Arbeit" gesprochen wird, ist das bestenfalls mißverständlich und sollte unterbleiben.

ligen Berufsausbildung adäquaten – Arbeitsplatzes lässt sich aus Art. 12 Abs.1 GG nach einhelliger Auffassung jedoch nicht herleiten[116].

2. Die Berufsfreiheit als Teilhaberecht

Nicht zu leugnen ist allerdings, dass die Freiheit im Allgemeinen und die Berufsfreiheit im Besonderen *für den Einzelnen* faktisch wertlos ist, wenn es an den Voraussetzungen fehlt, diese auch *tatsächlich* in Anspruch nehmen zu können[117]. Und die Grundrechte verkörpern über ihre Abwehrfunktion hinaus objektive Wertentscheidungen und in ihrer Gesamtheit eine objektive Wertordnung, welche als verfassungsrechtliche Grundentscheidung für alle Bereiche des Rechts Geltung beansprucht[118]. Damit aber stellt sich die Frage, ob nicht aus Art. 12 Abs.1 GG ein an den Staat gerichteter verfassungsmäßiger Auftrag zur Effektivierung der Berufsfreiheit herleitbar ist, also eine staatliche Pflicht zur Herstellung bzw. Bewahrung eines Zustands, in dem jeder, der arbeiten kann und will, Arbeit zu menschenwürdigen Bedingungen findet. Eine solche Pflicht, für ein materielles Gleichgewicht auf dem Arbeitsmarkt zu sorgen, würde in Zeiten massiver Arbeitslosigkeit nichts anderes als eine staatliche Verpflichtung zur Erhaltung und Schaffung von Arbeitsplätzen bedeuten.

Die Grundrechte und so auch die Berufsfreiheit sind nicht nur vor Eingriffen der Staatsgewalt in eine dem Individuum verbürgte Freiheitssphäre schützende Abwehrrechte, sondern aus ihnen folgen auch staatliche Schutzpflichten[119]. Die Freiheitsgrundrechte verpflichten den Staat auch zum Schutz und zur Sicherung dieser Freiheitssphäre. In dieser Schutzpflicht entfaltet sich der objektive Gehalt des Grundrechts; die staatlichen Organe haben bei der Erfüllung von Schutz-

[116] BVerfGE 84, 133 LS 1; 85, 360 (373); 84, 133 (146); BVerwGE 8, 170 (172); Leipold, AuR 1971, 161 (165); Schwerdtner, ZfA 1977, 47 (53 ff.); Reuter, RdA 1978, 344 (347); Isensee, Der Staat 19 (1980), 367 (376 f.); Gode, DVBl. 1990, 1207 (1209); Schmidt, DtZ 1990, 108 (112); Häberle, ZfP 1992, 233 (248); von Mangoldt / Klein / Starck Art. 12 Abs.1 Rn 10; Pieroth / Schlink Rn 929;); Rittsteig, AK Art. 12 Rn 111; Ruland in Gedächtnisschrift für Martens S. 679 (682); Scholz in Maunz / Dürig Art. 12 Rn 44; Sommermann S. 226; Dreier Art.12 Rn 33.

Ein entsprechender individuell einklagbarer Rechtsanspruch war selbst in der Verfassung der DDR nicht verankert. Dort hieß es in Art.24: „ (1) Jeder Bürger der Deutschen Demokratischen Republik hat das Recht auf Arbeit. Er hat das Recht auf einen Arbeitsplatz und dessen freie Wahl *entsprechend den gesellschaftlichen Erfordernissen* (!) und der persönlichen Qualifikation. (...). (2) (...) das Recht auf Arbeit und die Pflicht zur Arbeit bilden eine Einheit“.

[117] BVerfGE 33, 303 (331); vgl. Häberle, VVDStRL 30 (1972), 43 (100 f.); Luhmann S.132 FN 63; Hege S.11; Hoffmann-Riem in Festschrift für Ipsen S.385 (393); Baruzzi S.26 ff.; Bryde, NJW 1984, 2177 (2183 f.); Schneider, VVDStrL 43 (1985), 7 (23 f.); Breuer HdbStR VI § 147 Rn 73; Penski, RuP 1995, 153 (154); Hesse Rn 214; Hoffmann S.242.

[118] BVerfGE 5, 85 (204 ff.); 6, 32 (40 f.); 7, 198 (204 f.) - Lüth; 10, 59 (81); 21, 362 (372).

[119] Sachs Vor Art.1 Rn 35.

pflichten indes einen weiten Gestaltungsraum[120]. Schutzpflichten beziehen sich allerdings in erster Linie auf den Schutz von Rechtsgütern vor Gefahren durch Dritte oder natürlichen Ursprungs[121]. Dementsprechend hat das BVerfG eine aus Art.12 Abs.1 GG folgende Schutzpflicht im Hinblick auf den Schutz gegen den Verlust eines bestehenden Arbeitsplatzes und konkreten Arbeitsverhältnisses aufgrund privater Dispositionen anerkannt, welcher die bestehenden Kündigungsvorschriften hinreichend Rechnung tragen[122]. Staatliche Schutzpflichten dienen gerade dem Freiheitsschutz gegenüber gesellschaftlichen Kräften, indem sie bei einem fehlenden Kräfte- und Verhandlungsgleichgewicht von Privaten untereinander – im Rahmen des Art.12 GG von Arbeitgebern und Arbeitnehmern – die Privatautonomie bei Vertragsschlüssen einschränken[123]. Ein staatlicher Auftrag, durch Schaffung und Erhaltung von Arbeitsplätzen für eine hinreichende Anzahl an Arbeitsplätzen zu sorgen, wird vom Bereich der Abwehr von Gefahren für grundrechtlich geschützte Rechtsgüter durch Private nicht umfasst und folgt mithin aus der Schutzpflichtdimension des Art. 12 Abs.1 GG nicht.
Neben dem Freiheitsgehalt besitzt die Berufsfreiheit auch einen Teilhabegehalt, der vom BVerfG auf Art. 12 Abs.1 GG in Verbindung mit dem Gleichheitssatz und dem Sozialstaatsprinzip gestützt wird[124]. Mit Blick auf die durch Art. 12 Abs.1 GG ebenfalls gewährleistete Ausbildungsfreiheit hat das BVerfG in seiner ersten Numerus-Clausus-Entscheidung dargelegt, dass mit zunehmender staatlicher Tätigkeit im Bereich der sozialen Sicherung und kulturellen Förderung der Bürger neben das Postulat grundrechtlicher Freiheitssicherung die Forderung nach grundrechtlicher Verbürgung der *Teilhabe* an staatlichen Leistungen tritt[125] Bezüglich des Zugangs zu Studienplätzen folgerte das BVerfG daraus, dass der Staat sich bemühen müsse, möglichst vielen Studierwilligen einen Studienplatz zuzuweisen, da sonst das Recht auf freie Wahl des Ausbildungsplatzes im Hinblick auf das Universitätsstudium leerlaufe[126]. Besonders betont wird indes die staatliche Verpflichtung zur Ausnutzung der *vorhandenen* Kapazitäten sowie zur Auswahl der Bewerber nach sachgerechten Kriterien[127]. Insofern geht es hier um ein *derivatives* Teilhaberecht , das sich nicht auf die Schaffung neuer, sondern auf die gerechte Verteilung und optimale Ausnutzung vorhandener Studienplätze bezieht. Und ob ein Verfassungsauftrag zur Bereitstellung ausrei-

---

[120] BVerfGE 92, 26 (46); Dreier Art.12 Rn 156.
[121] Sachs Vor Art.1 Rn 37.
[122] BVerfGE 84, 133 (147); 85, 360 (372 f.); 92, 140 (150); 97, 169 (175).
[123] Dreier Art.12 Rn 151 ff.
[124] BVerfGE 33,303 (332 ff.); Wank S. 51: „Gemeint ist Art. 12 GG in sozialstaatlicher Auslegung."
[125] BVerfGE 33, 303 (330).
[126] BVerfGE 33, 303 (331 f.); 43, 291 (313 f.); vgl. auch BVerwGE 56, 31 (45); Gubelt in von Münch Art.12 Rn 28 ff.; Häberle, DÖV 1972, 729 (732, 735 f.); Martens, VVDStrL 30 (1972), 25; Scholz in Maunz / Dürig Art.12 Rn 31.
[127] Zur gerechten Auswahl BVerfGE 33, 303 (338).

chender Ausbildungskapazitäten besteht und sich daraus ein einklagbarer Individualanspruch des Staatsbürgers auf Schaffung von Studienplätzen herleiten lässt, wird im ersten wie auch in allen weiteren Numerus-Clausus-Urteilen offengelassen – nicht ohne hervorzuheben, dass solche Teilhaberechte jedenfalls durch den Vorbehalt des Möglichen und Gemeinverträglichen im Sinne dessen, was der Einzelne vernünftigerweise von der Gesellschaft beanspruchen könne, begrenzt wären[128]. Da die Numerus-Clausus-Fälle durch das faktische staatliche Ausbildungsmonopol im Bereich des universitären Studiums[129] gekennzeichnet sind, ist eine automatische Übertragung der geschilderten Rechtsprechung auf den Bereich nicht-staatlicher Ausbildungswege oder gar Arbeitsplätze nicht möglich. Der Ertrag der Numerus-clausus-Urteile für den hier behandelten Komplex ist also sehr gering.
Zu berücksichtigen ist ganz generell, dass originäre Teilhaberechte und soziale Grundrechte eine grundlegend andere Struktur als Freiheitsrechte aufweisen. Sie sind nicht schon dadurch realisierbar, dass sie respektiert werden, sondern verlangen ein staatliches Tätigwerden, das wiederum zu einer Beeinträchtigung der Freiheitsrechte anderer führen kann. Die Regelung materieller Ansprüche auf Leistung muss hinreichend bestimmt sein, was typischerweise eine Konkretisierung durch Gesetze erfordert. Schließlich würde die vom Grundgesetz vorgesehene Ordnung eines freien politischen Prozesses entscheidend verkürzt, wenn der politischen Willensbildung nicht nur vefassungsmäßige Ziele, sondern eine Vielzahl konkreter verfassungsrechtlicher Verpflichtungen vorgegeben wären. An die Stelle von Politik mit ihren weiten Gestaltungsspielräumen träte Verfassungsvollzug[130]. Aus dem teilhaberechtlichen Gehalt des Art. 12 GG allein folgt kein Auftrag zur Arbeitsplatzschaffung und –erhaltung.

III. Sozialstaatsprinzip (Artt. 20 Abs.1, 28 Abs.1 GG)

1. Inhalt und dogmatische Einordnung

Das Sozialstaatsprinzip ist in Art. 20 Abs.1 GG und in Art. 28 Abs.1 GG verankert, wo die Bundesrepublik Deutschland als *sozialer* Bundes- bzw. Rechtsstaat bezeichnet wird. Es stellt nicht lediglich einen unverbindlichen Programmsatz,

---

[128] Häberle, VVDStrL 30 (1972), 43 (114); Badura, Der Staat, 14 (1975), 17 (35); Ossenbühl, NJW 1976, 2100 (2104); Dörfler S.176; Rupp, AöR 101 (1976), 161 (181); Sendler, DÖV 1978, 581 (585); Brugger in Ryffel / Schwardtländer S.111 (121); Pietzcker, NVwZ 1984, 550 (555); vgl. auch Abs. 8 der Präambel der französischen Verfassung von 1848, wo die staatliche Bereitstellung von Arbeit „dans les limites de ses ressources" zugesichert wird – dazu Sommermann in Grupp / Werth S. 95 (97).
[129] BVerfGE 33, 303 (331 f.); 35, 79 (115); Kratzmann S.95; Wank S.52; Schaub S.67.
[130] Hesse in HBVerfR § 5 Rn 30 / 32.

sondern unmittelbar geltendes Recht dar[131]. Ohne Zweifel ist es ein der konkreten Ausgestaltung besonders bedürftiges, aber auch fähiges Prinzip[132], das auf das Bestehen sozialer Sicherheit und sozialer Gerechtigkeit gerichtet ist[133]. Gerade der Begriff der sozialen Gerechtigkeit ist allerdings in hohem Maße unscharf und wird je nach politischem Vorverständnis und Weltanschauung sehr unterschiedlich interpretiert. Dementsprechend besteht immer die Gefahr der politischen Inanspruchnahme des Sozialstaatsprinzips, also die Gefahr, dass es für die jeweils eigene Überzeugung in Beschlag genommen und ein politischer Streit zum Rechtsstreit gemacht wird[134]. Betrachtet man indes das Sozialstaatsprinzip heute zutreffend als unmittelbar geltendes Recht, so kann es bei dieser Feststellung nicht sein Bewenden haben. Falsch wäre die Konsequenz, das Sozialstaatsprinzip gewissermaßen aus Furcht vor der geschilderten politischen Inanspruchnahme als reinen Formelkompromiss zu deuten und ihm damit letztlich jeden Inhalt abzusprechen[135] - vielmehr ist der Begriff des „Sozialen" im verfassungsrechtlichen Kontext auszulegen. Die Entstehungsgeschichte des GG gibt keinen Aufschluss, da die Sozialstaatsklausel im parlamentarischen Rat einschließlich seiner Ausschüsse nicht wirklich erörtert wurde[136]. Soziale Gerechtigkeit umfasst die Dimensionen der Bedarfsgerechtigkeit, der Besitzstandsgerechtigkeit sowie der Leistungsgerechtigkeit und es obliegt dem Sozialstaat, alle drei Arten der Gerechtigkeit zu berücksichtigen und zu einem Ausgleich zu bringen[137]. Da sich zum einen nicht ein für allemal festlegen lässt, was sozial ist, und das auch durch die Detailartikel des GG nur sehr begrenzt konkretisierte Sozialstaatsprinzip zum anderen der sog. Ewigkeitsgarantie des Art. 79 Abs.3 GG unterfällt und somit einer Verfassungsänderung nicht zugänglich ist, sollte seine Auslegung mit einer gewissen wohlverstandenen Elastizität erfolgen, die eine einseitige, rigorose oder unwiderrufliche Interpretation ebenso verbietet wie

---

131 BVerfGE 1, 97 (105); 3, 377 (381); 6, 32 (41); 8, 274 (329); BVerwGE 8, 4 (7); Benda in HBVerfR S. 477 (543); Dürig, JZ 1953, 193 (193); Brugger in Ryffel / Schwartländer S.125; Forsthoff, VVDStRL 12, 8 (27); Hamann/Lenz Art.20 Rn 3; Hambusch, AuR 1972, 268 (271); Herzog in Maunz / Dürig, Art.20 GG – VIII Rn 6: Anders als die Weimarer Reichsverfassung hat sich das GG bewusst gegen die Verwendung reiner Programmsätze entschieden; ders., BayVBl. 1976, 161 (161 f.); von Mangoldt / Klein Art.20 VII 2 a,b; Martens S.46 f.; von Münch, JZ 1960, 303 (305); Schnapp in von Münch Art.20 Rn 35; Scheuner, DöV 1971, 505 (512).

132 BVerfGE 6, 132 (198); 10, 354 (370 f.).

133 Scholz in Böckenförde u.a. S.75 (82); Brugger in Ryffel / Schwartländer S.111 (125 f.); Stern I, § 21 II 3; Zacher HdBStR Bd. II § 28 Rn 21 f.

134 Benda HdBVerfR § 17 Rn 111; Herzog in Maunz / Dürig, Art.20 GG – VIII Rn 3.

135 Herzog in Maunz / Dürig, Art.20 GG – VIII Rn 3.

136 Weber, Der Staat 4, 409 (411 ff.); Rath S.55 FN 26 mwN; Podlech, Der Staat 19 (1980), 31 (49) mwN; Stern I § 21 I 2a; Ebert S. 53.

137 Zacher in HBStR Bd. I § 25 Rn 47.

eine allzu extensive Auslegung[138]. Eine Herleitung konkreter und weitreichender Gesetzesaufträge aus dem Sozialstaatsprinzip würde bedeuten, dass die grundsätzlichen politischen Entscheidungen insoweit statt von unmittelbar demokratisch legitimierten Politikern von der Rechtsprechung getroffen würden und ist schon deshalb abzulehnen. Bei der Auslegung des Sozialstaatsprinzips ist zu respektieren, dass sich das Grundgesetz konkreter sozialer Programme und sozialer Grundrechte enthalten hat[139]

Das Sozialstaatsprinzip richtet sich zunächst als „Staatszielbestimmung" an den Gesetzgeber und verpflichtet diesen zu einer gerechten Sozialpolitik[140]. Seine Konkretisierung mag zwar Exekutive und Judikative weniger zugänglich sein[141], obliegt jedoch auch diesen Gewalten. Bei der Auslegung und Anwendung von Gesetzen bindet das Sozialstaatsprinzip sowohl Verwaltung[142] als auch Rechtsprechung[143] und kann auch bei der Interpretation des Grundgesetzes von entscheidender Bedeutung sein[144]. Es beeinflusst ganz allgemein die Ausfüllung administrativer Entscheidungsspielräume[145]. Hingegen darf mit seiner Hilfe nicht jede Einzelregelung modifiziert werden, deren Anwendung im konkreten Fall eine Härte bedeutet[146]. Unmittelbare Ansprüche des Bürgers gegen den Staat lassen sich aus dem Sozialstaatsprinzip ebenso wie aus den anderen allge-

---

[138] Benda HBVerfR § 17 Rn 80 u. 114; Herzog in Maunz / Dürig, Art.20 GG – VIII Rn 19 ff.; Kempen in Festschrift für Gnade S. 57 (68) weist darauf hin, dass das Sozialstaatsprinzip eher beiläufig unter die Ewigkeitsgarantie des Art. 79 Abs. 3 GG gefallen ist.

[139] Zacher in HBStR Bd. II § 28 Rn 24.

[140] BVerfGE 22, 189 (204); 35, 348 (355 f.); 45, 376 (387); 40, 276 (283); Bachof, VVDStRL 12 (1954), 37 (43); Forsthoff, VVDStRL 12 (1954), 8 (27); Rath S.51; Brakelmann in Moltmann S.9 (23); Scholz in Böckenförde S.75 (82); Katzenstein, ZSR 1985, 189 (205); Ebert S.55; Maunz / Zippelius § 13 I 4.

[141] So BVerfGE 65, 182 (193); vgl. auch BVerfGE 8, 274 (329); 36, 73 (84); 43, 13 (19) – „die Ausgestaltung des Sozialstaatsprinzips obliegt im wesentlichen dem Gesetzgeber".

[142] BVerfGE 38, 187 (197); 43, 291 (313 f.); Forsthoff, VVDStRL 12 (1954), 8 (27); Daum, RdA 1968, 81 (84); Barth S.15; Stern I § 21 III 4; Katzenstein, ZSR 31 (1985), 189 (203); Martens S.50; Maunz/Zippelius § 13 I 4; Schnapp in von .Münch Art.20 Rn 20.

[143] Bachof, VVDStRL 12 (1954), 37 (53); Forsthoff, VVDStRL 12 (1954), 8 (27 f.); Gerber, AöR 81 (1956), 1 (38); Rath S.52; Barth S.15; Stern I § 21 III 4; Martens ebd.; Schnapp in von .Münch Art.20 Rn 20; im Bericht der Sachverständigenkommission Staatszielbestimmungen / Gesetzgebungsaufträge von 1983 (zitiert bei Kutscha, ZRP 1993, 339, 342) heißt es: „Im Regelfall wendet sich eine Staatszielbestimmung an den Gesetzgeber, ohne daß damit ausgeschlossen sein muß, daß die Norm auch eine Auslegungsrichtlinie für Exekutive und Rechtsprechung ist."

[144] BVerfGE 1, 97 (105); 65, 182 (193).

[145] Schreiber S. 64; Zacher, HBStR I § 25 Rn 107; Sachs in Stelkens / Bonk / Sachs § 40 Rn 84.

[146] BVerfGE 67, 231 (239); vgl. auch BVerfGE 26, 44 (61 f.); 34, 118 (136); 36, 73 (84); 66, 234 (248); 69, 272 (315); BSGE 24, 278 (280); 45, 114 (118); 48, 33 (41 f.); 54, 166 (169); 55, 224 (231).

meinen Verfassungsprinzipien grundsätzlich nicht herleiten[147]. Schließlich ist durch die grundgesetzliche Normierung der Sozialstaatlichkeit klargestellt, dass der Staat grundsätzlich Eingriffe zur Gestaltung der Sozialordnung und zur Herstellung sozialer Gerechtigkeit vornehmen darf[148].

2. Bezug zur Schaffung und Erhaltung von Arbeitsplätzen

Nunmehr stellt sich die Frage, welchen Bezug das Sozialstaatsprinzip angesichts dieser Vorgaben zur Schaffung und Erhaltung von Arbeitsplätzen hat. Ein ganz wesentlicher Aspekt, wenn nicht gar der Kern der Sozialstaatlichkeit ist das Gebot der nicht nur rechtlichen, sondern auch faktischen Chancengleichheit[149]. Dies gebietet die Herstellung möglichst gleicher Startchancen, hingegen keine Gleichmacherei im Sinne einer Ergebnisgleichheit[150]. Indes wäre es vorschnell, aus diesem Gebot der Chancengleichheit direkt ein Gebot der Vollbeschäftigungspolitik zu konstruieren. Natürlich besteht ein enger Zusammenhang zwischen den Chancen, eine qualifizierte Arbeit zu finden, und dem Angebot an qualifizierten Arbeitsplätzen. Betrachtet man das Gebot der Chancengleichheit isoliert, so fordert es indes nur gleiche Startchancen – es fordert nicht, dass diese selbst bei gleicher Begabung und gleichem Bemühen auch zum gleichen Ergebnis führen müssen. Zugespitzt formuliert ist dem Gebot der Chancengleichheit auch dann Genüge getan, wenn die Chancen für alle gleich schlecht sind.
Das Sozialstaatsprinzip fordert jedoch nicht nur gleiche Chancen, sondern auch die – oben bereits angesprochene – *Schaffung* der Bedingungen und Voraussetzungen, die zur tatsächlichen Ausübung der Freiheitsrechte notwendig sind, also die Realisierung und Effektivierung grundrechtlicher Freiheiten[151]. Eine allgemeine staatliche Verpflichtung, darauf hinzuwirken, dass allen Bürgern eine gleichermaßen effektive oder gar optimale Grundrechtsausübung möglich ist, besteht zwar nicht. Beispielsweise gebietet es das Grundrecht der Freizügigkeit (Art.11 GG) selbstverständlich nicht, den Menschen finanzielle Mittel in einer Höhe zur Verfügung zu stellen, die ihnen das Reisen an jeden Ort des Bundesgebietes und sooft sie wollen ermöglicht. Indes darf nicht verkannt werden, dass es bei der Arbeitsplatzschaffung bzw. –erhaltung nicht um Sozialleistungen

[147] Herzog, BayVBl. 1976, 161 (163).
[148] BVerfGE 100, 271 (282 ff.); Herzog, BayVBl. 1976, 161 (165); Wieland, VVDStRL 59 (2000), 13 (32); Degenhart Rn 436.
[149] Nenninger S.350 f.; Benda HBVerfR § 17 Rn 169; Herzog in Maunz / Dürig, Art.20 GG – VIII Rn 39/40; angesichts der Tatsache, dass die faktische Gleichheit der Entwicklungschancen vor allem aus anthropologischen Gründen nur in Grenzen möglich ist, wird teilweise auch von Chancengerechtigkeit gesprochen (dazu Herzog, BayVBl. 1976, 161, 164).
[150] Benda HBVerfR § 17 Rn 169.
[151] BVerfGE 33, 303 (331); Olbersdorf, AuR 1955, 129 (138 ff.); Häberle, VVDStRL 30 (1972), 43 (96); Herzog, BayVBl. 1976, 161 (164); Enders S.464; Bieback, KJ 31 (1998), 162 (172); Herzog in Festschrift für Hirsch S. 63 (73); Herzog in Maunz / Dürig Art.20 GG – VIII Rn 49; Sommermann in von Mangoldt / Klein / Starck Art. 20 Rn 105 f.

geht, sondern gerade darum, den Menschen Gelegenheit zu *eigener* Leistung zu geben. Das Sozialstaatsprinzip gebietet nicht in erster Linie die „Zuteilung von Freiheit“ durch Geldleistungen, sondern die Eröffnung von *Chancen* zur Wahrnehmung von Freiheit. Und genau dieser Eröffnung von Chancen dient die Schaffung von Arbeitsplätzen. Im Zusammenhang mit der Freiheitswahrnehmung ist zu beachten, dass die Möglichkeit bezahlter Arbeit nicht lediglich Bedingung für eine effektive tatsächliche Berufsfreiheit, sondern darüber hinaus Voraussetzung etlicher anderer Freiheitsausübungen ist[152]. Arbeit ist für die meisten die einzige Möglichkeit, der auch vom Sozialstaatsprinzip geforderten grundsätzlichen Selbstverantwortlichkeit gerecht zu werden. Der freiheitliche Sozialstaat basiert darauf, dass jeder arbeitsfähige Erwachsene die Möglichkeit hat, den Lebensunterhalt für sich und seine Familie zu verdienen[153]. Nicht zuletzt aus diesen Erwägungen ergibt sich, dass der Sozialstaat die Prosperität der Wirtschaft zu fördern und zu sichern hat. Diese sozialstaatliche Dimension ist wiederum eng mit dem Postulat des gesamtwirtschaftlichen Gleichgewichts in Art. 109 Abs.2 GG verknüpft[154]. Das Sozialstaatsprinzip geht also über den „karitativen“ Auftrag der Vermeidung bzw. Beseitigung akuter Not hinaus. Die erwähnte Gefahr seiner politischen Inanspruchnahme durch einzelne Personen, Gruppen oder Parteien besteht in diesem Zusammenhang schon aufgrund des breiten - politischen und gesellschaftlichen - Konsenses bezüglich des Zieles einer ausreichenden Zahl von Arbeitsplätzen[155] nicht. Der Inhalt des Sozialstaatsprinzips lässt sich negativ als Verbot einer eindeutig unsozialen Politik bestimmen[156]. Würde der Staat der Frage der Arbeitsplatzschaffung und -erhaltung und damit der Arbeitslosigkeit gänzlich gleichgültig gegenüberstehen oder sogar ein Anwachsen der Arbeitslosigkeit bewusst forcieren, so wäre das als offensichtlich unsoziale Politik zu qualifizieren. Es ist ein Gebot sozialer Gerechtigkeit, dass der Staat versucht, mit gleicher Leistungsfähigkeit und Leistungswilligkeit ausgestatteten Bürgern einen vergleichbaren beruflichen Lebensweg zu ermöglichen. Daher ist es keineswegs erstaunlich, dass in der Literatur von vielen festgestellt wird, das Sozialstaatsprinzip beinhalte eine „Staatszielbestimmung Vollbeschäftigungspolitik“, also eine staatliche Verpflichtung zur Bekämpfung der Arbeitslosigkeit[157]. Exemplarisch seien die Ausführungen von

[152] Ruland in Gedächtnisschrift für Martens S.679 (680).

[153] Zacher HBStR Bd. II § 28 Rn 27 – dem entspricht auch eine entsprechende Verantwortung der Bürger.

[154] Benda, NJW 1967, 849 (852); ders. HBVerfR § 17 Rn 175.

[155] Wienholtz, AöR 109 (1984), 532 (537); vgl. auch Benda HdBVerfR § 17 Rn 115.

[156] Herzog in Maunz / Dürig Art.20 GG – VIII Rn 26.

[157] Olbersdorf, AuR 1955, 129 (138 ff.); Hambusch, AuR 1972, 269 (271); Badura, Festschrift für Berber S. 11 (21); Achterberg, JZ 1975, 713 (720/721) – „Recht auf die Chance zur Arbeit“; Schwerdtner, ZfA 1977, 47 (69); Scholz in Böckenförde u.a. S.75 (82); Pitschas S.8 f.; Bryde, NJW 1984, 2177 (2184); Papier, DVBl 1984, 801 (811); Wienholtz, AöR 109 (1984), 532 (539 f.); Mückenberger, NZA 1985, 518 (518) – Sozialstaatsprinzip iVm Art.109 Abs.2, Art. 12 GG; Wipfelder, RdA 1985, 93 (94) – Sozialstaatsprinzip iVm § 1 StWG;

Scholz erwähnt, der das Ziel der Vollbeschäftigung zu den zentralen Ordnungsanliegen der Sozialstaatlichkeit zählt und fortfährt: „Der soziale Staat hat auf Arbeitslosigkeit jedweder Form und jedweder Ursache zu reagieren (...). Das Sozialstaatsprinzip fordert eine aktive staatliche Vollbeschäftigungspolitik, überlässt deren konkrete Inhalte und Maßnahmen aber dem staatlichen Gesetzgeber und seinem Konkretisierungsprimat".[158] Die Chance der Erwerbsarbeit ist eine zentrale Verantwortung des Staates[159]. Soweit ersichtlich wird dies von niemandem ausdrücklich bestritten. Das Bundesverfassungs- gericht führt in seiner Entscheidung zum früheren Monopol der staatlichen Arbeitsvermittlung aus: „(...) Denn dass die Arbeitslosigkeit auf der einen Seite und der Mangel an Arbeitskräften auf der anderen Seite gemindert und behoben werden, ist für das ganze Volk von entscheidender Bedeutung und gehört zu der dem Staat obliegenden, *ihm durch das Gebot der Sozialstaatlichkeit vom Grundgesetz auch besonders aufgegebenen Daseinsvorsorge*"[160]. Einen arbeitsrechtlichen Anspruch von freien Mitarbeitern beim Rundfunk auf Festanstellung hat das BVerfG mit der Erwägung abgelehnt, dies verschlechtere die Chancen Dritter auf Beschäftigung beim Rundfunk und verstoße folglich gegen das Sozialstaatsprinzip, welches „gerade auch zur Sorge für diejenigen verpflichtet, die keinen Arbeitsplatz haben und einen solchen suchen"[161]. Staatszielbestimmungen sind nach der hier zugrunde gelegten Definition der Sachverständigenkommission „Staatszielbestimmungen / Gesetzgebungsaufträge" „Verfassungsnormen mit rechtlich bindender Wirkung, die der Staatstätigkeit die fortdauernde Beachtung oder Erfüllung bestimmter Aufgaben – sachlich umschriebener Ziele – vorschreiben. Sie umreißen ein bestimmtes Programm der Staatstätigkeit und sind dadurch eine Richtlinie oder Direktive für das staatliche Handeln, auch für die Ausle-

---

Blank/Fangmann, AuR 1988, 235 (237); Sterzel, ZRP 1993, 13 (17); Maunz / Zippelius § 29 I 3; Wieland, DVBl. 1999, 1709 (1710); Stober § 6 I 3 S. 77; offenlassend Boewer, DB 1982, 751 (752).

In den Verfassungen etlicher Staaten ist eine solche Pflicht ausdrücklich normiert: § 75 Abs.1 der dänischen Verfassung von 1953, Art. 22 Abs.1 der griechischen Verfassung von 1975, Art. 40 Abs.1 S. 2 der spanischen Verfassung von 1978, Art. 19 Abs.1 der niederländischen Verfassung von 1983 („die Schaffung von genügend Arbeitsplätzen ist Gegenstand der Sorge des Staates..."); im Verfassungsrecht der deutschen Länder Art. 12 Abs.1 S. 2 der Berliner Verfassung, Art. 48 der Brandenburger Verfassung, Art. 17 Abs.1 der mecklenburg-vorpommerschen Verfassung, Art. 39 der sachsen-anhaltinischen Verfassung, Art. 36 der thüringischen Verfassung (dazu 2. Kapitel des Teiles 2). In einem Verfassungsentwurf, der auf Vorschlag des „zentralen runden Tisches" in der DDR zurückgeht, heißt es: „Der Staat schützt das Recht jedes Menschen auf Arbeit, trägt zur Erhaltung und Schaffung von Arbeitsplätzen bei und sichert einen hohen Beschäftigungsstand, soweit dieses sozial verantwortbar und ökologisch vertretbar ist" – zitiert in Friedrich / Wiedemeyer S. 72.

[158] Scholz in Böckenförde u.a. S.75 (82).

[159] Zacher HBStR Bd. II § 28 Rn 28.

[160] BVerfGE 21, 245 (251).

[161] BVerfGE 59, 231 (266).

gung von Gesetzen und sonstigen Rechtsvorschriften."[162]. Auffallend ist, dass hier nicht vergleichbar etwa dem in Art. 20 a GG normierten Staatsziel Umweltschutz ein Staatsziel Vollbeschäftigung, sondern eben das Staatsziel der Vollbeschäftigungs*politik* formuliert wird. Dies könnte darauf hindeuten, dass sich der Auftrag der Arbeitsplatzschaffung bzw. –erhaltung an Regierung und Gesetzgebung, nicht jedoch an die Rechtsprechung und die Verwaltung im engeren Sinne des Gesetzesvollzugs[163] wendet. Dies wird allerdings nirgends ausdrücklich behauptet. Vielmehr richtet sich der den Staatszielbestimmungen immanente Gestaltungsauftrag auch an die vollziehende Gewalt – die Staatsprinzipien und so auch das Sozialstaatsprinzip sind beim Verwaltungshandeln als Abwägungsgesichtspunkte und als Auslegungsmaßstab heranzuziehen[164].
Das Sozialstaatsprinzip verpflichtet die Staatsorgane, den Zustand der Vollbeschäftigung anzustreben, gibt jedoch die zur Zielverwirklichung einzusetzenden Mittel nicht vor. Insofern entspringt aus dem genannten Staatsziel kein Programm konkreter Forderungen an die Gesetzgebung, sondern es ist der eigenverantwortlichen Gestaltung durch politische Entscheidungen überlassen, *wie* das Ziel erreicht werden soll[165]. Dem entspricht die Aussage, dass sich der Gehalt des Sozialstaatsprinzips kaum zu definitiven Einzelkonsequenzen verdichten läßt[166]. Daraus ergibt sich ein weiter Gestaltungsspielraum des Gesetzgebers, in dessen Rahmen die Verwirklichung des Staatsziels nicht justitiabel ist. Ein Recht auf bestimmte der Erhaltung oder Schaffung von Arbeitsplätzen gerichtete Maßnahmen ergibt sich aus dem Sozialstaatsprinzip als solchem keinesfalls. Es verpflichtet den Staat auch nicht notwendigerweise zu Interventionen in die wirtschaftlichen Geschehensabläufe aus arbeitsmarktpolitischen Gründen, sondern gestattet durchaus ein Vertrauen auf die Selbstheilungskräfte des Marktes, sofern dies den verantwortlichen Politikern erfolgversprechend zu sein scheint[167].

---

[162] BMI / BMJ (Hrsg.), Staatszielbestimmungen / Gesetzgebungsaufträge. Bericht der Sachverständigenkommission, 1983, Rn 7 u. 130 ff.
[163] Vgl. Lexikon Politik (Verwaltung).
[164] Schreiber S. 64; Hinds, ZRP 1993, 149 (150); Kutscha, ZRP 1993, 339 (343); Schmidt-Preuß, DVBl. 1993, 236 (240); Sommermann S. 385; Stober Allg. WiVerwR § 6 II 3; vgl. auch Art. 53 Abs.3 der spanischen Verfassung von 1978: „Die Anerkennung, die Achtung und der Schutz der ... Leitprinzipien leitet die positive Gesetzgebung, die gerichtliche Praxis und die Tätigkeit der öffentlichen Gewalten ...".
[165] Vgl. BVerfGE 18, 257 (267/273); 65, 182 (193); Benda, HBVerfR § 17 Rn 109; Herzog in Maunz/Dürig Art.20 – VIII Rn 25; Hinds, ZRP 1993, 149 (150); Hesse Rn 215; Wieland, VVDStRL 59 (2000), 13 (28); speziell zum hohen Beschäftigungsstand Wieland, DVBl. 1999, 1709 (1710 LS 19). Ungeachtet weitreichender Koordinierungsverpflichtungen gemäß Art. 125 ff. EGV ist die Entscheidung über Art und Umfang staatlicher Arbeitsmarktlenkung eine genuin mitgliedstaatliche Aufgabe (von Danwitz, DVBl. 1999, 1712 LS 6).
[166] BVerGE 1, 97 (105); 82, 60 (80); 84, 90 (125); 94, 241 (263).
[167] Wieland, DVBl. 1999, 1709 (1710 LS 11).

Aus dem Sozialstaatsprinzip folgt auch nicht, dass das Ziel der Vollbeschäftigung einen generellen Vorrang gegenüber anderen Zielen wie etwa dem Umweltschutz (Art.20 a GG) hat. Ein solcher Vorrang läßt sich nicht etwa mit der Erwägung konstruieren, dass das Sozialstaatsprinzip zu den nach Art.79 Abs.3 GG unveränderbaren, mit der sogenannten Ewigkeitsgarantie ausgestatteten Staatsstrukturprinzipien zählt[168]. Bereits aus diesem fehlenden generellen Vorrang folgt, dass der Staat das Ziel nicht „um jeden Preis" ohne Rücksicht auf mögliche nachteilige Wirkungen für andere Ziele und in anderen Bereichen verfolgen muss – mehr noch: nicht verfolgen darf. Die hiermit angesprochenen Zielkonflikte können beispielsweise im Verhältnis zum Umweltschutz auftreten; es mag zwar sein, dass sich der vielbeschworene Konflikt zwischen Ökologie und Ökonomie gesamtwirtschaftlich weitgehend zugunsten einer umweltverträglichen Ökonomie auflösen lässt[169]. Das ändert jedoch nichts daran, dass die einzelnen konkreten Problemkonstellationen, mit denen sich Gesetzgeber bzw. Verwaltung konfrontiert sehen, oftmals nur durch die Rückstellung des einen gegenüber dem anderen Interesse gelöst werden können.
Aus der staatlichen Verpflichtung, auf einen Zustand der Vollbeschäftigung hinzuwirken, folgt erst recht, dass der Staat in einer durch beträchtliche Arbeitslosigkeit und damit fehlende Vollbeschäftigung gekennzeichneten Situation den Abbau vorhandener und die Verhinderung des Entstehens neuer Arbeitsplätze nicht gezielt *fördern* darf. Das versteht sich eigentlich von selbst und stellt eine das staatliche Handeln nur minimal einschränkende Vorgabe dar. Denn es ist danach keinesfalls ausgeschlossen, dass der Staat Maßnahmen um anderer legitimer Ziele willen ergreift oder unterstützt, die absehbar zu einem Arbeitsplatzabbau führen; die Vernichtung vorhandener bzw. potentieller Arbeitsplätze darf nur nicht *als solche* gefördert werden, darf also nicht eigentlicher Zweck, sondern nur unbeabsichtigte, wenn auch vorausgesehene und in Kauf genommene Nebenfolge einer zur Verfolgung anderer legitimer Ziele ergriffenen Maßnahme sein.
Für die Exekutive im Sinne der gesetzesanwendenden Verwaltung und für die Judikative kann das dem Sozialstaatsprinzip innewohnende „Staatsziel Vollbeschäftigung" aufgrund seiner bereits geschilderten Bedeutung für die Interpretation von unbestimmten Rechtsbegriffen und die Auslegung von Ermessensnormen eine Rolle spielen.

---

168 Kempen in Festschrift für Gnade S. 1 (1) weist darauf hin, dass das Sozialstaatsprinzip eher beiläufig in die Ewigkeitsgarantie des Art. 79 Abs. 3 GG „gerutscht" ist.
169 Murswiek, NVwZ 1996, 222 (227).

IV. Gesamtwirtschaftliches Gleichgewicht (Art.109 Abs.2 GG i.V.m. § 1 Abs.2 StabG)

1. Haushaltswirtschaft und gesamtwirtschaftliches Gleichgewicht

Gemäß Art. 109 Abs.2 GG haben Bund und Länder bei ihrer Haushaltswirtschaft den Erfordernissen des gesamtwirtschaftlichen Gleichgewichts Rechnung zu tragen. Dies ist kein bloßer Programmsatz, sondern rechtliche Verpflichtung und Staatsziel[170]. Unter Haushaltswirtschaft ist die Gesamtheit der auf die staatlichen Einnahmen und Ausgaben bezogenen Vorgänge, soweit sie nach bundesstaatlichem Verfassungsrecht eigener haushaltspolitischer Entscheidung zugänglich sind, zu verstehen – ohne Rücksicht darauf, ob sie der Bedarfsdeckung, der Verteilung oder der Stabilisierung dienen[171]. Da die Haushaltspolitik indes nicht isoliert praktiziert werden kann, bezieht sich die Verpflichtung nach verbreiteter Auffassung auf die gesamte Finanz- und Wirtschaftspolitik[172] - Bund und Länder dürfen das gesamtwirtschaftliche Gleichgewicht jedenfalls nicht durch ihre Maßnahmen im Rahmen der sonstigen Wirtschafts- und Finanzpolitik negativ beeinträchtigen[173]. Der Haushalt ist nach Art.109 Abs. 2 GG nicht ausschließlich unter dem Gesichtspunkt der Bedarfsdeckung zu betrachten, sondern auch als für das wirtschaftliche und insbesondere konjunkturelle Geschehen relevante und mitverantwortliche Größe[174].

Der Begriff des gesamtwirtschaftlichen Gleichgewichts findet sich außerdem in Art.104 a Abs.4, in Art.109 a Abs.4 und in Art.115 Abs.1 GG, wo es jeweils um Ermächtigungen „zur Abwehr einer Störung des gesamtwirtschaftlichen Gleichgewichts" geht. Schon weil die dort genannten Befugnisse begrenzt sein müssen, muss der Begriff näher definiert werden. Über die Auslegung dieses unbestimmten Verfassungsbegriffs geben indes auch diese Regelungen keinen Aufschluss. Im gleichzeitig erlassenen § 1 StabG wird das gesamtwirtschaftliche Gleichgewicht durch das sogenannte „magische Viereck" der Stabilität des Preisniveaus, des *hohen Beschäftigungsstandes* und des außenwirtschaftlichen Gleichgewichts bei stetigem und angemessenem Wirtschaftswachstum umschrieben[175]. Als einfachgesetzliche Regelung ohne Verfassungsrang vermag § 1

[170] Bleckmann Rn 1668; Maunz in Maunz / Dürig Art.109 Rn 37; Stober § 10 I 1 S. 122.

[171] Maunz in Maunz / Dürig, Art.109 Rn 3; Heintzen in von .Münch Art.109 Rn 5; anders Möller, StabG Art. 109 Abs.2 Rn 6: Haushaltswirtschaft betrifft nur die Ausgabenseite.

[172] Scheuner, Festschrift für Forsthoff S. 325 (337); Zuck S.96 f.; Wank S.59; Maunz in Maunz / Dürig, Art. 109 Rn 24; Vogel, HBStR IV § 87 Rn 16.

[173] Vogel / Wiebel in Bonner Kommentar Art.109 Rn 124.

[174] vgl. Stern, NJW 1967, 1831 (1831) – dort heißt es sogar, der Haushalt solle einen maximalen Beitrag zu einem harmonischen wirtschaftlichen Wachstum leisten.

[175] § 1 StabG lautet: Bund und Länder haben bei ihren wirtschafts- und finanzpolitischen Maßnahmen die Erfordernisse des gesamtwirtschaftlichen Gleichgewichts zu beachten. Die Maßnahmen sind so zu treffen, daß sie im Rahmen der marktwirtschaftlichen Ordnung gleichzeitig zur Stabilität des Preisniveaus, zu einem hohen Beschäftigungsstand und außen-

StabG den eine Verfassungsnorm darstellenden Art.109 Abs.2 GG nicht verbindlich für alle Zeiten zu interpretieren[176] - die Ziele des § 1 StabG sind mit anderen Worten nicht verfassungsfest[177]. Wenn das Bundesverfassungsgericht ausführt, der Begriff des gesamtwirtschaftlichen Gleichgewichts enthalte „einen in die Zeit hinein offenen Vorbehalt für die Aufnahme neuer gesicherter Erkenntnisse der Wirtschaftswissenschaften als zuständiger Fachdisziplin"[178], so bedarf diese Formulierung jedenfalls des ergänzenden Hinweises, dass die Konkretisierung der Verfassung in erster Linie dem Gesetzgeber obliegt und nicht den Wirtschaftswissenschaften. Inwiefern neue ökonomische Erkenntnisse Eingang in die Interpretation des Art.109 Abs.2 GG finden, hängt also maßgeblich von der Offenheit der entsprechenden einfachgesetzlichen Norm oder gegebenenfalls von ihrer Änderung ab. Die geschilderte Problematik spielt indes keine besondere Rolle, da nach gegenwärtigem Stand gesicherte abweichende Erkenntnisse nicht vorliegen[179]. Mit § 1 StabG hat der Gesetzgeber somit die nach dem damaligen – und bis heute nicht widerlegten - ökonomischen Erkenntnisstand für einen wirtschaftlichen Gleichgewichtszustand maßgebenden Voraussetzungen näher umschrieben und versucht, den Begriff des gesamtwirtschaftlichen Gleichgewichts in ökonomisch messbare Größen umzusetzen. Allerdings sollen die in § 1 StabG aufgeführten Komponenten keineswegs die einzigen Kriterien für staatliches Handeln im Bereich der Wirtschafts- und Finanzpolitik darstellen und bedeuten für das gesamtwirtschaftliche Gleichgewicht selbst notwendige, nicht aber unbedingt auch hinreichende Voraussetzungen[180].

---

wirtschaftlichem Gleichgewicht bei stetigem und angemessenem Wirtschaftswachstum beitragen.

Vgl. auch § 1 AfG von 1969: Die Maßnahmen nach diesem Gesetz sind im Rahmen der Sozial- und Wirtschaftspolitik der Bundesregierung darauf auszurichten, dass ein hoher Beschäftigungsstand erzielt und aufrechterhalten, die Beschäftigungsstruktur ständig verbessert und damit das Wachstum der Wirtschaft gefördert wird.

Das zum 1.1.1998 in Kraft getretene Arbeitsförderungs-Reformgesetz normiert zwar die Arbeitsvermittlung sowie die Eingliederung von Arbeitslosen als zentrale Ziele der Arbeitsmarktpolitik, aber nicht mehr die Erreichung eines möglichst hohen Beschäftigungsstandes.

[176] Bleckmann Rn 1669; Heintzen in von .Münch Art.109 Rn 12; Maunz in Maunz / Dürig, Art.109 Rn 25; Scheuner in Festschrift für Schäfer S.109 (114); Vogel, HdbStR § 87 Rn 16; Vogel/Wiebel in Bonner Kommentar Art.109 Rn 122 ff.; Zuck S. 139 f.

[177] Wark S.60; durch die nur einfachgesetzliche Begriffsbestimmung sollte eine Festschreibung des wissenschaftl. Kenntnisstandes von 1967 gerade vermieden werden – Schriftl. Bericht des Rechtsausschusses BTDrs. Zu V/1686; Zuck, NJW 1967, 1301 (1304); Möller, StabG Art.109 GG Rn 10.

[178] BVerfGE 79, 311 (338).

[179] Bleckmann Rn 1670 verweist außerdem auf den Konsens aller Parteien über die Ziele der Wirtschaftspolitik; S-B/K Art.109 Rn 9; die Funktionsfähigkeit des im StabG niedergelegten Wirtschaftskonzepts wird allerdings zunehmend in Frage gestellt – Kloepfer, Jura 1993, 583 (585); Stober § 10 I 3.

[180] Möller StabG Einleitung II.; Stern / Münch / Hansmeyer StabG § 1 Abs.2.; Schneider in Alternativkommentar Art.109 Rn 11; weitere Komponenten der Wirtschafts- und Finanzpoli-

2. Abstrakte Gleichwertigkeit der Ziele

Der Wortlaut der Norm spricht für die Gleichwertigkeit aller Ziele, von der dementsprechend überwiegend ausgegangen wird[181]. Aus der Formulierung „*bei* stetigem und angemessenem Wirtschaftswachstum" mag zwar deutlich werden, dass das Wirtschaftswachstum nicht nur Zielkomponente, sondern auch ständige Bedingung der Wirtschafts- und Finanzpolitik ist[182]; dessen ungeachtet ist es jedoch gleichrangiges Ziel und nicht nur Nebenbedingung[183]. Nach teilweise vertretener Auffassung ergibt sich aus dem höchstrangigen Sozialstaatsprinzip ein Vorrang des anzustrebenden hohen Beschäftigungsniveaus[184]. Damit wird indes verkannt, dass eine an den Richtlinien des § 1 StabG orientierte Politik wesentliche Voraussetzungen für wirtschaftlichen Wohlstand und soziale Stabilität schafft. Der sozialstaatliche Verfassungsauftrag bezieht sich neben der individuellen Fürsorge auf eben diese dem gesamtwirtschaftlichen Gleichgewicht Rechnung tragende und damit dem allgemeinen Wohl förderliche Konjunktur- und Struktur-, Wirtschafts- und Sozialpolitik. Art.109 Abs.2 GG inklusive des in § 1 StabG aufgeführten Zielkataloges erweisen sich somit als spezifische Ausprägung des Sozialstaatsprinzips[185]. Daher verbietet es sich, das Beschäftigungsziel als generell vorrangig herauszugreifen oder gar die übrigen Ziele lediglich als *Instrumente* für einen hohen Beschäftigungsstand zu betrachten[186]. Die Ziele sind also auf abstrakter Ebene als gleichrangig zu bewerten. Das bedeutet jedoch nicht, dass sich der Staat in jeder Situation um jede Komponente in gleicher Weise kümmern muss – dies wäre wohl auch kaum „messbar". Vielmehr ist immer jenen Zielen die größte Aufmerksamkeit zu widmen, die in der jeweiligen gesamtwirtschaftlichen Lage und deren absehbarer Entwicklung am wenigsten verwirklicht sind, so dass bei grundsätzlicher Gleichrangigkeit faktisch eine gefährdungsbestimmte Reihenfolge der Ziele existiert[187]. Aufgrund der Interde-

---

tik können etwa die (gerechte) Einkommens- und Vermögenspolitik sowie der Umweltschutz sein.

[181] Biedenkopf, BB 1968, 1005 (1006); Wank S.61; Ramm in Ryffel / Schwardtländer S.65 (87); Thiele in Ryffel / Schwardtländer S.97 (100); Pietzcker in Symposium Partsch S.15 (15); Vogel / Wiebel in Bonner Kommentar Art.109 Rn 114.

[182] Möller StabG § 1 Rn 12; Maunz in Maunz / Dürig, Art.109 Rn 27.

[183] So aber das Prognos-Gutachten „Gesellschaftliche Grundlagen der längerfristigen Sicherung des wirtschaftlichenWachstums", 1969, S.213.

[184] So Hambusch , AuR 1972, 268 (271); Achterberg, JZ 1975, 713 (720); Brakelmann in Moltmann S.9 (36); Kittner in Böckenförde u.a. S.91 (96); Klees S.108 f..

[185] Benda, NJW 1967, 849 (852); Badura in FS für Ipsen S.375; Müller-Volbehr, JZ 1982, 132 (136); Papier, DVBl. 1984, 801 (811); Heintzen in von Münch Art.109 Rn 14.

[186] So aber Kittner in Böckenförde u.a. S.91 (96), dessen Ausführungen in der Bemerkung gipfeln, Art.1 GG laute (schließlich) nicht: „Die Würde des Menschen, das Wachstum und die Deutsche Mark sind unantastbar"!

[187] Jahresgutachten des Sachverständigenrates 1964/65, Vorwort Ziff.3; Möller StabG § 1 Rn 8; Stern / Münch / Hansmeyer StabG § 1 IV.1.

pendenz ökonomischer Vorgänge ist dabei auch zu berücksichtigen, inwiefern die Verfolgung eines Zieles in besonderem Maße gleichzeitig der Realisierung einer anderen Vorgabe dient oder aber im Gegenteil für die Erreichung anderer Ziele gerade kontraproduktiv ist[188]. Bei der Bewertung der Gefährdungen der Zielkomponenten sowie bei der Auswahl der einzusetzenden konjunktur- und wachstumspolitischen Instrumente besteht ein erheblicher politischer Entscheidungsspielraum[189], der seine Grenze erst bei evidenter Unvertretbarkeit einer Maßnahme oder offensichtlicher Nichtberücksichtigung eines der Ziele findet.

3. Hoher Beschäftigungsstand

Zu klären bleibt, was genau unter hohem Beschäftigungsstand zu verstehen ist. Ob sich diese Zielkomponente neben der Arbeit auch auf die Produktionsfaktoren Boden und Kapital bezieht[190], kann offenbleiben. Was den hohen Beschäftigungsstand bezüglich des Produktionsfaktors Arbeit betrifft, so ist durchaus denkbar, darunter das Verhältnis der Zahl der Erwerbstätigen zur Gesamtzahl der – erwerbsfähigen – Bevölkerung oder gar die Zahl der geleisteten Arbeitsstunden zu verstehen. Nicht zuletzt weil der anzustrebende hohe Beschäftigungsstand Ausfluss des Sozialstaatsprinzips ist, ist er jedoch mit Hilfe der Arbeitslosenquote zu definieren[191]. Allgemein wird der Ausdruck mit dem der Vollbeschäftigung im Sinne der Volkswirtschaftslehre dahingehend interpretiert, dass keine restlose Beschäftigung aller Arbeitsfähigen und –willigen bestehen muss, sondern ein Sockel an Arbeitslosigkeit - genannt werden hier Quoten von 0,8 % bis hin zu 4 % - verbleiben kann[192]. Dazu ist folgendes zu sagen: je geringer die Arbeitslosenquote ist, desto weniger dringlich ist auch die Berücksichtigung des Beschäftigungsstandes. Dem Art.109 Abs.2 GG in Verbindung mit dem Sozialstaatsprinzip kann jedoch nicht entnommen werden, dass der Staat der Arbeitslosigkeit völlig gleichgültig gegenüberstehen darf, sobald diese unter einem bestimmten Prozentsatz liegt. Die staatlichen Organe sind also verpflichtet, unter Berücksichtigung anderer Vorgaben unter anderem eine möglichst weitgehende Beschäftigung der arbeitssuchenden Bevölkerung anzustreben[193].

---

188 Nenninger S.271 f.

189 Vgl. BVerfGE 50, 290 (332 ff.); Stern, DöV 1967, 657 (660); Möller StabG § 1 Rn 8 u. 13; Karpen, Jura 1985, 188 (193); Scheuner in Festschrift für Schäfer S.109 (116);

190 So Möller StabG § 1 Rn 10; Stern / Münch / Hansmeyer StabG § 1 II.2.; enger Maunz in Maunz / Dürig Art.109 Rn 25.

191 Das wird zumeist als ganz selbstverständlich festgestellt – vgl. Möller StabG § 1 Rn 10; problembewußt Stern / Münch / Hansmeyer StabG § 1 II. 2.; Wank S.62.

192 Möller StabG § 1 Rn 10; Stern / Münch / Hansmeyer StabG § 1 II 2.; Zuck S.135 f.; Wank S.62 f.; Maunz in Maunz / Dürig Art.109 Rn 29.

193 Nenninger S. 273.

Verpflichtet werden jedenfalls die Organe von Bund und Ländern einschließlich nachgeordneter Behörden; betrachtet man Art.109 Abs.2 GG als Ausfluss des Sozialstaatsprinzips, so obliegt die Berücksichtigung des gesamtwirtschaftlichen Gleichgewichts konsequenterweise allen Trägern öffentlicher Gewalt[194]. Das anzuvisierende Gleichgewicht bezieht sich allerdings auf die *Gesamtwirtschaft* und mithin weder auf einzelne Wirtschaftszweige noch auf einzelne Wirtschaftsräume[195]. Schon daraus folgt, dass sich Art.109 Abs.2 GG in erster Linie an Regierung und Gesetzgeber wendet – grob gesagt geht es hier um Politik und nicht um Verwaltung. Es ist kaum vorstellbar, dass untere Behörden und Gerichte auf das *gesamtwirtschaftliche* Geschehen einen nennenswerten Einfluss haben. Für sie ist Art.109 Abs.2 GG daher ohne Bedeutung.

---

[194] Papier, DVBl. 1984, 801 (811).
[195] Vogel in Bonner Kommentar Art.109 Rn 87.

2. Kapitel: Landesverfassungen

I. Der Aspekt der Arbeit in den Landesverfassungen

Anders als das Grundgesetz nehmen die Verfassungen der meisten Bundesländer auf das Thema Arbeit ausdrücklich Bezug. Ausnahmen bilden lediglich die Länder Baden-Württemberg, Hamburg, Niedersachsen und Schleswig-Holstein. Trotz teilweise scheinbar entgegenstehender Formulierungen verbürgen die Landesverfassungen jedoch keinen individuellen, einklagbaren Anspruch auf Arbeit. Dies ergibt sich für die meisten Verfassungen schon daraus, dass sie für den Fall der Arbeitslosigkeit staatliche Unterstützung vorsehen, die Möglichkeit der Arbeitslosigkeit also voraussetzen[196]. Einige Verfassungen erwähnen neben dem „Recht auf Arbeit" auch die - sittliche - Pflicht zur Arbeit[197], ohne dass diese jedoch als echte Rechtspflicht angesehen wird. Teilweise wird argumentiert, wenn die Pflicht zur Arbeit keine Rechtspflicht sei, könne auch das Recht auf Arbeit keinen Anspruch verleihen[198]. Insbesondere in den Verfassungen der neuen Bundesländer ist kein „Recht auf Arbeit" formuliert, vielmehr wird die Schaffung einer Arbeitsmöglichkeit für jeden Arbeitswilligen als Staatsaufgabe beschrieben[199]. Auch im übrigen ist aber anerkannt, dass ein „Recht auf Arbeit" im Sinne eines echten Anspruchs nicht besteht[200]. Da die Regelungen der Landesverfassungen über die Wirtschafts- und Sozialordnung denen des Grundgesetzes sehr ähnlich sind, wäre ein klagbarer Anspruch auf Arbeit außerdem mit

---

[196] Krüger, DöV 1961, 712 (712); Zielke, RdA 1992, 185 (187).
Bayern: Art 168 III – dazu BayVerfGH, DÖV 1961, 710 f. (Bayern ist eines der wenigen Bundesländer mit der Möglichkeit einer Verfassungsbeschwerde, Art. 120 BayVerf); Berlin: Art. 12 Abs.1; Bremen: Art.57 f.; Hessen: Art.28 Abs.3; Rheinland-Pfalz: Art.53; Saarland: Art.46.

[197] Art. 166 Abs.3 BayVerf; Art.8 Abs.1 BremVerf; Art.28 Abs.2 HessVerf; Art.53 Abs.2 RPVerf.

[198] Barth S.19 f.

[199] dazu Kutscha, ZRP 1993, 339 (342).
Brandenburg: Art.48 Abs.1 – „Das Land ist verpflichtet, im Rahmen seiner Kräfte durch eine Politik der Vollbeschäftigung und Arbeitsförderung für die Verwirklichung des Rechts auf Arbeit zu sorgen, welches das Recht jedes Einzelnen umfaßt, seinen Lebensunterhalt durch frei gewählte Arbeit zu verdienen."
Mecklenburg-Vorpommern: Art.17 Abs.1 – „Das Land trägt zur Erhaltung und Schaffung von Arbeitsplätzen bei. Es sichert im Rahmen des gesamtwirtschaftlichen Gleichgewichts einen hohen Beschäftigungsstand."
Sachsen: Art.7 Abs.1 – „Das Land erkennt das Recht eines jeden Menschen auf ein menschenwürdiges Dasein, insbesondere auf Arbeit, auf angemessenen Wohnraum, auf angemessenen Lebensunterhalt, auf soziale Sichrung und auf Bildung, als Staatsziel an."
Sachsen-Anhalt: Art.39 – „...dauernde Aufgabe des Landes und der Kommunen, allen die Möglichkeit zu geben, ihren Lebensunterhalt durch eine frei gewählte Arbeit zu verdienen."

[200] Zielke, RdA 1992, 185 (187); speziell zur nordrhein-westfälischen Verfassung Vogels VerfNRW Art.24 Rn 2 mwN unter Berufung auf die Beratungen im Verfassungsausschuss.

dem sonstigen Inhalt der jeweiligen Verfassungen kaum in Einklang zu bringen. Andererseits besteht kein Grund, die Regelungen zum „Recht auf Arbeit" in den Landesverfassungen als bloße deklaratorische Programmsätze ohne verpflichtende Wirkung aufzufassen – vielmehr handelt es sich um Staatszielbestimmungen, die insbesondere den Gesetzgeber zu einer beschäftigungsfördernden Politik verpflichten. Auch die Länder haben allerdings nach Art.109 Abs.2 GG die übrigen Komponenten des gesamtwirtschaftlichen Gleichgewichts zu beachten.

II. Die Bedeutung der Regelungen neben dem Grundgesetz

Gemäß Art.142 GG bleiben Bestimmungen der Landesverfassungen insoweit in Kraft, als sie in Übereinstimmung mit den Artikeln 1 bis 18 GG Grundrechte gewährleisten. Art.142 GG anerkennt nicht nur die Grundrechte der im Zeitpunkt des Inkrafttretens des Grundgesetzes bereits bestehenden Landesverfassungen, sondern ebenso diejenigen der später in Kraft getretenen Verfassungen[201]. Nach ständiger Rechtsprechung des Bundesverfassungsgerichts sind die Länder in der Ausgestaltung ihrer Landesverfassungen weitgehend frei[202]. Direkt ist Art.142 GG nicht anwendbar, da das „Recht auf Arbeit" in den Verfassungen der Länder nicht die Qualität eines subjektiven öffentlichen Rechts innehat und damit nach dem hier maßgeblichen materiellen Grundrechtsverständnis gerade kein Grundrecht darstellt[203]. Wendet man den Rechtsgedanken des Art.142 GG auch auf Staatsziele an, so spricht diese Norm für die Geltungskraft der landesrechtlichen Regelungen, die als Spezifizierungen des Sozialstaatsprinzips nicht über die normativen Gehalte des „Staatsziels Vollbeschäftigung" im Grundgesetz hinausgehen[204]. Überzeugender ist es indes, Staatszielbestimmungen – ebenso wie soziale Grundrechte und Einrichtungsgarantien – aufgrund ihres politischen Charakters am Homogenitätsgebot des Art.28 Abs.1 S.1 GG, demzufolge die Länder an die Grundsätze des republikanischen, demokratischen und sozialen Rechtsstaates gebunden sind, zu messen[205]. Da das „Recht auf Arbeit" in den Landesverfassungen inhaltlich einen Ausschnitt des grundgesetzlichen Sozialstaatsprinzips darstellt, steht Art.28 Abs.1 S.1 GG nicht entgegen. Wenn behauptet wird, selbst mit Bundesrecht inhaltsgleiches Landes(verfassungs)recht sei kompetenzwidrig und damit gemäß Art.31 GG –

---

[201] Entgegen dem Wortlaut „bestehen bleiben" – Stiens S.38 f.
[202] BVerfGE 4, 178 (189); 9, 268 (279); 36, 342 (361); 83, 37 (58).
[203] Böckenförde / Grawert, DöV 1971, 119 (121): nach dem Zweck des Art. 142 GG beinhaltet der Terminus „Grundrechte" keine Verweisung auf die landesverfassungsrechtlichen Selbstbezeichnungen; Rath S.64; Maunz in Maunz / Dürig, Art.142 Rn 9.
[204] Schaub S.72; Klees S.92; Nenninger S.325.
[205] Pietzcker in HBStR Bd.IV § 99 Rn 30; Zielke, RdA 1992, 185 (188); Stiens S.39.

„Bundesrecht bricht Landesrecht" - nichtig[206], so vermag das nicht zu überzeugen. Denn die nach Art.31 GG geforderte Kollisionslage besteht bei inhaltlich übereinstimmenden Rechtsnormen überhaupt nicht. Vor allem aber kann der den Ländern durch Art.28 GG eingeräumte Gestaltungsspielraum in Form ihrer originären Verfassungshoheit nicht an anderer Stelle wieder beseitigt werden[207]. Schließlich ist noch darauf hinzuweisen, dass nach Art.74 Nr.12 GG das Arbeitsrecht, die Arbeitsvermittlung und die Sozialversicherung einschließlich der Arbeitslosenversicherung Gegenstand der konkurrierenden Gesetzgebung sind und diese Rechtsgebiete durch Bundesgesetze umfassend und meist erschöpfend geregelt sind. Es darf jedoch nicht verkannt werden, dass das „Recht auf Arbeit" im Sinne eines Staatsziels Vollbeschäftigung keineswegs nur im Bereich des Arbeits- und Sozialrechts relevant ist, sondern auch für die Kreation von Normen in anderen Rechtsgebieten und die Auslegung des gesamten einfachen Rechts und Landesverfassungsrechts[208]. Dass das „Recht auf Arbeit" der Landesverfassungen letztlich leerläuft, liegt an seiner inhaltlichen Übereinstimmung mit dem bundesverfassungsrechtlichen „Staatsziel Vollbeschäftigung". Im Ergebnis unterscheidet sich die Rechtslage der Bundesländer mit einem „Recht auf Arbeit" nicht von derjenigen der Länder ohne ein solches Verfassungspostulat. Diese mangelnde *rechtliche* Relevanz des „Rechts auf Arbeit" in den Landesverfassungen schließt indes die *faktische* Bedeutung solcher ausdrücklichen Normierungen nicht aus. Denn die staatliche Pflicht, für eine ausreichende Zahl an Arbeitsplätzen zu sorgen, ist im grundgesetzlichen Sozialstaatsprinzip mehr verborgen als sichtbar enthalten. Die explizite Erwähnung oder jedenfalls Andeutung dieser staatlichen Pflicht in den Landesverfassungen vermag diese weit stärker in das Blickfeld des Rechtsanwenders zu rücken und auf diese aufmerksam zu machen. Bezeichnenderweise wird in einem durch die Regierung von Oberfranken im Bereich des Baurechts erlassenen Widerspruchsbescheid im Hinblick auf die Schaffung und Erhaltung von Arbeitsplätzen nicht mit dem Sozialstaatsprinzip des Grundgesetzes, sondern mit der bayerischen Verfassung argumentiert[209]. Dort heißt es: „Außerhalb der nachbarrechtlichen Problematik sprechen die öffentlichen Belange grundsätzlich für das Vorhaben, denn es sichert und schafft Arbeitsplätze. Schon Art. 166 der Bayerischen Verfassung zeigt, dass der Staat ohne besonderen rechtfertigenden Grund nichts unternehmen darf, was arbeitsplatzgefährdend ist".

---

[206] HessStGH NJW 1951, 734; Menger, VerwArch 62 (1971), 75 (76 ff.); Jutzi S.22; vermittelnd Böckenförde / Grawert, DöV 1971, 119 (124): Der Gesetzgeber kann mit Hilfe des Art. 31 GG auch übereinstimmendes Landes(verfassungs)recht aufheben, wenn er dies will.
[207] Stiens S.36; Klein in S-B/K Art.31 Rn 9.
[208] Nenninger S.327; die (potentielle) Bedeutung des „Rechts auf Arbeit" offenbar weitgehend auf den Bereich des Arbeitsrechts reduzierend Rath S.66; Barth S.20; Schaub S.72; Klees S.93.
[209] Widerspruchsbescheid der Regierung von Oberfranken vom 20.10.1989 – Az: 220-416 c 04-1/88 .

3. Kapitel: Internationale Vereinbarungen

I. Art. 23 Abs.1 der Allgemeinen Erklärung der Menschenrechte

Nach Art.23 Abs.1 der Allgemeinen Erklärung der Menschenrechte der Generalversammlung der Vereinten Nationen vom 10.12.1948 hat jeder das Recht auf Arbeit, freie Wahl seiner Beschäftigung, angemessene und befriedigende Arbeitsbedingungen und Schutz gegen Arbeitslosigkeit. Dies bedeutet zwar – wie die gesamte Menschenrechtserklärung – eine *politische* Verpflichtung; juristische Verbindlichkeit im Sinne eines völkerrechtlichen Vertrages besitzt die Deklaration indes nicht, sie gehört nicht zu den „allgemeinen Regeln des Völkerrechts" im Sinne des Art.25 GG[210]. Keinesfalls begründet Art. 23 Abs.1 der Erklärung für die einzelnen Bürger der Unterzeichnerstaaten irgendwelche Ansprüche[211].

II. Art.6 Abs.1 der UN-Konvention über wirtschaftliche, soziale und kulturelle Rechte

Die Allgemeine Erklärung der Menschenrechte wird ergänzt und konkretisiert unter anderem durch die Internationale Konvention über wirtschaftliche, soziale und kulturelle Rechte von 1966, deren Art.6 lautet:
„1. Die Vertragsstaaten erkennen das Recht auf Arbeit an, welches das Recht jedes einzelnen auf die Möglichkeit, seinen Lebensunterhalt durch frei gewählte oder angenommene Arbeit zu verdienen, umfasst, und unternehmen geeignete Schritte zum Schutz dieses Rechts.
2. Die von einem Vertragsstaat zur vollen Verwirklichung dieses Rechts zu unternehmenden Schritte umfassen fachliche und berufliche Beratung und Ausbildungsprogramme sowie die Festlegung von Grundsätzen und Verfahren zur Erzielung einer stetigen wirtschaftlichen, sozialen und kulturellen Entwicklung und einer produktiven Vollbeschäftigung unter Bedingungen, welche die politischen und wirtschaftlichen Grundfreiheiten des Staates schützen."
Die Konvention gilt aufgrund ihrer Ratifizierung durch die Bundesrepublik Deutschland als einfaches Bundesgesetz (Art.59 Abs.2 GG)[212] und verpflichtet den Staat zu einer Vollbeschäftigungspolitik[213]. Das ist als Auftrag an den Ge-

---

[210] Zuleeg, RdA 1974, 321 (321); Barth S.21; Stuby in Achten u.a. S.75 (90); Schaub S.75; Klees S.95; Nenninger S.337.
[211] Partsch, AöR 74 (1948), 158 (188); Schultz, MDR 1977, 640 (641); Nenninger S. 337.
[212] Brugger in Ryffel / Schwartländer S.111 (125 FN 38); Zielke 1992, 185 (187) – eine „allgemeine Regel des Völkerrechts" im Sinne des Art. 25 GG ist die Konvention nicht.
[213] Rath S.59 ff.; Zuleeg, RdA 1974, 321 (324, 327); Stuby in Achten u.a. S.75 (96); Ramm in Ryffel / Schwartländer S.65 (81 ff) – die Konvention verpflichtet die Staaten als Vertragspartner untereinander, nicht aber internationale und supranationale Organisationen wie die EG.

setzgeber zu verstehen, eine Politik zu betreiben, die dem einzelnen die größtmögliche Chance gibt, einen frei gewählten Arbeitsplatz zu erlangen[214]. Individuelle Rechte gewährt die Regelung nicht[215] – auf ein subjektives Recht auf einen Arbeitsplatz abzielende Anträge sind während der Beratungen abgelehnt worden[216], eine zur Realisierung dieses Rechts gegebenenfalls erforderliche Umgestaltung der Wirtschaftsordnung entspräche sicher nicht dem Willen der überwiegenden Zahl der Vertragsstaaten. Die Überwachung der Einhaltung der Verpflichtungen ist den Organen der Vereinten Nationen und ihrer Unterorganisationen anvertraut – die Vertragsstaaten haben der UNO Berichte vorzulegen, die aber allenfalls zu Empfehlungen der Generalversammlung oder des Wirtschafts- und Sozialausschusses führen[217]. Schließlich ist noch darauf hinzuweisen, dass sich der Konvention zwar möglicherweise Anhaltspunkte für die Konkretisierung des Sozialstaatsprinzips entnehmen lassen, dessen Auslegung sich aber nicht nach den Einzelregelungen internationaler Abkommen richtet[218]. Dass durch den Pakt durch Übereinkommen anerkannte oder bestehende Rechte wie etwa solche nach der noch zu erörternden Europäischen Sozialcharta nicht beeinträchtigt werden dürfen, ergibt sich bereits aus Art.5 Abs.2[219].

III. Art.55 UN-Charta

In Art.55 der Charta der Vereinten Nationen heißt es:
„Um jenen Zustand der Stabilität und Wohlfahrt herbeizuführen, der erforderlich ist, damit zwischen den Nationen friedliche und freundschaftliche (...) Beziehungen herrschen, fördern die Vereinten Nationen die Verbesserung des Lebensstandards, *die Vollbeschäftigung* und die Voraussetzungen für wirtschaftlichen und sozialen Fortschritt und Aufstieg; (...)."
In den Verhandlungen, die zur Entstehung der UN-Charta führten, wurde Art.55 als Durchführungsbestimmung zu Art.1 UN-Charta betrachtet[220], der eine Beschreibung der Ziele der Vereinten Nationen wie insbesondere die Wahrung des Weltfriedens enthält. Die Vorschrift beruht also auf dem Gedanken, dass die Aufrechterhaltung des Weltfriedens neben der Ächtung des Krieges einen Zustand wirtschaftlicher Stabilität in und zwischen den Staaten voraussetzt[221]. Art.55 der UN-Charta bindet zwar nicht die Einzelstaaten, wohl aber die Organe

[214] Zuleeg, RdA 1974, 321 (327); Zielke, RdA 1992, 185 (187).
[215] Echterhölter, BABl. 496 (496/497); Zuleeg, RdA 1974, 321 (327); Dörfler S.29; van der Ven S.62; Thiele in Ryffel / Schwartländer S.97 (101); Klees S.97.
[216] Denkschrift der Bundesregierung S.18; Echterhölter, BABl.1973, 496 (497).
[217] Artt.13 Abs.1 b, 62 Abs.2 der UN-Charta.
[218] Zuleeg, RdA 1974, 321 (324).
[219] Zuleeg, RdA 1974, 321 (323).
[220] Simma Art.55 Rn 1.
[221] Simma Art.55 Rn 2.

und Sonderorganisationen der Vereinten Nationen[222]. Nach Art.60 UN-Charta werden die in Art.55 genannten Aufgaben und damit auch die Förderung der Vollbeschäftigung von der Generalversammlung und unter ihrer Autorität vom Wirtschafts- und Sozialrat (ECOSOC) wahrgenommen.

IV. Die Europäische Sozialcharta

Teil I 1 der am 18.10.1961 von den Mitgliedern des Europarates unterzeichneten und am 26.02.1965 als einfaches Bundesgesetz in Kraft getretenen Europäischen Sozialcharta[223] lautet: „Jedermann muss die Möglichkeit haben, seinen Lebensunterhalt durch eine frei übernommene Tätigkeit zu verdienen." In Teil II werden die in Teil I aufgeführten Ziele und Rechte konkretisiert. Unter dem Titel „Recht auf Arbeit" sind in Art.1 dieses zweiten Teiles einzelne Maßnahmen aufgezählt, zu denen sich die Parteien verpflichten – unter anderem zwecks Verwirklichung der Vollbeschäftigung einen hohen Beschäftigungsstand zu einer der wichtigsten Staatsaufgaben zu machen. Da die Charta einerseits ein sehr umfassendes Programm beinhaltet, andererseits aber möglichst viele Staaten dem Vertrag beitreten sollten, müssen die Vertragsparteien gemäß Art. 20 Abs.1 b) ESC nicht jedes der in Teil II aufgezählten Rechte übernehmen – die Bundesrepublik Deutschland hat das „Recht auf Arbeit" indes als für sich bindend anerkannt[224]. Dass die Europäische Sozialcharta kein subjektives Recht auf Arbeit gewährt[225], ergibt sich schon aus Art. 1 ESC, der in unmittelbarem Zusammenhang mit Teil I 1 steht. Das „Recht auf Arbeit" stellt einen völkerrechtlich verpflichtenden Auftrag dar, einen möglichst hohen Beschäftigungsstand anzustreben. Ein solcher Auftrag ergibt sich – wie bereits dargelegt – ohnehin aus dem Sozialstaatsprinzip und Art.109 Abs.2 GG. Die Europäische Sozialcharta könnte jederzeit durch höherrangiges oder entgegenstehendes, späteres Recht außer Kraft gesetzt werden[226].

V. Art.2 EGV / Art.2 EUV

In Art.2 EGV und Art.2 EUV wird unter anderem die Förderung eines hohen Beschäftigungsniveaus als Aufgabe der Europäischen Gemeinschaft bezeich-

---

[222] Dörfler S.28 f.; Gaspary in v.Hauff / Pfister-Gaspary S.89 (91).

[223] Badura, Der Staat 14 (1975), 17 (28 f.); Barth S.21; Zielke, RdA 1992, 185 (187) – aufgrund ihrer detaillierten Regelungen zählt die ESC nicht zu den allgemeinen Regeln des Völkerrechts nach Art.25 Abs.2 GG.

[224] BGBl. II 1965 S.1122.

[225] Denkschrift der Bundesregierung, BT-Drs. IV/2117, 1964, Bd.89 S.28; Isele S.71 f.; Tomandl S.19; Schambeck S.97 f.; Leipold, AuR 1971, 161 (165); Badura, FS für Berber S.11 (21); Rath S.61; Reuter, RdA 1978, 344 (346 f.); ders. in Festschrift für Schmitz S.226 ff.; Wank S.13; Schaub S.74; Nenninger S.340; Zielke, RdA 1992, 185 (186).

[226] Zuleeg, RdA 1974, 321 (324); Zielke, RdA 1992, 185 (186).

net[227]. Mit der Beschreibung der Zielsetzungen der Gemeinschaft dient Art.2 EGV zugleich deren Zuständigkeitsbegrenzung[228]. Die Norm ist als allgemeine Aufgabenbestimmung keine Handlungsermächtigung und keine Kompetenznorm[229]. Sie legt den Mitgliedstaaten keine Rechtspflichten auf, die Einzelne vor den Gerichten der Mitgliedstaaten einfordern können[230], sondern ist vor allem Auslegungs- und Anwendungsmaßstab für alle folgenden Vertragsnormen. Stehen die in Art.2 EGV genannten Ziele – in denen sich unter anderem auch das „magische Viereck" des Art.109 Abs.2 GG wiederfindet – im Einzelfall miteinander in Widerspruch, so genießt keines per se Vorrang. Vielmehr ist das gemeinschaftliche Handeln im konkreten Fall unter optimaler Berücksichtigung sämtlicher Ziele im Sinne „praktischer Konkordanz" zu bestimmen, wobei den handelnden Gemeinschaftsorganen ein breiter Raum politischen Ermessens zusteht. Die Ziele sind möglichst miteinander in Einklang zu bringen – können sie nicht alle gleichzeitig verfolgt werden, so muss ein – vorübergehendes - Zurücktreten des einen oder anderen Zieles in Kauf genommen werden[231]. Insofern bestehen also deutliche Parallelen zu Art.109 Abs.2 GG und zum Sozialstaatsprinzip. Mittel zur Verwirklichung der gemeinsamen Vertragsziele sind der Gemeinsame Markt sowie die Annäherung der Wirtschaftspolitiken der Mitgliedstaaten (Kooperation)[232].

Zusammenfassung Teil 2

Ein Recht auf Arbeit im Sinne eines subjektiven Anspruchs lässt sich weder aus dem Grundgesetz noch aus den Landesverfassungen oder aus internationalen Verträgen herleiten und existiert damit im deutschen Recht nicht. Aus dem Sozialstaatsprinzip in Verbindung mit der Berufsfreiheit – nicht hingegen aus der Menschenwürdegarantie oder dem allgemeinen Persönlichkeitsrecht – ergibt sich jedoch eine staatliche Pflicht, sich unter Berücksichtigung anderer wirt-

---

[227] Art.2 EGV lautet: „Aufgabe der Gemeinschaft ist es, durch die Errichtung eines gemeinsamen Marktes und einer Wirtschafts- und Währungsunion sowie durch die Durchführung der in den Artikeln 3 und 3a genannten gemeinsamen Politiken oder Maßnahmen eine harmonische und ausgewogene Entwicklung des Wirtschaftslebens innerhalb der Gemeinschaft, ein beständiges, nichtinflationäres und umweltverträgliches Wachstum, einen hohen Grad an Konvergenz der Wirtschaftsleistungen, ein hohes Beschäftigungsniveau, ein hohes Maß an sozialem Schutz, die Hebung der Lebenshaltung und der Lebensqualität, den wirtschaftlichen und sozialen Zusammenhalt und die Solidarität zwischen den Mitgliedstaaten zu fördern."

[228] Lenz / Borchardt Art.2 EGV Rn 2.

[229] Geiger Art.2 EGV Rn 10; von der Groeben / Schwarze Art.2 EGV Rn 5.

[230] EuGH, 24.1.91, C – 339/89, Alsthom Atlantique, Slg.1991, I – 123 Rn 9.

[231] EuGH 8 / 57 - Slg.1958, 231 (254) zum EGKSV; 5 / 73 – Slg.1973, 1091 (1112); 29 / 77 – Slg.1977, 1335 (1843 f.) zu den Zielen des Art.39 EGV; 139 / 79 – Slg.1980, 3393 (3421); Geiger / v.Boeck / Thiesing / Ehlermann Art.2 Rn 20.

[232] Grabitz / Hilf Art.2 Rn 11; dies. Art.2 EUV Rn 7; vgl. Artt. 103 – 109 u. 117 – 122 EGV.

schaftlicher und sonstiger Belange um eine ausreichende Anzahl an Arbeitsplätzen zu bemühen und gegen Arbeitslosigkeit anzugehen. Ein solches Staatsziel ist auch in der Mehrzahl der Landesverfassungen niedergelegt. Das Sozialstaatsprinzip kann bei der Auslegung und Anwendung von Gesetzen durchaus relevant sein. Die Politik wird durch Art. 109 Abs.2 GG zur Beachtung des gesamtwirtschaftlichen Gleichgewichts verpflichtet, wozu auch ein hoher Beschäftigungsstand zählt. An Politik und Gesetzgeber richten sich auch die Vollbeschäftigungsaufträge der rechtlich verbindlichen UN-Konvention über wirtschaftliche, soziale und kulturelle Rechte (Art. 6) und der Europäischen Sozialcharta (Teil II Art. 1). Arbeit und das Ziel der Vollbeschäftigung sind auch in Art.23 Abs.1 der juristisch nicht verbindlichen Menschenrechtserklärung der UNO, in Art. 55 der UN-Charta sowie in Art. 2 EGV thematisiert.

Teil 3: Gebote ausdrücklicher Berücksichtigung des Arbeitsplatzaspektes

I. Leitvorstellung und Grundsätze der Raumordnung (§§ 1 Abs.2, 2 Abs.2 ROG)

1. Begriff und Aufgabe der Raumordnung

Unter Raumordnung ist die zusammenfassende, überörtliche und überfachliche Ordnung eines Raumes aufgrund von vorgegebenen oder erst zu entwickelnden Leitvorstellungen zu verstehen[233]. Die Aufgabe der Raumordnung, die Bundesrepublik Deutschland durch zusammenfassende, übergeordnete Raumordnungspläne und durch Abstimmung raumbedeutsamer Planungen und Maßnahmen zu entwickeln, zu ordnen und zu sichern (§ 1 Abs.1 ROG) ist unter Beachtung der im Gesetz genannten Leitvorstellungen zu erfüllen[234]. Nach § 1 Abs.2 S.1 ROG ist Leitvorstellung der Raumordnung eine nachhaltige Raumentwicklung, welche die sozialen und wirtschaftlichen Ansprüche an den Raum mit seinen ökologischen Funktionen in Einklang bringt und zu einer dauerhaften, großräumig ausgewogenen Ordnung führt. Dabei sind gemäß § 1 Abs.2 S.2 Nr.3 ROG die Standortvoraussetzungen für wirtschaftliche Entwicklungen zu schaffen. Die Leitvorstellungen dürfen bei der Umsetzung der in § 2 ROG genannten Grundsätze nicht außer Acht gelassen werden.

2. §§ 2 Abs.2 Nr.7 und Nr.9 als sedes materiae

Zu den Grundsätzen der Raumordnung zählt nach § 2 Abs.2 Nr.7 S.1 ROG die bevorzugte Verbesserung der Entwicklungsvoraussetzungen in strukturschwachen Räumen, wozu nach § 2 Abs.2 Nr.7 S.2 ROG insbesondere *ausreichende und qualifizierte Ausbildungs- und Erwerbsmöglichkeiten* gehören[235]. Nach § 2 Abs.2 Nr.9 S.1 ROG ist es ferner ein Grundsatz der Raumordnung, zu einer räumlich ausgewogenen, langfristig wettbewerbsfähigen Wirtschaftsstruktur sowie zu einem *ausreichenden und vielfältigen Angebot an Arbeits- und Ausbildungsplätzen* beizutragen.
In den Leit- und Grundsätzen kommt zum Ausdruck, dass das ROG der Ausformung und Konkretisierung grundgesetzlicher Normen auf dem Gebiet der Raumordnung dient, indem es die verfassungsrechtlichen Werte für raumrele-

[233] BVerfGE 3, 407 (425) – Rechtsgutachten des BVerfG über die Zuständigkeit des Bundes zum Erlass eines Baugesetzes; Peine § 5 A 1.
[234] Ernst / Hoppe Rn 39; Heine Rn 42; Hoppe / Grotefels § 3 Rn 2f.
[235] Strukturschwache Räume werden in § 2 Abs.2 Nr.7 ROG als solche definiert, in denen die Lebensbedingungen in ihrer Gesamtheit im Verhältnis zum Bundesdurchschnitt wesentlich zurückgeblieben sind oder ein solches Zurückbleiben zu befürchten ist.

vante Planungen umsetzt[236]. Nach allgemeiner Auffassung muss sich die planende und vorsorgende öffentliche Verwaltung grundsätzlich davon leiten lassen, günstige tatsächliche Voraussetzungen für die Verwirklichung von Grundrechten zu schaffen[237]. In dem Katalog des § 1 Abs.2 ROG findet dies ebenso beredten Ausdruck wie in den Landesplanungsgesetzen. Auch Schmitt-Glaeser, der einem solchen Auftrag kritisch gegenübersteht, räumt bezüglich der „eher sozial bezogenen Gewährleistungen", zu denen er auch Art.12 GG rechnet, immerhin die Möglichkeit intensiverer staatlicher Realisierungshilfe ein[238]. Offenbar besteht mit diesem Gebot effektiver und faktischer Grundrechtsrealisierung also ein Zusammenhang mit der Herleitung der Arbeitsplatzschaffung als Verfassungspostulat und es wird deutlich, dass die Raumordnung dem Erhalt und der Schaffung von Arbeitsplätzen nicht gleichgültig begegnen darf. Dies berücksichtigend, heißt es etwa in einer gemeinsamen Bekanntmachung der Bayerischen Staatsministerien für Landesentwicklung und Umweltfragen sowie des Innern, im Bereich der gewerblichen Siedlungsentwicklung komme neben der Erweiterung bestehender Betriebe auch die Neuansiedlung geeigneter Betriebe in Betracht, etwa zur *Strukturverbesserung des Arbeitsplatzangebots*, zum Beispiel bei Rückgang der Arbeitsplätze im örtlichen Gewerbe[239]. Die Erste Richtlinie des Innenministeriums für die Ausarbeitung von Regionalplänen sieht bezüglich der gewerblichen Wirtschaft vor allem die angestrebte regionale Arbeitsplatzverteilung und die Ausweisung von Industrie- und Dienstleistungsstandorten als regionalplanerische Inhalte vor[240]. Im als Runderlass des Wirtschafts- und des Umweltministeriums von Sachsen-Anhalt ergangenen Leitfaden zur Erarbeitung regionaler Entwicklungskonzepte in Sachsen-Anhalt ist unter der Überschrift „Prioritätensetzung" eine Orientierung auf solche Projekte vorgesehen, die für die wirtschaftliche Entwicklung besonders bedeutsam sind, um *Arbeitsplätze* zu sichern und neue zu schaffen[241].

---

[236] Cholewa / Dyong / von der Heide § 2 Rn 12 u. 22.

[237] BVerfGE 33, 303 (330 ff.); Cholewa / Dyong / von der Heide § 2 Rn 12; Ernst / Hoppe Rn 28 (speziell bzgl. der Raumordnung); Häberle, VVDStRL 30 (1972), 43 (92).; Martens, VVDStRL 30 (1972), 7 (28 / 31); Scheuner, DÖV 1971, 505 (510).

[238] Schmitt-Glaeser, DÖV 1980, 1 (6).

[239] Gemeinsame Bekanntmachung der Bayerischen Staatsministerien für Landesentwicklung und Umwelt und des Innern vom 6.8.90 (AllMBl. S.856) 1.3.1.1 .

[240] Erste Richtlinie des Innenministeriums für die Ausarbeitung von Regionalplänen vom 10.6.75 (GABl. S.773) zu Teil 1 (Text) Nr. 9 .

[241] Runderlass des Wirtschafts- und des Umweltministeriums von Sachsen-Anhalt vom 6.9.95 (MBl. S.2081) 4.

3. Rechtliche Qualifikation und Bedeutung der Leitvorstellungen und Grundsätze

Die Grundsätze der Raumordnung sind unbestimmte, dem rechtsstaatlichen Bestimmtheitsgebot noch entsprechende Rechtsbegriffe, besitzen also Rechtscharakter[242]. Als gesetzliche Richtlinien des nach Art. 75 Nr. 4 GG lediglich mit einer Rahmengesetzgebungskompetenz ausgestatteten Bundesgesetzgebers stellen sie nach der Legaldefinition des § 3 Nr.3 ROG allgemeine Aussagen zur Entwicklung, Ordnung und Sicherung des Raumes als Vorgaben für nachfolgende Abwägungs- oder Ermessensentscheidungen dar. Gemäß § 4 Abs.2 ROG sind sie von öffentlichen Stellen bei raumbedeutsamen Planungen und Maßnahmen in der Abwägung und bei der Ermessensausübung zu beachten. Sie enthalten grundlegende Aussagen zu bestimmten raumordnerischen Strukturkategorien wie beispielsweise der oben erwähnte Grundsatz Nr.7 in Bezug auf strukturschwache Gebiete. Des weiteren stellen sie raumordnerische Belange dar, die bei der zu konkreten Zielfestlegungen führenden Planung in die Abwägung eingestellt und zum Ausgleich gebracht werden müssen. Dabei stehen die Grundsätze einschließlich der bloßen Soll-Grundsätze abstrakt gleichwertig nebeneinander[243]. Der Arbeitsplatzbelang hat mithin per se weder größeres noch geringeres Gewicht als die anderen aufgeführten Belange. Welche Grundsätze mit welcher Gewichtung anzuwenden sind, richtet sich nach den räumlichen Verhältnissen und sonstigen Umständen des im Einzelfall konkret zu beplanenden Gebietes[244] Im Falle der Kollision mehrerer Grundsätze ist ein abwägender Ausgleich vorzunehmen[245].

In § 6 ROG ist vorgesehen, dass die Länder für eine Raumordnung in ihrem Gebiet Rechtsgrundlagen schaffen. Dies haben sie mit den Landesplanungsgesetzen getan. Nach § 7 Abs.1 S.1 ROG sind die Grundsätze der Raumordnung nach Maßgabe der raumordnerischen Leitvorstellungen durch Raumordnungspläne zu konkretisieren und damit zu realisieren. Ergebnisse dieser Konkretisierungen sind die „Ziele der Raumordnung und Landesplanung", die keinen Raum für Abwägungen lassen, sondern schlechterdings zu beachten sind und damit den Charakter einer Rechtsregel und Letztentscheidung haben[246]. Die Grundsätze stellen mithin Direktiven für Abwägungsvorgänge dar, die Ziele die Ergebnisse vorgenommener Abwägungen[247]. Während die Raumordnungsgrundsätze

---

242 Chclewa/Dyong/von der Heide § 2 Rn 23 / 28.

243 Peine § 5 C 4; Runkel in Bielenberg / Runkel / Spannowsky § 2 Rn 5.

244 Chclewa / Dyong / von der Heide § 2 Rn 45.

245 Heine Rn 54; Hoppe / Grotefels § 3 Rn 8; Peine § 5 C 4.

246 VGH Mannheim, DÖV 1981, 269 (271); OVG Lüneburg, DVBl. 1977, 212 (214); VG Ansbach, BayVBl. 1984, 602 (603); Heine Rn 74, 68: die Ziele dienen der Verwirklichung der Gundsätze; Höhnberg, ZfBR 1986, 214 (215); Hoppe in ders. S. 368 (372); Schroeder, UPR 2000, 52 (52 und 54).

247 Schroeder, UPR 2000, 52 (52).

nach Maßgabe der rechtlichen und tatsächlichen Möglichkeiten zu realisieren und abwägungsoffen sind, können Ziele nur erfüllt oder nicht erfüllt werden[248].

4. Landesraumordnungspläne und Regionalpläne

Zu unterscheiden sind zusammenfassende und übergeordnete Raumordnungspläne für das gesamte Gebiet eines jeden Landes (§ 8 ROG) – in Baden-Württemberg der Landesentwicklungsplan (§ 2 Abs.1 Nr.1 LplG) – und Regionalpläne (§ 9 ROG). Letztere haben die Funktion, die Landesplanung in den einzelnen Regionen zu verwirklichen. Aus § 1 Abs.4 BauGB und § 4 Abs.1 S. 1 ROG ergibt sich, dass die von den Gemeinden aufzustellenden und auf den jeweiligen örtlichen Bereich bezogenen Flächennutzungs- und Bebauungspläne die Ziele der Raumordnung und Landesplanung zu beachten haben. Insofern besitzen die Regionalpläne also gegenüber den Bauleitplänen eine Bindungswirkung[249].

4.1 Landesraumordnungspläne

Diverse in Landesraumordnungsplänen genannte Ziele sind im Sinne von anzustrebenden Zuständen zu verstehen und stellen keine strikt verbindlichen Ziele im Sinne des ROG dar[250]. Bereits der Landesentwicklungsplan für Baden-Württemberg aus dem Jahre 1983[251] enthält verschiedene Aussagen zum Thema Arbeitsplätze, obgleich das ROG in seiner damaligen Fassung das ausreichende Angebot an Arbeitsplätzen noch nicht ausdrücklich als allgemeinen Grundsatz vorsah, sondern in § 2 Abs.1 Nr.3 alter Fassung die Verbesserung der Erwerbsmöglichkeiten nur im Zusammenhang mit strukturschwachen Gebieten erwähnte. Als für das ganze Land anzustrebendes Ziel wird eine räumliche Entwicklung genannt, in der unter anderem eine leistungsfähige Wirtschaftsstruktur ausgebildet werden kann, die *vielseitige und krisenfeste Erwerbsgrundlagen* für die Bevölkerung aller Teile des Landes sichert (1.3.1). In leistungsschwachen Landesteilen sollen günstige Chancen für die weitere wirtschaftliche Entwicklung insbesondere dann unterstützt werden, wenn dadurch *zusätzliche und attraktive Arbeitsplätze* geschaffen werden (1.4.4). In Verdichtungsräumen hingegen soll die

---

[248] Schroeder, UPR 2000, 52 (53).

[249] Allerdings sind die Gemeinden und Gemeindeverbände oder deren Zusammenschlüsse nach § 9Abs.4 ROG in einem förmlichen Verfahren an der Erstellung von Regionalplänen zu beteiligen, soweit die Regionalplanung nicht durch Zusammenschlüsse von Gemeinden und Gemeindeverbänden zu regionalen Planungsgemeinschaften erfolgt.

[250] Nach § 3 Nr.2 ROG sind Ziele der Raumordnung verbindliche Vorgaben in Form von räumlich und sachlich bestimmten oder bestimmbaren, vom Träger der Landes- oder Regionalplanung abschließend abgewogenen textlichen oder zeichnerischen Festlegungen in Raumordnungsplänen zur Entwicklung, Ordnung und Sicherung des Raums.

[251] Gesetzblatt 1984 S. 37 ff.

weitere Zunahme von Arbeitsplätzen so bemessen und gelenkt werden, dass dadurch keine Überlastungen entstehen (1.4.2). Als allgemeines Entwicklungsziel für den ländlichen Raum wird unter anderem genannt, *ausreichende und attraktive Arbeitsplätze* bereitzustellen (1.10.2). Dazu sind die *Erwerbsgrundlagen zu vermehren*, vor allem durch Verbesserung der Standortvoraussetzungen für *nichtlandwirtschaftliche Arbeitsplätze* im Zuge der Entwicklungsachsen in Siedlungsbereichen, in dazu geeigneten Räumen auch durch Förderung des Fremdenverkehrs (1.10.34). Vorhandene Verdichtungsansätze im ländlichen Raum sind so zu nutzen, dass die Standortvoraussetzungen für *vielseitige und qualifizierte Arbeitsplätze* erheblich verbessert werden (1.10.4). Unter der Überschrift „Wirtschaftsentwicklung, Arbeitsmarkt und Rohstoffsicherung" heißt es, die Wirtschaft des Landes sei in räumlicher und sektoraler Struktur so zu fördern, dass ihre Konkurrenzfähigkeit erhalten und gestärkt und sie zu *arbeitsplatzschaffenden und –sichernden Investitionen* angeregt wird (2.3.1). Dazu sollen insbesondere in Landesteilen mit einseitiger Wirtschaftsstruktur *Arbeitsplätze* in gewerblichen Betrieben verschiedener Branchen und Größe sowie im Dienstleistungsbereich geschaffen werden (2.3.13). Im ländlichen Raum und insbesondere in Räumen mit Strukturschwächen sind Verdichtungsansätze so zu nutzen, dass auch hier *attraktive Arbeitsmärkte entstehen*, die vor allem eine Auswahl an Arbeitsplätzen, beruflichen Aufstieg und angemessene Einkommen ermöglichen (2.3.4). Schließlich sind im sich mit den Zielen der Raumordnung und Landesplanung für die einzelnen Regionen befassenden letzten Teil diejenigen Regionen aufgeführt, in denen die Vermehrung und Verbesserung nichtlandwirtschaftlicher Erwerbsgrundlagen zum planerischen Ziel gehört[252]. Dadurch soll die Bevölkerung in der jeweiligen Region gehalten und Zuwanderung ermöglicht werden. Teilweise wird besonders hervorgehoben, dass die Arbeitsplätze vielseitig und krisenfest sein, teilweise, dass sie vor allem im Dienstleistungsbereich entstehen sollen. Zu beachten ist, dass die Arbeitslosigkeit zur Zeit der Aufstellung des Landesentwicklungsplanes niedriger war als gegenwärtig.

Als weiteres Beispiel für einen landesweiten Raumordnungsplan sei der Raumordnungsplan von Schleswig-Holstein von 1998 genannt. Dort heißt es zum Thema Arbeitsplätze unter anderem: „Der erforderliche Ausbau des Arbeitsplatzangebots in Schleswig-Holstein setzt in jedem Fall die Verfügbarkeit geeigneter Flächen voraus. Dabei kann für die Zukunft nicht nur auf eine weitere Ausweitung des in Schleswig-Holstein bereits dominierenden Dienstleistungssektors gesetzt werden. Auch die wachstumsorientierten Teile des produzierenden Sektors benötigen ausreichend Flächen in attraktiver Lage und Gestaltung, wenn das Land im Wettbewerb um solche Betriebe erfolgreich sein will. Bei der

[252] Franken 3.2.11; Nordschwarzwald 3.6.11; Südlicher Oberrhein 3.7.11; Schwarzwald-Baar-Heuberg 3.8.11; Hochrhein-Bodensee 3.9.11; Neckar-Alb 3.10.11; Donau-Iller 3.11.11; Bodensee-Oberschwaben 3.12.11.

bauleitplanerischen Vorsorge für gewerbliche Bauflächen soll die kommunale Bauleitplanung nicht nur der zunehmenden Nachfrage nach Arbeitsplätzen Rechnung tragen, sondern auch die flächenmäßigen Voraussetzungen für einen Abbau der Arbeitslosigkeit schaffen. Darüber hinaus sollte durch ein verstärktes Flächenangebot in Räumen mit hohem Auspendlerüberschuss die Chance für ein wohnortnahes Arbeitsplatzangebot verbessert werden. Der Abbau von strukturbedeutsamen Bundeswehreinrichtungen und daran gebundenen Arbeitsplätzen erfordert im Bereich der betroffenen Standorte entsprechende Konversionsmaßnahmen und wirtschaftliche Ausgleichsmaßnahmen"[253]. Später wird nochmals die Erwartung an die Bauleitplanung geäußert, durch eine bedarfsgerechte Ausweisung von Gewerbeflächen ihren Beitrag zur Schaffung neuer Arbeitsplätze zu leisten[254].

Nach § 10 des Landesentwicklungsplanes von Nordrhein-Westfalen[255] sollen im Rahmen der angestrebten Siedlungsstruktur die Standortvoraussetzungen für die Schaffung von Arbeitsplätzen gestärkt werden. Und gemäß § 25 Abs.1 des Planes sind eine arbeitsmarktorientierte Wirtschaftsentwicklung und eine Sicherung der Erwerbsgrundlagen der Bevölkerung anzustreben.

4.2 Regionalpläne

Alle Flächenstaaten haben eine Regionalplanung etabliert[256] und damit dem Gebot des § 9 ROG entsprochen. Da die Regionalplanung die Funktion hat, die Landesplanung in der jeweiligen Region zu verwirklichen[257], muss sie mit dieser und damit auch mit den Leitsätzen und Grundsätzen des ROG in Einklang stehen. Auch auf dieser Ebene sind also Arbeitsplatzbelange zu berücksichtigen. Region ist ein Teilraum eines Landes, der erst durch das entsprechende Landesplanungsrecht als solche bestimmt wird[258].

In etlichen Regionalplänen wird der Gesichtspunkt der Schaffung von Arbeitsplätzen ausdrücklich angesprochen. So sind im Regionalplan Südlicher Oberrhein aus dem Jahre 1995 ein befriedigendes Angebot an Erwerbsmöglichkeiten und das Entstehen zusätzlicher Arbeitsplätze – wenngleich lediglich als Grundsätze – postuliert. Durch das Zusammenwirken von Rheinebene und Vorbergzone als Räume überdurchschnittlicher Standortgunst soll die Erhaltung und Schaffung von qualitativ hochwertigen Arbeitsplätzen angestrebt werden[259]. Weitere Grundsätze sind eine übergemeindliche Gewerbe- und Industrieflächenplanung sowie eine sowohl den ökonomischen Standortanforderungen als

---

[253] Landesraumordnungsplan Schleswig-Holstein 1998 S.17.
[254] ebd. S.21 f.
[255] Landesentwicklungsplan Nordrhein-Westfalen vom 5.10.1989 – GV S.485 ber. 648.
[256] Heine Rn 98.
[257] Heine Rn 99.
[258] Hoppe / Grotefels § 3 Rn 15.
[259] Regionalplan Südlicher Oberrhein (1995) S.1 .

auch der historisch gewachsenen dezentralen Siedlungsstruktur entgegenkommende räumliche Verteilung der Industrie- und Gewerbestandorte[260]. Der Regionalplan Mittlerer Oberrhein von 1992 betont, dass über die reine „Bestandspflege“ für die bereits ansässigen Unternehmen hinaus die sich durch die Verwirklichung des Europäischen Binnenmarktes bietenden Vorteile genutzt werden müssen, um die Erwerbsgrundlagen der Bevölkerung zu sichern und zu verbessern. Er sieht vor, die Entwicklung der gewerblichen Wirtschaft so zu fördern, dass für die Bevölkerung der Region ausreichende, vielseitige und krisenfeste Erwerbsgrundlagen erhalten oder geschaffen werden. Die vorhandenen nichtlandwirtschaftlichen Erwerbsstellen sollten gesichert und sowohl im produzierenden Gewerbe als auch im Dienstleistungsbereich neue Erwerbsstellen geschaffen werden. Einseitige Wirtschaftsstrukturen seien zu vermeiden[261]. Der Regionalplan Schleswig-Holstein Süd sieht die Bevorzugung kleiner und mittlerer Unternehmen bei der Flächenvergabe im Rahmen der Bestandssicherung wegen der hohen Produktivität und der *hohen Zahl von Arbeitsplätzen* vor. Das vorhandene Arbeitsplatzangebot soll durch Verbesserung des Technologietransfers zwischen Forschungseinrichtungen, Universitäten und Fachhochschulen und Unternehmen *qualitativ* deutlich gesteigert werden, um Arbeitsplätze im stark wertschöpfenden Bereich zu schaffen und im Wettbewerb mit anderen Regionen zu bestehen[262]. Zu den Grundsätzen des Regionalplanes Bodensee-Oberschwaben von 1996 gehört es, eine räumliche Verteilung der Industrie- und Gewerbestandorte anzustreben, „die die dezentrale Siedlungsstruktur der Region unterstützt und den wirtschaftlichen Anforderungen entspricht. Dazu sollen neben den vorhandenen und geplanten Gewerbegebieten Schwerpunkte für Industrie und Gewerbe ausgewiesen werden. Die gewerbliche Entwicklung in strukturschwachen Gebieten der Region soll besonders gefördert werden“[263]. Sodann werden - als Ziele - zur Sicherung eines dezentralen Arbeitsplatzangebots und für die Weiterentwicklung der Wirtschaft in bestimmten zentralen Orten regional bedeutsame Schwerpunkte für Industrie und Gewerbe gemäß § 8 LplG Baden-Württemberg ausgewiesen, was mit örtlichen Strukturschwächen sowie Beschränkungen in den Ufergemeinden des Bodensees und einem Mangel an geeigneten Industrie- und Gewerbeflächen in einigen Standorten begründet wird[264]. Auch im Regionalplan Nordschwarzwald von 1989/90 werden das Oberzentrum Pforzheim und mehrere Mittelzentren entsprechend § 8 Abs.2 Nr.7 LplG als Schwerpunkte für Industrie und Gewerbe ausgewiesen[265]. Ziel des Regionalplans Neckar-Alb von 1993 ist insbesondere die Ausweisung von Vor-

---

[260] ebd. 2.6.1 .
[261] Regionalplan Mittlerer Oberrhein (1992) 1.2 u.1.5.
[262] Regionalplan für den Planungsraum I (Fortschreibung 1998) – Schleswig-Holstein Süd – Kreise Herzogtum Lauenburg, Pinneberg, Segeberg, Stormarn 6.1.2 .
[263] Regionalplan Bodensee-Oberschwaben (1996) 2.4.1.
[264] ebd. 2.4.2 .
[265] Regionalplan 2000 Nordschwarzwald (1989/90) 2.5.1 .

sorgestandorten für Industrie und Gewerbe sowie von Schwerpunkten von Dienstleistungseinrichtungen, um trotz der in dieser Region teilweise besonders knappen dafür geeigneten Flächen die Entwicklungschancen zu nutzen[266].
Ein ausreichendes Angebot an Arbeitsplätzen wird also von allen untersuchten Raumordnungsplänen angestrebt, wobei entsprechend dem Grundsatz des § 2 Abs. 1 Nr.3 ROG alter bzw. des § 2 Abs.1 Nr.7 ROG neuer Fassung weitere Erwerbsmöglichkeiten insbesondere in strukturschwachen Gebieten geschaffen werden sollen. Des weiteren sollen nicht *irgendwelche*, sondern möglichst qualifizierte und attraktive Arbeitsplätze mit guten Zukunftsperspektiven entstehen. Neben der Quantität an Arbeitsplätzen ist also auch deren „Qualität" einschließlich der mit ihnen verbundenen Einkommen ein wichtiger Faktor. Die Abhängigkeit ganzer Regionen von einzelnen bestimmten Branchen durch Monostrukturen soll verhindert werden. Schließlich wird sowohl auf eine städtebaulich verträgliche Zuordnung der Arbeitsplätze zu den Wohngebieten als auch auf deren gute Erreichbarkeit durch die erwerbstätige Bevölkerung Wert gelegt. Der Umsetzung der aufgeführten Grundsätze dient in erster Linie die Ausweisung von Schwerpunktorten für Industrie, Gewerbe und Dienstleistungen. Der arbeitsplatzschaffenden Wirtschaft sollen die von ihr benötigten Flächen mit guter Verkehrsanbindung zur Verfügung gestellt werden. Dabei soll mit Flächen sparsam umgegangen werden, indem Altstandorte wieder einer gewerblichen Nutzung zugeführt werden und flächensparend produziert wird. Neben dem Umwelt- und Landschaftsschutz bewirkt dieser sparsame Umgang mit Flächen, dass auch in Zukunft noch zur Ansiedlung von Industrie und Gewerbe und damit für die Schaffung von Arbeitsplätzen geeignete Flächen vorhanden sind. Außer durch ausreichende günstig platzierte, mit guter Infrastruktur versehene Industrie- und Gewerbeflächen kann indes auch ein bewusster Verzicht auf produzierendes Gewerbe in bestimmten landschaftlich reizvollen Gegenden dazu beitragen, dass dort der Tourismus gefördert wird und auf diese Weise Arbeitsplätze entstehen. Dementsprechend sind in mehreren Plänen explizit solche Gebiete festgelegt.

5. Exkurs: Raumordnung und militärische Konversion

Schließlich ist auf die militärische „Abrüstung" infolge der Revolution von 1989 und dem damit verbundenen Abzug von mehr als einer halben Million ausländischen Soldaten, der Auflösung der Nationalen Volksarmee der DDR und der Verkleinerung der Bundeswehr einzugehen. Dieser Komplex hat ersichtlich enge Bezüge sowohl zur Raumordnung und Landesplanung als auch zum Thema Arbeitsplätze. Zum einen können zahlreiche früher militärisch genutzte Grundstücke und Gebäude nunmehr zivil genutzt werden. Zum anderen hat die an sich höchst erfreuliche Entwicklung den Verlust einer bedeutenden Anzahl von Ar-

---

[266] Regionalplan Neckar-Alb (1993) S.34/35 .

beitsplätzen zur Folge – neben denen von Soldaten und sonstiger unmittelbar militärischer Arbeitsplätze diejenigen der Zivilbeschäftigten bei Bundeswehr und alliierten Streitkräften[267]. Außerdem dürfte sich auch ein Wegfall von Arbeitsplätzen in der Rüstungsindustrie und an aufgelösten oder verkleinerten militärischen Standorten infolge Kaufkraftabzuges ergeben haben. Der militärische Sektor hat gerade in einigen als besonders strukturschwach einzustufenden Regionen eine bedeutende Rolle gespielt und ein „militärischer Abzug" ist dort mit spürbar negativen Folgen für Wirtschaftskraft und Arbeitsmarkt verbunden[268]. Die Aufgabe militärischer Standorte in bevorzugten Wachstumsregionen hingegen dürfte von diesen nicht nur leichter verkraftet werden, sondern auch die Möglichkeit schaffen, den Mangel an Flächen für Wohnungen, Industrie und Gewerbe zu verringern oder diesem gar abzuhelfen[269].
Unter dem Stichwort „Flächenkonversion" enthält etwa der Regionalplan Schleswig-Holstein Süd als Konkretisierung des sich ebenfalls mit dem Abbau strukturbedeutsamer Bundeswehreinrichtungen beschäftigenden Landesraumordnungsplanes Schleswig-Holstein den Grundsatz, dass die Anschlussnutzung freiwerdender militärischer Liegenschaften möglichst zur Lösung von infolge des Abbaus militärischer Einrichtungen entstandenen Umstrukturierungs- und Anpassungsproblemen beitragen soll. Anschließend bestimmt er die künftige Art der Nutzung freigewordener Flächen in einzelnen Gemeinden grob als verbindliche Ziele[270].

6. Beispiele aus der Rechtsprechung

6.1 Die Wilhelmshaven-Entscheidung des BVerfG

In seiner Wilhelmshaven-Entscheidung[271] hat sich das Bundesverfassungsgericht mit dem Inhalt des Raumordnungsprogrammes des Landes Niedersachsen von 1982 und dessen Auswirkungen auf die kommunale Bauleitplanung und Selbstverwaltung befasst. Dort ist allgemein geregelt, dass aufgrund raumstruktureller Erfordernisse „Vorrangstandorte für großindustrielle Anlagen" festgelegt werden können und an diesen Standorten alle raumbedeutsamen Planungen

267 von der Heide, DÖV 1993, 510 (511 f.), spricht von einem Wegfall von 151.000 Planstellen bei der Bundeswehr bis 1994 sowie von 40.000 zivilen Stellen bei der Bundeswehr und von mindestens 50.000 zivilen, von Deutschen bekleideten Stellen bei den alliierten Streitkräften.

268 von der Heide, DÖV 1993, 510 (512 f.), nennt als Beispiele die Arbeitsmarktregionen Flensburg, Husum, Wilhelmshaven sowie Gebiete in der Eifel, im Hunsrück und in der Pfalz.

269 von der Heide, DÖV 1993, 510 (513); allerdings ist darauf hinzuweisen, dass die meisten der freiwerdenden Flächen im Außenbereich liegen und einen hohen Naturschutzwert aufweisen und sich nur ein kleinerer Teil im Innenbereich der Städte und Gemeinden befindet (Raumordnungsbericht 1993 4.3 S.48).

270 Regionalplan Schleswig-Holstein Süd vom 5.10.98 – 6.9.2 .

271 BVerfGE 76, 107 - Beschluss des Zweiten Senats vom 23.6.1987 – 2 BvR 826/83.

und Maßnahmen mit der vorrangigen Zweckbestimmung vereinbar sein müssen[272]. In Teil II des Raumnordnungsprogrammes ist als konkrete Gebietsausweisung knapp ein Drittel des Gebietes der Stadt Wilhelmshaven als ein solcher Vorrangstandort für großindustrielle Anlagen mit der Verpflichtung ausgewiesen, dass „an diesen Standorten (...) für die Ansiedlung von Großindustrie, die auf eine Lage am seeschifftiefen Fahrwasser angewiesen ist, die erforderlichen Flächen bereitzustellen" sind[273]. Die von der betroffenen Stadt eingelegte, bezüglich der Regelungen des Teiles II als zulässig erachtete Verfassungsbeschwerde hat das Bundesverfassungsgericht mangels Verletzung des in Art.28 Abs.2 S.1 GG garantierten kommunalen Selbstverwaltungsrechts als unbegründet zurückgewiesen. Art.28 Abs.2 S.1 GG könne auch durch untergesetzliche Rechtsnormen wie solche des Raumordnungsprogrammes eingeschränkt werden, sofern diese auf einer hinreichenden Ermächtigung beruhten. Ermächtigende gesetzliche Regelung war hier §§ 4, 5 NROG i.d.F. vom 10.8.1982, wonach aufgrund raumstruktureller Erfordernisse „Vorrangstandorte für großindustrielle Anlagen" festgelegt werden können. Bereits früher habe der Senat entschieden, dass ein *allgemeiner* Eingriff in die kommunale Planungshoheit nicht vorliege, wenn lediglich die Planungshoheit *einzelner* Gemeinden in räumlich klar abgegrenzten Gebieten ausnahmsweise eingeschränkt wird. Auch hier handele es sich nur um einen konkreten Eingriff in die Planungshoheit einzelner Gemeinden[274]. Allerdings müsse die auferlegte Sonderbelastung einen zureichenden Grund in der Wahrung überörtlicher Interessen besitzen. Auch die Planungshoheit einzelner Gemeinden dürfe nur eingeschränkt werden, wenn und soweit dies aufgrund überörtlicher Interessen von höherem Gewicht erforderlich sei. Nach dem zuvor mit dem Fall in der Form eines Normenkontrollverfahrens befassten OVG Lüneburg könnten Gegenstand der Vorrangausweisung nur Aufgaben von höchster landesweiter Bedeutung sein. Das Gericht gelangt zu dem Schluss, dass auch bei Beachtung dieser Prämissen und des Grundsatzes der Verhältnismäßigkeit die gesetzliche Ermächtigungsregelung der §§ 4, 5 NROG i.d.F. vom 10.8.1982 mit Art.28 Abs.2 S.1 GG vereinbar und damit verfassungsgemäß ist. Auch die konkrete Vorrangstandortfestlegung in Wilhelmshaven im zweiten Teil des Raumordnungsprogrammes wurde nicht beanstandet. Auch diesen einzelfallbezogenen Eingriff in die Planungshoheit betrachtete das Bundesverfassungsgericht als durch überörtliche Interessen von höherem Gewicht gerechtfertigt. Es stellte klar, dass es selbst keine Abwägung treffen, sondern nur prüfen könne, ob sich die vom Normgeber vorgenommene Abwägungsentscheidung in den verfassungsrechtlich vorgezeichneten Grenzen halte. Der Normgeber hielt die Sicherung von Flächen für großindustrielle, auf Zugang zum seeschifftiefen Wasser angewiesene Anlagen insbesondere deshalb für notwendig, weil es lan-

---

[272] Landes-Raumordnungsprogramm des Landes Niedersachsen Teil I B 1.5 – 1.6.1982, GVBl. S.123 – 130.
[273] Ebd. Teil II c 2 06 – 16.6.1982, Nds. MBl. S.717 – 724.
[274] BVerfGE 76, 107 (119).

desweit nur fünf entsprechend geeignete Standorte gebe. Diese würden deshalb für derartige Industrieansiedlungen dringend benötigt. Nach Auffassung des Bundesverfassungsgerichts widersprach die konkrete Vorrangstandortbestimmung im niedersächsischen Raumordnungsplan der kommunalen Selbstverwaltungsgarantie des Art.28 Abs.2 S.1 GG nicht, da der für die Planung relevante Sachverhalt zutreffend und vollständig ermittelt und sämtliche Belange und Interessen berücksichtigt sowie umfassend und nachvollziehbar gegeneinander abgewogen worden seien und die Planung auch im Ergebnis bedenkenfrei sei[275]. Gemeinden mit derart seltenen oder gar einmaligen Standortvorteilen unterlägen schon von ihrer geographischen Lage her einer gewissen „Situationsgebundenheit“[276]. Mit anderen Worten: seltene und für die Ansiedlung bestimmter Industrien besonders günstige Standorte sollen auch dafür genutzt werden. Zwar wurde hier als Grund für die Ansiedlung von Großindustrie nicht ausdrücklich die Schaffung von Arbeitsplätzen genannt, sondern allgemein von deren herausragender Bedeutung für die raumstrukturelle Entwicklung des Landes gesprochen. Die Verbesserung der Wirtschaftsstruktur hängt indes untrennbar mit der Schaffung von Arbeitsplätzen zusammen. Das in Rede stehende Raumordnungsprogramm hebt die Schaffung von Arbeitsplätzen zudem als wichtiges raumplanerisches Ziel hervor. Wirtschaftliche Autarkiebestrebungen jedenfalls dürften für die Ansiedlung von Großindustrie nicht maßgebend gewesen sein.

6.2 Die Forggensee-Entscheidung des VGH München

In seiner Forggensee-Entscheidung befasst sich der VGH München[277] mit den Auswirkungen der Ausweisung des Gebietes „Forggensee und benachbarte Seen“ im Regionalplan Allgäu[278] als landschaftliches Vorbehaltsgebiet auf ein von einer in diesem Gebiet liegenden Gemeinde ausgewiesenes Gewerbegebiet. Hier geht es also im Gegensatz zur Wilhelmshaven-Entscheidung um planerische Vorgaben gegenüber einer Gemeinde, die der Schaffung von industriellen und gewerblichen Arbeitsplätzen in dieser Gemeinde tendenziell entgegenstehen. Im Ergebnis erachtete das Gericht das vorgesehene Gewerbegebiet als rechtmäßig. Im Regionalplan Allgäu wird die Bedeutung der landschaftlichen Vorbehaltgebiete – ähnlich wie im bayerischen Landesentwicklungsprogramm – dahingehend erläutert, dass in diesen Bereichen den Belangen des Naturhaushaltes, dem Landschaftsbild und der Erholungsfunktion bei der Abwägung mit anderen Nutzungsansprüchen besonderes Gewicht zukommt[279]. Insbesondere die

[275] BVerfG, DVBl.1988, 41 (44).
[276] BVerfG, DVBl. 1988, 41 (45).
[277] VGH München, BayVBl. 1998, 436 ff.
[278] Regionalplan der Region Allgäu (16) vom 4.12.1986 (GVBl. S.388) – neue Fassung vom 1.3.1997 (GVBl.S. 56) hinsichtl. des maßgeblichen landschaftlichen Vorbehaltsgebiets ohne sachliche Änderung.
[279] Regionalplan Allgäu Begründung zu Teil B I 2.

Verwendung des Begriffes „Gewicht" spreche dafür, dass diese Formulierung auf die - bauleitplanerische oder fachplanerische - Abwägung ziele. Denn das Gewicht eines Belanges sei nur im Rahmen eines Abwägungsvorgangs von Bedeutung. Dementsprechend dürfe die Gemeinde die genannten - auch nach § 1 Abs.5 S.2 Nr. 3 und 7 BauGB zu berücksichtigenden - Belange bei der bauleitplanerischen Abwägung nicht gleichgewichtig mit anderen behandeln, vielmehr sei ihr deren Gewichtung, die ansonsten in ihrer Verantwortung liege, aus übergeordneten, die Region betreffenden Gründen vorgegeben. Dieser Gewichtungsvorgabe indes habe die Gemeinde entsprochen. Das Gewerbegebiet sei in erster Linie ausgewiesen worden, um ortsansässigen Betrieben die Möglichkeit zur Expansion oder zur Aussiedlung zu geben. Nach Auffassung des Gerichtes sprachen für die Ausweisung eines am örtlichen Bedarf orientierten Gewerbegebietes damit gewichtige Gründe. Die Planung diene einem legitimen ortsplanerischen Ziel, das im übrigen auch Vorgaben des Regionalplans entspreche. So solle im einschlägigen Mittelbereich Füssen neben der Sicherung des Fremdenverkehrs auf eine Verbesserung des gewerblich-industriellen Bereiches durch *Schaffung qualifizierter und saisonunabhängiger Arbeitsplätze* hingewirkt werden[280]. Bezogen auf das gesamte Gemeindegebiet sei die Auswirkung des Gewerbegebietes auf das Landschaftsbild wegen der etwas abgeschirmten Lage in einer Mulde und in unmittelbarer Nachbarschaft zu einer stark befahrenen Bundesstraße als nicht ungünstig vertretbar. Selbst bei einer Bewertung der Auswirkungen auf das Landschaftsbild als negativ ändere dies nichts daran, dass der fragliche Standort im Vergleich mit anderen in Betracht kommenden Standorten am besten abschneide und den Schutzzweck des landschaftlichen Vorbehaltsgebietes nicht gravierend beeinträchtige. Das Urteil zeigt, dass eine Ausweisung von Gewerbegebieten durchaus auch in solchen Gebieten möglich ist, in denen Belange des Naturhaushaltes, des Landschaftsbildes und der Erholungsfunktion ein verstärktes Gewicht zukommt. Die regionalplanerische Vorgabe der Arbeitsplatzschaffung wurde zwar eher nebenbei als Begründung herangezogen, immerhin aber zutreffend in eine enge Beziehung zur Ausweisung von Gewerbegebieten durch die Gemeinden gebracht.

II. Der Belang der Erhaltung, Sicherung und Schaffung von Arbeitsplätzen bei der Aufstellung von Bauleitplänen (§ 1 Abs.6 Nr.8 c BauGB)

1. Das Planungsziel der sozialgerechten Bodennutzung (§ 1 Abs.5 S.1 BauGB)

In § 1 Abs.6 BauGB ist bestimmt, dass bei der Aufstellung der Bauleitpläne – dies sind gemäß § 1 Abs.2 BauGB der Flächennutzungsplan und der Bebauungsplan – die öffentlichen und privaten Belange gegeneinander und untereinander gerecht abzuwägen sind. Etliche dieser Belange sind in § 1 Abs.5 S.2

[280] Regionalplan Allgäu B IV 2.4 .

BauGB genannt. Insbesondere sind nach § 1 Abs.6 Nr. 8 c BauGB (§ 1 Abs.5 S.2 Nr.8 BauGB a.F.) unter anderem die *Erhaltung, Sicherung und Schaffung von Arbeitsplätzen* zu berücksichtigen. In § 1 Abs.5 S.1 BauGB ist bestimmt, dass die Bauleitpläne eine nachhaltige städtebauliche Entwicklung und eine dem Wohl der Allgemeinheit entsprechende *sozialgerechte Bodennutzung* gewährleisten sollen. Die in § 1 Abs.6 BauGB (§ 1 Abs.5 S. 2 BauGB a.F.) nicht abschließend aufgeführten Belange sind Konkretisierungen der in S.1 genannten allgemeinen „Oberziele"; nicht zuletzt der untrennbare Zusammenhang der Sicherung und Schaffung von Arbeitsplätzen mit dem Sozialstaatsprinzip macht deutlich, dass die Berücksichtigung dieses Aspektes als Konkretisierung der sozialgerechten Bodennutzung zu verstehen ist. Oberstes Ziel und eigentlicher Grund der Bauleitplanung ist nach § 1 Abs.3 BauGB die „städtebauliche Entwicklung und Ordnung". Indes hat die Bauleitplanung mannigfache Bezüge zu diversen anderen als städtebaulichen Belangen, die sich insbesondere aus dem Katalog des § 1 Abs.6 BauGB (§ 1 Abs.5 S.2 BauGB) ergeben[281]. Die im Rahmen einer geordneten städtebaulichen Entwicklung konkret anzustrebenden Ziele wie etwa die Schaffung oder Erhaltung von Arbeitsplätzen setzt die Gemeinde unter Beachtung der Ziele von Raumordnung und Landesplanung als Trägerin der Planungshoheit selbst und präzisiert damit die geordnete städtebauliche Entwicklung.

2. Der Begriff des Belangs

Abwägungserhebliche Belange sind jedenfalls Interessen, die auf die Realisierung von öffentlichen oder privaten Rechtsgütern zielen[282]. Der Begriff des Belangs ist indes weiter als das Interesse an der Erhaltung einer Rechtsposition und umfasst schutzwürdige Interessen aller Art[283]. Beispielsweise kann die Erweiterungsabsicht eines Gewerbebetriebes als Belang der Wirtschaft und zur Sicherung bzw. Schaffung von Arbeitsplätzen auch dann abwägungserheblich sein, wenn ein Recht auf Ermöglichung der Betriebserweiterung nicht besteht[284]. Sobald ein Anspruch besteht, ist für Abwägung kein Raum mehr – es geht dann nicht um Interessenausgleich, sondern um die Durchsetzung eines anspruchsbewehrten Interesses. Bei den Belangen handelt es sich um gerichtlich überprüfbare unbestimmte Rechtsbegriffe[285].

---

[281] Gaentzsch in Berliner Kommentar § 1 Rn 44; Krautzberger in Battis / Krautzberger / Löhr § 1 Rn 45.

[282] Gern, DÖV 1986, 462 (465); zu den Begriffen Belang und Interesse vgl. Uerpmann S.23 ff.

[283] BVerwGE 82, 17 (18); Broß, VerwArch 1989, 395 (412); Paßlick, DVBl. 1992, 674 (681); Krautzberger in Battis / Krautzberger / Löhr § 1 Rn 101.

[284] BVerwGE 59, 87 (101); UPR 1989, 75 (76); NVwZ 1993, 477 (479); Dürr, DÖV 1990, 136 (142) – dazu unten.

[285] BVerwGE 34, 301 (308); Krautzberger in Battis / Krautzberger / Löhr § 1 Rn 91.

3. Das Verhältnis der Belange Wirtschaft und Arbeitsplätze

In seiner alten Fassung enthielt § 1 BauGB keine explizite Erwähnung des Arbeitsplatzbelangs. Nunmehr wird verdeutlicht, dass es bei den im Rahmen der Bauleitplanung zu berücksichtigenden wirtschaftlichen Belangen keineswegs nur um Wertschöpfung, sondern auch um die Beschäftigung von Arbeitnehmern, die Schaffung von Lebensgrundlagen für Menschen geht[286]. Die Erhaltung, Sicherung und Schaffung von Arbeitsplätzen ist als spezieller Belang der Wirtschaft anzusehen[287]. Die Arbeitsplatzerhaltung und –schaffung ist für ein Unternehmen zwar primär Mittel zum Zweck der Erwirtschaftung von Gewinnen oder – anders formuliert – *Folge*, nicht aber Zweck wirtschaftlicher Betätigung. Gleichwohl ist eine Berücksichtigung des Arbeitsplatzbelangs ohne damit verbundene Vorteile für die Wirtschaft schwerlich denkbar. Hier besteht eine enge Überschneidung öffentlicher und privater Interessen – beispielsweise sind die Möglichkeiten arbeitsplatzschaffender betrieblicher Investitionen nicht nur als private Belange grundsätzlich abwägungsbeachtlich[288], sondern unter dem Aspekt der Arbeitsplätze auch als öffentlicher Belang von Bedeutung.
Wie die übrigen Belange hat auch die Schaffung von Arbeitsplätzen nicht für sich genommen den erforderlichen städtebaulichen Charakter, sondern erhält diesen erst im Zusammenhang mit dem öffentlichen Interesse an der Vorbereitung und Leitung der Bodennutzung, muss diese also betreffen oder sich auf diese auswirken[289].

4. Die abstrakte Gleichwertigkeit der in § 1 Abs.6 BauGB (§ 1 Abs.5 a.F.) genannten Belange

Aus § 1 Abs.6 und 7 BauGB (§ 1 Abs.5 und 6 BauGB a.F.) selbst ergibt sich nicht, dass die öffentlichen oder die privaten Interessen einen generellen Vorrang genießen oder dass die verschiedenen einzeln aufgeführten Belange abstrakt unterschiedliches Gewicht besitzen. Abstrakt haben sämtliche Belange und damit auch der Belang der Erhaltung, Sicherung und Schaffung von Arbeitsplätzen gleichen Rang[290]. Oftmals harmonieren Belange nicht miteinander, sondern konkurrieren oder schließen sich gar gegenseitig aus, sind also nicht alle optimal zu realisieren. So steht der Arbeitsplatzbelang tendenziell dem Belang des Umweltschutzes (Nr.7) entgegen. Welches Interesse sich dann inwieweit durchsetzt, hängt von dessen rechtmäßig vorgenommener *konkreter Gewichtung*

---

[286] Gaentzsch in Berliner Kommentar § 1 Rn 59 und Rn 67.
[287] So zB Gaentzsch in Berliner Kommentar § 1 Rn 67; Krautzberger in Battis / Krautzberger / Löhr § 1 Rn 71.
[288] Dazu BVerwG, DÖV 1971, 639 (639 LS 3).
[289] Gaentzsch in Berliner Kommentar § 1 Rn 43.
[290] BVerwGE 47, 144 (148); 92, 231 (239 f.); Hoppe, DVBl. 1964, 165 (170); Sendler, UPR 1995, 41 (42).

im Einzelfall durch die planende Gemeinde ab, sofern diese Gewichtung rechtlich nicht zu beanstanden ist.
Zwar ist das Interesse, Arbeitsplätze zu schaffen und zu sichern, verfassungsrechtlich verankert und auch Teil des in § 1 Abs.5 S. 1 BauGB genannten Planungsziels der sozialgerechten Bodennutzung. Indes lassen sich die meisten der in § 1 Abs.6 BauGB (§ 1 Abs.5 S.2 BauGB a.F.) aufgezählten und sonstigen denkbaren Belange entweder der sozialgerechten Bodennutzung oder dem Umweltschutz zuordnen. Wären aber somit zahlreiche Belange mit besonderem Gewicht versehen, so hätte dieses besondere Gewicht praktisch nur eine sehr eingeschränkte Bedeutung. Selbst dem noch eindeutiger zu den Planungszielen des § 1 Abs.5 S. 1 BauGB zählenden und durch Art. 20 a GG ebenfalls verfassungsrechtlich verankerten Umweltschutz wird eine Vorrangstellung nicht zugebilligt[291]. § 1 Abs.6 und 7 BauGB (§ 1 Abs.5 und 6 BauGB a.F.) ist also kein auch nur relativer Vorrang des Arbeitsplatzbelangs in dem Sinne zu entnehmen, dass ihm allgemein ein im Vergleich zu anderen Belangen höheres Gewicht zukommt. Erst recht fehlt jeder Anhaltspunkt für die Existenz eines Optimierungsgebotes, das eine möglichst weitgehende Beachtung und Verwirklichung fordert[292].

5. Mögliche Abwägungsfehler und der Arbeitsplatzbelang

Die Abwägung von Belangen gehört ebenso zum Wesen jeder Planung und damit auch der Bauleitplanung wie ein Spielraum an Gestaltungsfreiheit – Planung ohne Gestaltungsfreiheit wäre ein Widerspruch in sich[293]. Dies ändert aber nichts an der Bindung der für die Bauleitplanung zuständigen Gemeindevertretung an das dem Wesen einer rechtsstaatlichen Planung eigenen und in § 1 Abs.7 BauGB (§ 1 Abs.6 BauGB a.F.) normierte Gebot gerechter Abwägung. Ob eine Bauleitplanung die daraus resultierenden Bindungen einhält, ist durch die Aufsichtsbehörden und Verwaltungsgerichte nachprüfbar. Das Gebot gerechter Abwägung ist verletzt, „wenn eine sachgerechte Abwägung überhaupt nicht stattfindet. Es ist verletzt, wenn in die Abwägung an Belangen nicht eingestellt wird, was nach Lage der Dinge in sie eingestellt werden muss. Es ist ferner verletzt, wenn die Bedeutung der betroffenen privaten Belange verkannt, oder wenn der Ausgleich zwischen den von der Planung berührten öffentlichen Belangen in einer Weise vorgenommen wird, die zur objektiven Gewichtung einzelner Belange außer Verhältnis steht. Innerhalb des so gezogenen Rahmens wird das Abwägungsgebot jedoch nicht verletzt, wenn sich die zur Planung berufene Gemeinde in der Kollision zwischen verschiedenen Belangen für die Bevorzugung des einen und damit notwendig für die Zurückstellung des anderen

---

[291] BVerwG, UPR 1989, 37 (37) – kein genereller Vorrang aus Abfall- und Naturschutzrecht.
[292] Hoppe, DVBl. 1992, 853 (855).
[293] BVerwGE 34, 301 (309); Hoppe, DVBl. 1992, 853 (853).

entscheidet“[294]. Diese Fehler werden auch als Abwägungsausfall, Abwägungsdefizit, Abwägungsfehleinschätzung und Abwägungsdisproportionalität bezeichnet[295]. Zu einer korrekten Abwägung gehört auch das Nachdenken über und gegebenenfalls die Prüfung von Planungsalternativen. Auch bezüglich in Betracht kommender Alternativlösungen ist zu ermitteln, welche Belange von diesen in welcher Weise betroffen werden[296]. Zur Vermeidung eines Abwägungsdefizits ist das Abwägungsmaterial als das, was „nach Lage der Dinge“ in die Abwägung einzustellen ist, komplett zusammenzustellen. Was zum notwendigen Abwägungsmaterial gehört, lässt sich nicht generell, sondern nur im Hinblick auf die jeweils konkrete Situation bestimmen. Die Belange sind mit ihrer sich jeweils konkret nach Planungsanlass, Planungsziel und örtlichen Gegebenheiten bestimmenden Bedeutung in die Abwägung einzustellen. Stets irrelevant sind objektiv geringwertige und nicht schutzwürdige Belange[297]. Für die Beachtlichkeit des Arbeitsplatzaspekts bedeutet das allerdings keine allgemeine Einschränkung. Die Betroffenheit muss mehr als geringfügig, in ihrem Eintritt wahrscheinlich und für die planende Stelle erkennbar sein[298]. Die tangierten relevanten Belange sind zu ermitteln und bei der anschließenden Abwägungsentscheidung zu berücksichtigen, wobei Ermittlung die Feststellung der berührten Interessen und die Untersuchung ihrer Betroffenheit durch die konkrete Bauleitplanung bedeutet[299]. Angesichts der tendenziell grenzenlosen Fülle der mit Flächennutzungs- und Bebauungsplänen verbundenen Folgen und in irgendeiner Weise mittelbar betroffenen Interessen dürfen die Anforderungen im Hinblick auf die Ermittlung des Abwägungsmaterials nicht überspannt werden. Sonst besteht die Gefahr, dass Planungen effektiv nicht mehr zu realisieren sind oder häufig ganz unterlassen werden. Insbesondere die Beteiligung der Bürger und der Träger öffentlicher Belange gemäß §§ 3, 4 BauGB dient der Vermittlung von Kenntnissen über Art und Maß der jeweils betroffenen Belange; darüber hinaus muss die planende Gemeinde diejenigen öffentlichen oder privaten Belange berücksichtigen, deren Betroffenheit ihr unabhängig von einer Unterrichtung durch Dritte bekannt ist oder jedenfalls hätte bekannt sein müssen[300]. Bauleitplanung hat oftmals Bezüge zum Belang „Arbeitsplätze“ – etwa bei der Ausweisung von Gewerbegebieten. Das ist für die Gemeindevertretungen regelmäßig auch ersichtlich, ohne dass sie ausdrücklich darauf hingewiesen werden. Gegebenenfalls hat sich die planende Gemeinde dann ausführlicher mit

---

[294] BVerwGE 34, 301 (309); 45, 309 (312 ff.); 47, 144 (146); 59, 87 (89); 75, 214 (253 f.) – ständige Rechtsprechung.

[295] Hoppe / Grotefels § 7 Rn 94 ff.; Dürr Rn 47.

[296] VGH Mannheim, DÖV 1972, 821 (821 LS 5); Schlarmann S.61 ff., 70.

[297] BVerwG, DöV 1990, 479 ; BVerwG, ZfBR 1994, 196 (197).

[298] BVerwGE 59, 87 (102 f.).

[299] Hoppe, DVBl. 1994, 1033 (1034).

[300] BVerwG NVwZ-RR 1994, 490 (490); Hoppe, Planungsrecht S. 210 und ders., DVBl. 1974, 641 (646) hebt die Notwendigkeit einer Selektion der Abwägungsmaterialien hervor.

Zahl und Art der betroffenen Arbeitsplätze zu beschäftigen – drängt sich die Erheblichkeit eines Belanges auf, so hat nämlich dessen nähere Untersuchung zu erfolgen[301]. Im Rahmen der Abwägung ist nicht nur die ungefähre Zahl der mit einer bestimmten Planung verbundenen potentiellen Arbeitsplätze von Bedeutung. Vielmehr ist nach Möglichkeit auch zu berücksichtigen, inwieweit es sich um einfache oder qualifizierte und damit zumeist auch besser bezahlte Arbeitsplätze handelt. Generell ist der „Wert" qualifizierter höher als derjenige einfacher Arbeitsplätze anzusetzen. Jene besitzen also ein größeres Gewicht in der Abwägung. Diese Wertung ergibt sich auch - wie oben dargelegt – vielfach aus den übergeordneten Landesentwicklungs- bzw. Raumordnungsplänen und den Regionalplänen. Enthält die Raumordnung und Landesplanung hierzu Aussagen in der Form von Grundsätzen oder gar Zielen, so gehen diese vor und auf die genannte „allgemeine Regel" ist nicht zurückzugreifen. Zu beachten ist des weiteren, für welche Art von Arbeitsplätzen in welchen Branchen ein besonderer örtlicher Bedarf besteht. Allerdings lässt sich über die Zahl und insbesondere die Art neu entstehender Arbeitsplätze oftmals nichts Präzises sagen. Dienen bauplanerische Maßnahmen der Realisierung sehr konkreter Vorhaben, beispielsweise der Erweiterungsermöglichung eines Betriebes, so stehen Quantität und Qualität der entstehenden Arbeitsplätze regelmäßig einigermaßen genau fest. Werden hingegen etwa Gewerbegebiete im Zuge einer Angebotsplanung ohne Bezug zu bestimmten Betrieben und Vorhaben ausgewiesen, so lassen sich keine genauen Aussagen über Zahl und Art der dort entstehenden Arbeitsplätze treffen. Auch eine solche Planung ist indes zulässig. Schließlich lässt sich allgemein sagen, dass die Berücksichtigung des Arbeitsplatzaspektes umso dringlicher und der Belang der Erhaltung und Schaffung von Arbeitsplätzen umso gewichtiger einzustufen ist, je mehr Arbeitsplätze fehlen – ein wenn auch nicht unproblematischer Indikator[302] dafür ist die Arbeitslosenquote.
Bauleitplanung ist immer auf das Gebiet der jeweiligen Gemeinde bezogen und begrenzt, die bei der Aufstellung von Flächennutzungs- und Bebauungsplänen erforderliche Abwägung ist stets auf die konkrete Situation bezogen. Schon daraus ergibt sich die Ortsbezogenheit auch des Arbeitsplatzaspektes. Maßgebend ist also grundsätzlich, ob in der betreffenden Gemeinde Arbeitsplätze geschaffen bzw. erhalten werden; die durch eine Betriebsansiedlung in einer Gemeinde möglicherweise bedingte Verhinderung der Entstehung neuer Arbeitsplätze in einer anderen Gemeinde oder gar der Wegfall von Arbeitsplätzen andernorts spielt bei der Abwägung prinzipiell keine Rolle. Und maßgebend im Hinblick auf die Abwägung ist die örtliche Arbeitsplatzsituation[303]. Gleichwohl ist eine interkommunale Kooperation etwa bei der Ausweisung von Gewerbegebieten zulässig und auch sinnvoll. Denn zum einen beziehen sich betriebliche Stand-

---

[301] Gaentzsch in Berliner Kommentar zum BauGB § 1 Rn 76.
[302] Dazu Teil 3 / 3. Kapitel I.3.
[303] Bielenberg / Krautzberger / Söfker § 1 Rn 21.

ortentscheidungen in der Regel auf eine Region, nicht hingegen auf eine konkrete Standortgemeinde. Die einzelne Gemeinde ist daher fest in die regionale wirtschaftliche Situation eingebunden, eine Konkurrenz zwischen Gemeinden einer Region um Betriebsansiedlungen wäre bestenfalls ein Nullsummenspiel[304]. Zum anderen ist es auch für viele Arbeitnehmer von untergeordneter Bedeutung, ob sich ihr Arbeitsplatz an ihrem Wohnort oder aber in einer benachbarten Gemeinde befindet. Und insbesondere größere Städte sind oftmals durch die Raumordnung und Landesplanung als Mittel- oder Oberzentren, als Schwerpunkte für Dienstleistungen und Industrie vorgesehen oder übergeordnete Pläne legen sogar eine bestimmte dort zu erreichende Zahl von Arbeitsplätzen fest[305]. Diese Städte tragen nicht nur für die Versorgung der Bevölkerung mit Dienstleistungen, Einkaufs- und Freizeitmöglichkeiten eine besondere Verantwortung, sondern auch für die „Versorgung" der Menschen mit Arbeitsplätzen. Diese „besondere Verantwortung" liegt darin, dass sie den Belang der Schaffung und Erhaltung von Arbeitsplätzen nicht nur bezüglich des Bedarfs der ortsansässigen Wohnbevölkerung, sondern auch im Hinblick auf die Bevölkerung der Gemeinden der Umgebung zu berücksichtigen haben. Gleichwohl lässt sich auch in diesen Fällen von der reinen Ortsbezogenheit des in der Abwägung zu berücksichtigenden Arbeitsplatzbelanges sprechen. Denn der Charakter einer Stadt als regionales Zentrum oder Beschäftigungsschwerpunkt gehört dann eben zur konkreten örtlichen Situation und ist der Abwägung durch die überlokale Planung vorgegeben. Über die Gemeindegrenzen hinaus in den Nachbargemeinden wirkende Belange sind zwar in die Bebauungsplanung mit einzubeziehen, sie müssen jedoch von dem nach § 4 BauGB in den Planungsprozess einbezogenen Planungsträger vorgetragen werden[306].

6. Arbeitsplatzbelang und Binnendifferenzierung

Keineswegs immer beschränkt sich die auf den Aspekt der Arbeitsplätze Bezug nehmende Abwägung allerdings auf ein gewichtendes Gegenüberstellen des Arbeitsplatzaspektes einerseits und mit diesem Belang konkurrierender Interessen andererseits. Vielmehr sind nicht nur die unter dem Oberbegriff der „wirtschaftlichen Belange" in § 1 Abs.6 Nr.8 BauGB (§ 1 Abs.5 S.2 Nr.8 BauGB a.F.) genannten Interessen und Aspekte in sich durchaus heterogen, sondern sogar der Belang der Erhaltung, Sicherung und Schaffung von Arbeitsplätzen kann zugleich für und gegen eine bestimmte Bauleitplanung streiten. Dies macht die Notwendigkeit einer Binnendifferenzierung innerhalb eines Belanges bei der Zusammenstellung und Gewichtung des Abwägungsmaterials deutlich[307]. Beispielhaft besteht diese Problematik bei der Gebietsausweisung für großflächige

[304] Kahnert, Informationen zur Raumentwicklung 1998, 509 (515).
[305] Dazu OVG Saarland, Urteil v. 22.4.1993 – Az: 2 N 5 / 90.
[306] Frank, NVwZ 1987, 369 (372).
[307] Frank, NVwZ 1987, 369 (370).

Handelsbetriebe, insbesondere Verbrauchermärkte. Darunter sind in Anlehnung an die Begriffsdefinition aus der Handels- und Absatzwirtschaft Einzelhandelsbetriebe zu verstehen, die auf weiträumiger Verkaufsfläche ein warenhausähnliches Sortiment einschließlich Nahrungs- und Genussmitteln vorwiegend in Selbstbedienung anbieten[308]. Bauplanungsrechtlich sind sie gemäss § 11 Abs.3 BauNVO außer in Kerngebieten nur in für sie festgesetzten Sondergebieten zulässig, sofern sie sich auf die Verwirklichung der Ziele der Raumordnung und Landesplanung oder auf die städtebauliche Entwicklung und Ordnung nicht nur unwesentlich nachteilig[309] auswirken können. Das ist nach § 11 Abs.3 S. 3 BauNVO in der Regel anzunehmen, wenn die Geschossfläche 1200 m² übersteigt. Die Entstehung solcher Verbrauchermärkte wirkt sich regelmäßig negativ auf Umsatz und Gewinn der örtlichen kleineren Einzelhandelsgeschäfte aus und kann zu deren Verdrängung führen. Einerseits schafft also die Neueröffnung eines Verbrauchermarktes neue Arbeitsplätze, andererseits können dadurch im konkurrierenden Einzelhandel Arbeitsplätze verloren gehen. Hier stellt sich indes die Frage, ob Gewinne und Existenz von kleineren Einzelhandelsgeschäften *schutzwürdige* Interessen im Sinne der bauplanerischen Abwägung darstellen und damit im Rahmen dieser Abwägung überhaupt relevant sind. Nach ständiger Rechtsprechung fallen bloße „Erwerbschancen" jedenfalls nicht unter den Eigentumsschutz des Art.14 GG[310]. Wie oben dargelegt, bedeutet das indes nicht automatisch, dass gewerbliche Existenz- und Gewinnchancen auch keine im Rahmen der bauplanerischen Abwägung schutzwürdigen Belange sind. So ist etwa das Interesse des Einzelhandels an Modernisierungen und Betriebserweiterungen durchaus abwägungsrelevant. Beim Schutz kleinerer Geschäfte vor einer Verdrängung durch Verbrauchermärkte geht es allerdings nicht um die Ermöglichung betrieblicher Expansion und mithin freier wirtschaftlicher Entfaltung, sondern um Schutz vor Konkurrenz. Die Konstellation ist also gerade umgekehrt. Vielfach wird betont, die Bauleitplanung dürfe sich nicht von Erwägungen des Konkurrenz- oder Wettbewerbsschutzes leiten lassen oder gar zum Instrument der Wirtschaftsplanung werden[311]. Anerkanntermaßen darf eine Ge-

---

[308] Unter Verbrauchermärkten sind in Anlehnung an die Begriffsdefinition aus der Handels- und Absatzwirtschaft (Einzel-) Handelsbetriebe zu verstehen, die auf weiträumiger Verkaufsfläche ein warenhausähnliches Sortiment einschließlich Nahrungs- und Genußmitteln vorwiegend in Selbstbedienung anbieten - Schenke, UPR 1986, 281 (288).

[309] Nach hM muß es sich um nachteilige Auswirkungen handeln, eine Kompensation durch positive Wirkungen ist nicht möglich (König / Roser / Stock § 11 Rn 57).

[310] BVerfGE 24, 236 (251); BVerwGE 39, 329 (336).

[311] Brohm, NJW 1981, 1689 ff.; Krautzberger in Battis / Krautzberger / Löhr § 1 Rn 45 u. 71. Anzumerken ist freilich, dass ein wirklich freier Wettbewerb im wesentlichen gleiche Rahmenbedingungen der Konkurrenten voraussetzt und Einzelhandelsgroßprojekte „auf der grünen Wiese" nicht nur von den im Vergleich zu den Innenstädten deutlich niedrigeren Grundstücks- und Mietpreisen profitieren, sondern auch davon, dass die finanziellen und ökologischen Kosten für die weitere Anfahrt der Kunden – Straßenbau, Verkehrslärm, Luftver-

meinde nicht mittels Bauleitplanung *unmittelbar* den Wettbewerbsschutz des ortsansässigen Handels verfolgen, also keine Maßnahmen mit rein wirtschaftslenkender Zielsetzung zum Inhalt der Planung machen[312]. Hier geht es jedoch nicht um bestimmte planerische Festsetzungen, sondern gerade um deren Unterlassen. Es wird nicht mittels Bauleitplanung Konkurrenzschutz betrieben, sondern lediglich auf die Schaffung der planerischen Voraussetzungen für verstärkte Konkurrenz verzichtet. Im Rahmen der Ziele von Raumordnung und Landesplanung, die bestimmten Gemeinden bestimmte Versorgungsfunktionen zuweisen[313], kann eine Gemeinde nach gerechter Abwägung öffentlicher und privater Belange einschließlich des Belangs der Erhaltung, Sicherung und Schaffung von Arbeitsplätzen nach § 1 Abs.6 Nr.8 c) BauGB (§ 1 Abs.5 Nr. 8 BauGB a.F.) darüber befinden, welche Baugebiete sie ausweist und welche nicht. Sofern eine Gemeinde zum Schutz der Arbeitsplätze im kleineren Einzelhandel die Ansiedlung größerer Handelsbetriebe im Sinne des § 11 Abs.3 BauNVO nicht ermöglicht, indem sie auf die Ausweisung eines entsprechenden Sondergebietes verzichtet, so macht sie von der ihr verliehenen Planungshoheit mit zulässiger Motivation Gebrauch. Die durch einen Verdrängungswettbewerb bedrohten Arbeitsplätze beim kleineren Einzelhandel können hier also als selbstständiger Gesichtspunkt berücksichtigt werden[314].

7. Die Ausweisung arbeitsplatzrelevanter Bauflächen und Baugebiete

Nach diesen allgemeinen Erwägungen zum Belang der Erhaltung, Sicherung und Schaffung von Arbeitsplätzen wird nachfolgend dargestellt, durch welche Maßnahmen der Bauleitplanung diesem Belang zur Geltung verholfen werden kann.

Konkret ist eine Berücksichtigung des Arbeitsplazbelanges vor allem bei der die Art der baulichen Nutzung bestimmenden Ausweisung bestimmter Bauflächen und Baugebiete möglich und geboten. Unter den Bauflächen, die nur in Flächennutzungsplänen dargestellt werden können und aus denen nach § 8 Abs.2 BauGB die Bebauungspläne zu entwickeln sind, ziehen insbesondere gemischte und gewerbliche Bauflächen (§ 1 Abs.1 Nr.2 und 3 BauNVO) Arbeitsplätze nach sich, nicht hingegen Wohnbauflächen (§ 1 Abs.1 Nr.1 BauNVO). Natürlich kann auch die Ausweisung von Wohnbauflächen wie jede bauplanerische Darstellung und Festsetzung Auswirkungen auf die Marktverhältnisse und damit möglicherweise auf Arbeitsplätze nach sich ziehen – so durch die Konsequenzen für mit dem Hausbau beschäftigte Handwerker und für Baustoffhersteller. Der-

---

schmutzung, Landschaftsverbrauch – in erheblichem Umfang von der Allgemeinheit getragen werden (Berg, WiVerw 1990, 209, 217 f.).

[312] vgl. BVerwGE 68, 360 ff.; VGH München, BRS 46 Nr.20 S. 49 (50); Hüttenbrink, BauR 1982, 412 (416).

[313] Crone-Erdmann, GewArch 1975, 319 (321).

[314] Frank, NVwZ 1987, 369 (372).

artige potentielle Auswirkungen sind unvermeidbar; müssten sie bei jeder Aufstellung eines Flächennutzungs- oder Bebauungsplanes in der Abwägung berücksichtigt werden, würde dies die Bauleitplanung überfordern[315].
Als in Bebauungsplänen darstellbare Baugebiete mit besonderem Bezug zu Arbeitsplätzen sind insbesondere Gewerbegebiete nach § 8 BauNVO, Industriegebiete nach § 9 BauNVO, Sondergebiete nach § 11 BauNVO, Kerngebiete nach § 7 BauNVO sowie Mischgebiete nach § 6 BauNVO zu nennen. Im Regelfall zulässig (Regelbebauung) sind unter anderem in Gewerbegebieten nicht erheblich belästigende Gewerbebetriebe aller Art sowie Geschäfts-, Büro- und Verwaltungsgebäude, in Industriegebieten auch erheblich belästigende Gewerbebetriebe aller Art, in Sondergebieten nach § 11 BauNVO je nach planerischer Festsetzung Hotels und Pensionen, Läden, Einkaufszentren und großflächige Handelsbetriebe, Messen, Hochschulen, Kliniken oder Häfen, in Kerngebieten Geschäfts-, Büro- und Verwaltungsgebäude, Einzelhandelsbetriebe, Schank- und Speisewirtschaften, Betriebe des Beherbergungsgewerbes und Vergnügungsstätten sowie sonstige nicht wesentlich störende Gewerbebetriebe.
Das nach Art. 28 Abs.2 GG bestehende kommunale Selbstverwaltungsrecht umfasst auch die Planungshoheit der einzelnen Gemeinden. Diese können grundsätzlich eigenverantwortlich über ihre Grundstruktur etwa als Industrie-, Gewerbe-, Dienstleistungs-, Fremdenverkehrs- oder Wohngemeinde entscheiden. Die gewerbliche Wirtschaft ist zwar zur Realisierung ihrer wirtschaftlichen Freiheitsrechte (Art.12 und Art.14 GG) auf die Schaffung und Erhaltung der entsprechenden bauplanungsrechtlichen Voraussetzungen angewiesen. Eine Pflicht zur Ausweisung bestimmter Baugebiete wie beispielsweise Gewerbegebiete kann sich auch unter Berücksichtigung des Arbeitsplatzaspektes jedoch nur ausnahmsweise aus der kommunalen Wirtschaftsplanung oder aus einem extremen regionalen Mangel an Gewerbeflächen ergeben. Es darf auch nicht übersehen werden, dass die Gemeinden grundsätzlich ein finanzielles Interesse an Verbleib und Ansiedlung von Betrieben haben. Denn nach § 1 GewStG sind sie zur Erhebung einer Gewerbesteuer als Gemeindesteuer berechtigt[316], wobei das Aufkommensgefälle zwischen den einzelnen Gemeinden allerdings durch eine Gemeindeumlage vermindert wird. Außerdem haben die kreisfreien Städte die Kosten der Sozialhilfe selbst zu tragen[317], und Sozialhilfebedürftigkeit resultiert nicht selten aus Arbeitslosigkeit. Schon diese finanziellen Interessen wirken einer Vernachlässigung wirtschaftlicher Belange entgegen.

---

315 BVerwGE 59, 87 (103).

316 Die Ermächtigung beinhaltet zugleich eine entsprechende Verpflichtung. Nach § 16 GewStG wird von jeder Gemeinde ein Hebesatz festgelegt.

317 Die kreisfreien Städte und die Landkreise sind örtliche Träger der Sozialhilfe, und nach den einschlägigen Landesausführungsgesetzen hat der Sozialhilfeträger die Kosten zu tragen (Dietrich Schoch S. 476).

8. Die Situation auf den Baulandmärkten

Da Wirtschaft und Gesellschaft nicht statisch sind, sondern sich in einem Prozess steter Veränderung befinden, ist die Bauleitplanung mit ihren Ausweisungen diverser Baugebiete auch keine einmalige und nach begrenzter Zeit „erledigte“, sondern eine ständige Aufgabe. Wurde die Situation auf den Baulandmärkten für Gewerbe- und Industrieflächen in den 80er Jahren als insgesamt „entspannt“ bewertet[318], so hat sich das Angebot an frei verfügbaren und erschlossenen Gewerbeflächen Anfang der 90er Jahre generell verknappt[319].Die Verhältnisse sind dabei regional sehr unterschiedlich - so können in etlichen Ballungsräumen wie den Bereichen Düsseldorf, Stuttgart, Frankfurt und Offenbach zusätzliche Gewerbeflächen praktisch nicht mehr zur Verfügung gestellt werden, während im ländlichen Raum ein ausreichendes Angebot besteht[320]. Jedenfalls stehen die für eine aktive Baulandpolitik nötigen Flächen heute nicht mehr in dem Maße zur Verfügung wie in den 60er Jahren, die Ausweisung neuer Bauflächen stößt vielfach auf die Kritik von Bürgern und steht damit unter einem Rechtfertigungszwang[321]. Ständig gestiegen ist der Bedarf an Büroflächen, was sowohl an der Zunahme der in Büros Beschäftigten als auch an der Vergrößerung der den einzelnen Beschäftigten zur Verfügung gestellten Bürofläche liegt[322], in der Zukunft könnte allerdings zunehmende Entindividualisierung der Arbeitsplätze zu Flächeneinsparungen führen[323]. Vielfach besteht derzeit ein Überangebot an Büroflächen. Nicht zuletzt das in § 1a Abs.1 BauGB verankerte Gebot, mit Grund und Boden sparsam und schonend umzugehen, fordert nach Möglichkeit die – gewerbliche oder sonstige - Wiedernutzung brachliegender Gewerbe- und Industrieflächen. Diese scheitert allerdings nicht selten an der mangelnden Verfügbarkeit der Grundstücke, an der Lage in der Nähe zu Wohnbebauung, an der zu geringen Größe oder auch am Vorhandensein bzw. der Vermutung von Altlasten[324]. Und ob der Einsatz neuer Produktionstechnologien in der Industrie zu einer höheren oder aber reduzierten Flächeninanspruchnahme

---

[318] Antwort der Bundesregierung auf eine Große Anfrage der SPD-Fraktion zur „Baulandsituation, Entwicklung der Baulandpreise des Bodenrechts und der Bodensteuern“ – BT-Drs. 10 / 2358.

[319] Krautzberger, WiVerw 1991, 117 (120).

[320] Krautzberger, WiVerw 1991, 117 (119 f.); Litzenburger, SaarWirtschaft 8/90 S.396; das von den städtischen Standorten verdrängte bzw. sich zurückziehende Gewerbe kann nur noch selten innerhalb der Städte untergebracht werden - so Kahnert, IRE 1998, 509 (510).

[321] Krautzberger, WiVerw 1992, 131 (133 f.).

[322] Krautzberger, WiVerw 1992, 131 (132).

[323] Kahnert, IRE 1998, 509 (513) – der einzelne Arbeitnehmer besitzt keinen eigenen Schreibtisch mehr, sondern lediglich mobile Aktenbehälter und kann bei der firmeninternen Arbeit für bestimmte Zeiten auf nichtindividuelle Computerarbeitsplätze zurückgreifen.

[324] Stich, WiVerw 1991, 142 (148); Porger, WiVerw 1992, 175 (175).

führt, lässt sich nicht eindeutig feststellen – beide Entwicklungen sind in der Praxis ohne Erkennbarkeit eines eindeutigen Trends vorzufinden[325].

9. Der Arbeitsplatzaspekt als Aspekt der Feinplanung nach § 1 Abs.4 – 9 BauNVO ?

Die Gemeinden sind bei der Aufstellung von Bebauungsplänen nicht auf die Baugebiete nach §§ 2 bis 9 BauNVO und die Sondergebiete beschränkt, sondern können gemäß § 1 Abs. 4 bis 9 BauNVO durch differenzierende Festsetzungen eine „planerische Feinsteuerung" vornehmen. Nach § 1 Abs. 5 BauNVO können nach bestimmten Baugebieten an sich allgemein zulässige Arten von Nutzungen im Bebauungsplan für nicht oder nur ausnahmsweise zulässig erklärt werden, nach § 1 Abs. 9 BauNVO kann festgesetzt werden, dass nur bestimmte Arten der in den Baugebieten allgemein oder ausnahmsweise zulässigen Anlagen zulässig oder nicht zulässig sind oder nur ausnahmsweise zugelassen werden können. In § 1 Abs.9 BauNVO ist ausdrücklich bestimmt, dass ein Ausschluss von Anlagen nur möglich ist, wenn *besondere* städtebauliche Gründe dies rechtfertigen; daraus und weil jede Bauleitplanung städtebaulich begründet sein muss ergibt sich, dass auch der Ausschluss von Nutzungen gemäß § 1 Abs.5 BauNVO nur aus städtebaulichen Gründen zulässig ist[326]. Nach § 1 Abs.5 BauNVO können nach Auffassung des BVerwG und der wohl überwiegenden Literatur auch einzelne unter einer Nummer einer Baugebietsvorschrift zusammengefassten Nutzungen ausgeschlossen werden[327]. Dem ist zuzustimmen. Denn um beispielsweise Vergnügungsstätten aus einem Kerngebiet ausschließen zu können, müssten andernfalls zugleich auch Einzelhandelsbetriebe, Schank- und Speisewirtschaften sowie Betriebe des Beherbergungsgewerbes ausgeschlossen werden (§ 7 Abs.2 Nr.2 BauNVO). Das aber wäre unter den Aspekten von Erforderlichkeit und Verhältnismäßigkeit nicht akzeptabel. Im übrigen ist die Zusammenfassung unter einer Ziffer ein rein formales Kriterium und teilweise nur aus gesetzestechnischen Gründen erfolgt.
Fraglich ist, ob bestimmte Arten von Nutzungen oder Anlagen auch aus Arbeitsplatzgründen ausgeschlossen werden können, wenn sie bei konkurrierenden Betrieben Arbeitsplätze gefährden – wie dies insbesondere bei den bereits erwähnten Verbrauchermärkten der Fall ist.

---

[325] Antwort der Bundesregierung auf eine Große Anfrage der GRÜNEN (BT-Drs. 11/8401 S.16) hierzu unter Bezugnahme auf Henckel u.a. „Produktionstechnologien und Raumentwicklung", Hrsg.: Deutsches Institut für Urbanistik, Berlin 1986 S.130 ff.
[326] Fickert / Fieseler BauNVO § 1 Rn 101.
[327] BVerwGE 77, 308 (312); 77, 317 (322); VGH Mannheim, U. v. 26.2.1981 – Az: 3 S 735 / 80; VGH Mannheim, U.v. 19.9.1984 – Az: 3 S 1613 / 83; Himmelmann, DÖV 1993, 497 (506); Finkelnburg / Ortloff § 7 VII 2; Boeddinghaus § 1 Rn 93; aA: Hüttenbrink, DVBl. 1983, 530 (532); Dolde / Schlarmann BauR 1984, 121; Stober, WiVerw 1984, 129 (136); Schenke, UPR 1986, 281 (292).

Anerkanntermaßen darf eine Gemeinde nicht mit dem Mittel der Bauleitplanung *unmittelbar* den Wettbewerbsschutz des ortsansässigen Handels verfolgen, also keine Maßnahmen mit rein wirtschaftslenkender Zielsetzung zum Inhalt der Planung machen[328]. Bauplanungsrechtlich relevante städtebauliche Gründe im Sinne des § 1 Abs.5 u. 9 BauNVO sind nicht die wirtschaftlichen Auswirkungen bestimmter Nutzungen als solche, sondern deren Umschlag in städtebauliche Folgen[329]. Als städtebauliche Gründe, die im Einzelfall auch den Ausschluss von Verbrauchermärkten in Gewerbe- oder Industriegebieten[330] nach § 1 Abs.9 BauNVO rechtfertigen können, sind die drohende Gefährdung einer verbrauchernahen Versorgung der Bevölkerung, eine zu erwartende Verödung der Innenstadt oder eine Verschlechterung der Verkehrssituation anerkannt[331]. Allerdings ist die in § 11 Abs.3 BauNVO enthaltene Wertung zu beachten, derzufolge bei einem großflächigen Handelsbetrieb mit einer Geschossfläche unter 1200 m² die städtebaulichen Auswirkungen nicht vermutet werden, sondern konkret nachzuweisen sind – bei erheblich geringeren Geschossflächen sind einen Ausschluss rechtfertigende städtebauliche Auswirkungen daher nur ausnahmsweise denkbar[332]. Als Begründung für den Ausschluss von Handelsbetrieben aus einem Gewerbegebiet hat das OVG Münster auch die Reservierung von Flächen für Handwerksbetriebe und Betriebe des produzierenden Gewerbes im innenstadtnahen Bereich aufgrund eines großen entsprechenden Flächenbedarfs anerkannt. Soweit durch konkrete städtebauliche Gegebenheiten bedingt, könne den - nach § 1 Abs.6 Nr.8 BauGB (§ 1 Abs.5 Nr.8 BauGB a.F.) zu beachtenden - Belangen der Wirtschaft auch durch das Fernhalten von einzelnen an sich zulässigen sie verdrängenden Nutzungen Rechnung getragen werden[333].

In einer anderen Entscheidung des OVG Münster ging es um die Frage, ob eine Gemeinde zum Zweck der Standortsicherung einer Chemiefabrik ein Gewerbegebiet festsetzen darf, in dem lediglich „Betriebe und Betriebsteile zur Herstellung von chemisch-pharmazeutischen, pflanzlich-pharmazeutischen und kosmetischen Produkten - ohne ihre Grundstoffherstellung – sowie zur Verarbeitung von Nahrungsmitteln“ zulässig sein sollen. Das Gericht bewertete das Interesse an der Sicherung des Produktionsstandortes der Fabrik in der Stadt als von wirt-

---

[328] BVerwGE 68, 360 ff.; VGH München, BRS 46 Nr. 20 S. 49 (50); Hüttenbrink, BauR 1982, 412 (416).

[329] Schlichter, WiVerw 1988, 199 (253); Berg, WiVerw 1990, 209 (216).

[330] Diese sind dort gemäß § 8 Abs.2 Nr.1 Alt.1 bzw. § 9 Abs.2 Nr.1 Alt.1 BauNVO grundsätzlich zulässig, sofern sie nicht unter § 11 Abs.3 BauNVO fallen.

[331] VGH München, BRS 46 S. 49 (50); OVG Münster, BRS 49 Nr. 76 S. 195 (197); VGH München, BRS 50 Nr.17 S. 46 (47); VGH Mannheim, BauR 1982, 149 (150); Frank, NVwZ 1987, 369 (370 f.); Gaentzsch § 1 Rn 53, Bielenberg/Krautzberger/Söfker § 1 Rn 21; Krautzberger in Battis / Krautzberger / Löhr § 1 Rn 71.

[332] Schenke, UPR 1986, 281 (293).

[333] OVG Münster, BRS 49 Nr. 76 S. 195 (198) – in diesem Zusammenhang verweist das Gericht auf ein Urteil des OVG Lüneburg (BRS 46 Nr. 55) zum Ausschluss von Einzelhandels- und Dienstleistungsbetriebe verdrängenden Spielhallen und Sexkinos.

schaftsfördernder und fiskalischer, nicht jedoch städtebaulicher Natur und verneinte daher das Vorliegen der Voraussetzungen des § 1 Abs.9 BauNVO, der allein als gesetzliche Grundlage für die Festsetzung in Betracht kam[334]. In einem vergleichbaren Fall hatte sich das Gericht mit der Frage zu befassen, ob die Flächenvorhaltung für Verlagerungen ortsansässiger Betriebe wegen siedlungsstruktureller Probleme die Beschränkung der in einem Baugebiet zulässigen Nutzungen durch eine sogenannte Positivliste von Betriebsarten rechtfertigt. Dies verneinte das Gericht wiederum unter anderem mit der Erwägung, die Sicherung von Standorten für im Stadtgebiet bereits ansässige Betriebe erfolge nicht aus städtebaulichen Aspekten, sondern aus Gründen der kommunalen Wirtschaftsförderung und der Gewerbepolitik[335]. Betont wird insbesondere, dass die ausgeschlossenen Betriebe bezüglich ihrer Emissionen mit ihrer Umgebung in Einklang gebracht werden können. Nach diesem Maßstab ist auch das Bemühen um Erhaltung und Gedeih des kleineren Einzelhandels wirtschaftsfördernder und nicht städtebaulicher Natur und schon deshalb kein tauglicher Grund für einen Ausschluss nach § 1 Abs. 5 und 9 BauNVO. Auch hier geht es letztlich um „Standortsicherung“. Ungeachtet der Verneinung des städtebaulichen Charakters der auf die Standortsicherung oder Verlagerung ganz bestimmter Betriebe zielenden Nutzungsbeschränkungen in den beiden Fällen hat das Gericht in der Entscheidung zur Chemiefabrik das mit dem Bebauungsplan verfolgte Ziel der Ermöglichung von innerstädtischen Betriebsverlagerungen sowie von Ansiedlungen neuer Betriebe zwecks gewerblich-industrieller Entwicklungen zur Erhaltung der Wirtschaftskraft zu recht als eine grundsätzlich städtebauliche Zielsetzung erachtet. Entscheidend ist hier jedoch, dass der Aspekt der Arbeitsplätze mit dem Schutz der entsprechenden Betriebe vor Konkurrenz untrennbar zusammenhängt. Bei den einen Ausschluss nach § 1 Abs.5 und Abs.9 BauNVO anerkanntermaßen rechtfertigenden Gründen – Vermeidung von Innenstadtverödung und Verschlechterung der Verkehrssituation, Gewährleistung der in § 1 Abs.6 Nr.8 a) BauGB (§ 1 Abs.5 Nr.8 BauGB a.F.) ausdrücklich als Belang aufgeführten verbrauchernahen Versorgung der Bevölkerung[336] - geht es letztlich um die Lebensqualität in der Gemeinde. Die Modifizierung der in der BauNVO als Grundtypen vorgesehenen Baugebiete erfolgt für die Gemeindebewohner als Bürger und Verbraucher, die „der Wirtschaft“ als solche gegenüberstehen. Anders ist das hingegen bei Arbeitsplätzen, die Bestandteil eines Betriebes sind.

---

334 OVG Münster, UPR 1993, 312 f.- das Gericht hatte die Änderung des Bebauungsplanes schon wegen Verstoßes gegen den Grundsatz der Planklarheit und der Bestimmtheit planerischer Festsetzungen für ungültig befunden.

335 OVG Münster, Urteil v. 13.11.1992, UPR 1993, 227 (228).

336 VGH Mannheim, BauR 1982, 149 (150); VGH München, BRS 46 S. 49 (50); OVG Münster, BRS 49 Nr.76 S. 195 (197); VGH München, BRS 50 Nr.17 S. 46 (47); Crone-Erdmann, GewArch 1975, 319 (320 ff.); Frank, NVwZ 1987, 369 (370 f.); Gaentzsch § 1 Rn 53; Bielenberg / Krautzberger / Söfker § 1 Rn 21; Krautzberger in Battis / Krautzberger / Löhr § 1 Rn 71.

Soll ein Betrieb aufgrund seiner Arbeitsplätze vor Konkurrenz geschützt werden, so bedeutet das nichts anderes als Schutz dieses Betriebes vor Konkurrenz. Sind die Gemeinden auch nicht zwecks Herbeiführung eines maximalen Wettbewerbs zur Ermöglichung von Ansiedlungen durch die Ausweisung von bestimmten Bebauungsgebieten gehalten, so ist ein Ausschluss bestimmter Nutzungen aus Konkurrenzschutzerwägungen doch ein unzulässiger Eingriff. Dessen ungeachtet ändert sich an der Zulässigkeit eines aus den genannten zulässigen städtebaulichen Gründen erfolgten Ausschlusses bestimmter Nutzungen nichts, wenn dieser Ausschluss etwa die Erhaltung des kleineren Einzelhandels in Innenstadtgebieten zur Folge hat und als Nebenwirkung auch Arbeitsplätze schützt und mit einer positiven Arbeitsplatzbilanz einhergeht.

10. Weitere Entscheidungen mit Bezug zum Arbeitsplatzbelang

10.1 Der Fall Oststadt-Klinik (VGH Mannheim)

Einer Entscheidung des VGH Mannheim vom 27.7.1995 über die Gültigkeit eines Bebauungsplans[337] lag folgender Sachverhalt zugrunde: Durch den Mannheimer Bebauungsplan Nr.41/8b (1) „Erweiterung der Inter-Versicherung auf den Grundstücken der ehemaligen Oststadt-Klinik" vom 24.11.1992 wurde der für das betreffende Gebiet zuvor geltende Bebauungsplan laut Begründung mit dem Ziel geändert, durch eine Ausweisung des Plangebietes als Kerngebiet nach § 7 BauNVO dort eine „tertiäre" Nutzung zu ermöglichen und damit die rechtlichen Voraussetzungen für einen Büroneubau der Inter-Versicherung zu schaffen[338]. Bei der Abwägung sei das *große öffentliche Interesse an der Schaffung weiterer Arbeitsplätze im tertiären Bereich* zu berücksichtigen. Gegen den neuen Bebauungsplan wandten sich Miteigentümer von an das Plangebiet angrenzenden Grundstücken mittels eines Normenkontrollverfahrens gemäß § 47 VwGO. Sie beantragten, den Plan für nichtig zu erklären. Der Plan sei in materiell-rechtlicher Sicht rechtswidrig. Unter anderem wurde die Schaffung neuer Arbeitsplätze bestritten und das Motiv der Arbeitsplatzbeschaffung als nur vorgeschoben erachtet. Der VGH Mannheim lehnte den Antrag als unbegründet ab. Die bisherigen Betriebsverhältnisse der Inter-Versicherung seien beengt, Aspekte der innerbetrieblichen Organisation, Logistik und Kommunikation sprächen für deren Erweiterung am bisherigen Standort. Der Bebauungsplan wolle zum einen diesen betrieblichen Bedürfnissen eines traditionellen Mannheimer Unternehmens und damit den Belangen der örtlichen Wirtschaft (§ 1 Abs.6 Nr.8 a) BauGB / § 1 Abs.5 Nr.8 HS 1 BauGB a.F.) Rechnung tragen, zum anderen wolle er die Schaffung bzw. Erhaltung von Arbeitsplätzen sichern (§ 1

---

[337] VGH Mannheim,Urteil v. 27.7.1995 – Az: 3 S 1288/93 = UPR 1996, 117 ff. = NVwZ 1996, 920 ff.

[338] Diese hatte die drei Grundstücke des Plangebiets bereits zuvor erworben.

Abs.6 Nr.8 c) BauGB / § 1 Abs.5 S.2 Nr.8 HS 2 BauGB a.F.)[339]. Es bestünden nicht die geringsten Hinweise dafür, dass das Ziel der Arbeitsplatzsicherung nur „vorgeschoben“ sei. Im bisherigen Verwaltungsgebäude bestand nach Angaben der Versicherung ein Überhang von 100 Arbeitsplätzen. Durch die provisorische Auslagerung von 60 dieser 100 Mitarbeiter werde der Betriebsablauf gestört. Wörtlich heißt es sodann: „Bei dieser Sachlage konnte der Gemeinderat berechtigterweise davon ausgehen, dass der Bebauungsplan *zum Erhalt und zur Sicherung der bestehenden Arbeitsplätze* und der Konsolidierung des Stammsitzes Mannheim der Versicherung *beiträgt* und *gegebenenfalls auch zur Schaffung neuer Arbeitsplätze führt*“. Die planende Stadt Mannheim ging langfristig von einem Zuwachs von „rund 200“ neuen Arbeitsplätzen aus, wobei es allerdings auf die genaue Zahl neuer Arbeitsplätze gar nicht ankomme, da die Entscheidung des Gemeinderates für den Bebauungsplan von einem bestimmten Mindestwert ersichtlich nicht abgehangen habe. Später wird das städtebauliche Gewicht des Interesses an der Konsolidierung von Betrieben und an der Befriedigung ihrer Erweiterungswünsche hervorgehoben. Das Interesse an der Sicherung und Schaffung von Arbeitsplätzen im Dienstleistungssektor sei deshalb hoch einzuschätzen, weil die Stadt Mannheim immer noch zahlreiche Arbeitsplätze im verarbeitenden Gewerbe verliere[340].

10.2 Der Fall Industrieerweiterung (OVG Saarlouis)

In einer Entscheidung des saarländischen OVG vom 22.4.1993[341] ging es um einen Bebauungsplan, der durch Ausweisung eines Industriegebietes gemäß § 9 BauNVO einem ansässigen Betrieb eine Entflechtung und Erweiterung ermöglichen sollte. Das vom zugrundeliegenden Flächennutzungsplan erfasste Gebiet war nach entsprechenden Stellungnahmen des Umweltministers und der Unteren Naturschutzbehörde kleiner als ursprünglich geplant ausgefallen. In der Begründung der Planung wurde geltend gemacht, für diese sprächen Belange der Wirtschaft und der *Arbeitsplatzvorsorge*. Sie bringe die im Landesentwicklungsplan Umwelt als Schwerpunktraum Industrie eingestufte Stadt mit der von dem Betrieb in Aussicht gestellten Beschäftigung von zunächst 300 und später 800 Arbeitskräften in dem neuen Werk der Zielvorgabe von 16.000 bis 18.000 Arbeitsplätzen näher.

Insbesondere die Bevölkerung eines nahegelegenen Wohngebietes brachte auf die Planauslagen hin eine Vielzahl von Einwendungen. Moniert wurde unter anderem, dass sich in Erläuterungsbericht und Begründung ein Hinweis auf die Absicht des Betriebes befinde, im Plangebiet 800 Personen zu beschäftigen, ohne dass diese Zahl irgendwo verifiziert sei. Ferner liege die Ansiedlung eines

339 Vgl Begründung des Bebauungsplans S.13 .
340 Vgl Begründung des Bebauungsplans S.13 .
341 OVG des Saarlandes (2. Senat), Urteil v. 22.4.1993 – Az: 2 N 5 / 90.

neuen Werkes in der Gemeinde nicht im öffentlichen Interesse, da die Stadt ausweislich einer Zahl von 15.000 Einpendlern ausreichend mit Arbeitsplätzen versorgt sei. Pro neuem Arbeitsplatz beanspruche das Projekt der Bauwerberin außergewöhnlich viel Gelände.
Den durch den Bewohner eines nahegelegenen Wohngebietes gestellten Antrag auf Nichtigerklärung des Bebauungsplanes wies das Gericht als zwar zulässig, jedoch unbegründet zurück. Dabei verwies das Gericht darauf, dass der insbesondere den Schutz des Grundwassers bezweckende wasserwirtschaftliche Vorrang des Gebietes der Ausweisung eines Industriegebietes nicht zwingend entgegenstehe, da diese keine Beeinträchtigungen des Grundwassers nach sich ziehen müsse. Im übrigen wird hervorgehoben, dass die Gemeinde im Rahmen ihrer auch verfassungsrechtlich garantierten Planungshoheit über die örtlich anzustrebenden städtebaulichen Ziele zuvörderst selbst entscheidet. Und die antragsgegnerische Stadt verstehe sich eben als Industriestadt und strebe die Ausweitung des Angebotes an industriellen Arbeitsplätzen an, was dem Landesentwicklungsplan Umwelt entspreche. Der Bebauungsplan sei tatsächlich aufgrund einer Interessenabwägung und nicht in Erfüllung einer gegenüber der alleinigen Bauinteressentin im Vorfeld der Planaufstellung eingegangenen Verpflichtung beschlossen worden – der von Bürgern behaupteten „Drohung“ der Firma gegenüber der Gemeinde, anderwärts zu bauen, wenn ihr nicht alsbald eine Erweiterungsmöglichkeit geboten werde, komme als einseitigem Versuch einer Einflussnahme eine im Rechtssinn vorentscheidende Bedeutung nicht zu. Die Antragsgegnerin habe einerseits die *Aspekte der Wirtschaftskraft und des Arbeitsmarktes*, andererseits aber auch den Schutz der Natur, der natürlichen Lebensgrundlagen und benachbarter Wohngebiete umfassend erwogen und damit alles den Umständen nach erkennbar relevante Abwägungsmaterial gesammelt. Sie habe zutreffend erkannt, dass die Gebietsausweisung zur Förderung der Belange der Wirtschaft und der *Erhaltung, Sicherung und Schaffung von Arbeitsplätzen* geeignet ist und daraus eine Rechtfertigung bezieht. Zwar bewirke die Ausnutzung des Bebauungsplanes unvermeidlich eine Einbuße an natürlicher Erdoberfläche. Die negativen Folgen würden jedoch durch die relativ geringe ökologische Wertigkeit der auf dem Gelände befindlichen Aufforstung, die festgesetzten Flächen zum Schutz, zur Pflege und zur Entwicklung der Landschaft und die angeordnete Durchgrünung der Industriefläche und durch naturschutzrechtliche Ausgleichsmaßnahmen gemildert. Die verbliebenen Nachteile habe man ohne Rechtsfehler als durch die Vorteile der mit dem Plan ermöglichten Industrieansiedlung aufgewogen betrachten können. Schließlich wird eine Verletzung des Trennungsgebotes mit dem Hinweis verneint, die großräumige Trennung von Industrie- und Wohngebieten bilde kein absolutes Planungsziel, sondern sei Einschränkungen aufgrund konkurrierender Zweckvorstellungen zugänglich.

10.3 Der Fall Unteres Plateau (OVG Saarlouis)

Im Rahmen eines Verfahrens des vorläufigen Rechtsschutzes nach § 80 VwGO hatte sich das OVG des Saarlandes mit der Gültigkeit eines Bebauungsplanes zu befassen[342]. Die Antragsteller begehrten die Wiederherstellung der aufschiebenden Wirkung ihrer gegen eine zum Neubau eines Verwaltungsgebäudes auf einem zum Bebauungsplan „Unteres Plateau" gehörenden Grundstück erteilte Baugenehmigung eingelegten Rechtsbehelfe. Das Gericht lehnte die Beschwerde ab. Selbst bei schon vertiefter Prüfung bestehe kein Grund für die Annahme der Ungültigkeit des Bebauungsplanes. Eine Abwägung habe stattgefunden – dass sich die Planung auf das Vorhaben eines einzelnen Bauinteressenten beziehe und das Ziel verfolge, die bodenrechtlichen Voraussetzungen für die Realisierung eines bestimmten Projektes zu schaffen, bedeute noch keine unzulässige Vorwegbindung. Die Fläche des sogenannten „Unteren Plateaus" war im ursprünglichen Bebauungsplan als allgemeines Wohngebiet ausgewiesen gewesen, ohne indes bebaut worden zu sein. Später hat die Stadt das Gebiet mittels eines Planänderungsverfahrens als auf Büro- und Verwaltungsgebäude beschränktes Sondergebiet ausgewiesen. Das Gebiet ist nach Auffassung des Gerichts für die Nutzung als allgemeines Wohngebiet objektiv nicht günstig gewesen. Die betreffende Fläche liege nicht nur in einer auf drei Seiten von deutlich höher gelegenem und inzwischen weitgehend bebautem Gelände umgebenen Mulde, sondern auch in unmittelbarer Nachbarschaft von gewerblicher und industrieller Nutzung mit zum Teil erheblichem Störpotential. Von daher könne keine Verletzung des Abwägungsgebotes darin gesehen werden, dass die planende Gemeinde das Interesse an der Beibehaltung dieses ungünstig gelegenen und über Jahre nicht „angenommenen", letztlich nur rechtlich existierenden allgemeinen Wohngebietes auch unter dem Gesichtspunkt des Umfeldes der vorhandenen Wohnbebauung geringer bewerte als das unter anderem unter dem Gesichtspunkt der *Erhaltung, Sicherung und Schaffung von Arbeitsplätzen* mit Gewicht in die Abwägung einzustellende Interesse, an der betreffenden Stelle durch das Planänderungsverfahren die planungsrechtlichen Voraussetzungen für die Errichtung eines zentralen Büro- und Verwaltungsgebäudes zu schaffen. Immerhin sollte mit dem ersten Bauabschnitt Büroraum für rund 300 Mitarbeiter der AG geschaffen werden.

10.4 Der Fall Neue Mitte Oberhausen (OVG Münster)

Weiteres Beispiel für einen Bebauungsplan, in dem die Schaffung von Arbeitsplätzen eine nicht unerhebliche Rolle spielte, ist derjenige für die Neue Mitte Oberhausen. Diesem liegt entsprechend den Vorgaben der Landesplanung das Konzept eines Einkaufs- und Vergnügungszentrums von beträchtlichem Aus-

---

[342] OVG des Saarlandes (2. Senat), Beschluss vom 13.4.1993 – Az: 2 W 5 / 93 .

maß in der Stadt Oberhausen zugrunde. Den gegen diesen Bebauungsplan gerichteten Normenkontrollantrag des Mieters einer in der Nähe der geplanten Neuen Mitte gelegenen ehemaligen Werkssiedlung wies das OVG Münster mangels Antragsbefugnis als unzulässig zurück. Ergänzend wies das Gericht darauf hin, dass der Antrag außerdem voraussichtlich wegen fehlenden Rechtsschutzinteresses keinen Erfolg hätte haben können. Denn im Falle der Nichtigerklärung des Bebauungsplanes hätte der Antragsteller jederzeit mit der Wiederaufnahme der bisherigen oder mit der Begründung einer anderen industriellen Nutzung des zur Debatte stehenden Geländes rechnen müssen. Auch seine Rüge, die mit dem Einkaufszentrum verbundenen erheblichen Auswirkungen auf den Einzelhandel der umliegenden Städte und Zentren - und damit ja auch auf die Arbeitsplätze in diesem Einzelhandel – seien ohne eine Steuerung der Angebotspalette nach kurz-, mittel- und langfristigen Gütern nicht ohne eine Verödung der jeweiligen Zentren zu beherrschen, hätte nach Auffassung des Gerichts voraussichtlich nicht durchgegriffen. Die Belange der Einzelhandelskaufleute aus den Nachbargemeinden seien nämlich mangels Nachteils gar nicht abwägungserheblich geworden.

10.5 Der Fall Gewerbegebiet (VGH Mannheim)

Der VGH Mannheim hatte sich mit folgendem Fall zu beschäftigen[343]: In vorhandenen Gewerbegebieten einer Gemeinde befanden sich noch unbebaute Flächen. Deren Eigentümer, dort ansässige Gewerbebetriebe, hielten diese Flächen für künftige Betriebserweiterungen vor. Da die freien Flächen somit für eine von der Gemeinde beabsichtigte Ansiedlung bestimmter Betriebe nicht genutzt werden konnten, entschloss sich die Gemeinde für die Ausweisung eines weiteren relativ kleinen Gewerbegebietes am Rande der Ortslage. Den zugrundeliegenden Bebauungsplan, dessen Überprüfung Eigentümer eines in der Nähe des Planes gelegenen Grundstücks im Wege eines Normenkontrollverfahrens veranlassten, beanstandete das Gericht nicht.

10.6 Der Fall Asylbewerberheim (VGH München)

In einem Beschluss des VGH München[344] wandte sich eine Gemeinde gegen die Unterbringung von Asylbewerbern in einem Gewerbegebiet (§ 8 BauNVO). Mit ihrer Beschwerde richtete sie sich gegen den Beschluss des vorinstanzlichen Verwaltungsgerichtes, das die Verweigerung des gemeindlichen Einvernehmens zum Antrag auf Nutzungsänderung eines Gebäudes, in dem die Asylbewerber untergebracht werden sollten, als rechtswidrig erachtet hatte. Zur Begründung hatte das Verwaltungsgericht vor allem auf das Vorliegen der Befreiungsvoraus-

---

[343] VGH Mannheim, Beschluß v. 20.9.1993 – Az: 8 S 605 / 93 – NuR 1994, 192 (192 LS 1).
[344] VGH München, Beschluß v. 12.9.1991 – Az: 2 CS 91.2161 – BayVBl. 1992, 53 (53).

setzungen gemäß § 31 Abs. 2 Nr.1 BauGB aufgrund eines dringenden Wohnbedarfs hingewiesen. Der VGH ging ergänzend unter anderem auf das von der Gemeinde vorgetragene Argument ein, das Gewerbegebiet sei ausgewiesen worden, um *wohnortnahe Arbeitsplätze* zu schaffen, und nicht, um Asylbewerber anzusiedeln. Damit sei nicht ausreichend dargetan, dass ein dringendes öffentliches Interesse an der gewerblichen Nutzung gerade des für die Unterbringung vorgesehenen Betriebsgeländes bestehe. Dass ein solches dringendes entgegenstehendes Interesse jedoch notwendig gewesen wäre, ergab sich aus der zuvor getroffenen Feststellung, die Unterbringung von Asylbewerbern sei ein dringendes öffentliches Anliegen[345] und nach § 3 Abs.2 des Asylbewerberaufnahmegesetzes seien die Gemeinden zur Mitwirkung bei der Unterbringung verpflichtet.

10.7 Der Fall Betriebserweiterung (VGH Kassel)

Der VGH Kassel hatte über einen Antrag auf Normenkontrolle eines von der Gemeinde Seeheim-Jugenheim beschlossenen Bebauungsplanes zu entscheiden[346]. Die Antragstellerin betrieb seit 127 Jahren ein Werk zur Produktion von Grund- und Deckputzen, früher war auch Marmor abgebaut worden. Einen zuvor gestellten Antrag auf Vorbescheid gemäß § 9 iVm § 15 BImSchG zwecks Optimierung der vorhandenen Fabrikationsanlage für trockene Grund- und Deckputze auf einer erweiterten Betriebsfläche hatte die Gemeinde zum Anlass genommen, eine Veränderungssperre zu erlassen. Zur Begründung wurde angeführt, im Rahmen des bereits für den Bereich des Marmoritwerkes eingeleiteten Bebauungsplanverfahrens solle geprüft werden, inwieweit eine Betriebserweiterung vertretbar sei oder der vorhandene Gewerbebetrieb auf seinen derzeitigen Bestand festgeschrieben werden müsse. Im Bebauungsplan erfolgte dann eine solche Festschreibung des Betriebes auf den aktuellen Stand zur Vermeidung eines erhöhten Verkehrsaufkommens in einem Ortsteil. Nach Angaben des Deutschen Bundes für Vogelschutz war der Einbiegungsbereich vom Werkverkehr in die Landstraße außerdem Schwerpunkt der Wanderung von durch den Verkehr vielfach getöteten Amphibien. Die Bevollmächtigten der Antragstellerin wandten gegen den Bebauungsplan unter anderem ein, der Planentwurf verletze das Gebot gerechter Abwägung aufgrund fehlender Berücksichtigung der Belange der Wirtschaft. Der Antragstellerin werde die Entwicklungsmöglichkeit genommen und das Interesse an der *Erhaltung, Sicherung und Schaffung von Arbeitsplätzen* (§ 1 Abs.6 Nr.8 c) BauGB / § 1 Abs.5 Nr.8 BauGB a.F.) sei nicht berücksichtigt worden. Das Interesse eines Betriebes an der Erhaltung des betrieblichen Bestandes, an einer Ausweitung des Betriebes und an einer zur Er-

---

[345] vgl. § 4 Abs.1 des früheren BauGBMaßnG.

[346] VGH Kassel, Urteil v.25.8.1994 – Az: 4 N 796/92 – HessVGRspr. 1995, 75 ff.

haltung der Konkurrenzfähigkeit notwendigen Erweiterung der Kapazitäten gehöre zu den abwägungserheblichen Belangen der Wirtschaft. Für die Konkurrenzfähigkeit müssten verschiedene und neue Arten von Edelputzen hergestellt werden. Und wegen der unterschiedlichen Körnungen würden für nur eine neue Art von Edelputz neue Silokapazitäten und Lagerplätze benötigt. Die Gemeinde hingegen machte insbesondere geltend, dass der Betrieb seit Beendigung des Marmorabbaus nicht mehr im Außenbereich privilegiert, sondern ein regulärer Gewerbebetrieb sei. Das Gericht erklärte den angegriffenen Bebauungsplan zwar für teilweise nichtig[347], sah die durch das Abwägungsgebot gestellten Anforderungen von dem Plan jedoch als erfüllt an. In den Aufstellungsunterlagen befinde sich der Hinweis, dass bei der Lösung der durch den Produktionsbetrieb ausgelösten Konflikte die Belange der Wirtschaft, die *Erhaltung, Sicherung und Schaffung von Arbeitsplätzen* (§ 1 Abs.6 Nr.8 c) BauGB / § 1 Abs.5 Nr.8 BauGB a.F.) ausreichend zu werten sind. Das Gericht bestätigte, dass zu den zu beachtenden Bedürfnissen der Wirtschaft die im Rahmen einer normalen Betriebserweiterung liegende und oft zur Erhaltung der Konkurrenzfähigkeit notwendige Erweiterung der Kapazitäten zu zählen sind. Andererseits ließ es zugunsten des Bebauungsplanes das Argument gelten, wegen der topographischen Situation im Talraum solle aus Gründen des Schutzes des Landschafts- und Ortsbildes die Errichtung von Silobauwerken und eines Mischwerkes mit einer Gesamthöhe von ca. 20 bis 24 Metern sowie von Lagerhallen vermieden werden.

Die Schaffung und Erhaltung von Arbeitsplätzen ist also nicht nur tatsächliches Motiv für die Aufstellung von Bebauungsplänen, sondern diese tragender Belang, mit dem Bebauungspläne begründet werden und der Bestandteil juristischer Argumentation ist. Dabei sind auch die Situation auf dem lokalen Arbeitsmarkt und die Landesplanung von Bedeutung[348]. Anlass zu Auseinandersetzungen bieten durchaus nicht nur geplante industrielle Nutzungen, sondern auch solche des Dienstleistungsbereichs. In den Auseinandersetzungen steht dem Belang der Arbeitsplätze regelmäßig derjenige des Umweltschutzes entgegen. In den erwähnten Fällen wird von den Gegnern der aus wirtschaftlichen und betrieblichen Interessen entwickelten Bebauungspläne nicht die grundsätzliche Bedeutung des Arbeitsplatzbelanges bestritten, sondern das tatsächliche Entstehen erhoffter bzw. in Aussicht gestellter Arbeitsplätze bezweifelt[349].

---

[347] Das Planungsergebnis entsprach zum Teil nicht der sich aus den Planaufstellungsvorgängen zu entnehmenden Planungsabsicht.

[348] VGH Mannheim, UPR 1996, 117 ff. (Fall 1); OVG Saarland, Urteil v. 22.4.1993 – Az: 2 N 5 / 90 (Fall 2).

[349] Fälle 1 und 2.

11. Gemengelagen

11.1 Charakter und Problematik von Gemengelagen

Den Belang der Schaffung und Erhaltung von Arbeitsplätzen gilt es nicht nur bei der Planung neuer Bebauungen auf der „grünen Wiese“, sondern auch bei der Überplanung insbesondere solcher bereits bebauter Gebiete zu berücksichtigen, die sich als Gemengelagen darstellen. Gemengelagen sind durch sich gegenseitig beeinträchtigende Nutzungsarten wie dem Nebeneinander von Wohnen einerseits und Gewerbe oder Industrie andererseits gekennzeichnet[350]. Allerdings benötigen auch mehr und mehr Unternehmen insbesondere aus dem Bereich der Hochtechnologie aus produktionstechnischen Gründen Standorte mit staubfreier Luft und ohne Belastung durch Erschütterungen[351], auch Betriebe können also sehr immissionsempfindlich sein. Derartige städtebauliche Situationen sind keineswegs eine seltene Ausnahme, vielmehr befindet sich eine erhebliche Anzahl von Betrieben in Gemengelagen[352]. Bei den sogenannten Großgemengelagen besteht ein Nebeneinander zweier Bereiche mit einander zwar widersprechenden, in sich aber jeweils homogenen Nutzungen, also beispielsweise ein rein gewerblich genutzter Bereich neben einem Wohngebiet, die sogenannten Kleingemengelagen[353] zeichnen sich durch eine Nutzungsmischung - Handwerk, Gewerbe, Wohnen - innerhalb eines Gebietes aus. Typische Probleme von Gemengelagen sind die Belastungen für die dort lebenden Menschen durch betriebliche Emissionen wie Lärm, Stäube, Gase, Erschütterungen oder Gerüche einerseits und die Erschwernisse für die dortigen Betriebe durch gewerberechtliche Auflagen zum Schutz der Nachbarschaft, mangelhafte Verkehrserschließung, Parkraumnot und fehlende Erweiterungsmöglichkeiten andererseits[354]. Eine radikale Entflechtung im Sinne einer strikten Trennung der Nutzungsart Wohnen von Gewerbe, Industrie und Dienstleistungen ist jedoch zumeist wegen der Standortgebundenheit vieler Betriebe, mangelnder Ausweichflächen oder insbesondere finanzieller Überforderung der entschädigungspflichtigen Gemeinden und der vom Umzug betroffenen Betriebe nicht realisierbar oder jedenfalls aufgrund der mit ihr verbundenen Nachteile wie städtebaulicher Sterilität, Verödung von In-

---

350 Roters, DÖV 1980, 701 (701); Söfker, ZRP 1980, 321 (321); von Holleben, DVBl. 1981, 903 (903); Vogel, BauR 1983, 330 (330); Drosdzol, NVwZ 1985, 785 (785); Menke, NuR 1985, 137 (137) FN 2 mwN; Müller, BauR 1994, 191 (191).

351 Krautzberger in Hennings S.11 (18 f.); Kahnert, IRE 1998, 509 (514).

352 Krautzberger in Hennings S. 11 (12).

353 Vgl. Gross / Hoffmann / Schlich-Trakies in Hennings S.71 (71).

354 Städtebaulicher Bericht der Bundesregierung „Umwelt und Gewerbe“, BTDrs. 10/5999; Gross / Hoffmann / Trakies in Hennings S.71 (73).

nenstadtbezirken, Verkehrszunahme und dem nach § 1 Abs. 5 BauGB möglichst zu vermeidenden höheren Flächenverbrauch nicht wünschenswert[355].

11.2 Bestandsschutz und Betriebserweiterungen

Betriebe, die nach heutigem Baurecht nicht mehr genehmigt werden könnten - sei es, weil sie sich in einem Gebiet ohne qualifizierten Bebauungsplan nach § 34 BauGB nicht in die Umgebung einfügen, sei es, weil sie im durch einen Bebauungsplan ausgewiesenen Baugebiet nach der BauNVO nicht zulässig sind – genießen zwar Bestandsschutz: Im Einklang mit dem materiellen Baurecht errichtete bauliche Anlagen können auch dann rechtmäßigerweise bestehen bleiben, wenn sie dem später geänderten Recht nicht mehr entsprechen. Dieser den Erhalt von Betrieben samt ihrer Arbeitsplätze bewirkende Bestandsschutz ist allerdings begrenzt. Außer der Befugnis, die bauliche Anlage zu erhalten und wie bisher zu nutzen, umfasst er als aktiver Bestandsschutz solche Folgemaßnahmen, die zu einer funktionsgerechten und zeitgemäßen Nutzung der ursprünglichen baulichen Anlage erforderlich sind[356] und als übergreifender Bestandsschutz die Errichtung bzw. Erweiterung einer Anlage, sofern andernfalls der vorhandene Bestand funktionslos würde – beispielsweise kann der abgebrochene Brennofen einer Ziegelei wieder errichtet werden, weil sonst der gesamte Ziegeleibetrieb stillgelegt werden müsste[357]. Eine Funktionsänderung oder wesentliche Erweiterung wird hingegen nicht vom Bestandsschutz umfasst[358], mag sie auch aus wirtschaftlichen Gründen notwendig oder zumindest angezeigt sein. Nicht selten bleibt ein Betrieb nur bei seiner Erweiterung dauerhaft konkurrenzfähig[359]. Die Schaffung neuer und der Erhalt alter Arbeitsplätze aber ist nur solchen Betrieben möglich, die sich im wirtschaftlichen Wettbewerb zu behaupten vermögen. Dabei darf zwar nicht übersehen werden, dass sich Betriebsinhaber und Manager über die betrieblichen Auswirkungen einer Erweiterung durchaus irren können – ihr Ziel eines wirtschaftlich erfolgreichen Betriebes ist indes wenn auch keine hinreichende, so doch eine notwendige Bedingung für eine positive Arbeitsplatzbilanz. Und Expansionen werden ja in aller Regel nicht als Selbstzweck, sondern gerade zur Sicherung oder Ausweitung des ökonomischen Erfolges angestrebt. Folglich kann eine planende Gemeinde grundsätzlich davon

---

355 Arbeitsgruppenprotokoll I 1 (S.69); Roters, DÖV 1980, 701 (702); Dolde, DVBl. 1983, 732 (738); Vogel, BauR 1983, 330 (330).

356 BVerwGE 72, 362 (363 f.); Schlichter, ZfBR 1979, 53 (55); Fickert in FS für Weyreuther S. 319 (321 f.); Sarnighausen, DÖV 1993, 758 (761); Sendler, WiVerw 1993, 235 (262 ff.).

357 BVerwGE 50, 49 (56 f.); außerdem BVerwGE 49, 365 (370); VGH Mannheim, VBlBW 1980, 32 f. zum Wiederaufbau eines abgebrannten Fabrikgebäudes; VGH Mannheim, VBlBW 1981, 298 (299); Friauf, WiVerw 1989, 121 (123).

358 BVerwGE 50, 49 (58); 61, 285 (288); 72, 362 (363).

359 Dolde, DVBl. 1983, 732 (737) hat nur noch vom Bestandsschutz getragene Betriebe als „klinisch tot“ bezeichnet.

ausgehen, dass sich die Ermöglichung betrieblicher Erweiterungen arbeitsplatzmäßig positiv auswirkt. Im übrigen ist das Interesse an einer Betriebserweiterung unabhängig von deren Bedeutung für Arbeitsplätze in der Abwägung nach § 1 Abs.6 BauGB (§ 1 Abs.5 BauGB a.F.) als privater Belang zu berücksichtigen[360].

11.3 Das Gebot der Konfliktbewältigung

Wie jeder Bebauungsplan muss auch der sich auf eine Gemengelage beziehende die ihm zuzurechnenden und von ihm vorgefundenen städtebaulichen Konflikte bewältigen; dabei muss kein optimaler Zustand, wohl aber regelmäßig eine verbesserte Konfliktsituation erreicht werden[361]. Aus diesem Konfliktbewältigungsgebot folgt, dass die Planung für eine Gemengelage in der Regel den gesamten Konfliktbereich zu erfassen hat und sich nicht entweder auf die emissionsträchtige gewerblich-industrielle Nutzung oder die immissionsempfindliche Nutzung beschränken darf – denn die Konflikte in Gemengelagen resultieren ja gerade aus dem Aufeinandertreffen tendenziell unverträglicher Nutzungen. Ein Ausklammern der „störenden Quelle" oder der „gestörten Nutzung" verstieße gegen das Gebot der Konfliktbewältigung und gegen das Abwägungsgebot des § 1 Abs.6 BauGB[362].

Der Gesichtspunkt der Sicherung der Erweiterungsmöglichkeiten von Betrieben und der Arbeitsplatzschaffung und –erhaltung spricht naheliegenderweise dafür, Betriebe möglichst mit einer ihrem Gewerbetyp entsprechenden Gebietskategorie nach der BauNVO zu überplanen. Dabei ist freilich kein „Etikettenschwindel" gestattet – bereits bebaute Gebiete sind mit der Gebietsart auszuweisen, die ihrer tatsächlichen baulichen Nutzung entspricht. Möglich ist jedoch auch die Festsetzung kleinteiliger Baugebiete[363], wobei die planende Gemeinde aufgrund des Konfliktbewältigungsgebotes dann aber auch die Umgebung dieser Gebiete bei der Planung mit zu berücksichtigen hat. Werden wohngenutzte Grundstücke als Gewerbe- oder Industriegebiete überplant, um Betrieben Erweiterungsmöglichkeiten zu schaffen, so muss der Plan Aussagen darüber enthalten, wie hinsichtlich der Wohnnutzung verfahren werden soll - ansonsten verstößt er gegen das Gebot der Konfliktbewältigung[364].

---

[360] BVerwG DVBl. 1971, 746 ff.; Söfker, WiVerw 1991, 165 (171).
[361] Drosdzol, NVwZ 1985, 785 (786); Hennings / Ingenmey / Jüngst in Hennings S.89 (91 f.); Lenz, BauR 1990, 15 (15); Müller, BauR 1994, 191 (192).
[362] OVG Lüneburg, BauR 1981, 454 (456); Weyreuther, BauR 1975, 1 (6); Hill, ZfBR 1980, 223 (224); Schlichter, NuR 1982, 121 (125); Vogel, BauR 1983, 330 (332); Ritter, NVwZ 1984, 609 (611); Müller, BauR 1994, 191 (194) – nach tvA müssen sogar alle einander unverträglichen Nutzungen in den *Bereich des Bebauungsplanes* mit einbezogen werden.
[363] Hennings / Ingenmey / Jüngst in Hennings S. 89 (96).
[364] Hennings / Ingenmey / Jüngst in Hennings S.89 (97).

11.4 Festsetzungen im Bebauungsplan nach § 9 Abs.1 Nr. 23 bis 25 BauGB

Das Optimierungsgebot des § 50 BImSchG verlangt seinem Inhalt nach eine umweltverträgliche Zuordnung von Flächen mit schutzbedürftigen Nutzungen zu solchen mit emissionsträchtigen Nutzungen. Das lässt sich insbesondere und wohl am wirkungsvollsten durch eine räumliche Trennung der nicht miteinander harmonierenden Nutzungen bewirken, was ja auch dem Trennungsgrundsatz entspricht. Einer solchen Trennung sind jedoch in Gemengelagen enge Grenzen gesetzt. Dem Gebot des § 50 BImSchG kann indes auch auf andere Weise Rechnung getragen werden, insbesondere durch die Festsetzung von Schutzmaßnahmen gemäß § 9 Abs.1 Nr.24 BauGB[365]. Zu den neben den Schutzflächen dort genannten Anlagen und Vorkehrungen zum Schutz vor schädlichen Umwelteinwirkungen zählen beispielsweise Lärmschutzwände, zu den zum Schutz derartiger Einwirkungen zu treffenden baulichen und sonstigen technischen Vorkehrungen etwa der Einbau von Schallschutzfenstern und die Anordnung bestimmter Grundrissgestaltungen. Zu erwähnen ist auch die Möglichkeit zur Festsetzung von Gebieten, in denen bestimmte luftverunreinigende Stoffe nicht oder nur beschränkt verwendet werden dürfen (§ 9 Abs.1 Nr.23 BauGB) sowie von Anpflanzungsgeboten (§ 9 Abs.1 Nr. 25 BauGB). Derartige Festsetzungen in Bebauungsplänen kommen nicht nur immissionsempfindlichen Nutzungen zugute. Sie sind auch für emittierende Betriebe insofern positiv, als erst durch sie eine fehlerfreie und Bestand samt Erweiterungsmöglichkeiten dieser Betriebe sichernde Bauleitplanung ermöglicht wird.

11.5 Gliederung und Feinplanung nach § 1 Abs.4, 5 und 9 BauNVO

Die Unterschreitung von aus dem Gesichtspunkt des Immissionsschutzes prinzipiell wünschenswerten Abständen unverträglicher Nutzungen kann des weiteren mittels einer Gliederung von Baugebieten nach der Art der zulässigen Nutzung oder der Art der Betriebe und Anlagen gemäß § 1 Abs.4 BauNVO kompensiert werden[366]. Auf der Grundlage von § 1 Abs.4 S.1 Nr. 2 BauNVO, der eine Gliederung nach der Art der Betriebe und Anlagen und deren besonderen Bedürfnissen und Eigenschaften zulässt, ist die Festsetzung von flächenbezogenen Emissionsgrenzwerten wie etwa Schallleistungspegeln möglich[367]. Grundsätzlich ge-

---

[365] von Holleben, GewArch 1978, 41 (44); Dolde, DVBl. 1983, 732 (734); Vogel, BauR 1983, 330 (334); Drosdzol, NVwZ 1985, 785 (790); Müller, BauR 1994, 191 (199).

[366] von Holleben, GewArch 1978, 41 (45); Dolde, DVBl. 1983, 732 (733); Vogel, BauR 1983, 330 (333).

[367] BVerwG, NVwZ 1991, 881 zur grundsätzlichen Zulässigkeit der Festsetzung flächenbezogener Emissionsgrenzwerte; Dolde, DVBl. 1983, 732 (733); von Holleben, UPR 1983, 76 (79); Menke, NuR 1985, 137 (140); Müller, BauR 1994, 294 (296 f.); kritisch von Holleben, GewArch 1978, 40 (45); Ziegler, ZfBR 1984, 110 (115). Die – anlagenbezogene – Gliederung ist in der Regel immissionsschutzrechtlich motiviert.

stattet § 1 Abs.4 BauNVO nur eine Gliederung innerhalb einzelner Baugebiete, mehrere Gewerbe- und Industriegebiete in einer Gemeinde können aber auch im Verhältnis zueinander gegliedert werden[368]. Eine zur Konfliktbewältigung beitragende Gliederung nach § 1 Abs. 4 BauNVO kommt allerdings vor allem bei der Planung neuer emissionsträchtiger Gebiete in Betracht. Denn konfliktträchtige bereits bebaute Gemengelagen sind in der Regel nicht so beschaffen, dass sich zum Beispiel die im Hinblick auf Emissionen unproblematischen Betriebe in der Nähe der Wohnbebauung befinden und diese von den problematischen abschotten. Ähnliches gilt für die durch § 1 Abs.5 und 9 BauNVO ermöglichte „Feinplanung". Danach können aus städtebaulichen Gründen beispielsweise bestimmte Arten von in Baugebieten allgemein zulässigen Nutzungen oder gar bestimmte Anlagen ausgeschlossen oder als nur ausnahmsweise zulässig erklärt werden, sofern die allgemeine Zweckbestimmung des Baugebietes gewahrt wird – eine Gemengelage ist ein für einen solchen Ausschluss stets erforderlicher städtebaulicher Rechtfertigungsgrund[369].

11.6 Festsetzungen im Bebauungsplan nach § 1 Abs.10 BauNVO

Nach § 1 Abs. 10 BauNVO kann im Bebauungsplan festgesetzt werden, dass Erweiterungen, Änderungen, Nutzungsänderungen und Erneuerungen solcher vorhandenen Anlagen allgemein zulässig sind oder ausnahmsweise zugelassen werden können, die bei Festsetzung eines Baugebietes nach den §§ 2 bis 9 in überwiegend bebauten Gebieten unzulässig wären. Nach den Vorstellungen des Verordnungsgebers soll § 1 Abs.10 BauNVO vor allem der Standortsicherung von nicht gebietstypischen Gewerben dienen[370]. Beispielhaft seien nicht gebietstypische Geschäftshäuser und in einem festgesetzten allgemeinen Wohngebiet befindliche Gewerbebetriebe genannt[371]. Anders als Festsetzungen bestimmter Baugebiete schränken Festsetzungen nach § 1 Abs.10 BauNVO die Baufreiheit nicht ein, sondern erweitern die Bebauungsmöglichkeiten. Durch entsprechende Festsetzungen kann also die Lebensfähigkeit vorhandener Betriebe dadurch gewährleistet werden, dass Erweiterungen und Veränderungen nicht nur in den engen Grenzen des Bestandsschutzes möglich sind. Allerdings darf ein bestehender städtebaulicher Mißstand nicht festgeschrieben oder gar verstärkt werden. Die Nutzungen müssen außerdem aus städtebaulicher Sicht erhaltenswert sein. Dies ist zu bejahen, wenn damit die Erhaltung und Sicherung

---

[368] Dabei ist nach Auffassung des BVerwG (NVwZ 1991, 881) allerdings Voraussetzung, dass in der betreffenden Gemeinde mindestens ein Gewerbe- bzw. Industriegebiet ohne besondere Emissionsbeschränkung besteht; in der Literatur wird diese Einschränkung zum Teil abgelehnt, vgl. Mayen, NVwZ 1991, 842 (843).

[369] Vogel, BauR 1984, 330 (334).

[370] BR-Drs. 354/89; Fischer, DVBl. 2002, 950 (950).

[371] Fischer, DVBl. 2002, 950 (951).

von Arbeitsplätzen verbunden ist[372]. Durch Festsetzungen nach § 1 Abs.10 BauNVO können jedoch nur Erweiterungen und Änderungen bereits errichteter Anlagen ermöglicht werden und die entsprechenden Anlagen dürfen im Verhältnis zum gesamten Baugebiet nur eine unwesentliche Fläche einnehmen; große Industrie- und Gewerbeanlagen können daher nicht abgesichert werden[373].

11.7 Das besondere Wohngebiet nach § 4 a BauNVO

Welche Nutzungen und Betriebe in einem Baugebiet nach der BauNVO generell zulässig sind, richtet sich nicht nach deren individuellen Emissionen, sondern nach dem einem bestimmten Nutzungs- oder Betriebstyp wie etwa einer Schlosserei oder einer Schreinerei im allgemeinen anhaftenden Störpotential. Aufgrund dieser typisierenden Betrachtungsweise und der Ausrichtung der BauNVO am Leitbild einer weitgehenden Funktionentrennung wird Kleingemengelagen häufig kein Baugebiet gerecht. Die Charakterisierung als Mischgebiet gemäß § 6 BauNVO scheitert nicht selten daran, dass hier nur *generell* nicht wesentlich störende Gewerbebetriebe zulässig sind oder aber nach der kommunalen Planung die Wohnnutzung den Schwerpunkt bilden soll. Aufgrund dieser mit gewachsenen städtebaulichen Strukturen verbundenen Schwierigkeiten ist für die Überplanung solcher Kleingemengelagen das „besondere Wohngebiet“ nach § 4a BauNVO geschaffen worden[374]. Diese Baugebietsart kann im Gegensatz zu den anderen nicht geplant werden, sondern muss mit den in § 4a BauNVO aufgeführten Merkmalen vorhanden sein. Die vorausgesetzte „besondere Eigenart“ zeichnet sich in Abgrenzung zum allgemeinen Wohngebiet durch eine Mischung von Wohnnutzung und anderen Nutzungen und in Abgrenzung zum Mischgebiet dadurch aus, dass die Wohnnutzung zwar nicht überwiegen muss, aber für die Zukunft gewollt ist[375]. Planungsziel eines Besonderen Wohngebietes ist aber nicht die Verdrängung wohnnutzungskonformer betrieblicher Nutzungen, sondern deren Erhalt und über den bloßen Bestandsschutz hinausreichende Weiterentwicklung durch Modernisierungen oder Erweiterungen[376]. Hier ist der Bezug zur Schaffung und Erhaltung von Arbeitsplätzen offensichtlich. Es können auch durchaus *einzelne* Nutzungen der in Abs.2 genannten Art vorhanden sein, die *nicht* mit dem Wohnen vereinbar sind – sie sollten jedoch den Gebietscharakter

---

[372] Fickert / Fieseler § 1 Rn 136 f. .
[373] Fischer, DVBl. 2002, 950 (952).
[374] Begründung zur Änderung der BauNVO, BR-Drs. 261/77 S.24; von Holleben, GewArch 1978, 41 (46); Drosdzol, NVwZ 1985, 785 (789); Wollmann / Müller / Gelfort in Hennings S. 104 (113).
[375] Fickert / Fieseler § 4 a Rn 7 ff. – die Zweckbestimmung ist mit der besonderen Eigenart nicht identisch. Nach Boeddinghaus § 4 a Rn 6 hingegen muss die Wohnnutzung bereits bei der Festsetzung des WB-Gebiets überwiegen.
[376] Stich, DÖV 1978, 537 (542); Zoubek / Menke, UPR 1984, 249 (253); Fickert / Fieseler BauNVO § 4a Rn 11.

nicht wesentlich prägen, da dann das Planungsziel der Fortentwicklung der Wohnnutzung schwerlich realisierbar ist. Eine wichtige Besonderheit des besonderen Wohngebietes ist, dass sich hier die Vereinbarkeit des Gewerbes mit der Wohnnutzung nicht nach einer typisierenden, sondern nach einer *konkreten*, einzelfallbezogenen Prüfung richtet. Dadurch können auch Betriebe zugelassen oder erweitert werden, die zwar typischerweise mit einer Wohnnutzung nicht harmonieren mögen, in ihrer konkreten Form am konkreten Ort jedoch mit der Wohnnutzung vereinbar sind. So sind auch ansonsten nur in Gewerbe- oder gar Industriegebieten zulässige Betriebe – gegebenenfalls unter der Voraussetzung besonderer Emissionsbegrenzung mittels baulicher oder technischer Maßnahmen - nicht grundsätzlich unzulässig. Angesichts der auf die individuelle Situation abstellenden Vereinbarkeitsprüfung sind auch subjektive Empfindungen der ansässigen Bevölkerung wie die Identifizierung mit bestimmten Betrieben oder die schlichte Gewöhnung zu berücksichtigen, wofür Existenz und Zahl von Beschwerden einen wichtigen Anhaltspunkt liefern[377]. Eine überdurchschnittliche Toleranz wird insbesondere gegenüber solchen einzelnen oder Arten von Betrieben bestehen, in denen viele Bewohner arbeiten oder gearbeitet haben, so dass hier indirekt auch der Aspekt der Arbeitsplätze eine Rolle spielen kann. Diese auf den Einzelfall bezogene konkrete Betrachtungsweise ist auch im Vergleich zur Rechtsstellung nach § 34 BauGB in nicht qualifiziert beplanten Gebieten ein Vorteil. Denn die existierenden Betriebe haben im besonderen Wohngebiet eine größere Sicherheit, dass die umgebende Bebauung nicht zu ihrem Nachteil verändert wird. Eine erhebliche Ausdehnung gewerblicher Nutzung durch die Inanspruchnahme größerer, bisher unbebauter Flächen zwecks Neuansiedlung von Betrieben kommt indes angesichts der dem Gebiet eigenen Erhaltung und Fortentwicklung der Wohnnutzung nur ausnahmsweise in Betracht[378]. Unverzichtbar bei der Überplanung von Kleingemengelagen als besondere Wohngebiete sind angesichts der Einzelfallbezogenheit detaillierte Bestandserhebungen und eine enge Zusammenarbeit zwischen Gewerbeaufsicht und Stadtplanung[379].

11.8 Das Rücksichtnahmegebot

Zwar keine Form der Berücksichtigung des Arbeitsplatzbelanges im Rahmen der bauleitplanerischen Abwägung, wohl aber für Betriebe und somit auch für Arbeitsplätze relevant ist das Gebot der Rücksichtnahme. Es bedeutet nicht nur eine Einschränkung von Betrieben aufgrund einer Pflicht zur Rücksichtnahme auf immissionsempfindliche Nutzungen wie das Wohnen, sondern auch umgekehrt gesteigerte Duldungspflichten und verminderte Abwehr- und Entfaltungs-

---

[377] Drosdzol, NVwZ 1985, 785 (789); Fickert / Fieseler BauNVO § 4a Rn 13.
[378] Fickert / Fieseler BauNVO § 4a Rn 12.3 u. 12.4.
[379] Laferi in Hennings S. 80 (85).

möglichkeiten der empfindlichen Nutzung[380]. Treffen Gebiete von unterschiedlicher Qualität und Schutzwürdigkeit zusammen, so bestimmt sich das Maß zulässiger Emissionen nach einer Art von Mittelwert der in den angrenzenden Gebieten jeweils zulässigen Werte, wobei der Mittelwert allerdings nicht schematisch im Sinne einer mathematischen Interpolation festgesetzt werden darf[381].

12. Das Gebot vorausschauender Planung

Aus der Maßgeblichkeit der wirtschaftlichen Interessen einschließlich des Belangs der Erhaltung, Sicherung und Schaffung von Arbeitsplätzen lässt sich das Gebot herleiten, durch eine vorausschauende Planung Kollisionen und Konflikte zwischen einander unverträglichen Nutzungen möglichst zu vermeiden. Dies kann insbesondere durch hinreichende Trennung der unverträglichen Nutzungen geschehen[382]. Denn derartige Konflikte sind nicht nur unerfreulich, sondern können auch rechtliche Einschränkungen für Betriebe etwa in Form nachträglicher Anordnungen gemäß § 17 BImSchG nach sich ziehen. Welche Immissionen ein Betrieb hervorrufen darf, hängt nämlich von seinem konkreten Standort und dessen Umgebung ab.
Zwar erhöht sich die Verträglichkeit des produzierenden Gewerbes mit anderen Nutzungen aufgrund der mit neuen Technologien verbundenen größeren Umweltverträglichkeit der Produktion und des steigenden Anteils tertiärer Tätigkeiten innerhalb des Gewerbes; andererseits resultiert jedoch aus längeren Nutzungszeiten infolge Mehrschicht- und Wochenendbetriebes sowie dem mit neuen Produktionskonzepten verbundenen höheren Verkehrsaufkommen eine Störungszunahme[383].

III. Die Sicherung und Schaffung von Arbeitsplätzen als besonderer Investitionszweck nach § 3 Abs.1 Nr.1 InVorG

1. Anwendungsbereich der Norm

Nach § 1 des Investitionsvorranggesetzes (InVorG) dürfen Grundstücke, Gebäude und Unternehmen, die Gegenstand von Rückübertragungsansprüchen nach dem Vermögensgesetz sind oder sein können, ganz oder teilweise für besondere Investitionszwecke verwendet werden. Nach § 3 Abs.1 Nr.1 InVorG liegt ein besonderer Investitionszweck bei Grundstücken und Gebäuden unter anderem dann vor, wenn sie zur *Sicherung oder Schaffung von Arbeitsplätzen*, insbesondere durch Errichtung oder Erhaltung einer gewerblichen Betriebsstätte

---

[380] Müller, BauR 1994, 191 (196 f.);
[381] BVerwG, NVwZ 1985, 186 (186); Lenz / Heintz, ZfBR 1989, 142 (148); Müller, BauR 1994, 191 (196 f.); dies ist nunmehr in 6.7. TA Lärm ausdrücklich festgelegt.
[382] vgl. § 50 BImSchG.
[383] Kahnert, IRE 1998, 509 (514).

oder eines Dienstleistungsunternehmens verwendet werden. Auch bei Unternehmen und einem für ein Unternehmen benötigten Grundstück liegt nach § 3 Abs.2 Nr.1 InVorG ein besonderer Investitionszweck vor, wenn es verwendet wird, um *Arbeitsplätze zu schaffen oder zu sichern* oder die Wettbewerbsfähigkeit verbessernde Investitionen zu ermöglichen.
Das InVorG bezieht sich auf Grundstücke, Gebäude sowie Unternehmen im Gebiet der ehemaligen DDR, deren Eigentum dem Alteigentümer entzogen wurde. Dabei handelt es sich insbesondere um Enteignungen zum Zwecke der Überführung in Volkseigentum, also der Verstaatlichung[384]. Nach dem Prinzip „Rückgabe vor Entschädigung" hatten die Alteigentümer grundsätzlich Anspruch auf ihre Grundstücke, Gebäude und Unternehmen selbst und nicht lediglich auf eine Entschädigung[385]. Hätte man an diesem Prinzip ausnahmslos festgehalten, so wären damit allerdings erhebliche Einschränkungen der für die wirtschaftliche Umstrukturierung benötigten Handlungsfreiheit verbunden gewesen[386]. Daher wurden von Beginn an diverse Investitionsvorrangregelungen normiert, die schließlich ihre zusammengefasste Darstellung im InVorG gefunden haben[387]. Die Investitionszwecke „Schaffung" und „Sicherung" von Arbeitsplätzen sind gleichwertig, eine Rangfolge besteht nicht[388].

---

384 Empfehlungen S.15 – das Gesetz gilt aber auch für andere Fälle der Eigentumsentziehung.

385 Art. 41 Abs.1 Einigungsvertrag unter Bezugnahme auf Nr.3 der Gemeinsamen Erklärung der Regierung der BRD und der DDR vom 15. Juni 1990 (BGBl. II S.885, 1137) – der Grundsatz der Restitution gilt allerdings von vornherein nicht uneingeschränkt, sondern stand und steht unter dem Vorbehalt der Sozialverträglichkeit des Ausgleichs auch im öffentlichen Interesse; der Rückübertragungsanspruch ist nicht wegen Art.14 GG geboten, sondern beruht auf dem Rechts- und Sozialstaatsgedanken (BVerfGE 84, 90, 126; BVerwG VIZ 1995, 412, 413; aA BVerfG (Kammerbeschluss) ZIP 1995, 1219).

386 Keil, VIZ 1993, 89 (90).

387 Art. 41 Abs.2 Einigungsvertrag lautete: „Nach Maßgabe besonderer gesetzlicher Regelung findet eine Rückübertragung von Eigentumsrechten an Grundstücken oder Gebäuden nicht statt, wenn das betroffene Grundstück oder Gebäude für dringende, näher festzulegende Investitionszwecke benötigt wird, insbesondere der Errichtung einer gewerblichen Betriebsstätte dient und die Verwirklichung dieser Investitionsentscheidung volkswirtschaftlich förderungswürdig ist, vor allem *Arbeitsplätze schafft oder sichert.* (...)."
Frühere Investitionsvorrangregelungen: Gesetz über besondere Investitionen in der DDR vom 23.9.1990 (BGBl. II 1990, S.885, 1157) – „Investitionsgesetz": Gesetz zur Beseitigung von Hemmnissen bei der Privatisierung von Unternehmen zur Förderung von Investitionen vom 22.3.1991 (BGBl. I, S. 766) – „Hemmnissebeseitigungsgesetz"; § 3a Vermögensgesetz („Supervorfahrtsregelung").

388 Nach Jesch in ders. § 3 Rn 14 folgt das schon daraus, dass die Reihenfolge der Aufzählung in § 3 Abs.2 Nr.1 InVorG im Vergleich zu § 3 Abs.1 Nr.1 InVorG umgekehrt ist – aus den Reihenfolgen allein lassen sich jedoch keinerlei Schlüsse ziehen.

2. Die Schaffung von Arbeitsplätzen

Ein Arbeitsplatz wird geschaffen, wenn er durch Einstellung eines Arbeitnehmers neu errichtet wird[389]. Weder aus dem Wortlaut noch aus dem Sinn der Regelungen ergibt sich die vorherige Arbeitslosigkeit des Arbeitnehmers als Voraussetzung. Auch wenn ein Arbeitnehmer von seinem alten Arbeitsplatz zu einem auf der Grundlage des InVorG mit dem Investitionszweck „Arbeitsplätze" geschaffenen Arbeitsplatz wechselt, entlastet dies den Arbeitsmarkt. Denn entweder wird der frühere Arbeitsplatz mit einem anderen – möglicherweise zuvor arbeitslosen – Arbeitnehmer besetzt oder aber er entfällt, so dass der wechselnde Arbeitnehmer durch den Arbeitsplatzwechsel vor ansonsten drohender Arbeitslosigkeit bewahrt wird. Entgegen der Auffassung von Jesch steht die Erwägung des Verwaltungsgerichts Berlin, die Arbeitsplatzschaffung setze eine Erhöhung offener Stellen am Arbeitsmarkt voraus[390], dazu nicht im Widerspruch. Sofern mit dieser Formulierung allerdings eine Erhöhung der offiziell beim Arbeitsamt gemeldeten offenen Stellen gemeint ist, kann dem nicht zugestimmt werden. Entscheidend ist allein die tatsächliche Schaffung von Arbeitsplätzen, unabhängig davon, ob sie zunächst als offene Stellen registriert werden oder ob dies aufgrund der problemlosen Besetzung unterbleibt. Die bloße Verlagerung von Arbeitsplätzen durch den Vorhabenträger bedeutet auch dann keine Schaffung von Arbeitsplätzen, wenn das Unternehmen von den alten in die neuen Bundesländer verlagert wird[391]. Für das Gegenteil könnte allenfalls die Tatsache sprechen, dass das InVorG ausschließlich in den neuen Bundesländern anwendbar ist und die Schaffung neuer Arbeitsplätze dort aufgrund der schlechteren Arbeitsmarktsituation nach der Wertung des Gesetzgebers von größerer Dringlichkeit ist. Indes ist nicht davon auszugehen, dass die Entstehung von Arbeitsplätzen in Ostdeutschland auch dann nach dem InVorG privilegiert werden soll, wenn sie erwiesenermaßen mit dem Verlust genau dieser Arbeitsplätze in Westdeutschland einhergeht.

3. Die Sicherung von Arbeitsplätzen

Sicherung bedeutet die Erhaltung vorhandener Arbeitsplätze[392], wobei keineswegs die gesamte Anzahl der bisherigen Arbeitsplätze bestehen bleiben muss. Zu Recht weist Jesch darauf hin, dass das InVorG nicht zur Erhaltung der überkommenen Struktur der DDR-Wirtschaft dienen sollte, die Unternehmen mit

389 Fieberg / Reichenbach § 3a VermG Rn 17; Jesch in ders. § 3 Rn 15.

390 VG Berlin, VIZ 1993, 511; dazu Jesch in ders. § 3 Rn 15.

391 Jesch in ders. § 3 Rn 15; aA Zumschlinge, Anmerkung zu VG Berlin, VIZ 1993, 511 (514).

392 Fieberg / Reichenbach § 3 a VermG Rn 17; Jesch in ders. § 3 Rn 16 – die vorhandenen Arbeitsplätze können solche des Vorhabenträgers (Investors) oder eines Dritten sein.

einer nicht wettbewerbsfähigen Anzahl von Arbeitsplätzen zur Folge hatte[393]. Da regelmäßig nicht sämtliche alte Arbeitsplätze erhalten werden können, wären andernfalls nur wenige Investitionen wegen ihrer arbeitsplatzsichernden Wirkung entsprechend dem InVorG privilegiert. Gerade „überbesetzte" und somit wenig wettbewerbsfähige Betriebe würden zügiger Investitionen nicht teilhaftig werden. Fraglich ist, inwiefern und von wem eine Gefährdung der Arbeitsplätze nachzuweisen ist. Denn gesichert werden können begrifflich nur solche Arbeitsplätze, die zumindest latent gefährdet und nicht ohnehin sicher sind. Gemmeke verlangt eine Prüfung dahingehend, ob ohne die beabsichtigte Investition die vorhandenen Arbeitsplätze ganz oder teilweise wegfallen oder ihr Wegfall jedenfalls droht. Zu berücksichtigen ist aber, dass Investitionsmaßnahmen in den neuen Bundesländern generell die Vermutung der Dringlichkeit für sich haben; so erklärt sich auch der Wegfall der Dringlichkeit als ausdrückliche tatbestandliche Voraussetzung im InVorG[394]. Dem liegt die gesetzgeberische Vorstellung zugrunde, dass der Bestand der Unternehmen einschließlich der zugehörigen Arbeitsplätze in den neuen Ländern ohne Investitionen latent gefährdet ist. Die Gefährdung der Arbeitsplätze wird also quasi gesetzlich vermutet und muss daher vom Investor nicht nachgewiesen werden. Vielmehr genügt dessen Zusage, Arbeitsplätze für einen bestimmten Zeitraum zu erhalten[395]. Nicht mehr ist auch Inhalt der Vetragsstrafenverpflichtung nach § 8 Abs.2 S.2 InVorG. Die zugesagten Investitionsmaßnahmen müssen zur Arbeitsplatzsicherung geeignet sein, wovon bei Investitionen zur Steigerung der Konkurrenzfähigkeit regelmäßig auszugehen ist.

4. Die Arbeitsplätze

Das Erfordernis einer bestimmten Mindestzahl von zu sichernden oder zu schaffenden Arbeitsplätzen besteht nicht[396]. Keinesfalls muss sich etwa die Arbeitsmarktsituation in einer Gemeinde durch die Investition spürbar verbessern. Natürlich zählt eine solche Verbesserung zu den Zielen des InVorG, die durch die *Gesamtwirkung* der einzelnen Investitionsvorrangverfahren erreicht werden sollen. Dessen ungeachtet bezieht sich das InVorG jedoch stets auf Einzelobjekte und nicht auf die wirtschaftliche Situation der gesamten Gemeinde oder gar Region. Ist die Zahl der Arbeitsplätze allerdings sehr gering, so kann beispielsweise als Investitionsform möglicherweise nicht der Kauf, sondern nur

---

393 Jesch in ders. § 3 Rn 16.

394 Begründung Regierungsentwurf vom 3.4.1992, BR-Drs. 227/92, 195.

395 Frantzen in Kimme, Offene Vermögensfragen, § 4 InVorG Rn 7; Jesch in ders. § 3 Rn 16.

396 BezG Dresden, VIZ 1992, 412 (413) zu § 3a VermG; Empfehlungen S.40; Fieberg / Reichenbach § 3a Rn 17; Jesch in ders. § 3 Rn 19 mit dem zutreffenden Hinweis, dass die gegenteilige Auffassung von Barkam zu § 1 BInvG, der eine bestimmte Mindestzahl von Arbeitsplätzen gestaffelt nach Gemeindegröße vorschlägt (Barkam in Räder / Raupach § 1 BInvG Rn 38 f.), abzulehnen ist.

Miete oder Pacht zugelassen werden[397]. Zu welcher Branche die zu schaffenden oder zu sichernden Arbeitsplätze gehören, spielt keine Rolle – es können auch solche der freien Berufe oder der Landwirtschaft sein[398]. Insbesondere ist es nicht Aufgabe der über den Investitionsvorrangbescheid befindenden staatlichen Stellen, nach besonders zukunftsträchtigen und weniger zukunftsträchtigen Branchen zu unterscheiden. Werden die zugesagten Arbeitsplätze aufgrund der Erfüllung der gesetzlichen Voraussetzungen mit hinreichender Sicherheit geschaffen oder erhalten, so ist es im übrigen der Entscheidung des Vorhabenträgers anheimgestellt, in welcher Branche er investiert. Investitionen in Branchen ohne Zukunftsperspektive werden ohnehin aus eigenem Interesse in der Regel unterlassen. Unerheblich ist auch, ob es sich bei den zu sichernden oder zu schaffenden Arbeitsplätzen um solche für fremde Arbeitnehmer oder um Familienarbeitsplätze handelt[399]. Teilzeitarbeitsplätze sind auf Vollzeitarbeitsplätze umzurechnen. Die Arbeitsplätze sind auf Dauer und nicht lediglich zur Deckung eines Gelegenheitsbedarfs einzurichten[400]. Auch die Schaffung oder Sicherung von Stellen freier Mitarbeiter kommt in Betracht, insbesondere wenn die Einstellung von freien Mitarbeitern in der betreffenden Branche üblich ist. Die Zusage der Schaffung von Heimarbeitsplätzen reicht für sich gesehen schon deshalb nicht, weil hierzu die Inanspruchnahme des Vermögenswertes nicht erforderlich ist (§ 3 Abs.1 S.2 InVorG); eine *zusätzliche* Einrichtung von Heimarbeitsplätzen neben anderen Arbeitsplätzen kann allerdings zum Beispiel beim Vergleich verschiedener Investitionskonzepte bedeutsam sein (vgl. § 4 Abs.1 InVorG)[401]. Die Umsetzung der investiven Maßnahmen muss sich auf die Arbeitsplätze auswirken[402]. Dies ist nicht der Fall, wenn die entsprechenden Arbeitsplätze auch ohne die Investition geschaffen oder gesichert würden. Eine lediglich mittelbare Arbeitsplatzsicherung wie etwa die Sicherung von Arbeitsplätzen des ausführenden Bauunternehmers ist nicht ausreichend[403].

5. Investitionsprojekte der Öffentlichen Hand

Investitionsprojekte der Öffentlichen Hand fallen grundsätzlich nicht unter die Arbeitsplatzschaffung oder -sicherung gemäß § 3 Abs.1 Nr.1 InVorG, da die Regelung des § 3 Abs.1 Nr.3 InVorG über die Zulässigkeit der Infrastruktur-

---

397 Empfehlungen S.40 .
398 Empfehlungen S.40; Jesch in ders. § 3 Rn 20.
399 Empfehlungen S.40; Jesch in ders. § 3 Rn 20.
400 Jesch in ders. § 3 Rn 20; Saisonarbeitsplätze können bei regelmäßig wiederkehrender Besetzung taugliche Arbeitsplätze im Sinne von § 3 InVorG sein (VG Berlin B.v.20.6.1994, VG 25 A 544.93).
401 Jesch in ders. § 3 Rn 20.
402 Empfehlungen S.40; Jesch in ders. Rn 21.
403 Fieberg / Reichenbach § 3a Rn 17; Jesch in ders. § 3 Rn 21.

maßnahmen abschließend ist[404]. Dies ergibt sich bereits daraus, dass die Bundesregierung eine Ausdehnung der investiven Inanspruchnahme auf die Durchführung von öffentlichen Maßnahmen zur Verbesserung der Infrastruktur der Gebietskörperschaften entgegen entsprechenden Forderungen des Bundesrates ausdrücklich mit der Begründung abgelehnt hat, anders ließe sich eine Eingrenzung der vorrangfähigen Maßnahmen nicht erreichen[405].

6. Zur Berücksichtigung arbeitsplatzmäßiger „Fernwirkungen"

Aufgrund des von dem Vorhaben ausgehenden Wettbewerbsdrucks können anderweitige Arbeitsplätze in der näheren Umgebung vernichtet werden. Dieses Problem ist insbesondere mit großflächigen Einzelhandelsbetrieben typischerweise verbunden. Auf mittelbare Auswirkungen des Vorhabens geht § 3 InVorG indes in keiner Weise ein, vielmehr ist nach dem Gesetzeswortlaut allein maßgeblich, ob das Vorhaben selbst Arbeitsplätze schafft oder sichert. Dies ist jedoch auch dann der Fall, wenn anderweitig Arbeitsplätze gefährdet oder vernichtet werden. Außerdem lassen sich dem Gesetz bei einer Einbeziehung derartiger externer Folgen keinerlei Kriterien entnehmen, was eigentlich unter der zu berücksichtigenden bzw. berücksichtigungsfähigen „näheren Umgebung" zu verstehen ist. Und welche genauen Auswirkungen ein Vorhaben auf andere Arbeitsplätze hat, lässt sich oft nicht oder nur schwierig feststellen. Aufwendige Verfahren und Entscheidungsprozesse aber widersprechen dem Sinn des InVorG und wären wenig praktikabel.

Zusammenfassung Teil 3

Der Aspekt ausreichender Arbeitsplätze ist in den Grundsätzen der Raumordnung ausdrücklich erwähnt und bei der Raumordnung zu berücksichtigen. Die Grundsätze der Raumordnung besitzen Rechtscharakter und sind sowohl bei der Aufstellung der für gesamte Länder konzipierten Raumordnungspläne als auch der Regionalpläne zu beachten, zu deren aus Abwägungen resultierenden Zielen regelmäßig auch Gewerbeansiedlungen und Arbeitsplätze zählen.

---

[404] Jesch in ders. § 3 Rn 18.

[405] BT-Drs. 12/2695, 31; zur Forderung des Bundesrates BT-Drs. 12/2695, 17.
Aufgrund einer Änderung des Art.14 Abs.2 des 2. Vermögensrechtsänderungsgesetzes ist das Bundesjustizministerium ermächtigt, im Einvernehmen mit dem Bundesfinanzministerium und dem Bundeswirtschaftsministerium mit Zustimmung des Bundesrates eine Rechtsverordnung zu erlassen, die u.a. die Ausweitung des besonderen Investitionszwecks gemäß § 3 Abs.1 InVorG auf die Verlegung von Verfassungsorganen und Dienststellen des Bundes und Vertretungen der Länder und ausländischen Staaten in das Beitrittsgebiet umfasst. Auch hieraus wird deutlich, dass Investitionsobjekte der öffentlichen Hand nur im Ausnahmefall per Gesetz bzw. Verordnung unter das InVorG fallen können.

Bei der Aufstellung von Bauleitplänen ist nach § 1 Abs.5 Nr.8 BauGB die Erhaltung, Sicherung und Schaffung von Arbeitsplätzen als spezieller wirtschaftlicher Belang zu berücksichtigen. Abstrakt ist der Arbeitsplatzbelang den anderen Belangen, mit welchen er kollidieren kann, gleichwertig. Im Rahmen der konkreten Abwägungsentscheidung kommt es auf die durch Raumordnung und Landesplanung, Charakter und örtlichen Arbeitsplatzbedarf geprägte Situation der jeweiligen Gemeinde an. Eine Bauleitplanung kann dem Arbeitsplatzbelang zugleich in einer Hinsicht förderlich und in anderer Hinsicht abträglich sein, so dass eine Abwägung auch innerhalb des Arbeitsplatzbelangs geboten sein kann. Beispielsweise kann eine Gemeinde mit Rücksicht auf die Arbeitsplätze des kleineren Einzelhandels auf die Schaffung der planerischen Voraussetzungen für arbeitsplatzschaffende Verbrauchermärkte verzichten.
Der Arbeitsplatzbelang kann durch die Ausweisung solcher Bauflächen und Baugebiete berücksichtigt werden, die die Ansiedlung von mit Arbeitsplätzen verbundenen Nutzungen wie Industrie, Gewerbe und Dienstleistungen ermöglichen. Der Schutz vor Konkurrenz aus Arbeitsplatzgründen rechtfertigt jedoch keine Modifizierungen der in Baugebieten zulässigen Nutzungen nach § 1 Abs.5 und 9 BauNVO. Die Sicherung betrieblicher Standorte und damit der Belang der Arbeitsplätze ist auch bei der Überplanung von bebauten Gebieten und insbesondere von Gemengelagen zu berücksichtigen. Dies kann durch Festsetzung einer dem Gewerbetyp der Betriebe möglichst entsprechenden Gebietskategorie, die Festsetzung eines „besonderen Wohngebietes" nach § 4 a BauNVO, die Zulassung von Erweiterungen, Änderungen, Nutzungsänderungen und Erneuerungen nach § 1 Abs.10 BauNVO oder dadurch geschehen, dass Konflikte der unterschiedlichen Nutzungen durch Festsetzungen nach § 9 Nr. 23 bis 25 BauGB oder eine Gliederung und Feinplanung nach § 1 Abs.4, 5 und 9 BauNVO vermieden oder verringert werden.

Die Sicherung und Schaffung von Arbeitsplätzen stellt einen besonderen Investitionszweck nach § 3 InVorG dar, der statt einer Rückgabe des entsprechenden Grundstücks, Gebäudes oder Betriebes an den Alteigentümer dessen Entschädigung gestattet. Vorherige Arbeitslosigkeit der eingestellten Arbeitnehmer ist nicht Voraussetzung. Eine bloße Verlagerung von Arbeitsplätzen durch den Vorhabenträger genügt nicht. Die Sicherung von Arbeitsplätzen setzt deren Gefährdung voraus.

Teil 4: Die Berücksichtigung des Arbeitsplatzaspektes im Rahmen von Vereinbarungen

I. Städtebauliche Verträge

1. Vorhaben- und Erschließungsplan, Bebauungsplan-Satzung und Durchführungsvertrag

Der Realisierung einzelner konkreter – regelmäßig mit Arbeitsplätzen verbundener - Vorhaben dient die auf der Grundlage eines Vorhaben- und Erschließungsplanes errichtete Bebauungsplan-Satzung nach § 12 BauGB[406]. Vorhaben gemäß § 29 BauGB sind stets auch Vorhaben in diesem Sinne, letztere dürfen indes – solange sie identifizierbar und mit Blick auf die vertraglich zu regelnde Durchführungsverpflichtung „vollstreckungsfähig" sind – flexibler als nach der Definition des § 29 BauGB umschrieben werden[407]. Voraussetzungen und Ablauf gestalten sich wie folgt: Ein Vorhabenträger – regelmäßig ein Investor – legt der Gemeinde den Entwurf eines Vorhaben- und Erschließungsplanes für ein Gebiet vor, in dem das von ihm angestrebte Bauvorhaben nicht bereits nach den §§ 30, 31 oder 33 bis 35 BauGB zulässig ist. Dessen Inhalt stimmt er mit der Gemeinde ab. Sodann schließt diese mit dem Vorhabenträger einen Durchführungsvertrag ab, in dem dieser sich zur Durchführung der Erschließungsmaßnahmen sowie zur Ausführung des Bauvorhabens innerhalb einer bestimmten Frist und zur vollständigen oder teilweisen Übernahme der Planungs- und Erschließungskosten verpflichtet, wobei er der Gemeinde seine Finanz-, Planungs-, Erschließungs- und Durchführungskapazitäten nachzuweisen hat. Der Vorhaben- und Erschließungsplan wird Bestandteil der Bebauungsplan-Satzung, die anschließend von der Gemeinde beschlossen wird[408]. Über die Einleitung des Satzungsverfahrens entscheidet die Gemeinde gemäß § 12 Abs.2 BauGB nach pflichtgemäßem Ermessen. Es besteht weder ein gesetzlicher noch ein vertraglich begründbarer Anspruch auf Erlass einer Bebauungsplan-Satzung. Auch sich aus den Gesamtumständen der Kooperation ergebende rein faktische Bindungen können zu einem Abwägungsdefizit und damit zur Nichtigkeit des Bebauungsplanes führen[409]. Entschließt sich die Gemeinde zur Einleitung des Satzungsver-

---

[406] In der Praxis bedienen sich die Gemeinden allerdings bei der Planung zugunsten von Investoren zumeist des herkömmlichen und nicht des vorhabenbezogenen Bebauungsplanes, vgl. von und zu Franckenstein, UPR 2000, 288 (288).

[407] Reidt BauR 1995, 788 (794); ders., BauR 1998, 909 (913); ähnlich Birk, NVwZ 1995, 625 (626); aA Bielenberg, ZfBR 1996, 6 (7).

[408] Bielenberg, ZfBR 1996, 6 (10 ff.); Stich, GewArch 1996, 441 (445); Reidt, BauR 1998, 909 (913 ff.); von und zu Franckenstein, UPR 2000, 288 (291); Schlette S.270.

[409] Fehling S.389; er weist allerdings darauf hin, dass diese weitgehende Gleichsetzung von faktischen und rechtlichen Vorabbindungen dadurch ausgehöhlt wird, dass die Zivilgerichte dem potentiellen Investor bei Scheitern der Kooperation Ansprüche auf finanzielle Kompen-

fahrens, so gelten dafür dieselben Vorschriften wie für die Aufstellung nicht vorhabenbezogener Bebauungspläne[410]. Diese müssen ebenso wie andere Bebauungspläne mit einer geordneten städtebaulichen Entwicklung zu vereinbaren sein und insbesondere dem Abwägungsgebot des § 1 Abs.7 BauGB (§ 1 Abs. 6 BauGB a.F.) entsprechen[411].

2. Der Belang der Arbeitsplätze

Mit der Erstellung des Vorhaben- und Erschließungsplanes bringt der Vorhabenträger wesentliche planerische Überlegungen ein. Daher besteht bei der vorhabenbezogenen Planung in besonderem Maße die Gefahr, dass die Gemeinde eigene städtebauliche Überlegungen nicht mit der gebotenen Gründlichkeit und „Unvoreingenommenheit" anstellt oder sogar gänzlich unterlässt und damit praktisch zur bloßen Vollzugsinstanz der vom Vorhabenträger vorgelegten Planung wird[412]. Speziell für den Belang der Schaffung von Arbeitsplätzen besteht nach dieser Konstellation allerdings kaum die Gefahr, nicht ausreichend berücksichtigt zu werden. Denn dieser Belang wird insofern vom Vorhabenträger repräsentiert und geht mit dessen Eigeninteresse einher, als dessen angestrebte Realisierung des Vorhabens auch mit der Schaffung von Arbeitsplätzen verbunden ist[413]. Somit verhelfen Bebauungspläne nach § 12 BauGB dem Arbeitsplatzbelang tendenziell eher zum Durchbruch als sonstige Bebauungspläne. Bei der einer Entscheidung über die Aufstellung einer Bebauungsplan-Satzung vorausgehenden Abwägung ist der Belang der Schaffung und Erhaltung von Arbeitsplätzen zu berücksichtigen. Eine Verpflichtung des Vorhabenträgers zur dauerhaften Schaffung einer bestimmten Anzahl von Arbeitsplätzen ist nur im Durchführungsvertrag möglich[414]. Diese Möglichkeit bedeutet allerdings nicht, dass eine Gemeinde eine solche Arbeitsplatzsicherung im Durchführungsvertrag aufgrund des Abwägungsgebotes festlegen muss. Das wäre schon deshalb nicht einzusehen, weil sie auf die Aufstellung einer Bebauungsplan-Satzung und damit auf die Ermöglichung des arbeitsplatzschaffenden Vorhabens rechtsfehlerfrei auch ganz verzichten könnte. Im übrigen ist es durchaus denkbar, dass sich ein Vorhabenträger auf eine solche Verpflichtung nicht einlässt. Schließlich ist

sation der getätigten Aufwendungen zugestehen und auch die vertragliche Vereinbarung von Entschädigungsansprüchen zulassen (vgl. Schlette S.272 mwN).

410 Reidt, BauR 1998, 909 (913).

411 Bielenberg, ZfBR 1996, 6 (8); Reidt, BauR 1998, 909 (913); aufgrund des Vorhabenbezuges ist das Abwägungsmaterial im Vergleich zum gewöhnlichen Bebauungsplan reduziert, der Vertrag gehört zum Abwägungsmaterial, vgl. Schlette S.272; Thurow, UPR 2000, 16 (17).

412 OVG Nordrhein-Westfalen, DVBl.1998, 602 (602 – nur LS); Reidt, BauR 1998, 909 (916).

413 Vgl. Fehling S. 388.

414 Grziwotz, JuS 1999, 245 (247).

eine derartige Verpflichtung unter wirtschaftlichen Gesichtspunkten nicht unproblematisch.
Im Hinblick auf den Arbeitsplatzbelang besitzt der vorhabenbezogene Bebauungsplan im Vergleich zum herkömmlichen Bebauungsplan den Vorteil, dass sich der Investor zur Realisierung seines Vorhabens in einer bestimmten Zeit verpflichtet[415] und somit auch die Entstehung der mit dem Vorhaben einhergehenden Arbeitsplätze stärker gesichert ist. Für den Arbeitsplatzaspekt von Bedeutung wäre auch eine mit dem vorhabenbezogenen Bebauungsplan intendierte Beschleunigung der Baulandausweisung und damit der Realisierung des Vorhabens. Zum einen entstehen mit einem Vorhaben verbundene Arbeitsplätze bei dessen früherer Verwirklichung schneller; zum anderen ist denkbar, dass ein Investor seine Bereitschaft zur Realisierung eines Projektes von der Bereitschaft einer Gemeinde zum Beschluss eines vorhabenbezogenen Bebauungsplanes abhängig macht. Allerdings haben sich entsprechende Beschleunigungserwartungen in der Praxis oftmals nicht erfüllt[416].

II. Sonstige Verträge

1. Die Schaffung und Erhaltung von Arbeitsplätzen als Vertragsinhalt

Der Abschluss öffentlich-rechtlicher Verträge ist nach § 54 S. 1 VwVfG möglich, soweit Rechtsvorschriften nicht entgegenstehen – Voraussetzung ist naturgemäß immer ein inhaltlicher Gestaltungsspielraum der Verwaltung[417] . Die Schaffung oder Erhaltung von Arbeitsplätzen kommt als explizite vertragliche Verpflichtung in Betracht, kann aber auch nur Zweck oder Motiv eines Vertrages sein.
Denkbar ist die durch Vertrag begründete Verpflichtung eines Betriebsinhabers zur Schaffung oder Sicherung einer bestimmten Zahl von Arbeitsplätzen, möglicherweise mit bestimmten Tätigkeitsprofilen. Dass dieser die Entwicklung seiner geschäftlichen Situation niemals genau voraussehen kann und bei ungünstiger Entwicklung diese Verpflichtungen eventuell nicht einhalten kann, gilt beispielsweise für die Verpflichtung zur Leistung einer Geldzahlung ebenso und steht dem nicht entgegen. Allerdings können derartige starre Bindungen betriebswirtschaftlich unvernünftiges Verhalten erzwingen und sich damit auf längere Sicht kontraproduktiv auswirken. Daher ist diesbezüglich äußerste Zurückhaltung geboten. Eine Gegenleistung wie die Arbeitsplatzerhaltung oder –schaffung darf nach § 56 Abs.2 VwVfG grundsätzlich[418] nicht verlangt werden, wenn auf die Leistung der Behörde ein Anspruch besteht. Sofern zum Beispiel die

[415] Vgl. Gurlit S. 41; Schlette S.270.
[416] Thurow, UPR 2000, 16 (16 f.).
[417] Kunig, DVBl. 1992, 1193 (1197); Correll, DÖV 1998, 363 (368).
[418] Vereinbart werden darf nur eine solche Gegenleistung, die bei Erlass eines Verwaltungsaktes Inhalt einer Nebenbestimmung nach § 36 VwVfG sein könnte, § 56 Abs.2 VwVfG.

Genehmigungsvoraussetzungen für eine nach § 4 BImSchG genehmigungsbedürftige Anlage vorliegen, kann also nicht vereinbart werden, dass die Genehmigung gleichwohl nur gegen die Verpflichtung des Anlagenbetreibers zur Schaffung einer gewissen Zahl von Arbeitsplätzen erteilt wird. Möglich ist die vertragliche Arbeitsplatzverpflichtung insbesondere als Gegenleistung für eine Subvention – die Vergabe öffentlicher Mittel durch einen öffentlich-rechtlichen Vertrag ist zulässig[419]. Unter Subventionen sind vermögenswerte Zuwendungen zu verstehen, die ein Träger öffentlicher Verwaltung privaten Unternehmen ohne marktmäßige Gegenleistung gewährt, um sie in die Lage zu versetzen, öffentlichen Bedürfnissen zu entsprechen[420]. Die öffentlich-rechtliche Rechtsnatur von Subventionsverträgen folgt daraus, dass die den Gegenstand solcher Verträge bildende Wirtschaftsförderung als Staatsaufgabe anerkannt ist[421]. Übernimmt ein Betriebsinhaber im Rahmen seiner Vertragsfreiheit (Art. 2 Abs.1 GG) der Verwaltung gegenüber Verpflichtungen, so stellt dies keinen Grundrechtsverzicht dar, sondern vielmehr eine Betätigung des Grundrechtsgebrauchs[422]. Mit Subventionen werden immer wirtschaftliche, soziale oder politische Zwecke wie etwa die Sicherung von Arbeitsplätzen verfolgt[423], auch wenn diese Zwecke nicht als ausdrückliche Vertragspflichten ausgestaltet sind. Anders als Sozialleistungen erschöpfen sich Subventionen nicht in der unmittelbaren Bedürfnisbefriedigung des Leistungsempfängers[424]. Bei den Subventionszwecken ist zu unterscheiden zwischen dem unmittelbar durch die Förderung angestrebten Unternehmerverhalten wie der Tätigung betrieblicher Investitionen, also dem Verwendungszweck, und den Sekundärzwecken wie beispielsweise der Forschungsförderung oder eben der Schaffung von Arbeitsplätzen, die regelmäßig das eigentliche Motiv der Zuwendung bilden und um derentwillen ein Unternehmer zu bestimmten Maßnahmen veranlasst werden soll. Der Subventionsempfänger ist nur zur Erfüllung des unmittelbaren Verwendungszwecks verpflichtet, für die Erfüllung der Sekundärzwecke hat er nicht einzustehen[425].

---

419 BVerwGE 30, 211 (212 ff.); BVerwG, DVBl. 1973, 416; BGHZ 52, 155 (160); BGH, DVBl. 1975, 903 (904); VGH Kassel, NVwZ 1990, 880; OVG Münster, NVwZ 1984, 522; in BVerwGE 30, 211 ff. ging es um die Gewährung von Krediten für die zusätzliche Einstellung von Flüchtlingen (Arbeitsplatzdarlehen).

420 OVG Berlin, NJW 1975, 1938 (1939); Zacher, VVDStRL 25 (1967), 308 (317); Stober BesWiVerwR § 54 III 3; der Staat darf einen Vermögensvorteil nicht ohne sachlichen Grund, sondern nur im öffentlichen Interesse gewähren (Vogel in Festschrift für Ipsen S. 539 (551) – dies lässt sich auch § 23 BHO entnehmen, der bezüglich der zweckgebunden gewährten Zuwendungen ein „erhebliches Interesse“ des Staates verlangt).

421 BVerfGE 15, 235 (240).

422 Correll, DÖV 1998, 363 (369).

423 Menger, VerwArch 69 (1978), 93 (99).

424 Schwerdtfeger S. 7.

425 OVG Koblenz, NJW 1981 (1982); Vogel in Festschrift für Ipsen S. 539 (553).

2. Beispiele für arbeitsplatzrelevante Verträge

Beispiel für die Sicherung von Arbeitsplätzen durch kommunale Wirtschaftsförderung auf der Grundlage eines öffentlich-rechtlichen Vertrages ist der Fall einer zwischen einer Gemeinde und einem ortsansässigen Betrieb geschlossenen Vereinbarung über die Förderung einer Betriebserweiterung[426], die laut Vertrag zwecks dauerhafter Sicherung der vorhandenen Arbeitsplätze erfolgte. Das mit dem Fall befasste BVerwG erachtete es als allgemein anerkannt, dass zum kommunalen Selbstverwaltungsrecht des Art. 28 Abs.2 GG auch die Befugnis gehört, die Ansiedlung und Erweiterung gewerblicher Betriebe zur Verbesserung der örtlichen Wirtschaftsstruktur und zur Schaffung oder Erhaltung von Arbeitsplätzen finanziell zu fördern und verwies auf den engen Zusammenhang mit den insbesondere durch die Aufstellung von Bebauungsplänen wahrzunehmenden städtebaulichen Aufgaben der Gemeinden[427]. Teilweise wird jedoch auch die Auffassung vertreten, dass Arbeitsplatzsicherung prinzipiell keine Angelegenheit der örtlichen Gemeinschaft sei, weil die Ursachen der Gefährdung von Arbeitsplätzen in der Regel nicht im örtlichen Bereich lägen und für die Sicherheit gefährdeter Arbeitsplätze dauerhaft nur durch in größerem Zusammenhang stehende Maßnahmen gesorgt werden könne[428]. Entscheidend ist jedoch nicht, ob die Ursachen von gefährdeten Arbeitsplätzen im örtlichen Bereich liegen, sondern dass die Sicherung von Arbeitsplätzen im Interesse der örtlichen Gemeinschaft liegt und den Gemeinden grundsätzlich möglich ist. Örtliche Wirtschaft und Arbeitsplätze haben erheblichen Einfluss auf die Lebenssituation der Einwohner und die finanzielle Grundlage der kommunalen Entwicklung. Die Gemeinden sind mit den Besonderheiten der örtlichen Wirtschaft in besonderem Maße vertraut. Schließlich besteht eine Verpflichtung der Gemeinden zur Daseinsvorsorge, die durch Wirtschaftsförderungsmaßnahmen erfüllt werden kann. Daher gehört Wirtschaftsförderung, zu deren wichtigsten Zielen unter anderem

---

[426] BVerwGE 84, 236 ff. – das zur Erweiterung benötigte benachbarte Grundstück war von einer Firma erworben worden, deren Betriebsverlagerung die Stadt mit insgesamt 235 000 DM förderte, um sie zur Veräußerung des Grundstücks zu veranlassen. Als Gegenleistung verpflichtete sich der Kläger, damals Inhaber und mittlerweile Geschäftsführer des von einer GmbH übernommenen mittelbar geförderten Betriebes, unbeschadet der planungs- und bauordnungsrechtlichen Vorschriften das Einvernehmen der Stadt für Neubauten, Veränderungen oder Erweiterungen von Betriebsgebäuden einzuholen. Als der Kläger die Planung für den Neubau einer Lagerhalle vorlegte, forderte die Gemeinde neben einer bestimmten Gestaltung und Begrünung auch, dass keine Überschreitung der aktuellen Immissionswerte eintreten dürfe. Das BVerwG sah den Vertrag als gültig an, da kein nur globaler, inhaltsloser und zweckfreier Einvernehmensvorbehalt vereinbart sei. Das Verlangen der Gemeinde bewertete das Gericht als vom Vertrag gedeckt.

[427] BVerwG, JZ 1990, 591 (592).

[428] Empfehlung der Innenministerkonferenz vom 12.1.1981, vgl. Anmerkung Ehlers, JZ 1990, 594 (594).

die Sicherung und Schaffung von Arbeitsplätzen zählt[429], zu den kommunalen Aufgaben[430]. Zur kommunalen Wirtschaftsförderung gehören alle Maßnahmen zur Begünstigung der örtlichen Wirtschaft mit der Zielsetzung, in der Gemeinde bestmögliche wirtschaftliche und soziale Lebensverhältnisse zu schaffen[431]. Instrumente sind neben Krediten, Bürgschaften und Zuschüssen die Bodenvorratspolitik, die Vorhaltung öffentlicher Einrichtungen, die Beratung der Wirtschaft und Standortmarketing. Ungeachtet der grundsätzlichen Befugnis der Gemeinden zur Wirtschaftsförderung sind allerdings direkt auf bestimmte Betriebe abzielende Maßnahmen und Subventionen ökonomisch fragwürdig und vor allem nach Art. 87 EGV, der auch für kommunale Beihilfen gilt, nur sehr beschränkt zulässig[432].

Auch bei zwischen dem Regierungspräsidium Stuttgart und mehreren Brotfabriken zur Durchsetzung des Nachtbackverbotes geschlossenen Verträgen spielte die Erhaltung von Arbeitsplätzen eine Rolle, ohne zu den vertraglichen Pflichten zu gehören. Als das Regierungspräsidium davon erfuhr, dass die im dortigen Bezirk ansässigen Brotfabriken schon seit langem gegen das gesetzliche Nachtbackverbot verstießen und dadurch eine Existenzvernichtung der kleinen Handwerksbäcker drohte, schloss es statt einer sofortigen zwangsweisen Durchsetzung des Bäckereiarbeitszeitgesetzes mit den Brotfabriken Verträge[433]. Dadurch sollten schwere wirtschaftliche Einbußen und die Vernichtung von Arbeitsplätzen verhindert werden. Eine vollständige und sofortige Einhaltung des Nachtbackverbotes wäre nämlich technisch und wirtschaftlich nicht möglich gewesen, sämtliche Bäckereien wären dann in Insolvenz gegangen. In den Verträgen wurde unter Berücksichtigung der jeweiligen wirtschaftlichen Situation, dem maschinellen Ausstattungsstandard und der Kundenstruktur für jeden Betrieb maßgeschneidert nach mehreren Zwischenstufen die volle Beachtung des Gesetzes vereinbart. Die Betreiber der Brotfabriken hielten die Verträge ein und die Fabriken samt ihrer Arbeitsplätze blieben erhalten.

Zusammenfassung Teil 4

Einzelne arbeitsplatzschaffende Projekte können mittels eines Vorhaben- und Erschließungsplanes realisiert werden. Im Durchführungsvertrag kann die

---

[429] Außerdem die Stärkung der Wirtschafts- und Finanzkraft, eine möglichst ausgewogene Wirtschaftsstruktur und eine Mehrung der Steuereinnahmen.

[430] BVerwG, JZ 1990, 591 (592); VG Münster, DÖV 1963, 622 ff.; VGH Mannheim, NJW 1978, 2050 f.; Anmerkung Ehlers, JZ 1990, 594 (594); Stober, JZ 1984, 105 (106 mwN).

[431] Kistenmacher / Geyer / Hartmann S. 18.

[432] Bleckmann, NVwZ 1990, 820 ff.; Art. 87 EGV ist nur anwendbar, sofern die (potentiellen) Auswirkungen sich nicht auf den innerstaatlichen Wettbewerb beschränken. Zuwendungen für kleine und mittlere Unternehmen unterhalb einer bestimmten Grenze unterliegen nicht der Anzeigepflicht des Art. 88 Abs.3 EGV (dazu Abl. EG 1996 Nr. C 68 / 9).

[433] Bulling, DÖV 1989, 277 (282 f.).

Schaffung dauerhafter Arbeitsplätze vertraglich abgesichert werden, zwingend ist dies jedoch nicht. Neben städtebaulichen können auch sonstige Verträge einen engen Bezug zu Arbeitsplätzen aufweisen – sei es, dass die Schaffung von Arbeitsplätzen ausdrückliche vertragliche Pflicht ist, sei es, dass sie Motiv für den Abschluss des Vertrages und die „Gegenleistung“ ist.

Teil 5: Die Berücksichtigung des Arbeitsplatzaspektes bei der Konkretisierung unbestimmter Rechtsbegriffe

Mögliche Anknüpfungspunkte für die Berücksichtigung von Arbeitsplatzaspekten sind auch unbestimmte Rechtsbegriffe wie das Allgemeinwohl in Art.14 Abs.3 GG und in § 31 Abs.2 Nr.1 BauGB, das öffentliche Interesse in § 69 a Abs.1 Nr.3 GewO und in § 8 a Abs.1 Nr.2 BImSchG sowie das berechtigte Interesse in § 8 Abs.1 Nr.1 BImSchG. Des weiteren ist anhand der Bergriffe der schädlichen Umwelteinwirkungen und des Mindestmaßes in § 3 BImSchG sowie des Entgegenstehens öffentlicher Belange in § 35 Abs.1 BauGB, des Soll-Begriffes in § 35 Abs.1 Nr.4 BauGB und des Begriffes der überwiegenden Nachteile in § 51 GewO zu untersuchen, inwiefern diese unbestimmten Rechtsbegriffe eine Abwägung ermöglichen, in die der Arbeitsplatzaspekt einfließen kann.

I. Enteignung zum Wohle der Allgemeinheit nach Art. 14 Abs.3 GG

Nach Art. 14 Abs.3 GG ist eine Enteignung nur zum Wohle der Allgemeinheit zulässig und darf nur durch oder auf Grund eines Gesetzes erfolgen, das Art und Ausmaß der Entschädigung regelt. Unter Enteignung ist nach der Rechtsprechung des Bundesverfassungsgerichtes der zielgerichtete vollständige oder teilweise Entzug konkreter subjektiver Rechtspositionen, die durch die Eigentumsgarantie des Art.14 Abs.1 GG gewährleistet sind, zu verstehen[434]. Zu erörtern ist nun, ob und unter welchen Voraussetzungen die Schaffung und Erhaltung von Arbeitsplätzen verfassungsrechtlich prinzipiell ein legitimer Grund für Enteignungen sein kann. Weiter ist zu klären, inwiefern Enteignungen zu diesem Zwecke nach derzeitiger Rechtslage zulässig sind. Beim Begriff des Wohls der Allgemeinheit handelt es sich um einen unbestimmten und gerichtlich in vollem Umfang überprüfbaren Rechtsbegriff[435].

1. Die Enteignung zugunsten Privater

Offensichtlich unzulässig sind Enteignungen zum Vorteil bloßer Privatinteressen, mögen diese auch noch so gewichtig sein[436]. Im Zusammenhang mit der Arbeitsplatzschaffung und –erhaltung geht es um Enteignungen „zugunsten" privater Unternehmen, damit sich diese an einem bestimmten Ort ansiedeln oder erweitern können. Die „Begünstigung" der Unternehmen ist indes nur ein in

---

[434] BVerfGE 52, 1 (27); 72, 66 (76); Bryde in von Münch Art. 14 Rn 70 ff.; Gramlich, JZ 1986, 269 (273); Kimminich in BK Art. 14 Rn 119; Papier in Maunz / Dürig Art. 14 Rn 448 ff.; vgl. Rittstieg in Alternativkommentar Art. 14 / 15 Rn 188.

[435] Jackisch S. 126.

[436] Sondervotum Böhmer in BVerfGE 56, 249 (290); Bullinger, Der Staat 1 (1962), 449 (450 ff.).

Kauf genommener Reflex der Enteignung, eigentlicher Zweck ist eben die Schaffung von Arbeitsplätzen und die Verbesserung der Wirtschaftsstruktur. Art.14 Abs.3 GG läßt sich nicht entnehmen, dass allein zugunsten des Staates oder anderer Hoheitsträger enteignet werden darf[437]. Das wäre dann denkbar, wenn es beim die Enteignung rechtfertigenden Allgemeinwohl nur um das Wohl der Institution Staat als solcher ginge. Schon aus der in Art.1 Abs.1 GG erfolgten Festlegung der Menschenwürde als höchstem Wert ergibt sich jedoch, dass es ein isoliertes „Staatswohl", welches nicht auch den Menschen zugute kommt, nicht geben kann. Der Staat ist nicht Selbstzweck, sondern für die Menschen da. Insbesondere Häberle hat aufgezeigt, dass das Gemeinwohl nicht notwendig untrennbar mit dem Staat verknüpft ist und öffentliches und privates Interesse keine apriorischen Gegensätze darstellen, sondern sich in Teilbereichen durchaus decken können[438]. Gestützt wird dies durch Art.14 Abs.2 S.2 GG, demzufolge es jedem Privateigentümer obliegt, seine Rechtsposition so zu gebrauchen, dass sie auch dem Allgemeinwohl dient. Nicht selten besteht an einem privaten Vorhaben nicht nur ein privates Interesse, sondern zugleich ein wesentliches Interesse der Allgemeinheit. Das aber legt es außerordentlich nahe, dass das Bestehen dieses Privatinteresses eine Enteignung nicht unzulässig macht[439] – zumal regelmäßig gerade das Privatinteresse insbesondere in der Form von Gewinnstreben Private erst zur Durchführung entsprechender Vorhaben veranlasst. Die „klassische Enteignung" von Grundstücken zugunsten bestimmter *gemeinnütziger* Unternehmen ist von Beginn an auch zugunsten Privater eingesetzt und für zulässig erachtet worden[440]. Diese historischen Entwicklungen sind vom Grundgesetzgeber vorgefunden und rezipiert worden[441]. Dementsprechend hat das Bundesverfassungsgericht in einer Entscheidung aus dem Jahre 1984 festgestellt, dass Enteignungen zugunsten eines privatrechtlich organisierten Unternehmens jedenfalls dann nicht generell unzulässig seien, wenn einem solchen Unternehmen durch Gesetz oder aufgrund eines Gesetzes die Erfüllung einer dem Gemeinwohl dienenden Aufgabe zugewiesen und zudem sichergestellt sei, dass es zum Nutzen der Allgemeinheit geführt wird[442]. Das betraf im wesentlichen die privatrechtlich organisierten Unternehmen der Daseinsvorsorge. Die Schaffung von

---

[437] Bahls, DVBl. 1972, 446 (451); die Möglichkeit der Enteignung zugunsten Privater bejahen auch zB Bullinger, Der Staat 1 (1962), 449 (451); Jackisch S. 126; Uerpmann S.117; Battis in Battis / Krautzberger / Löhr § 87 Rn 2.

[438] Stolleis, VerwArch 1974, 1 (13); vgl. auch von Arnim S. 185: Gemeinwohl als Summe der „wohlverstandenen" und „geläuterten" (d.h. rationale Läuterung der kurzfristigen Eigeninteressen durch Erweiterung des intellektuellen Horizonts) Eigeninteressen; vgl. auch Limberger S. 113, Uerpmann S.133.

[439] Hamann, BB 1957, 1258 f.; Bahls, DVBl. 1972, 446 (451); Frenzel S.97 ff.

[440] Bullinger, Der Staat 1 (1962), 449 (460 ff.) mwN – seine wesentlichen Ausprägungen hat das Enteignungsinstitut im Zusammenhang mit dem Eisenbahnbau erfahren, und die Eisenbahnen wurden zunächst von privaten Gesellschaften betrieben.

[441] Papier in Maunz / Dürig Art.14 Rn 501.

[442] BVerfGE 66, 248 (257).

Arbeitsplätzen ist hier nur eine – wenn auch erfreuliche – Begleiterscheinung, eigentlicher Zweck der Enteignung ist die Daseinsvorsorge. Im sog. Boxberg-Urteil von 1987 hat das Bundesverfassungsgericht klargestellt, dass eine Enteignung zugunsten eines privatrechtlich organisierten Unternehmens nicht schon deshalb unzulässig sei, „weil sich der Nutzen für das allgemeine Wohl nicht aus dem Unternehmensgegenstand selbst ergibt, sondern nur mittelbare Folge der Unternehmenstätigkeit ist"[443]. In der Tat hat nicht die Person des Enteignungsbegünstigten maßgebliche Bedeutung für die Beurteilung der Verfassungsmäßigkeit einer Enteignung, sondern der mit der Enteignung verfolgte Zweck.

2. Arbeitsplätze als öffentliches Interesse

Voraussetzung für einen dem „Wohl der Allgemeinheit" dienenden Enteignungszweck ist nach allgemeiner Auffassung die Orientierung an einem „öffentlichen Interesse"[444], allerdings vermag keineswegs jedes öffentliche Interesse eine Enteignung zu rechtfertigen[445]. Zu Recht hat Böhmer darauf aufmerksam gemacht, dass im grundgesetzlichen Enteignungsrecht einmal von den „Interessen der Allgemeinheit" (Art. 14 Abs.3 S. 3 GG) und einmal vom „Wohl der Allgemeinheit" (Art. 14 Abs.3 S.1 GG) gesprochen wird und gefolgert: „Wenn im selben Regelungsbereich des Grundgesetzes eine solche Unterscheidung getroffen ist, verbietet die Bindung des Richters an das Gesetz, die Begriffe beliebig auszutauschen oder ohne nähere Begründung zu identifizieren"[446].
Nicht wenige vertreten die Auffassung, der Begriff „Allgemeinwohl" sei schlicht undefinierbar[447]. Da es hier jedoch nicht um eine abstrakte Definition dieses Begriffes, sondern um die Frage geht, ob die Schaffung und Erhaltung von Arbeitsplätzen dem „Allgemeinwohl" im Sinne des Art.14 Abs.3 GG zuzuordnen ist, muss dies nicht schrecken. Zwar könnte eine allgemeine Definition möglicherweise wertvolle Hilfe leisten, ausreichend ist aber auch eine Subsumtion anhand rationaler Kriterien.
Als ein solches Allgemeinwohlkriterium ist vielfach die Zahl der von einer Maßnahme profitierenden Menschen diskutiert worden. Am weitesten ging hier eine Entscheidung des Badischen Staatsgerichtshofes aus dem Jahre 1950, derzufolge eine Enteignung zum Wohl der Allgemeinheit nur dann gerechtfertigt sei, wenn sie einen unzweifelhaft erheblichen Nutzen für das gesamte (!) Volk

---

443 BVerfGE 74, 264 (285).
444 BVerfGE 38, 175 (180); 66, 248 (257); Schulte S. 91 / 94; Nüßgens / Boujong Rn 354 ff.; Jackisch S. 106; Papier in Maunz / Dürig, Art. 14 Rn 592; Schmidt-Bleibtreu in Schmidt-Bleibtreu / Klein Art. 14 Rn 66.
445 Schulte S. 85 ff.; Frenzel S. 99; Kimminich in BK Art. 14 Rn 272 ff.; Depenheuer in von Mangoldt / Klein Art. 14 C III (Rn 430 ff.); Papier in Maunz / Dürig, Art. 14 Rn 505.
446 Sondervotum Böhme, BVerfGE 56, 249 (273) – Dürkheimer Gondelbahn.
447 Nachweise bei v.Arnim: Gemeinwohl und Gruppeninteressen S.6 u.140.

bringe[448]. Man könnte nun argumentieren, dass die Schaffung bzw. der Erhalt von Arbeitsplätzen aufgrund der damit verbundenen Steuereinnahmen und ersparten staatlichen Ausgaben jedenfalls indirekt dem gesamten Volk nutzt. Schon diese These ist indes problematisch, da die Ansiedlung oder auch Erweiterung eines Unternehmens in einer Region bedeuten kann, dass sich dieses Unternehmen eben deshalb nicht in einer anderen Region niederlässt oder dass etwa ein Konkurrenzunternehmen infolgedessen Arbeitsplätze abbaut oder gar komplett verschwindet. Die „gesamtwirtschaftlichen" Auswirkungen einer Betriebsansiedlung an einem bestimmten Ort lassen sich kaum zuverlässig ermitteln. Vor allem aber liefe diese Argumentation darauf hinaus, über den Umweg der Arbeitsplätze letztlich eine Enteignung aus fiskalischen Gründen zu rechtfertigen. Dies wird jedoch zu Recht allgemein abgelehnt[449] - die staatliche Einnahmebeschaffung soll grundsätzlich durch öffentliche Abgaben und nicht durch Sonderopfer mittels des Enteignungsrechts erfolgen. Eine Maßnahme, von der alle Bürger profitieren, ist praktisch nicht vorstellbar und kann schon deshalb nicht Voraussetzung einer Enteignung sein. Dürig vertritt die Auffassung, in einer Demokratie könne das öffentliche Interesse nur das Interesse der Mehrheit sein[450]. Entsprechend der regelmäßig örtlich beschränkten Relevanz von Unternehmensansiedlungen mag es zulässig sein, die Mehrheit in der jeweils zuständigen Verwaltungseinheit (Land, Gemeinde) als Maßstab zu wählen. Zutreffend hat jedoch Leisner auf die Unpraktikabilität der Ermittlung derartiger Mehrheitsinteressen hingewiesen[451]. Im übrigen mögen viele Menschen in Bezug auf eine bestimmte Enteignung zwar eine Meinung haben, jedoch kein unmittelbares eigenes Interesse. Schließlich verträgt sich die Verknüpfung des Allgemeinwohlerfordernisses, das die Enteignungsmöglichkeit ja gerade im Sinne der Wahrung der grundrechtlichen Eigentumsfreiheit des Einzelnen beschränken soll und damit eine Art „Minderheitenschutz" für den Einzelnen darstellt, mit demokratischen Gesichtspunkten nicht. Die Anknüpfung an das Interesse der Mehrheit führt somit in die Irre.

Teilweise werden öffentliche Belange als die einer unbestimmten Vielzahl von Rechtsträgern definiert[452]. Angesichts des mit der Enteignung dauerhaft zu verfolgenden Zweckes ist es in der Tat schwer vorstellbar, dass Anzahl oder gar Identität aller von einer Maßnahme Profitierenden zum Zeitpunkt der Enteignung feststehen. Bei der Enteignung zwecks Schaffung oder Erhaltung von Ar-

---

[448] Bad.StGH, Urt. v. 3.7.1950, VerwRspr. 2 (1950), S.411 (416).

[449] BVerfGE 38, 180; Jackisch S.126; Uerpmann S.120; Kimminich in Bonner Kommentar Art.14 Rn 275; von Mangoldt / Klein Art.14 Anm.VII 6; Papier in Maunz / Dürig Art.14 Rn 498.

[450] Dürig, JZ 1954, 4 ff.; ders., Die konstanten Voraussetzungen des Begriffs „Öffentliches Interesse" S.68 f.

[451] Leisner, DÖV 1970, 217 (222 r.Sp.).

[452] Jackisch S. 115; Uerpmann S.84 ff.; Rittstieg in Alternativkommentar Art. 14 Rn 206 ff. zu den „Interessen der Allgemeinheit".

beitsplätzen steht allenfalls fest, wem sie derzeit oder in nächster Zukunft nützt. Die Schaffung und der Erhalt von Arbeitsplätzen kann potentiell nahezu allen und nicht nur einer sehr eingeschränkten Gruppe von Menschen zugutekommen. Allerdings taugt dieses Kriterium höchstens als ein Filter unter mehreren, da es weder etwas über die Bedeutung der Maßnahme für den Einzelnen noch über die Zahl der potentiell profitierenden Bürger aussagt[453]. Die Definition des Allgemeinwohls anhand einer bestimmten Mindestzahl der tatsächlich oder möglicherweise Begünstigten wäre offensichtlich willkürlich und unsachgemäß. Dass die Quantität der Begünstigten kein geeignetes Kriterium zur abschließenden Bestimmung des Allgemeinwohls ist heißt jedoch nicht, dass die Anzahl der Begünstigten ohne Belang ist.

Naheliegend erscheint es, zur Benennung der öffentlichen Belange und damit auch des Allgemeinwohls im Sinne des Art.14 Abs.3 GG an Staatsaufgaben anzuknüpfen. So wird gefordert, dass das durch die Enteignung ermöglichte Projekt zur Erfüllung öffentlicher Aufgaben unumgänglich erforderlich sein müsse oder das Vorhaben dringende staatliche Aufgaben befriedigen solle[454]. Da der Staat - wie oben dargelegt – gemäß dem Sozialstaatsprinzip auf Vollbeschäftigung hinzuwirken hat, bildet der Erhalt bestehender und die Schaffung neuer Arbeitsplätze zweifellos eine Staatsaufgabe. Zu beachten ist allerdings, dass der auf das Sozialstaatsprinzip verpflichtete Staat des Grundgesetzes auch jenseits verfassungsrechtlich verankerter Staatsziele befugt ist, jedes Handlungsziel an sich zu ziehen und somit zur staatlichen Aufgabe zu machen[455]. Damit ist die Zahl der Staatsaufgaben unübersehbar und die Orientierung allein an ihnen wäre nur eine äußerst schwache Beschränkung der Enteignungsmöglichkeit. Der Staat könnte sich im Ergebnis durch die Kreation öffentlicher Aufgaben seine Enteignungsbefugnisse selbst schaffen. Vor diesem Hintergrund ist es durchaus bedeutsam, dass die Sorge um Arbeitsplätze nicht nur Staatsaufgabe sein kann, sondern ihre Grundlage in der Verfassung selbst findet. Auch in der Rechtsprechung findet sich die Aktualisierung von Gemeinwohlgesichtspunkten aus Staatszielbestimmungen und insbesondere aus dem Sozialstaatsprinzip recht häufig[456].

Die Schaffung und Erhaltung von Arbeitsplätzen kann also nach sämtlichen Kriterien ein öffentliches Interesse sein.

---

[453] Vgl. Leisner, DÖV 1970, 217 (222 l.Sp.).

[454] BVerwG, Urt. v. 14.3.1985 – 5 C 130.83 – S.32, BVerwGE 71, 108 (125); Sondervotum Böhmer BVerfGE 56, 249 (279); zur Definition von Gemeinwohl als Kompetenzregel vgl. Uerpmann S.120.

[455] Ossenbühl, VVDStRL 29 (1971), 153; Bull S.102.

[456] Vgl. Häberle S.353: OVG Münster VerwRspr. 9 Nr.206 S. 918; BayVGH VerwRspr. 14 Nr. 184 S.664; BGH VerwRspr. 15 Nr.117 S.559; BVerfGE 4, 219 (235); 8, 274 (313, 328, 329); 9, 73 (82); 16, 286 (304); 18, 257 (267); 21, 245 (251) u.a.; BVerwGE 1, 140 (143); 23, 304 (306) u.a.

3. Bestimmung des Allgemeinwohls als Ergebnis einer Abwägung

Es gibt indes nicht *das* öffentliche Interesse, sondern eine Vielzahl öffentlicher Interessen, deren parallele optimale Realisierung sich ausschließen kann. Das Wohl der Allgemeinheit lässt sich nur durch eine Abwägung der unterschiedlichen betroffenen öffentlichen Interessen und des Interesses des Eigentümers ermitteln. Zu beachten ist, dass das Eigentümerinteresse nicht nur privates, sondern als generelles Interesse am eigentumsrechtlichen Bestandsschutz auch öffentliches Interesse ist. *Gegen* eine Enteignung zugunsten von Unternehmen können neben dem Eigentumsbestandsinteresse insbesondere ökologische Gründe sprechen, die als öffentliche Interessen in die Abwägung einzubeziehen sind. Die Abwägung geht über bloße Verhältnismäßigkeit weit hinaus: die Enteignung darf nicht nur nicht unverhältnismäßig sein, sondern die sie rechtfertigenden Gründe und Interessen müssen den gegen sie sprechenden Gründen überlegen sein, es muss ein gesteigertes und sachlich objektives öffentliches Interesse bestehen[457], ein – wie Kimminich und Papier es ausdrücken – besonders schwerwiegendes und dringendes öffentliches Interesse[458]. Aufgrund der dem Allgemeinwohl im Sinne des Art.14 Abs.3 GG immanenten Abwägung lässt sich dieses letztlich immer nur im konkreten Fall bestimmen[459]. Man kann jedoch durchaus eine Feststellung dazu treffen, ob die Arbeitsplatzschaffung und –erhaltung einen möglichen Grund für Enteignungen darstellt. Der Gesetzgeber kann in vielfältiger Weise Inhalt und Schranken des Eigentums festlegen und in das Eigentum eingreifen, um Gemeinwohl- und Eigentümerinteresse zu einem Ausgleich zu bringen – zu Recht formuliert Wendt daher, dass die Enteignung wegen ihres Charakters als Bestandsdurchbrechung des Eigentums ein extraordinäres Eingriffsinstrument und kein reguläres Mittel der Eigentumsgestaltung ist[460]. Die Schaffung und der Erhalt von Arbeitsplätzen kann offensichtlich ein schwerwiegendes öffentliches Interesse sein, das entgegenstehenden Interessen überlegen ist. Problematisch aber ist vor allem zweierlei: Zum einen die tendenzielle Weite dieses Enteignungsgrundes, zum anderen die dauerhafte Gewährleistung des Enteignungszwecks. Vor diesem Hintergrund ist es nicht erstaunlich, dass die Zulässigkeit von Enteignungen zum Zweck der Schaffung und des Erhalts von Arbeitsplätzen umstritten ist.

---

[457] BVerwGE 71, 108 (124).
[458] Kimminich in Bonner Kommentar Art.14 Rn 273; Papier in Maunz / Dürig Art.14 Rn 505.
[459] BGHZ 6, 270 (279); 23, 30 ff.; 60, 126 ff.; Schulte S.65; Stolleis, VerwArch 1974, 1 (2 ff.); Weides, DVBl. 1984, 921 (926).
[460] Wendt S.396.

4. Arbeitsplätze als Rechtfertigung für Enteignungen ?

4.1 Die Boxberg-Urteile (Mercedes-Teststrecke)

Bundesverfassungs- und Bundesverwaltungsgericht hatten in ihren Boxberg-Urteilen Gelegenheit, sich mit dieser Frage zu befassen. Nach dem zugrundeliegenden Sachverhalt wollte die Daimler-Benz AG ein Gelände zu Prüf-, Mess- und Erprobungszwecken für ihre Kraftfahrzeuge auf einer bislang land- und forstwirtschaftlich genutzten Fläche von ca. 600 ha anlegen. Um dies zu ermöglichen, hatten die Gemeinden Boxberg und Assamstadt einander ergänzende Bebauungspläne „Sondergebiet Prüfgelände" erlassen. Da ein vollständiger freihändiger Erwerb der maßgeblichen Grundstücke scheiterte, war zur Realisierung des Vorhabens eine Flurbereinigung erforderlich, die vom Bundesverfassungsgericht als Enteignung qualifiziert wurde. Durch das Vorhaben sollten die regionale Wirtschaftsstruktur verbessert und Arbeitsplätze geschaffen werden. Erstmals haben beide Gerichte hier die Enteignung zugunsten Privater auch dann für möglich gehalten, wenn der Unternehmensgegenstand selbst nicht in der Erfüllung einer öffentlichen Aufgabe wie etwa der öffentlichen Daseinsvorsorge besteht. Das Bundesverwaltungsgericht hat die Verbesserung der regionalen Wirtschaftsstruktur und die Bekämpfung der Arbeitslosigkeit als Gesichtspunkte anerkannt, die eine Enteignung rechtfertigen können[461], das Bundesverfassungsgericht hat dies zwar nicht explizit entschieden, aber ebenfalls durchblicken lassen.

4.2 Auffassungen in der Literatur

Schmidt-Aßmann begründet seine Auffassung, Maßnahmen zur Arbeitsplatzbeschaffung im Rahmen staatlicher Strukturförderung könnten einen legitimen Enteignungszweck darstellen, in Anlehnung an den Verkehrswegebau[462]. Im Grunde sei der Verkehrswegebau, zu dessen Realisierung die Enteignung traditionell eingesetzt wird, Strukturförderung und finde eben darin seine Berechtigung. Dazu ist anzumerken, dass der Bau von Straßen und Eisenbahnstrecken keineswegs nur der wirtschaftlichen Entwicklung, sondern in erheblichem Umfang der allgemeinen Mobilität der Bürger dient. Dies ist nicht nur Begleiterscheinung, sondern durchaus intendierter Gemeinwohlbelang. Verkehrswege sollen eine zügige und bequeme Fortbewegung auch in der Freizeit ermöglichen. Das allgemeine Wohl ist ihnen insofern wesenseigen, als sie schon ihrer Substanz nach der öffentlichen Hand und damit der Allgemeinheit gehören. Ihre gemeinwohlbezogene Berechtigung finden sie also, sofern sie sich bei der durch Art.14 Abs.3 GG geforderten Abwägung durchsetzen, nicht erst aus dem Aspekt der Strukturförderung, sondern gewissermaßen aus sich selbst heraus. Richtig ist

---

[461] BVerwGE 71, 108 (125).
[462] Schmidt-Aßmann, NJW 1987, 1587 (1588).

indes, dass die Ziele der Wirtschaftsstrukturverbesserung sowie der Arbeitsplatzschaffung und –erhaltung eng miteinander zusammenhängen – eine Strukturverbesserung hat regelmäßig positive Auswirkungen auf die Beschäftigungssituation.

Eine Rechtfertigung der Arbeitsplatzschaffung und –erhaltung für Enteignungen erfolgt in der Literatur allerdings insbesondere unter Hinweis auf das Sozialstaatsprinzip und die staatliche Aufgabe der Erhaltung und Sicherung von Arbeitsplätzen.

Hamann vertritt unter Berufung auf das Sozialstaatsprinzip die sehr weitgehende Auffassung, dass das Gemeinwohlerfordernis bei großen industriellen Vorhaben schon durch die Steigerung des Sozialproduktes und die Schaffung von Arbeitsplätzen prinzipiell erfüllt ist[463]. Das läuft letztlich darauf hinaus, die Enteignung auch als zulässiges Instrument einer allgemeinen Wirtschaftsförderung zu betrachten. Der Kritik von Stummer[464] und Schmidbauer[465], dass dies im Ergebnis nahezu schrankenlose Enteignungen ermöglichen würde und eine Verkennung des Schutzzwecks von Art.14 Abs.3 GG bedeutet, ist zuzustimmen. Für eine allgemeine Wirtschaftsförderung stehen dem Staat zahlreiche Instrumente zur Verfügung, die Enteignung kommt schon aufgrund ihres Ausnahme- und Einzelfallcharakters dazu nicht in Betracht. Die Darlegung, dass ein industrielles Vorhaben wirtschaftlich und unter dem Gesichtspunkt der Schaffung von Arbeitsplätzen sinnvoll ist, genügt als Enteignungsgrund nicht – vielmehr muss die Realisierung gerade am fraglichen Ort unter Gemeinwohlaspekten geboten sein.

Schmidbauer vertritt unter Hinweis auf Sozialstaatsprinzip und „Staatsaufgabe Arbeitsplatzsicherung“ die Auffassung, dass Enteignungen als Mittel einer aktiven staatlichen Strukturpolitik einsetzbar sein sollten. Er hebt jedoch hervor, dass die Schaffung oder Erhaltung von Arbeitsplätzen für sich genommen kein Enteignungsgrund sei, sondern Teil eines Gesamtkonzeptes zur Verbesserung der regionalen, einseitig sektoral ausgerichteten Wirtschaftsstruktur sein müsse[466].

Auch nach Auffassung von Jackisch spricht aufgrund der staatlichen Aufgabe der Arbeitsplatzerhaltung und -schaffung nichts gegen den Einsatz des Mittels der Enteignung zur Arbeitsplatzförderung, sofern diese Aufgabe nur dadurch angegangen werden könne und entgegenstehende öffentliche und private Interessen im konkreten Fall niedriger zu bewerten seien[467].

Teilweise wird das Kriterium der Strukturschwäche der betroffenen Region hervorgehoben.

So betont Frenzel, dass sich eine dem grundgesetzlichen Sozialstaatsauftrag verpflichtete Wirtschaftspolitik auch bei der Beseitigung regional oder sektoral be-

---

463 Hamann, BB 1957, 1258 f.

464 Stummer S.129.

465 Schmidbauer S.108 .

466 Schmidbauer S. 175.

467 Jackisch S.160 .

grenzter Störungen des Wirtschaftsgeschehens zu bewähren habe und ist ebenfalls der Auffassung, dass grundsätzlich zur Schaffung von Arbeitsplätzen enteignet werden kann[468]. Gleichzeitig mahnt er die Notwendigkeit einer Prüfung an, inwieweit gerade das Vorhaben des enteignungsbegünstigten Unternehmens zum Abbau strukturellen oder regionalen Arbeitsplatzmangels beiträgt. Hinsichtlich einer Enteignung zur Verbesserung der Wirtschaftsstruktur können seiner auf die kraft Gesetzes restriktive staatliche Förderungspolitik gestützten Ansicht nach nur erhebliche Einbrüche in die Wirtschaftsstruktur einer Region oder Branche auch den Einsatz der unternehmensbegünstigenden Enteignung als strukturstabilisierendes Instrument rechtfertigen[469].

Zimmer erachtet die Förderung strukturschwacher Räume und besonders die Schaffung neuer Arbeitsplätze zwar als öffentliche Aufgaben von hervorragender Bedeutung – dies sage allerdings nichts darüber aus, mit welchen Mitteln diese Aufgaben erfüllt werden können oder sollen. Die Enteignung dürfe aber nur das letzte Mittel zur Erfüllung einer öffentlichen Aufgabe sein und sei zugunsten privater Wirtschaftsunternehmen auf bestimmte Situationen zu beschränken. Ähnlich wie Frenzel stützt er sich auch auf § 1 Abs.2 des Gesetzes über die Gemeinschaftsaufgabe „Verbesserung der Agrarstruktur und des Küstenschutzes“, wonach eine Förderung nur in Gebieten erfolgt, deren Wirtschaftskraft *erheblich* unter dem Bundesdurchschnitt liegt oder *erheblich* darunter abzusinken droht oder in denen vom Strukturwandel betroffene Wirtschaftszweige vorherrschen, deren Schwäche sich auf das Gebiet in *erheblichem* Umfang negativ auswirkt. Daraus folgert er, dass die Enteignungsschwelle noch wesentlich höher liegen müsse und nur eine akute krisenhafte Entwicklung mit erheblichen Einbrüchen in die Wirtschaftsstruktur einer Region eine Enteignung rechtfertigen könne[470].

Neben den Genannten stehen der Arbeitsplatzschaffung als Enteignungsgrund zahlreiche weitere Stimmen in der Literatur prinzipiell aufgeschlossen gegenüber[471].

Andere stehen Enteignungen zur Schaffung oder Erhaltung von Arbeitsplätzen kritisch bis ablehnend gegenüber.

So beschränkt Schulte die Zulässigkeit privatbegünstigender Enteignungen auf die Fälle eines *unmittelbaren* öffentlichen Nutzens der privaten Tätigkeit[472]. Das läuft darauf hinaus, dass der Unternehmensgegenstand selbst etwa aufgrund seines daseinsvorsorgenden Charakters dem Allgemeinwohl dienen muss und eben

---

[468] Frenzel S.119 ff.

[469] Frenzel S.122 – er argumentiert mit § 1 Abs.2 des Gesetzes über die Gemeinschaftsaufgabe „Verbesserung der regionalen Infrastruktur“ (vom 6.10.1969, BGBl.I S.1861, geändert am 5.8.1971, BGBl.I S.1273 und am 23.12.1971, BGBl.I S.2140).

[470] Zimmer, DÖV 1986, 1001 (1006 ff.).

[471] z.B. v.Brünneck, NVwZ 1986, 429 (430); Gerhardt in Festschrift für Zeidler S. 1663 ff.; Papier, JZ 1987, 619 (619 ff.); Nenninger S. 431.

[472] Schulte S.91 .

die Schaffung oder Erhaltung von Arbeitsplätzen als bloße Folge der Unternehmenstätigkeit eine Enteignung nicht zu rechtfertigen vermag.
Wunderlich mahnt zu größter Vorsicht, da sich mit dem Argument „Schaffung von Arbeitsplätzen“ letztlich jede Enteignung zugunsten eines Wirtschaftsunternehmens rechtfertigen ließe[473]. Staatlicher Zwang dürfe nicht zur Verwirklichung der Interessen eines privaten Wirtschaftsunternehmens zu Lasten eines Grundrechtsträgers eingesetzt werden. Diese Formulierung vernachlässigt allerdings, dass der Vorteil für das begünstigte Unternehmen nur notwendige Folge, nicht aber Ziel der Enteignung ist und es sich hier gerade nicht um einen Widerstreit bloßer Privatinteressen handelt.
Gramlich schließlich bezweifelt die Zulässigkeit privatbegünstigender Enteignungen zur Schaffung von Arbeitsplätzen mit der Erwägung, dass die Realisierung des Enteignungszwecks dauerhaft gewährleistet sein müsse. Art.15 GG, der Grundlage für die Überführung von Unternehmen in Gemeineigentum ist, sei zugleich eine Schranke für privatbegünstigende Enteignungen[474]. Dies dürfte so zu verstehen sein, dass eine Enteignung zugunsten eines Unternehmens mit privatwirtschaftlichem Unternehmenszweck grundsätzlich nicht stattfinden darf.

4.3 Eigene Auffassung

Da die Schaffung und Erhaltung von Arbeitsplätzen nach allen Umschreibungen ein öffentliches Interesse darstellt und auch in Anbetracht ihrer potentiell überragenden Bedeutung im einzelnen Fall durchaus dem Allgemeinwohl im Sinne des Art.14 Abs.3 GG zugerechnet werden kann, bedarf es eigentlich keiner zusätzlichen Begründung dafür, dass Arbeitsplätze eine Enteignung rechtfertigen können. Dass es sich vornehmlich um potentielle Enteignungen zugunsten Privater handelt, kann nicht von prinzipieller Bedeutung sein – denn sowohl nach dem Wortlaut als auch nach dem Sinn des Art.14 Abs.3 GG ist maßgebend der Zweck der Enteignung und nicht der Begünstigte. Ob bei privaten Unternehmen besondere Maßnahmen zur Sicherung des Allgemeinwohlzweckes angebracht und für die Rechtmäßigkeit einer Enteignung Voraussetzung sind, ist eine davon zu trennende Problematik. Vor diesem Hintergrund vermag auch die von Schulte bei privatbegünstigenden Enteignungen vorgenommene Differenzierung zwischen unmittelbarem und bloß mittelbarem allgemeinem Nutzen unternehmerischer Tätigkeit nicht zu überzeugen. Entscheidend ist die – prognostizierte - Wirkung des Vorhabens, das durch eine Enteignung ermöglicht werden soll und nicht, auf welche Weise diese dem allgemeinen Wohl förderliche Wirkung erreicht wird. Auch die im 19. Jh. wurzelnde Staatspraxis, nach der Enteignungen zugunsten privatwirtschaftlicher Unternehmen zur Verbesserung der Wirtschaftsstruktur unproblematisch zulässig waren, darf nicht gänzlich vernachläs-

---

[473] Wunderlich S.95 .
[474] Gramlich, JZ 1986, 269 (276 f.).

sigt werden[475]. Die Rechtmäßigkeit entsprechender Enteignungen richtet sich zwar selbstverständlich nach dem aktuellen Grundgesetz. Zu berücksichtigen ist jedoch, dass bei der Entstehung des Grundgesetzes eben diese Staatspraxis vorgefunden und jedenfalls nicht explizit beendet wurde. Und die Verbesserung der Wirtschaftsstruktur als Enteignungsgrund hängt mit demjenigen der Schaffung von Arbeitsplätzen aufs engste zusammen. So hat in der Weimarer Republik das thüringische Staatsministerium die Enteignung des Eigentümers eines Mühlgrabens zugunsten eines Sägewerkbetreibers damit begründet, dass der Unternehmer den Mühlgraben für den Betrieb seines Sägewerkes benötige und andernfalls 200 Arbeitsplätze gefährdet seien[476]. In einigen Gesetzen wurden Beschaffung und Erhalt von Arbeitsplätzen sogar ausdrücklich als enteignungslegitimierend anerkannt - so in § 1 des preußischen Gesetzes über ein vereinfachtes Genehmigungsverfahren vom 26.7.1922 und im bayerischen Gesetz über die Enteignung zur Beschaffung von Arbeitsgelegenheit vom 1.8.1933. Wie bereits geschildert, kann die Enteignung nicht Instrument einer allgemeinen Wirtschaftsförderung sein. Da eine Enteignung stets konkret-einzelfallbezogen ist und sich die gesamten indirekten Auswirkungen etwa einer Unternehmensansiedlung an einem bestimmten Ort auf die Arbeitsplatzentwicklung allgemein und insbesondere in Konkurrenzunternehmen praktisch nicht erfassen lässt[477], muss die jeweilige Region Maßstab der aufgrund einer Abwägung vorzunehmenden Enteignungsentscheidung sein. Entscheidend ist also insbesondere, wie dringend Arbeitsplätze in der entsprechenden Region benötigt werden und ob das Vorhaben in der Region Arbeitsplätze schafft. Das schließt indes nicht aus, dass evidente Nebenwirkungen durchaus im Rahmen der Abwägung beachtlich sind. Ist beispielsweise zu erwarten, dass der enteignungsbegünstigte Unternehmer zwar an Ort und Stelle Arbeitsplätze schafft, dafür jedoch in einem anderen Werk Arbeitsplätze abbaut, so ist dies zu berücksichtigen. Ein solcher anderweitiger Arbeitsplatzabbau spielt freilich als beachtliche Nebenwirkung nur dann eine Rolle, wenn er in ursächlichem Zusammenhang mit dem durch Enteignung geförderten Projekt steht. Der den Boxberg-Urteilen zugrundeliegende Flurbereinigungsbeschluss nennt wichtige in die gebotene Abwägung einzubeziehende Aspekte. Genannt werden die seit langem andauernde Strukturschwäche des Raumes um Boxberg und Assamstadt, dessen dünne Besiedlung, der außerordentlich starke und andauernde Rückgang der in der Landwirtschaft Tätigen sowie die weit unter dem Landesdurchschnitt liegende Zahl der gewerblichen Ar-

475 dazu Bullinger, Der Staat 1 (1962), 449 (460 ff. mwN); Breuer, DVBl. 1981, 971 (974 r.Sp.); Rittstieg in Alternativkommentar Art.14 Rn 200;Bryde in von Münch Art.14 Rn 82; Papier in Maunz / Dürig Art.14 Rn 501.

476 Nach dem mit dem Fall befaßten OLG Jena hatte allein die Verwaltung zu entscheiden, ob dies zur Bejahung des Allgemeinwohls ausreicht – OLG Jena, Urt. v. 20.3.1925 – 2 U 1085 / 24, JW 1926, 1476.

477 Nach Frenzel S. 111 u. 127 hingegen sind Auswirkungen bei Konkurrenten und anderen Drittbetroffenen voll zu berücksichtigen.

beitsplätze. Durch das Ziel der Schaffung von Arbeits- und Ausbildungsplätzen sollen die Abwanderung insbesondere der jungen Generation beendet und Auspendler am Ort beschäftigt werden. Gerade weil Betrachtungsmaßstab die nähere Region ist, kann das Bedürfnis nach Arbeitsplätzen in der Tat nicht einfach mit der Erwägung verneint werden, die Menschen könnten ja pendeln oder gar woanders hinziehen. Ein derartiges „Ausblutenlassen" einzelner Regionen stünde auch mit der nach dem GG anzustrebenden Gleichheit der Lebensverhältnisse im Widerspruch. Hier wird auch deutlich, dass keineswegs die Arbeitslosenquote der jeweiligen Region allein ausschlaggebend ist. Nicht nur die Zahl der Arbeitsplätze, deren Entstehung durch eine Enteignung ermöglicht werden soll, sondern auch ihre voraussichtliche Krisenfestigkeit ist von Bedeutung. Ferner läßt sich bezüglich der „Qualität" der Arbeitsplätze sagen, dass ein höheres Qualifikationsniveau fordernde und besser bezahlte Arbeitsplätze *im allgemeinen* höher zu bewerten sind als solche für Hilfsarbeiter. Im Einzelfall maßgebend ist allerdings vor allem das gegenwärtige und in Zukunft zu erwartende Nachfrageprofil nach Arbeitsplätzen. Als Extremfall formuliert: stimmen die angebotenen Arbeitsplätze mit den nachgefragten so wenig überein, dass sie jedenfalls mit Leuten aus der betreffenden Region gar nicht zügig besetzt werden können, so nutzt dies unmittelbar wenig. Der Arbeitsmarkt ist also nicht nur regional begrenzt, sondern auch branchen- bzw. berufsspezifisch zu betrachten.
Unbestritten ist die regionale Arbeitsplatzsituation demnach von erheblicher Bedeutung für die Zulässigkeit einer Enteignung. Verfehlt wäre es allerdings, die Schaffung und Erhaltung von Arbeitsplätzen als Enteignungszweck auf extrem strukturschwache Regionen zu begrenzen oder gar eine akute krisenhafte, von Einbrüchen in der Wirtschaftsstruktur begleitete Entwicklung vorauszusetzen. Dafür gibt es in der Verfassung weder in Art.14 Abs.3 GG noch sonstwo irgendwelche Anhaltspunkte. Der in diesem Zusammenhang genannte § 1 Abs.2 des Gesetzes über die Gemeinschaftsaufgabe „Verbesserung der Agrarstruktur und des Küstenschutzes" mit seinen restriktiven Bedingungen für die finanzielle Förderung bestimmter strukturschwacher Gebiete kann hier nicht im Sinne eines „Erst-recht-Schlusses" zur Begründung noch restriktiverer Voraussetzungen für eine privatbegünstigende Enteignung zur Arbeitsplatzschaffung bzw. –erhaltung herangezogen werden. Staatliche regionale Strukturförderung, die nicht nach dem „Gießkannenprinzip" über sämtliche Regionen verteilt, sondern auf besonders strukturschwache Gebiete konzentriert werden soll und eine stets auf den Einzelfall bezogene Enteignung sind überhaupt nicht vergleichbar. Bei der Enteignung zugunsten eines privaten Unternehmens wird dieses im übrigen keineswegs subventioniert, vielmehr wird ihm nur der Erwerb von Grund und Boden zu zumutbaren Preisen ermöglicht. Es darf nicht übersehen werden, dass es von der Verkaufsbereitschaft der Grundeigentümer und damit aus der Sicht des ansiedlungs- oder expansionswilligen Unternehmens letztlich vom Zufall abhängt, ob es den erforderlichen Grund und Boden im Wege des freihändigen Erwerbs oder aber nur durch Enteignung erhält. Damit ist die Charakterisierung

der Enteignung als „Förderung“ eines Unternehmens nicht vereinbar. Es vermag auch nicht zu überzeugen, die Zulässigkeit einer Enteignung von einer akuten krisenhaften Entwicklung und damit von einer Verschlechterung der Arbeitsmarktsituation abhängig zu machen. Denn zum einen kann in einer seit jeher strukturschwachen Region die Schaffung von Arbeitsplätzen dringender sein als in einer bislang starken, wenngleich sich auch krisenhaft entwickelnden Region. Zum anderen erscheint es nicht als sinnvoll, bei einer vorhersehbar negativen Entwicklung abwarten zu müssen, bis diese das Stadium der akuten Krise erreicht hat. Maßgebend kann immer nur die gegenwärtige und künftig zu erwartende Situation sein, nicht aber eine Entwicklung als solche. Andernfalls würde es allein eine Art „Bestandsschutz“ geben: enteignet werden darf zwar, um die Zahl der Arbeitsplätze auf einem – und sei es auch hohen – Ausgangsniveau zu halten, nicht aber, um die vorhandene Zahl der Arbeitsplätze – und seien dies noch so wenige - zu erhöhen.
Im übrigen muss die Enteignung als Grundrechtseingriff natürlich dem Grundsatz der Verhältnismäßigkeit entsprechen. Ob die Verhältnismäßigkeitsprüfung im Rahmen der Prüfung des Wohls der Allgemeinheit zu erfolgen hat[478] oder aber der Verhältnismäßigkeitsgrundsatz getrennt vom Wohl der Allgemeinheit zu prüfen ist[479], ist inhaltlich ohne Belang und kann daher auf sich beruhen. Die Geeignetheit einer mittels Enteignung geförderten Unternehmensansiedlung zur Schaffung von Arbeitsplätzen in der entsprechenden Region dürfte in der Regel unproblematisch sein. Die Prüfung der Verhältnismäßigkeit im engeren Sinne erübrigt sich meines Erachtens aufgrund der höhere Anforderungen stellenden einzelfallbezogenen Abwägung. Eine nicht zu unterschätzende Hürde stellt die Erforderlichkeit der Enteignung für die Arbeitsplatzschaffung dar. Denn dabei genügt es nicht, dass das Unternehmen das Land für den geplanten Standort nicht freihändig erwerben kann; vielmehr müssen alternative Standorte in der jeweiligen Gemeinde bzw. Region geprüft werden. Sofern es um die Erweiterung oder den Ausbau bestehender Unternehmen geht, wird oft nur ein sehr begrenztes Gebiet in unmittelbarer Nähe zum „Stammwerk“ betriebswirtschaftlich sinnvoll und damit letztlich arbeitsplatzfördernd sein. Anders ist dies jedoch bei kompletten Neuansiedlungen. Es darf auch nicht verkannt werden, dass der vertragliche Landerwerb regelmäßig der schnellste und kostengünstigste Weg zur Erlangung der für ein arbeitsplatzschaffendes Vorhaben benötigten Flächen ist und staatliche Zwangsmittel zur Erlangung der benötigten Flächen aufgrund des erwarteten Ansehensverlustes in der Bevölkerung nur ungern in Anspruch genommen werden. Schließlich übt bereits die Möglichkeit einer Enteignung einen erheblichen Druck auf die Kaufverhandlungen aus[480]. Somit besteht also

---

[478] von Brünneck, NVwZ 1986, 425 (429); Bryde in von Münch Art.14 Rn 83.
[479] BVerfGE 24, 367 (404); Kimminich in BK Art.14 Rn 277; Papier in Maunz / Dürig Art.14 Rn 507.
[480] Schmidbauer S.48 .

aus tatsächlichen und rechtlichen Gründen die Gewähr, dass eine Enteignung ultima ratio in Ausnahmefällen ist.
Im Ergebnis kommt eine Enteignung mit dem Zweck der Arbeitsplatzschaffung in erster Linie für Großunternehmen in Betracht. Das folgt unter anderem aus der großen Zahl an Arbeitsplätzen, die solche Unternehmen im konkreten Fall schaffen und die in der Abwägung eine starke Bedeutung besitzt. Außerdem kann ein kleines Unternehmen seine relativ geringe benötigte Fläche wesentlich leichter freihändig erwerben – ist ein solcher Erwerb zu zumutbaren Bedingungen möglich, so ist eine Enteignung nicht nur entbehrlich, vielmehr wäre sie wegen Verstoßes gegen das Verhältnismäßigkeitsprinzip sogar rechtswidrig.

5. Die dauerhafte Sicherung der Allgemeinwohlbindung

5.1 Auffassungen in der Literatur und eigene Auffassung

In den vorstehenden Ausführungen ist noch keine Erörterung darüber erfolgt, inwiefern die Allgemeinwohlbindung dauerhaft gesichert werden muss, mit welchen Mitteln dies gegebenenfalls geschehen kann und welche Folgen es nach sich zieht, wenn der eigentlich mit der Enteignung verfolgte Zweck nicht mehr gewährleistet ist.
Nach allgemeiner Auffassung rechtfertigt der dem allgemeinen Wohl entsprechende Enteignungszweck eine Enteignung in der Regel nur, wenn er auch tatsächlich dauerhaft realisiert wird[481]. Im Falle der privatbegünstigenden Enteignung besteht die Gefahr, dass das entsprechende Unternehmen sämtliche oder jedenfalls einen Teil der Arbeitsplätze, die ja gerade Zweck der Enteignung waren, abbaut – sei es, dass dies aufgrund der schlechten wirtschaftlichen Situation oder gar wegen Insolvenz des Unternehmens unumgänglich ist, sei es, dass das Unternehmen ohne „akute Not“ zur Gewinnmaximierung Arbeitsplätze abbaut oder gar den Standort verlagert.
Es leuchtet ohne weiteres ein, dass zum Zeitpunkt der Enteignungsentscheidung eine Prognose bezüglich der Leistungsfähigkeit des Begünstigten im Hinblick auf die dauerhafte Verwirklichung des Enteignungszweckes zu erfolgen hat. Nicht nur die derzeitige wirtschaftliche Leistungsfähigkeit des Investors ist entscheidend, sondern auch die voraussichtliche künftige Entwicklung eines Unternehmens. Auf diesen Gesichtspunkt ist auch das Bundesverwaltungsgericht in der Boxberg-Entscheidung mit der Bemerkung eingegangen, die Wirtschaftskraft der Daimler-Benz AG biete die Gewähr dafür, dass die Gemeinwohlziele durch die plankonforme Errichtung der Teststrecke und ihren dauerhaften Betrieb tatsächlich erreicht würden. Hervorzuheben ist allerdings, dass die Progno-

[481] Bullinger, Der Staat 1 (1962), 449 (457): „Ein nur vorübergehendes Allgemeininteresse kann nicht einen dauernden Eingriff in das Vermögen eines Privaten rechtfertigen.“; Jackisch S.162; Uerpmann S.119.

se nicht ausschließlich anhand der jeweiligen gegenwärtigen Wirtschaftskraft des entsprechenden Unternehmens erfolgen darf, sondern nach Möglichkeit auch die zu erwartende Entwicklung der Branche im allgemeinen und des konkreten Betriebes im besonderen einzubeziehen ist. Zwar werden gerade große Investitionen in der Regel nicht leichtfertig getätigt – dies heißt jedoch nicht, dass sich die Verwaltung einfach auf die Prognose des Unternehmens verlassen darf, gibt es doch auch unternehmerische Fehlentscheidungen mit der Folge von Fehlinvestitionen. Selbstverständlich lässt sich auch durch eine äußerst sorgfältige Prognose nicht ausschließen, dass ein enteignungsbegünstigtes Unternehmen nicht irgendwann doch bankrott geht; sehr wohl aber kann das entsprechende Risiko minimiert werden.

Eine Verpflichtung zur Schaffung einer bestimmten Zahl dauerhafter Arbeitsplätze garantiert ebensowenig wie eine solche zur Zahlung von Geldbeträgen, dass dem entsprechenden Unternehmen die Einhaltung dieser Verpflichtung faktisch möglich ist. Ist dies nicht der Fall, kommt eine Rückübereignung in Betracht – wodurch freilich der Enteignungszweck nicht realisiert wird. Anders ist die Situation, wenn das Unternehmen zwar die „zugesagte" Anzahl an Arbeitsplätzen einrichten bzw. aufrechterhalten könnte, dies aber – etwa aus Gründen der Gewinnmaximierung – nicht tut. Dann stellt sich die Frage, inwiefern der „freie Wille des neuen Eigentümers als Unsicherheitsfaktor"[482] durch rechtliche Sicherungen ausgeschaltet werden kann und muss.

Trotz der dargelegten Unwägbarkeiten bei der Begünstigung Privater, die nicht bestimmter mit dem Wohl der Allgemeinheit verbundenen Aufgaben verpflichtet sind, wird ein spezielles Sicherungsbedürfnis teilweise verneint.

Gerhardt erachtet inhaltliche Bindungen zur Sicherung des Enteignungszwecks insbesondere bei Unternehmen als geradezu sinnwidrig, da ein Privatunternehmen durch die Enteignung begünstigt werde, damit seine Wirtschaftskraft der Region zugute komme - die Wirtschaftskraft aber resultiere aus der guten Behauptung im Wettbewerb, das Unternehmen müsse sich also so privatnützig wie möglich und damit erfolgreich verhalten[483]. Vor allem bei industriellen Großprojekten bestehe hinreichende Sicherheit, da Investitionen in Millionenhöhe nicht leichtfertig getätigt würden[484]. Unter Hinweis auf die Maßgeblichkeit des Enteignungszweckes und nicht des Begünstigten bezweifelt er ganz grundsätzlich, dass es überhaupt relevante Unterschiede zwischen Enteignungen zugunsten der öffentlichen Hand und solchen zugunsten Privater gebe. Die Grenze zwischen Trägern öffentlicher Verwaltung und privatrechtlich Organisierten sei keineswegs klar zu ziehen, zudem sei die Formenwahl regelmäßig nicht auf das Enteignungsrecht bezogen[485].

---

[482] Schmidbauer S.202 .
[483] Gerhardt in Festschrift für Zeidler Bd.II S. 1663 (1667).
[484] A.a.O. S.1673 .
[485] a.a.O. S. 1667.

Bahls hält eine Sicherung des Allgemeininteresses nur bei „ideellen Teilenteignungen" wie der Einsenkung von Leitungsrohren in den Erdboden oder der Überspannung von Grundstücken mit Stromkabeln für entbehrlich, bei Vollenteignungen von Grund und Boden hingegen nicht[486].
Nach überwiegender Auffassung sind zumindest im Falle von privatbegünstigenden Enteignungen, bei denen sich der Nutzen für das Allgemeinwohl nicht aus dem Unternehmensgegenstand selbst ergibt, besondere Sicherungen dieses Allgemeinwohlnutzens notwendig[487]. Die Parallelität von Allgemein- und Privatinteressen im Enteignungszeitpunkt schließe nicht aus, dass es später zu einer Auseinanderentwicklung der Interessenlagen komme[488]. Privatunternehmen böten aufgrund ihrer Gewinnorientierung keine hinreichende Gewähr für die Verwendung des Enteignungsobjekts im öffentlichen Interesse[489].
Das Erfordernis eines speziellen Sicherungsbedürfnisses hängt untrennbar damit zusammen, ob es wesentliche Unterschiede zwischen Enteignungen zugunsten von Hoheitsträgern und solchen zugunsten von Privaten gibt, deren Tätigkeit nur mittelbar dem Allgemeinwohl nützt. Ein relevanter Unterschied ist darin zu sehen, dass Hoheitsträger im Unterschied zu Privaten zur Erfüllung bestimmter staatlicher Aufgaben verpflichtet sind. Bei privaten Unternehmen besteht immer die Gefahr, dass sie in erster Linie ihre eigenen Interessen und nicht das allgemeine Wohl in dem angestrebten Umfang verfolgen, sobald beides nicht mehr vollständig konform geht. Natürlich kann ein Unternehmen nur dann Arbeitsplätze schaffen, wenn es ihm wirtschaftlich gut geht und dementsprechend steht hinter der privatbegünstigenden Enteignung der Gedanke, privates Streben nach wirtschaftlichem Erfolg dem Wohl der Allgemeinheit dienlich zu machen. Daher kann es auch keinesfalls um eine „Knebelung" der enteignungsbegünstigten Unternehmen durch detaillierte Handlungsanweisungen gehen. Gerhardt übersieht indes, dass die solide wirtschaftliche Basis eines Unternehmens zwar notwendige, nicht aber unbedingt hinreichende Bedingung für die dauerhafte Realisierung des allgemeinen Wohls und speziell des Entstehens dauerhafter Arbeitsplätze im gewünschten Umfang ist. Auch hohe Investitionen garantieren keinen dauerhaften Nutzen für das Allgemeinwohl – sollten sie sich als Fehlinvestitio-

---

486 Bahls, DVBl. 1972, 446 (452). Er begründet die fehlende Notwendigkeit der Sicherung des Allgemeininteresses bei „ideellen Teilenteignungen" mit der Identität des Privatinteresses an einer möglichst wirtschaftlichen Nutzung und dem Enteignungszweck. Eine entsprechende Teilenteignung zur Verlegung von Erdölleitungen komme aus den Gesichtspunkten der Änderung der regionalen Wirtschaftsstruktur von der Agrarwirtschaft zur Industrialisierung sowie der Verbesserung der Regionalwirtschaft durch Schaffung neuer Arbeitsplätze für den Regionalraum in Betracht.

487 BVerfGE 74, 264 (287, 296); BVerwGE 71, 108 (131);); Bullinger, Der Staat 1 (1962), 449 (475, 477); Frenzel S. 127 ff.; Breuer, DVBl. 1981, 971 (975); von Brünneck, NVwZ 1986, 425 (430); Gramlich, JZ 1986, 269 (276); Dörr, NJW 1988, 1049 (1053); Schmidbauer S.171; Uerpmann S.119; Papier in Maunz / Dürig, Art.14 Rn 579.

488 Gramlich, JZ 1986, 269 (276); Uerpmann S.119.

489 Bullinger, Der Staat 1 (1962), 449 (447); Frenzel S.128.

nen erweisen, so kann ein Unternehmer sogar zur Schließung eines Werkes gewillt sein, um die Verluste zu begrenzen.

5.2 Mögliche Sicherungsmittel

Sicherungsmittel im weiteren Sinne ist die „Rückübereignung“, also das Rükkerwerbsrecht des zuvor Enteigneten im Falle der Zweckentfremdung des Enteignungsgegenstandes. Nach der Rechtsprechung des Bundesverfassungsgerichtes ergibt es sich direkt aus Art.14 Abs.3 GG, besteht also auch ohne explizite gesetzliche Grundlage[490]. Das entspricht mittlerweile allgemeiner Auffassung[491]. Findet eine Rückübertragung des Eigentums tatsächlich statt, weil das durch die Enteignung intendierte dem allgemeinen Wohl dienende Vorhaben nicht verwirklicht wurde, so bedeutet dies allerdings nur die Wiederherstellung eines verfassungsmäßigen Zustandes und gerade keine Durchsetzung des eigentlich bezweckten Zieles. Man darf jedoch die präventive Wirkung einer möglichen Rückübertragung nicht übersehen, die ja einen nicht unerheblichen Druck auf den Begünstigten ausübt, den Enteignungszweck zu verwirklichen[492]. Die Rückübereignung kommt indes – ebenso wie ein Widerruf, sofern man diesen bei Enteignungen überhaupt für möglich erachtet – in der Regel nur dann in Frage, wenn der Enteignungszweck überhaupt nicht oder nicht mehr realisiert wird, nicht hingegen, wenn er lediglich nicht ordnungsgemäß realisiert wird. Bezogen auf die Enteignung zum Zweck der Schaffung von Arbeitsplätzen bedeutet das: Rückübereignung und Widerruf kommen regelmäßig nur dann in Betracht, wenn das begünstigte Unternehmen kein Werk baut und somit keine Arbeitsplätze schafft oder das gebaute Werk wieder schließt, nicht hingegen, wenn die angekündigte Zahl an Arbeitsplätzen nicht erreicht wird oder später wieder Arbeitsplätze abgebaut werden. Dann wäre die Wiederherstellung des ursprünglichen Zustands nicht mehr durch schlichte Rückabwicklung erreichbar und die Rückübereignung unzumutbar[493]. Ist beispielsweise eine Teststrecke für Kraftfahrzeuge gebaut worden, so wäre die Entfernung derselben mit enormen Kosten verbunden; ein Landwirt als früherer Eigentümer dürfte für sein ehemaliges und nunmehr mit KFZ-Teststrecke versehenes Grundstück keine sinnvolle Verwendung mehr haben.

Weiterhin sind als Sicherungsmittel Nebenbestimmungen zum enteignenden Verwaltungsakt denkbar. Ob und welche Nebenbestimmungen zur Sicherung

---

[490] BVerfGE 38, 175 ff.

[491] BVerwG, NVwZ 1990, 758 (759); OLG Hamm, NVwZ 1990, 299; Frenzel S.129; Schmidbauer S.283; Bryde in von Münch Art.14 Rn 86; Jarass/Pieroth Art.14 Rn 60; Kimminich in BK Art.14 Rn 403 ff.; Papier in Maunz / Dürig, Art.14 Rn 591; Rittstieg in Alternativkommentar Art.14 / 15 Rn 232.

[492] Frenzel S.129.

[493] zum Widerruf Schmidbauer S.243 ff.; zu den Grenzen des Rückübereignungsanspruchs ders. S.285.

des Enteignungszwecks zulässig sind, ist indes nach wie vor nicht allgemein geklärt[494].

Schließlich sind öffentlich-rechtliche Verträge als Sicherungsmittel denkbar. Im Zusammenhang mit dem geplanten Bau der Boxberg-Teststrecke haben die Gemeinden Assamstadt und Boxberg, die Daimler-Benz AG sowie das Land Baden-Württemberg unter dem Einfluss entsprechender Hinweise durch das Bundesverwaltungsgericht eine zwecksichernde Planvereinbarung abgeschlossen, über deren öffentlich-rechtlichen Charakter zwischen den mit dem Fall befassten Gerichten Einigkeit bestand. In dieser Vereinbarung hat sich die Daimler-Benz AG unter anderem verpflichtet, die Flächen für den Bau und Betrieb des Prüfgeländes entsprechend den Festsetzungen der Bebauungspläne auf Dauer zu nutzen und innerhalb von 10 Jahren nach Baubeginn auf dem Prüfgelände und im Rahmen der von Daimler-Benz veranlassten Ansiedlung oder Erweiterung von Betrieben auf Dauer insgesamt 900 bis 1000 Arbeitsplätze zu schaffen. Die Vereinbarung dinglicher oder anderer Sicherheiten für die Erfüllung der eingegangenen Verpflichtungen erschien den Vetragsparteien verzichtbar, da auch aus einem öffentlich-rechtlichen Vertrag auf Erfüllung geklagt werden und ein daraufhin ergangenes Urteil im Wege der Zwangsvollstreckung durchgesetzt werden kann[495]. Jedenfalls können indes auch Abreden über Bürgschaften, Vertragsstrafen, Sicherheitsleistungen etc. Gegenstand öffentlich-rechtlicher Verträge sein.

6. Gesetzliche Grundlage für Enteignungen zur Schaffung von Arbeitsplätzen

Gemäß Art.14 Abs.3 S.2 GG darf eine Enteignung nur durch Gesetz oder auf Grund eines Gesetzes erfolgen. Diesen ausdrücklich normierten Gesetzesvorbehalt interpretiert das Bundesverfassungsgericht so, dass es nach dem Sinn und Kompetenzgefüge des Grundgesetzes allein dem parlamentarisch-demokratischen Gesetzgeber vorbehalten sei, aus dem vielfältigen Bereich der Allgemeinwohlaufgaben diejenigen auszuwählen, für die eine zwangsweise Enteignung möglich ist. Der Gesetzgeber müsse festlegen, für welche Vorhaben unter welchen Voraussetzungen und für welche Zwecke eine Enteignung zulässig sein soll[496].

Könne sich der Nutzen für das allgemeine Wohl nur als mittelbare Folge privater Unternehmenstätigkeit ergeben, seien besondere Anforderungen an die gesetzliche Konkretisierung des Enteignungszwecks zu stellen und das entspre-

---

494 Insofern hat sich an der durch Frenzel (S.129 f.)Ende der 70er Jahre geschilderten Situation nichts geändert. Verwiesen sei an dieser Stelle auf die Ausführungen Schmidbauers zu den Nebenbestimmungen und anderen denkbaren Sicherungsmitteln.

495 Schmidbauer S.210/211.

496 BVerfGE 24, 367 (403 f); 38, 175 (180); NJW 1981, 1257 (1257) – Bad Dürkheimer Gondelbahn; NJW 1987, 1251 (1253) – Teststrecke Boxberg.

chende Gesetz müsse hinreichende Regelungen zur dauerhaften Sicherung des Enteignungszwecks enthalten[497].
Papier erblickt in der verlangten gesetzlichen Spezifizierung der Enteignungszwecke eine Überdehnung des Gesetzesvorbehalts. Der Gesetzgeber besitze bezüglich dem Wohl der Allgemeinheit als Enteignungsvoraussetzung keine Interpretations- oder Konkretisierungsprärogative[498]. Schmidbauer betont, dass es sich bei der gesetzlichen Fixierung des Enteignungszwecks und inhaltlicher Vorgaben – deren Notwendigkeit er durchaus anerkennt – stets nur um abstrakte Bestimmungen genereller Ziele handeln könne[499].
Festzuhalten ist, dass das Wohl der Allgemeinheit den verfassungsrechtlichen Rahmen einer jeden Enteignung absteckt und der Gesetzgeber selbstverständlich daran gebunden ist, diesen Begriff also nicht selbst definieren darf. Innerhalb dieses Rahmens aber kann der Gesetzgeber die öffentlichen Interessen, die nach seinem Willen eine Enteignung abstrakt zu rechtfertigen vermögen, festlegen und muss dies im Hinblick auf den Gesetzesvorbehalt des Art.14 Abs.3 S.2 GG und das rechtsstaatliche Bestimmtheitsgebot für Gesetze[500] auch in gewissem Umfang. Ob sich die abstrakt normierten öffentlichen Interessen im jeweiligen konkreten Fall tatsächlich durchsetzen, ist eine Frage der durch den Begriff des Allgemeinwohls geforderten Einzelfallabwägung. Sofern sich Enteignungsgesetze in der Generalklausel erschöpfen, dass eine Enteignung zum Wohle der Allgemeinheit zulässig sei, wiederholen sie nur den Verfassungstext. Angesichts dieser Unbestimmtheit mit der Folge kaum begrenzter Enteignungsbefugnisse durch die Verwaltung, die letztlich nichts anderes als einen Verzicht des parlamentarischen Gesetzgebers auf seine Leitungs- und Lenkungsfunktion bedeutet, ist die Verfassungsmäßigkeit derartiger Gesetze zu Recht in Frage gestellt worden[501].
Ein Gesetz, das ausdrücklich eine Enteignung zum Zwecke der Verbesserung regionaler Wirtschaftsstruktur und der Schaffung von Arbeitsplätzen gestattet, existiert nicht. Damit stellt sich die Frage, ob sich die Arbeitsplatzschaffung als möglicher Enteignungszweck nicht auf ein sonstiges Gesetz stützen lässt. Im Falle der Teststrecke Boxberg haben sich Bundesverwaltungs- und Bundesverfassungsgericht mit § 85 Abs.1 Nr.1 BauGB (damals BBauG) auseinandergesetzt, demzufolge nach dem BauGB (damals BBauG) enteignet werden kann, um entsprechend den Festsetzungen des Bebauungsplans ein Grundstück zu nutzen oder eine solche Nutzung vorzubereiten. Das KFZ-Prüfgelände wurde nach § 11 Abs.1 BauNVO als „sonstiges Sondergebiet" ausgewiesen und die Gültigkeit des Bebauungsplanes in einem Normenkontrollverfahren festgestellt[502].

[497] BVerfG NJW 1987, 1251 (1253).
[498] Papier, JZ 1987, 619 (620).
[499] Schmidbauer S.60 ff.
[500] vgl. z.B Schnapp in von Münch Art.20 Rn 25 mwN.
[501] Vgl. z.B. Obermayer, BayVBl. 1971, 209 (211) mwN; Werner, VBlBW 1998, 323 (325).
[502] VGH BaWü , ESVGH 33, 21.

Während das Bundesverwaltungsgericht darin eine hinreichende Grundlage für die Enteignung erblickte, wurde dies vom Bundesverfassungsgericht verneint. Letzteres stellt zunächst fest, dass die Bebauungspläne schon mangels Gesetzesqualität als gesetzliche Grundlage außer Betracht bleiben und verweist anschließend zur Begründung vor allem darauf, dass die Bauleitplanung zwar die von der Planung berührten öffentlichen und privaten Belange gerecht abzuwägen habe (vgl. § 1 Abs.7 BauGB / § 1 Abs.6 BauGB a.F.), nicht aber an die für die Zulässigkeit der Enteignung geltenden Grundsätze gebunden sei. Für eine Enteignung reiche gerade nicht jedes beliebige öffentliche Interesse aus, die Erwähnung der unterschiedlichen Belange in § 1 Abs.6 BauGB habe ausschließlich planungs- und keine enteignungsrechtliche Bedeutung[503]. Auch aus dem nach § 9 BauGB in Verbindung mit den Vorschriften der Baunutzungsverordnung möglichen Inhalt eines Bebauungsplanes ergebe sich keine – für eine rechtmäßige Enteignung erforderliche - nähere gesetzliche Umschreibung des Allgemeinwohls, ebensowenig konkretisiere der Begriff „städtebauliche Maßnahme" in §§ 144 f. BauGB enteignungsrechtliche Gemeinwohlbelange. Schließlich ließen §§ 85 ff. BauGB nicht darauf schließen, dass der Zweck „Förderung der regionalen Wirtschaftsstruktur" im Baugesetzbuch (damals Bundesbaugesetz) verankert sei. Da sich der Begriff „Wohl der Allgemeinheit" in § 87 Abs.1 BauGB an den entsprechenden Begriff in Art.14 Abs.3 S.1 GG anlehne, gebe diese Vorschrift für die konkreten Grenzen der Enteignungsbefugnisse nichts her. Im übrigen zeige auch das Fehlen von Regelungen über die für eine Enteignung zwecks Verbesserung der Wirtschaftsstruktur und Schaffung von Arbeitsplätzen notwendigen Voraussetzungen und das Verfahren ihrer Ermittlung, dass das BauGB keine Enteignung zu diesem Zweck regelt[504]. Hinter den Ausführungen des Bundesverfassungsgerichtes steht die Überlegung, dass ein Gemeinderat bei der planakzessorischen Enteignung nicht über die Aufstellung eines Bebauungsplanes zugleich die Enteignungszwecke festlegen darf. Das Gericht geht allerdings nicht so weit, § 85 Abs.1 Nr.1 BauGB wegen mangelnder gesetzlicher Konkretisierung der Enteignungszwecke für verfassungswidrig zu erklären – vielmehr erfolgt eine restriktive Auslegung: Voraussetzung für die Anwendbarkeit der §§ 85 ff. BauGB sei nicht nur das Ziel der Durchsetzung irgendwelcher städtebaulicher Belange, vielmehr wird zwischen rein städtebaulichen Belangen und der Verwirklichung beliebiger Maßnahmen mit städtebaulicher Relevanz unterschieden. Ein Bebauungsplan kann demnach Enteignungsgrundlage nur für rein städtebauliche Belange sein. Da gerade die Ortsbezogenheit und die Ausrichtung auf die jeweils innerhalb der Gemeinde wahrzunehmende Aufgabe kennzeichnend für den „rein städtebaulichen Charakter" des mit einer Enteignung verfolgbaren Belanges ist, scheiden Enteignungen nach §§ 85 ff. BauGB bei überörtli-

[503] BVerfG NJW 1987, 1251 (1253).
[504] BVerfG NJW 1987, 1251 (1254).

cher Zielrichtung des Planungsvorhabens – wie die Mercedes-Teststrecke - aus[505].

Papier hat eine solche Differenzierung zwischen Bebauungsplänen mit einer unmittelbar städtebaulichen und daher enteignungsrechtlich vollziehbaren Zielsetzung und solchen mit primär nicht-bodenrechtlicher Zweckrichtung bei mittelbarer städtebaulicher Relevanz zu Recht als erheblichen Unsicherheitsfaktor und praktisch undurchführbar bezeichnet. Das Bundesverfassungsgericht berücksichtige nicht hinreichend, dass Bebauungspläne vielfach aufgestellt werden, weil außer-bodenrechtliche Belange - wie hier die Verbesserung der Wirtschaftsstruktur und die Schaffung von Arbeitsplätzen - für bestimmte Vorhaben streiten, diese Vorhaben aber zur Ordnung der städtebaulichen Entwicklung in eine raumplanerische Abwägungsentscheidung einfließen müssen. Durch diese Einbettung werde der städtebauliche Bezug auch solcher Ziele hergestellt, die bei isolierter Betrachtung keine spezifisch bodenrechtliche Ausrichtung aufwiesen[506].

Brugger weist darauf hin, dass auch bei Eingriffen in Grundrechte der parlamentarische Gesetzgeber nicht möglichst viele Regelungen möglichst detailliert zu treffen habe, sondern im Rahmen des Gewaltenteilungsprinzips eine funktionelle Optimierung der Erledigung von Staatsaufgaben anzustreben sei, was eine Berücksichtigung der Eigenart des betreffenden Regelungsgebietes erfordere[507]. Dieser optimierenden statt maximierenden Version der Wesentlichkeitstheorie folge auch das Bundesverfassungsgericht, das in seinem Urteil zur Raketenstationierung ausführt: „Staatliche Entscheidungen (sollen) möglichst richtig, d.h. von den Organen getroffen werden, die dafür nach ihrer Organisation, Zusammensetzung, Funktion und Verfahrensweise über die besten Voraussetzungen (zur Lösung von Gemeinwohlaufgaben) verfügen"[508]. Im Hinblick auf die Eigenart der Bauleitplanung müsse der Gesetzgeber hier die „enteignungsrelevanten Planungsziele" nicht spezifisch festlegen. Es sei nicht bedenklich, der planenden Gemeinde als sachnächstem Entscheidungsträger Planungsentscheidungen zu übertragen, die Auswirkungen auf - gesondert zu prüfende - Enteignungsfragen haben[509]. Somit sind die §§ 85 ff. BauGB nicht nur nicht verfassungswidrig, auch ihre vom Bundesverfassungsgericht vorgenommene restriktive Interpretation erscheint nicht angebracht. Demnach lässt sich eine Enteignung zur lokalen Arbeitsplatzbeschaffung und Strukturverbesserung durchaus auf §

---

[505] Brügelmann § 85 Rn 8.

[506] Papier, JZ 1987, 619 (620 f.); ähnlich auch Runkel in Ernst / Zinkahn / Bielenberg § 85 Rn 24.

[507] Brugger, ZfBR 1987, 60 (61).

[508] BVerfGE 68, 1 (86).

[509] Brugger, ZfBR 1987, 60 (63); Runkel in Ernst / Zinkahn / Bielenberg § 85 Rn 24 weist darauf hin, dass der Gesetzgeber nur schwer in der Lage wäre, die im Rahmen des Städtebaus mitverfolgten Enteignungszwecke als Teilsumme der Festsetzungsmöglichkeiten nach § 9 Abs.1 bis 3 BauGB im einzelnen zu bestimmen.

85 Abs.1 Nr.1 BauGB stützen, sofern das zu diesem Zweck angestrebte Vorhaben in einem gültigen Bebauungsplan ausgewiesen ist und die übrigen Enteignungsvoraussetzungen vorliegen.
Diese Ausführungen sind überzeugend. Der städtebaulichen Enteignung nach §§ 85 ff. BauGB liegt eine dreistufige Gemeinwohlkonkretisierung zugrunde. Die zulässigen Enteignungszwecke sind vom parlamentarischen Gesetzgeber durch § 85 Abs.1 Nr.1 BauGB festgelegt worden. Demnach ist die Ermöglichung der Nutzung eines Grundstücks entsprechend den Festsetzungen des Bebaungsplanes ein zulässiger Enteignungszweck. Dies bedeutet keineswegs eine Beliebigkeit der Enteignungszwecke, da das Baugesetzbuch und das ergänzende Landesrecht durch ihre Anforderungen an die Aufstellung und den Inhalt von Bebauungsplänen die zulässigen Enteignungszwecke begrenzen. Die weitere Gemeinwohlkonkretisierung erfolgt durch die Gemeinde bei der Aufstellung des Bebauungsplans. Angesichts der durch Art. 28 Abs. 2 S. 1 GG intendierten planerischen Gestaltungsbefugnis der Gemeinde[510] ist das keineswegs ein problematischer und nur notgedrungen hinzunehmender Zustand. Schließlich muss die Enteignungsbehörde darüber befinden, ob die Gemeinwohlziele solches Gewicht haben, dass sie aus Gründen des durch Abwägung zu bestimmenden allgemeinen Wohls erforderlich sind und damit eine Enteignung nach § 87 Abs.1 BauGB und Art. 14 Abs.3 GG rechtfertigen[511]. Brugger hat zu Recht darauf hingewiesen, dass es in der Bauleitplanung im Gegensatz zur Fachplanung regelmäßig um noch nicht spezifizierte Vorhaben mit parlamentarisch noch nicht absehbarer Enteignungsrelevanz geht und damit auch eine den Fachplanungsgesetzen[512] vergleichbare ausdrückliche gesetzliche Festlegung derjenigen Planungsziele, die grundsätzlich eine Enteignung zu rechtfertigen vermögen, weder sinnvoll möglich noch geboten ist[513].
Damit die Entscheidung über eine Enteignung die drei genannten „Filter" auch tatsächlich durchläuft, darf allerdings - wie dies offenbar in der Praxis häufig gehandhabt wird[514] - eine Enteignung auf keinen Fall schon dann als zulässig erachtet werden, wenn sie der Durchführung eines städtebaulichen Planes dient. Denn dadurch wird das in Art.14 Abs.3 GG mit Verfassungsrang ausgestattete und in § 87 Abs.1 BauGB einfachgesetzlich übernommene Allgemeinwohlerfordernis bei planakzessorischen Enteignungen nach dem Baugesetzbuch faktisch zu einer bloßen, ihrer selbstständigen Bedeutung beraubten Floskel. Eine Enteignung ist nur dann zum Wohl der Allgemeinheit - im hier erörterten Zusammenhang also zur Schaffung oder Erhaltung von Arbeitsplätzen - erforderlich und der Enteignungszweck auf andere zumutbare Weise nicht zu erreichen

---

[510] BVerfGE 56, 298 (312 ff.); Berkemann § 87 Rn 20.
[511] Brugger, ZfBR 1987, 60 (62); Schmidt-Aßmann, NJW 1987, 1587 (1589); Dolde in Festschrift für Sendler S.225 (234 f.).
[512] Vgl. §§ 19 FStrG, 31 PBefG, 37 BBahnG, 28 LuftVG.
[513] Brugger, ZfBR 1987, 60 (63).
[514] Korbmacher, DÖV 1982, 517 (519).

(§ 87 Abs.1 BauGB), wenn mögliche Alternativstandorte und auch Alternativbetriebe in die Erwägungen einbezogen werden. Sonst nämlich wären die Abwägung und die Frage der Erforderlichkeit der Enteignung unzulässig verkürzt. Denn maßgeblich ist die Schaffung und Erhaltung von Arbeitsplätzen in einer Gemeinde oder Region und nicht so sehr, wo genau innerhalb der Gemeinde oder Region diese Arbeitsplätze entstehen. Und es kommt auf die Zahl und die Qualität der Arbeitsplätze an; durch welches Unternehmen diese geschaffen werden, ist hingegen für sich genommen nicht entscheidend - wenngleich dies mit der Zahl und Qualität der Arbeitsplätze freilich zusammenhängt und daher mittelbar eine erhebliche Rolle spielen kann.
Im Falle der Mercedes-Teststrecke wäre beispielsweise zu prüfen gewesen, ob die anvisierte Zahl an Arbeitsplätzen mit vergleichbarer Qualität nicht auch durch die Ansiedlung mehrerer kleiner und mittlerer Betriebe, die ja kein so großes *zusammenhängendes* Grundstück wie die Mercedes-Teststrecke benötigen, ohne Enteignungen erreichbar ist. Dabei müssten die von kleineren Unternehmen zu schaffenden Arbeitsplätze allerdings nicht nur der Zahl der mit der Teststrecke verbundenen Arbeitsplätze entsprechen, sondern auch in der gleichen Zeit entstehen und vor allem eine entsprechende Zukunftsperspektive und Krisenfestigkeit aufweisen sowie der Art der gesuchten Arbeitsplätze in ähnlicher Weise entsprechen. Das wird im Ergebnis nur selten der Fall sein, da bei Großunternehmen eine größere Gewähr für ihr dauerhaftes Bestehen und damit auch für das der Arbeitsplätze besteht.
Hinsichtlich des Standortes eines bestimmten Betriebes müssen also Alternativen erwogen werden müssen. Hier stellt sich nun die Frage, ob diese Erwägungen erst seitens der Enteignungsbehörde oder aber bereits durch die den Bebauungsplan beschließende Gemeinde anzustellen sind. Grundsätzlich gehört das Privateigentum selbstverständlich zu den im Rahmen des § 1 Abs.7 iVm Abs.6 BauGB (§ 1 Abs.6 iVm Abs.5 BauGB a.F.) bei der Bauleitplanung zu berücksichtigenden privaten Belangen[515]. Nach der strikten Trennung des Bundesverfassungsgerichts zwischen städtebaulicher Planung einerseits und Enteignung andererseits und aufgrund der Beschränkung der planerischen Abwägung auf städtebauliche Gesichtspunkte ohne eigentumsrechtliche Gemeinwohlkonkretisierung ist eine künftige Enteignung zur Verwirklichung des Bebauungsplans im Rahmen der bauplanerischen Abwägung nach § 1 Abs.7 BauGB (§ 1 Abs.6 BauGB a.F.) nicht relevant. Der Bebauungsplan entscheidet nicht abschließend über die Zulässigkeit der Enteignung und ist daher nicht an Art.14 Abs.3 GG zu messen Indes bedeutet diese fehlende enteignungsrechtliche Vorwirkung des Bebauungsplans keineswegs, dass absehbar erforderliche Enteignungen von der Gemeinde bei der im Rahmen der Aufstellung ihres Bebauungsplans vorzunehmenden Abwägung ohne Relevanz sind. Immerhin ist der Bebauungsplan ja

---

[515] BVerwGE 47, 144 (154); 58, 281 (284 f.); 61, 295 (301 f.); 66, 133 (137); BVerwG NVwZ 1990, 663 (665); Dolde, NJW 1982, 1785 (1786) mwN.

eine notwendige, wenngleich auch nicht hinreichende Voraussetzung für eine Enteignung nach §§ 85 ff. BauGB und mit dieser insofern eng verbunden, also keineswegs „enteignungsneutral“. Schon aufgrund der Unwirksamkeit eines nicht vollziehbaren Bebauungsplans[516] müssen bei einem auf Vollzug durch Enteignungen geradezu angelegten Bebauungsplan eben diese Enteignungen auch berücksichtigt werden. Außerdem wäre der den durch Enteignungen Betroffenen mögliche Rechtsschutz bei fehlender Einbeziehung der Enteignungsproblematik in die gemeindliche Bauleitplanung dadurch geringer, dass eine Normenkontrolle des Bebauungsplans nach § 47 VwGO mit dem Einwand der unzureichenden Ermittlung und Gewichtung der Eigentümerbelange in der planerischen Abwägung nicht zur Verfügung stünde. Somit muss sich bei absehbar enteignungsrelevanten Bebauungsplänen bereits der diese beschließende Gemeinderat mit den zu erwartenden Enteignungen befassen und diese im Rahmen der gemäß § 1 Abs.7 BauGB (§ 1 Abs.6 BauGB a.F.) erfolgenden Abwägung berücksichtigen[517]. Um die dargelegten Anforderungen praktisch umsetzbar zu gestalten, sollte man es als ausreichend erachten, dass die Gemeinde sich über alternative Standortplanungen ernsthafte und schriftlich dokumentierte Gedanken macht und sich um die ohne Enteignungen mögliche Ansiedlung anderer Betriebe während eines begrenzten Zeitraumes ernsthaft bemüht.

II. Die Befreiung von den Festsetzungen des Bebauungsplanes aus Gründen des Wohls der Allgemeinheit nach § 31 Abs.2 Nr.1 BauGB

1. Gemeinwohldienliche Einrichtungen nach § 31 Abs.2 Nr.1 BauGB

Nach § 31 Abs.2 Nr.1 BauGB kann von den Festsetzungen des Bebauungsplanes befreit werden, wenn Gründe des Wohls der Allgemeinheit die Befreiung erfordern und außerdem die Grundzüge der Planung nicht berührt werden und die Abweichung auch unter Würdigung nachbarlicher Interessen mit den öffentlichen Belangen vereinbar ist. Dabei stellt sich die Frage, ob unter das „Wohl der Allgemeinheit“ im Sinne des § 31 Abs.2 Nr.1 BauGB auch die Schaffung oder Erhaltung von Arbeitsplätzen fallen kann. Dass Arbeitsplätze *prinzipiell* im öffentlichen Interesse liegen und eng mit dem Allgemeinwohl verknüpft sein können, wurde bereits erörtert. Diese Erkenntnis entbindet jedoch nicht von der Notwendigkeit, die Bedeutung des Begriffs „Wohl der Allgemeinheit“ gerade im Kontext des § 31 BauGB zu ermitteln. Denn die gleichen Begriffe können in verschiedenen Normen und Gesetzen durchaus unterschiedlich auszulegen sein. Für eine Einbeziehung des Arbeitsplatzaspektes in den Allgemeinwohlbegriff des § 31 BauGB könnte sprechen, dass dieser allgemein weit im Sinne öffentli-

---

516 BVerwGE 56, 283 (288 ff.).

517 So Frenzel S.234; Brugger, ZfBR 1987, 60 (63); Schmidt-Aßmann, NJW 1987, 1587 (1589 f.); Dolde in Festschrift für Sendler S.225 (230 ff.).

cher Interessen und Belange ausgelegt wird[518] und die Erhaltung, Sicherung und Schaffung von Arbeitsplätzen sogar in § 1 Abs.5 Nr.8 BauGB ausdrücklich als bei der Bauleitplanung zu beachtender öffentlicher Belang aufgeführt ist. Dem Wohl der Allgemeinheit können soziale Einrichtungen wie Krankenhäuser, Kindergärten, Alten- und Pflegeheime ebenso wie kulturellen Zwecken dienende Bauten wie etwa Schulen, Universitäten oder Theater sowie Anlagen des Sports, der Ver- oder Entsorgung (Heizkraftwerke), des Umweltschutzes (Kläranlagen), der Sicherheit (Polizeiwachen) oder der Veteidigung zuzuordnen sein[519]. Gründe des Wohls der Allgemeinheit erfordern eine Befreiung zugunsten der genannten Einrichtungen, wenn dem Gemeinwesen ohne sie ein wesentlicher Vorteil entgehen oder ein nicht unerheblicher Nachteil erwachsen würde[520]. Erforderlich ist eine Befreiung nicht nur bei absoluter Notwendigkeit, sondern bereits dann, wenn die Durchführung des Vorhabens an der vorgesehenen Stelle trotz entgegenstehender bebauungsplanerischer Festsetzung vernünftigerweise geboten ist[521]. Schon deshalb kann nicht maßgeblich sein, ob ein Vorhaben aus Gründen des allgemeinen Wohls in der jeweiligen Gemeinde *überhaupt* vernünftigerweise geboten ist, sondern ob es gerade *an der vorgesehenen Stelle* vernünftigerweise geboten ist. Daraus ergibt sich, dass eine Befreiung aufgrund der arbeitsplatzschaffenden oder –erhaltenden Wirkung eines Vorhabens in erster Linie in Betracht käme, um die Erweiterung eines Betriebes zu ermöglichen.

2. Die frühere Rechtslage – Erfordernis der Atypik, § 4 Abs.1a BauGB-MaßnG

Bis zur Baurechtsreform von 1998 war eine Befreiung nach dem Wortlaut des § 31 Abs.2 BauGB nur „im Einzelfall“ möglich – diese Beschränkung findet sich seither nicht mehr ausdrücklich im Gesetzeswortlaut. Nach herkömmlicher herrschender Auffassung vermochten nur singuläre, auf ein bestimmtes Grundstück bezogene Gründe eine Befreiung aus Gründen des allgemeinen Wohls zu rechtfertigen[522]. Voraussetzung für eine Befreiung war nach allgemeiner Auffassung das Vorliegen eines vom Regelfall abweichenden, atypischen Sonderfalles[523].

---

518 BVerwGE 56, 71 (76); Erwe S.98 f.; Schlichter in Schlichter / Stich § 31 Rn 12; Finkelnburg / Ortloff S.328; Schrödter § 31 Rn 11; Söfker in Ernst / Zinkahn / Bielenberg § 31 Rn 39; Uerpmann S.152; Löhr in Battis / Krautzberger / Löhr § 31 Rn 29.

519 Finkelnburg / Ortloff S.328; Söfker in Ernst / Zinkahn / Bielenberg § 31 Rn 39; Löhr in Battis / Krautzberger / Löhr § 31 Rn 30.

520 OVG Münster, B.v. 31.5.85, NVwZ 1985, 590 (591 f.) – Ahaus.

521 BVerwGE 56, 71 (76).

522 BVerwGE 19, 164; 40, 286; 56, 71.

523 BVerwGE 56, 71; NVwZ 1990, 556; NJW 1991, 3293; OVG Lüneburg, NJW 1980, 1408; VGH Mannheim, BRS 50 Nr. 126; OVG Hamburg, NVwZ-RR 1995, 379; Hoppe, DVBl. 1983, 1077 (1079); Bielenberg, ZfBR 1988, 55 (58); Dürr in Brügelmann § 31 Rn 23 ff.; Dolderer, NVwZ 1998, 567 (568); Finkelnburg / Ortloff § 28 II 2 a (S. 355); Schlichter in Berliner Kommentar § 31 Rn 17; Söfker in Ernst / Zinkahn / Bielenberg § 31 Rn 29 mwN; Löhr in Battis / Krautzberger / Löhr § 31 Rn 26.

Das Merkmal der Atypik wurde jedoch keineswegs nur aus der Formulierung „im Einzelfall“, sondern auch und vor allem aus dem Wesen der Befreiung hergeleitet. Als Grund für die Befreiungsmöglichkeit wird angeführt, dass die mit einer Normierung typischerweise verbundene Abstraktion *in besonders gelagerten Fällen* zu einer Diskrepanz zwischen dem Regelungsinhalt auf der einen und dem hinter der Norm stehenden Schutzgut auf der anderen Seite führt[524]. Diese Überlegung bezieht sich zwar auf die Befreiung aus Gründen der Vermeidung einer nicht beabsichtigten Härte nach § 31 Abs.2 Nr.3 BauGB und passt daher zum Allgemeinwohltatbestand nur bedingt[525]; dass das Erfordernis des atypischen Sonderfalles jedoch auch hierfür gilt, hat das BVerwG ausdrücklich klargestellt. Sofern eine Befreiung aus Gründen des allgemeinen Wohls geboten ist, wird dadurch zwar in der Regel ein atypischer Sachverhalt indiziert – der Bedarf für ein vergleichbares Befreiungserfordernis ist dann zumeist unwahrscheinlich[526]. Die Schaffung oder Erhaltung von Arbeitsplätzen stellt jedoch ebensowenig wie die häufiger erörterte Schaffung von Wohnraum eine derartige atypische und singuläre Sondersituation dar – diese Gemeinwohlbelange zeichnen sich dadurch aus, dass sie möglicherweise in etlichen Parallelfällen gleichfalls eine Abweichung vom Bebauungsplan rechtfertigen würden[527]. Schon zahlenmäßig sind die oben beispielhaft genannten sozialen, kulturellen, sportlichen und infrastrukturellen Einrichtungen anders als arbeitsplatz- oder wohnraumschaffende Gebäude jeweils auf nur wenige pro Gemeinde bzw. Stadtbezirk beschränkt. Exemplarisch sei hier Söfker zitiert, dessen sich auf Wohnraum beziehende Überlegungen durchaus auf Bauwerke mit Arbeitsplatzbezug übertragen lassen: „An sich ist zwar ein öffentliches Interesse nicht zu verneinen, wenn – auch durch Befreiung – ein Beitrag zur Befriedigung des Wohnbedarfs geleistet wird. Jedoch wäre eine so weite Fassung mit dem Zweck des Befreiungstatbestandes nicht zu vereinbaren, weil auf diese Weise praktisch alle privaten Belange in Betracht kommen könnten, sofern an ihnen auch ein öffentliches Interesse besteht. Da dieses weitgehend der Fall sein kann, liefe dies praktisch auf eine weitgehende Infragestellung des Bebauungsplans als Rechtsnorm hinaus. Aus diesem Grund ist davon auszugehen, dass der Wohnbedarf, auch wenn er dringend ist, nicht zu den Allgemeinwohlgründen des § 31 Abs. 2 Nr.1 BauGB zählt“[528]. Zur Schaffung und Erhaltung von Arbeitsplätzen führende private Interessen stellen ebenso wie das Interesse an Arbeitsplätzen selbst ein Konglomerat privater und öffentlicher Interessen dar.

Auf den Aspekt der Schaffung neuer Arbeitsplätze geht Brügelmann auf der Grundlage der früheren Gesetzesfassung direkt ein. Er verneint ein Gemein-

---

524 BVerwGE 40, 268 (271 f.) – bezogen auf die Härtefallvariante; BVerwGE 56, 71 ff. – bezogen auf die Befreiung aus Gründen des Wohls der Allgemeinheit.

525 Wilke in Festschrift für Gelzer S. 165 (172).

526 Hoffmann, BauR 1999, 445 (447); Schlichter in Schlichter / Stich BK § 31 Rn 24.

527 Zum Wohnbedarf Schmidt-Eichstaedt, NVwZ 1998, 571 (572 r. Sp.).

528 Söfker in Ernst / Zinkahn / Bielenberg § 4 I a BauGB-MaßnG.

wohlinteresse im Sinne des Befreiungstatbestandes, begründet dies jedoch nicht mit der bei anderer Interpretation drohenden Uferlosigkeit und fehlenden Singu larität des Gemeinwohlbegriffs. Vielmehr verweist er darauf, dass die Schaffung neuer Arbeitsplätze, die Erhöhung des Steueraufkommens oder der Bau neuer Wohnungen im Gegensatz zu den oben genannten Einrichtungen, deren Gemeinwohlbezug sich bereits unmittelbar aus Funktion und Zweck ergibt, nur mittelbar dem Gemeinwohl dienen[529]. Derartige Interessen rechtfertigen somit zwar die Aufstellung eines Bebauungsplanes, nicht aber eine Befreiung hiervon[530]. Die auch im Rahmen der Enteignung nach Art. 14 Abs.3 GG diskutierte Unterscheidung von unmittelbarem und mittelbarem Gemeinwohlnutzen wird bei § 31 Abs. 2 BauGB a.F. also als relevant für die Abgrenzung von eine Befreiung potentiell rechtfertigenden und eine Befreiung nicht rechtfertigenden Interessen erachtet.
Ungeachtet dessen hat nach alter Rechtslage jedenfalls § 4 Abs.1 a des damals noch bestehenden BauGB-MaßnG gegen die Möglichkeit der Befreiung von Bebauungsplanfestsetzungen aus Gründen der Schaffung von Wohnraum oder Arbeitsplätzen gesprochen. Dort war nämlich festgelegt, dass bei dringendem Wohnbedarf Gründe des Wohls der Allgemeinheit im Sinne des § 31 Abs.2 Nr.1 BauGB a.F. vorliegen. Daraus lässt sich schließen, dass ohne diese Norm des BauGB-MaßnG der Bedarf an Wohnungen gerade kein Gemeinwohlinteresse im Sinne des § 31 Abs.2 BauGB a.F. war. Andernfalls wäre § 4 Abs.1 a BauGB-MaßnG nämlich nicht plausibel und sinnlos gewesen; eine gänzlich überflüssige Norm ist vom Gesetzgeber aber im Zweifel nicht gewollt. Und wie bereits erläutert, weisen die Interessen der Wohnraum- und der Arbeitsplatzschaffung strukturelle Gemeinsamkeiten auf.

3. Die Befreiung nach § 31 Abs.2 Nr.1 BauGB aus Arbeitsplatzgründen

Dem der amtlichen Begründung zur Baurechtsreform 1998 zu entnehmenden gesetzgeberischen Willen entspricht es, dass das von der Rechtsprechung entwickelte Kriterium der „Atypik“ nicht mehr Befreiungsvoraussetzung ist[531]. Die besondere Befreiungsregelung für dringenden Wohnbedarf im BauGB-MaßnG verlor mit diesem gemäß § 20 BauGB-MaßnG Ende 1997 ihre Gültigkeit. Nach der Vorstellung des Gesetzgebers lässt sich eine Befreiung zur Schaffung von Wohnraum nunmehr auf § 31 Abs.2 Nr.1 BauGB stützen[532]. Da das Erfordernis der Atypik jedoch als Charakteristikum und Wesensmerkmal der Befreiung schlechthin angesehen und nicht nur aus dem nunmehr entfallenen Tatbestandsmerkmal „im Einzelfall“ hergeleitet wurde, ist fraglich, inwiefern die ge-

---

[529] Dürr in Brügelmann § 31 Rn 33.
[530] Söfker in Ernst / Zinkahn / Bielenberg § 31 Rn 31.
[531] BT-Drs. 13 / 6392 S. 56 (Begründung zum Regierungsentwurf); Battis / Krautzberger / Löhr, NVwZ 1997, 1145 (1160); Synopse S. 97.
[532] Mager, DVBl. 1999, 205 (208); Synopse S. 97.

setzgeberische Vorstellung in der neugefassten Befreiungsnorm Ausdruck gefunden hat und ob nicht die Atypik nach wie vor Voraussetzung für eine Abweichung von den bebauungsplanerischen Festsetzungen ist. Diese Auffassung wird in der Kommentarliteratur vielfach vertreten[533], nach Dürr ergibt sich die Notwendigkeit der Atypik bei Befreiungen gar aus dem Grundsatz der Gesetzmäßigkeit der Verwaltung und dem Gesetzesvorbehalt bei Eingriffen in die aus Art. 14 GG resultierende Baufreiheit[534]. Festzuhalten ist jedoch, dass ungeachtet des Atypikerfordernisses eine Befreiung nach dem ausdrücklichen Wortlaut des § 31 Abs.2 BauGB stets nur unter Wahrung der Grundzüge der Planung möglich ist, also nicht zu einer Änderung der eigentlichen Planungskonzeption führen darf, dass die grundsätzliche Bedeutung und Wirkung der Bebauungspläne als zentrales Regelungsgerüst für die städtebauliche Entwicklung und Ordnung auch ohne das Atypikkriterium nicht in Frage gestellt ist und dass die Bestimmung des Umfangs zulässiger Abweichungen vom Bebauungsplan in der Kompetenz des Gesetzgebers liegt[535]. Auch der VGH Mannheim hat nunmehr aus den dargelegten Gründen entschieden, dass die Erteilung einer Befreiung nach § 31 Abs.2 BauGB keine Atypik voraussetzt[536]. Schmidt-Eichstaedt hat überzeugend dargelegt, dass das Merkmal der Atypik zur Befreiung aus Gründen des Wohls der Allgemeinheit nicht passt. Bei der Härtefallvariante, zu der dieses Merkmal erstmals entwickelt wurde, geht es um *im* Grundstück selbst liegende bodenrechtliche Besonderheiten. Im Gegensatz dazu richten sich die Gemeinwohlgründe *auf* bestimmte Grundstücke und liegen nicht in ihnen begründet[537]. Bezeichnenderweise existiert der mit der Atypik in einem gewissen Zusammenhang stehende Begriff „im Einzelfall" im ursprünglichen Text des § 31 Abs.2 BBauG von 1960 wie in den § 67 der Musterbauordnung entsprechenden Befreiungs-vorschriften der Landesbauordnungen nur im Kontext des Befreiungstatbestandes der unbeabsichtigten Härte. Der Gesetzgeber wollte durch die Streichung der Worte „im Einzelfall" erklärtermaßen keine uferlosen Befreiungen bis hin zur Regelmäßigkeit bewirken, sondern nur von der Atypik loskommen[538]. Der substantiellen Aufweichung von Bebauungsplänen durch massenhafte und gravierende Befreiungen wird dadurch vorgebeugt, dass die Grundzüge der Planung nicht berührt werden dürfen. Daher kann auch die Berufung auf

---

[533] Dürr in Brügelmann § 31 Rn 28; Schlichter / Stich in Berliner Kommentar § 31 Rn 6; Schmaltz in Schrödter § 31 Rn 19; Löhr in Battis / Krautzberger / Löhr § 31 Rn 26; vgl. auch Söfker in Ernst / Zinkahn / Bielenberg § 31 Rn 31.

[534] Dürr in Brügelmann § 31 Rn 28.

[535] Hoffmann, BauR 1999, 445 (449 ff.); nicht überzeugend ist auch die Argumentation, bei einer nicht an den atypischen Sonderfall gebundenen Befreiungsmöglichkeit werde das für die Bauleitplanung bestimmte Verfahren mit der Beteiligung von Bürgern und Trägern öffentlicher Belange umgangen – denn wann diese einbezogen werden, ist im Rahmen der Verfassung der Entscheidung des Gesetzgebers überantwortet.

[536] VGH Mannheim, Urt. v. 16.6.03, NVwZ 2004, 357 (359).

[537] Schmidt-Eichstaedt, DVBl. 1989, 1 (6).

[538] BT-Drs. 13 / 6392.

Arbeitsplätze nicht zu einer Ignorierung von Charakter und baulicher Nutzungsart eines Gebietes führen – die zulässigen Nutzungsmöglichkeiten gehören stets zu den Planungsgrundzügen. Für eine Befreiung aus Gründen des allgemeinen Wohls reicht es nicht aus, dass das Vorhaben zur Erhaltung oder Schaffung von Arbeitsplätzen führt. Vielmehr muss die Befreiung Voraussetzung für die konkreten Arbeitsplätze am entsprechenden Standort sein. Das ist nicht der Fall, wenn diese ebensogut ohne Erteilung einer Befreiung entstehen oder bestehen würden. Praktisch sind die Tatbestandsvoraussetzungen der städtebaulichen Vertretbarkeit der Abweichung nach § 31 Abs.2 Nr.2 BauGB am leichtesten nachzuweisen – sofern diese zugleich vorliegen, dürfte das auf eine Befreiung gerichtete Begehren daher eher auf sie als auf die Gemeinwohlvariante gestützt werden. Die Schaffung und Erhaltung von Arbeitsplätzen gehört also zu den Gemeinwohlgründen des § 31 Abs.2 S.1 BauGB, die eine Befreiung zu tragen vermögen.

III. Das öffentliche Interesse in § 69 a Abs.1 Nr.3 GewO

Nach § 69 a Abs.1 Nr.3 GewO ist der Antrag auf Festsetzung einer Messe, Ausstellung oder eines Groß-, Wochen-, Spezial- oder Jahrmarktes abzulehnen, wenn die Durchführung der Veranstaltung dem öffentlichen Interesse widerspricht, insbesondere wenn erhebliche Störungen der öffentlichen Sicherheit oder Ordnung zu befürchten sind. Zu untersuchen ist, ob eine Veranstaltung dem öffentlichen Interesse widersprechen und damit nach § 69 a Abs.1 Nr.3 GewO verboten werden kann, weil sie beim durch ihre Konkurrenz betroffenen örtlichen Einzelhandel Arbeitsplätze gefährdet. Eine Gefährdung der öffentlichen Sicherheit oder Ordnung würde das ersichtlich nicht bedeuten. Das Wort „insbesondere" signalisiert jedoch, dass die Aufzählung nicht abschließend und ein Rückgriff auf andere öffentliche Interessen möglich ist. Gleichwohl berechtigen nach der Rechtsprechung und der überwiegenden Auffassung in der Literatur handelspolitische Gründe wie der Schutz des örtlichen Einzelhandels vor Konkurrenz nicht zur Ablehnung der Festsetzung gemäß § 69 a Abs.1 Nr.3 GewO[539]. Dafür sprechen überzeugende Gründe. Schon nach der Gesetzesbegründung soll nach dem Willen des Gesetzgebers für handels- oder messepolitische Überlegungen kein Raum sein[540], wobei auch bei der Gefährdung von Arbeitsplätzen keine Ausnahmen von diesem Grundsatz erörtert werden. Auch nach dem unter Beteiligung von Bund, Ländern und Interessenverbänden erstellten und von allen Bundesländern übernommenen Musterentwurf einer „Allgemeinen Verwaltungsvorschrift für den Vollzug des Titels IV der Gewerbeordnung (Markt-

[539] OVG Koblenz, GewArch 1986, 231(231); VG Minden, GewArch 1986, 60 (60); VG Hannover, GewArch 1988, 246 (247); Fröhler / Kormann § 69 a Rn 5; Friauf § 69 a Rn 10; Schönleiter in Landmann / Rohmer § 69 a Rn 4; Tettinger in Tettinger / Wank § 69 a Rn 34; wohl aA Bardenz, GewArch 1998, 53 (58).

[540] BT-Drs. 7 / 3859 S.14 – vgl. auch S.9 A.3 .

GewVwV)“ vermögen Konkurrenzschutzerwägungen eine Festsetzungsablehnung nicht zu rechtfertigen[541]. Schließlich ist darauf hinzuweisen, dass die Entscheidung über die Zulassung von Märkten früher im behördlichen Ermessen stand und dies unter anderem deshalb geändert wurde, um wirtschaftspolitisch nicht gerechtfertigte Einwirkungsmöglichkeiten der Verwaltung auf die Zulassung von Märkten zu verhindern[542]. Keinesfalls gewährleistet die Berufsfreiheit des Art.12 Abs.1 GG einen Schutz vor neuer Konkurrenz – vielmehr können sich auch Marktbewerber auf Art.12 GG berufen und Art.2 Abs.1 GG schützt als Teil der Handlungsfreiheit auf wirtschaftlichem Gebiet auch die vom Bundesverfassungsgericht zu den Grundprinzipien der Wirtschaftsverfassung gezählte Wettbewerbsfreiheit[543]. Allerdings darf die Fähigkeit der jeweils konkurrierenden ortsansässigen Unternehmer zur Teilnahme am Wettbewerb nicht so eingeschränkt werden, dass deren Möglichkeit zur wirtschaftlichen Betätigung erheblich beeinträchtigt wird[544]. Das aber ist nicht bereits bei Umsatzeinbußen oder wenn einzelne Geschäfte zum Personalabbau gezwungen werden oder in Insolvenz gehen der Fall. Konkurrenzschutz bedeutet Beschränkung des Wettbewerbs. Wettbewerbsbeschränkende Maßnahmen durch staatliche Behörden widersprächen auch der Wertung des § 1 des Gesetzes gegen Wettbewerbsbeschränkungen, demzufolge marktbeeinflussende Beschränkungen des Wettbewerbs durch Unternehmen grundsätzlich unwirksam sind.
Fröhler / Kormann sind allerdings der Ansicht, eine Versagung der Festsetzung aus handelspolitischen Gründen sei zweifelhaft, aber wohl (!) zu bejahen[545]. Nach der Auffassung von Bardenz ist der örtliche Einzelhandel mit der Gewerbeordnung zwar nicht vor Konkurrenz als solcher, wohl aber vor zu Unrecht privilegierter Konkurrenz zu schützen[546]. Für Märkte bestehen Regelungen nach § 19 des Ladenschlussgesetzes und nach § 10 Abs.1 Nr.9 des Arbeitszeitgesetzes, die weniger streng als die für den Einzelhandel geltenden sind. Es besteht jedoch kein Anlass, dies als ungerechtfertigte Privilegierung anzusehen. Spezialmärkte und Jahrmärkte finden nach ihrer Definition in § 68 Abs.1 u. 2 GewO nur in größeren Zeitabständen statt. Im übrigen ist jeder Inhaber eines Einzelhandelsgeschäfts nach Maßgabe des § 70 GewO zur Teilnahme an Messen, Ausstellungen und Märkten berechtigt. Und selbst wenn die unterschiedlichen Regelungen unter dem Gesichtspunkt eines fairen Wettbewerbs nicht akzeptabel

541 vgl. z.B. Nr.3.5.1.3. S.3 der „Ausführungsanweisung zu Titel IV der Gewerbeordnung“ vom 27.5.1977 (Runderlass des Ministers für Wirtschaft, Mittelstand und Verkehr Nordrhein-Westfalen, MBl. NRW S.648).

542 VG Düsseldorf, NVwZ 1984, 262 (263).

543 BVerwGE 60, 154 (159); 65, 167 (174); BVerfGE 21, 292 (296); 32, 311 (317); Tettinger, AöR 108 (1983), 92 (115 mwN).

544 BVerfGE 27, 375 (384); BVerwGE 65, 167 (174); BVerwG, BayVBl. 1978, 375 (376); VG Hannover, GewArch 1990, 246 (248).

545 Fröhler / Kormann § 69 a Rn 5.

546 Bardenz, GewArch 1998, 53 (58).

wären, müsste dieser Missstand durch deren Änderung, nicht aber über die Umfunktionierung des § 69a Abs.1 Nr.3 GewO zu einer Konkurrenzschutzvorschrift behoben werden. Ein Antrag auf Festsetzung kann mithin nicht aus Gründen des Konkurrenzschutzes abgelehnt werden. Dies gilt auch dann, wenn dieser Konkurrenzschutz zum Schutz von Arbeitsplätzen oder aus anderen allgemeinwohlorientierten Gründen angestrebt wird. Im übrigen schaffen auch Messen, Ausstellungen und Märkte Arbeit. Die Entscheidung über einen Antrag auf Festsetzung einer der genannten Veranstaltungen unterscheidet sich wesentlich von der oben behandelten Entscheidung über die planerische Schaffung der Voraussetzungen für das Entstehen von Großmärkten „auf der grünen Wiese". Bei der Bauleitplanung sind nach § 1 Abs.5 BauGB eine nachhaltige städtebauliche Entwicklung und eine dem Wohl der Allgemeinheit entsprechende sozialgerechte Bodennutzung zu gewährleisten und somit ist auch der Aspekt der Schaffung und Erhaltung von Arbeitsplätzen zu berücksichtigen (§ 1 Abs.5 Nr.8 BauGB). Die Baugebietsfestsetzung ist das Ergebnis von Abwägung, Planung und Gestaltung, die Ablehnung beantragter Festsetzungen gemäß § 69a Abs.1 Nr.3 GewO dient hingegen der Gefahrenabwehr. Die Entscheidung über die Festsetzung einer Messe, einer Ausstellung oder eines Marktes weist Parallelen weniger zur planerischen Baugebietsfestsetzung als vielmehr zur Entscheidung über die Erteilung einer Baugenehmigung auf – und eine Baugenehmigung kann nicht aus Konkurrenzschutz- oder Arbeitsplatzerwägungen versagt werden.

IV. Das berechtigte Interesse in § 8 Abs.1 Nr.1 BImSchG

Gemäß § 8 Abs.1 BImSchG kann auf Antrag eine Genehmigung für die Errichtung einer Anlage oder eines Teils einer Anlage oder für die Errichtung und den Betrieb eines Teils einer Anlage erteilt werden, wenn unter anderem an der Erteilung einer solchen Teilgenehmigung ein berechtigtes Interesse besteht. Das vom Gesetzgeber mit der Möglichkeit von Teilgenehmigungen verfolgte Ziel ist eine wesentliche Beschleunigung bei der Realisierung umfangreicher Vorhaben[547]. Dementsprechend ist ein berechtigtes Interesse insbesondere dann anzunehmen, wenn technische und wirtschaftliche Gründe für die Errichtung und Inbetriebnahme in Teilabschnitten sprechen[548]. Das berechtigte Interesse braucht kein überwiegendes zu sein[549].

---

[547] BR-Drs. 526 / 76 zitiert bei Dietlein in Landmann / Rohmer § 8 Rn 65.

[548] Jarass § 8 Rn 12; Stich / Porger § 8 Rn 6; Ule § 8 Rn C 8; Czajka in Feldhaus § 8 Rn 18. So kann etwa die Gesamtplanung, ohne die eine Vollgenehmigung nicht erteilt werden kann, aufgrund der Größe, der technischen Kompliziertheit oder der Neuartigkeit einer Anlage Jahre dauern oder die für die weitere Planung erforderlichen Erfahrungen können erst bei einem Probebetrieb gewonnen werden. Schließlich mag ein Unternehmen im Hinblick auf seine Finanzierungsmöglichkeiten oder seine Absatzerwartungen einen stufenweisen Ausbau bevorzugen.

[549] Jarass § 8 Rn 12; Ule § 8 Rn C 8; Czajka in Feldhaus § 8 Rn 18.

1. Die Relevanz von Teilgenehmigungen für Arbeitsplätze

Zweifelsohne können Teilgenehmigungen hinsichtlich der Schaffung und Erhaltung von Arbeitsplätzen Relevanz besitzen. Eine deutlich beschleunigte Inbetriebnahme von Anlagen oder Anlagenteilen bedeutet auch ein rascheres Entstehen der mit diesen Anlagen gegebenenfalls verbundenen Arbeitsplätze. Außerdem können Teilgenehmigungen die Wettbewerbsfähigkeit eines Betriebes stärken und sich auch insoweit positiv auf die betriebliche Arbeitsplatzsituation auswirken. Davon zu trennen ist die Frage, inwiefern sich kürzere Genehmigungsverfahren generell positiv auf einen Staat als Wirtschaftsstandort auswirken, sich Unternehmen bei Entscheidungen über ihren Standort also auch von der Dauer entsprechender Genehmigungsverfahren leiten lassen. Während dies Schlichter in seinem Gutachten bejaht[550], wird in zwei Studien von Steinberg und anderen sowie vom Sachverständigenrat für Umweltfragen in dessen Umweltgutachten 1996 festgestellt, dass die Dauer von Genehmigungsverfahren für die Standortentscheidung mittelständischer, aber auch großer, international tätiger Unternehmen nahezu irrelevant sei[551].

2. Arbeitsplätze als berechtigtes Interesse ?

Es stellt sich die Frage, ob der Arbeitsplatzaspekt ein berechtigtes Interesse an der Erteilung einer Teilgenehmigung darzustellen vermag oder aber allenfalls reflexartig vom berechtigten Interesse des Unternehmers profitiert. Vielfach wird unter dem berechtigten Interesse ohne nähere Begründung ausdrücklich nur ein solches des den Antrag stellenden Anlagenbetreibers verstanden[552]. Demnach könnte der Arbeitsplatzaspekt als Interesse Dritter oder der Allgemeinheit kein berechtigtes Interesse begründen. Zwar mag der Anlagenbetreiber ein ideelles Interesse an der Schaffung oder dem Erhalt von Arbeitsplätzen haben – ein solches indirektes Interesse ohne irgendeinen ökonomischen Bezug wird durch § 8 BImSchG jedoch ersichtlich nicht als berechtigtes Interesse des Vorhabenträgers geschützt. Es wäre auch nicht wirklich ermittelbar und könnte allzu leicht als Vorwand für handfeste eigene wirtschaftliche Interessen genutzt werden. Dass die Teilgenehmigung nur auf Antrag des Vorhabenträgers erteilt wird, bedeutet indes keineswegs zwingend, dass nur dessen Interessen berechtigte Inter-

---

[550] „Investitionsförderung durch flexible Genehmigungsverfahren" (Schlichter-Gutachten) S.22 ff. Nrn. 004, 005.

[551] Steinberg / Allert / Grams / Scharioth: zur Beschleunigung des Genehmigungsverfahrens für Industrieanlagen, Baden-Baden 1991; Steinberg / de Miquel / Scharioth / Fertsch / Mangolg: Genehmigungsverfahren für gewerbliche Investitionsvorhaben in Deutschland und ausgewählten Ländern Europas, Baden-Baden 1995; Umweltgutachten 1996 des Sachverständigenrates für Umweltfragen, BT-Drs. 13 / 4108 v. 14.3.1996 – inzwischen auch als Buch erschienen (Bonn 1996, 2.2.1.1. Nrn. 74 ff.).

[552] Knopp / Wolf, BB 1997, 1593 (1599); Jarass § 8 Rn 12; Ule § 8 Rn C 8.

essen im Sinne des § 8 S.1 Nr.1 BImSchG sein können. Dem Antragserfordernis dürfte insbesondere die Praktikabilitätserwägung zugrunde liegen, den Aufwand der vorläufigen Beurteilung der Genehmigungsfähigkeit des Gesamtvorhabens nach Nr.3 nur dann zu betreiben, wenn damit zu rechnen ist, dass der Vorhabenträger von seiner Teilgenehmigung auch tatsächlich Gebrauch macht. Einen entscheidenden Hinweis für die Auslegung des berechtigten Interesses in § 8 S.1 Nr.1 BImSchG liefert § 8a Abs.1 Nr.2 BImSchG. Dort ist als Voraussetzung für die Zulassung vorzeitigen Beginns von Anlagen unter anderem das Bestehen eines *öffentlichen Interesses oder* eines *berechtigten Interesses des Antragstellers* an dem vorzeitigen Beginn genannt. Damit wird deutlich zum Ausdruck gebracht, dass das berechtigte Interesse als ein solches des Antragstellers dem öffentlichen Interesse gegenübersteht. Da sich beide Normen in unmittelbarer Nachbarschaft zueinander im gleichen Gesetz befinden und strukturelle Ähnlichkeit aufweisen[553], lässt sich das auf die Interpretation des § 8 S.1 Nr.1 BImSchG übertragen. Der Aspekt der Schaffung und Erhaltung von Arbeitsplätzen fällt somit nicht unter das berechtigte Interesse des § 8 S.1 Nr.1 BImSchG.

V. Das öffentliche Interesse in § 8 a Abs.1 BImSchG

1. Der Beschleunigungseffekt

Nach § 8a Abs.1 BImSchG kann die Genehmigungsbehörde auf Antrag vorläufig zulassen, dass bereits vor Erteilung der Genehmigung mit der Errichtung von Anlagen begonnen werden kann, wenn neben anderen Voraussetzungen ein öffentliches Interesse oder ein berechtigtes Interesse des Antragstellers an dem vorzeitigen Beginn besteht. Die Zulassung vorzeitigen Beginns bei Neuanlagen bezieht sich ausschließlich auf die Errichtung derselben, nicht jedoch auf einen vorzeitigen Betriebsbeginn[554]. Der Beschleunigungseffekt resultiert also aus der Möglichkeit, mit der Anlagenerrichtung nicht bis zur Erteilung einer vollständigen Genehmigung gemäß § 4 BImSchG warten zu müssen. Diese Beschleunigungsmöglichkeit wäre allerdings in Frage gestellt, wenn die Zulassung vorzeitigen Beginns gemäß § 8 a BImSchG keine Konzentrationswirkung hätte und folglich für die Anlagenerrichtung zum Beispiel zusätzlich eine Baugenehmigung erforderlich wäre. Der Wortlaut des § 13 BImSchG, der die Konzentrationswirkung der *Genehmigung* festlegt, mag zwar dagegen sprechen. Sinn der Norm und gesetzgeberischer Wille legen es jedoch nahe, davon auszugehen, dass die Zulassung vorzeitigen Errichtungsbeginns andere diesbezügliche be-

---

[553] So bestand der Haupteinwand gegen die Vorschrift des § 8a BImSchG darin, dass mit einer Teilgenehmigung nach § 8 BImSchG dasselbe Ziel erreicht werden kann (Moormann, UPR 1996, 408, 412).

[554] Büge / Tünnesen-Harmes, GewArch 1997, 48 (53).

hördliche Entscheidungen mit einschließt[555]. Hinsichtlich der möglichen Relevanz der Zulassung vorzeitigen Beginns für den Arbeitsplatzaspekt gilt somit das bereits für die Teilgenehmigung Gesagte.

2. Arbeitsplätze als öffentliches Interesse im Sinne des § 8 a Abs.1 BImSchG ?

Wie bereits im Zusammenhang mit der Zulässigkeit von Enteignungen erörtert, kann die Schaffung und Erhaltung von Arbeitsplätzen durchaus ein öffentliches Interesse sein. Dass dies bei der Vorschrift des § 8a BImSchG der Fall ist, folgt nicht zuletzt aus der allgemeinen Zielrichtung des Gesetzes zur Beschleunigung und Vereinfachung immissionsschutzrechtlicher Genehmigungsverfahren[556], als dessen Bestandteil § 15a BImSchG durch § 8a BImSchG ersetzt wurde. Durch die Rechtsänderungen sollte ein Beitrag zur Sicherung und zur Erhöhung der Attraktivität des Wirtschaftsstandorts Deutschland geleistet werden, ohne rechtlich gebotene Verwaltungsleistungen zugunsten Dritter oder der Allgemeinheit zu verkürzen[557]. In den Gesetzgebungsmaterialien ist die Empfehlung dokumentiert, in den Gesetzestext den Hinweis einzufügen, dass ein öffentliches Interesse insbesondere dann vorliegt, wenn der vorzeitige Beginn der Schaffung oder der Sicherung von Arbeitsplätzen dient. Dieser Empfehlung hat der Umweltausschuss des Bundesrates widersprochen – nicht etwa, weil er die Arbeitsplatzschaffung und –sicherung nicht als öffentliches Interesse im Sinne des § 8 a Abs.1 Nr.2 BImSchG erachtete, sondern gerade weil dies nach seiner Auffassung außer Zweifel stand[558]. Dementsprechend erkennt Sellner die Schaffung von Arbeitsplätzen als öffentliches Interesse im Sinne des § 8a BImSchG ausdrücklich an – allerdings nicht ohne darauf hinzuweisen, dass die Genehmigungsbehörde nach Ermittlung der mit dem Vorhaben verbundenen Auswirkungen für die Umwelt zu einer Abwägung verpflichtet sei. Nicht jede noch so geringfügige Verbesserung von Arbeitsmarkt und Wirtschaftsstandort werde ein öffentliches Interesse an der vorzeitigen Errichtung rechtfertigen und zu einer Rückstellung des öffentlichen Interessses am Abschluss eines Genehmigungsverfahrens nach § 4 oder § 16 BImSchG führen[559]. Dem ist zuzustimmen: Sofern etwa durch die Zulassung vorzeitigen Errichtungsbeginns nur sehr wenige Arbeitsplätze nur ein wenig früher entstehen, besteht am vorzeitigen Beginn eben nicht nur kein erhebliches, sondern per Saldo überhaupt kein öffentliches Inter-

---

[555] So Moormann, UPR 1996, 408 (412); Scheuing in GK § 15a Rn 126; Sellner in Landmann / Rohmer UmwR I BImSchG § 8 a Rn 110; nach Feldhaus § 15 a Rn 4 befreit die Zulassung vorzeitigen Beginns *vorläufig* vom Baugenehmigungsvorbehalt.

[556] BGBl. 1996 I S. 1498.

[557] BR-Drs. 27 / 96; BR-Drs. 576 / 96; BT-Drs. 13 / 3995; BT-Drs. 13 / 3996; BT-Drs. 13 / 5100; BT-Drs. 13 / 3993; BT-Drs. 13 / 4069; Zusammenstellung bei Moormann, UPR 1996, 408 (409).

[558] Empfehlungen 31/1/96 S. 5 in: Verhandlungen des Bundesrates Jg. 1996 (BR-Drs. 1-55).

[559] Sellner in Landmann / Rohmer UmwR I BImSchG § 8 a Rn 64.

esse. Für eine Subsumtion der Arbeitsplatzschaffung und –erhaltung unter das öffentliche Interesse spricht auch die zu § 15a BImSchG aF in der Kommentarliteratur vertretene Auffassung, die Erhaltung und Sicherung von Arbeitsplätzen könne als ein bei den tatbestandlichen Voraussetzungen bedeutungsloser Aspekt im Rahmen der Ermessensausübung berücksichtigt werden[560]. Schon vor der Neuregelung wurden Arbeitsplätze also als berücksichtigungsfähiger Gesichtspunkt betrachtet – und er spielte ersichtlich erst im Ermessen eine Rolle, weil er im Tatbestand nicht „unterzubringen" war. Das aber hat sich geändert. Mag eine Berücksichtigung im Rahmen der Ermessensausübung nur *möglich* gewesen sein, so ist sie nunmehr im Zuge der Auseinandersetzung mit dem Begriff des öffentlichen Interesses *zwingend*. Die Schaffung und Sicherung von Arbeitsplätzen kann somit einen Umstand darstellen, der ein öffentliches Interesse im Sinne des § 8a BImSchG zu begründen vermag[561].

VI. Die schädlichen Umwelteinwirkungen in § 3 BImSchG

1. Schädliche Umwelteinwirkungen als Zentralbegriff des BImSchG

Schädliche Umwelteinwirkungen im Sinne des Bundesimmissionsschutzgesetzes sind in § 3 Abs.1 BImSchG definiert als Immissionen, die nach Art, Ausmaß oder Dauer geeignet sind, Gefahren, erhebliche Nachteile oder erhebliche Belästigungen für die Allgemeinheit oder die Nachbarschaft herbeizuführen. Unter Immissionen sind nach § 3 Abs.2 BImSchG auf Menschen, Tiere und Pflanzen, den Boden, das Wasser, die Atmosphäre sowie Kultur- und sonstige Sachgüter einwirkende Luftverunreinigungen, Geräusche, Erschütterungen, Licht, Wärme, Strahlen und ähnliche Umwelteinwirkungen zu verstehen. Luftverunreinigungen sind nach der Legaldefinition des § 3 Abs.4 BImSchG Veränderungen der natürlichen Zusammensetzung der Luft, insbesondere durch Rauch, Ruß, Staub, Gase, Aerosole[562], Dämpfe oder Geruchsstoffe. Die bedeutendsten Immissionen sind Luftverunreinigungen und Lärm.

Der Begriff der schädlichen Umwelteinwirkungen ist von zentraler Bedeutung, es handelt sich um einen Kernbegriff des Immissionsschutzrechts[563]. Dies ergibt sich nicht nur aus § 1 BImSchG, demzufolge der Schutz vor und die Vermeidung von schädlichen Umwelteinwirkungen auf Mensch, Natur und Kultur der Zweck dieses Gesetzes ist. Vielmehr spielt der Begriff im Rahmen der Definition der genehmigungsbedürftigen Anlagen in § 4 Abs.1 BImSchG ebenso eine

---

560 Feldhaus § 15a Rn 8; Ule § 15a Rn F 4 u. C 45.

561 Sellner in Landmann / Rohmer UmwR I BImSchG § 8 a Rn 71.

562 Aerosole sind in feinster Verteilung in der Luft schwebende feste oder flüssige (Schweb-) Stoffe.

563 Baltes, BB 1978, 130 (130); Jarass, DVBl. 1983, 725 (725); Classen, JZ 1993, 1042 (1042); Koch in GK § 3 Rn 1.

zentrale Rolle[564] wie bei den in § 5 BImSchG normierten Grundpflichten der Betreiber genehmigungsbedürftiger Anlagen. Diese Anlagen sind nämlich so zu errichten und zu betreiben, dass schädliche Umwelteinwirkungen und sonstige Gefahren, erhebliche Nachteile und erhebliche Belästigungen für die Allgemeinheit und die Nachbarschaft nicht hervorgerufen werden können und Vorsorge gegen schädliche Umwelteinwirkungen – insbesondere durch die dem Stand der Technik entsprechenden Maßnahmen der Emissionsbegrenzung – getroffen wird. Und nach § 6 BImSchG ist Voraussetzung für die Erteilung der Genehmigung zu Errichtung und Betrieb genehmigungsbedürftiger Anlagen, dass die Erfüllung der sich aus § 5 BImSchG ergebenden Anforderungen gewährleistet ist. Auch die Rechtsverordnungen über Anforderungen an genehmigungsbedürftige Anlagen, zu deren Erlass § 7 BImSchG die Bundesregierung ermächtigt, dienen der Konkretisierung und Handhabbarkeit der sich aus § 5 BImSchG ergebenden Pflicht zur Vermeidung schädlicher Umwelteinwirkungen und zur Vorsorge gegen sie. Und nachträgliche Anordnungen nach § 17 BImSchG können nur „zur Erfüllung der sich aus diesem Gesetz und der auf Grund dieses Gesetzes erlassenen Rechtsverordnungen ergebenden Pflichten“ erlassen werden, so dass die schädlichen Umwelteinwirkungen auch hier – wie übrigens auch im Zusammenhang mit der Untersagung, Stilllegung und Beseitigung nach § 20 BImSchG sowie den in § 21 BImSchG geregelten Voraussetzungen für den Widerruf einer Genehmigung – von Bedeutung sind. Schließlich sind nicht genehmigungsbedürftige Anlagen gemäß § 22 Abs.1 BImSchG so zu errichten und zu betreiben, dass nach dem Stand der Technik vermeidbare schädliche Umwelteinwirkungen verhindert und unvermeidbare auf ein Mindestmaß beschränkt werden. Auch zur Durchsetzung dieser Pflichten besteht die Möglichkeit des Erlasses von Rechtsverordnungen (§ 23 BImSchG), von Anordnungen im Einzelfall (§ 24 BImSchG) und der Untersagung (§ 25 BImSchG).

Die genehmigungsbedürftigen Anlagen haben einen sehr engen Bezug zur Industrie und damit auch zum Aspekt der Arbeitsplätze. Welche Anlagen aufgrund ihres Immissionspotentials nach § 4 BImSchG genehmigungsbedürftig sind, ergibt sich insbesondere aus der Verordnung über genehmigungsbedürftige Anla-

---

[564] „... Anlagen, die auf Grund ihrer Beschaffenheit oder ihres Betriebes in besonderem Maße geeignet sind, schädliche Umwelteinwirkungen hervorzurufen oder in anderer Weise die Allgemeinheit oder die Nachbarschaft zu gefährden, erheblich zu benachteiligen oder erheblich zu belästigen, ...“.

gen (4. BImSchV)[565]. Das Genehmigungsverfahren nach § 4 BImSchG ist praktisch ein Industriezulassungsverfahren[566].

2. Arbeitsplatzerheblichkeit des Vorsorgegrundsatzes

Der in § 5 Abs.1 Nr.1 BImSchG postulierte Schutzgrundsatz meint nicht, dass jedes nur denkbare Risiko der Herbeiführung von schädlichen Umwelteinwirkungen ausgeschlossen sein muss. Denn das ist praktisch unmöglich, sofern man nicht gänzlich auf genehmigungsbedürftige Anlagen im Sinne des BImSchG verzichtet. Vielmehr müssen als solche erkannte Risiken mit hinreichender, dem Verhältnismäßigkeitsgrundsatz entsprechender Wahrscheinlichkeit ausgeschlossen sein[567].

Außerdem obliegt den Betreibern genehmigungsbedürftiger Anlagen nach § 5 Abs.1 Nr. 2 BImSchG auch die Vorsorge gegen schädliche Umwelteinwirkungen. Das bedeutet in Anbetracht der eigenständigen Bedeutung dieser Pflicht einen über den traditionellen Schutzgrundsatz hinausgehenden Immissionsschutz[568]. Aus den Gesetzesmaterialien ergibt sich, dass der vorbeugende Immissionsschutz bereits von Nr.1 und nicht erst durch den Vorsorgegrundsatz erfasst wird; nach der Rechtsprechung des Bundesverwaltungsgerichts war vorbeugender Immissionsschutz angesichts des Wortlauts des § 18 GewO[569] schon in der Gewerbeordnung – die den Vorsorgegrundsatz nicht beinhaltete – verankert, und diese durch die Rechtsprechung entwickelte Rechtslage sollte beibehalten werden[570]. Denkbar sind mehrere Funktionen der Vorsorge. Als „Risiko-

---

565 Vierte Verordnung zur Durchführung des Bundes-Immissionsschutzgesetzes vom 14.3.1997; außerdem regeln die Genehmigungsbedürftigkeit von Anlagen die Verordnung über Verbrennungsanlagen und ähnliche brennbare Stoffe – 17. BImSchV vom 23.11.1990 sowie die Verordnung über Anlagen der Feuerbestattung – 27. BImSchV vom 19.3.1997.

566 Feldhaus, DVBl. 1979, 301 (301); Stober HBWiVerwUmwR § 102 2.a. In der 4. BImSchV sind Anlagen im Zusammenhang mit folgenden Gruppen aufgeführt: 1. Wärmeerzeugung, Bergbau, Energie / 2. Steine und Erden, Glas, Keramik, Baustoffe / 3. Stahl, Eisen, und sonstige Metalle einschließlich Verarbeitung / 4. Chemische Erzeugnisse, Arzneimittel, Mineralölraffination und Weiterverarbeitung / 5. Oberflächenbehandlung mit organischen Stoffen, Herstellung von bahnenförmigen Materialien aus Kunststoffen, sonstige Verarbeitung von Harzen und Kunststoffen / 6. Holz, Zellstoff / 7. Nahrungs-, Genuss- und Futtermittel, landwirtschaftliche Erzeugnisse / 8. Verwertung und Beseitigung von Abfällen und sonstigen Stoffen / 9. Lagerung, Be- und Entladen von Stoffen und Zubereitungen / 10. Sonstiges.

567 BVerwGE 55, 250 ff. - Fall Voerde; zustimmend Feldhaus, DVBl. 1980, 133 (134 r. Sp.).

568 Sellner Rn 57.

569 „Die Anlagen müssen so errichtet und betrieben werden, dass schädliche Umwelteinwirkungen nicht hervorgerufen werden *können*."

570 Zu § 18 GewO: BVerwG, DÖV 1968, 773 (774). Das Wort „können" war erst auf Vorschlag des Bundesrates entsprechend der Fassung des § 18 GewO eingefügt worden mit der Begründung: „die Formulierung des gegenwärtigen Rechts sollte beibehalten werden" (BT-Drs. 7 / 179 S. 52) – Feldhaus, DVBl. 1980, 133 (134 r. Sp.); Sellner Rn 57; ders., NJW 1980,

vorsorge" kann sie der Minimierung von Restrisiken dienen und durch die Schaffung von „Sicherheitsabständen" lückenhaften Kenntnissen über die Schädlichkeit bestimmter Immissionen Rechnung tragen und durch den Ferntransport von Schadstoffen und ihre Langzeitwirkungen sowie mögliche synergistische Effekte entstehende Schäden verhüten[571]. Teilweise wird der Aspekt der Verbesserung der Umweltverhältnisse hervorgehoben[572]. Vorsorgender Immissionsschutz hat außerdem einen Freihalte- und Verteilungscharakter insofern, als durch ihn Umweltressourcen geschont und damit Belastungsfreiräume für künftige Nutzungen wie etwa neue Industrieansiedlungen erhalten oder geschaffen werden[573]. Denn nach dem BImSchG ist nur eine begrenzte Gesamtbelastung der Luft mit Schadstoffen gestattet; daher kann gerade in stark vorbelasteten Gebieten die weitere industrielle Entwicklung gehemmt sein[574]. Dass diese Vorsorgewirkung nicht nur ein denkbarer „Nebeneffekt", sondern durchaus beabsichtigte Funktion des Vorsorgeprinzips ist, zeigt dessen amtliche Begründung. Dort heißt es: „Die Forderung nach ausreichender Vorsorge ist angesichts der zunehmenden Verdichtung unserer Lebensräume unabdingbar. Sie ist aber ebenso im Interesse der Industrie selbst notwendig, um rechtzeitig zu verhindern, dass später die Errichtung neuer Industrieunternehmen wegen vorhandener bedenklicher Immissionsbelastung untersagt werden muss"[575]. Es geht mithin um eine „gerechte Verteilung des vorhandenen Potentials an zulässiger Umweltbelastung". Die genannten Funktionen schließen sich nicht gegenseitig aus, der Vorsorgegrundsatz ist multifunktional zu verstehen[576]. Aus der geschilderten

---

1255 (1256 l. Sp.); in der parlamentarischen Debatte klingt allerdings ein Verständnis der Vorsorge im Sinne des vorbeugenden Immissionsschutzes an, so in den Reden der Abgeordneten Hirsch (FDP) und Dr. Schäfer (SPD), Sten. Ber. 7 / 74, 18.1.1974, S. 4684 r. Sp.(Hirsch) u. S. 4688 r. Sp. (Dr. Schäfer).

[571] BVerwG, NVwZ 1984, 371 (373) = UPR 1984, 202 (204); Schmölling / Mäder, GewArch 1979, 47 (49); Schmidt / Müller, JuS 1985, 956 (959 mwN); Sellner Rn 58 f.; Kloepfer / Reinert, ZfU 1995, 273 (283); Arndt in Steiner VIII Rn 187; Sparwasser / Engel / Voßkuhle § 10 Rn 155; Breuer in Schmidt-Aßmann 5. Abschnitt Rn 184.

[572] Hoppe / Beckmann / Kauch § 21 Rn 59; Jarass § 5 Rn 25.

[573] Schmölling / Mäder, GewArch 1979, 47 (49); Feldhaus, DVBl. 1980, 133 (135); Sellner, NJW 1980, 1255 (1257 r. Sp.); Soell, ZRP 1980, 105 (106); Martens, DVBl. 1981, 597 (603 l. Sp.); Hansen-Dix S. 212 ff.; Sellner Rn 60; Kloepfer / Reinert, ZfU 1995, 273 (283); Arndt in Steiner VIII Rn 187; kritisch Kloepfer § 14 Rn 106.

[574] Rohde, DÖV 1979, 485 (487) macht auf die damit ggf. verbundenen weitreichenden industriepolitischen Entscheidungen (z.B. für oder gegen petrochemische Industrie, für Kohlekraftwerke gegen Raffinerien, für Grundstoffindustrie im organischen gegen Grundstoffindustrie im anorganischen Bereich) aufmerksam.

[575] Begründung zu § 6, BT-Drs. 7 / 179 S. 32; vgl. auch Dietlein in Landmann / Rohmer UmweltR I BImSchG § 1 Rn 25.

[576] BVerwGE 65, 313 (320); 69, 37 (43 ff. – Heidelberger Fernheizwerk); UPR 1995, 196 (197); Sendler, UPR 1983, 33 (43); Grabitz, WiVerw 1984, 232 (236 ff.); Arndt in Steiner VIII Rn 125 b; Jarass § 5 Rn 41 ff.; die Möglichkeit der Mehrfunktionalität erwähnen auch Kloepfer / Reinert, ZfU 1995, 273 (282); der Entwurf des UGB-AT umfaßt beide „Varianten"

Verteilungsfunktion folgt allerdings keineswegs automatisch ein Abwägungs- oder Ermessensspielraum der über die Genehmigung einer Anlage befindenden Behörde, der ihr etwa die Entscheidung darüber erlaubt, welchen industriellen Branchen die Ansiedlung ermöglicht wird und welchen nicht.

3. Gleichsetzung der „Erheblichkeit" von Nachteilen und Belästigungen mit „Unzumutbarkeit"?

3.1 Die Relativität des Erheblichkeitsbegriffs

Es mag zunächst abwegig erscheinen, über die Bedeutung des Arbeitsplatzaspektes im Rahmen des Begriffs der „schädlichen Umwelteinwirkungen" oder genauer der „erheblichen Nachteile und Belästigungen" nachzudenken. Nach ganz überwiegender Auffassung in Rechtsprechung und Literatur ist der Begriff der Erheblichkeit jedoch mit Unzumutbarkeit gleichzusetzen – Nachteile und Belästigungen sind demnach erheblich, wenn sie für die Nachbarschaft oder die Allgemeinheit unzumutbar sind[577].

Die Erheblichkeit oder Unzumutbarkeit von immissionsbedingten Nachteilen und Belästigungen lässt sich nach allgemeiner Auffassung nicht allgemeingültig für jede Situation bestimmen, vielmehr muss nach der Schutzwürdigkeit und Schutzbedüftigkeit des im Einwirkungsbereich liegenden Gebietes differenziert werden. Dabei kommt insbesondere der bebauungsrechtlichen Prägung des Gebiets entscheidende Bedeutung zu[578]. So sind in einem Wohngebiet weniger Immissionen als in einem Gewerbe- oder Industriegebiet zumutbar. Sofern bebauungsplanerische Festsetzungen bezüglich der Gebietsart bestehen, sind diese

---

des Vorsorgeprinzips, vgl. Kloepfer / Rehbinder / Schmidt-Aßmann, UGB-AT – Forschungsbericht 1991, § 4 u. Begr. zu § 4 S. 138 ff..

[577] BVerwGE 50, 49 (53 f.); 51, 15 (29 – zu § 17 Abs.4 FStrG); 68, 62 (67); 69, 37 (43 f.); 79, 254 (260); 81, 197 (200); 88, 143 (144); Feldhaus, DVBl. 1979, 301 (305); Martens, DVBl. 1981, 597 (598); Jarass, DVBl. 1983, 725 (729); Markou S. 76, 82; Sellner Rn 27; R. Schmidt § 3 Rn 9; Hoppe / Beckmann / Kauch § 21 Rn 27; Sparwasser / Engel / Voßkuhle § 10 Rn 117; Feldhaus § 3 Rn 10; Jarass § 3 Rn 27; Kutscheidt in Landmann / Rohmer UmweltR I BImSchG § 3 Rn 14; Stich / Porger § 3 Rn 11; Ule / Laubinger § 3 Rn 4; in Ziffer 4.8 der TA Luft heißt es: Nachteile oder Belästigungen sind für die Allgemeinheit erheblich, wenn sie nach Art, Ausmaß oder Dauer das Gemeinwohl beeinträchtigen (b). Nachteile oder Belästigungen sind für die Nachbarschaft erheblich, wenn sie nach Art, Ausmaß oder Dauer unzumutbar sind (c); Koch in GK § 3 Rn 57 ff. übernimmt die Interpretation des Erheblichkeitsbegriffs im Sinne von Unzumutbarkeit nicht ausdrücklich, stellt aber beiläufig fest (Rn 59): „Danach können ein und dieselben Störungen in einem räumlichen Kontext als zumutbar, in einer anderen Situation als unzumutbar einzustufen sein."

[578] BVerwG, BB 1958, 570 (I C 89 / 54); GewArch 1977, 168 (171); Jarass, DVBl. 1983, 725 (729); Koch in Koch S. 41 (43 f.); Classen, JZ 1993, 1042 (1043); Koch in GK § 3 Rn 59 ff.; Kutscheidt in Landmann / Rohmer UmwR I BImSchG § 3 Rn 15 c; Sellner Rn 27; vgl. Nr. 6.1 TA Lärm.

relevant[579]. Beim Fehlen planungsrechtlicher Vorgaben sind die tatsächlichen örtlichen Verhältnisse mit den die jeweiligen Gebiete prägenden Vorbelastungen maßgebend[580]. Diese gebietsartbedingte Relativität der Zumutbarkeitsgrenze bezieht sich vorwiegend auf Geräusche, Gerüche und Erschütterungen – so sind in Nr. 6.1 der TA Lärm je nach Gebietsart unterschiedliche Immissionsrichtwerte für Immissionsorte außerhalb von Gebäuden zwischen 70 dB (A) für Industriegebiete und 45 dB (A) tags / 35 dB (A) nachts für Kurgebiete festgelegt[581], wobei eine Schallpegeländerung um 10 dB (A) bei gleichartigen Geräuschen von über 50 dB (A) im Mittel etwa eine Verdoppelung bzw. Halbierung der subjektiv empfundenen Lautstärke bewirkt. Für nicht in bloßen Geruchsbelästigungen bestehenden Luftverunreinigungen gilt eine Differenzierung nach Gebietsart nur bedingt[582]. Aus der Anknüpfung an die Gebietsart ergibt sich auch, dass bei ei-

---

[579] BVerwGE 71, 150 (155 f.); 74, 315 (326); 84, 31 (40); 88, 143 (144 f.); Koch in Koch S. 41 (47); Kuschnerus in Koch S. 93 (98); Jarass § 3 Rn 56.

[580] BVerwGE 50, 49 (55 f.) unter Hinweis auf BVerwGE 32, 173 (178); BVerwG, UPR 1983, 27 (28); DVBl. 1991, 880 (881); Sellner / Löwer, WiVerw 1980, 221 (240); Breuer in Schmidt-Aßmann 5. Abschnitt Rn 178; Jarass § 3 Rn 57; Kutscheidt in Landmann / Rohmer UmweltR I BImSchG § 3 Rn 15 d) hebt hervor, dass die Vorbelastung nicht ihrerseits unzumutbar sein darf.

[581] Die Immissionsrichtwerte betragen für Immissionsorte außerhalb von Gebäuden in Industriegebieten 70 dB (A), in Gewerbegebieten tags 65 dB (A) / nachts 50 db (A), in Kern-, Dorf- und Mischgebieten tags 60 dB (A) / nachts 45 dB (A), in allgemeinen Wohngebieten und Kleinsiedlungsgebieten tags 55 dB (A) / nachts 40 dB (A), in reinen Wohngebieten tags 50 db (A) / nachts 35 dB (A) und in Kurgebieten, für Krankenhäuser und Pflegeanstalten tags 45 dB (A) / nachts 35 dB (A); einzelne kurzzeitige Geräuschspitzen dürfen die Immissionsrichtwerte am Tage um nicht mehr als 30 dB (A) und in der Nacht um nicht mehr als 20 dB (A) überschreiten. Der Beurteilungspegel ist nach Nr. 2.10 TA Lärm der aus dem Mittelungspegel (zeitlicher Mittelwert des Schalldruckpegels, Nr. 2.7 TA Lärm) des zu beurteilenden Geräusches und gegebenenfalls aus Zuschlägen entsprechend Ton- und Informationshaltigkeit, Impulshaltigkeit und für Tageszeiten mit erhöhter Empfindlichkeit gebildete Wert zur Kennzeichnung der mittleren Geräuschbelastung. Zur Veranschaulichung verschiedener Schallpegel: 30-40 dB (A): Flüstersprache in 1 m Entfernung, Blätterrascheln; 50-60 dB (A): Unterhaltungsgespräch, gedämpfte Radiomusik; 65-75 dB (A): Schreibmaschine , Nadeldrukker (Kopfschmerzschwelle); 70-80 dB (A): Vorbeifahrgeräusch eines PKW am Fahrbahnrand bei 50 km/h. Der Einheit dB (A) liegt die sog. A-Bewertung des Schalldrucks zugrunde, die mit Hilfe einer empirisch ermittelten Frequenzbewertungskurve der Tatsache Rechnung trägt, dass das menschliche Ohr Frequenzen zwischen ca. 1000 Hz und ca. 5000 Hz als lauter empfindet als niedrigere bzw. höhere Frequenzen des gleichen Schalldrucks; damit wird allerdings weder der Lästigkeit insbesondere der niederfrequenten Geräusche noch dem Lautheitseindruck Rechnung getragen.

[582] Die TA Luft hat in Ziffer 4.8 (Ziff. 2.5.2 aF) die früher unter dem Gesichtspunkt der Ortsüblichkeit vorgenommene Differenzierung der Immissionswerte für Stäube (Nr. 2.4.2 TA Luft 1964) aufgegeben und verweist auf die Gebietsart lediglich (in Ziff. 2.2.1.3 Abs. 2 aF) bei der Prüfung von Nachteilen und Belästigungen in Sonderfällen und soweit Immissionswerte nicht festgelegt sind. Außerdem ist die Ortsüblichkeit bei nachteiligen Wirkungen auf

nem Aufeinandertreffen von Gebieten unterschiedlicher Nutzungsart ein wechselseitiger Ausgleich im Sinne einer Mittelwertbildung stattfinden muss, wobei der Mittelwert allerdings nicht das arithmetische Mittel zweier Richtwerte ist[583]. Ist aber die Zumutbarkeit der entscheidende Maßstab, so ist es schon nach allgemeinem Sprachgebrauch denkbar, die Erheblichkeit nicht ausschließlich nach Art und Ausmaß der Immissionen, sondern auch nach dem Nutzen der immissionenverursachenden Anlage zu beurteilen. Denkbar ist also die Möglichkeit eines Ausgleichs der Nachteile in Form von Immissionen durch die Vorteile einer Anlage, da – so könnte man argumentieren – den Betroffenen insbesondere bei einer dem Gemeinwohl förderlichen oder gar unabdingbaren Anlage eben ein größeres Maß an Immissionen zumutbar ist als bei sonstigen Anlagen. Ließe man eine solche Abwägung zu, so wäre auch die Berücksichtigung der Schaffung und Erhaltung von Arbeitsplätzen im Rahmen der Beurteilung der Erheblichkeit von Immissionsbelastungen im Sinne der Rechtfertigung größerer Immissionen vorstellbar. Die Interpretation der Erheblichkeit im BImSchG als Unzumutbarkeit ist jedoch nicht unumstritten.

3.2 Die Auffassung Murswieks

Murswiek weist zunächst auf die unterschiedlichen Bedeutungen der Begriffe Erheblichkeit und (Un-)Zumutbarkeit im allgemeinen Sprachgebrauch hin: Zwar sei danach jede unzumutbare Beeinträchtigung auch erheblich, längst nicht jede erhebliche Beeinträchtigung aber unzumutbar; der Begriff der Unzumutbarkeit sei also wesentlich enger als derjenige der Erheblichkeit[584]. Sodann ermittelt er ein breites Bedeutungsspektrum des Erheblichkeitsbegriffs in der juristischen Fachsprache, wobei sich die aus der Beeinträchtigungserheblichkeit ausgeklammerten Sachverhalte zwischen Bagatellen und Zumutbarem bewegen[585]. Nach seiner Auffassung müsste bei einer allein am in § 1 BImSchG beschriebenen Schutzzweck dieses Gesetzes orientierte Interpretation die Erheblichkeitsschwelle an der unteren Grenze des Bedeutungsspektrums von „Erheblichkeit", also bei jeder über Bagatellen hinausgehenden Umweltbeeinträchtigung liegen. Da das Gesetz allerdings materielle Genehmigungskriterien sowie Vorschriften über das Genehmigungsverfahren und gerade kein Verbot der Errichtung und des Betriebs von abstrakt gefährlichen Anlagen im Sinne des § 4 Abs.1 BImSchG enthält, gehe es offenbar von der prinzipiellen Genehmigungsfähigkeit genehmigungsbedürftiger Anlagen aus. Deshalb könne die Festlegung der zu vermeidenden Beeinträchtigungen auf die Bagatellgrenze jedenfalls insofern

---

Tiere, Pflanzen und andere Sachen unterhalb der Gefahrenschwelle Maßstab der Zumutbarkeit.

583 BVerwGE 50, 49 (54 f.) – Lärm; BVerwG, NVwZ 1985, 186 (186); in Nr. 6.7 der TA Lärm ist dies nunmehr ausdrücklich bestimmt.

584 Murswiek S.302 f.

585 Murswiek S.303 –305.

nicht gelten, als daran die prinzipielle Genehmigungsfähigkeit einer Anlagenart scheitern würde[586]. Aus dieser Schutzbegrenzung folgt nach Murswiek, dass das Gesetz auch einem nicht ausdrücklich bezeichneten, dem Immissionsschutzzweck entgegenlaufenden Zweck dient und nur scheinbar monofinal programmiert ist. Als weiterer Zweck komme nur das *öffentliche* Interesse an der Ausübung der privaten Freiheit des Anlagenbetreibers in Betracht – das Bundesimmissionsschutzgesetz habe mithin auch den Zweck, den Betrieb von Industrieanlagen, die Dritte beeinträchtigen, zu ermöglichen. Das Gesetz gehe davon aus, dass die Genehmigung von Industrieanlagen bei Erfüllung der Genehmigungsvoraussetzungen im öffentlichen Interesse liegt, weil ohne die Industrie die materiellen Grundlagen der Industriegesellschaft, insbesondere des Sozialstaats in der vom Bundesimmissionsschutzgesetz vorausgesetzten Ausprägung, verlorengingen[587]. Angesichts des kontradiktorischen Verhältnisses der Zwecke komme es darauf an, eine optimale Verwirklichung beider Zwecke durch die Herstellung praktischer Konkordanz zu erreichen, notwendig sei eine „Optimierung

---

[586] Murswiek S.307 (u. 306).

[587] Murswiek S.309. Da der Staat aufgrund seiner Schutzpflicht jede nicht durch Gründe des Gemeinwohls gerechtfertigte Beeinträchtigung Dritter zu untersagen habe, komme die Gewährleistung der privaten Freiheit des Anlagenbetreibers als Zweck nur dann in Betracht, wenn diese Freiheit an sich bereits Gegenstand des Gemeinwohls ist. Das sei sie insofern , als sie grundrechtlich geschützt ist; die Wahrung der Grundrechte nämlich liege immer auch im öffentlichen Interesse. Die Gewerbe-, Berufs- oder Eigentumsnutzungsfreiheit sei materiell nicht Freiheit zum Eingriff in Rechte anderer, nicht Freiheit zur Beeinträchtigung Dritter, sofern sich nicht ausnahmsweise ein Anspruch auf Beeinträchtigung anderer aus der Verfassung ableiten lasse (S.308). Was damit gemeint ist, wird an anderer Stelle deutlicher: Murswiek gibt zu bedenken, dass die Freiheit des Unternehmers nur modal – im Sinne des Vorbehalts des Gesetzes – als Freiheit zur Beeinträchtigung Dritter zu verstehen ist, keinesfalls aber materiell (S.324). In anderem Zusammenhang betont er die strikte Unterscheidung von Grundrechtstatbestand und Grundrechtsschranken (S.193). Nach seiner Auffassung ist die Vermeidung der Gefährdung von Gemeinschaftsgütern oder von Rechtsgütern anderer jedoch eine selbstverständliche Freiheitsschranke, die den Kernbereich der grundrechtlich geschützten Freiheit nicht berührt (S.237). Auch die Berufs- und Eigentumsfreiheit berechtigen jedoch grundsätzlich zur freien Berufsausübung bzw. Eigentumsnutzung ohne Rücksicht auf andere, sofern nichts anderes einfachgesetzlich bestimmt ist oder sich aus anderen Verfassungsnormen ergibt. Zuzustimmen ist Murswiek insofern, als eine Einschränkung der Unternehmerfreiheit regelmäßig verfassungsrechtlich möglich und geboten ist. In diesem Zusammenhang jedoch von bloß „formeller" oder „modaler" Freiheit einerseits und „materieller" Freiheit zu sprechen und damit „formelle" von engeren „materiellen" Schutzbereichen zu trennen, erscheint nicht überzeugend. Eine nach Murswieks Einteilung „formelle" Betrachtungsweise ist keineswegs „die Frucht eines permissiven Liberalismus, der die liberale Grundrechtstheorie zu Unrecht in Verruf gebracht hat" (so Murswiek S.324).
Die Formulierung des neben dem Schutzzweck des BImSchG bestehenden Förderungszwecks („Förderung gewerblicher und industrieller Betätigung") findet sich auch bei Koch in GK § 3 Rn 61.

durch Kompromiss“[588]. Da der Industrieförderungszweck den ausdrücklich normierten Immissionsschutzzweck begrenze, sei er restriktiv auszulegen; die Bagatellschwelle überschreitende Beeinträchtigungen seien nur dann zulässig, wenn eine Anlage der betreffenden Art anders nicht genehmigungsfähig wäre. Auf diese Weise werde der Umwelt*nutzungs*zweck so weit wie nötig verwirklicht, der Umweltschutzzweck nicht mehr als nötig begrenzt. Unterhalb der „Bagatellschwelle“ ist *jede* Beeinträchtigung erlaubt, diese Schwelle bildet also die absolute Minimalposition des Anlagenbetreibers. Darüber hinaus bestehe eine Beeinträchtigungsbefugnis nach Maßgabe des Unvermeidlichen, die aber nach oben hin nicht unbegrenzt sei[589]. Sie finde ihre Grenze an der Schwelle zur Unzumutbarkeit, der Minimalposition der Betroffenen, an der die Pflicht zur Duldung von Beeinträchtigungen ende. Unzumutbare Beeinträchtigungen sind demnach immer erheblich. Nach seiner Auffassung sollte die Grenze der zulässigen Beeinträchtigungen aber nicht allein vom Maß der – individuellen - Zumutbarkeit bestimmt werden, da § 5 Nr.1 BImSchG nicht nur den Einzelnen, sondern auch die Allgemeinheit schützt[590]. Besonders interessant im hier erörterten Zusammenhang sind die von Murswiek genannten Kriterien für die Unzumutbarkeit von Immissionsbeeinträchtigungen: diese hänge nicht nur von Art und Intensität der Belastung ab, sondern auch vom Zweck, zu dessen Verwirklichung dem Betroffenen das Opfer abverlangt werde, nämlich dem Industrieermöglichungszweck. Als öffentlicher Zweck sei zugunsten einer bestimmten industriellen Anlage sozusagen der auf die Anlage entfallende Bruchteil des öffentlichen Interesses an der Erhaltung des gesamten Industriesystems zu veranschlagen. „Dies lässt es freilich als vertretbar erscheinen, zwischen unterschiedlichen Anlagearten zu differenzieren, also ein erhöhtes öffentliches Interesse für solche Anlagen anzunehmen, ohne die das Gesamtsystem nicht existieren könnte; dies gilt insbesondere für die Anlagen der Energieversorgung“. Zu berücksichtigen sei allerdings nur der vom Gesetz vorausgesetzte Industrieförderungszweck im gesetzlich vorausgesetzten Umfang. Kein öffentliches Interesse könne die Genehmigung einer Anlage rechtfertigen, wenn die Genehmigungsvoraussetzungen nicht erfüllt sind, die Anlage insbesondere schädliche Umwelteinwirkungen verursache. *Insoweit* enthalte das Gesetz keinen Spielraum für irgendwelche

---

588 Murswiek S.310; der Ausdruck „Optimierung durch Kompromiß“ stammt von Friauf, VEnergR 50, 109.

589 Murswiek S.312. Zur Beurteilung der erforderlichen Unvermeidlichkeit von (Umwelt-) Beeinträchtigungen komme es aber nicht nur auf die technische, sondern auch auf die wirtschaftliche Realisierbarkeit von Maßnahmen zur Reduzierung der Beeinträchtigung an; außerdem dürfe der wirtschaftliche Aufwand nicht in einem unvernünftigen Verhältnis zum erzielten Sicherheitsgewinn stehen (S.313).

590 Murswiek S.314; in JZ 1989, 240 (242) schreibt er: „Es liegt auf der Hand, dass hiernach unzumutbare Immissionen immer erheblich sind, daß aber längst noch nicht alles, was erheblich ist, auch unzumutbar ist.“

Abwägungen[591]. Den die äußerste Immissionsbelastungsgrenze markierenden Begriff der Unzumutbarkeit versteht Murswiek offenbar im Sinne verfassungsrechtlicher Unzumutbarkeit bzw. Unverhältnismäßigkeit und damit sehr strikt. Seine Konzeption führt nach eigenem Bekunden im Ergebnis dazu, dass sich im Bereich der häuslichen Kleinimmissionen die Erheblichkeitsschwelle zumeist mit der Bagatellschwelle berühren wird; wo es hingegen um industrielle Großimmissionen geht, liegen Erheblichkeits- und Bagatellschwelle in der Regel weit auseinander – wenngleich meist immer noch deutlich unter der Maximalgrenze des für den Beeinträchtigten noch Zumutbaren[592]. Eine Gleichsetzung von Erheblichkeit und Unzumutbarkeit lasse sich auch nicht durch die Pflicht zur gegenseitigen Rücksichtnahme im nachbarschaftlichen Gemeinschaftsverhältnis begründen. Denn das Gegenseitigkeitsprinzip rechtfertige Beeinträchtigungen nur gegenüber demjenigen, der selbst beeinträchtige, und nur in dem Maße, in dem er selbst beeinträchtige. Ein solches jedenfalls potentiell gleichartiges und „auf Gegenseitigkeit" beruhendes wechselseitiges Beeinträchtigungsverhältnis aber besteht seiner Auffassung nach zwischen industriellen Großemittenten und deren Nachbarn gerade nicht[593]. Das Unzumutbarkeitskriterium lasse sich auch nicht aus dem Polizeirecht übernehmen, da im Immissionsschutzrecht das Sicherheitsniveau gegenüber dem allgemeinen Gefahrenabwehrrecht verbessert werden sollte[594]. Schließlich führt er § 22 BImSchG als Argument an, demzufolge nicht genehmigungsbedürftige Anlagen so zu errichten und zu betreiben sind, dass schädliche Umwelteinwirkungen verhindert werden, die nach dem Stand der Technik vermeidbar sind. Würde man nun, so Murswiek, nur unzumutbare Beeinträchtigungen als erheblich betrachten, so müsste der Immissionsbetroffene auch unzumutbare Beeinträchtigungen dulden, sofern sie technisch unvermeidbar sind. Dies aber würde gegen das Verhältnismäßigkeitsprinzip verstoßen und die Grundrechte des Betroffenen aus Art. 2 Abs.1 u. 2 oder Art. 14 GG verletzen, § 22 BImSchG wäre demnach verfassungswidrig[595]. Freilich setzt Murswiek hier sein Verständnis der Unzumutbarkeit im Sinne unverhältnismäßiger Grundrechtsbeeinträchtigung voraus. Später wendet er sich der Konkretisierung der zulässigen Immissionsbelastung zu. Der gebotene Ausgleich von Umweltschutz- und Industrieförderungszweck könne nicht durch die starre Festlegung der Erheblichkeitsgrenze auf die Mitte zwischen den beiden Polen „Bagatelle" und „Unzumutbarkeit" erreicht werden. Denn einerseits gehöre zu den konkreten Bedingungen des Industriesystems in der Bundesrepublik

---

[591] ders. S.316 f.

[592] ders. S.325.

[593] ders. S.327.

[594] ders. S.329 f.

[595] ders. S.330; in JZ 1989, 240 (241) kritisiert er den Widerspruch, der sich ergebe, wenn man wie die Rechtsprechung erheblich beeinträchtigende Immissionen als unzumutbare Immissionen interpretiere und gleichzeitig davon ausgehe, dass unzumutbare Immissionen nicht hervorgerufen werden dürfen.

die Enge des Raums, die eine Summierung von Immissionsbeiträgen aus vielen Quellen unvermeidlich mache, so dass bei Zugrundelegung eines starren Mittelwertes das zulässige Maß an Beeinträchtigungen in Ballungsgebieten oftmals nicht eingehalten werden könnte. Andererseits sei es nicht ausgeschlossen, dass für einzelne Schadstoffe der Grenzwert in der Nähe der Bagatellschwelle festgesetzt werden könne, ohne dass dies negative Auswirkungen für das Industriesystem insgesamt hätte. Ein starrer Kompromiss sei somit nicht praktikabel und auch nicht in erkennbarer Weise vom Gesetz vorgeschrieben[596]. Vielmehr lasse das Gesetz rechtliche Kriterien dafür, an welcher Stelle zwischen der Bagatell- und der Unzumutbarkeitsschwelle die Grenze der zulässigen Immissionsbelastung zu ziehen sei, nicht erkennen – der Widerspruch zwischen Schutz- und Förderungszweck könne nicht durch nachvollziehende, sondern nur durch gestaltende Abwägung überwunden werden. Der Immissionsschutzstandard sei durch die unbestimmten Rechtsbegriffe der §§ 6 Nr.1, 5 Nr.1 BImSchG gar nicht abschließend determiniert[597]. Nach Murswieks Auffassung ist die Kongruenz von Beeinträchtigungserlaubnis des Emittenten und Duldungspflicht normlogisch und rechtlich nicht zwingend vorgegeben. Vielmehr bestünden unterschiedliche Voraussetzungen für Genehmigung und Versagung genehmigungsbedürftiger Anlagen insofern, als die Genehmigung nur dann erteilt werden *muss*, wenn die Bagatellschwelle überschreitende Immissionen vermieden werden, jedoch auch erteilt werden *darf*, sofern nur unzumutbare Immissionen vermieden werden. Aus der genannten Divergenz ergibt sich notwendig ein Ermessen der Genehmigungsbehörde. Zur Begründung verweist Murswiek vornehmlich auf die kontradiktorischen Zwecke des Immissionsschutzes und der Industrieförderung. Aufgrund dieser könne insbesondere der Begriff der „Schädlichkeit" der Umwelteinwirkungen bzw. der „Erheblichkeit" von Beeinträchtigungen in unterschiedlichem Sinne interpretiert werden, je nachdem, welcher Zweck die Interpretation leite[598]. Eine Kongruenz von Vermeidungs- und Duldungspflicht lasse sich nicht herstellen. „Erstens sind die Zwecke, die die Pflichten rechtfertigen und ihre Interpretation leiten, heterogen. Während die Vermeidungspflicht dem Schutz der Betroffenen dient, dient die Duldungspflicht nicht nur der Freiheitsausübung des Immissionsverursachers, sondern zugleich dem öffentlichen Zweck der Ermöglichung der realen Existenzbedingungen des Industriesystems (Förderungszweck)." Zweitens sei ein Interessenausgleich zwischen Anlagenbetreiber und Immissionsbetroffenen nicht möglich, da es bei der Festlegung der Grenze der zulässigen Immissionsbelastung nicht um die Größe des von einem bestimmten Anlagenbetreiber verursachten Immissionsbeitrages, sondern um die Größe der Gesamtimmissionen geht, denen die Betroffenen ausgesetzt sind – also um die Bewirtschaftung der Ressource

[596] ders. S.348 f.
[597] ders. S. 351ff.
[598] ders. S.355 (dort zunächst als Hypothese) u. S.357 f.

Luft[599]. Murswiek betrachtet die Entscheidung über das Maß der erlaubten Immissionsbelastung der Sache nach als „hochpolitische" Planungsentscheidung. Die nach § 48 BImSchG als allgemeine Verwaltungsvorschriften ergehenden Technischen Anleitungen mit den in ihnen allgemein festgelegten Immissionswerten, welche von der Bundesregierung mit Zustimmung des Bundesrates erlassen werden und das Ermessen der Genehmigungsbehörde binden, würden sicherstellen, dass diese „planvolle Ressourcenbewirtschaftungsentscheidung" nicht den Zufälligkeiten vieler Einzelentscheidungen überlassen bleiben, „sondern von den für die Entwicklung der Wirtschaft, der Sicherheit und der Lebensverhältnisse politisch verantwortlichen Instanzen getroffen und mit der sonstigen Wirtschafts- und Umweltpolitik abgestimmt werden kann". In die Entscheidung können seiner Auffassung nach alle für die Verwirklichung der kontradiktorischen Gesetzeszwecke relevanten Aspekte und damit auch *wirtschafts- und sozialpolitische Gesichtspunkte* wie etwa das Streben nach Wirtschaftswachstum, die internationale Konkurrenzfähigkeit oder die *Sicherung von Arbeitsplätzen* eingehen[600]. Diese Aspekte im allgemeinen und die Sicherung von Arbeitsplätzen im besonderen kann dann aber nicht nur beim Erlass von Verwaltungsvorschriften durch die Bundesregierung relevant sein, sondern auch im Rahmen der von der Verwaltung zu treffenden Einzelfallentscheidung, sofern ein entsprechender Ermessensspielraum trotz der Verwaltungsvorschriften vorhanden ist. Aufgrund des planerischen Charakters der Entscheidung greift Murswiek bezüglich der Ermessensgrenzen auf die von der Rechtsprechung zum Abwägungsermessen nach § 1 Abs.6 BauGB entwickelten Grundsätze zurück[601]. Hier ist das Ermessen allerdings von vornherein durch die Minimalgrenze (Bagatellgrenze), die Maximalgrenze (Zumutbarkeitsgrenze) und das Gebot eingeschränkt, Belastungen zwischen diesen beiden Polen so gering wie technisch möglich zu halten. Außerdem kommt den Technischen Anleitungen eine ermessensbindende Funktion zu[602].

Im Ergebnis bedeutet diese Konzeption, dass ein Genehmigungsanspruch nur beim Verbleiben der von einer Anlage ausgehenden Immissionen unterhalb der Bagatellschwelle und damit nur in engen Grenzen besteht, darüber hinaus aber ein Spielraum auch für die Berücksichtigung des Nutzens einer Anlage wie der mit ihr verbundenen Arbeitsplätze existiert. Dieser Abwägungsspielraum mit der Möglichkeit zur Genehmigung besteht allerdings nur dort, wo die herrschende Meinung einen Anspruch auf Genehmigung annimmt[603]. Der Wortlaut des § 5 Nr.1 BImSchG legt die dargestellte Interpretation allerdings nicht gerade nahe. Nach Murswiek ist der Betreiber zwar zur Vermeidung von Immissionen, die nicht nur Bagatellcharakter haben, verpflichtet, jedoch muss jedermann Immis-

599 ders. S.358 f.
600 ders. S.361.
601 ders. S. 363 ff.
602 ders. S. 377 ff.
603 ders. S. 370.

sionen dulden, welche die deutlich höher liegende Grenze der Unzumutbarkeit nicht überschreiten. Die Regelung der §§ 6 Nr.1, 5 Nr.1 BImSchG legt die Vermeidungspflicht des Immissionsverursachers und die Duldungspflicht mit den gleichen unbestimmten Rechtsbegriffen fest. Murswiek erinnert daran, dass in der Rechtssprache dieselben Termini durchaus je nach Zusammenhang unterschiedliche Bedeutung haben können und folgert daraus, es könne jedenfalls im Prinzip nicht ausgeschlossen sein, dass ein doppelseitiger Rechtssatz in unterschiedlichem Sinne zu interpretieren sei, je nachdem, um welchen der beiden an unterschiedliche Adressaten gerichtete Rechtssätze es gehe. Er räumt allerdings ein, dass die Beschreibung beider Pflichten in einem einzigen Rechtssatz mit ein und denselben unbestimmten Rechtsbegriffen eine Vermutung für dieselbe Bedeutung beider Begriffe begründet. Wer das Gegenteil behaupte, dem obliege die Begründungslast[604]. Dass den gleichen Begriffen grundsätzlich nicht nur in verschiedenen Gesetzen, sondern auch innerhalb eines Gesetzes unterschiedliche Bedeutung zukommen kann, ist nicht zu bestreiten. Hier allerdings geht es um die Bedeutung des Begriffs der schädlichen Umwelteinwirkungen in ein und derselben Norm, wobei der Begriff nicht einmal mehrmals genannt wird. Immerhin ist der Begriff auch in der Legaldefinition des § 3 Abs.1 BImSchG erläutert, die offensichtlich für das gesamte BImSchG Geltung beansprucht. Und in dieser Norm wird der Begriff der Erheblichkeit von Nachteilen oder Belästigungen zwar nicht definiert, wohl aber genannt; das impliziert die gleiche Bedeutung auch dieses Begriffs im gesamten Gesetz. In der amtlichen Begründung zu § 6 BImSchG heißt es schlicht, bei Vorliegen der dort genannten Voraussetzungen bestehe ein Rechtsanspruch auf Genehmigungserteilung, für ein Ermessen der Genehmigungsbehörde sei kein Raum[605]. Und der Gesetzgeber hat die ständige Rechtsprechung zur Erheblichkeit von Nachteilen und Belästigungen vorgefunden und wollte diese den Erheblichkeitsbegriff mit Unzumutbarkeit gleichsetzende Rechtsprechung ersichtlich übernehmen[606]. Im übrigen hatte die SPD-Fraktion im Rahmen der Beratungen über die Novellierung des BImSchG 1985 vorgeschlagen, in § 6 BImSchG die Worte „Die Genehmigung ist zu erteilen, wenn ...“ durch die Worte „Die Genehmigung darf nur erteilt werden, wenn ...“ zu ersetzen, also für die Erteilung der Genehmigung ein Versagungsermessen einzuführen[607] - auch bei Vorliegen der Genehmigungsvoraussetzungen hätte dann kein Anspruch auf Genehmigungserteilung bestanden. Das die-

[604] ders. S.356.

[605] BT-Drs. 7 / 179 S. 31, Begründung zu § 6.

[606] Kutscheidt in L/R BImSchG § 3 Rn 14 c; Murswiek selbst spricht davon, dass die Gleichsetzung von Erheblichkeit und Unzumutbarkeit im Immissionsschutzrecht Tradition habe (Murswiek S. 303).

[607] BT-Drs. 10 / 3556 S.17 4.1; für die Einführung eines Versagungsermessens haben sich Umweltverbände und –institutionen sowie der Deutsche Beamtenbund ausgesprochen, dagegen BDI, DIHT sowie die deutliche Mehrheit der Sachverständigen - vgl. Feldhaus, UPR 1985, 385 (392).

sem Vorschlag zugrundeliegende Versagungsermessen hätte also auch bei bloßen Bagatellbeeinträchtigungen im Sinne Murswieks bestanden und wäre insofern über das von ihm entwickelte, stärker eingegrenzte Ermessen hinausgegangen. Entgegen diesem Vorscglag wurde jedoch ein Versagungsermessen gerade nicht ausdrücklich normiert.
Schließlich ist die Charakterisierung des BImSchG als Immissionsvermeidungs-*und Industrieförderungsgesetz* bei aller in diesem Zusammenhang zutreffend beschriebenen Aspekte zweifelhaft. In § 1 BImSchG ist als Gesetzeszweck ausschließlich der Immissionsschutz angeführt. Dementsprechend heißt das Gesetz nicht etwa Immissionsgesetz oder gar Immissionsermöglichungsgesetz, sondern Immissions*schutz*gesetz – es ist also ausdrücklich ein Gesetz zum Schutz vor Immissionen und nicht zum „Schutz von Immissionen"[608]. Im Rahmen der Antwort auf eine parlamentarische Anfrage hat die Bundesregierung im Jahre 1976 sogar erklärt, die Lösung von Konflikten zwischen dem Immissionsschutz und anderen öffentlichen Belangen sei nicht Gegenstand des Gesetzes[609]. Murswiek ist völlig darin zuzustimmen, dass das Gesetz von der prinzipiellen Genehmigungsfähigkeit industrieller Anlagen ausgeht. Durch das BImSchG wird ersichtlich kein Immissionsschutz um jeden Preis angestrebt, vielmehr ein Immissionschutz unter Berücksichtigung auch anderer mit diesem in Widerstreit stehender, insbesondere industrieller Belange. Das bedeutet nur, dass Erhaltung und Entwicklung der Industrie durch das Gesetz nicht übermäßig behindert werden sollen, nicht hingegen, dass die Industrie gefördert werden soll. Und damit ist nichts darüber gesagt, inwiefern industrielle Belange nicht nur vom Gesetzgeber berücksichtigt wurden, sondern auch von der gesetzesanwendenden Verwaltung berücksichtigt werden dürfen und müssen.

3.3 Die Auffassung Classens

Auch Classen lehnt die Gleichsetzung von Erheblichkeit und Unzumutbarkeit ab. Wie Murswiek weist er zunächst darauf hin, dass diese Gleichsetzung schon vom Wortlaut her nicht nahe liege. Nach der Interpretation der Begriffsbestimmung des § 3 BImSchG durch die herrschende Meinung ergebe sich aus ihr die Rechtsfolge mehr oder minder zwingend – die einzelnen, die konkreten Rechtsfolgen anordnenden Bestimmungen des BImSchG mit Bezug zum Begriff der „schädlichen Umwelteinwirkungen" wiesen aber erhebliche Unterschiede auf,

---

[608] Murswiek weist in diesem Zusammenhang auf das Atomgesetz hin, das im Gegensatz zum Bundesimmissionsschutzgesetz eine neutrale Kurzform aufweist und in der Überschrift („Gesetz über die friedliche Verwendung der Kernenergie und den Schutz gegen ihre Gefahren") ebenso wie in § 1 noch vor dem Schutz- den Förderungszweck nennt (Murswiek S. 308 FN 25).

[609] BT-Drs. 7 / 5665 S.3 – Antwort der Bundesregierung auf die Kleine Anfrage der Abgeordneten (...) und der Fraktion der CDU/CSU, BT-Drs. 7 / 5597, betr. Verwirklichung des 6000-MW-Programms für steinkohlengefeuerte Kraftwerke.

die durch die Interpretation des § 3 BImSchG nicht missachtet werden dürfen. Erheblich seien solche Immissionen, die aus der Sicht der Betroffenen, also der Nachbarn und der Allgemeinheit, ein gewisses Mindestmaß übersteigen, wobei von einem verständigen Durchschnittsmenschen auszugehen sei. Nach Classen führen auch bei dieser Interpretation unterschiedliche Nutzungen in der Nachbarschaft zu unterschiedlichen Bewertungen[610].

Die Vorzugswürdigkeit seines Erheblichkeitsbegriffs begründet er unter anderem – ähnlich wie Murswiek – mit § 22 BImschG. Bei genehmigungspflichtigen Anlagen dürfen schädliche Umwelteinwirkungen nach dem Gesetzeswortlaut durchweg nicht hervorgerufen werden, bei nicht genehmigungspflichtigen Anlagen hingegen durchaus, sofern sie technisch nicht vermeidbar sind und unterhalb der Gefahrenschwelle verbleiben. Eine Gleichsetzung von Erheblichkeit und Unzumutbarkeit von Beeinträchtigungen müsste demnach dazu führen, dass Nachbarn gegebenenfalls auch vermeintlich unzumutbare Immissionen ertragen müssten. Dieses Ergebnis vertrete allerdings niemand, vielmehr werde allgemein angenommen, dass auch bei nicht genehmigungsbedürftigen Anlagen die Zumutbarkeit das Ausmaß des Zulässigen bestimmt. Von einigen Stimmen in der Literatur werde sogar ausdrücklich bestritten, dass sich der Maßstab des § 22 letztlich von dem des § 5 BImSchG unterscheide[611]. Inwiefern Classen dies für konsequent hält, wird zwar nicht ganz deutlich. Jedenfalls aber hält er diese Nivellierung der Maßstäbe für mit Wortlaut und Gesetzessystematik unvereinbar.

Als Hintergrund der herrschenden Meinung meint Classen die „harte" Rechtsfolge des § 6 iVm § 5 Abs.1 Nr.1 BImSchG ausgemacht zu haben, nämlich das strikte Verbot schädlicher Umwelteinwirkungen. Das schrecke wohl etwas. Dabei wird seiner Auffassung nach jedoch nicht hinreichend beachtet, dass Immissionsschutz auch durch räumliche Trennung von Emissionsquellen und besonders gefährdeten Nutzungen wie etwa Wohnungen zu realisieren sei. Ein primär quantitativ-tatsächlich verstandener Erheblichkeitsbegriff, der keinen Raum für eine Einzelfallabwägung bei der Gesetzesanwendung lässt, verlange also nichts Unmögliches[612]. Das Planungsrecht liefere nicht die entscheidenden Vorgaben für das Immissionsschutzrecht, sondern habe diesem gegenüber eine dienende Funktion. Genehmigungspflichtige Anlagen seien ohnehin grundsätzlich nur in Industriegebieten zulässig, die nach der Rechtsprechung nicht in unmittelbarer Nachbarschaft zu immissionsschutzmäßig besonders schutzbedürftigen Wohngebieten ausgewiesen werden sollen.

Bei nicht genehmigungsbedürftigen Anlagen ermögliche die Mindestmaßklausel bei unvermeidbaren Umweltbeeinträchtigungen die Berücksichtigung der von der herrschenden Meinung im Rahmen der Zumutbarkeit herangezogenen Ge-

---

[610] Classen, JZ 1993, 1042 (1043).

[611] ders., JZ 1993, 1042 (1044 f.); für eine volle Gleichsetzung der Maßstäbe der §§ 22 und 5 BImSchG: Kutscheidt, NVwZ 1983, 65 (68); Stühler, VBlBW 1988, 201 (203). Schwerdtner, NVwZ 1989, 936 (937); Kloepfer S. 437 f.

[612] ders., JZ 1993, 1042 (1045).

sichtspunkte. Und die teilweise erheblichen etwa mit Feuerwehrsirenen, Kirchenglocken, Kinderspiel- und Bolzplätzen verbundenen Lärmimmissionen sieht Classen als legitim an, da diese Anlagen sinnvollerweise nur in gewisser Nähe von Wohnbauten errichtet werden können[613]. Ein solches „Näheprinzip" betrachtet er offenbar als Kehrseite des Trennungsgrundsatzes.
Schließlich halte die herrschende Meinung ihren Ansatz insofern nicht konsequent durch, als sie bei den dem Vorsorgeprinzip zuzurechnenden Normen statt auf das Kriterium der Zumutbarkeit auf den von ihm favorisierten quantitativ-tatsächlichen Erheblichkeitsbegriff zurückgreife. Die Zumutbarkeit sei auf das Schutzprinzip zugeschnitten und nicht auf das durch Emissionsvermeidung (§ 5 Abs.1 Nr.2 BImSchG) gekennzeichnete Vorsorgeprinzip. Der Begriff der schädlichen Umwelteinwirkungen darf nach Classens Auffassung angesichts der Legaldefinition in § 3 Nr.1 BImSchG nicht aufgrund unterschiedlicher Interpretation des Erheblichkeitsbegriffs bei Schutz- und Vorsorgeprinzip verschieden definiert werden[614].
Im Ergebnis kommt eine Berücksichtigung der mit einer Anlage verbundenen Arbeitsplätze nach dieser Konzeption somit nicht in Betracht. Indirekt berücksichtigt Classen den Nutzen einer Anlage zwar durch das von ihm entwickelte „Näheprinzip"; denn eine Anlage kann nur dann „sinnvollerweise" in der Nähe von Wohnbauten errichtet werden, wenn sie überhaupt sinnvoll ist – was auch immer das genau bedeuten mag. Arbeitsplätze können jedoch sinnvollerweise nicht nur in der Nähe von Wohnbauten geschaffen werden. Somit vermag auch das Näheprinzip nicht bestimmte von einem Betrieb verursachte Immissionen nur deshalb zu legitimieren, weil mit ihm Arbeitsplätze verbunden sind. Denkbar ist zwar, dass er sich aus anderen Gründen in der Nähe zu Wohnvierteln befinden muss. Der Gesichtspunkt der Arbeitsplätze als solcher vermag eine erhöhte Immissionsbelastung für Nachbarn und Allgemeinheit nicht zu rechtfertigen.

4. Beispiele für Zumutbarkeitsregelungen

Wie die folgenden Beispiele zeigen, sind ausdrückliche Zumutbarkeitsregelungen dem Immissionsschutzrecht keineswegs fremd.

4.1 Die Preußische Technische Anleitung von 1895

So hieß es beispielsweise in der Preußischen Technischen Anleitung von 1895[615] im Zusammenhang mit genehmigungspflichtigen Anlagen: „Es ist zu erwägen, ob jene Nachteile, Gefahren oder Belästigungen dasjenige Maß überschreiten,

---

[613] ders., JZ 1993, 1042 (1048).
[614] ders., JZ 1993, 1042 (1049).
[615] Pr. MBliV 1895, abgedruckt bei Feldhaus BImSchR Bd. II Anhang 1 a.

dessen Duldung sowohl den Nachbarn als dem Publikum *im Interesse der für die allgemeine Wohlfahrt unentbehrlichen Industrie angesonnen* (also: zugemutet !) werden kann". Zwar gilt diese Anleitung längst nicht mehr, jedoch ist der Schutzzweck des Genehmigungsverfahrens heute wie damals der gleiche. Hier ist der Konflikt zwischen Industrie und Immissionsbetroffenen explizit beschrieben. Dabei ist nicht vom Interesse der Fabrikeigentümer die Rede, vielmehr wird die Bedeutung der Industrie für das Allgemeinwohl hervorgehoben. Dem Wortlaut lässt sich nicht zweifelsfrei entnehmen, ob der im Einzelfall entscheidenden Verwaltung hier eigene Abwägungsspielräume eröffnet sind oder aber die Zumutbarkeit das Ergebnis einer Abwägung ist, deren Motiv die Anleitung durch Erwähnung der industriellen Interessen deutlich macht. Der Satz hat aber als an die Behörden gerichtete Handlungsanweisung nur dann eigenständige Bedeutung, wenn von einem gesetzlichen Freiraum für behördliche Zumutbarkeitserwägungen auszugehen ist[616]. Auch der Ausdruck des „Erwägens" spricht für einen solchen Freiraum.

4.2 § 3 NRW-ImSchG (1975)

In § 3 Abs.1 des nordrhein-westfälischen Immissionsschutzgesetzes von 1975[617] ist die Grundpflicht, auf die sich alle anderen Vorschriften beziehen, wie folgt beschrieben: „Jeder hat sich so zu verhalten, dass schädliche Umwelteinwirkungen vermieden werden, soweit das nach den Umständen des Einzelfalles möglich und zumutbar ist". Der Umfang der Immissionsvermeidungspflicht ist hier also ausdrücklich durch das Maß des Zumutbaren begrenzt. Das könnte darauf zurückzuführen sein, dass das Landes-Immissionsschutzgesetz sich im wesentlichen auf durch menschliches Verhalten unmittelbar verursachte Immissionen bezieht[618]. Denn bei diesen Verhaltensnormen steht der Belästigungsschutz im Vordergrund, das Gefahrenpotential ist hier geringer als bei genehmigungsbedürftigen Anlagen, die Auswirkungen sind begrenzt und kalkulierbar.

5. Berücksichtigung des Nutzens der Anlage für die Allgemeinheit

5.1 „Abwägungsurteile"

In einem Beschluss, in dem es um den von einem Schießplatz ausgehenden Lärm ging, hat das Bundesverwaltungsgericht die Erheblichkeit schädlicher Umwelteinwirkungen allein nach dem - gebietsspezifisch unterschiedlichen – Maß der durch Immissionen beeinträchtigten Rechtsgüter beurteilt. Dort ist zu

---

616 Feldhaus, DVBl. 1979, 301 (302).

617 Nordrhein-westfälisches Immissionsschutzgesetz vom 18.3.1975 (GVBl. S.232).

618 zB Verbrennen von Gegenständen im Freien (§ 7), Störung der Nachtruhe durch lärmendes Verhalten (§ 9), Benutzung von Tongeräten im Freien (§ 10), Abbrennen von Feuerwerken (§ 11) und Halten von Tieren (§ 12).

lesen, dass sich die Erheblichkeit einer Belästigung „nicht nach der Schutzwürdigkeit oder Schutzbedürftigkeit der den Lärm verursachenden Anlage *oder des hinter ihr stehenden Allgemeininteresses*, sondern (...) nach der Empfindlichkeit der durch die Vorschriften dieses Gesetzes geschützten Rechtsgüter“ richte, wobei die Schutzbedürftigkeit des gesetzlichen Rechtsgutes situationsbezogen und insofern umgebungsabhängig sei[619]. Demnach ist eine abwägende Berücksichtigung des mit einer Anlage verbundenen Nutzens wie Arbeitsplatzschaffung oder –erhaltung ausgeschlossen. In etlichen Entscheidungen wird allerdings mit einer Abwägung unter Einbeziehung auch der Bedeutung der störenden Anlage operiert. So wird das morgendliche Angelusläuten auch deshalb nicht als erhebliche Belästigung eingestuft, weil das kultische Glockengeläut eine jahrhundertealte kirchliche Lebensäußerung sei, die im Rahmen des Herkömmlichen auch in einer säkularisierten Gesellschaft *bei Würdigung der widerstreitenden Interessen* hinzunehmen sei[620]. Im Hinblick auf nichtsakrales nächtliches Glockengeläut erklärte das Gericht, dass eine über die grundsätzliche Erheblichkeitsschwelle hinausgehende Duldungspflicht der Nachbarn Gegenrechte oder ein *gegenläufiges Interesse des Lärmverursachers von mindestens annähernd vergleichbarem Stellenwert* voraussetze[621]. In der Entscheidung zum Heidelberger Fernheizwerk, das sich gegen eine behördliche Anordnung zur ausschließlichen Verwendung schwefelarmen Heizöls wehrte, heißt es ohne weitere Erläuterung, der Rechtsbegriff der Zumutbarkeit führe nicht zu ein für allemal feststehenden Konfliktlösungen, sondern setze *eine Abwägung und damit eine Bewertung der widerstreitenden Interessen voraus*[622]. Später macht das Gericht freilich deutlich, dass sich ein Fernwärmebonus allenfalls mit der Erwägung rechtfertigen ließe, dass eine zentrale Wärmeversorgung, da mit der Stilllegung einer Vielzahl von Einzelheizungen verbunden, zu einer insgesamt günstigeren Emissionsbilanz führt[623]. In einem sich mit dem Lärm einer Feuerwehrsirene befassenden Urteil heißt es: „Die Beurteilung der Erheblichkeit von Lärm setzt eine Wertung voraus, die im Sinne einer *„Güterabwägung“* die konkreten Gegebenheiten zum einen der emittierenden Nutzung, zum anderen der immissionsbetroffenen Nutzung in Betracht zieht (...). Bei dieser *„Güterabwägung“* sind auch gesetzliche Wertungen zu berücksichtigen (...)“[624]. Unter Berufung insbesondere auf das

---

[619] BVerwG, UPR 1983, 27 f.
[620] BVerwGE 68, 62 (67).
[621] BVerwGE 90, 163 (166 f.).
[622] BVerwGE 69, 37 (43 f.).
[623] BVerwGE 69, 37 (43 ff.).
[624] BVerwGE 79, 254 (260) – an anderer Stelle heißt es: „Zutreffend hat das BerGer. insofern als für die Erheblichkeit der Belästigung maßgebliche Umstände berücksichtigt, dass die Alarmsirene ihren gesetzlichen, dem Gemeinwohl dienenden Zweck darin erfüllt, als Lärm empfundene Geräusche zu erzeugen (...).“ Die Richter gaben dem Berufungsgericht auf zu prüfen, ob der vor dem Wohn- und Schlafzimmerfenster des benachbarten Wohnhauses auftretende Lärmpegel von 110 dB (A) eine erhebliche Belästigung darstelle. Unter Hinweis auf den nach der TA Lärm geltenden Tagesrichtpegel für allgemeine Wohngebiete von nur 55

Feuersirenenurteil hat das Gericht in sich mit Sportplatzlärm befassenden Entscheidungen ausgeführt, bei der Beurteilung der Hinnehmbarkeit komme es auf eine *situationsbezogene Abwägung* und auf einen *Ausgleich widerstreitender Interessen* an[625], als erheblich sei alles anzusehen, was den Nachbarn *auch unter Würdigung anderer öffentlicher und privater Belange* einschließlich derjenigen des Anlagenbetreibers billigerweise nicht mehr zuzumuten ist. Zu beachten ist, dass es nur in der Entscheidung zum Heidelberger Fernheizwerk um Luftverschmutzung ging und das Gericht dort auf der Einhaltung des durch den in § 11 Abs.2 der Großfeuerungsanlagenverordnung festgesetzten Emissionsgrenzwertes bestanden hat. Alle anderen Entscheidungen hingegen bezogen sich auf Geräuschimmissionen. Es fällt schwer, die zitierten Entscheidungen mit dem beispielhaft für die frühere Rechtsprechung stehenden Schießplatz-Beschluss in Einklang zu bringen, in dem eine Abwägung zwischen störender und gestörter Nutzung nachdrücklich abgelehnt und die Erheblichkeitsbeurteilung allein aus der Sicht der von den Belästigungen Betroffenen vorgenommen wurde.

Kutscheidt erblickt darin jedoch keinen Widerspruch. Schließlich werde bei der Bestimmung der Zumutbarkeitsgrenze auf das Empfinden eines verständigen Durchschnittsmenschen abgestellt, der unter Würdigung öffentlicher und privater Belange sowie gesetzlicher Wertungen - wie beispielsweise der Sicherstellung des Feuerschutzes - feststelle, was ihm billigerweise nicht mehr zuzumuten ist[626] Wie bereits erwähnt, sind in der Tat neben dem Charakter des von Immissionen betroffenen Gebietes und der Ortsüblichkeit der Immissionen auch das Maß der Akzeptanz in der Bevölkerung gegenüber bestimmten Belästigungen sowie Gesichtspunkte der sozialen Adäquanz und der Herkömmlichkeit zu berücksichtigen. Auch diese Aspekte hängen jedoch mit der Akzeptanz zusammen – adäquate, gewohnte Geräusche werden eben regelmäßig als weniger störend empfunden und eher akzeptiert. Deshalb lässt sich die Zumutbarkeit bei Geräuschen nicht allein nach starren Dezibelgrenzen bestimmen. Ein verständiger Bürger wird gegenüber geräuschintensiven Anlagen, die einem wichtigen öffentlichen Interesse dienen, gewiss mehr Verständnis aufbringen als gegenüber „unnötigem" Lärm, der von dem „Privatvergnügen" einzelner Menschen dienenden Anlagen ausgeht. Aber deshalb wird ja „sinnvoller" Lärm nicht automatisch als weniger belästigend empfunden. Und das Bundesimmissionsschutzgesetz soll schließlich vor Immissionen als solchen und nicht vor psychischen Belastungen, die mit der Aufregung über rücksichtslosen Lärm einhergehen mögen, schützen. Im Gegensatz zu Kutscheidt erblicken etwa Jarass[627] und Koch[628]

---

dB(A) gibt Koch in ders. S.41 (48) zu bedenken, dadurch werde ersichtlich, „mit welchem hohen Gewicht das BVerwG das Interesse an der störenden Nutzung in die Waagschale legt und damit das System eines gebietsorientierten Erheblichkeitsmaßstabes praktisch aus den Angeln hebt."

625 BVerwGE 81, 197 (200) - Tegelsbarg.

626 Kutscheidt in Landmann / Rohmer UmwR I BImSchG § 3 Rn 15 a.

627 Jarass, JZ 1993, 601 (603).

in den genannten abwägungsbetonten Entscheidungen einen Widerspruch insbesondere zum Schießplatz-Beschluss.

5.2 Der Fall Kohlekraftwerk Voerde (OVG Münster)

Der Aspekt der Schaffung von Arbeitsplätzen spielte im Zusammenhang mit der Genehmigung genehmigungsbedürftiger Anlagen nach dem BImSchG in den Entscheidungen aus den 70er Jahren zum Steinkohlekraftwerk in Voerde am Niederrhein eine – wenn auch eher untergeordnete – Rolle. Die Stadt Voerde war wegen des günstigen Anschlusses an Wasserstraßen wie Rhein und Lippe-Seitenkanal, des schnellen Zugangs zur Autobahn sowie der Nähe zum großen Absatzraum Ruhrgebiet als Industrieansiedlungsgebiet überaus attraktiv[629]. Das Vorhaben hatte bereits in der Frühphase der unternehmerischen Planungen in der Standortgemeinde und den umliegenden Orten heftige Bürgerproteste hervorgerufen, die unter anderem zur Gründung einer „Interessengemeinschaft gegen gefährliche Industrieansiedlung" sowie zunächst zu einer Abstimmungsmehrheit gegen das Projekt in den kommunalen Gremien von Voerde führten[630]. Die Betreibergesellschaft hielt das Kraftwerk in Voerde damals für „fast schon gescheitert". Einer der Bauherren setzte allerdings mit dem Ziel, eine Änderung der öffentlichen Meinung herbeizuführen, einen „Sonderbevollmächtigten" ein. Dieser entfaltete nicht nur eine rege Öffentlichkeitsarbeit, sondern sagte der Gemeinde für den Fall eines positiven Votums für das Kraftwerk auch diverse Vorteile zu[631]. Die „Öffentlichkeitsarbeit" erschöpfte sich mitnichten in der Leistung von Überzeugungsarbeit und Werbung für das Projekt, vielmehr wurden nahezu sämtliche – auch rabiate und inakzeptable – Register gezogen, schließlich verfasste der Sonderbeauftragte sogar für den Vorsitzenden der Mehrheits-

---

[628] Koch in ders. S. 41 (48); ders. in GK § 3 Rn 64.

[629] Deiseroth S. 157.

[630] Ders. S. 21 u. 158 – zur Realisierung des Projekts in Voerde benötigten die potentiellen Kraftwerksbetreiber ein sich im Eigentum der Gemeinde befindliches Grundstück. Die um die Ansiedlung von Industriebetrieben sehr bemühte Gemeindeverwaltung hatte mit den Kraftwerksbetreibern bereits einen Vorvertrag über den Verkauf des fraglichen Grundstücks ausgehandelt. Offenbar wegen des sich in der Bevölkerung entwickelnden massiven Widerstandes lehnte der Gemeinderat den Vorvertrag jedoch mit 26 gegen 5 Stimmen ab.

[631] Ders. S. 159 – so wurden die Lieferung kostenloser Schlacke und von Abwärme „zu günstigen Konditionen" sowie der Bau eines Sportplatzes, außerdem die Verlängerung der „Rheinpromenade" auf Kosten der Kraftwerksbetreiber versprochen. Des weiteren regte der STEAG-Direktor an, am 220 Meter hohen Schornstein könne in rund 200 Meter Höhe eine per Aufzug erreichbare Aussichtsplattform angebracht werden, „von hier hätte man einen großartigen Überblick über das weite niederrheinische Land". Nicht zuletzt ließ die STEAG wissen, sie habe sich „schon in vielen Verhandlungen dafür eingesetzt, dass ein Großteil der in Voerde erarbeiteten Steuern auch der Gemeinde bleibe, wenn das Werk errichtet werden sollte".

fraktion die Rede für die entscheidende Sitzung des Gemeinderats[632]. Daraufhin beschloss der Gemeinderat mit 22 gegen 9 Stimmen den Verkauf des von der STEAG für den Kraftwerksbau benötigten Grundstücks an diese. Neben der Aussicht auf die mit dem Kraftwerk verbundenen deutlich höheren Steuereinnahmen soll für die Befürworter des Verkaufs die *Sicherung der Arbeitsplätze* in Bergbau und Zuliefererindustrie eines der wichtigsten Motive gewesen sein[633]. Von Bedeutung mag auch gewesen sein, dass einige Ratsmitglieder bei einem Werk beschäftigt waren, das sich um den Auftrag zum Bau der Kesselanlage bewerben wollte[634].

Mehrere Teilgenehmigungen für das Kraftwerk, auf deren Grundlage Anfang der 70er Jahre die Blöcke I und II mit einer elektrischen Leistung von je 350

---

632 Ders. S. 159 f. berichtet von „vielfältigen Mitteln“: Gegen den an Geschmacklosigkeit nicht mehr zu überbietenden Vergleich der Auswirkungen eines Kraftwerksbetriebes mit den NS-Massenvergasungen mobilisierte der „Sonderbeauftragte“ ehemalige KZ-Insassen als Leserbriefschreiber; gegen Druckereien, die für die Kraftwerksgegner Flugblätter gedruckt hatten, wurde Druck ausgeübt; an Personen, die sich an Kundgebungen für den Kraftwerksbau beteiligten, wurden Handgelder gezahlt; unliebsame Zeitungsredakteure wurden gezielt mit Falschmeldungen versorgt, die diese in Schwierigkeiten bringen sollten; als von Kraftwerksgegnern verfasst deklarierte Leserbriefe wurden lanciert, die mittels einer bewusst tölpelhaften Argumentationsweise bei Unentschlossenen Ablehnung hervorrufen sollten. Nicht unerwähnt sollen von der STEAG insbesondere für Gemeinderatsmitglieder organisierte Besichtigungsfahrten zu anderen Kraftwerken sowie die Tatsache bleiben, dass der Sonderbevollmächtigte dem Vorsitzenden der Mehrheitsfraktion die Rede für die entscheidende Sitzung des Gemeinderates von Voerde schrieb. Der Sonderbevollmächtigte erläuterte dazu: „Die Mehrheitsfraktion der SPD hatte unter der Hand verlauten lassen, sie würde bei einem Stimmungsumschwung für das Projekt stimmen, allerdings müsste sie mit einer großen Mehrheit in der Bevölkerung rechnen können; sie selber sei aber nicht in der Lage, an dieser Meinungsbildung mitzuarbeiten. So gesehen war es von vornherein notwendig, im wesentlichen die Wählergruppen der SPD anzusprechen und dort in den Aktionen anzusetzen. Unsere Vorbereitungen gingen abschließend sogar so weit, dass wir - um letzten Endes auch nicht das kleinste Risiko mehr einzugehen – dem Fraktionsvorsitzenden der SPD die Rede schrieben, daran etwa zwei Tage herumfeilten, sie mehrere Male auf ein Tonband sprechen ließen und sie auch sprachlich und mimisch vorbereiteten. Der Fraktionsvorsitzende der SPD und auch seine Gegner haben nach der Abstimmung gesagt, dies sei die beste Rede seiner politischen Laufbahn gewesen. Demgegenüber war der Fraktionsvorsitzende der CDU außerordentlich schlecht vorbereitet gewesen, so dass auch deswegen das Abstimmungsergebnis für die STEAG mit einigen Stimmen besser war, wie wir aus der FDP-Fraktion hören konnten.“

633 ders. S. 161ff.; er konstatiert (S.165): „Bei einem Verzicht der Gemeinde auf das Kraftwerksprojekt hätten die Kraftwerksgegner keines der erklärten Entwicklungsziele der Gemeinde Voerde garantieren können; sie konnten keine Arbeitsplätze im Bergbau oder in der Kesselindustrie sichern – darüber entschieden weder die Kraftwerksgegner noch die Gemeindeväter von Voerde; sie konnten auch keine Gewerbesteuereinnahmeausfälle ausgleichen – dazu fehlten Gegnern wie Befürwortern des Kraftwerks die Mittel.“

634 Ders. S. 161 .Dabei handelte es sich um das Kesselwerk Babcock und Wilcox; die Babcock-Gruppe erhielt später tatsächlich den mit einem Wert von ca. 70 Mio DM zu veranschlagenden Auftrag zur Lieferung der Dampferzeuger – es soll der größte Kesselauftrag gewesen sein, der seinerzeit jemals im Inland an eine Gesellschaft vergeben worden ist.

Megawatt (MW) errichtet wurden, sind durch Widersprüche und vor den Verwaltungsgerichten sowohl im Verfahren des vorläufigen Rechtsschutzes als auch im Hauptsacheverfahren ohne Erfolg angegriffen worden[635]. Die sofortige Vollziehbarkeit der ersten Teilgenehmigung nach § 80 Abs.2 Nr.4 VwGO hatte die Genehmigungsbehörde darauf gestützt, dass das Kraftwerksvorhaben der Verwirklichung des Energieprogramms der Bundesregierung und der Ziele des Dritten Verstromungsgesetzes vom 13.12.1974 dient, wodurch außer der Sicherung der Energieversorgung zugleich ein gleichmäßiger Absatz der heimischen Steinkohle und damit eine *Verbesserung des Arbeitsmarktes* erreicht werden sollte[636]. Im Verfahren des einstweiligen Rechtsschutzes widersprach das OVG Münster als Beschwerdeinstanz der vom VG Düsseldorf aufgestellten These, derzufolge es an einer Beeinträchtigung der Kraftwerksgegner durch die Anordnung des Sofortvollzuges fehle, da zunächst nur der Bodenaushub und die Errichtung der Fundamente genehmigt worden seien. Denn immerhin enthalte die streitige Teilgenehmigung „doch eine gewisse Vorentscheidung für die Errichtung der Gesamtanlage“[637]. Die notwendige Interessenabwägung fiel indes nach Auffassung des Gerichts eindeutig zugunsten des Sofortvollzugs aus – eine unmittelbare Beeinträchtigung der Kraftwerksgegner durch den sofortigen Vollzug sei nicht gegeben, von der „Richtigkeit“ der offenbar eingehaltenen Werte der TA Luft sei auszugehen und schließlich spreche alles dafür, „dass es durchaus im öffentlichen Interesse liegt, den Kohlenbergbau zu fördern“[638]. Beim öffentlichen Interesse am Kohlenbergbau dürfte das Gericht auch an dessen Arbeitsplätze gedacht haben.
Ein paar Jahre später schickten sich die Betreiber an, das bestehende Kraftwerk mit einem Aufwand von über einer Milliarde DM um zwei weitere Blöcke III und IV mit einer elektrischen Leistung von je 707 MW zu ergänzen. Für dieses Projekt wurden ein Vorbescheid nach § 9 BImSchG sowie eine erste Teilgenehmigung gemäß § 8 BImSchG erteilt. Auf die Klagen von Bürgern hin hob das VG Düsseldorf sodann Vorbescheid und Teilgenehmigung auf und stellte in einem besonderen Verfahren die aufschiebende Wirkung gegen den Genehmigungsbescheid wieder her. „Voerde ist ein Signal – das Licht geht aus“ lautete daraufhin die Schlagzeile der von der Industriegewerkschaft Bergbau und Energie herausgegebenen Zeitschrift „Einheit“[639] – dazu kam es freilich nicht. In der durch das Urteil ausgelösten heftigen öffentlichen Diskussion wurde außer auf

---

[635] Ders. S.21; nach seinen Ermittlungen resultierte die Anrufung der Verwaltungsgerichte durch Kraftwerksgegner daraus, dass es diesen an gesellschaftlicher Macht mangelte, über den „normalen“ politischen Prozess Gehör für ihre Forderungen zu finden; dies werde durch amerikanische Untersuchungen bestätigt (S.166).
[636] Horn, DVBl. 1977, 13 (13); Drittes Verstromungsgesetz vom 13.12.1974 (BGBl. I S. 3473).
[637] OVG Münster B.v. 23.8.1968 – Az. IV B 433 / 68, 10.
[638] ebd., 11.
[639] Zitiert in FAZ v. 25.11.1975 S. 12.

energiepolitische Gesichtspunkte vor allem auf die angeblich negativen Folgen für zahlreiche Arbeitsplätze hingewiesen[640]. Die Betreibergesellschaft STEAG sprach von „schwerwiegenden Auswirkungen auf die Beschäftigungssituation an Rhein und Ruhr“ und einer weiteren „Verschärfung der Arbeitsmarktsituation“ der durch das Urteil ausgelösten Bauverzögerung. Die Arbeitsgemeinschaft der Gesamtbetriebsräte der Bergbaugesellschaften in der Ruhrkohle AG erklärte im Namen von 146.000 Beschäftigten, man habe „mit Entsetzen“ von dem in seinen Folgen „unerträglichen“ Gerichtsbeschluss Kenntnis genommen; allein bei der Ruhrkohle AG würden durch die Entscheidung 3.000 Arbeitsplätze vernichtet. Die Wirtschaftsvereinigung Bauindustrie Nordrhein-Westfalen sah in ihrer öffentlichen Stellungnahme durch die Entscheidung Bauaufträge von über 145 Mio. DM und 1.200 Arbeitsplätze gefährdet. Die Deutsche Babcock und Wilcox AG betrachtete als Zulieferer der Dampferzeuger für die geplanten Blöcke einen Lieferauftrag im Wert von über 300 Mio. DM und damit Arbeitsplätze von 3.000 Mitarbeitern als unmittelbar gefährdet. Das nachfolgende Berufungsurteil des OVG Münster[641] wurde dementsprechend mit großem Interesse erwartet. Das erstinstanzliche Urteil des VG Düsseldorf zog als spontane Reaktion des Gesetzgebers noch vor dem Berufungsurteil eine Änderung des BImSchG mit dem Ziel, die normativen Genehmigungsvoraussetzungen für eine Übergangszeit zu entschärfen, nach sich („lex STEAG“)[642]. Seitens des klagenden Kraftwerksgegners wurde geltend gemacht, dass die Region bereits durch Luftverschmutzung vorbelastet sei und Leben und Gesundheit der Menschen durch die mit dem Betrieb des geplanten Kraftwerks verbundenen Luftverunreinigungen (Schwefeldioxid, Staubkonzentration, Staubniederschlag, Stickoxide, Fluor) noch stärker gefährdet würden. Das Gericht erkannte ein nach §§ 8, 9 BImSchG vorausgesetztes erhebliches Interesse an der Erteilung des Vorbescheides und der Teilgenehmigung durchaus an. Teilgenehmigung und Vorbescheid können indes nur Bestand haben, wenn die Genehmigungsvoraussetzungen für die gesamte Anlage mit hoher Wahrscheinlichkeit vorliegen werden. Und das OVG erachtete es nicht als gewährleistet, dass schädliche Umwelteinwirkungen in Form von Luftverunreinigungen nicht auftreten werden. Die als Verwaltungsvorschrift einzuordnende TA Luft 1974 binde die Verwaltungsbehörden, nicht aber die Gerichte. Den dort festgelegten Immissionswerten maß es nicht die Bedeutung von starren, absoluten Grenzen zu, sondern stufte sie als Markierungen ein, die einen nicht genau bekannten Übergangsbereich zwischen schädlichen und unschädlichen Umwelteinwirkungen kennzeichnen, also lediglich den Charakter von Richtwerten oder Anhaltspunkten besitzen. Regelmäßig sei eine Einzelbewertung des in Frage stehenden Vorhabens erforderlich, maßgeblich sei immer eine Gesamtbetrachtung der gegebenen Luftbelastung durch

---

[640] Bender, NJW 1978, 1947 (1949); Deiseroth S. 557.
[641] OVG Münster, NJW 1976, 2360 ff. .
[642] Gesetz zur Änderung des BImSchG v. 4.5.1976, BGBl. I, 1148.

Schadstoffe und die Bewertung der durch das Vorhaben hinzutretenden Emissionen. Die hier maßgebliche Region stufte das Gericht als insgesamt stark vorbelastet ein[643], es ging um ein Ballungsgebiet mit problematischer Immissionssituation. Die erheblichen Emissionen insbesondere an Schwefeldioxid und Stäuben in dem durch starke Vorbelastung gekennzeichneten Gebiet würden die durch die Immissionswerte der TA Luft markierten Bandbreiten deutlich überschreiten und seien daher als genehmigungshindernde schädliche Umwelteinwirkungen einzustufen[644]. Die Behörde hätte daher, so das Gericht, sowohl die Teilgenehmigung als auch den Vorbescheid ablehnen müssen. Sicherlich nicht zuletzt aufgrund der geschilderten Hinweise auf die Arbeitsplatzauswirkungen sah sich das OVG bemüßigt, auch auf diesen Gesichtspunkt einzugehen. „Bei dieser Rechtslage stand es weder der Genehmigungsbehörde noch dem Gericht zu, Gesichtspunkte der Energieversorgung oder der *Beschaffung von Arbeitsplätzen* zu berücksichtigen. Wenn *an diesem Standort* schädliche Umwelteinwirkungen zu befürchten sind, zwingen die Vorschriften des Bundesimmissionsschutzgesetzes dazu, die genehmigungsbedürftige Anlage, von der diese schädlichen Umwelteinwirkungen ausgehen werden, nicht zuzulassen. Das Gesetz enthält insoweit nicht die Möglichkeit, eine Ermessensentscheidung zu treffen, auch fehlt im Gesetz jede Ermächtigung zu einer Befreiung von den zwingenden §§ 5, 6 BImSchG, bei der gegebenenfalls die sicherlich wesentlichen Gesichtspunkte des Energieprogramms bzw. der *Arbeitsbeschaffung* hätten Berücksichtigung finden können. Das Gericht ist an das Gesetz gebunden; der Gesetzgeber hat dem Gesetz keine Vorschriften beigefügt, nach denen Vorhaben von größerer volkswirtschaftlicher Bedeutung zugelassen werden können oder müssen, auch wenn sie schädliche Umwelteinwirkungen für die Bevölkerung hervorrufen“[645]. Damit hat das Gericht deutlich gemacht, dass es für die Berücksichtigung der mit einem Vorhaben verknüpften Arbeitsplätze im Rahmen von Genehmigungsentscheidungen nach §§ 5, 6 BImSchG keinerlei Raum sieht. Eine Auseinandersetzung mit dem Begriff der „Erheblichkeit“ von Nachteilen und Belästigungen enthält das Urteil nicht. Nach einer Vermutung von Hollebens ist das darauf zurückzuführen, dass das Gericht zumindest für den Fall des Hinzutretens der Kraftwerksimmissionen vom Vorliegen einer Gefahr und nicht nur von Nachteilen oder Belästigungen ausging[646]. Nach seinen Ausführungen schließt das OVG eine Berücksichtigung des mit einer Anlage verbundenen

[643] Das finde seinen Ausdruck auch darin, dass unter anderem dieser Bereich durch Verordnung vom 18.11.1975 als Belastungsgebiet i.S. des § 44 BImSchG festgesetzt worden ist - OVG Münster, NJW 1976, 2360 (2364); das Gericht räumt allerdings ein, dass dies jedenfalls grundsätzlich kein Verbot jeglicher Industrieansiedlung bedeutet.

[644] Auch eine wesentliche Verminderung der Emissionen bzw. Immissionen durch Verbesserungen an einem 6 km entfernten Kraftwerk, die eine Anerkennung als Kompensation finden könnten, sei nicht zu erwarten, OVG Münster, NJW 1976, 2360 (2364 f.).

[645] OVG Münster, NJW 1976, 2360 (2365).

[646] von Holleben, GewArch 1977, 45 (46).

Nutzens im allgemeinen und des Gesichtspunktes der Arbeitsplätze im besonderen im Rahmen des Begriffs der „schädlichen Umwelteinwirkungen" und damit auch im Rahmen des Begriffs der „Erheblichkeit" von Nachteilen oder Belästigungen offenbar aus.

Wie nicht anders zu erwarten, waren die Reaktionen auf diese Entscheidung ähnlich wie auf die erstinstanzliche. Der Vorsitzende der IG Bergbau erklärte öffentlich, er wisse nicht, „ob wir am Ende vier oder fünf Richtern die Entscheidung über die Arbeitsplätze in der Bundesrepublik überlassen sollten"[647]. Sowohl die IG Bergbau als auch zahlreiche Wirtschaftsverbände und Einzelunternehmen legten eindringlich die Bedeutung des Kraftwerksbaus für Wirtschaft und Arbeitsplätze dar[648]. Der Vorstandsvorsitzende der Babcock AG verstieg sich zu der Äußerung: „Wir verstehen die Welt nicht mehr. Alle haben sie was zu sagen in der Energiepolitik: Politiker, Richter und Schulmeister, nur auf die Fachleute hört niemand mehr"; der Inlandsmarkt für Kraftwerke sei „so gut wie tot"[649].

Das BVerwG als Revisionsinstanz hob das Urteil des OVG Münster auf[650]. Es bewertete die in der TA Luft festgelegten Immissionsgrenzwerte als „antizipierte" Sachverständigengutachten mit der Folge, dass sie – vorbehaltlich neuerer besserer naturwissenschaftlicher Erkenntnisse – auch einer verwaltungsgerichtlichen Entscheidung zugrundezulegen seien. Schließlich, so das Gericht, wären sie als bloße Indikatoren für einen nicht genau bestimmten Übergangsbereich zwischen schädlichen und unschädlichen Umwelteinwirkungen für die mit dem Vollzug des BImSchG betrauten Behörden praktisch nutzlos. Zusätzlich zur Feststellung, ob die einzelnen Immissionen die je hierfür festgelegten Werte überschreiten, sei eine von der Vorinstanz vorgenommene „Gesamtbetrachtung" nicht geboten. Auf den Gesichtspunkt der Arbeitsplätze ging das BVerwG nicht ein.

Nach Berechnungen der STEAG hatte der etwa 2 1/2jährige gerichtlich verfügte Baustop bei der Erweiterung des Kraftwerks Voerde mehr als 5.500 Arbeitsplätze direkt verhindert[651]. Natürlich dienen die erwähnten Äußerungen über die mit dem Kraftwerk verbundenen und durch dessen Verhinderung oder Verzögerung gefährdeten oder verhinderten Arbeitsplätze der Wahrnehmung eigener wirt-

---

647 Westdeutsche Allgemeine Zeitung Nr. 150 v. 11.7.1976.

648 Deiseroth S. 558 ff. - so tat die Vereinigung Deutscher Elektrizitätswerke (VDEW) die Befürchtung kund, Verzögerungen im Kraftwerksbau würden rund 80.000 Arbeitsplätze allein in der Kernkraftwerksindustrie und mehr als 100.000 Arbeitsplätze in der Zuliefererindustrie gefährden (FAZ v. 25.3.1977).

649 Handelsblatt v. 17.2.1977.

650 BVerwGE 55, 250 ff.

651 Einheit (Zeitschrift der IG Bergbau) Nr. 17 / 1978 S.1; der Betriebsratsvorsitzende des Steinkohlebergwerks Walsum, dessen Kohle zum großen Teil in Voerde verstromt werden sollte, erklärte zu den weiteren Plänen des Prozessgegners Baßfeld: „Wir werden nicht ruhig zusehen, wie dieser Mann mit unseren Arbeitsplätzen spielt" (das.).

schaftlicher Interessen, bezweckt ist eine Beeinflussung von öffentlicher Meinung und Politik. Das mahnt zu einer besonders kritischen Auseinandersetzung mit dem Inhalt dieser Äußerungen. Aber zweifelsohne gehen von Bau und Betrieb eines Kraftwerks beschäftigungswirksame Effekte aus[652]. In einer Studie des Deutschen Instituts für Wirtschaftsforschung von 1976 wurde allein der aus dem Bau der Blöcke Voerde A und B ermittelte Beschäftigungseffekt bei einer Bauzeit von fünf Jahren auf 7.000 bis 8.000 Personen pro Jahr beziffert[653]. Prämisse der prognostizierten Auswirkungen auf die Beschäftigung ist allerdings, dass die für den Bau eines verhinderten Kraftwerks bereitstehenden Mittel nicht anderweitig eingesetzt werden. Bei der Bewertung der Beschäftigungswirkungen bestimmter Investitionen darf nämlich nicht übersehen werden, dass mit dem Einsatz entsprechender finanzieller Mittel in anderen Bereichen gleiche oder sogar noch höhere Beschäftigungseffekte ausgelöst werden können. Und die mit Großkraftwerken verbundenen Arbeitsplätze sind überaus kapitalintensiv, dort investiertes Kapital hat also relativ geringe positive Auswirkungen auf die Beschäftigung[654].

5.3 Berücksichtigung des Nutzens der Anlage bei konkreten Gesundheitsgefahren

Bei konkreten Gefahren für die Gesundheit oder gar das Leben von Menschen besteht nach allgemeiner Auffassung kein Raum für die Berücksichtigung des Nutzens einer Anlage im Rahmen einer Abwägung[655]. Der aus dem allgemeinen Polizeirecht herrührende Begriff der Gefahr beinhaltet die hinreichende Wahr-

---

[652] Deiseroth S. 561 f. nennt beispielhaft Unternehmen des Baugewerbes, der Elektrotechnik, des Stahl- und Maschinenbaus, der Metallindustrie und den Kohlebergbau sowie indirekte Einkommens- und Produktionseffekte.

[653] Deiseroth S. 562 ff.

[654] Wolfgang Kauder, Leiter des Arbeitsbereiches „mittel- und langfristige Vorausschau“ am Institut für Arbeitsmarkt- und Berufsforschung der Bundesanstalt für Arbeit, fasste im Jahre 1980 die von ihm vorgenommene Auswertung von Studien zum Thema „Energie und Arbeitsplätze“ so zusammen: „Alle vorliegenden Studien deuten darauf hin, dass sich Vollbeschäftigung und Wirtschaftswachstum prinzipiell mit unterschiedlichen Energiestrukturen vereinbaren lassen. Die enrgiewirtschaftlichen Maßnahmen zum Aufbau unterschiedlicher Energiestrukturen führen zwar zu verschiedenartigen, aber zu gesamtwirtschaftlich jeweils bedeutsamen Beschäftigungseffekten“ (zitiert bei Deiseroth S. 568). Damit ist allerdings nicht gesagt, dass Alternativen rechtlich relevant sind und bei Genehmigungsentscheidungen berücksichtigt werden können (dazu Deiseroth S. 572 f.).

[655] BVerfGE 77, 170 (224); Meyer-Abich, NJW 1976, 2365 (2366); Breuer, NJW 1977, 1025 (1029); Feldhaus, DVBl. 1979, 301 (305 l. Sp.); Jarass, DVBl. 1983, 725 (729); Murswiek S. 330; Sellner Rn 27; Classen, JZ 1993, 1042 (1042 r. Sp.); Koch in GK § 3 Rn 57; Kutscheidt in Landmann / Rohmer § 3 Rn 11; Ziffer 4.8 TA Luft: „Gefahren für die menschliche Gesundheit sind stets erheblich“; zu den besorgniserregenden, offenbar immissionsbedingten Gesundheitsgefahren bei Beratung des BImSchG vgl. die Rede des Abgeordneten Dr. Gruhl (CDU/CSU) vom 18.1.1974, Sten. Ber. 7 / 74 S. 4685 ff..

scheinlichkeit einer mehr als unerheblichen Beeinträchtigung, und Gesundheitsschäden sind stets erheblich. Zwar ist die menschliche Gesundheit keineswegs ein absolutes Tabu mit der Konsequenz, dass Verhaltensweisen und Techniken niemals geduldet werden, die diese gefährden und schädigen[656]. Die Möglichkeit einer Abwägung besteht jedoch auch im Rahmen des polizeirechtlichen Gefahrenbegriffes nicht. Das BImSchG geht klar über die reine Gefahrenabwehr hinaus, es dient neben dem Schutz der Menschen unter anderem auch dem von Tieren und Pflanzen, es schützt auch vor erheblichen Nachteilen oder Belästigungen. Wenngleich über längere Zeit andauernde Belästigungen durchaus schwerwiegender sein können als manche Gesundheitsschäden, so gehen Gesundheitsschäden im allgemeinen und typischerweise über bloße Beeinträchtigungen des Wohlbefindens hinaus. Daher wäre es angesichts des dem BImSchG zugrundeliegenden umfassenden Schutzes unverständlich, wenn selbst Gesundheitsgefahren nur „nach Abwägung" verhindert werden sollten.

5.4 Berücksichtigung des Nutzens der Anlage bei Nachteilen und Belästigungen

5.4.1 Teilweise vertretene Auffassung: Berücksichtigung im Rahmen der Zumutbarkeit

Gerhard Feldhaus, als Ministerialdirigent maßgeblich an der Ausarbeitung des BImSchG beteiligt, betont die Notwendigkeit eines Ausgleichs der widerstreitenden Interessen von Anlagenbetreibern einerseits sowie Nachbarn und der Allgemeinheit andererseits, wolle man nicht das soziale Zusammenleben der Menschen in Frage stellen. Diesem Ausgleich diene der unbestimmte Rechtsbegriff der „Erheblichkeit" von Nachteilen oder Belästigungen, durch den die Verbindung zwischen der Forderung nach Verbesserung der Lebensqualität und der Realität unseres gesellschaftlichen Lebens hergestellt, zugleich aber ein dauerndes Spannungsverhältnis geschaffen werde[657]. Mit der Zumutbarkeitsgrenze beim zentralen Begriff der schädlichen Umwelteinwirkungen sieht er die Möglichkeit einer Abwägung eröffnet. Er billigt dem Umweltschutz grundsätzlichen Vorrang zu und begrenzt daher die Abwägungserheblichkeit wirtschaftlicher Interessen auf die Fälle, in denen sie „ein ähnliches Gewicht haben wie die Interessen am Schutz des Lebensraumes, wo sie mit anderen Worten Teil des allgemeinen Wohls sind"[658]. Seiner Auffassung nach können in die Abwägung

---

[656] Man denke nur an die durch den Straßenverkehr Getöteten und Verletzten oder an die gesundheitsschädigenden Wirkungen der Nachtarbeit, wenngleich man sich diesen Gefahren in gewissem Umfang entziehen kann und ihnen nicht so zwangsläufig ausgesetzt ist wie etwa der Luftverschmutzung.

[657] Feldhaus, DÖV 1974, 611 (615); ähnlich ders. § 3 Rn 10.

[658] Ders., DVBl. 1979, 301 (305); vgl. auch ders., DÖV 1974, 611 (615): „Die Ausfüllung dieses unbestimmten Rechtsbegriffs wird einen permanenten Entscheidungsprozess erforderlich machen" und ders., DÖV 1974, 611 (617): „Bei einem Zielkonflikt zwischen Interessen

auch *die Erhaltung oder die Schaffung von Arbeitsplätzen* einbezogen werden[659]. Die in der TA Luft oder der TA Lärm für die wichtigsten Fälle festgesetzten Immissionswerte betrachtet er als generelle Abwägungsentscheidung über die Zumutbarkeit. „Von der Wirkungsforschung her hätten einige Immissionswerte durchaus niedriger liegen müssen. Niedrigere Werte erschienen seinerzeit im Hinblick auf unsere industriellen Ballungsgebiete nicht „machbar", wie der Politiker sagen würde, oder juristisch verfeinert ausgedrückt: Niedrigere Werte erschienen dem am Gemeinwohl orientierten Interesse der Industrie nicht zumutbar"[660]. Die Technischen Anleitungen lassen als Verwaltungsvorschriften in atypischen Fällen eine korrigierende Beurteilung zu – ob Feldhaus in solchen Fällen auch die Berücksichtigung der Schaffung oder Erhaltung von Arbeitsplätzen als mit einer Anlage verbundenem Nutzen für berücksichtigungsfähig hält, bleibt unklar. Im Unterschied zum Begriff der Erheblichkeit verneint er bei dem des „Standes der Technik" ein Zumutbarkeitskorrektiv.
Auch Sellner sieht – unter Berufung auf Feldhaus - durch den Begriff der Erheblichkeit die Möglichkeit zur Abwägung eröffnet, auch die Gefahr des Eintritts erheblicher Schäden lasse dafür im Rahmen des Schadensbegriffs Raum, sofern es sich nicht um eine Gesundheitsschädigung handele[661]. Da er deutlich auf Feldhaus Bezug nimmt, ist davon auszugehen, dass er ebenfalls den Gesichtspunkt der Arbeitsplätze für abwägungsrelevant erachtet.
Horn hält bei der Beurteilung des Vorliegens schädlicher Umwelteinwirkungen eine Abwägung der widerstreitenden Interessen des von den drohenden Immissionen betroffenen Bürgers, des Betreibers der emittierenden Anlage und der Allgemeinheit für unvermeidlich. Dass das VG Düsseldorf und das OVG Münster in ihren Entscheidungen zum Kraftwerk Voerde „vergeblich nach einer Abwägungsvorschrift Ausschau halten", stellt er mit Erstaunen fest[662]. Daraus lässt sich schließen, dass er auch den dort bedeutsamen Arbeitsplatzaspekt für relevant erachtet.
Nach Kutscheidt ist bei der konkretisierenden Auslegung des Begriffs der Erheblichkeit eine Abwägung aller bedeutsamen Umstände geboten. Er verweist auf die nordrhein-westfälische Verwaltungsvorschrift zum BImSchG, in der es heißt: „Die Erheblichkeit ist keine absolut festliegende Größe, sie ist vielmehr im Einzelfall durch Abwägung aller bedeutsamen Umstände zu ermitteln. Dabei sind – unter Berücksichtigung der bisherigen Umweltbelastung – der Charakter der Umgebung, die Tageszeit, die Dauer und die Intensität der Einwirkung, die

---

des Umweltschutzes und anderen schutzwürdigen Interessen muss der Umweltschutz, wenn es sich um wichtige Belange handelt, den Vorrang haben".

[659] Ders., DVBl. 1979, 301 (305).

[660] Ders., DVBl. 1979, 301 (305); Feldhaus / Ludwig, DVBl. 1983, 565 (568): „Die Bundesregierung hat (...) von der Möglichkeit Gebrauch gemacht, den Begriff erheblicher Nachteil, der eine Abwägung mit anderen Interessen zulässt, generalisierend zu bewerten".

[661] Sellner Rn 27.

[662] Horn, DVBl. 1977, 13 (19).

Art des emittierten Stoffes u.a. wesentliche Beurteilungskriterien“[663]. Er referiert zustimmend die Rechtsprechung, wonach die Zumutbarkeit unter Würdigung anderer öffentlicher und privater Belange und gesetzlicher Wertungen zu bestimmen ist. Insofern plädiert er für eine Berücksichtigung auch des Nutzens einer Anlage, ohne freilich die mit einer Anlage verbundenen Arbeitsplätze explizit zu thematisieren. Dieser Auffassung entsprechend nennt Hansmann im gleichen Kommentar bei der Erläuterung der Nr. 2.2.1.3. TA Luft, wo für den Fall nicht festgelegter Immissionswerte einige Gesichtspunkte für eine Beurteilung der Erheblichkeit in nicht abschließender Weise aufgezählt sind, das öffentliche Interesse an einer mit Luftverunreinigungen verbundenen Tätigkeit als weiteres in Betracht kommendes Kriterium[664].
Deutlich von der Berücksichtigung öffentlicher Belange sprechen im Zusammenhang mit der Zumutbarkeitsgrenze ferner Sparwasser / Engel / Voßkuhle[665], auch nach Kloepfer fließen in die Feststellung der Erheblichkeit Interessenabwägungen ein[666].
Von Holleben sieht in Übereinstimmung mit dem OVG Münster weder für ein Ermessen noch für eine Befreiung von den zwingenden Voraussetzungen der §§ 5 und 6 BImSchG Raum, bedauert allerdings, dass das Gericht auf den Begriff der Erheblichkeit von Nachteilen und Belästigungen nicht eingegangen ist[667]. Bei der Festsetzung von Grenzwerten der TA Luft durch die Bundesregierung ist dieser seiner Auffassung nach indes trotz der durch das BImSchG festgelegten Priorität des Umweltschutzes durch den Begriff der „schädlichen Umwelteinwirkungen“ ein – wenn auch geringer – Spielraum belassen. Indem er schreibt, bei den Immissionswertfestsetzungen der TA Luft seien politischen und wirtschaftlichen Überlegungen sowie der Berücksichtigung der wirtschaftlichen Vertretbarkeit feste Grenzen vorgegeben[668], gibt er zu erkennen, dass derartige politische und wirtschaftliche Gesichtspunkte – worunter auch der Aspekt der Schaffung und Erhaltung von Arbeitsplätzen fällt – bei Festsetzung der Immissionswertgrenzen durchaus in engen Grenzen berücksichtigt werden können.

5.4.2 Teilweise vertretene Auffassung: Keine Berücksichtigung

Koch hat die oben genannten Entscheidungen des BVerwG, in denen von einer Abwägung zwischen der Bedeutung der störenden Nutzung und der Schutzwürdigkeit der gestörten Nutzung gesprochen wird, als ein Abweichen vom „Pfad

[663] Verwaltungsvorschrift NRW BImSchG 2.1.4.; Kutscheidt in Landmann / Rohmer UmwR I BImSchG § 3 Rn 14 c.
[664] Hansmann in Landamnn / Rohmer UmwR Ziffer 4.8 TA Luft Rn 34 und 44.
[665] Sparwasser / Engel / Voßkuhle § 10 Rn 117.
[666] Kloepfer § 14 Rn 65.
[667] von Holleben, GewArch 1977, 45 (46 u. 49).
[668] Ders., GewArch 1977, 45 (47); an anderer Stelle spricht er von der im Rahmen des § 48 BImSchG beschränkt möglichen Güterabwägung (GewArch 1977, 45, 49).

der Tugend" kritisiert[669]. Er bestreitet die Vereinbarkeit einer durch Einzelfallabwägung gewonnenen Relevanzschwelle mit dem Wortsinn von „erheblich" nicht, wohl aber ihre Vereinbarkeit mit der Systematik des BImSchG. Nach dem abgeschwächten Schutzgrundsatz des für nicht genehmigungsbedürftige Anlagen geltenden § 22 BImSchG ist dafür Sorge zu tragen, dass nach dem Stand der Technik unvermeidbare schädliche Umwelteinwirkungen auf ein Mindestmaß beschränkt werden. Dieses Mindestmaßgebot gebietet nach vorherrschender Auffassung unterhalb der Gefahrenschwelle des § 25 Abs.2 BImSchG eine Abwägung der Interessen von störender und gestörter Nutzung. „Damit erscheint unvereinbar, wenn bereits über das Vorliegen schädlicher Umwelteinwirkungen im Wege einer Abwägung befunden werden soll. Denn in diesem Falle bleibt für die Abwägung im Namen des Mindestmaßgebots kein argumentativer Raum"[670]. Jarass wendet sich einerseits gegen die völlige Ausklammerung wertender Elemente, andererseits und vor allem aber auch gegen Kutscheidts Ermittlung der Zumutbarkeit durch eine Abwägung aller widerstreitenden Interessen. Der Nutzen eines Anlagenbetriebs und die durch Immissionsvermeidungsmaßnahmen für den Verursacher und die Allgemeinheit hervorgerufenen Nachteile spielen seiner Auffassung nach hier keine Rolle[671]. Bei einer auch bei der oben erörterten neueren Rechtsprechung anklingenden Berücksichtigung des mit einer Anlage verbundenen Nutzens wäre nach Jarass für die Beurteilung der Schädlichkeit von Immissionen außer dem unmittelbaren „Produktionsnutzen" einer Industrieanlage auch die Bedeutung einer Anlage für Arbeitsplätze und sogar die Belastungen für den Anlagenbetreiber relevant. „Damit wird deutlich, dass das Kriterium der Schädlichkeit von Immissionen jegliche Konturen verliert, wenn es in einer allgemeinen Güterabwägung bestimmt wird. Immissionen sind nach dieser Rechtsprechung zu vermeiden, wenn eine wertende Gesamtbetrachtung ergibt, dass sie zu vermeiden sind. Der Rechtsanwender wird damit allein gelassen"[672]. Außerdem führt er eine Reihe gesetzessystematischer Gründe gegen eine abwägungsbestimmte Zumutbarkeit an. So wäre es „unverständlich, warum bei nachträglichen Anordnungen gemäß § 17 Abs.2 BImSchG zu berücksichtigen ist, welcher Aufwand mit der Erfüllung der Anordnung für den Anlagenbetreiber verbunden ist, wenn diese Frage bereits bei der Bestimmung der Schädlichkeit zu berücksichtigen wäre. Desgleichen wäre unverständlich, warum § 41 Abs.2 BImSchG das Gebot des § 41 Abs.1 BImSchG zur Vermeidung schädlicher Umwelteinwirkungen durch Verkehrswege relativiert, wenn die Kosten der Schutzmaßnahmen außer Verhältnis stehen. Schließlich spricht gegen die neuere Rechtsprechung, dass das BImSchG in § 60 für den Bereich der Landesverteidigung zu Ausnahmen und Abweichungen ermächtigt, wenn zwingende Gründe

[669] Koch in Koch S. 41 (47); Koch in GK § 3 Rn 64.
[670] Koch in Koch S.41 (49); Koch in GK § 3 Rn 69.
[671] Jarass, DVBl. 1983, 725 (729); ders., JZ 1993, 601 (603); Jarass § 3 Rn 47 und 63.
[672] Ders., JZ 1993, 601 (603); s.a. ders., § 3 Rn 32.

der Landesverteidigung dies erfordern. Nach der Rechtsprechung würde es in diesen Fällen bereits an einer schädlichen Umwelteinwirkung fehlen"[673].
Insgesamt wird die Berücksichtigungsfähigkeit des mit einer Anlage einhergehenden Nutzens wie insbesondere die mit ihr verbundenen Arbeitsplätze überwiegend abgelehnt. So merkt Meyer-Abich zur Voerde-Entscheidung des OVG Münster an, dass hier zwar der Begriff der *erheblichen* Nachteile und Belästigungen einen denkbaren Einstieg für eine Abwägung zwischen den Belangen des Umweltschutzes und denen der Energieversorgung bzw. der *Arbeitsplatzsicherung* dergestalt böte, diejenigen Nachteile und Belästigungen als unerheblich anzusehen, die zu teuer durch andere – öffentliche oder private Zielverzichte – erkauft wären[674]. Zur Begründung seiner Ablehnung dieser denkbaren Interpretation beruft er sich auf die „ständige Rechtsprechung des BVerwG", welche die Berücksichtigung etwa entgegenstehender öffentlicher Belange ausdrücklich ablehne. Nach den mittlerweile ergangenen „Abwägungsentscheidungen" des BVerwG lässt sich die Rechtsprechung freilich nicht mehr eindeutig gegen eine den Anlagennutzen berücksichtigende Auslegung ins Feld führen.
Anders als Meyer-Abich sieht Ossenbühl aufgrund der Gesetzesfassung von vornherein keinerlei Spielraum für eine Abwägung mit den Belangen der Energieversorgung oder der Arbeitsplatzbeschaffung. „Die immer wieder gehörte Argumentation, dass die Genehmigung von Kraftwerken in ein umfassendes Energieprogramm der Bundesregierung eingebunden sei, welchem neben der Energieversorgung auch arbeitsmarktpolitische Motivationen zugrunde liegen, lässt sich ebensowenig bestreiten wie die Erkenntnis, dass diese Gesichtspunkte für den entscheidenden Verwaltungsrichter de lege lata – rechtstechnisch gesprochen – schlicht „unerheblich" sind. Darauf hat das OVG Münster im STEAG-Urteil ausdrücklich hingewiesen. Dieser Hinweis ist zutreffend und darf keineswegs, wie dies etwa aus der Sicht des Politikers verständlich sein mag, zu der Ansicht verleiten, die Gerichte seien lebensfremd und einäugig"[675]. Von der Sicherung der Energieversorgung und der Arbeitsplatzbeschaffung oder gar deren Abwägung mit dem gesetzlichen Gebot der Sicherheit der Nutzung sei im BImSchG keine Rede.
Auch Schlichter sieht „nach dem klaren Wortlaut des Gesetzes" keine Möglichkeit, den Gesichtspunkt *des Schutzes oder der Beschaffung von Arbeitsplätzen*

---

[673] Ders., JZ 1993, 601 (603).
[674] Meyer-Abich, NJW 1976, 2365 (2366).
[675] Ossenbühl, DVBl. 1978, 1 (7); „Die weitgreifenden, von vielen als fatal empfundenen Konsequenzen der restriktiven Rechtsprechung bei der Genehmigung von Kraftwerken, die vermeintliche oder wirkliche Gefährdung der Energieversorgung in naher Zukunft, die *Stagnation der Arbeitslosigkeit* usw. sind aus juristischer Sicht, so merkwürdig und für den Nichtjuristen unglaublich es klingen mag, de lege lata rechtsunerhebliche Nebenfolgen. Der Richter darf sie – mit Ausnahme im Eilverfahren – gar nicht in seine Erwägungen einbeziehen. Die Aufforderung, solches zu tun, wäre nicht Ermahnung zur realistischen Betrachtungsweise des Problems, sondern Aufforderung zum Rechtsbruch" (ebd. S. 7 f.).

im Rahmen der Entscheidung über die Erteilung einer Anlagengenehmigung nach dem BImSchG zu berücksichtigen. Nicht einmal durch Auslegung oder Lückenfüllung lasse sich hier neues Recht schaffen[676].
Ebenso konstatieren Hanning / Schmieder durch die Ausgestaltung der §§ 4 ff. BImSchG das Fehlen jeglichen Spielraums, „in eine umfassende Abwägung sämtlicher relevanter Belange einzutreten“[677]. Bemerkenswerterweise setzen sie sich in diesem Zusammenhang nicht mit dem Begriff der schädlichen Umwelteinwirkungen, sondern mit dem des Standes der Technik auseinander. Dies sei kein deskriptiver, auf einen fremden objektiven Standard verweisender Begriff. Vielmehr verberge sich hinter ihm häufig ein Kompromiss zwischen ökonomischen und umweltpolitischen Erfordernissen, der normativ mittels des Maßstabes der Verhältnismäßigkeit zu ermitteln sei[678]. Im Rahmen der danach vorzunehmenden Abwägung erachten sie indes nur das Verhältnis zwischen Antragsteller und Behörde betreffende Gesichtspunkte als Entscheidungsgrundlage, nicht hingegen andere volkswirtschaftlich relevante Aspekte wie die Förderung strukturschwacher Regionen oder eben die *Beschaffung von Arbeitsplätzen*[679].

5.4.3 Eigene Auffassung

Wie oben dargestellt, entspricht der Begriff der Erheblichkeit von Schäden, Nachteilen und Belästigungen dem der Unzumutbarkeit. Jedenfalls unter dieser Prämisse ist entgegen der Auffassung von Ossenbühl die Möglichkeit der Berücksichtigung des Nutzens einer Anlage im allgemeinen und der Schaffung von Arbeitsplätzen im besonderen dem Wortlaut nach nicht ausgeschlossen. Ebensowenig legt der Wortlaut eine solche Abwägungsmöglichkeit allerdings besonders nahe – eine etwa dem § 3 des nordrhein-westfälischen Immissionsschutzgesetzes von 1975 vergleichbare Formulierung findet sich im BImSchG gerade nicht.

---

[676] Schlichter, GewArch 1978, 313 (317).
[677] Hanning / Schmieder Beilage DB Heft 46, 1977, S. 13.
[678] Hanning S. 52. Er macht bereits in den 70er Jahren darauf aufmerksam, dass fast jedes technische Immissionsschutzproblem lösbar ist und der Satz „ultra posse nemo obligatur“ hier daher seine Bedeutung verloren hat. Auch sei zu berücksichtigen, dass die Kosten der Emissionsbegrenzung bei zunehmender Verminderung der Grenzwerte überproportional oder sogar exponentiell ansteigen (S. 52).
[679] Hanning / Schmieder Beilage DB Heft 46, 1977, S. 13. Der Vollständigkeit halber sei erwähnt, dass sie das Fehlen von Abwägungsmöglichkeiten kritisieren und sich für eine Ausgestaltung der Genehmigungsentscheidung als Ermessensentscheidung aussprechen, sofern es ausschließlich um die Vorsorge vor schädlichen Umwelteinwirkungen geht. Dadurch „würde es den verfassungsrechtlich autorisierten Instanzen ermöglicht, jenseits des Schutzes vor unmittelbaren Gefahren im Rahmen ihres Ermessens eine umfassende Interessenabwägung aller tangierten Belange der Energie-, Struktur- und Wirtschaftspolitik bei jeder einzelnen Investitionsentscheidung vornehmen zu können“ (ebd. S. 15).

Somit ist zu prüfen, inwiefern es Hinweise auf die Vorstellungen des Gesetzgebers gibt. Dabei ist durchaus zu berücksichtigen, dass das Bundesimmissionsschutzgesetz seinerzeit zwar in der Gesellschaft und insbesondere bei den Vertretern der Industrie nicht unumstritten war, jedoch von allen damals im Bundestag vertretenen Fraktionen in einem Maße unterstützt wurde, das den Abgeordneten Dr. Hirsch (FDP) von „lyrischen Elementen in der Berichterstattung" sprechen ließ[680]. Natürlich ist es für die Geltungskraft eines Gesetzes gleichgültig, ob es mit knapper Mehrheit oder vom gesamten Parlament verabschiedet wird. Die Bedeutung des in den Gesetzesmaterialien zum Ausdruck kommenden gesetzgeberischen Willens wird jedoch durch eine breite Zustimmung des das Volk repräsentierenden Parlaments unterstrichen.
In der Begründung zum Gesetzentwurf findet sich im Zusammenhang mit dem einschränkenden Begriff der *erheblichen* Nachteile und Belästigungen die bemerkenswerte Erläuterung: „Die Einschränkung ist das Ergebnis einer Güterabwägung, auf die in einem hochindustrialisierten und dichtbesiedelten Lande nicht verzichtet werden kann"[681]. Dadurch wird deutlich, dass der Erheblichkeitsbegriff nicht als Aufforderung zu einer Abwägung durch den Gesetzesanwender, sondern als Resultat einer vom Gesetzgeber bereits vorgenommenen Abwägung zu begreifen ist. Freilich handelt es sich bei dem Begriff der Erheblichkeit um einen unbestimmten Rechtsbegriff, der der Präzisierung unter Einbeziehung von Wertungen bedarf. Durch logische Deduktion allein lässt sich aus dem Tatbestandsmerkmal der Erheblichkeit nicht zweifelsfrei herleiten, welche Nachteile und Belästigungen relevant sind und welche nicht. Das spricht dafür, dass beim Erlass von konkretisierenden Rechtsverordnungen nach § 7 BImSchG und von Verwaltungsvorschriften nach § 48 BImSchG ebenso wie bei der Gesetzesanwendung durch die Verwaltung die genannte gesetzgeberische Güterabwägung *nachvollzogen* werden muss. Das aber ist etwas anderes als eine originär-selbstständige, gestaltende Abwägung unter Einbeziehung des jeweiligen Anlagennutzens.
1973 / 79 war im Kontext der gerichtlichen Entscheidungen zum Kohlekraftwerk Voerde in einem Gesetzentwurf der Bundesregierung die ausdrückliche Ermöglichung einer Abwägung zwischen den Erfordernissen des Umweltschut-

---

680 „Wer sich zu Anfang der Legislaturperiode zum Immissionsschutzgesetz auf eine harte Auseinandersetzung gefreut hatte, sieht sich enttäuscht. Schon die Berichterstattung hat teilweise so lyrische Elemente gehabt, dass man wirklich an den Zusammenhang zwischen Blumen und Immissionsschutz erinnert wird" (Sten. Bericht 7 / 74 vom 18.1.1974 S. 4684); zur Kritik siehe Ebinger S. 102; Kube, BB 1972, 384 ff.; Säcker, DB 1972, 221 ff.

681 Begründung zum Gesetzentwurf des BImSchG, BT-Drs. 7 / 179 (1973) S. 29; an anderer Stelle (BT-Drs. 7 / 179 S. 21) findet sich die Formulierung: „(...) Nicht zuletzt wegen der wirtschaftlichen Auswirkungen müssen Art, Umfang und Ausmaß der technischen Maßnahmen unter Berücksichtigung des allgemeinen Wohles, d.h. bei Abwägung gesundheitspolitischer Forderungen gegen wirtschaftliche Auswirkungen, weitgehend durch Gesetz bestimmt sein".

zes einerseits und den Erfordernissen von Beschäftigung und Wirtschaftswachstum andererseits vorgesehen[682] und wurde dementsprechend diskutiert. Zur Beseitigung der durch das Voerde-Urteil des OVG Münster entstandenen Rechtsunsicherheit sah der Gesetzentwurf die Einführung einer gesetzlichen Vermutung für die Unschädlichkeit der in der TA Luft festgesetzten Immissionsgrenzwerte vor; diese Vermutung sollte aber weder bei Gesundheitsgefahren noch dann gelten, wenn der vorhandene Bestand von Tieren, Pflanzen oder anderen Sachen wesentlich beeinträchtigt wird (Verschlechterungsverbot)[683]. Die Landesregierungen sollten nach dem Gesetzentwurf ermächtigt sein, durch Rechtsverordnung zur Verbesserung der Wirtschaftsstruktur oder sonst aus Gründen des Gemeinwohls Gebiete festzulegen, in denen diese Grenze der wesentlichen Beeinträchtigung von Tieren, Pflanzen oder anderen Sachen nicht gilt. Dazu wurde in der Begründung erläutert, dass die Festsetzung solcher wirtschaftliche Entwicklungsgebiete rechtfertigenden Gründe insbesondere dann vorliegen können, „wenn die Erschließung von Industriestandorten zur *Schaffung zusätzlicher Arbeitsplätze* oder zur Sicherung der Energieversorgung beiträgt“. Die Beeinträchtigungsgrenze sollte des weiteren keine Anwendung finden, wenn die Landesregierung ein überwiegendes öffentliches Interesse an der Durchführung des Vorhabens feststellt[684]. Die ersichtlich beschäftigungspolitische Motivation des Gesetzentwurfes lässt keinen Zweifel daran, dass auch die Schaffung von Arbeitsplätzen ein solches „überwiegendes öffentliches Interesse“ sein können sollte[685], fiel doch der Regelungsvorschlag in eine Zeit steigender und damals als außerordentlich hoch empfundener Arbeitslosigkeit. Den Landesregierungen sollte also die Möglichkeit eingeräumt werden, aus ökonomischen und insbesondere arbeitsmarktpolitischen Gründen auch eine wesentliche Beeinträchtigung von Tieren, Pflanzen oder sonstigen Sachen zuzulassen. Der Bundesrat machte in seiner Stellungnahme den - von der Bundesregierung abgelehnten - Vorschlag, die genannte wesentliche Beeinträchtigung außer in durch Rechtsverordnung der Landesregierung bestimmten besonderen Luftreinhaltegebieten hinzunehmen, sofern die festgelegten Immissionsgrenzwerte eingehalten sind[686]. Durchaus bezeichnend für den Novellierungsentwurf ist, dass

[682] Entwurf eines Zweiten Gesetzes zur Änderung des BImSchG vom 11.4.1979 – BT-Drs. 8 / 2751; Bender, NJW 1978, 1947 (1949).

[683] § 6 a Abs.1 S.2 Nr.2 des Entwurfes, BT-Drs. 8 / 2751 S. 4; Stellungnahme des Bundesrates BT-Drs. 8 / 2751 S. 11.

[684] § 6 a Abs.2 und § 49 a des Entwurfes, BT-Drs. 8 / 2751 S. 5.

[685] Bender, NJW 1978, 1947 (1949); von Jahr zu Jahr werde der „Ruf nach Steigerung des wirtschaftlichen Wachstums, sei es auch auf Kosten des Umweltschutzes“ lauter, „also der pragmatische Ruf, mehr an die Gegenwart zu denken, sei es auch zu Lasten der Zukunft“ (ebd.).

[686] Stellungnahme des Bundesrates, BT-Drs. 8 / 2751 S.11, Begründung S.12: „Die zahlreichen unbestimmten Rechtsbegriffe der Regelung des Entwurfs der Bundesregierung, insbesondere in § 49 a (Gründe des Gemeinwohls, Verbesserung der Wirtschaftsstruktur, Erfordernisse der Raumordnung) unterliegen der gerichtlichen Kontrolle und würden im Falle der An-

einige Zeitungen in ihm eine massive Verschlechterung des Umweltschutzes, andere hingegen deutliche Umweltschutzverbesserungen sahen[687] - diese mögen das Verschlechterungsverbot, jene die Abwägungsklauseln im Blick gehabt haben. In der Bundestagsdebatte wurde sowohl das Ziel der Verbesserung des Immissionsschutzes als auch das der Verbesserung der wirtschaftlichen Lage angesprochen, mehrere Redner betonten die Notwendigkeit einer Abwägung zwischen ökologischen und wirtschaftlichen einschließlich arbeitsmarktpolitischen Belangen[688]. Der Entwurf samt seinen Abwägungsklauseln wurde allerdings nicht verabschiedet und auch von der folgenden Bundesregierung nicht wieder aufgegriffen[689]. Natürlich darf nicht verkannt werden, dass die Abwägungsmöglichkeiten unter der Prämisse von Vermutungsklausel und Verschlechterungsverbot eingeführt werden sollten. Festzuhalten aber bleibt: die ausdrückliche Verankerung von Abwägungsklauseln wurde erörtert und letztlich nicht als Gesetz beschlossen. Wären Regierung und Parlamentarier von der Möglichkeit einer Abwägung mittels des Erheblichkeitsbegriffs ausgegangen, hätte ein Nachdenken über die Verankerung expliziter Abwägungsklauseln nicht eben nahe gelegen; bemerkenswert ist allerdings die zustimmende Bezugnahme des Abgeordneten Konrad auf die von Feldhaus entwickelte Interpretation des Zumutbarkeits- bzw. Erheblichkeitsbegriffs als Abwägungstopos[690]. Im übrigen wären auch nach dem Novellierungsentwurf nicht die zuständigen Behörden zur Vornahme von Abwägungen ermächtigt, vielmehr blieben sowohl die sich auf einzelne Vorhaben als auch die sich auf ganze Gebiete beziehenden Abwägungsmöglichkeiten den Landesregierungen vorbehalten. Über Abwägungen sollte also auf höherer Ebene befunden werden – sicherlich nicht zuletzt aufgrund des politischen Charakters, der solchen Abwägungen innewohnt. Ziel des Entwurfes war neben der Ermöglichung einer Güterabwägung die Verstärkung der Rechtssicherheit durch die den Beweiswert der Immissionswerte der TA Luft auch für die Gerichte verbindlich festlegende Vermutungsklausel. Und tendenziell sind Abwägungsmöglichkeiten der Rechtssicherheit nicht förderlich, sondern abträglich. Auf diesen sachlich nicht nur gegen explizite Abwägungsklauseln, sondern

---

fechtung einer Genehmigungsentscheidung mit Sicherheit zu einer umfangreichen Beweisaufnahme führen". Gegenäußerung der Bundesregierung zur Stellungnahme des Bundesrates BT-Drs. 8 / 2751 S.17.

687 so der Wirtschaftsminister Dr. Graf Lambsdorff Sten. Ber. 8 / 162 S. 12912.

688 Verbesserung des Umweltschutzes: Innenminister Baum Sten Ber. 8 / 162 S. 12901 u. S. 12902; der Abgeordnete Volmer (CDU/CSU) nannte beides (8 / 162 S. 12904); zur Abwägung: Innenminister Baum Sten. Ber. 8 / 162 S. 12900, S. 12901; Volmer (CDU/CSU) S. 12903; Konrad (SPD) S. 12907 u. S. 12908; Wolfgramm (FDP) S. 12909 u. S. 12910; Wirtschaftsminister Dr. Graf Lambsdorff S. 12912.

689 Ebinger S. 112.

690 Konrad (SPD) Sten Ber. S. 12908 – nach seiner Auffassung erkennt das BImSchG abwägungserhebliche und nicht abwägungserhebliche wirtschaftliche Interessen an, wobei freilich unklar bleibt, ob er Abwägung im Sinne von „Abwägungsergebnis" oder aber im Sinne von „Aufforderung zur Abwägung" versteht.

ebenso gegen ein entsprechendes Verständnis des Erheblichkeitsbegriffs sprechenden Zusammenhang hat der Arbeitskreis für Umweltrecht bei einer im Jahre 1978 stattgefundenen Anhörung hingewiesen[691], sich allerdings gleichwohl für die Ermöglichung einer konkreten Abwägung zwischen reinen Gefahren für Sachgüter und näher spezifiziertem öffentlichem Interesse ausgesprochen[692]. Im Rahmen dieser Anhörung wurde in Verbindung mit einer eventuellen Abwägungsklausel immer wieder der Gesichtspunkt der Arbeitsplätze genannt[693]. Schließlich sind auch die von Jarass angeführten gesetzessystematischen Argumente überzeugend. So kann der Verteidigungsminister gemäß § 60 Abs.1 BImSchG aus zwingenden Gründen der Verteidigung oder der Erfüllung zwischenstaatlicher Verpflichtungen Ausnahmen vom BImSchG und den auf seiner Grundlage erlassenen Rechtsverordnungen zulassen, wobei der Schutz vor schädlichen Umwelteinwirkungen zu berücksichtigen ist. Die Entscheidungen über solche Ausnahmen und ihre Reichweite sind Ausdruck einer Abwägung zwischen Landesverteidigungs- und Immissionsschutzinteressen[694]. Ausnahmen zugunsten von Anlagen der Landesverteidigung sind in zahlreichen Vorschriften vorgesehen[695]. Böte der Erheblichkeitsbegriff ohnehin Spielraum für eine umfassende Abwägung, so wäre die gesetzliche Verankerung der Ausnahmeklausel für Anlagen der Landesverteidigung fernliegend bis entbehrlich. Ihr Sinn könnte dann allenfalls darin bestehen, das besondere Gewicht dieser Anlagen im Rahmen der Abwägung festzulegen.

Außerdem darf die Bauleitplanung nicht aus dem Blick geraten, die regelmäßig bei Kraftwerken und anderen genehmigungsbedürftigen Anlagen erforderlich ist[696]. Die auf umfassenden Interessenabwägungen beruhenden bauleitplanerischen Entscheidungen, nicht hingegen die behördlichen Genehmigungsentscheidungen sind für eine Berücksichtigung der mit Betrieben und Anlagen verbundenen Vorteile wie dem der Arbeitsplatzschaffung vorgesehen und geeignet.

---

691 TOP 2 (generelle und besondere Abwägungsklausel) : „1. Es bestand Übereinstimmung darin, dass ein generelles wie ein besonderes Abwägungsgebot mit der Rechtssicherheit in erheblichem Widerspruch stünde".
Vgl. Steiger S. 75; Sander S. 77 („Abwägungsgebot und Rechtssicherheit sind ein unlösbarer Widerspruch"); vorsichtig Charbonnier S. 80, der im Aspekt der Zumutbarkeit eine „erhebliche Abwägungsmöglichkeit spezieller Art" erblickt; Kutscheidt S. 90; Schottelius S. 91 („möglicherweise gewisser Widerspruch").

692 TOP 3 (konkrete Abwägungsklausel beim Sachgüterschutz) S. 11.

693 Charbonnier S. 83 u. S. 87 (zu der von ihm in die Diskussion gebrachten „Standortbereinigungsklausel"); Kutscheidt S. 90.

694 Gallas / Eisenbarth, UPR 1986, 417 (419); sie weisen darauf hin, dass die Belange der äußeren Sicherheit und der Landesverteidigung in der Verfassung insbesondere durch Artt. 24, 87a und 87b GG abgesichert sind (S. 417); Ule / Laubinger § 60 C 39.

695 Vgl. § 58 Abs.2 KrW-/AbfG; § 24 Abs.2 ChemG; § 71 Abs.2 ArzneimittelG; § 3 Abs.2 S.1 u. 2 UVPG; § 30 Abs.1 S.1 u. 3 LuftVG; generelle Freistellung von der Beachtung von Vorschriften: § 8 BenzinbleiG; § 1 Abs.4 Nr.1 SprengG; § 35 Abs.1 StVO.

696 Schlichter, GewArch 1978, 313 (318).

Hier finden die gestaltenden und durchaus politischen Entscheidungen statt, die das Resultat wertender, die jeweiligen Vor- und Nachteile gewichtender Abwägung sind. Die planungsrechtliche Zulässigkeit des Standortes einer genehmigungsbedürftigen Anlage besagt nichts über die immissionsschutzrechtliche Zulässigkeit dieser Anlage[697], sie ist jedoch notwendige Voraussetzung für deren rechtmäßige Errichtung. Die Träger der Bauleitplanung entscheiden also darüber, ob die Ansiedlung von Betrieben mit genehmigungspflichtigen Anlagen an konkreten Orten überhaupt in Betracht kommt, indem sie die planerischen Voraussetzungen schaffen – sei es durch eine auf ein bestimmtes Projekt bezogene Planung, sei es durch die Ausweisung etwa von Industriegebieten.
Wenn eine Anlage am geplanten Standort wegen dessen starker Vorbelastung nicht zulässig ist, so kann sie an einem anderen Standort mit geringerer Vorbelastung ohne weiteres genehmigungsfähig sein. Beim heutigen Stand der Technik dürften im übrigen auch ohne Interpretation des Erheblichkeitsbegriffs als Abwägungsbegriff praktisch alle industriellen Anlagen betrieben werden können, ohne dass dies zu schädlichen Umwelteinwirkungen führt.

5.4.4 Berücksichtigung beim Mindestmaßgebot

Nach § 22 Abs.1 Nr.2 BImschG sind nicht genehmigungsbedürftige Anlagen so zu errichten und zu betreiben, dass nach dem Stand der Technik unvermeidbare schädliche Umwelteinwirkungen auf ein Mindestmaß beschränkt werden. Nach der Gesetzesbegründung ist diese Verpflichtung eine spezielle öffentlichrechtliche Ausformung des allgemeinen Rechtsgedankens, dass grundsätzlich niemand sein Eigentum oder eine diesem gleichkommende Rechtsposition zum Schaden anderer ausüben darf. Des weiteren heißt es dort, zugleich werde ein ausreichend weiter Spielraum für die Berücksichtigung der Umstände des Einzelfalles eröffnet, wobei dem nachbarlichen Interessenausgleich eine besondere Bedeutung zukomme[698]. Dementsprechend eröffnet das Mindestmaßgebot nach allgemeiner Auffassung die Möglichkeit einer Abwägung zwischen störender und gestörter Nutzung unter Berücksichtigung von Zweck und Nutzen der emittierenden Anlage[699]. Damit stellt sich die Frage, ob der Gesichtspunkt der Arbeitsplätze bei nicht genehmigungsbedürftigen Anlagen im Rahmen des Mindestmaßgebotes berücksichtigt werden kann. Das Mindestmaß ist generell bei konkreten Gefahren für Leben, Gesundheit oder bedeutende Sachwerte überschritten, so dass dann für eine Abwägung kein Raum ist[700]. Das ergibt sich aus

---

[697] von Holleben, GewArch 1977, 45 (45).
[698] Begründung zu § 20, BT-Drs. 7 / 179 S. 38.
[699] Jarass, JZ 1993, 601 (604); Koch, NuR 1996, 276 (280 l. Sp.); Feldhaus § 22 Rn 8; Hansmann in Landmann / Rohmer UmwR I BImSchG § 22 Rn 22; Jarass § 22 Rn 39 u. 34; Roßnagel in GK § 22 Rn 142 ff..
[700] BVerwG, DVBl. 1974, 778; BVerwGE 79, 254 (257); 81, 197 (200, 210); VGH Kassel, ESVGH 27, 225 (230); VGH Mannheim, NJW 1990, 1931; Sellner / Löwer, WiVerw 1980,

§ 25 Abs.2 BImSchG, demzufolge die Errichtung oder der Betrieb einer Anlage unter diesen Umständen ganz oder teilweise untersagt werden sollen und daraus, dass das BImSchG nicht geringere Anforderungen als die polizeiliche Generalklausel stellt[701].

Nach der Auffassung Kutscheidts sind dieselben Kriterien wie für die Bestimmung der Zumutbarkeit maßgebend, das Mindestmaßgebot ist demnach also mit der Erheblichkeitsschwelle identisch[702]. Unter Zugrundelegung dieser Interpretation und des hier vertretenen Verständnisses des Zumutbarkeitsbegriffs würde sich eine Berücksichtigung der mit einer Anlage verbundenen Arbeitsplätze also verbieten; freilich ist daran zu erinnern, dass Kutscheidt im Begriff der Erheblichkeit bzw. Zumutbarkeit die Aufforderung zur umfassenden Abwägung erblickt[703]. Nun mag es zwar sein, dass auf das unvermeidbare Maß reduzierte Umwelteinwirkungen, die keine der eben genannten Gefahren bedeuten, gleichwohl aber unzumutbar sind, nur selten vorkommen. Einer Gleichsetzung von gebotenem Mindestmaß und der Schädlichkeitsschwelle des § 3 Abs.1 BImSchG steht jedoch der Wortlaut des § 22 Abs.1 Nr.2 BImSchG entgegen, der ein gewisses Maß an unvermeidbaren schädlichen Umwelteinwirkungen zulässt[704].

Die mit dem Mindestmaßgebot verbundene Abwägung bedeutet, dass der Aufwand für immissionsmindernde Maßnahmen und allgemein die Interessen der Anlagenbetreiber und der Anlagennutznießer verstärkt zu berücksichtigen sind; auch Herkömmlichkeit, soziale Adäquanz und allgemeine Akzeptanz der Immissionen sowie die Gebietsprägung des Einwirkungsortes sind zu beachten[705]. Die maßgeblichen Gesichtspunkte für die Einzelfallabwägung in allgemeingültiger Weise festzulegen und von den nicht maßgeblichen in rationaler Weise zu trennen, bereitet Schwierigkeiten. Zur Begründung der Zulässigkeit einer – kurzfristig außerordentlich lauten – Feuerwehrsirene lässt sich auf den Zweck des BImSchG zurückgreifen. Denn dieses Gesetz dient unter anderem dem Schutz von Gesundheit und Sachgütern vor schädlichen Immissionen. Würde man die indirekt dem Schutz eben jener Rechtsgüter vor Brandschäden dienende Sirene unter Berufung auf den Immissionsschutz untersagen, so würde das der ratio legis eklatant widersprechen. Im übrigen dürfte das von Classen entwik-

---

221 (223); Kutscheidt, NVwZ 1983, 65 (67); Jarass, JZ 1993, 601 (604); Koch, NuR 1996, 276 (280 r. Sp.); Feldhaus § 22 Rn 8; Hansmann in Landmann / Rohmer UmwR I BImSchG § 22 Rn 24; Jarass § 22 Rn 38, Roßnagel in GK § 22 Rn 145.

701 Zum Vergleich mit der polizeilichen Generalklausel Jarass, JZ 1993, 601 (604); Kutscheidt, NVwZ 1983, 65 (67); Murswiek, JZ 1989, 240 (241); ähnlich BVerwGE 55, 118 (122).

702 Kutscheidt, NVwZ 1983, 65 (68).

703 Vgl. 5.4.1.

704 Roßnagel in GK § 22 Rn 143.

705 Jarass § 22 Rn 39; Roßnagel in GK § 22 Rn 149 f. mit Nachweisen aus der Rspr., die allerdings mitunter zwischen Erheblichkeits- und Mindestmaßschwelle nicht sauber unterscheidet.

kelte Näheprinzip ein brauchbares Kriterium sein – in gewissen Grenzen sind solche Anlagen auch in dicht bewohnten Gebieten hinzunehmen, die vernünftigerweise in die Nähe von Wohnungen gehören[706]. Dass mit einer Anlage Arbeitsplätze verbunden sind, kann jedoch bei der durch das Mindestmaßgebot indizierten Abwägung keine Rolle spielen. Anders ausgedrückt: Arbeitsplätze können für sich genommen das hinnehmbare Mindestmaß nicht anheben. Die erläuterten Gründe gegen eine Berücksichtigung dieses Aspektes im Rahmen des Erheblichkeitsbegriffs sprechen auch gegen die Berücksichtigung im Rahmen des Mindestmaßgebotes.

VII. Das Bauen im Außenbereich nach § 35 Abs.1 BauGB

1. Das Entgegenstehen öffentlicher Belange

Nach § 35 Abs.1 BauGB sind bestimmte im einzelnen aufgeführte Vorhaben im Außenbereich zulässig, wenn die ausreichende Erschließung gesichert ist und öffentliche Belange nicht *entgegenstehen*. Im Gegensatz zu diesen sogenannten privilegierten Vorhaben dürfen sonstige Vorhaben im Außenbereich nur zugelassen werden, sofern sie öffentliche Belange nicht *beeinträchtigen*. Gerade der Vergleich dieser unterschiedlichen Formulierungen zeigt, dass ein öffentlicher Belang einem privilegierten Vorhaben keineswegs schon dann entgegensteht, wenn er nur irgendwie beeinträchtigt wird – vielmehr hat eine Abwägung unter Berücksichtigung der gesetzlichen Privilegierung des § 35 Abs.1 BauGB, durch die der Gesetzgeber die entsprechenden Vorhaben in planähnlicher Weise dem Außenbereich zugewiesen und ihnen damit Vorrang eingeräumt hat, zu erfolgen; die sich aus den öffentlichen Belangen ergebende Schranke wirkt sich insofern unterschiedlich aus, als den privilegierten im Vergleich zu den sonstigen Vorhaben ein gesteigertes Durchsetzungsvermögen innewohnt[707]. Die öffentlichen Belange, welche die Zulässigkeit sowohl von privilegierten als auch von sonstigen Vorhaben im Außenbereich beschränken, sind beispielhaft und nicht abschließend in § 35 Abs.3 BauGB genannt.
Hinsichtlich des „Entgegenstehens" öffentlicher Belange stellt sich die Frage, ob Vorhaben stets unzulässig sind, sobald sie sich auf öffentliche Belange in einem bestimmten Grade negativ auswirken, oder ob der Begriff des „Entgegenstehens" eine Kompensation der mit einem Vorhaben verbundenen Nachteile durch dessen Vorteile im Allgemeinen und die mit ihm einhergehenden Arbeitsplätze

---

706 Classen, JZ 1993, 1042 (1048) – s.o.
707 BVerwGE 28, 148 (151); 48, 109 (114); 68, 311 (313); BVerwG, DÖV 1979, 905 (907); Weyreuther S.159; Weidemann, NVwZ 1983, 441 (444); Schlichter, AgrarR 1985, 245 (245); Burgi / Vogler, UPR 1992, 136 (137); Mainczyk § 35 Rn 3; Taegen in Schlichter / Stich § 35 Rn 9; Upmeier in Hoppenberg Rn 553; Dürr Rn 122; Krebs in Schmidt-Aßmann Rn 136; Oldiges in Steiner IV Rn 224 a; Brügelmann § 35 Rn 9; Krautzberger in Battis / Krautzberger / Löhr § 35 Rn 6.

im Besonderen ermöglicht. Immerhin sind nicht wenige Vorhaben zwar im Hinblick auf einige öffentliche Belange unerwünscht, anderen öffentlichen Belangen jedoch förderlich und daher möglicherweise insgesamt zumindest indifferent. Vom gesetzlichen Wortlaut her ist die Möglichkeit einer derartigen Kompensation nicht ausgeschlossen. Sofern im Zusammenhang mit dem Entgegenstehen öffentlicher Belange von einer Abwägung gesprochen wird, ist damit zunächst eine einzelfallbezogene Abwägung zwischen dem Zweck der Privilegierung und der durch das Vorhaben negativ betroffenen öffentlichen Belangen zu verstehen. Abwägung beinhaltet nicht notwendig eine allumfassende Berücksichtigung sämtlicher betroffener Belange unter Einschluss der Möglichkeit, Vorteile und Nachteile gegeneinander aufzuwiegen. Nicht jede Abwägung ist solchermaßen gestaltend. Nach Auffassung des Bundesverwaltungsgerichts besteht bei § 35 BauGB für eine planerisch-gestaltende Abwägung und damit für eine Kompensation kein Raum[708]. Das Gericht erblickt in der Kompensation die Gefahr, dass sich die Gesetzesanwendung über das Gesetz hinwegsetzt – denn ein nach der Gesetzeslage „an sich" hindernder öffentlicher Belang könne im Wege einer mehr oder weniger einleuchtenden Saldierung als „im Ergebnis" nicht hindernd beiseite geschoben werden. Daher sei für eine Kompensation nur dort Raum, wo das Gesetz klar zu erkennen gibt und damit hinreichend eindeutig gestattet, dass die von ihm angeordnete Grenze zugunsten von Kompensationsmöglichkeiten variabel sein soll[709]. Auch in der Literatur wird nicht bestritten, dass eine Kompensation – und damit eine Berücksichtigung der Arbeitsplatzrelevanz eines Vorhabens – im Rahmen des § 35 Abs.1 und Abs.2 BauGB nicht möglich ist[710]. Ein umfassendes Aufwiegen von Vor- und Nachteilen ist nur zulässig, wenn eine Norm für eine solche Möglichkeit nach Wortlaut oder jedenfalls Struktur und Zweck deutliche Hinweise enthält. Denn eine der Abwägung gemäß § 1 Abs. 5 und 6 BauGB vergleichbare gestaltende Abwägung mit Kompensationsmöglichkeiten kann ganz erhebliche Spielräume eröffnen und ist nur an äußerste Grenzen gebunden. Bei § 1 Abs. 5 und 6 BauGB geht es um die Aufstellung von Bauleitplänen, mithin um in die Form einer Satzung zu gießende Planung und nicht um einen nachvollziehbaren Abwägungsvorgang. Bei § 35 BauGB hingegen ist eine Norm inklusive der vom Gesetzgeber in ihr vorgenommenen Wertungen auf den Einzelfall anzuwenden. Es ist nicht davon aus-

---

[708] BVerwGE 42, 8 (14 ff.) – die Entscheidung bezieht sich zwar auf den Begriff des „Beeinträchtigens" in § 35 Abs.2 BBauG, für das „Entgegenstehen" des § 35 Abs.1 BauGB gilt jedoch ersichtlich nichts anderes.

[709] Hier geht es allerdings gerade um die Untersuchung der Kompensationsmöglichkeit nach Gesetzeslage. Und man sollte nicht mit der Gesetzeslage argumentieren, um damit zu begründen, wie eben diese Gesetzeslage ist.

[710] BVerwGE 55, 369 (383 f.); Weyreuther, BauR 1977, 293 (297); Weyreuther S. 160 u. S. 18; Schmidt-Aßmann, JuS 1981, 731 (735); Weidemann, NVwZ 1983, 441 (442); Schlichter, AgrarR 1985, 245 (248); Grooterhorst, DÖV 1987, 910 (912); Upmeier in Hoppenberg Rn A 553.

zugehen, dass den Baubehörden die mit der Möglichkeit von Kompensationen einhergehende weite gestalterische Abwägung gestattet werden soll. Das wird auch im Vergleich mit § 9 Abs.3 FStrG deutlich, den das Bundesverwaltungsgericht in seiner Entscheidung als Beispiel für eine Kompensationsmöglichkeiten eröffnende Norm erwähnt. Gemäß § 9 Abs.3 FStrG darf die Zustimmung der obersten Landesstraßenbaubehörde nach § 9 Abs.2 FStrG für bauliche Anlagen in der Nähe von Bundesautobahnen und Bundesstraßen nur versagt oder mit Bedingungen und Auflagen erteilt werden, soweit dies wegen der Sicherheit oder Leichtigkeit des Verkehrs, der Ausbauabsichten oder der Straßenbaugestaltung nötig ist. Die „Sicherheit und Leichtigkeit des Verkehrs“ bildet hier einen relativ fest umrissenen Oberbegriff. Wie sich ein Vorgang „im Saldo“ auf diese Sicherheit und Leichtigkeit des Verkehrs auswirkt, ist im Prinzip nicht schwerer zu beantworten als die Frage, ob er die Verkehrssicherheit und –leichtigkeit überhaupt berührt. Demgegenüber kann davon bei dem vagen Begriff der öffentlichen Interessen keine Rede sein.
Kann auch die Verletzung eines Belanges nicht durch die Förderung eines anderen öffentlichen Belanges ausgeglichen werden, so sind doch privilegierte im Gegensatz zu sonstigen Vorhaben im Außenbereich zumeist zulässig – sie sind gewissermaßen dem Außenbereich anstatt durch Bebauungsplan durch Gesetz generell zugewiesen[711]. Die besondere Gewichtung privilegierter Vorhaben kommt unter anderem darin zum Ausdruck, dass ihnen der Flächennutzungsplan und die darin zum Ausdruck kommende planerische Vorstellung der Gemeinde nur bei konkreten standortbezogenen Aussagen entgegengesetzt werden kann[712]. Hinreichend konkreten Zielen der Raumordnung und Landesplanung (§ 5 Abs.2 ROG) dürfen auch privilegierte Vorhaben nicht widersprechen, andererseits können öffentliche Belange einem privilegierten Vorhaben nicht entgegengehalten werden, wenn es selbst in einem Programm oder Plan als Ziel der Raumordnung und Landesplanung bestimmt ist und wenn diese Belange beim Raumordnungsverfahren in die Abwägung eingestellt wurden[713]. Da die Schaffung und Erhaltung von Arbeitsplätzen zu den Grundsätzen der Raumordnung und Landesplanung gehört und diese Grundsätze wiederum bei der Festlegung der Ziele von Bedeutung sind, kann der Gesichtspunkt der Arbeitsplätze auf diese Weise mittelbar doch eine Rolle spielen.

---

711 BVerwGE 28, 148 (150); 48, 109 (114 f.); Weyreuther S.161 betont, die Behauptung, dass sich privilegierte Vorhaben meist gegenüber den öffentlichen Belangen durchsetzen, könne lediglich eine Art Erfahrungswert hinter sich haben und sei daher missverständlich.
712 BVerwGE 68, 311 (315); Oldiges in Steiner IV Rn 225; Weyreuther S.131 gibt zu bedenken, dass auch ein Bebauungsplan mit zulässigerweise minder konkreten Festsetzungen nicht weiter wirken könnte, als es der Gehalt seiner Festsetzungen ergibt.
713 VGH Mannheim, NVwZ 1990, 982 (983); Grooterhorst, DÖV 1987, 910 (912); Weidemann, NVwZ 1983, 441 (442), hebt hervor, dass die Übereinstimmung eines Vorhabens mit einem Ziel der Raumordnung und Landesplanung nicht abschließend zu dessen Zulässigkeit führt.

2. Das Tatbestandsmerkmal des Sollens in § 35 Abs.1 Nr.4 BauGB

Nach § 35 Abs.1 Nr.4 BauGB ist ein Vorhaben privilegiert, wenn es wegen seiner besonderen Anforderungen an die Umgebung, wegen seiner nachteiligen Wirkung auf die Umgebung oder wegen seiner besonderen Zweckbestimmung nur im Außenbereich ausgeführt werden soll. Eine Abgrenzung dieser drei Alternativen ist nicht immer einfach; mag auch der Wortlaut für ein bloßes Nebeneinander sprechen, so liegt es doch nahe, die „besondere Zweckbestimmung" als Oberbegriff zu verstehen[714]. Wegen ihrer besonderen Anforderungen an die Umgebung dem Außenbereich zugeordnet sind beispielsweise Aussichtstürme, Freilichttheater, Freibäder mit solehaltigem Wasser und Wetterstationen[715]. Aufgrund ihrer nachteiligen Wirkung auf die Umgebung gehören zum Außenbereich insbesondere Vorhaben, die wegen der von ihnen ausgehenden Emissionen nicht im Innenbereich untergebracht werden sollen wie zum Beispiel Gerbereien, Hammerwerke, Zementfabriken, Düngemittelfabriken und allgemein stark emittierende Industrieanlagen, Tierkörperbeseitigungsanstalten, Schweinemästereien, Intensiv-Hühnerhaltung, außerdem mit besonderen Gefahren behaftete Vorhaben wie Sprengstofffabriken[716]. Wegen ihrer besonderen Zweckbestimmung sind unter anderem Schutzhütten und der Allgemeinheit zur Verfügung stehende Berg- und Skihütten nach § 35 Abs.1 Nr.4 BauGB privilegiert[717]. Für eine Privilegierung nach § 35 Abs.1 Nr.4 BauGB ist nicht erforderlich, dass ein Vorhaben schlechterdings nur im Außenbereich errichtet werden kann – maßgebend sind vielmehr die konkreten örtlichen Gegebenheiten der jeweiligen Gemeinde, wobei sich der Vorhabenträger allerdings gerade bei kleinen Gemeinden mit einheitlicher Bebauungsstruktur und geringer Bandbreite möglicher Nutzungen gegebenenfalls darauf verweisen lassen muss, sein Vorhaben im Innenbereich einer anderen Gemeinde zu realisieren[718]. Ein Vorhaben ist nicht schon deshalb privilegiert, weil es in dicht bebauten Innenbereichen nicht zu verwirklichen oder weitgehend zwecklos ist. Denn nach der § 35 BauGB immanenten Wertung soll der Außenbereich grundsätzlich von Bebauung freigehalten, in seiner besonderen Bedeutung für die naturgegebene Bodennutzung und als Erholungslandschaft der Allgemeinheit erhalten und vor dem Eindringen we-

---

[714] Weyreuther S.381.

[715] Schmidt-Aßmann, JuS 1981, 731 (734); Mainczyk § 35 Rn 18; Taegen in Schlichter / Stich § 35 Rn 41; Krautzberger in Battis / Krautzberger / Löhr § 35 Rn 34.

[716] VGH Mannheim, NuR 1990, 122 (123 - Tierkörpersammelstelle); Burgi / Vogler, UPR 1992, 136 (136); Mainczyk § 35 Rn 19; Brügelmann § 35 Rn 59; Krautzberger in B/K/L § 35 Rn 42 b;. Die „nachteiligen Wirkungen" decken sich zwar weitgehend mit den „schädlichen Umwelteinwirkungen" nach §§ 35 Abs.3 Nr.3 BauGB, 3 Abs.1 BImSchG, sind jedoch nicht auf diese beschränkt (Weyreuther S. 381; Burgi / Vogler, UPR 1992, 136, 138; Söfker in Ernst / Zinkahn / Bielenberg § 35 Rn 60; wohl aA Taegen in Schlichter / Stich § 35 Rn 42).

[717] Mainczyk § 35 Rn 20; Krautzberger in Battis / Krautzberger / Löhr § 35 Rn 36.

[718] VGH Mannheim, UPR 1995, 115; Burgi / Vogler, UPR 1992, 136 (139); Taegen in Schlichter / Stich § 35 Rn 40; Dürr Rn 126.

sensfremder Benutzungen sowie Zersiedelung geschützt werden[719]. Dem aber würde eine extensive Interpretation des § 35 Abs.1 Nr.4 BauGB als weite Generalklausel widersprechen, die den Außenbereich zum Auffangbereich für jene Vorhaben macht, die im Innenbereich – etwa gerade aufgrund ihrer nachteiligen Auswirkungen für die Umgebung (§ 35 Abs.1 Nr.4 Alt.2 BauGB) – unzulässig sind. Der Privilegierungstatbestand des § 35 Abs.1 Nr.4 BauGB ist daher eng auszulegen[720]. Dem Vorhaben muss eine gewisse Wertigkeit zukommen, um an der Privilegierung teilhaben zu können. Dieses Erfordernis einer Wertung kommt im Tatbestandsmerkmal des Sollens zum Ausdruck.
Damit stellt sich die Frage, ob die mit einem Vorhaben verbundenen Arbeitsplätze ein Aspekt dieser Wertung sein und somit für die Zulässigkeit dieses Vorhabens sprechen können. Voraussetzung für eine Privilegierung nach § 35 Abs.1 Nr.4 BauGB ist nicht, dass das Vorhaben ausschließlich einem öffentlichen Interesse dient – billigenswerte, beachtliche private Interessen können ausreichen, auch dem individuellen Erholungs- und Freizeitinteresse Einzelner dienende Anlagen können privilegiert werden, wenn das Individualinteresse durch ein öffentliches Interesse an einer durch das Vorhaben ermöglichten Tätigkeit im Außenbereich überlagert wird wie beispielsweise bei einer Jagdhütte[721]. Die Berücksichtigung des Arbeitsplatzaspektes scheitert somit keinesfalls daran, dass an der Verwirklichung entsprechender baulicher Vorhaben regelmäßig auch ein erhebliches Privatinteresse der jeweiligen Vorhabenträger besteht. Selbstverständlich vermag allerdings das private Interesse an höheren Gewinnen, die etwa aufgrund der niedrigeren Bodenpreise im Außenbereich zu erwarten sind, eine Privilegierung nicht zu tragen.
Privilegiert sind nur solche Vorhaben, deren Realisierung im Außenbereich vernünftigerweise geboten ist, damit die privilegierte Tätigkeit ausgeübt werden kann[722]. Der Arbeitsplatzaspekt ist nicht deshalb irrelevant, weil Arbeitsplätze auch im Innenbereich entstehen können und kein Bauen im Außenbereich erfordern. Denn eigentlicher Grund für die Privilegierung eines Vorhabens ist allein das aus der besonderen Eigenart oder Zweckbestimmung resultierende Angewiesensein auf den Außenbereich. Das Tatbestandsmerkmal des Sollens stellt eine zusätzliche Voraussetzung dar, die eine die Zulässigkeit von Außenbereichsvorhaben einschränkende Wertung verlangt. Wie die oben genannten Bei-

---

719 Burgi / Vogler, UPR 1992, 136 (138); Gelzer / Bracher / Reidt Rn 2390; Oldiges in Steiner IV Rn 222; Söfker in Ernst / Zinkahn / Bielenberg § 35 Rn 12.
720 BVerwGE 48, 109 (112); BVerwG BRS 40 Nr.88; OVG Münster BRS 40 Nr.86; VGH Mannheim BRS 40 Nr.77; Burgi / Vogler, UPR 1992, 136 (138); Dürr in Brügelmann § 35 Rn 54.
721 BVerwG BRS 40 Nr.74 (Geflügelmast); VGH Mannheim BRS 40 Nr.77 (Hundezucht); NuR 1990, 122 (Tierkörpersammelstelle); OVG Münster BRS 33 Nr.68 (Hundeausbildungsplatz); Weyreuther S.385; Burgi / Vogler, UPR 1992, 136 (140); Taegen in Schlichter / Stich § 35 Rn 39; Dürr in Brügelmann § 35 Rn 57.
722 Weyreuther S.386; Taegen in Schlichter / Stich § 35 Rn 39.

spiele zeigen, sind im Hinblick auf Arbeitsplätze insbesondere die wegen ihrer nachteiligen Wirkungen auf die Umgebung gemäß § 35 Abs.1 Nr.4 Alt.2 BauGB im Außenbereich bevorzugten Vorhaben relevant. Dass derartige Betriebe zu Recht zu den Vorhaben nach § 35 Abs.1 BauGB gezählt werden, zeigt ein Vergleich mit § 35 Abs.1 Nr. 3 Alt.3 BauGB, demzufolge ortsgebundene gewerbliche Betriebe – dazu zählen etwa Bergwerksanlagen, Kiesgruben, Steinbrüche, Ziegeleien, die auf die geographische oder geologische Eigenart eines Platzes angewiesen sind[723] - privilegiert sind. Dass es hier oft um den Abbau von vorhandenen Bodenschätzen und bei § 35 Abs.1 Nr.4 Alt.2 BauGB um die Produktion geht, bedeutet keinen maßgeblichen Unterschied. Ebenso wie bei stark emittierenden Betrieben besteht bei ortsgebundenen Betrieben allenfalls in Ausnahmefällen ein dringendes Versorgungsbedürfnis nach den entsprechenden Produkten und Rohstoffen, da sich diese ohne erhebliche zusätzliche Kosten ja auch aus dem Ausland importieren ließen. Vielmehr sollen die aufgeführten Betriebe aus Gründen der Wertschöpfung und Arbeitsplätze ermöglicht werden. Dass die entsprechenden Betriebe auch in Bebauungsplänen festgesetzt werden könnten, hindert eine Außenbereichsprivilegierung keineswegs – schließlich lässt sich praktisch alles durch Bebauungsplan ausweisen. Die mit einer baulichen Anlage verbundenen Arbeitsplätze können also im Rahmen der durch Abwägung zu ermittelnden Frage, ob die Anlage dort bestehen soll, berücksichtigt werden.

VIII. Die überwiegenden Nachteile nach § 51 GewO

Nach § 51 S.1 GewO kann die fernere Benutzung einer jeden gewerblichen Anlage durch die zuständige Behörde wegen *überwiegender Gefahren und Nachteile* für das Gemeinwohl untersagt werden. Allerdings muss dem Besitzer gemäß S.2 für den erweislichen Schaden Ersatz geleistet werden. Der Anwendungsbereich dieser Ermächtigungsgrundlage ist dadurch erheblich eingeschränkt, dass sie nach S.3 nicht für dem Bundes-Immissionsschutzgesetz unterliegende Anlagen gilt. Immerhin aber ist es denkbar, dass aufgrund einer solchen Benutzungsuntersagung Arbeitsplätze gefährdet oder abgebaut werden. Dann stellt sich die Frage, inwiefern dieser Aspekt beim Tatbestandsmerkmal des „Überwiegens" zu berücksichtigen ist. Dieser Begriff mag eher als der in § 35 BauGB gebrauchte des „Entgegenstehens" dafür sprechen, dass die gesetzesanwendende Behörde zu einer umfassenden Abwägung ermächtigt ist. Gleichwohl ließe sich auch § 51 GewO als Untersagungsermächtigung für den Fall *entgegenstehender* Nachteile und Gefahren für das Gemeinwohl bei einer weiteren Benutzung formulieren. Bei den „überwiegenden Nachteilen und Gefahren" handelt es sich um gerichtlich voll nachprüfbare unbestimmte Rechtsbe-

---

[723] Krautzberger in Battis / Krautzberger / Löhr § 35 Rn 30.

griffe[724], welche die Verwaltung nicht weitgehend selbst interpretieren kann. Das unbestreitbar im Ausdruck des Überwiegens enthaltene Abwägungselement bezieht sich nach allgemeiner Auffassung auf einen Vergleich der mit dem fortgesetzten Betrieb der Anlage einhergehenden Nachteile und Gefahren mit dem grundrechtlich geschützten Interesse des Anlagenbetreibers am weiteren Betrieb – wobei allerdings streitig ist, ob die Entschädigungspflicht in die Abwägung einzubeziehen ist oder nicht[725]. Zwischen dem Aspekt der Arbeitsplätze und dem Betreiberinteresse besteht insofern eine Korrelation, als der weitere Betrieb der Anlage sowohl dem Betreiberinteresse als auch dem Interesse am Erhalt der Arbeitsplätze entspricht. Deshalb ist aber keineswegs zwangsläufig die Gefährdung von Arbeitsplätzen *als solche* in die Abwägung mit einzubeziehen. Durch den Ausdruck des Überwiegens soll in erster Linie deutlich gemacht werden, dass die zu erwartenden Nachteile und Gefahren erheblich sein müssen und keine bloßen Bagatellen darstellen dürfen. Wie im Polizeirecht, dem der Begriff der Gefahr entstammt, sind die an die Wahrscheinlichkeit des Schadens oder Nachteils zu stellenden Anforderungen umso geringer, je gewichtiger der voraussichtliche Schaden sein wird. Der Begriff des überwiegenden Nachteils entspricht dem des schweren Nachteils im Sinne des § 21 Abs.1 Nr.5 BImSchG. Durch eine Untersagung zu erwartende negative Auswirkungen auf die im Betrieb Beschäftigten und ihre Arbeitsplätze können jedoch im Rahmen des bei § 51 S.1 GewO unstreitig bestehenden Ermessens[726] berücksichtigt werden, sofern nicht aufgrund erheblicher und wahrscheinlicher Gefahren für Gesundheit oder körperliche Unversehrtheit eine Pflicht zum Einschreiten besteht.

Zusammenfassung Teil 5

Eine Enteignung, die nach Art.14 Abs.3 GG nur zum Wohle der Allgemeinheit zulässig ist, kann auch zugunsten Privater erfolgen. Das Allgemeinwohl ist ein durch Abwägung unterschiedlicher öffentlicher Interessen zu ermittelndes gesteigertes öffentliches Interesse. Bei der Schaffung und Erhaltung von Arbeitsplätzen handelt es sich um ein öffentliches Interesse. Die Rechtfertigung einer Enteignung durch Arbeitsplätze, die mit einem durch Enteignung ermöglichten Projekt verbunden sind, kommt damit grundsätzlich in Betracht. Die Allgemeinwohlbindung muss im Falle der privatbegünstigenden, zur Schaffung von Arbeitsplätzen erfolgten Enteignung beispielsweise durch einen öffentlich-rechtlichen Vertrag dauerhaft gesichert werden. Die Schaffung von Arbeitsplätzen ist in keinem Gesetz ausdrücklich als Enteignungszweck aufgeführt. Als er-

---

[724] Fröhler / Kormann § 51 Rn 2; Salewski in Landmann / Rohmer GewO § 51 Rn 14; Tettinger in Tettinger / Wank § 51 Rn 13.

[725] Fröhler / Kormann § 51 Rn 2; Tettinger in Tettinger / Wank § 51 Rn 18; Salewski in Landmann / Rohmer GewO § 51 Rn 11 u. 16.

[726] Fröhler / Kormann § 51 Rn 4; Tettinger in Tettinger / Wank § 51 Rn 22; Salewski in Landmann / Rohmer GewO § 51 Rn 11.

forderliche gesetzliche Grundlage kann aber bei Vorliegen der Voraussetzungen § 85 Abs.1 Nr.1 BauGB herangezogen werden, wonach enteignet werden kann, um ein Grundstück entsprechend den Festsetzungen des Bebauungsplanes zu nutzen.

Da eine Befreiung aus Gründen des Gemeinwohls nach § 31 Abs.2 S.1 BauGB keinen atypischen Fall voraussetzt, nach dem eindeutigen Willen des Gesetzgebers nunmehr auch die mit der Arbeitsplatzschaffung strukturell vergleichbare Schaffung von Wohnraum zu den Gemeinwohlgründen im Sinne dieser Norm zählt und der Wortlaut nicht entgegensteht, gehört auch die Schaffung oder Erhaltung von Arbeitsplätzen zu den Gemeinwohlgründen im Sinne des § 31 Abs.2 S.1 BauGB.

Die Festsetzung einer Messe, einer Ausstellung oder eines Marktes darf nicht nach § 69 a Abs.1 Nr.3 GewO als dem öffentlichen Interesse widersprechend abgelehnt werden, weil sie beim örtlichen Einzelhandel Arbeitsplätze gefährdet. Dies ergibt sich insbesondere aus dem Willen des Gesetzgebers, der Entstehungsgeschichte der Norm und ihrem Charakter als Vorschrift der Gefahrenabwehr.

Die Schaffung von Arbeitsplätzen vermag kein berechtigtes Interesse im Sinne des § 8 Abs.1 Nr.1 BImSchG zu begründen, das Voraussetzung für eine immissionsschutzrechtliche Teilgenehmigung ist. Denn wie sich aus § 8 a Abs.1 Nr.2 BImSchG ergibt, umfasst das berechtigte Interesse nur bestimmte Interessen des anlagenbetreibenden Antragstellers und gerade keine öffentlichen Interessen.

Die Schaffung und Sicherung von Arbeitsplätzen stellt nach der Entstehgungsgeschichte des § 8 a Abs.1 Nr.1 BImSchG und dem gesetzgeberischen Willen bei hinreichendem Gewicht ein öffentliches Interesse im Sinne dieser Norm dar und kann daher die Zulassung vorzeitigen Beginns mit der Errichtung einer Anlage im Sinne des BImSchG ermöglichen.

Vorsorgender Immissionsschutz im Sinne des § 5 Abs.1 Nr.2 BImSchG dient auch der Erhaltung von Freiräumen für künftige emittierende Nutzungen wie Industrieansiedlungen. Erhebliche Nachteile und Belästigungen und damit schädliche Umwelteinwirkungen – ein Kernbegriff des Immissionsschutzrechts – liegen bei Unzumutbarkeit vor. Die Erheblichkeitsschwelle richtet sich nach der Schutzwürdigkeit und –bedürftigkeit des im Einwirkungsbereich der Immissionen liegenden Gebietes. Die Rechtsprechung hat die Zumutbarkeit bisweilen durch eine Abwägung der widerstreitenden Interessen bestimmt; den Aspekt der Arbeitsplätze allerdings hat das OVG Münster in seinem Urteil zum Kohlekraftwerk Voerde als im Rahmen der Entscheidung über die Genehmigung einer genehmigungsbedürftigen Anlage irrelevant erachtet. Die mit einer Anlage im

Sinne des BImSchG verbundenen Arbeitsplätze können im Rahmen der Zumutbarkeit von immissionsbedingten Nachteilen und Belästigungen nicht berücksichtigt werden, die Erheblichkeitsschwelle also nicht beeinflussen. Ebensowenig können sie über die Bestimmung des Mindestmaßes nach § 22 BImSchG Berücksichtigung finden.

Wann öffentliche Belange privilegierten Vorhaben nach § 35 Abs.1 BauGB entgegenstehen, ist durch Abwägung zu ermitteln. Eine Kompensation der mit den Vorhaben verbundenen Nachteilen durch die mit ihnen verbundenen (Arbeitsplatz-)Vorteile ist nicht möglich. Das „Entgegenstehen öffentlicher Belange“ im Sinne des § 35 Abs.1 BauGB gestattet keine gestaltende Abwägung, durch die eine ansonsten im Außenbereich unzulässige Anlage aufgrund der mit ihr verbundenen Arbeitsplätze errichtet werden darf.
Voraussetzung für die Zulässigkeit einer baulichen Anlage nach § 35 Abs.1 Nr.4 BauGB ist, dass sie vernünftigerweise nur im Außenbereich errichtet werden kann. Weitere Voraussetzung ist, dass sie nach wertender Abwägung auch dort bestehen soll. Im Rahmen dieser Abwägung können die mit einer Anlage verbundenen Arbeitsplatzeffekte berücksichtigt werden.

Das in § 51 S.1 GewO als Voraussetzung für die Untersagung einer gewerblichen Anlage verwendete Tatbestandsmerkmal der „überwiegenden Nachteile und Gefahren für das Gemeinwohl“ gestattet keine Berücksichtigung des Arbeitsplatzaspektes.

Teil 6: Die Berücksichtigung des Arbeitsplatzaspektes im Rahmen der Verhältnismäßigkeit

1. Die Normen: §§ 35 Abs.1, 69 a Abs.1 Nr.2 GewO, 4 Abs.1 Nr.1 GastG

Der Arbeitsplatzaspekt kann grundsätzlich auch im Rahmen der Verhältnismäßigkeit im engeren Sinne zum Tragen kommen[727]. Untersucht werden sollen § 35 Abs.1 GewO, in dem es um die Gewerbeuntersagung wegen Unzuverlässigkeit geht, § 69a Abs.1 Nr.2 GewO, in dem es um die Ablehnung eines Antrages auf Festsetzung einer Messe, Ausstellung oder eines Marktes wegen mangelnder Zuverlässigkeit geht und schließlich § 4 Abs.1 Nr.1 GastG, der die Versagung einer Erlaubnis zum Betrieb eines Gaststättengewerbes ebenfalls aufgrund mangelnder Zuverlässigkeit regelt. In allen Vorschriften steht die Untersagung bzw. Ablehnung bzw. Versagung nicht im Ermessen der Behörde, sondern muss unter den näher genannten Voraussetzungen erfolgen. Die Normen stellen gebundene Eingriffsregelungen dar, welche der Verwaltung auf der Rechtsfolgenseite kein Ermessen gewähren und sich potentiell auf den Bestand von Arbeitsplätzen auswirken. Als solche sollen sie exemplarisch untersucht werden.

2. Der Begriff der Unzuverlässigkeit

Beim Begriff der Unzuverlässigkeit handelt es sich um einen in vollem Umfang gerichtlich nachprüfbaren unbestimmten Rechtsbegriff[728]. Unzuverlässig ist, wer nach dem Gesamteindruck seines Verhaltens keine Gewähr dafür bietet, dass er sein Gewerbe künftig ordnungsgemäß betreiben wird[729]. Bisheriges Verhalten und vorliegende Tatsachen sind also in einer Prognoseentscheidung daraufhin zu beurteilen, ob sie auf eine künftige Unzuverlässigkeit schließen lassen. § 35 Abs.1 GewO stellt ein notwendiges Korrelat zur Gewerbefreiheit dar. Die Gewerbeuntersagung ist ein Instrument der Gefahrenabwehr, dementsprechend ist ein Verschulden im Sinne einer subjektiven Vorwerfbarkeit oder ein Charaktermangel nicht Voraussetzung für die Bejahung der Unzuverlässigkeit eines Gewerbetreibenden[730]. Die Unzuverlässigkeit lässt sich nur auf solche Tatsachen

---

[727] Teil 1 III. 3.2.

[728] BVerwGE 28, 202 (209 f.); VGH Mannheim, GewArch 1973, 62 (62); Fröhler / Kormann § 35 Rn 13; Schaeffer, WiVerw 1982, 100 (100); Friauf § 35 Rn 49 aE; Marcks in Landmann / Rohmer GewO § 35 Rn 29; zu § 4 GastG Metzner § 4 Rn 1 u. Michel / Kienzle / Pauly § 4 Rn 10.

[729] BVerwGE 65, 1 (1 f.); Beschluss v. 22.9.1993, GewArch 1995, 117; Urteil .v. 2.2.1982, GewArch 1982, 233 (233); Kienzle S.10; Fröhler / Kormann § 35 Rn 13; Schaeffer, WiVerw 1982, 100 (101); Badura 3.Abschnitt Rn 137; Achterberg / Püttner / Würtenberger Rn 217; Friauf Rn 48; Marcks in Landmann / Rohmer GewO § 35 Rn 29.

[730] BVerwGE 24, 38 (41); 65, 1 (4); BVerwG, GewArch 1995, 88; VGH Kassel, GewArch 1991, 28 (30); Schaeffer, WiVerw 1982, 100 (106); Arndt in Steiner VII Rn 263; Steiner in Stober § 46 I 5 f; Friauf § 35 Rn 48.

stützen, die die Zuverlässigkeit des Gewerbetreibenden im Hinblick auf das konkret ausgeübte Gewerbe in Frage stellen, also gewerbebezogen sind. Die entsprechenden Tatsachen müssen allerdings nicht im Rahmen des Gewerbebetriebs eingetreten sein, grundsätzlich unterliegen sie weder sachlichen noch zeitlichen Einschränkungen[731]. Da jedes Gewerbe entsprechend seiner Eigenart sehr unterschiedliche Eignungs-, Befähigungs- und Persönlichkeitsanforderungen stellt, ist der Unzuverlässigkeitsbegriff insofern relativ. Je nach Art des Gewerbes können mit den Anforderungen auch die Voraussetzungen für die Zuverlässigkeit unterschiedlich sein. In seiner früheren Fassung enthielt die Vorschrift des § 35 GewO eine Aufzählung der durch sie geschützten Gemeinschafts- und Individualrechtsgüter – Bedingung für eine rechtmäßige Untersagung war, dass die weitere Ausübung des Gewerbes eine Gefährdung des Lebens, der Gesundheit, der Freiheit oder der Sittlichkeit der Allgemeinheit oder der im Betrieb Beschäftigten oder eine Gefährdung des Eigentums oder des Vermögens anderer mit sich brachte. Durch den Verzicht auf eine abschließende Aufzählung der zu schützenden Rechtsgüter wurden die Eingriffsmöglichkeiten lediglich erweitert, der frühere explizite Katalog bildet auch heute den Kernbereich der schutzwürdigen Güter[732]. Nach allgemeiner Auffassung ist es notwendig und hinreichend, dass eine abstrakte Gefahr für die Schutzgüter des § 35 GewO besteht und der Eintritt eines Schadens wahrscheinlich ist[733]. Unzuverlässigkeit kann etwa bei fehlender Sachkunde[734], Begehung einschlägiger Straftaten oder Ordnungswidrigkeiten[735], Nichtabführung von Steuern des Gewerbebetriebes[736], Verletzung

[731] (zur Gewerbebezogenheit) BVerwG GewArch 1970, 10; BVerwGE 22, 286 (298); Friauf § 35 Rn 53: die Prognose kann auf Tatsachen gestützt werden aus einer Zeit, in der der Gewerbetreibende noch kein oder ein anderes Gewerbe betrieben hat; Kienzle, GewArch 1974, 253 (255); Schaeffer, WiVerw 1982, 100 (105); Marcks in Landmann / Rohmer § 35 Rn 33, 34.

[732] VGH Kassel, Urteil.v. 7.10.1975, GewArch 1976, 92; Marcks, GewArch 1974, 79 (79); Schaeffer, WiVerw 1982, 100 (102).

[733] Würde man die bloße Möglichkeit von gewerbeschädlichem Verhalten bzw. von Rechtsgütergefährdungen ausreichen lassen, würde das im Ergebnis zu einer regelvermuteten Unzuverlässigkeit jedes Gewerbetreibenden mit Exkulpationsobliegenheit führen und wäre aus Gründen der Verhältnismäßigkeit nicht mehr zu rechtfertigen (dazu Marcks in Landmann / Rohmer § 35 Rn 22; Schaeffer, WiVerw 1982, 100, 103). Wäre andererseits ein Einschreiten nur möglich, wenn eine Rechtsgüterbeeinträchtigung mit Sicherheit zu erwarten ist, würde § 35 GewO in der Praxis weitgehend leerlaufen.

[734] Kienzle S.20; Fröhler / Kormann § 35 Rn 27; Schaeffer, WiVerw 1982, 100 (107); Tettinger / Wank § 35 Rn 71; Friauf § 35 Rn 74; Marcks in Landmann / Rohmer GewO § 35 Rn 58 ff.

[735] .; Schaeffer, WiVerw 1982, 100 (109); Friauf § 35 Rn 53 u. 55 ff.; Stober § 46 I 2 S.29; Tettinger / Wank § 35 Rn 36 u. 46 Marcks in Landmann / Rohmer GewO § 35 Rn 37 ff. – Tatsachen iS des § 35 GewO sind nicht die Strafurteile, sondern die dem Urteil zugrundeliegenden Straftaten.

[736] BVerwGE 65, 1 f.; BVerwG, NVwZ 1988, 432; Tettinger / Wank § 35 Rn 50; Friauf § 35 Rn 63; Marcks in Landmann / Rohmer § 35 Rn 49 ff.; je mit weiteren Nachweisen; Forkel weist darauf hin, dass die Voraussetzungen für eine Gewerbeuntersagung nicht vorliegen,

sozialversicherungsrechtlicher Pflichten[737], Verletzung von Arbeitsschutzvorschriften, Beschäftigung ausländischer Arbeitnehmer ohne Arbeitserlaubnis[738], Verstößen gegen die Sittlichkeit im Arbeitsbereich, Trunk- und Rauschgiftsucht, Geisteskrankheit[739], Verletzung von betrieblichen Aufsichtspflichten und mangelnder wirtschaftlicher Leistungsfähigkeit[740] bestehen.

3. Verhältnismäßigkeit und Arbeitsplätze

Eine Gewerbeuntersagung richtet sich nicht gegen Betriebe als solche, sondern gegen deren unzuverlässige Inhaber und muss daher keineswegs immer zur dauerhaften Schließung der jeweiligen Betriebe mit entsprechenden Arbeitsplatzverlusten führen. Gleichwohl kann sie sich jedoch auf den Bestand von Arbeitsplätzen negativ auswirken[741]. Die Untersagung kann entsprechend dem Gefahrenabwehrzweck der Gewerbeordnung bereits im Stadium konkreter Vorbereitungshandlungen für eine auf Erwerb ausgerichtete Tätigkeit ausgesprochen werden[742] - dann geht es nicht um den Erhalt bestehender, sondern um die Schaffung neuer Arbeitsplätze. Die Untersagung ist nach § 35 Abs.1 GewO nur zulässig, wenn sie zum Schutze der Allgemeinheit und der im Betrieb Beschäftigten erforderlich ist. Aufgrund ihrer schweren, nicht selten existenzvernichtenden Eingriffsintensität darf sie als ultima ratio nur angeordnet werden, sofern mildere Mittel wie etwa verstärkte Überwachung, Bußgelder, Abmahnungen und Verwarnungen nicht greifen[743].
Im Zusammenhang mit dem Aspekt der Schaffung und Erhaltung von Arbeitsplätzen ist die Bedeutung der Verhältnismäßigkeit im engeren Sinne entscheidend, da bei den in Rede stehenden Vorschriften der Gesichtspunkt der Arbeitsplätze nur hier einfließen kann. Zwar haftet dem Begriff der Unzuverlässigkeit angesichts seinem Bezug auf das jeweilige konkrete Gewerbe eine erhebliche

---

wenn sichergestellt ist, dass keine neuen Rückstände entstehen (Forkel, GewArch 2004, 53, 54).

[737] BVerwGE 23, 280 (281); 28, 202 (210); BVerwG NVwZ 1988, 432; DÖV 1992, 218; Schaeffer, WiVerw 1982, 100 (114 f.); Tettinger / Wank § 35 Rn 57; Friauf § 35 Rn 68; Marcks in Landmann / Rohmer GewO § 35 Rn 55 ff. mit weiteren Nachweisen.

[738] BVerwGE 42, 68 (70 ff.); Friauf § 35 Rn 71.

[739] PrOVG 39, 291; BT-Drs. 7/111 S.6 Rn 4; Friauf § 35 Rn 77; Marcks in Landmann / Rohmer GewO § 35 Rn 30.

[740] BVerwG GewArch 1961, 166; GewArch 1966, 9; GewArch 1982, 233 u. 298 u. 301; OVG Lüneburg GewArch 1976, 89; VGH Mannheim, GewArch 1969, 33; GewArch 1972, 248; GewArch 1973, 62; Schaeffer, WiVerw 1982, 100 (108); Tettinger / Wank § 35 Rn 61; Friauf § 35 Rn 61.

[741] von Ebner, GewArch 1986, 209 (216).

[742] BVerwG NJW 1993, 1346 (1347).

[743] BVerwG v.19.9.1975, GewArch 1975, 385; Fröhler / Kormann § 35 Rn 48; Schaeffer, WiVerw 1982, 100 (104); Schmidt § 1 III Rn 81; Laubinger, VerwArch 89 (1998), 140 (145); Ehlers in Achterberg / Püttner / Würtenberger I § 2 Rn 56; Stober § 46 I 5 g.

Relativität an; diese Relativität bedeutet jedoch nicht, dass in die Beurteilung der Unzuverlässigkeit die Folgen dieser Beurteilung wie insbesondere eine Betriebsschließung samt den damit verbundenen Arbeitsplatzverlusten mit einbezogen werden können. Ob ein Gewerbetreibender in Bezug auf sein Gewerbe unzuverlässig ist, kann von diversen Umständen, niemals aber von den Folgen einer Untersagung seines Gewerbes abhängen. Der Begriff der Unzuverlässigkeit lässt eine derartige Interpretation nicht zu.
Die Verhältnismäßigkeit im engeren Sinne ist gleichwohl mit der Interpretation dessen, was unter Unzuverlässigkeit und den übrigen Tatbestandsmerkmalen zu verstehen ist, durchaus verknüpft. So werden beispielsweise unter Hinweis auf die Verhältnismäßigkeit nur Straftaten von einer gewissen Schwere als Tatsachen anerkannt, die Unzuverlässigkeit indizieren[744]. Und wie bereits erwähnt wird ein gewisser Grad an Wahrscheinlichkeit eines Schadenseintritts unter Berufung auf die Verhältnismäßigkeit als Eingriffsvoraussetzung gefordert. Gerade hier ist ersichtlich die Verhältnismäßigkeit im engeren Sinne gemeint. Ob man diese Verhältnismäßigkeit in den Begriff der (Un-)Zuverlässigkeit einbaut oder aber eine anschließende getrennte Prüfung vornimmt, bedeutet keinen inhaltlichen Unterschied. Beide Beispiele beziehen sich nicht auf Einzelfallkonstellationen, verlangt wird vielmehr aufgrund der *stets* und *generell* außerordentlich schwerwiegenden Folgen einer Gewerbeuntersagung eine bestimmte restriktive Auslegung der tatbestandlichen Voraussetzungen für den Eingriff. Der Verzicht einer Gewerbeuntersagung aus Arbeitsplatzgründen hingegen betrifft *besonders* schwerwiegende Eingriffsfolgen im *Einzelfall.*
Aus der ausdrücklichen Nennung des zum Verhältnismäßigkeitsprinzip im weiteren Sinne gehörenden Grundsatzes der Erforderlichkeit im Gesetzestext folgt keineswegs im „Umkehrschluss", dass die Verhältnismäßigkeit im engeren Sinne schon deshalb keine eigenständige Bedeutung hat, weil sie nicht explizit erwähnt wird[745].

3.1 Herrschende Meinung: Keine eigenständige Bedeutung der Verhältnismäßigkeit

Einer über den Einfluss auf die Interpretation des Tatbestandes von § 35 Abs.1 GewO hinausreichenden Bedeutung der Verhältnismäßigkeit im engeren Sinne stehen insbesondere Laubinger, Dickersbach, Heß und Krugmann kritisch gegenüber.
Laubinger lehnt eine gesonderte Bedeutung des Übermaßverbotes im Rahmen des § 35 GewO aus grundsätzlichen Überlegungen rigoros ab[746]. Der Grundsatz der Verhältnismäßigkeit bilde eine Schranke für die Ausübung von Ermessen;

[744] Heß in Friauf § 35 Rn 53.
[745] Tettinger / Wank § 35 Rn 115.
[746] Laubinger, VerwArch 89 (1998), 145 (171).

dort aber, wo die Verwaltung - wie bei § 35 Abs.1 S.1 GewO - über kein Ermessen verfüge, dürfe sie auch keine Überlegungen zur Verhältnismäßigkeit anstellen, da der Gesetzgeber über sie bereits abschließend entschieden habe. Dann könne höchstens die Vorschrift selbst mangels Einräumung von Ermessen gegen den Verfassungsgrundsatz der Verhältnismäßigkeit verstoßen.
Dickersbach bezeichnet es als verbreitetes Missverständnis, dass neben der positiv-rechtlichen Regelung des § 35 GewO der Verhältnismäßigkeitsgrundsatz in seiner vollen Breite Handlungsrichtschnur für die Verwaltung sei. Vielmehr sei es grundsätzlich ausgeschlossen, die individuelle Interessenlage gegenüber der gesetzlichen Regelung des § 35 GewO zur Geltung zu bringen. Schon die Erforderlichkeit der Untersagung sieht er bei gegebener Unzuverlässigkeit als von dieser regelmäßig impliziert an. Im Hinblick auf die Verhältnismäßigkeit im engeren Sinne betont Dickersbach, dass diese nicht unabhängig von der Erfüllung des gesetzlichen Tatbestandes zu beachten sei. § 35 Abs.1 S.1 HS 2 GewO gestalte den Verhältnismäßigkeitsgrundsatz im engeren Sinne konkret aus und bejahe verbindlich die Frage, ob die gegen den unzuverlässigen Gewerbetreibenden gerichtete erforderliche Untersagung in einem angemessenen Verhältnis zum angestrebten Erfolg stehe. Nur in ganz extremen Ausnahmefällen könne trotz Unzuverlässigkeit und trotz Untersagungserforderlichkeit der Einwand der Verletzung des Übermaßverbotes mit Erfolg erhoben werden[747]. Dies heißt jedoch nichts anderes, als dass die Angemessenheit in diesen – wenn auch extremen – Ausnahmefällen eben nicht letztverbindlich vom Gesetz geregelt ist.
Heß hebt hervor, dass der Gesetzgeber bei der Schaffung der Gewerbeuntersagung die mit dieser Maßnahme nicht selten verbundenen Folgen wie Arbeitslosigkeit oder Sozialhilfebedürftigkeit des Gewerbetreibenden gesehen und damit zumindest für den Regelfall gebilligt habe. Auch er räumt jedoch die Möglichkeit von Einzelfällen ein, bei denen eine Gewerbeuntersagung, obwohl sie das geringstmögliche Mittel zur Gefahrenabwehr darstellt, wegen des Missverhältnisses zu den sozialen Folgen nicht gerechtfertigt sei[748].
Krugmann schreibt im Zusammenhang mit dem strukturell vergleichbaren Widerruf einer Gaststättenerlaubnis wegen Unzuverlässigkeit nach § 15 Abs.1 iVm § 4 Abs.1 Nr.1 GastG, der Verhältnismäßigkeitsgrundsatz könne sowohl auf der Rechtsfolgenebene als auch auf der Tatbestandsebene berücksichtigt werden[749]. Demnach können gegen einen Widerruf sprechende Gründe bereits auf der Ebene der Feststellung der Unzuverlässigkeit in die Prüfung einbezogen werden.

---

[747] Dickersbach, WiVerw 1982, 65 (74 ff.).
[748] Heß in Friauf § 35 Rn 44 f; er greift hier das von Dickersbach – erstaunlicherweise im Zusammenhang mit der Erforderlichkeit – verwendete Beispiel eines 78jährigen Gewerbetreibenden auf, der kurz vor der Veräußerung seines Betriebes steht und den Verkaufserlös für seine Altersversorgung verwenden will. In diesem Fall seien Faktoren wie das hohe Alter und die nur noch vorübergehende Betätigung des Gewerbetreibenden zusammengekommen, die eine atypische Lösung hätten angezeigt erscheinen lassen.
[749] Krugmann, GewArch 1995, 398 (399).

Der Sonderfall eines unzumutbaren Widerrufs in extremen Sachlagen sei bei dieser Vorgehensweise kaum mehr vorstellbar.

Auch nach der Auffassung von Kienzle gelangt das Prinzip der Verhältnismäßigkeit im engeren Sinne bei festgestellter Unzuverlässigkeit „wohl kaum zur Anwendung“[750]. In den Begriff der Unzuverlässigkeit sei nämlich bereits dadurch eine Schranke der Verhältnismäßigkeit eingebaut, dass die zu erwartenden Rechtsverletzungen erheblich sein müssten.

Im Ergebnis erachtet auch die Rechtsprechung die Kategorie der Verhältnismäßigkeit als allenfalls ausnahmsweise relevant. In einem Urteil vom 16.3.1982 hatte das BVerwG über eine gegen einen Handelsvertreter gerichtete Untersagungsverfügung aufgrund Nichterfüllung öffentlich-rechtlicher Erklärungspflichten über einen langen Zeitraum und erheblicher Steuerrückstände sowie mangelnder wirtschaftlicher Leistungsfähigkeit zu entscheiden. Es erachtete die Unzuverlässigkeit und die Erforderlichkeit der Untersagung als gegeben und befand unter diesen Umständen den Ausschluss dieses Gewerbetreibenden aus dem Wirtschaftsverkehr als mit dem Verhältnismäßigkeitsgrundsatz in der Ausprägung durch Art.12 GG in Einklang stehend. Die gewerbeübergreifende Unzuverlässigkeit trage ihr Gewicht in sich. Nur in ganz extremen Ausnahmefällen möge der Einwand der Verletzung des Übermaßverbotes trotz Unzuverlässigkeit und trotz Untersagungserforderlichkeit mit Erfolg erhoben werden können[751]. In einem Beschluss vom 25.3.1991 hat das BVerwG diese Aussage bestätigt und darauf aufbauend ausgeführt, dass es nicht unverhältnismäßig sei, dem Schutzzweck des § 35 Abs.1 S.1 GewO Vorrang vor dem Interesse des betroffenen Gewerbetreibenden zu geben, nicht auf Sozialhilfe angewiesen zu sein[752]. In der Tat bedeutet eine Gewerbeuntersagung für den Gewerbetreibenden immer den Verlust des bisherigen Arbeitsplatzes – dass er anschließend nicht sofort einen neuen Betrieb gründet oder sonst Arbeit findet und mangels eigener Ersparnisse auf Sozialhilfe angewiesen ist, stellt eine nicht vollkommen fernliegende Möglichkeit dar. Der Entscheidung ist also insofern beizupflichten, als das durch die Gewerbeuntersagung verursachte Angewiesensein auf Sozialhilfe für sich genommen keine Unverhältnismäßigkeit begründen kann. Bemerkenswerterweise wird von der Rechstprechung teilweise nur die Erforderlichkeit der Untersagung, nicht hingegen die Verhältnismäßigkeit im engeren Sinne erwähnt – so in einem Urteil des BVerwG vom 2.2.1982[753].

In der amtlichen Begründung zu § 35 GewO heißt es: „Die Verwaltung muss unter Berücksichtigung des Grundsatzes der Verhältnismäßigkeit von Zweck und Mittel die Belange der Allgemeinheit und das Interesse des Einzelnen an der Gewerbeausübung sorgfältig gegeneinander abwägen. Insoweit kommt § 35

---

[750] Kienzle S.26.

[751] BVerwG, GewArch 1982, 303 (305).

[752] BVerwG, B.v. 25.3.1991, GewArch 1991, 226.

[753] BVerwG, U.v. 2.2.1982, GewArch 1982, 233 f.; dazu Anmerkung von Heß, GewArch 1982, 234 ff..

Abs.1 S.1 HS 2 GewO (sofern ... erforderlich ist) nur deklaratorische Bedeutung zu. Im Hinblick auf die Schwere des Eingriffs, den eine Gewerbeuntersagung darstellt, soll die Behörde hier jedoch nochmals ausdrücklich darauf hingewiesen werden, dass sie eine Gewerbeuntersagung nur nach eingehender Abwägung der erwähnten Interessenlage aussprechen darf"[754]. Hier wird also nur das Interesse der Allgemeinheit an der Untersagung einerseits und dasjenige des betroffenen Gewerbetreibenden an seiner weiteren betrieblichen Tätigkeit andererseits gegenübergestellt, das eventuelle Interesse der Allgemeinheit und der im Betrieb beschäftigten Arbeitnehmer am Verzicht auf eine Untersagung wird jedoch mit keinem Wort erwähnt. Sofern man hier eine Abwägung grundsätzlich für zulässig und geboten hält, wären dazu aber Ausführungen angezeigt gewesen. Zum anderen fällt auf, dass die Notwendigkeit einer Abwägung im Zusammenhang mit der Erforderlichkeit, nicht aber der Verhältnismäßigkeit im engeren Sinne thematisiert wird. Die ausdrückliche Erwähnung der Erforderlichkeit in § 35 Abs.1 S.1 GewO ist sicherlich geeignet, die gesetzesanwendende Verwaltung zur Suche nach milderen Mitteln und deren Anwendung anzuhalten und den Charakter der Gewerbeuntersagung als „ultima ratio" vor Augen zu führen – Raum für eine wirkliche *Abwägung* aber bietet die Voraussetzung der Erforderlichkeit nicht. Dies kann nur, wenn auch eingeschränkt, unter dem Gesichtspunkt der Verhältnismäßigkeit im engeren Sinne geschehen.

Als Beispiel für zum Vollzug des § 35 GewO ergangene Verwaltungsvorschriften sei die Allgemeine verwaltungsvorschrift zum Vollzug des § 35 GewO des Bayerischen Staatsministers für Wirtschaft, Verkehr und Technologie vom 4.10.1999 genannt[755]. Dort heißt es unter Punkt 3.2.2. zur Verhältnismäßigkeit in gewisser Ähnlichkeit zur amtlichen Begründung: „Die Belange der Allgemeinheit oder der im Betrieb Beschäftigten (insbesondere Einhaltung der Arbeitsschutzbestimmungen) sind unter Berücksichtigung des Grundsatzes der Verhältnismäßigkeit gegen das Interesse des Einzelnen an der Gewerbeausübung sorgfältig abzuwägen. Nur die Gefährdung besonders wichtiger Rechtsgüter der Allgemeinheit oder der im Betrieb Beschäftigten kann eine Untersagung rechtfertigen (...)."Auch hier werden also die denkbaren Interessen der Allgemeinheit und Dritter am Verzicht auf die Untersagung ausgeklammert. Darüber hinaus wird ganz allgemein nicht darauf eingegangen, inwieweit Verhältnismäßigkeit und Abwägung nur die Schutzgüter anhand von deren Wichtigkeit eingrenzen oder aber auch bei der Schwere der mit der Untersagung verbundenen Folgen relevant sind.

---

[754] BT-Drs. 1 / 777, zitiert in: Friauf § 35 Rn 38.

[755] abgedruckt in Landmann / Rohmer GewO Bd.2 Nr.253.

3.2 Teilweise vertretene Auffassung: Eigenständige Bedeutung der Verhältnismäßigkeit

Eine eigenständige Bedeutung billigen Fröhler / Kormann der Verhältnismäßigkeit im engeren Sinne zu[756]. Beachtenswerterweise gehen sie von der Notwendigkeit einer Gegenüberstellung der sich aus der Untersagung ergebenden Folgen aus, die *in der Regel* für den Gewerbetreibenden negativ und für die Allgemeinheit positiv seien. Die für die Allgemeinheit negativen Folgen werden also nicht aus der Betrachtung ausgeblendet. Sie erachten zwar insbesondere die Bedeutung des Rechtsgutes und die Intensität seiner Gefährdung, den Grad und die Art der Unzuverlässigkeit sowie die Rechtsfolgen für den Gewerbetreibenden als maßgeblich. Zum Beispiel bei größeren Betrieben aber könnten wohl auch die mit einer Gewerbeuntersagung verbundenen *Verluste von Arbeitsplätzen* in die Überlegungen einbezogen werden.
Auch nach Marcks muss eine auf § 35 Abs.1 S.1 GewO gestützte Maßnahme dem Grundsatz der Verhältnismäßigkeit im engeren Sinne Rechnung tragen[757]. Wie Fröhler / Kormann hält er nicht nur den durch die Untersagung für den Gewerbetreibenden, sondern auch den für die Allgemeinheit entstehenden Schaden, wie etwa den Verlust von Arbeitsplätzen, für im Hinblick auf das Übermaßverbot relevant. Nach seiner Auffassung wäre eine Betriebsuntersagung wohl dann nicht gerechtfertigt, wenn die Betriebsschließung *Arbeitslosigkeit* für ein bestimmtes Gebiet mit sich brächte, die bei einer vernünftigen Wertabwägung in keinem Verhältnis zu den vom Betrieb wegen der Unzuverlässigkeit des Inhabers ausgehenden Gefahren steht. Als drastisches Beispiel nennt er die Untersagung eines Betriebes mit 20.000 Beschäftigten mit der Folge von Arbeitslosigkeit für Tausende, weil zu befürchten ist, dass der gleichgeschlechtlich veranlagte Inhaber des Betriebes (wieder) der Versuchung erliegen würde, mit Betriebsangehörigen Beziehungen aufzunehmen[758].
Außer den Genannten sprechen sich weitere Autoren für eine eigenständige Prüfung der Verhältnismäßigkeit im engeren Sinne aus[759].

3.3 Eigene Auffassung

Der Ansicht Laubingers, dass das Verhältnismäßigkeitsprinzip nur im Rahmen von Ermessensnormen und mithin nicht bei § 35 GewO zu beachten ist, kann nicht gefolgt werden. Das Verhältnismäßigkeitsprinzip gilt für Grundrechtseingriffe unabhängig davon, ob sie auf der Grundlage einer Ermessensnorm oder einer bindenden Vorschrift erfolgen. Die Verhältnismäßigkeit eines Eingriffs

---

[756] Fröhler / Kormann § 35 Rn 49.
[757] Marcks in Landmann / Rohmer GewO § 35 Rn 79; ders. GewArch 1974, 79 (79).
[758] Marcks in Landmann / Rohmer GewO § 35 Rn 79. Hier sind allerdings schon Zweifel am Bestehen einer Unzuverlässigkeit angebracht.
[759] Tettinger / Wank § 35 Rn 115 f.

beurteilt sich gerade auch nach den Umständen des konkreten Falles. Dem aber würde es widersprechen, bei gebundenen Normen die Verhältnismäßigkeitsprüfung auf die Frage zu reduzieren, ob diese Normen als solche generell verhältnismäßig sind oder nicht. Damit würde entweder nur geprüft, ob eine Norm im Regelfall zu nicht unverhältnismäßigen Eingriffen führt oder aber eine Eingriffsnorm ohne Ermessensspielraum wäre bereits dann unverhältnismäßig, wenn sie auch bei restriktiver Auslegung ihrer tatbestandlichen Voraussetzungen im Einzelfall zu übermäßigen Eingriffen führen kann. Das hätte zur Folge, dass regelmäßig auf gebundene Vorschriften zugunsten von Soll-Vorschriften verzichtet werden müsste. Beides ist weder praktikabel noch dogmatisch zufriedenstellend. Zum Verhältnismäßigkeitsprinzip gehört nicht nur die Verhältnismäßigkeit im engeren Sinne, sondern dazu zählen auch die Grundsätze der Geeignetheit und der Erforderlichkeit. Alle drei Aspekte bilden eine untrennbare Einheit. Bei § 35 Abs.1 S.1 GewO mag ein „Verzicht" auf eine am einzelnen Fall orientierte Verhältnismäßigkeitsprüfung deshalb leicht fallen, weil die Erforderlichkeit der Untersagung, die deren Geeignetheit denknotwendig mit einschließt, im Gesetz ausdrücklich genannt ist. Das jedoch ist keineswegs bei sämtlichen gebundenen Normen so. Sofern eine explizite gesetzliche Erwähnung der Erforderlichkeit aber fehlt und man die Anwendbarkeit des Verhältnismäßigkeitsprinzips bei gebundenen Normen ablehnt, stellt sich die Frage, auf welcher Grundlage und mit welcher Begründung man dann die Erforderlichkeit einer Maßnahme prüft.

Überzeugt also ein Verzicht auf eine Prüfung der Verhältnismäßigkeit im Einzelfall nicht, so ist doch davon auszugehen, dass die gesetzgeberische Entscheidung für eine gebundene anstatt einer Ermessensnorm regelmäßig ein Indiz für eine besonders geringe Bedeutung der Verhältnismäßigkeit im engeren Sinne ist. Wie bereits dargelegt, ist diese nur ein letztes Korrektiv und darf nicht mit einer umfassenden und von den gesetzlichen Wertungen losgelösten Abwägung gleichgesetzt werden. Die entsprechende Formulierung in der oben erwähnten Begründung zum Regierungsentwurf ist insofern missverständlich.

Zweifelsohne spielt der Grundsatz der Verhältnismäßigkeit über die Interpretation des Begriffes der Unzuverlässigkeit auch bei der Bestimmung der Voraussetzungen für eine Gewerbeuntersagung eine Rolle. Da sich die Verhältnismäßigkeit jedoch auf die Relation von Zweck und Mittel bezieht, kann sich die Unverhältnismäßigkeit einer Maßnahme nicht nur aus einer geringen Gefahr, sondern eben auch aus besonders erheblichen Folgen der zur Gefahrenabwehr ergriffenen Maßnahme ergeben. Die Verhältnismäßigkeit im engeren Sinne ist somit nicht vollständig im Begriff der Unzuverlässigkeit enthalten. Die Vertreter einer grundsätzlich ablehnenden Haltung gegenüber einer eigenständigen Bedeutung der Verhältnismäßigkeit im engeren Sinne halten sich bemerkenswerterweise ebenso wie die Rechtsprechung durchweg noch eine Hintertür für extreme Ausnahmefälle offen. Andererseits führen die Vertreter der Gegenansicht, die die Verhältnismäßigkeit im engeren Sinne als eigenständigen Prüfungspunkt betrachten, keine tatsächlich geschehenen und gerichtlich entschiedenen Fälle an, bei denen ihrer Auffassung nach eine Gewerbeuntersagung wegen Unverhältnismäßigkeit unzulässig ist. Dies spricht dafür, dass die Ansichten vom Ergebnis her nahezu identisch sind und sich vornehmlich in der Formulierung und Dogmatik unterscheiden. Scheitert die Rechtmäßigkeit einer Gewerbeuntersagung fast niemals an ihrer Unverhältnismäßigkeit im engeren Sinne, so lässt sich dieses Phänomen auf zweierlei Weise formulieren. Man kann sagen: die Verhältnismäßigkeit im engeren Sinne hat – von extremen Ausnahmefällen abgesehen - keine eigenständige Bedeutung. Man kann aber auch sagen: sie hat grundsätzlich eigenständige Bedeutung, praktisch und im Ergebnis spielt sie aber nur ausnahmsweise eine Rolle. Ungeachtet der ähnlichen Ergebnisse der unterschiedlichen Auffassungen entspricht es jedoch einer sauberen Systematik, die Verhältnismäßigkeit im engeren Sinne als eigenständigen Prüfungspunkt anzuerkennen und nicht durch unklare Formulierungen zu verschleiern. Nicht nur bei § 35 GewO, sondern allgemein scheitert ein Eingriff nur selten daran, dass er der Verhältnismäßigkeit im engeren Sinne widerspricht. Wie bereits ausgeführt, sind bei Prüfung der Verhältnismäßigkeit einer Maßnahme nicht nur die Folgen beim unmittelbar betroffenen Adressaten dieser Maßnahme, sondern auch die Folgen für Dritte und die Allgemeinheit zu berücksichtigen. Daher ist es nur konsequent, die im jeweiligen Betrieb beschäftigten Arbeitnehmer und den gegebenenfalls drohenden Verlust ihrer Arbeitsplätze in die Betrachtung mit einzubeziehen. Marcks, der dies ganz selbstverständlich tut, ist mithin zuzustimmen. Da Unverhältnismäßigkeit regelmäßig nur bei einer erheblichen Anzahl gefährdeter Arbeitsplätze denkbar ist, dürfte sie im Fall des § 4 Abs.1 Nr.1 GastG, bei dem es um Gaststätten mit in der Regel nur wenigen Beschäftigten geht, praktisch nicht vorkommen. Bei § 69a Abs.1 Nr.2 GewO ist zu berücksichtigen, dass Messen, Ausstellungen und Märkte zeitlich eng begrenzt sind und eine Untersagung daher unter dem Gesichtspunkt der Arbeitsplätze wesentlich geringere Auswirkungen als eine solche nach § 35 GewO hat. Die Unverhältnismäßigkeit einer Untersagungsverfügung aufgrund von Arbeitsplatzverlusten kommt also vornehmlich bei größeren Betrieben in Betracht. Allerdings bringt die Unzuverlässigkeit des Gewerbetreibenden eines großen Betriebes im Allgemeinen auch größere Gefahren mit sich, was wiederum gegen die Unverhältnismäßigkeit spricht.

Von besonderer Brisanz ist die Konstellation, dass einerseits durch eine Gewerbeuntersagung die Arbeitsplätze zahlreicher Arbeitnehmer gefährdet sind, andererseits eben diese Arbeitnehmer aufgrund der Unzuverlässigkeit Gefahren ausgesetzt sind. Auch in derartigen Fällen gilt jedoch nichts prinzipiell anderes als bei Gefahren ausschließlich für die Allgemeinheit.

Wird einem Gewerbetreibenden sein Gewerbe untersagt, so kann er selbstverständlich seinen Betrieb veräußern[760]; gelingt ihm dies, so bleibt der Betrieb

[760] Dickersbach, WiVerw 1982, 65 (81); Marcks in Landmann / Rohmer § 35 Rn 112.

samt den mit ihm verbundenen Arbeitsplätzen erhalten. Außerdem kann dem Gewerbetreibenden gemäß § 35 Abs.2 GewO auf seinen Antrag von der zuständigen Behörde gestattet werden, den Gewerbebetrieb durch einen Stellvertreter fortzuführen, der die Gewähr für eine ordnungsgemäße Führung des Gewerbebetriebes bietet. Der Stellvertreter muss nach § 45 GewO den für das in Rede stehende Gewerbe insbesondere vorgeschriebenen Erfordernissen genügen. Der Wortlaut des § 35 Abs.2 GewO scheint für ein behördliches Ermessen zu sprechen – die dieses bejahende Auffassung stützt sich zur Begründung dementsprechend auch auf die Gesetzesregelung[761]. Es ist jedoch umstritten, ob die Behörde nicht aufgrund des Verhältnismäßigkeitsprinzips gleichwohl bei Vorliegen der Voraussetzungen zur Erteilung einer Stellvertretererlaubnis verpflichtet ist. Teilweise wird ein entsprechender Anspruch des Gewerbetreibenden mit Hinweis auf den Charakter der Untersagung als schweren, den Gewerbebetrieb praktisch lahmlegenden Eingriff bejaht[762]. Wenn – was Voraussetzung einer Stellvertretererlaubnis ist – eine Gefährdung der im Betrieb Beschäftigten oder der Allgemeinheit nicht zu besorgen ist, sprechen in der Tat keine überzeugenden Gründe gegen eine solche Erlaubnis. Geht man von einem behördlichen Ermessen aus und ist eine Veräußerung des Betriebes nicht zu erwarten, so sind bei der Ausübung dieses Ermessens jedenfalls die durch die Nichterteilung der Stellvertretererlaubnis gefährdeten Arbeitsplätze zu berücksichtigen. Zur Erhaltung von Arbeitsplätzen kann es also genügen, dem Gewerbetreibenden durch einen zeitlichen Aufschub Gelegenheit zur Veräußerung des Betriebes oder zur Ernennung eines Stellvertreters zu geben – ein völliger Verzicht auf die Gewerbeuntersagung ist dann nicht angebracht.

Zusammenfassung Teil 6:

Die Verhältnismäßigkeit einzelner Eingriffsmaßnahmen ist nicht nur im Rahmen von Ermessensnormen zu prüfen. Die Verhältnismäßigkeit im engeren Sinne beeinflusst nicht nur die Auslegung des Begriffs der Unzuverlässigkeit nach §§ 35 Abs.1, 69 a Abs.1 Nr.2 GewO, 4 Abs.1 Nr.1 GastG, sondern hat im Rahmen dieser Normen eine eigenständige Bedeutung. Eine Gewerbeuntersagung kann in Extremfällen aufgrund des mit ihr verbundenen Verlustes an Arbeitsplätzen unverhältnismäßig sein. Ein Verlust von Arbeitsplätzen kann ggf. bereits durch die Ermöglichung einer Veräußerung des Betriebes oder durch den Einsatz eines Stellvertreters verhindert werden.

---

[761] VG München, GewArch 1973, 7; Tettinger / Wank § 35 Rn 51; Heß in Friauf § 35 Rn 172; Marcks in Landmann / Rohmer GewO § 35 Rn 129.
[762] Fröhler / Kormann § 35 Rn 76.

Teil 7: Die Berücksichtigung des Arbeitsplatzaspektes im Rahmen des Ermessens

I. Die vorläufige Erlaubnis nach § 11 GastG

1. Zweck der vorläufigen Erlaubnis

Nach § 11 S.1 GastG kann Personen, die einen erlaubnisbedürftigen Gaststättenbetrieb von einem anderen übernehmen wollen, die Ausübung des Gaststättengewerbes bis zur Erteilung der Erlaubnis auf Widerruf gestattet werden. Nach § 11 S.2 GastG soll die vorläufige Erlaubnis nicht für eine längere Zeit als drei Monate erteilt werden, bei Vorliegen eines wichtigen Grundes ist eine Fristverlängerung allerdings möglich. Die Vorschrift des § 11 GastG hat den Zweck, den Wechsel in der Inhaberschaft eines Gaststättenbetriebes möglichst reibungslos zu gestalten und einen kontinuierlichen Betrieb zu ermöglichen[763]. Sind etwa laufende Mietzahlungen zu leisten, so kann die mehrmonatige Schließung einer Gaststätte durchaus existenzbedrohende Folgen haben, außerdem hätten sich die Gäste bis zur endgültigen Konzessionserteilung möglicherweise bereits verlaufen und anderen Gaststätten zugewendet[764]. Und bei der Übernahme eines vorhandenen erlaubten Betriebes spricht eine gewisse Wahrscheinlichkeit dafür, dass raumbezogene Versagungsgründe der Erteilung einer Erlaubnis nicht im Wege stehen[765].

2. Ermessen und Berücksichtigung des Arbeitsplatzgesichtspunktes

Fraglich ist, inwiefern die Erteilung der vorläufigen Erlaubnis im behördlichen Ermessen steht und die Existenzgefährdung einer Gaststätte im Falle der Nichterteilung dieser vorläufigen Erlaubnis samt der dadurch bedrohten Arbeitsplätze zu berücksichtigen ist. Der Arbeitsplatzgesichtspunkt ist also nur im Zusammenhang mit der Existenz der betroffenen Gaststätte von Interesse, nicht hingegen im Hinblick auf die mit einer vorläufigen Erlaubnis verbundenen vorübergehenden Beschäftigungsmöglichkeit, die ja gemäß § 11 S.2 GastG regelmäßig nicht länger als drei Monate besteht. Bezüglich § 7 des GastG von 1930, welcher dem heutigen § 11 GastG entsprach, bestand zunächst weitgehend Einigkeit darüber, dass Erteilung und Verlängerung der Vorerlaubnis in das pflichtgemäße

---

[763] BT-Drs. V/205, zitiert bei Hoffmann / Seitter § 11 Rn 2; OVG Münster, NJW 1969, 1732 (1732); OVG Münster, GewArch 1973, 62 (62); Koch, GewArch 1992, 374 (374).

[764] Zur Existenzgefährdung vgl. Beschluss des VGH Kassel, GewArch 1996, 252 (252); zum „Verlaufen“ der Gäste OVG Münster, NJW 1969, 1732 (1732); aA (darauf komme es nicht an) VG Düsseldorf, GewArch 1984, 389 f.

[765] VGH München, NJW 1965, 1979; VGH Mannheim, GewArch 1990, 418 (418); Michel / Kienzle / Pauly § 11 Rn 3.

Ermessen der Behörde gestellt sind[766]. Im Jahre 1969 entschied das OVG Münster, die Vorerlaubnis *müsse* bei Vorliegen der Voraussetzungen auch erteilt werden[767]. Dabei interpretierte es die Kann-Formulierung statt im Sinne einer Ermesseneinräumung als bloße Kompetenzeinräumung. Allerdings verlangte das Gericht als Voraussetzung für die Erteilung der Vorerlaubnis, dass der Betreffende auch die Erteilung der endgültigen Konzession beanspruchen kann. Das deutet darauf hin, dass ein Anspruch auf Erteilung der Vorerlaubnis nur besteht, sofern die Voraussetzungen für die Erteilung einer Erlaubnis nach § 4 GastG klar vorliegen. Nur wenige Jahre später sah das OVG Münster durch § 11 GastG unter Berufung auf geringe Formulierungsunterschiede im Vergleich zu § 7 GastG von 1930 bei der Erteilung der vorläufigen Erlaubnis Ermessen eingeräumt[768]. Das entspricht im Ergebnis herrschender Auffassung in Rechtsprechung und Literatur[769]. Allerdings ist Lohmann darin beizupflichten, dass die Herleitung einer neuen Auslegung allein aus dem geringfügig geänderten Wortlaut nicht überzeugt[770]. Metzner weist zu Recht darauf hin, dass die materiellen Kriterien für eine Entscheidung nach § 11 GastG nicht mit denen für eine endgültige Erlaubnis nach § 4 GastG identisch sind – im Rahmen des § 11 GastG kann schon deshalb nur eine summarische Prüfung stattfinden, weil bei abschließender Prüfung das Institut der vorläufigen Erlaubnis aufgegeben und entbehrlich würde. Sei die Wahrscheinlichkeit der Erteilung der endgültigen Erlaubnis zu bejahen, so werde regelmäßig die vorläufige Erlaubnis zu erteilen sein, andernfalls werde sie – auch bei offener Prognose – abgelehnt werden können[771]. Von einer Ermessensreduzierung auf Null im Sinne eines Rechtsanspruchs auf Erteilung der vorläufigen Erlaubnis wird man jedenfalls ausgehen müssen, wenn die Voraussetzungen für die Erteilung der endgültigen Erlaubnis

---

[766] OVG Lüneburg, GewArch 1963, 65 (65); VGH München, NJW 1965, 1979 f..

[767] OVG Münster, U.v.1.4.1969, NJW 1969, 1732 (1732).

[768] OVG Münster, GewArch 1973, 62 (62 u. LS 1) - § 7 GastG aF lautete: „Die zuständige Behörde kann Personen, die einen Betrieb übernehmen, zur Ausübung des Gewerbes auf Widerruf zulassen". § 11 GastG lautet: „Personen, die einen (...) Gaststättenbetrieb (...) übernehmen wollen, kann die Ausübung des Gaststättengewerbes (...) gestattet werden".

[769] VGH München, NJW 1965, 1979 (zu § 7 GastG aF); VG Gelsenkirchen, GewArch 1974, 392; VG Düsseldorf, GewArch 1984, 389; VGH Mannheim, GewArch 1990, 418 (418); Henke, DVBl. 1983, 982 (982); Metzner § 11 Rn 11; Michel / Kienzle / Pauly § 11 Rn 3; Lothar Müller Anm. zu § 11 Abs.1; offengelassen von OVG Münster, GewArch 1976, 340; OVG Lüneburg, GewArch 1976, 341; VGH Kassel, GewArch 1984, 68.

[770] Lohmann, DVBl. 1974, 321 (323 r.Sp.) unter Berufung darauf, dass Mörtel in seiner Kommentierung zu § 11 GastG 1970 gerade umgekehrt in der veränderten Terminologie ein Anzeichen dafür sieht, dass der Gesetzgeber die Rechtsstellung des Antragstellers habe verfestigen und den Charakter der Entscheidung nach § 11 GastG 1970 als gebundene Entscheidung habe klarstellen wollen.

[771] Metzner § 11 Rn 12.

mit sehr hoher Wahrscheinlichkeit vorliegen[772]. Dann sind keine sachlich vernünftigen Erwägungen ersichtlich, die für eine Versagung der vorläufigen Erlaubnis sprechen könnten. Die Qualifikation des § 11 GastG als Ermessensnorm ist insbesondere von Lohmann kritisiert worden[773]. Bei Erlaubnis- und Befreiungstatbeständen wie etwa § 35 Abs.2 BBauG - der § 35 Abs.3 BauGB entspricht - habe die Rechtsprechung mehrfach trotz Kann-Formulierungen Wahlfreiheit verneint. Der einzige Unterschied zwischen endgültiger und vorläufiger Erlaubnis liege im Grad der Gründlichkeit der rechtlichen Prüfung, auch die für die endgültige Erlaubnis erforderliche „Gewissheit" sei nur annähernd erreichbar. Schließlich sei die Kann-Formulierung in § 11 GastG notwendig, um den tatbestandlich nicht erfassten Entscheidungskriterien der Zuverlässigkeit des Gaststättenbetreibers und dem Gesichtspunkt der Betriebskontinuität Raum zu geben. Hierzu sei nur angemerkt, dass die Entscheidung über die vorläufige Gaststättenerlaubnis durchaus auch - eventuell unter eingeschränkten Voraussetzungen – als eine gebundene hätte formuliert werden können und der Unterschied zwischen Wahrscheinlichkeit und „Gewissheit" oder an Sicherheit grenzende Wahrscheinlichkeit oder, anders ausgedrückt, der Unterschied zwischen der bloß summarischen Prüfung nach § 11 GastG und der gründlichen Prüfung nach § 4 GastG das Ermessen im letzteren Fall trägt. An anderer Stelle begrüßt Lohmann im Ergebnis die Auffassung des OVG Münster, die Ablehnung der Vorerlaubnis sei bereits bei Bedenken von einigem Gewicht im Hinblick auf den Erhalt der endgültigen Erlaubnis gerechtfertigt. Hier drängt sich der Eindruck auf, dass zunächst gewaltige Meinungsunterschiede betont und sodann recht unauffällig zu Grabe getragen werden. Zentrale Frage im hiesigen Zusammenhang ist, ob bei der Entscheidung über die vorläufige Gaststättenerlaubnis ausschließlich die Wahrscheinlichkeit der Erteilung der endgültigen Erlaubnis maßgebend ist oder aber auch andere Gesichtspunkte – wie der Aspekt der Arbeitsplätze – berücksichtigt werden können. Michel / Kienzle halten derartige andere Gesichtspunkte nicht für berücksichtigungsfähig[774], ansonsten wird zu dieser Problematik nicht dezidiert Stellung genommen. Soweit ersichtlich wird allerdings für den Fall offener Prognose nirgends vertreten, dass die vorläufige Erlaubnis dann abgelehnt werden *muss* – vielmehr *kann* sie abgelehnt werden. Gerade bei einer derartigen Pattsituation liegt die Einbeziehung anderer Gesichtspunkte nahe. Es ist nicht einzusehen, der Existenzgefährdung einer Gaststätte einschließlich der damit zusammenhängenden Arbeitsplätze im Rahmen des Ermessens jede Berücksichtigungsfähigkeit zu versagen. Da mit einer Gaststätte im allgemeinen jedoch nur wenige Arbeitsplätze verbunden sind, spielen diese als eigenständiger Gesichtspunkt neben dem der Existenzerhaltung des Betriebes nur eine geringe Rolle.

---

[772] In diesem Sinne OVG Lüneburg, GewArch 1976, 341; Lohmann, DVBl. 1974, 321 (322); Michel / Kienzle / Pauly § 11 Rn 3.
[773] Lohmann, DVBl. 1974, 321 (322 ff.).
[774] Michel / Kienzle / Pauly § 11 Rn 3.

II. Baurechtliche Abbruchverfügung / Nutzungsuntersagung

1. Abbruchverfügung

Nach § 65 S.1 LBO Baden-Württemberg kann der teilweise oder vollständige Abbruch einer im Widerspruch zu öffentlich-rechtlichen Vorschriften errichteten baulichen Anlage angeordnet werden, wenn nicht auf andere Weise rechtmäßige Zustände hergestellt werden können. Gemäß S.2 kann eine Nutzung untersagt werden, die öffentlich-rechtlichen Vorschriften widerspricht. Entsprechende Befugnisse besitzt die Verwaltung nach allen Landesbauordnungen. Voraussetzung für eine zulässige Abbruchverfügung ist, dass die bauliche Anlage seit ihrer Errichtung im Widerspruch zu materiellem Baurecht steht und nicht von einer Baugenehmigung gedeckt ist[775]. Der Erlass einer Abbruchverfügung steht grundsätzlich im Ermessen der Baubehörden[776]. Damit stellt sich die Frage, inwiefern bei der Entscheidung über eine Abbruchverfügung oder Nutzungsuntersagung die dadurch gefährdeten Arbeitsplätze von Bedeutung sind. Wenngleich „Schwarzbauten" im Sinne der Landesbauordnungen besonders häufig unter Wochenendhäusern oder anderen Kleinbauten auftreten[777], kann ein Abbruch durchaus auch Betriebe in ihrer Existenz und damit Arbeitsplätze vernichten. Oft bedeutet der Abbruch eines Bauwerks die Vernichtung erheblicher wirtschaftlicher Werte[778].

1.1 Teilweise vertretene Auffassung: Unbeachtlichkeit wirtschaftlicher und sozialer Gesichtspunkte

Nach teilweise vertretener Auffassung sind persönliche oder wirtschaftliche Nachteile der durch Abbruchanordnungen Betroffenen im Rahmen der unter Berücksichtigung des Verhältnismäßigkeitsprinzips zu treffenden Ermessensentscheidung ebenso unbeachtlich wie soziale Gesichtspunkte[779]. Bisweilen wird dies damit begründet, es handele sich hierbei um Fragen des Vollstreckungsverfahrens[780]. Der Hinweis auf das Vollstreckungsverfahren vermag jedoch nicht zu überzeugen. Nach der Formulierung der meisten Verwaltungsvollstreckungsge-

---

775 VGH Mannheim, NJW 1984, 319; BauR 1989, 193 (194); 1991, 75 (75) u. 450 (450); Därr, DÖV 1976, 111 (111); Sellmann in FS für Gelzer S.249 (249); Jäde, ThürVBl. 1993, 82 (84); Finkelnburg / Ortloff § 13 III. 2; Dürr Rn 242; - Sendler in Festschrift für Ernst S.403 ff.

776 Schuegraf, BayVBl. 1967, 296 (296) – Bayern; Rasch, BauR 1975, 94 (94); Rabe, BauR 1978, 166 (172); Rapp, BauR 1983, 126 (126); Sellmann in Festschrift für Gelzer S.249 (251); Jäde, ThürVBl. 1993, 82 (84) - Thüringen; Finkelnburg / Ortloff Bd. II § 13 VII.; Oldiges in Steiner IV (D) Rn 358.

777 Finkelnburg / Ortloff Bd. II S.164 - § 13 I.

778 Därr, DÖV 1976, 111 (111).

779 VGH Mannheim U.v.7.4.1982 – 3 S 2352/81; VGH München BRS 36 Nr.215.

780 Schlotterbeck / von Arnim LBO BaWü § 64 Rn 11.

setze können Verwaltungsakte mit den dort angegebenen Zwangsmitteln durchgesetzt werden – die Verwendung des Wortes „Kann" bringt jedoch lediglich die Berechtigung der Vollstreckungsbehörde zur Ausübung von Zwang zum Ausdruck und sagt nichts darüber, ob eine Vollstreckungspflicht oder aber Ermessen besteht[781]. Der Sinn des Erlasses einer Abbruchverfügung kann nur die tatsächliche Erreichung des Abbruchs sein – unabhängig davon, ob der Adressat der Verfügung diese „freiwillig" befolgt oder der Abbruch zwangsweise durchgesetzt werden muss. Das gesamte oft langwierige Verwaltungsverfahren sowie das gegebenenfalls nachfolgende verwaltungsgerichtliche Verfahren wäre überflüssig, wenn die Behörde auf den letzten Schritt des Abbruchs verzichten würde. Es wäre der Glaubwürdigkeit und dem Ansehen der Behörde abträglich, wenn sie einen Verwaltungsakt erlässt und dessen Erzwingung androht, ihn dann jedoch ohne zwingende Gründe nicht durchsetzt. Diejenigen, die der Abbruchanordnung „von sich aus" nachkommen, würden benachteiligt. Dementsprechend bestünde, läge die Vollstreckung im behördlichen Ermessen, die große Versuchung der Betroffenen, der Anordnung nicht nachzukommen und zunächst einmal abzuwarten. Werden persönliche, wirtschaftliche und soziale Gesichtspunkte erst im Vollstreckungsverfahren berücksichtigt, so hat dies zur Konsequenz, dass sie bei denjenigen, die der Abbruchverfügung Folge leisten, nicht beachtet werden. Bei denjenigen hingegen, die ihre Bauwerke trotz behördlicher Aufforderung nicht abreißen, fänden die genannten Gesichtspunkte Berücksichtigung. Das aber wäre untragbar. Daraus ergibt sich nicht nur, dass Ermessen bezüglich des Ergreifens von Vollstreckungsmaßnahmen nicht besteht[782], sondern auch, dass die Vollstreckung einer rechtmäßigen Abbruchverfügung grundsätzlich nicht unverhältnismäßig ist.

1.2 Teilweise vertretene Auffassung: Beachtlichkeit wirtschaftlicher und sozialer Gesichtspunkte

Teilweise wird in der Literatur explizit die Auffassung vertreten, auch soziale Aspekte seien zu berücksichtigen[783]. Nach Jäde steht zwar die *Berücksichti-*

---

[781] Arndt S.52; Rasch, BauR 1975, 94 (100).

[782] Hermes / Wieland S. 21; dahin tendierend auch Voßkuhle, Die Verwaltung 1996, 511 (517); Rasch, BauR 1975, 94 (100 f.) bejaht zwar das grundsätzliche Bestehen von Ermessen, schränkt dieses Ermessen aber sogleich ein: „Hat zum Beispiel die Bauaufsichtsbehörde eine Abbruchverfügung erlassen, ein Zwangsmittel angedroht und ist die Abbruchverfügung – unter Umständen nach einem langen Prozeß – unanfechtbar geworden, so hat die Behörde auch die Pflicht, die Abbruchverfügung zwangsweise durchzusetzen."; aA Faber (Verwaltungsrecht) § 20 IV 3 S.193 f.; Sadler, VwVG Einleitung Rn 5.

[783] Rabe, BauR 1978, 166 (173), der soziale Gesichtspunkte allerdings nur im Rahmen des Ermessens, nicht aber in Bezug auf die Verhältnismäßigkeit für berücksichtigungsfähig hält (S. 178); nach Schuegraf, BayVBl. 1967, 296 (297) sind die persönlichen Verhältnisse des Betroffenen (nur) dann zu beachten, wenn sie solches Gewicht besitzen, dass aus Gründen der Einzelfallgerechtigkeit eine Beseitigung der Anlage nicht zumutbar wäre.

gungsfähigkeit von persönlichen Belangen außer Frage, eine *Pflicht* zur Einstellung dieser Belange in die Ermessensbetätigung verneint er hingegen[784]. Der VGH Mannheim hat mehrfach Abbruchanordnungen als ermessensfehlerhaft erachtet, weil private Belange nicht hinreichend gewürdigt wurden. Zum auf einem Holzpodest errichteten Zelt eines Asylbewerbers führte das Gericht aus: „Gegenüber den üblichen Abbruchfällen ergibt sich (...), dass der Abbruch des Zeltes zu Folgen führt, die mit einer Obdachlosigkeit vergleichbar sind. Diese geschilderten besonderen Verhältnisse hätte das Landratsamt in seine Ermessensentscheidung einbeziehen müssen". Da die Verfügung nach Auffassung des VGH Mannheim bereits aufgrund dieses Ermessensfehlers aufzuheben war, ließ er offen, ob der Abbruch insgesamt mit dem Verhältnismäßigkeitsgrundsatz vereinbar war[785]. An anderer Stelle hat der VGH Mannheim allerdings entschieden, drohende Obdachlosigkeit mache eine Abbruchverfügung nicht rechtswidrig. Denn es sei davon auszugehen, dass die Gemeinde eine Obdachlosenunterkunft zur Verfügung stellen werde[786]. In einem anderen Fall rügte das Gericht, dass die Baubehörde in ihre Entscheidung das Interesse der Adressatin der Abbruchanordnung nicht eingestellt habe, ihrem geistig behinderten Bruder den Aufenthalt auf ihrem Grundstück während der Wochenenden zu ermöglichen. Bewegung im Freien war für den nicht nur an einer funktionellen Hirnschädigung, sondern auch an Bluthochdruck und Fettsucht leidenden Bruder medizinisch und auch zur Bewahrung des menschlichen Verhältnisses zur Mutter psychisch geboten und nur mit der Einfriedung möglich, deren Abbruch die Behörde verlangte[787]. Wenngleich hier vom Interesse der unmittelbaren Adressatin der Abbruchverfügung gesprochen wird, so wird doch letztlich auf das Interesse des Bruders als eines mittelbar Betroffenen abgestellt. Diesbezüglich ist die Konstellation mit der Situation der durch die Existenzvernichtung eines Betriebes mittelbar betroffenen Arbeitnehmer vergleichbar. Ferner wurden auch eine Kriegsbeschädigung[788] sowie Lebensalter und Gesundheitszustand[789] als bei der Ermessensausübung relevant anerkannt. Gerade bei den letzten Fällen liegen indes Besonderheiten nicht nur der Situation der Betroffenen vor, sondern die Besonderheiten der Behinderung und des schlechten Gesundheitszustandes bestehen im Zustand der betroffenen Personen als solchen, sind also Teil von ihnen. Ob es darauf allerdings wesentlich ankommen kann, erscheint zweifelhaft –

[784] Jäde, ThürVBl. 1993, 82 (84).
[785] VGH Mannheim, BauR 1982, 264 (265).
[786] VGH Mannheim BRS 39 Nr.223.
[787] VGH Mannheim, BauR 1991, 450 f.
[788] VGH Mannheim U.v. 5.12.1979 – Az: III 1813 / 79. Dabei ging es um den Abbruch eines Wochenendhauses; der Betroffene machte geltend, das Grundstück nur unter der Voraussetzung gärtnerisch nutzen zu können, wenn er Ruhepausen in der Hütte einlegen könne. Der VGH erachtete im Ergebnis allerdings das öffentliche Interesse am Schutz der natürlichen Eigenart der Landschaft gegen ihr wesensfremde Wochenendhäuser als schwerwiegender.
[789] VGH Mannheim, NJW 1984, 319 f.

jedenfalls können nach Auffassung des VGH Mannheim auch existenzgefährdende Folgen oder Betriebseinbußen im Rahmen der Ermessensentscheidung beachtlich sein[790]. Dem widerspricht es keineswegs, dass dasselbe Gericht die Verhältnismäßigkeit bei der Anordnung zum Abbruch eines Schuppens als gewahrt betrachtete, obwohl durch das Fehlen des Schuppens die Aufrechterhaltung des Betriebes gefährdet wurde[791] - der Schuppen war nämlich auf einer Bauverbotsfläche errichtet und erleichterte im Falle eines Brandes das Übergreifen des Feuers, wodurch die in der Schreinerei beschäftigten Arbeiter gefährdet waren. Große-Suchdorf erwähnt, dass bei in einen Gewerbebetrieb eingreifenden Anordnungen zumindest Anpassungsfristen geboten sein können[792]. Könnten persönliche und wirtschaftliche Interessen des Adressaten einer Abbruchanordnung schlechterdings nicht berücksichtigt werden, so könnte eine Abwägung zwischen öffentlichen und privaten Interessen überhaupt nicht stattfinden. Denn andere private Belange als solche persönlicher oder wirtschaftlicher Art sind nicht denkbar[793]. Die Abwägung zwischen öffentlichen und privaten Interessen ist aber für eine Ermessensentscheidung wesenstypisch, sofern das Ermessen nicht ausschließlich aus verwaltungstechnischen Gründen der beschränkten Kapazität zur Ermöglichung von Prioritätensetzungen besteht. Der Betriebsinhaber als Adressat einer potentiellen Abbruchverfügung hat vielfach die gegen baurechtliche Normen verstoßende bauliche Anlage bauen lassen und damit den rechtswidrigen Zustand wissentlich oder unwissentlich herbeigeführt. Sind seine Interessen beachtlich, so kann für die Interessen der im betroffenen Betrieb beschäftigten Arbeitnehmer nichts anderes gelten. Allerdings ist das Baurecht grundstücksbezogen[794]. Und immerhin spielen persönliche und wirtschaftliche Gesichtspunkte bei der Entscheidung über die Erteilung einer Baugenehmigung grundsätzlich keine Rolle. Das gemahnt zwar zu einer zurückhaltenden Gewichtung derartiger personenbezogener Aspekte, spricht jedoch nicht zwingend gegen ihre Berücksichtigung. Nicht zuletzt die durch die Baurechtsnovelle 1998 erweiterte Befreiungsmöglichkeit des § 31 Abs.2 BauGB zeigt, dass in Bezug auf die Bebauungspläne eine sture Exekution von deren Festsetzungen als „Selbstzweck" der Vorstellung des Gesetzgebers widerspricht[795]. Freilich darf nicht verkannt werden, dass jeder Verzicht der Behörde auf eine Abbruchanordnung zu Berufungen anderer von Abbruchverfügungen potentiell oder tatsächlich Betroffener auf diese „Nachgiebigkeit" führen kann. Mehr

---

[790] VGH Mannheim U.v. 9.10.1963 – III 432 / 62; Sauter § 64 Rn 36 – zeitlicher Aufschub; vgl. auch Hinweis in VGH Mannheim, BauR 1991, 450 (451).

[791] VGH Mannheim U.v. 28.3.1963 IV 326 / 62.

[792] Große-Suchdorf u.a. Nds.BO § 89 Rn 46.

[793] VGH Mannheim, BauR 1991, 450 (451).

[794] Jäde, ThürVBl. 1993, 82 (84); nach Schuegraf, BayVBl. 1967, 296 (297) besteht im „Normalfall" eine behördliche Pflicht zum Einschreiten.

[795] Dabei handelt es sich allerdings – anders als bei den Landesbauordnungen – um den Bundesgesetzgeber.

noch: bei allzu starker Großzügigkeit der Behörden besteht die Gefahr, dass viele es mit den Bauvorschriften nicht mehr sehr genau nehmen und in der Summierung eine geordnete bauliche Entwicklung insgesamt gefährdet ist[796]. Die faktische Wirksamkeit von Rechtsnormen hängt in erheblichem Maße von ihrer tatsächlichen Durchsetzung und der „Sanktionierung" ihrer Missachtung ab[797]. Die illegal Bauenden befinden sich gegenüber den Rechtstreuen insofern im Vorteil, als sie im Gegensatz zu diesen entweder überhaupt wie gewünscht bauen oder dies jedenfalls schneller tun können. Bei Betrieben kann dies durchaus einen ungerechtfertigten Wettbewerbsvorteil durch Regelverstoß bedeuten. Gleichwohl kann der Auffassung des VGH München nicht gefolgt werden, der unter Hinweis auf die Vermeidung einer nicht zu rechtfertigenden Begünstigung des „Schwarzbauers" dessen Einwand, die Beseitigung des illegalen Bauwerks vernichte seine Existenz, für generell unbeachtlich hält[798]. Es darf nicht übersehen werden, dass ein „Schwarzbauer" bei bloßer behördlicher Untätigkeit später belangt werden kann und insofern keine Rechtssicherheit genießt; anders ist die Situation hingegen, wenn die Behörde erklärt, nicht gegen den baurechtswidrigen Zustand einzuschreiten, obwohl die rechtlichen Voraussetzungen hierfür erfüllt sind. Dann nämlich erlangt der Betroffene eine geschützte Rechtsposition – mag man die behördliche Äußerung nun als Zusicherung oder Duldungsverwaltungsakt qualifizieren[799]. Eine derartige Zusage kommt der Erteilung einer Baugenehmigung schon recht nahe. Es kann durchaus sinnvoll sein, seitens der Bauaufsichtsbehörde zwar gegen den Schwarzbau mit einer Abbruchverfügung vorzugehen, dem Adressaten zu deren Durchführung aber eine Übergangszeit zu gewähren. Einerseits kann der Verwaltung dann nicht Untätigkeit vorgeworfen werden, auf die sich andere gegebenenfalls berufen, und das illegale Bau-

---

796 Schuegraf, BayVBl. 1967, 296 (297); Finkelnburg / Ortloff Bd. II § 13 I - S.165.

797 Geiger S. 69 ff., 205 ff., 215 ff.; Voßkuhle, Die Verwaltung 1996, 511 (522 f.).

798 VGH München BRS 36 Nr.215; vgl. auch Rabe, BauR 1978, 166 (178): „ (...) mögen durch einen Gesamtabbruch auch noch so hohe Werte vernichtet werden, so kann dies dennoch *in keinem Falle* einer Abbruchverfügung entgegengehalten werden (...). Diese Härte ist deshalb angebracht, weil sonst derjenige, der sich gesetzwidrig verhält, gegenüber den gesetzestreuen Bürgern im Vorteil wäre."; vgl. auch Simon BayBO Bd.1a Art. 82 Rn 9: „Die Behörde verstößt auch dann nicht gegen den Verhältnismäßigkeitsgrundsatz, wenn ein Gewerbebetrieb vernichtet oder gefährdet wird."

799 dazu Sellmann in Festschrift für Gelzer S. 249 ff.; Bracher, ZfBR 1987, 127 (127 - Zusicherung); Finkelnburg / Ortloff Bd. II - § 13 VII. 3 a) S.185 (Zusicherung); OVG Berlin BRS 39 Nr.207 (Duldungsverwaltungsakt); Randelzhofer / Wilke S.108 (Duldungsverwaltungsakt). Qualifiziert man die „aktive Duldung" als Zusicherung, so entfällt die Bindungswirkung bei nachträglicher Änderung der Sach- oder Rechtslage automatisch; gelten hingegen (bei der Einstufung als Duldungsverwaltungsakt) die §§ 48 f. VwVfG, so bedarf es eines an bestimmte Voraussetzungen gebundenen Verwaltungsaktes (bei Änderung der Sach- oder Rechtslage kommt ein Widerruf gemäß § 49 Abs.2 S.1 Nr. 3 u. 4 VwVfG in Betracht); nach Hermes / Wieland S.32 *muss* ein Widerrufsvorbehalt beigefügt werden, zu sog. Duldungsverträgen Schlette S.297.

werk wird nicht ewig hingenommen, andererseits kann sich der Betroffene auf die Situation einstellen[800].
Insgesamt lässt sich mit dem Bundesverwaltungsgericht sagen, dass die Behörde regelmäßig nicht ermessensfehlerhaft und insbesondere nicht unverhältnismäßig handelt, wenn sie zur Wiederherstellung eines rechtmäßigen Zustands eine Abbruchverfügung erlässt[801]. Gegen den Erlass einer Abbruchanordnung können neben der erörterten Vernichtung von wirtschaftlicher Existenz und Arbeitsplätzen und anderen persönlichen und wirtschaftlichen Gründen auch die Geringfügigkeit der Baurechtswidrigkeit, die nachträgliche Legalisierungsmöglichkeit aufgrund eines Dispenses nach § 31 Abs.2 BauGB und unter Umständen auch die Hinnahme ähnlich zu beurteilender illegaler Bauwerke in der Nachbarschaft sowie das berechtigte Vertrauen des Bauherrn auf die Zulässigkeit seines Bauvorhabens sprechen[802]. Für eine Abbruchverfügung streiten insbesondere der bewusste Verstoß gegen baurechtliche Normen, die Erheblichkeit des Rechtsverstoßes, die Abbruchanordnung aller vergleichbar illegalen Bauwerke in der Nachbarschaft und die von Beschaffenheit und Lage der entsprechenden baulichen Anlage ausgehenden Gefahren – gerade in den letztgenannten Fällen ist an eine Ermessensreduzierung auf Null im Sinne einer Pflicht zur Verfügung des Abbruchs zu denken.

2. Nutzungsuntersagung

§ 65 LBO ermächtigt auch zur Untersagung von mit dem Baurecht nicht im Einklang stehenden Nutzungen. Anders als bei der Abbruchanordnung wird zum Teil vertreten, dass eine Nutzungsuntersagung auch bei nur formeller Illegalität der Nutzung möglich ist[803]. Immerhin werden hier weder Eigentumswerte vernichtet noch irreparable Zustände geschaffen[804]. Zudem bestimmen einige Landesbauordnungen bei der Nutzungsuntersagung im Gegensatz zur Abrissverfügung nicht ausdrücklich, dass rechtmäßige Zustände auch auf andere Weise – wie eben durch Genehmigung – wiederhergestellt werden können[805]. Gegen die unterschiedliche Behandlung von Abbruchanordnung und Nutzungsuntersagung

[800] Rabe, BauR 1978, 166 (175).
[801] BVerwG, DÖV 1966, 249 (B.v. 29.9.1965); Schuegraf, BayVBl. 1967, 296 (297); Rasch, BauR 1975, 94 (96); ders., BauR 1988, 266 (277); Jäde, ThürVBl. 1993, 82 (84); Simon BayBO Bd.1a Art.82 Rn 9; Dürr Rn 243; Große-Suchdorf u.a. NdsBO § 89 Rn 46.
[802] Rapp, BauR 1983, 126 (127 ff.).
[803] formelle Illegalität genügt: Kassel, NuR 1986, 256 und NVwZ 1987, 192; VGH München, BayVBl. 1988, 436 und BRS 38 Nr. 208; OVG Münster, NVwZ-RR 1989, 344; BezG Erfurt, ThürVBl. 1992, 137; VGH OVG Lüneburg BRS 44 Nr.202; auch materielle Illegalität erforderlich: OVG Bremen BRS 47 Nr. 206; VGH Mannheim, VBlBW 1985, 457; einschränkend VGH Mannheim NVwZ 1990, 480.
[804] OVG Saarlouis, NVwZ 1985, 122; Rasch, BauR 1975, 94 (99); Simon BayBO Art.82 Rn 29.
[805] zB Art. 89 BayBO, § 76 Abs.1 HBO; Simon BayBO Art. 82 Rn 29.

sprechen ihre gemeinsame Regelung in einigen Bauordnungen und die Tatsache, dass erhebliche Beeinträchtigungen des Vermögens auch mit einer Nutzungsuntersagung verbunden sein können[806]. Das Verhältnismäßigkeitsprinzip und die Vermeidung der Durchsetzung formaler Anforderungen ohne materiellen Zweck gebieten es, eine Nutzungsuntersagung jedenfalls bei offensichtlicher materieller Legalität als unzulässig zu erachten[807]. Bezüglich der Berücksichtigungsfähigkeit des Arbeitsplatzaspektes gilt grundsätzlich nichts anderes als bei der Abbruchverfügung. Das Bemühen um die Erhaltung von Arbeitsplätzen wird allerdings kaum je den gänzlichen Verzicht auf eine Nutzungsuntersagung rechtfertigen, sondern nur die Einräumung von Fristen zur Ermöglichung einer geordneten Verlegung des betroffenen Betriebes. Denn selbst wenn die Betriebsräume Eigentum des Betriebsinhabers und nicht angemietet sind, kann dieser sie verkaufen oder vermieten und sich dort Räume oder Gebäude kaufen oder mieten, wo die entsprechende Nutzung nicht illegal ist.

In einem vom VG Meiningen entschiedenen Fall ging es um die Untersagung des Betreibens einer Diskothek in einem Kellergeschoss[808]. Nachdem mehrere Nachbarn gegen die Genehmigung zur entsprechenden Nutzungsänderung Widerspruch eingelegt hatten, wurde die Genehmigung aufgehoben. Dagegen klagte die potentielle Diskothekenbetreiberin und legte gegen die spätere Klageabweisung Berufung ein. Das Betreiben der Diskothek wurde ihr unterdessen durch das Landratsamt mit sofort vollziehbarem Bescheid unter Hinweis auf die Einwände der Nachbarn gegen das Vorhaben untersagt. Der von der Antragstellerin dagegen eingelegte Widerspruch hatte keinen Erfolg. Sie berief sich unter anderem auf die umfangreichen von ihr bereits getätigten Investitionen. Die Antragsgegner bestritten zwar die hohe politische Priorität von Investitionen zur Schaffung und Stärkung der Wirtschaftskraft in den neuen Ländern nicht; diese Priorität entbinde jedoch nicht von der Pflicht, den rechtlichen Rahmen für eine Investitionsentscheidung zu beachten. Das ist zweifelsohne richtig. Nach Auffassung des Gerichts fehlte es hier an einer für die Nutzungsänderung erforderlichen Baugenehmigung. Für eine Nutzungsuntersagung genüge bereits eine solche formelle Illegalität. Da nach Auffassung des VG Meiningen „entgegen überwiegender Meinung“ in der Rechtsprechung die voraussichtliche Erfolglosigkeit eines Rechtsmittels nicht per se zur Ablehnung des Antrags führt, nahm das Gericht zusätzlich eine umfassende Interessenabwägung vor. Ein für die Aufhebung der Anordnung der sofortigen Vollziehbarkeit sprechendes öffentliches oder überwiegendes privates Interesse sei nicht ersichtlich. Zwar bestehe an der *Schaffung von Arbeitsplätzen* immer ein öffentliches Interesse, dies könne aber nicht dazu führen, dass jegliche unternehmerische Tätigkeit, die Arbeits-

---

806 VGH Mannheim, NVwZ 1990, 480; Finkelnburg / Ortloff Bd. II § 14 I - S. 196.

807 OVG Saarlouis NVwZ 1985, 122 f.; VGH Kassel NVwZ 1987, 428; VGH München BayVBl. 1988, 436 (437); OVG Münster BauR 1988, 75; OVG Lüneburg NVwZ 1989, 170; Simon BayBO Art. 82 Rn 29; Dürr Rn 250; kritisch Kischel DVBl. 1996, 185 (187).

808 VG Meiningen 20.9.1995 – Az: 5 E 556/95.Me (Juris).

plätze schafft, in der Art und Weise privilegiert wäre, dass die Vorschriften über Genehmigungsverfahren praktisch ausgehöhlt würden. Es ist anzunehmen, dass es bei der hier in Rede stehenden Diskothek nur um wenige Arbeitsplätze ging und diesem Gesichtspunkt daher in der Tat keine erhebliche Bedeutung zukam. Auch beim Streit um eine Nutzungsuntersagung kann jedoch der Aspekt der Arbeitsplätze sehr wohl im Rahmen der mit vorläufigem Rechtsschutz verbundenen Interessenabwägung von Bedeutung sein.

III. Rechtswidriges Betreiben eines Gewerbes und dessen Verhinderung (§§ 15 Abs.2 S.1 GewO, 15 Abs.3 GastG, 16 Abs.3 HWO)

Nach § 15 Abs.2 GewO kann die Fortsetzung eines Betriebes verhindert werden, sofern er zu einem Gewerbe gehört, zu dessen Ausübung eine Erlaubnis, Genehmigung, Konzession oder Bewilligung erforderlich ist und ohne diese Zulassung betrieben wird. Die Vorschrift bringt damit einen allgemeinen gewerberechtlichen Grundsatz zum Ausdruck und gilt daher nicht nur für nach der GewO zulassungspflichtige Gewerbebetriebe, sondern für alle erlaubnispflichtigen stehenden Gewerbe, sofern keine spezielle entsprechende Vorschrift wie etwa § 16 Abs.3 HWO besteht[809]. Nach § 15 Abs.3 GastG kann die zum Betrieb eines Gaststättenbetriebes gemäß § 2 GastG erforderliche Erlaubnis aus diversen und im einzelnen aufgeführten Gründen widerrufen werden. Nach § 16 Abs.3 HWO kann die Fortsetzung des selbstständigen Betriebes eines Handwerks als stehendes Gewerbe von Amts wegen oder auf Antrag der Handwerkskammer untersagt werden, wenn er entgegen den Vorschriften der Handwerksordnung ausgeübt wird. Diese Maßnahmen können zu Arbeitsplatzverlusten führen[810].

1. Bestehen von Ermessen

Maßnahmen nach § 15 Abs.2 GewO und nach § 15 Abs.3 GastG stehen nach einhelliger Auffassung entsprechend dem Normenwortlaut im Ermessen der zuständigen Behörde[811]. Bezüglich § 16 Abs.3 HWO hatte der VGH Kassel einst entschieden, dass die Behörde zum Einschreiten verpflichtet sei[812]. Wie das OVG Lüneburg[813] zutreffend dargelegt hat, überzeugt diese Auffassung jedoch

---

[809] BVerwGE 57, 55; Fröhler / Kormann § 15 Rn 9; Badura in Schmidt-Aßmann 3.IV 2 a Rn 134; Stober § 46 I 8 a); Heß in Friauf § 15 Rn 14; Marcks in Landmann / Rohmer GewO § 15 Rn 10 mwN.

[810] von Ebner, GewArch 1986, 209 (216).

[811] Zu § 15 Abs.2 GewO: Fröhler / Kormann § 15 Rn 15; Stober § 102 III 2; Tettinger in Tettinger / Wank § 15 Rn 17; Heß in Friauf § 15 Rn 23 mwN; Marcks in Landmann / Rohmer GewO § 15 Rn 14; zu § 15 Abs.3 GastG: Metzner § 15 Rn 13; Michel / Kienzle / Pauly § 15 Rn 7.

[812] VGH Kassel, DVBl. 1972, 834 (LS 2 u. 835).

[813] OVG Lüneburg, U.v.17.9.1975, GewArch 1976, 124 (125).

nicht. Der Wortlaut spricht für behördliches Ermessen, Anhaltspunkte für ein Redaktionsversehen bestehen nicht. Wird ein Handwerk bloß „formal" rechtswidrig ausgeübt wegen Nichteintragung in die Handwerksrolle, obwohl die dafür erforderlichen materiellen Voraussetzungen bestehen, so besteht zwar nach § 10 Abs.1 HWO die Möglichkeit und aus Gründen der Verhältnismäßigkeit auch die Pflicht der Eintragung von Amts wegen. Eine fehlende Zulassung hingegen kann nach der GewO nicht von Amts wegen erteilt werden, es handelt sich hierbei um einen mitwirkungsbedürftigen Verwaltungsakt. Gleichwohl können jedoch besondere Umstände die Unterlassung oder Zurückstellung der Untersagung gerechtfertigt erscheinen lassen. So ist es beispielsweise denkbar, dass mit der Erfüllung der materiellen Voraussetzungen – also insbesondere mit dem Bestehen der Meisterprüfung - für die Eintragung in die Handwerksrolle in nächster Zeit gerechnet werden kann oder dass trotz fehlenden Meistertitels die entsprechenden Fähigkeiten und Kenntnisse offensichtlich vorhanden sind und mit einem Nachholen der Meisterprüfung zu rechnen ist[814]. Auch die Bewahrung des Gewerbetreibenden vor wesentlichen Schäden und Verlusten durch die Ermöglichung der Abwicklung bestimmter Geschäfte kann Anlass sein, von einer sofortigen Untersagung Abstand zu nehmen. Eine Anwendung dieser Grundsätze gefährdet das Handwerk weder in seinem Bestand noch in seiner Ordnung. Schließlich ist zu beachten, dass durch die Einfügung des § 16 Abs.3 HWO die bis dahin geltende und sich aus § 15 Abs.2 GewO ergebende Rechtslage nicht geändert, sondern klargestellt werden sollte, dass die Fortführung von Handwerksbetrieben in gleicher Weise wie von anderen Gewerbebetrieben untersagt werden kann[815]. Für eine hinsichtlich der Rechtsfolgen unterschiedliche Auslegung von § 15 Abs.2 GewO und § 16 Abs.3 HWO gibt es keinen Anlass. Auch im Rahmen des § 16 Abs.3 HWO besteht mithin Ermessen.

2. Die Berücksichtigung des Arbeitsplatzaspektes

Bei § 15 Abs.2 GewO ist die formale von der materiellen Rechtswidrigkeit zu unterscheiden[816]. Lediglich formale Rechtswidrigkeit liegt vor, wenn ein erlaubnispflichtiges Gewerbe ohne Erlaubnis betrieben wird, der Gewerbetreibende jedoch in seiner Person und in seinen Einrichtungen alle Voraussetzungen erfüllt, die für die Erteilung der Genehmigung erforderlich sind. Dann hat die Behörde zunächst durch Belehrung darauf hinzuwirken, dass ein entsprechender

---

[814] Nach § 7 HWO n.F. kann jedermann Inhaber des Betriebs eines zulassungspflichtigen Handwerks werden, wenn zumindest der Betriebsleiter die Meisterprüfung in dem zu betreibenden oder einem mit diesem verwandten Handwerk besitzt; die Meisterprüfung bleibt weiterhin grundsätzlich Voraussetzung für die Eintragung in die Handwerksrolle (Müller, NVwZ 2004, 403, 405).

[815] Schriftlicher Bericht des Ausschusses für Mittelstandsfragen, BT-Drs. IV/3461 S.11 .

[816] Fröhler / Kormann § 15 Rn 15 ff.; Heß in Friauf § 15 Rn 24; Marcks in Landmann / Rohmer GewO § 15 Rn 14 ff..

Zulassungsantrag gestellt wird. Materielle Rechtswidrigkeit ist gegeben, wenn der Gewerbetreibende die für die Zulassung erforderlichen Voraussetzungen nicht erfüllt, der Betrieb also gegenwärtig nicht erlaubnisfähig ist. Allerdings beschränkt sich die Funktion des Ermessens keineswegs auf die Berücksichtigung der Unterschiedlichkeit dieser Situationen[817]. Nach Marcks ist zu berücksichtigen, dass eine Unterbindung des Betriebes häufig nicht nur den Betriebsinhaber, sondern ebenso schwer oder noch schwerer die *im Betrieb beschäftigten Personen* trifft. Auch bei eindeutigem materiellem Rechtsverstoß habe die Behörde von ihrem Ermessen so Gebrauch zu machen, dass durch die Betriebseinstellung weder dem Betriebsinhaber *noch den Betriebsangehörigen* vermeidbarer Schaden entstehe. Nach seiner Auffassung hat die Behörde dementsprechend mit der effektiven Betriebseinstellung gegebenenfalls so lange zu warten, bis eingeleitete ernstliche Verkaufsverhandlungen zum Abschluss geführt sind, wenn auf diese Weise *Arbeitsplätze erhalten* werden können[818]. Auch nach Fröhler / Kormann ist bei der Betriebseinstellung unnötiger Schaden für den Betriebsinhaber, *die Betriebsangehörigen* und Dritte zu vermeiden. Bei der Abwägung im Rahmen der Ermessensausübung seien auch die unter Umständen bei Unterbleiben der Betriebseinstellung mögliche *Erhaltung von Arbeitsplätzen* in die Entscheidung mit einzubeziehen[819]. Heß sieht die Behörde bei besonderen Fallgestaltungen zur Beachtung des Verhältnismäßigkeitsgrundsatzes im engeren Sinne verpflichtet. Hierbei sei zwischen den Belangen des einzelnen Gewerbetreibenden *und seiner Beschäftigten* und den Interessen der Allgemeinheit an der Aufrechterhaltung des gesetzmäßigen Zustandes im Bereich des Gewerberechts abzuwägen[820]. Dazu ist anzumerken, dass die Behörde an die Verhältnismäßigkeit im engeren Sinne stets und nicht nur in besonderen Fällen gebunden ist – davon zu trennen ist die Frage, inwieweit diese Verhältnismäßigkeit im engeren Sinne eine sofortige Verhinderung des Betriebes verbietet. Tettinger hebt hervor, dass im Rahmen der Prüfung der Angemessenheit als zentralem Bestandteil der Verhältnismäßigkeit insbesondere *Nachteile* für Dritte wie die im Betrieb tätigen *Arbeitnehmer* zu berücksichtigen seien und weist in diesem Zusammenhang wie Marcks und Fröhler / Kormann auf ein behördliches Zuwarten bei aussichtsreichen Verkaufsverhandlungen hin[821]. In der Kommentarliteratur besteht also grundsätzliche Einigkeit darüber, dass die Belange der betroffenen Arbeitnehmer und der Aspekt der Erhaltung von Arbeitsplätzen zu berücksichtigen sind. Dafür spricht auch das Sozialstaatsprinzip[822]. Fröhler / Kormann ist darin zuzustimmen, dass der Erhalt von Arbeitsplätzen durchaus Teil des

---

[817] Dazu wäre die Einräumung von Ermessen nicht erforderlich gewesen, vielmehr hätte dies durch entsprechende tatbestandliche Formulierungen zum Ausdruck gebracht werden können.
[818] Marcks in Landmann / Rohmer GewO § 15 Rn 16.
[819] Fröhler / Kormann § 15 Rn 20.
[820] Heß in Friauf § 15 Rn 25.
[821] Tettinger in Tettinger / Wank § 15 Rn 18.
[822] Dazu Teil 2 Kapitel 1 III.

„Zwecks der Ermächtigung" im Sinne des § 40 VwVfG – genauer: des Zwecks des durch die Norm eingeräumten Ermessens - ist[823]. Der Arbeitsplatzgesichtspunkt wird vorwiegend im Zusammenhang mit der Verhältnismäßigkeit im engeren Sinne angeführt. Dies darf nicht darüber hinwegtäuschen, dass er innerhalb des Ermessens zu beachten ist. Der Grundsatz der Verhältnismäßigkeit ist keine der Ermessensausübung nachgeschaltete Prüfungskategorie, sondern stellt eine Ermessensgrenze dar. Die Behörde hat aufgrund des eingeräumten Ermessens einen gewissen Abwägungsspielraum, innerhalb dessen sie entscheiden kann, ob und wie sie auf die mit dem Betrieb verbundenen Arbeitsplätze Rücksicht nimmt. Grenze dieses Spielraumes ist die Verhältnismäßigkeit im engeren Sinne: ist eine (sofortige) Betriebsuntersagung aufgrund der gefährdeten oder gar sicher verlorenen Arbeitsplätze unverhältnismäßig, so ist sie nicht rechtmäßig und damit unzulässig. Hier besteht also mehr Gelegenheit für eine Berücksichtigung des Arbeitsplatzaspektes als bei der in den Grenzen des Verhältnismäßigkeitsprinzips gebundenen Entscheidung über eine Gewerbeuntersagung wegen Unzuverlässigkeit nach § 35 GewO, ohne dass damit eine größere Verpflichtung dazu besteht. Wie bereits in der zitierten Literatur angedeutet, liegt oftmals ein Abwarten zwecks Ermöglichung eines erfolgreichen Betriebsüberganges näher als jeglicher Verzicht auf ein Einschreiten.
Anders als bei § 15 Abs.2 S.1 GewO wird der Aspekt der Arbeitsplätze im Zusammenhang mit § 15 Abs.3 GastG und § 16 Abs.3 HWO von der Kommentarliteratur nicht ausdrücklich behandelt. Das mag darin begründet sein, dass es sich bei Gaststätten und Handwerksbetrieben in aller Regel um kleine Betriebe mit nur wenigen Beschäftigten handelt. Im Hinblick auf § 16 Abs.3 HWO wird allerdings allgemein die Auffassung vertreten, dass die Behörde in aller Regel einschreiten soll. So rechtfertigen nach der Rechtsprechung nur besondere Gründe ein Absehen von einer Untersagung[824], nur im Falle des Nichteinschreitens sei eine Begründung der von der Verwaltung getroffenen Entscheidung erforderlich[825]. Teilweise wird sogar bei materieller Rechtswidrigkeit eine Pflicht zum Einschreiten angenommen, für eine abweichende Ermessensentscheidung sei dann kein Raum mehr[826]. Das bedeutet allerdings nichts anderes, als § 16 Abs.3 HWO faktisch den Charakter einer Ermessensvorschrift zu versagen und die Norm zu einer gebundenen zu machen. Denn bloß formelle Rechtswidrigkeit liegt vor, wenn ein Handwerksbetrieb nicht in die Handwerksrolle eingetragen ist. Diese erforderliche Eintragung kann indes nach § 10 Abs.1 HWO auch von Amts wegen erfolgen. Dass insofern § 10 Abs.1 HWO gegenüber § 16 Abs.3

---

[823] Fröhler / Kormann § 15 Rn 20.
[824] OVG Lüneburg, GewArch 1976, 124; VGH Kassel, NVwZ 1991, 280; OVG Koblenz, GewArch 1994, 203; Honig § 16 Rn 16 (im Regelfall sei das Ermessen auf „Null" reduziert); Pauly, GewArch 1985, 10 (11).
[825] VG Hannover v. 30.11.1977, GewArch 1978, 338; Honig, § 16 Rn 20.
[826] VG Sigmaringen, GewArch 1992, 340; Musielak / Detterbeck § 16 Rn 12.

HWO lex specialis ist[827], ergibt sich bereits aus dem zum Verhältnismäßigkeitsprinzip gehörenden Gebot des geringstmöglichen Eingriffs. Anders ausgedrückt: gerade weil gegen die nur formelle Rechtswidrigkeit mit der Eintragung von Amts wegen nach § 10 Abs.1 HWO angegangen werden kann, hätte es umso näher gelegen, § 16 Abs.3 HWO ausdrücklich als gebundene Norm auszugestalten – was aber ausweislich des Wortlautes nicht geschehen ist.
Pauly nennt als bei der Entscheidung über einen ausnahmsweisen Verzicht auf eine Untersagung maßgebende Gesichtspunkte die Art des ausgeübten Handwerks wie beispielsweise den Grad der Gefahrengeneigtheit, die Gefahr von Vermögensschäden, die Dauer der bisherigen unerlaubten Ausübung oder die mit der kürzlich erfolgten Löschung in der Handwerksrolle verbundene Abwicklung bestehender Restaufträge[828]. Es besteht jedoch weder bei § 16 Abs.3 HWO noch bei § 15 Abs.3 GastG Anlass, den Gesichtspunkt der Arbeitsplätze im Gegensatz zu § 15 Abs.2 S.1 GewO als prinzipiell irrelevant zu betrachten.

IV. Immissionsschutzrechtliche Verfügungen

Auch im Immissionsschutzrecht gibt es Normen, welche die zuständigen Behörden zu Eingriffen ermächtigen. So können bei genehmigungspflichtigen Anlagen nachträgliche Anordnungen erlassen werden (§ 17 BImSchG), der Betrieb kann untersagt oder die Anlage stillgelegt oder beseitigt werden (§ 20 BImSchG) und die Genehmigung kann widerrufen werden (§ 21 BImSchG).

1.Nachträgliche Anordnungen nach § 17 BImSchG

1.1 Möglicher Inhalt nachträglicher Anordnungen

§ 17 Abs.1 BImSchG gestattet sozusagen als gesetzlicher Auflagenvorbehalt[829] Anordnungen bei genehmigten Anlagen zur Erfüllung der sich aus diesem Gesetz und der auf Grund dieses Gesetzes erlassenen Rechtsverordnungen ergebenden Pflichten (S.1); wird nachträglich festgestellt, dass die Allgemeinheit oder die Nachbarschaft nicht ausreichend vor schädlichen Umwelteinwirkungen oder sonstigen Gefahren, erheblichen Nachteilen oder erheblichen Belästigungen geschützt ist, *soll* die zuständige Behörde nachträgliche Anordnungen treffen (S.2). Von Schutzanordnungen zur Gefahrenabwehr kann die Behörde also nur ausnahmsweise absehen, der Erlass von Vorsorgeanordnungen hingegen

---

[827] OVG Lüneburg, GewArch 1976, 124; OVG Koblenz, GewArch 1982, 203); Honig § 16 Rn 17.
[828] Pauly, GewArch 1985, 10 (11); zur Abwicklung von Restaufträgen OVG Koblenz, GewArch 1983, 194 ff. .
[829] Kloepfer § 14 Rn 185.

steht grundsätzlich in ihrem Ermessen[830]. Nach § 17 Abs.2 BImSchG dürfen nachträgliche Anordnungen nicht getroffen werden, wenn sie unverhältnismäßig sind, „vor allem wenn der mit der Erfüllung der Anordnung verbundene Aufwand außer Verhältnis zu dem mit der Anordnung angestrebten Erfolg steht; dabei sind insbesondere Art, Menge und Gefährlichkeit der von der Anlage ausgehenden Emissionen und der von ihr verursachten Immissionen sowie die Nutzungsdauer und technische Besonderheiten der Anlage zu berücksichtigen" (S.1). Darf eine nachträgliche Anordnung wegen Unverhältnismäßigkeit nicht getroffen werden, so soll die Genehmigung unter den Voraussetzungen des § 21 Abs.1 Nr.3 bis 5 BImSchG ganz oder teilweise widerrufen werden (S.2).
Für den Erlass nachträglicher Anordnungen trotz Beachtung des Genehmigungsbescheides gibt es eine Reihe von Gründen: Beispielsweise kann sich eine Emissions- oder Immissionsprognose nachträglich als unzutreffend erweisen, über die Wirkungen luftverunreinigender Stoffe können neue Erkenntnisse gewonnen werden, Langzeitwirkungen können erst später auftreten oder deutlich werden, zwischenzeitlich können neue und effizientere Technologien zur Emissionsminderung entwickelt worden sein, die Umgebung einer Anlage kann sich insbesondere durch heranrückende Wohnbebauung geändert haben oder Rechtsvorschriften können verschärft oder konkretisiert worden sein[831]. Der mögliche Inhalt nachträglicher Anordnungen entspricht demjenigen von Auflagen – in Betracht kommen sowohl Weisungen zur Beschaffenheit einer Anlage wie etwa die Verpflichtung zur Installation einer Abgasreinigungsanlage als auch Weisungen zur Art und Weise des Anlagenbetriebes, beispielsweise die Aufforderung zur Modifikation des Produktionsverfahrens oder der Betriebszeit[832]. Nicht zuletzt ein Blick in die Rechtsprechung zeigt, dass die oftmals sehr teuren Maß-

---

[830] OVG Münster, DVBl. 1988, 152 (155); von Holleben, GewArch 1976, 112 (113); Hoppe, NJW 1977, 1849 (1850); Soell S. 7 (der allerdings das Ermessen als „für Tatbestand und Rechtsfolge einheitliches Phänomen" begreift); Schmidt / Müller, JuS 1986, 127 (127); Sellner Rn 426; R. Schmidt § 3 Rn 42; Hoppe S. 44 ff.; Arndt in Steiner VIII Rn 219; Breuer in Schmidt-Aßmann Teil 5 Rn 202; Sparwasser / Engel / Voßkuhle § 10 Rn 383; Jarass § 17 Rn 46; Koch in GK § 17 Rn 82.

[831] BVerwG, DÖV 1968, 773; BVerwG, ES Feldhaus § 25 – 9 GewO; BVerwGE 50, 49; BVerwG, NVwZ 1985, 186; OVG Münster, BB 1966, 1371; VG Gelsenkirchen, ES Feldhaus § 25 – 7 GewO; Adler S. 47 f.; Soell S.6; Thomas, WiVerw 1980, 244 (253 – zur Veränderung der Umgebung); Jarass, DVBl. 1986, 314 (315); Sellner Rn 423 ff. – Rn 425: „Im Prinzip können jedenfalls auch umgebungsbezogene Gründe (...) einen behördlichen Eingriff begründen, mag auch durch eine gewisse Neubewertung der Priorität der Ansiedlung und eine Lastenverteilung die Auswirkung für den Anlagenbetreiber abgemildert sein"; Sach S. 119 ff. geht auf die problematischen Fälle der behördlichen Fehleinschätzungen, der Änderung der Anlagenumgebung und der - nicht durch neue wissenschaftliche Erkenntnisse hervorgerufenen - Änderung der Sicherheitsphilosophie ein und verneint die Möglichkeit nachträglicher Anordnungen nur im letzten Fall; vgl. Sparwasser / Engel / Voßkuhle § 10 Rn 384.

[832] Soell S.7; Martens, DVBl. 1981, 597 (604); Jarass, DVBl. 1986, 314 (318); Sellner Rn 436.

nahmen für die betroffenen Unternehmen eine große Belastung darstellen und damit auch Arbeitsplätze gefährden können – als Beispiel sei hier nur der Einbau einer Entstaubungsanlage in ein Thomasstahlwerk genannt[833]. Bei der Realisierung von Immissionsschutzmaßnahmen können sich gravierende finanzielle und betriebswirtschaftliche Auswirkungen nicht nur durch die direkten Kosten für die entsprechenden Investitionen, sondern auch durch umstellungs- oder umbaubedingten Produktionsausfall sowie durch eine mit der Anlagenänderung verbundene Erhöhung der Betriebskosten ergeben[834]. Allerdings können die mit nachträglichen Anordnungen verbundenen Kosten teilweise zumindest partiell auch auf die Verbraucher abgewälzt werden[835]. Außerdem sind angeordnete Umweltschutzinvestitionen steuerlich absetzbar[836] und Sanierungsmaßnahmen werden durch öffentliche Mittel in Form von Krediten, Zins- und Investitionszuschüssen gefördert[837]. Beides ist bei der Beurteilung der Verhältnismäßigkeit zu berücksichtigen.

1.2 Verhältnismäßigkeit und Ermessen

Der Grundsatz der Verhältnismäßigkeit ist zu beachten bei der Entscheidung, ob überhaupt Maßnahmen ergriffen werden, welche Maßnahmen ergriffen werden und gegen welche Anlagenbetreiber nachträgliche Anordnungen erlassen werden – das sich auf die zu verfügenden Maßnahmen und die Adressaten beziehende Auswahlermessen ist von Gesetzes wegen nicht besonders eingeschränkt[838].

---

[833] Jarass, DVBl. 1985, 193 (194); BT-Drs. 10 / 1862 S.5; als Beispiel möge ein Urteil des VG Arnsberg vom 11.11.1965 (DVBl. 1966, 83 ff.) dienen: Dort wurde dem Betreiber eines Thomasstahlwerks zur Verminderung des sogenannten braunen Rauchs die Ausrüstung der Konverter mit Entstaubungseinrichtungen aufgegeben. Die gegen diese Anordnung gerichtete Klage hatte Erfolg: zum einen sei der für den Einbau einer Entstaubungsanlage erforderliche Platz nicht vorhanden und der Einbau daher nach dem Stand der Technik nicht möglich. Außerdem erachtete das Gericht die (heute nicht mehr bestehende) Grenze der wirtschaftlichen Vertretbarkeit - bezogen auf ein durchschnittliches Thomasstahlwerk - als missachtet. Die Investitionskosten hätten nämlich 20 Mio DM betragen, durch Produktionsausfall während der 17monatigen Einbauzeit wären zusätzlich mindestens die gleichen Kosten entstanden und pro Tonne Stahl wäre eine Kostenverteuerung von ca. 10 DM eingetreten. Im übrigen sei zu erwarten, dass die Entwicklung in der Stahlindustrie innerhalb einer relativ kurzen Zeit zur völligen Aufgabe des Thomasstahlverfahrens führe, wodurch die stark staubhaltigen Abgase ohnehin verschwänden.

[834] Giesler S. 234; Thomas, WiVerw 1980, 244 (256).

[835] Koch, WiVerw 1983, 158 (168); Hoppe S. 68.

[836] §§ 7, 7 d EStG.

[837] Vallendar in Feldhaus § 17 Rn 15; kritisch Koch (WiVerw 1983, 158, 171), der von gesetzwidriger Subventionierung spricht; nach einem Bericht von Mönigs aus den Jahren 1988 und 1993 über die Vollzugspraxis im Bergischen Land (ZfU 1993, 217, 223) bewegen sich die Fördermittel dort seit Mitte der 80er Jahre gegen Null.

[838] Koch in GK § 17 Rn 85;LAI, UPR 1987, 37 (39); Vv NRW 12.2.

Nach überwiegender Auffassung trägt der Anlagenbetreiber die Darlegungs- und Beweislast bezüglich der Unverhältnismäßigkeit einer nachträglichen Anordnung[839]. Das ergibt sich aus der negativen Formulierung des Verhältnismäßigkeitsgrundsatzes in § 17 Abs.2 BImSchG[840] und der Tatsache, dass regelmäßig nur der Betreiber über eine genaue Kenntnis der Betriebsverhältnisse verfügt, die es ermöglicht, die mit der Anordnung verbundenen Nachteile abzuschätzen. Dies bedeutet keine Abweichung vom auch hier geltenden Untersuchungsgrundsatz nach § 24 (L)VwVfG, demzufolge auch die im Rahmen der Verhältnismäßigkeit relevanten Gesichtspunkte von Amts wegen zu ermitteln sind. Bestehen aber trotz Benutzung aller zumutbaren Beweismittel Zweifel, weil etwa der Betreiber seiner nach § 26 (L)VwVfG bestehenden Mitwirkungspflicht nicht hinreichend nachkommt, kann die Behörde von einer ihm ungünstigen Tatsachenlage ausgehen[841].

1.3 Durch Rechtsverordnungen eingeschränkte Verhältnismäßigkeitsprüfung

Jedenfalls nachträgliche Anordnungen zur Abwehr konkreter Gefahren für Leben oder Gesundheit sind stets und somit auch dann verhältnismäßig, wenn sie die Einstellung einer Anlage bedeuten[842]. Die durchzuführende Verhältnismäßigkeitsprüfung ist des weiteren eingeschränkt, soweit die durchzusetzenden Anforderungen in Rechtsverordnungen nach § 7 BImSchG oder in Verwaltungsvorschriften nach § 48 BImSchG konkretisiert worden sind. Sofern die von bestehenden Anlagen einzuhaltenden Anforderungen durch Rechtsverordnung festgelegt sind, sind nach allgemeiner Auffassung die Rechtsvorschriften und nicht der Einzelfall am Grundsatz der Verhältnismäßigkeit zu messen; zu vergleichen ist dann der zur Einhaltung der Anforderungen erforderliche Aufwand für Anlagen der fraglichen Art mit dem allgemeinen Nutzen der Emissionsredu-

---

[839] Soell S. 27 ff.; Schwerdtfeger, NJW 1974, 777 (779); von Holleben, GewArch 1976, 112 (117- zu § 17 aF); Feldhaus, WiVerw 1986, 67 (84); Schulze-Fielitz, Die Verwaltung 20 (1987), 307 (318); Sellner Rn 449; Hansmann in Landamnn / Rohmer UmwR I BImSchG § 17 Rn 99; Stich / Porger § 17 Rn 24 (zu § 17 aF); Vallendar in Feldhaus § 17 Rn 16; differenzierend Koch in GK § 17 Rn 190; Ule § 17 Rn 15.

[840] Dort heißt es: „Die zuständige Behörde darf eine nachträgliche Anordnung *nicht* treffen, wenn sie unverhältnismäßig ist (...).“ Möglich gewesen wäre auch die Formulierung: „Die zuständige Behörde darf eine nachträgliche Anordnung (nur) treffen, wenn sie verhältnismäßig ist.“

[841] Hansmann in L/R UmwR I § 17 Rn 99; Stich / Porger § 17 Rn 24.

[842] Dolde, NVwZ 1986, 873 (882); Jarass § 17 Rn 37; ders., DVBl. 1986, 314 (316); Hansmann in Landmann / Rohmer UmwR I BImSchG § 17 Rn 94; Koch in GK § 17 Rn 106 geht davon aus, dass auch bei erheblichen Nachteilen oder erheblichen Belästigungen die Verhältnismäßigkeit bezüglich des „Ob“ des Einschreitens grundsätzlich gegeben ist; Sach S.117; LAI 4.1 in UPR 1987, 37 (39); VV NRW 12.2.3.; allerdings darf eine auf der Grundlage des § 17 Abs.1 BImSchG erlassene Anordnung nicht im Ergebnis einer – nur nach § 20 BImSchG möglichen – Stillegung der Anlage gleichkommen (OVG Münster, DVBl. 1988, 152 (153).

zierung, wobei es auf das Gefährdungspotential der relevanten Emissionen ankommt[843]. Dabei ist im allgemeinen davon auszugehen, dass der Verordnungsgeber die Verhältnismäßigkeitsprüfung selbst in vertretbarer Weise und somit abschließend vorgenommen hat. Bemerkenswerterweise sind in § 7 Abs.2 S.2 BImSchG als Kriterien der Länge von Übergangsfristen für Altanlagen die gleichen Aspekte wie bei der näheren Umschreibung der Verhältnismäßigkeit in § 17 Abs. 2 BImSchG angeführt[844]. Werden in einer Rechtsnorm konkrete Maßnahmen - beispielsweise Abgasableitung über einen Schornstein mit bestimmter Höhe, § 29 der Großfeuerungsanlagenverordnung - oder konkrete Ziele - beispielsweise Emissionsgrenzwert, §§ 3 bis 20 der Großfeuerungsanlagenverordnung - gefordert, so können rechtssatzmäßig nicht vorgesehene Ausnahmen nicht mit einer Verletzung des Verhältnismäßigkeitsgrundsatzes nach § 17 Abs.2 BImSchG begründet werden, eine einzelfallbezogene Verhältnismäßigkeitsprüfung findet dann nach überwiegender Auffassung nicht statt[845]. Teilweise wird § 17 Abs.2 BImSchG allerdings auch dann noch Bedeutung als Ausnahmevorschrift für die besondere Situation des Betreibers zugebilligt – es komme hier darauf an, ob sich im Einzelfall wegen atypischer Besonderheiten ausnahmsweise besonders hohe, vom Vorschriftengeber nicht für zumutbar erachtete Belastungen ergeben[846]. Bei auf der Grundlage des § 48 BImSchG ergangenen qualifizierten Verwaltungsvorschriften wie insbesondere den Technischen Anleitungen besteht für atypische Sachverhalte keine umfassende Bindungswirkung[847]. Der Verzicht auf eine abschließende Verhältnismäßigkeitsprüfung kommt bereits in der Entscheidung für eine Normierung, die keine Rechtssatzqualität hat, zum Ausdruck. Hat der Vorschriftengeber bestimmte, für die Beurteilung der Auswirkungen bedeutsame Umstände des Einzelfalles nicht in seine Betrachtung einbezogen oder überhaupt nicht einbeziehen können, so muss die Behörde diese Umstände bei ihrer Entscheidung berücksichtigen[848]. Dabei darf allerdings nicht aus dem Blick geraten, dass dem vierten Abschnitt der TA Luft von 1986

---

843 Dolde, NVwZ 1986, 873 (877); Jarass, DVBl. 1986, 314 (318); Ossenbühl, NVwZ 1986, 167 f; Jarass § 17 Rn 39; Vallendar in Feldhaus § 17 Rn 15; Länderausschuss Immissionsschutz 2.1.1 / 2.1.2, UPR 1987, 37 (37).

844 § 7 Abs.2 S.2 BImSchG: „Bei der Bestimmung der Dauer der Übergangsfristen und der einzuhaltenden Anforderungen sind insbesondere Art, Menge und Gefährlichkeit der von den Anlagen ausgehenden Emissionen sowie die Nutzungsdauer und technische Besonderheiten der Anlagen zu berücksichtigen."

845 Jarass § 17 Rn 39; Vallendar in Feldhaus § 17 Rn 15; Länderausschuss Immissionsschutz 2.1.1 / 2.1.2, UPR 1987, 37 (37); Verwaltungsvorschrift NRW 12.2.1.1.

846 Sellner Rn 448.

847 BVerwG, NVwZ 1995, 994 (996); Dolde, NVwZ 1986, 873 (877); Jarass § 17 Rn 40; Vallendar in Feldhaus Rn 15; Länderausschuss Immissionsschutz 2.1.3, UPR 1987, 37 (37); Vv NRW 12.2.1.1.

848 BVerwG, NVwZ 1997, 497 (499); Dolde, NVwZ 1986, 873 (880); Jarass § 17 Rn 40; Vallendar in Feldhaus § 17 Rn 15; Länderauzsschuss Immissionsschutz 2.1.3, UPR 1987, 37 (37).

ein auf eine einheitliche und gleichmäßige Durchführung angelegtes Sanierungskonzept für Altanlagen zugrundeliegt, durch das die Gesamtemissionen deutlich vermindert werden sollen und das die Anforderungen unter dem Gesichtspunkt der Verhältnismäßigkeit prinzipiell rechtfertigt[849]. Sanierungsziel ist grundsätzlich die Vollsanierung, Altanlagen sollen also den für die Genehmigung neuer Anlagen vorausgesetzten Standards entsprechen. Nach Ziffern 4.2.2 bis 4.2.4 TA Luft werden die Anlagen insbesondere nach dem Maß der Überschreitung der für Neuanlagen geltenden Emissionsgrenzen in drei Kategorien eingeteilt, nach denen die Sanierung innerhalb unterschiedlich langer Übergangsfristen - drei, fünf oder acht Jahre ab Inkrafttreten der TA Luft 1986 - zu erfolgen hat. Die Sanierungsfristen sind ersichtlich anhand der durch §§ 48 Nr.4, 7 Abs.2 S.2 BImSchG vorgegebenen Kriterien bestimmt worden[850].

1.4 Die frühere Grenze der wirtschaftlichen Vertretbarkeit

Bis 1985 standen nachträgliche Anordnungen unter dem Vorbehalt der wirtschaftlichen Vertretbarkeit. Deren Berücksichtigung sollte den Ruin gesunder Unternehmen verhindern, da dies „verhängnisvolle Folgen für Tausende Arbeitnehmer hätte“[851]. Die Verhältnismäßigkeit hingegen wurde nicht explizit genannt. Die Zielsetzung der Gesetzesänderung bestand ausweislich des Gesetzentwurfes darin, zwecks spürbarer Emissionsminderungen bei Altanlagen die Eingriffsschwelle für die Vollzugsbehörden herabzusetzen und die Schranke der wirtschaftlichen Vertretbarkeit, die wesentlich strengere Grenzen setze als der verfassungsrechtlich gebotene Eigentumsschutz, aufzuheben[852]. Aufgrund dieses erklärten Willens, den Bestandsschutz von Altanlagen auf das verfassungsrechtlich gebotene Mindestmaß zu reduzieren, ist es naheliegend, dass wirtschaftlich vertretbare Maßnahmen immer auch verhältnismäßig sind[853]. Für die Gesetzesauslegung bleiben die zur wirtschaftlichen Vertretbarkeit entwickelten Maßstäbe somit bedeutsam. Anders sieht das offensichtlich Koch, demzufolge keineswegs jede wirtschaftlich vertretbare Maßnahme auch verhältnismäßig ist[854]. Da der Verhältnismäßigkeitsgrundsatz für belastende Maßnahmen auch ohne ausdrückliche Normierung gilt, hätte die Schranke der wirtschaftlichen Vertretbarkeit als

---

[849] Feldhaus, UPR 1985, 384; Dolde, NVwZ 1986, 873 (877); Jarass, DVBl. 1986, 314 (319); entsprechendes gilt für die 13. BImSchV (Großfeuerungsanlagenverordnung) – dazu Kutscheidt, NVwZ 1984, 413.

[850] Feldhaus, WiVerw 1986, 67 (82): besonders deutlich ist das bei 4.2.2 (Art, Menge und Gefährlichkeit der Emissionen), 4.2.5 (technische Besonderheiten der Anlage = geringer technischer Aufwand) und 4.2.9 (Nutzungsdauer); bei den übrigen Sanierungsklassen kommen die Kriterien abgestuft zum Tragen.

[851] BT-Protokolle 89. Sitzung S. 4854, zitiert in: Thomas, WiVerw 1980, 244 (249).

[852] Gesetzentwurf des Bundesrates, BT-Drs. 10 / 1862 „Zielsetzung“ u. S.5 f.

[853] Feldhaus § 17 Rn 13.

[854] Koch, WiVerw 1983, 158 (170).

in der Verhältnismäßigkeit enthaltener Bestandteil keinen Sinn gemacht. Eigenständige Bedeutung wäre ihr nur unter der Prämisse zugekommen, dass sie jedenfalls teilweise die Berücksichtigung anderer, im Rahmen der Verhältnismäßigkeit unbeachtlicher Gesichtspunkte verlangt. Gerade die mit Kriterien angereicherte Formulierung des Verhältnismäßigkeitsgrundsatzes in § 17 Abs.2 BImSchG zeigt jedoch einen engen Zusammenhang der Verhältnismäßigkeit mit wirtschaftlichen Gesichtspunkten auf. Ist demnach davon auszugehen, dass nach alter Rechtslage wirtschaftlich vertretbare Maßnahmen auch gemäß § 17 Abs.2 BImSchG verhältnismäßig sind, so stellt sich die Frage, inwiefern überhaupt wirtschaftliche Gesichtspunkte des einzelnen Betriebes Berücksichtigung finden können. Eine nachträgliche Anordnung hatte nämlich nur dann zu unterbleiben, wenn sie weder für die konkrete Anlage noch für „Anlagen dieser Art" wirtschaftlich vertretbar war. Durch die Formulierung „Anlagen dieser Art" sollte nach den Ausführungen des Berichterstatters im Bundestag verdeutlicht werden, dass „die Frage der wirtschaftlichen Vertretbarkeit nicht vom subjektiven Vermögen des betreffenden Betriebes her, sondern nach einem objektiven Maßstab geprüft werden muss. Demnach hat (...) als Maßstab ein gesundes Durchschnittsunternehmen der jeweiligen Betriebsart zu gelten"[855]. Die wirtschaftliche Stärke des konkreten Betriebes war also nur bei überdurchschnittlichen Betrieben, nicht hingegen bei wirtschaftlich schwachen Grenzkostenbetrieben bedeutsam.

1.5 Die Berücksichtigung des Arbeitsplatzaspektes

1.5.1 Die Gesetzgebungsmaterialien

In den Gesetzgebungsmaterialien wird auf den Aspekt der Arbeitsplätze nicht direkt eingegangen. Der Bundesrat hatte vorgeschlagen, im Gesetz auf das Erfordernis der Verhältnismäßigkeit nachträglicher Anordnungen ohne deren nähere Beschreibung hinzuweisen. Während die SPD-Fraktion eine Nennung des Verhältnismäßigkeitsgrundsatzes für überflüssig hielt, da dieser ohnehin im Rahmen des in Abs.1 eingeräumten Ermessens zu beachten sei, hielten die damaligen Koalitionsfraktionen (CDU/CSU und FDP) eine klarstellende Auflistung der Abwägungskriterien für zweckmäßig, die Bundesregierung sprach in diesem Zusammenhang von einer Bezeichnung der maßgeblichen Abwägungspunkte[856]. Als Grenzen des bei § 17 Abs.2 BImSchG bestehenden Ermessens nannte sie neben Vertrauens-, Gleichheits- und Verhältnismäßigkeitsgrundsatz auch den Grundsatz der Sozialstaatlichkeit[857]. Es ist naheliegend, dass damit eine Berücksichtigung der Arbeitsplätze angesprochen wird.

---

[855] Niederschrift über die 89. Sitzung S.4854, zitiert bei Adler S.49.
[856] BT-Drs. 10 / 3556 S.16; BT-Drs. 10 / 1862 (neu) S.11.
[857] BT-Drs. 10 / 1862 (neu) S.11.

Der Länderausschuss für Immissionsschutz hat zur Verhältnismäßigkeit im engeren Sinne im Rahmen des § 17 Abs.2 BImSchG geäußert, diese verlange, dass die mit der Durchführung der Maßnahme verbundenen Nachteile für den Betroffenen, *für Dritte* und für die Allgemeinheit nicht die mit dem angestrebten Erfolg verbundenen Vorteile erkennbar übersteigen dürfen[858]. Des weiteren ist vom öffentlichen Interesse an der Durchführung der Immissionsschutzmaßnahme *oder ihrem Unterbleiben* die Rede, das es – sofern die Verhältnismäßigkeit im Einzelfall zu prüfen ist - zu bewerten gelte[859]. Der Länderausschuss möchte auch mittelbare Nachteile für den Anlagenbetreiber, Dritte oder die Allgemeinheit wie beispielsweise den *Verlust von Arbeitsplätzen* berücksichtigt wissen – dementsprechend beispielsweise auch die auf der Grundlage seiner Ausführungen ergangene Verwaltungsvorschrift von Nordrhein-Westfalen zu § 17 BImSchG[860].

1.5.2 Teilweise vertretene Auffassung: Unbeachtlichkeit des Arbeitsplatzaspektes

Koch lehnt eine Berücksichtigung des Aspektes der Arbeitsplatzerhaltung im Rahmen des § 17 BImSchG ab. Seiner Meinung nach ergibt sich aus der Formulierung der näher spezifizierten Verhältnismäßigkeitsprüfung klar, dass die wirtschaftlichen und technischen Besonderheiten *der Anlage* einer nachträglichen Anordnung entgegenstehen können, nicht aber mit dieser einhergehende nachteilige soziale und industriepolitische Auswirkungen[861]. Prinzipiell hält er die Berücksichtigung der Wirkungen auf die Beschäftigung durchaus für denkbar, aufgrund der anlagenbezogen-restriktiven Fassung des auch die Bestimmung der Ermessenszwecke leitenden und beschränkenden Verhältnismäßigkeitsgrundsatzes jedoch nicht bei § 17 BImSchG[862]. Des weiteren verweist er zur Begründung auf die Gesetzesmaterialien, in denen soziale, volkswirtschaftliche oder industriepolitische Rücksichtnahmen nicht thematisiert sind, und auf den Charakter des BImSchG als reines Umweltschutzgesetz, welches Umweltbelange keinem Gebot planerischer Abwägung verschiedenster Belange überantworte[863]. Das Untersagungsermessen nach § 20 Abs.1 BImSchG bei Nichtbe-

---

[858] Länderausschuss Immissionsschutz Nr. 1.2 c), UPR 1987, 37 (37); so auch Verwaltungsvorschrift NRW 12.2. c).

[859] Länderausschuss Immissionsschutz Nr.3, UPR 1987, 37 (38).

[860] Länderausschuss Immissionsschutz Nr.3.2, UPR 1987, 37 (38): „(...) Derartige Nachteile sind z.B. Behinderungen der Produktion in anderen Unternehmensbereichen oder bei anderen Unternehmen (z.B. wegen ausfallender Zulieferung), Beeinträchtigungen des allgemeinen Gefahrenschutzes oder des Arbeitsschutzes, Probleme in anderen Bereichen des Umweltschutzes (z.B. erhöhter Anfall gefährlicher Abfälle), der *Verlust von Arbeitsplätzen* oder der Ausfall einer dem Gemeinwohl dienenden Anlage“; Verwaltungsvorschrift NRW 12.2.2.2.

[861] Koch in GK § 17 Rn 98 f.

[862] ders. in GK § 17 Rn 104.

[863] ders. in GK § 17 Rn 100.

folgung einer Auflage, einer vollziehbaren nachträglichen Anordnung oder einer abschließend bestimmten Pflicht aus einer Rechtsverordnung nach § 7 BImSchG ist nach Kochs Auffassung stark eingeschränkt. Zu diesem Ergebnis gelangt er aus einem Vergleich mit § 17 BImSchG. Sei nämlich das Ermessen im Falle der Verletzung des Schutzgrundsatzes sogar bezüglich des Erlasses nachträglicher Anordnungen stark eingeschränkt („soll“), so müsse dies erst recht bei einem Verstoß gegen eine nachträgliche Anordnung oder sonst konkretisierte Pflicht gelten. Aber auch, wenn es um den Vorsorgegrundsatz geht, werde die Behörde nur in unbedeutenden Fällen oder unter sonstigen besonderen Umständen auf eine Untersagungsverfügung verzichten dürfen[864]. Den Sinn des Untersagungsermessens wegen Unzuverlässigkeit nach § 20 Abs.3 BImSchG sieht Koch vornehmlich darin, die Berücksichtigung milderer Mittel wie der zunächst vorläufigen Untersagung nach § 20 Abs.1 BImSchG oder der Stilllegungsverfügung nach § 20 Abs.2 BImSchG zu ermöglichen. „Eine Abwägung zwischen Immissionsschutz einerseits und andererseits den wirtschaftlichen Interessen des Betreibers, *der Arbeitnehmer* oder der Kunden dürfte ernsthaft nicht in Betracht kommen“[865].

Auch Lübbe-Wolff sieht weder im Opportunitätsprinzip noch im Grundsatz der Verhältnismäßigkeit Spielraum für eine Abwägung zwischen ökonomischen Belangen wie der Erhaltung von Arbeitsplätzen einerseits und Belangen des Immissionsschutzes andererseits. Eine solche Abwägung ist ihrer Auffassung nach bereits durch den Gesetzgeber und die abgeleitet normsetzenden Instanzen in abschließender Weise erfolgt[866]. Den Sinn des Ermessens erblickt sie „in erster Linie“ darin, eine dem Zweck der gesetzlichen Regelungen entsprechende Prioritätensetzung für den Fall zu erlauben, dass der aktuelle Vollzugsbedarf die behördliche Vollzugskapazität überschreitet[867]. Das aus dem Polizeirecht überkommene Opportunitätsprinzip bewertet sie im Umweltrecht als Anachronismus. Anders als im Polizeirecht gehe es im Umweltrecht nicht typischerweise um Situationen von punktueller und oft auch umständeabhängiger Relevanz. So seien beispielsweise die meisten Schadstoffemissionen *für sich genommen* – bezogen auf die einzelne Anlage - auch bei Nichteinhaltung der gesetzlichen Vorgaben nicht besonders problematisch, wohl aber aufgrund der durch ihre Summierung aus unübersehbar vielen Quellen entstehende Immissionssituation; eine effektive Gefahrenabwehr fordere hier strikten Vollzug als Regel[868].

[864] ders. in GK § 20 Rn 49 f.
[865] ders. in GK § 20 Rn 135.
[866] Lübbe-Wolff, NuR 1989, 295 (301); in NuR 1993, 217 (221 l. Sp.) spricht sie nur davon, dass für ein Ermessen, das den Vollzugsbehörden Gelegenheit zum Neuvollzug der – bereits durch den Normgeber erfolgten – Abwägung zwischen Ökonomie und Ökologie gibt, kein Bedarf besteht.
[867] dies., NuR 1989, 295 (301 l. Sp.).
[868] dies., NuR 1993, 217 (220 f.).

Feldhaus hebt zwar hervor, dass die Aufzählung der Kriterien der Verhältnismäßigkeit bei § 17 Abs.2 BImSchG nicht abschließend ist, wie sich aus dem vorangestellten Wort „insbesondere" ergibt. Weder der Verlust der Unternehmensrentabilität noch die *Gefährdung von Arbeitsplätzen* durch die nachträgliche Anordnung entfalte aber dieser gegenüber eine absolute Sperrwirkung[869]. Andererseits bestreitet er allerdings, dass dem Betreiber der Einwand einer unangemessenen Rentabilitätseinbuße abgeschnitten ist. Demnach dürfte er auch eine Berücksichtigung des Arbeitsplatzaspektes durchaus für möglich halten, wenngleich niemals für zur Wahrung der Verhältnismäßigkeit zwingend. Bei Würdigung dieser Auffassung darf nicht übersehen werden, dass nach Auffassung von Feldhaus bereits der Begriff der schädlichen Umwelteinwirkung und dessen Teilelement der Erheblichkeit Abwägungsspielräume eröffnet[870]. Wie Koch geht auch Feldhaus davon aus, dass die Behörde im Regelfall auf die Anordnung der Betriebsuntersagung bei Vorliegen der Voraussetzungen des § 20 Abs.1 BImSchG nicht verzichten darf[871].
Soell betont, dass sich der Entscheidungsspielraum der Verwaltung bei schadensabwehrenden nachträglichen Anordnungen um so mehr verengt, je intensiver die Immissionsbelastung und je bedeutsamer die gefährdeten Rechtsgüter sind. Bei der sich auf Schutzanordnungen beziehenden Sollvorschrift sei die konkrete wirtschaftliche Situation des einzelnen Betriebes nur in Bezug auf Art und Umfang der zu ergreifenden Maßnahme von Bedeutung, was auch mit der objektivierenden Tendenz des Begriffes der wirtschaftlichen Vetretbarkeit harmoniere[872]. Aufgrund der in § 1 BImSchG zum Ausdruck kommenden alleinigen gesetzlichen Zielsetzung des Immissionsschutzes können seiner Auffassung nach im Bereich der gefahrenabwehrenden Schutzmaßnahmen Gesichtspunkte wie etwa die *Arbeitsplatzsituation* oder die wirtschaftliche Gesamtlage einer Region oder eines Landes berücksichtigt werden. Schließlich eröffne das Erheblichkeitsmoment bei Nachteilen und Belästigungen Möglichkeiten der Abwägung und eine immissionsschutzrechtliche Abwägungsklausel sei bewusst nicht in das Gesetz eingefügt worden[873]. Bei Vorsorgemaßnahmen hingegen könne die Zielsetzung des § 1 BImSchG nicht den gleichen Ausschließlichkeitsanspruch wie bei Schutzmaßnahmen erheben. Nach der Auffassung von Soell folgt das aus dem gestaltenden und planenden Charakter der Vorsorgemaßnahmen. Planung aber bedeute Abwägung, in deren Rahmen auch andere öffentliche Belange umfassend zu berücksichtigen seien; die Abwägung sei allerdings nicht offen wie bei § 1 Abs. 6 BauGB, sondern entsprechend § 1 BImSchG auf das Ziel des Immissionsschutzes orientiert. Schließlich erinnert er an die Ausgestaltung der nach § 5 BImSchG bestehenden Grundpflichten als Dauerpflichten,

---

869 Feldhaus § 17 Rn 14.
870 Feldhaus, DVBl. 1979, 301 (305).
871 Peschau in Feldhaus § 20 Rn 71.
872 Soell S.11.
873 ders. S.12.

welche durch nachträgliche Anordnungen lediglich konkretisiert werden[874]. Diese nach Schutz- und Vorsorgemaßnahmen differenzierende Auffassung hat die Zustimmung von Thomas gefunden[875].

1.5.3 Teilweise vertretene Auffassung: Beachtlichkeit des Arbeitsplatzaspektes

Jarass erachtet die Grenze der Verhältnismäßigkeit immer als gewahrt, wenn die Anordnung für einen gesunden Durchschnittsbetrieb wirtschaftlich vertretbar ist. Umgekehrt sei die Verhältnismäßigkeitsgrenze bei Vorsorgeanordnungen in der Regel überschritten, wenn langfristig die Ertragslage derart verschlechtert werde, dass eine Stilllegung unumgänglich erscheint[876]. Das entbehrt nicht eines gewissen Widerspruchs – denn wenn eine Anordnung für einen gesunden Durchschnittsbetrieb wirtschaftlich vertretbar ist, schließt das nicht aus, dass sie für wirtschaftlich schwache sogenannte Grenzkostenbetriebe existenzbedrohend ist. Zum bei Vorsorgeanordnungen bestehenden Ermessen führt Jarass aus, die Behörde habe bei der gebotenen Abwägung der kollidierenden Interessen den Zweck der Ermächtigung zu beachten, der nicht allein im Immissionsschutzzweck des § 1 BImSchG bestehe. Vielmehr seien alle sich aus der Gesamtheit der Rechtsvorschriften für die in Frage stehende Entscheidung zu entnehmenden Zwecke und damit unter anderem auch Fragen der *Arbeitsplatzsicherheit* berücksichtigungsfähig. Bezüglich des Ermessens beim Genehmigungswiderruf nach § 21 BImSchG verweist er auf diese Ausführungen[877].
Hansmann sieht in der näheren Beschreibung des Verhältnismäßigkeitsprinzips in § 17 Abs.2 BImSchG aufgrund des vorangestellten „vor allem" keine gesetzgeberische Entscheidung zur Einschränkung der Abwägungsgesichtspunkte[878]. Die Interessen der Arbeitnehmer insbesondere an der *Vermeidung von Arbeitsplatzverlusten* sind seiner Auffassung nach im Rahmen des § 17 Abs.2 BImSchG zu berücksichtigen[879]. Ebenso seien bei der als Sollensvorschrift ausgestalteten Stillegungs- bzw. Beseitigungsermächtigung des § 20 Abs.2 BImSchG auch die *Auswirkungen für die Arbeitnehmer* sowie die Kunden des Anlagenbetreibers zu berücksichtigen, gleiches gilt nach Kutscheidt für § 20

[874] ders. S.12 f.
[875] Thomas, WiVerw 1980, 244 (260 f.).
[876] Jarass, DVBl. 1986, 314 (318); ders. § 17 Rn 37 f.
[877] Jarass § 17 Rn 46; § 21 Rn 20. Die möglichen schwerwiegenden Konsequenzen der Gefährdung der wirtschaftlichen Leistungskraft des ganzen betroffenen Unternehmens und der *Vernichtung von Arbeitsplätzen* vermutet er auch als Gründe für das offenbar seltene behördliche Gebrauchmachen von den Maßnahmen der Untersagung des Anlagenbetriebs nach § 20 BImSchG wie des Genehmigungswiderrufs nach § 21 BImSchG (ders., DVBl. 1986, 314, 319 – er beruft sich hierbei auf Bohne S. 75, demzufolge nach einer empirischen Untersuchung aus dem Jahre 1975 der Anteil dieser Maßnahmen weniger als 1 % aller nachträglichen Maßnahmen betrug.
[878] Hansmann in Landmann / Rohmer UmwR I BImSchG § 17 Rn 77.
[879] ders. in Landmann / Rohmer UmwR I BImSchG § 17 Rn 93.

Abs.3 BImSchG, wonach bei Unzuverlässigkeit des Betreibers der weitere Betrieb untersagt werden kann, sowie im Falle des § 25 Abs.1 BImSchG[880].
Hoppe hat zwar unter Berufung auf die Bundestagsverhandlung den Sinn der früheren Schranke der wirtschaftlichen Vertretbarkeit in der Schaffung eines Ausgleichs des privaten Unternehmerinteresses mit dem allgemeinen Immissionsschutzinteresse erblickt[881], was auf eine Nichtberücksichtigung der potentiell tangierten Arbeitnehmerinteressen und allgemeinen Interessen am Verzicht auf eine nachträgliche Anordnung deutet. In anderem Zusammenhang bezeichnet er die Beachtung öffentlicher Belange wie beispielsweise des *öffentlichen Nutzens einer Anlage* indes als allgemeinen Rechtsgrundsatz[882]. Er mahnt an, die internationale Wettbewerbssituation der deutschen Unternehmen nicht aus dem Blick zu verlieren, wobei allerdings nicht deutlich wird, inwiefern das für die Auslegung der wirtschaftlichen Vertretbarkeit bedeutsam sein kann oder aber de lege ferenda zu beachten ist. Sofern keine Gesundheitsgefahren bestehen, dürfen Umweltschutzmaßnahmen seiner sich allerdings auf die frühere Rechtslage mit ihrer Schranke der wirtschaftlichen Vertretbarkeit beziehenden Auffassung nach jedenfalls nicht die Existenz eines Betriebes gefährden[883]. Demnach wäre der Wegfall von Arbeitsplätzen infolge von existenzvernichtenden nachträglichen Anordnungen also ausgeschlossen, sofern die Schwelle der Gesundheitsgefährdung nicht überschritten wird. An anderer Stelle wird deutlich, dass Hoppe eine umfassende, die unterschiedlichsten Aspekte einschließlich desjenigen der Arbeitsplätze einbeziehende Abwägung für legitim und geboten hält: Der Zielkonflikt zwischen Umweltschutz und Wirtschaft müsse jeweils im Einzelfall unter Berücksichtigung der Belange der Wirtschaft wie zum Beispiel der *Arbeitsplatzsituation, insbesondere der Gefährdung von Arbeitsplätzen*, oder der wirtschaftlichen Gesamtlage einer Region oder eines Landes sowie der Belange des Umweltschutzes, der Nachbarschaft und der Allgemeinheit entschieden werden[884].
Allerdings misst Hoppe dem Begriff der wirtschaftlichen Vertretbarkeit ausdrücklich über die Funktion eines absoluten Hinderungsgrundes hinaus eine die Ausübung des Ermessens dirigierende Funktion zu. Daher ist es fraglich, ob das zur Ermessenabwägung Gesagte auch nach dem Wegfall der wirtschaftlichen Vertretbarkeit noch gelten soll.
Nach der durch den Einigungsvertrag außer Kraft gesetzten Vorschrift des Art.1 § 4 Abs.2 S.1 DDR-URG hatten die gemäß der 4.BImSchV genehmigungsbe-

[880] ders. in Landamnn / Rohmer UmwR I BImSchG § 20 Rn 50 und 71, § 25 Rn 18.
[881] Hoppe, BB 1966, 1372 (1372).
[882] ders. DVBl. 1983, 20 (22).
[883] ders. DVBl. 1983, 20 (22).
[884] ders. NJW 1977, 1849 (1850); ders. S. 49; als weitere Gesichtspunkte nennt er die Lage eines Unternehmens oder von Unternehmen im internationalen Wettbewerb, das Umweltschutzniveau anderer Nationen, sofern betroffene deutsche Betriebe mit ausländischen Betrieben im Wettbewerb stehen, und die Gefährdung der Versorgung von Industriezweigen mit bestimmten Gütern u.ä.

dürftigen Anlagen unter Beachtung des Grundsatzes der Verhältnismäßigkeit *und der Sozialverträglichkeit* sobald wie möglich den für Neuanlagen geltenden Anforderungen zu genügen. Müggenborg begrüßte diese die immissionsschutzmäßig und ökonomisch schwierige Situation in der ehemaligen DDR berücksichtigende Verpflichtung auf die Sozialverträglichkeit, die ja auch und vor allem eine Beachtung der Arbeitsplatzsituation beinhaltet. Gleichzeitig relativierte er jedoch die Bedeutung der Sozialverträglichkeitsklausel, da nach seiner Auffassung soziale Belange ohnehin in die Verhältnismäßigkeitsprüfung nach § 17 BImSchG einfließen[885]. Auch eine Reihe weiterer Autoren halten den Gesichtspunkt der Arbeitsplatzsicherung im Rahmen von Ermessen und Verhältnismäßigkeit für beachtenswert[886].

1.5.4 Eigene Auffassung

Die Bedeutung einer eigenständigen Berücksichtigung des Arbeitsplatzgesichtspunktes relativiert sich dadurch nicht unerheblich, dass sich die Berücksichtigung der unmittelbar anlagebezogenen Gesichtspunkte reflexartig natürlich auch arbeitsplatzschützend auswirken kann – der zusätzlichen und eigenständigen Heranziehung des Arbeitsplatzaspektes bedarf es dann nicht mehr.

Dass bei Prüfung der Verhältnismäßigkeit einer nachträglichen Anordnung nicht ausschließlich Emissionen und Immissionen sowie Nutzungsdauer und technische Besonderheiten der betroffenen Anlage maßgeblich sein können, ergibt sich bereits aus dem vorangestellten Wort „insbesondere". Zuvor ist vom mit der Anordnung verbundenen Aufwand die Rede. Eine mit der Anordnung verbundene Gefährdung oder Vernichtung von Arbeitsplätzen lässt sich schwerlich als Aufwand bezeichnen, vielmehr handelt es sich um eine Anordnungsfolge. Die Einbeziehung negativer Anordnungsfolgen hätte etwa durch die Verwendung des Begriffes Nachteile anstatt des „Aufwandes" ermöglicht werden können, was jedoch nicht geschehen ist. Indes wird schon durch das dem „unverhältnismäßigen Aufwand" vorangestellte „vor allem" deutlich, dass es sich auch hierbei nicht um eine abschließende Definition der Verhältnismäßigkeit handelt[887].

---

885 Müggenborg, NVwZ 1991, 735 (742); er weist darauf hin, dass sich die Betriebe der ehemaligen DDR nicht auf ständig steigende Umweltschutzanforderungen eingestellt haben und sie durch die Pflicht zur alsbaldigen Erfüllung der hohen Anforderungen nach dem BImSchG vielfach vor existentielle Probleme gestellt waren. Ohne Übergangsregelungen wären „Massenentlassungen mit allen negativen sozialen Konsequenzen" die Folge (S.741).

886 Junker / Kabelitz / de La Riva / Schwarz TA Luft 2.3.2.1 u. 2.3.2.2.3. (D S. 11 u. 18) bewerten zu einer Gefährdung der wirtschaftlichen Existenz des Anlagenbetreibers führende Maßnahmen mit Hinweis auf die angeblich im GG festgeschriebene Idee der Unternehmenserhaltung nicht nur als unverhältnismäßig, sondern als ungeeignet; das Arbeitsplatzkriterium gewinne gerade in Phasen einer ausgeprägten Unterbeschäftigung eine durchschlagende Bedeutung. Des weiteren R. Schmidt § 3 Rn 44 - Verhältnismäßigkeit; zu § 21 Schwerdtfeger, NJW 1974, 777 (779) - Ermessen.

887 vgl. Hansmann in Landamnn / Rohmer UmwR I § 17 Rn 77; Feldhaus § 17 Rn 14.

Die näher genannten Kriterien sind ersichtlich alle unmittelbar anlagebezogen, während sich Verlust oder Gefährdung von Arbeitsplätzen als Folge einer sich auf eine Anlage beziehenden Entscheidung darstellen. Zu beachten ist aber, dass sich die rein anlagebezogenen Aspekte auf das seinerseits die Verhältnismäßigkeit nicht abschließend bestimmende Verhältnis von Aufwand und Erfolg beziehen. Es gibt auch sonst keine Hinweise darauf, dass der Gesetzgeber die Verhältnismäßigkeitsprüfung auf unmittelbar anlagebezogene Gesichtspunkte beschränken wollte und eine eigenständige Berücksichtigung des Arbeitsplatzaspektes daher ausscheidet[888]. Das lässt sich auch nicht mit der in § 1 BImSchG normierten Zielsetzung begründen[889] – dass das BImSchG den Immissionsschutz bezweckt, bedeutet nicht, dass andere Gesichtspunkte nicht im Rahmen des Ermessens berücksichtigt werden können. Selbst wenn das Opportunitätsprinzip im Umweltrecht ein „Anachronismus" sein sollte[890], beeinflusst dies für sich genommen seine Geltung im bestehenden Recht nicht.
Im Zusammenhang mit dem Verhältnismäßigkeitsprinzip ist auch auf § 17 Abs. 2 S.2 BImSchG nachdrücklich hinzuweisen, wonach die Genehmigung unter den Voraussetzungen des § 21 Abs.1 Nr.3 bis 5 BImSchG ganz oder teilweise widerrufen werden soll, sofern eine nachträgliche Anordnung wegen Unverhältnismäßigkeit nicht getroffen werden darf. Dadurch wird die Behörde nicht direkt zum Widerruf ermächtigt, vielmehr müssen die Voraussetzungen des § 21 Abs.1 Nr.3, Nr.4 oder Nr.5 vorliegen. Das ist jedoch häufig der Fall. Und dann ist das Ermessen entsprechend der Soll-Formulierung eingeschränkt, auf Umweltschutz soll grundsätzlich auch bei Unverhältnismäßigkeit nachträglicher Anordnungen nicht verzichtet werden. Konsequenterweise kann sich ein Anlagenbetreiber nicht darauf berufen, bei Unverhältnismäßigkeit einer Anordnung sei ein Widerruf erst recht unverhältnismäßig, da dann der Verweis auf den Widerruf jeden Sinn verlöre[891]. Im übrigen besteht nach § 21 Abs.4 BImSchG für die hier interessierenden Widerrufstatbestände ein Anspruch auf Entschädigung des Vetrauensschadens, was allerdings oft nur ein unzureichender Ersatz für die Stilllegung einer Anlage samt der damit verbundenen Folgen ist[892]. Das passt vor allem auf die Fälle, in denen der Aufwand in keinem angemessenen Verhältnis zum immissionsmindernden Effekt einer nachträglichen Anordnung steht: statt unverhältnismäßig teurer „Nachrüstung" erfolgt ein Widerruf der Anlagengenehmigung gegen Entschädigung. Im Hinblick auf Arbeitsplätze dürfte jedoch oftmals gerade der weitere Betrieb einer Anlage entscheidend sein, so dass dann die

---

[888] Der Auffassung Kochs (in GK § 17 Rn 99), dass schon aufgrund der Gesetzesformulierung mit einer Anlage einhergehende nachteilige soziale und industriepolitische Auswirkungen einer nachträglichen Anordnung nicht entgegenstehen können, kann daher nicht zugestimmt werden.
[889] So aber Soell S. 12 im Hinblick auf Schutzanordnungen.
[890] Lübbe-Wolff, NuR 1993, 217 (220 f.).
[891] Verwaltungsvorschrift NRW Nr. 12.2.4.
[892] von Holleben, GewArch 1976, 112 (114).

Folgerung „wegen Unverhältnismäßigkeit der Anordnung aufgrund Arbeitsplatzvernichtung Widerruf gegen Entschädigung“ der Logik entbehrte. Hier könnte der Gesichtspunkt der Arbeitsplätze also nur insofern als Ausnahmefall berücksichtigt werden, als ein Widerruf nicht erfolgen muss, sondern lediglich erfolgen soll.

Für das Verständnis des § 17 BImSchG ist zu beachten, dass eine nachträgliche Anordnung keinen „originären Eingriff“ darstellt, sondern lediglich die nach § 5 BImSchG als Dauerpflichten ausgestalteten Grundpflichten konkretisiert und der Genehmigung von vornherein immanent ist[893]. Waren die Betreiberpflichten im Regierungsentwurf des BImSchG noch als bloßer Maßstab für die Genehmigungserteilung und den Erlass nachträglicher Anordnungen formuliert, so entschied sich der Bundestag für eine Normierung als dynamische und auch direkt an den Anlagenbetreiber gerichtete Pflichten[894]. Hierbei handelte es sich also um einen bewussten gesetzgeberischen Entschluss zu einer von der zuvor geltenden Regelung der §§ 16 ff. GewO abweichenden Konstruktion. Nachträgliche Anordnungen sind demnach prinzipiell als Erzwingung ohnehin bestehender Pflichten zu werten. Dem BImSchG insgesamt und der Ermächtigung zu nachträglichen Anordnungen nach § 17 BImSchG liegt das Verursacherprinzip zugrunde. Das kann nicht nur die finanzielle Haftung des Verursachers von Umweltverschmutzung für die dadurch entstandenen Schäden, sondern auch die Vermeidung von Umweltschäden durch den potentiellen Verschmutzer bedeuten[895]; es bezieht sich neben der Behebung von Schäden oder dem finanziellen Ersatz für diese also auch auf die Verteilung der Kosten für die Schadensvermeidung. Ziel ist die Vermeidung externer Kosten für Dritte oder den Staat[896]. Wenngleich allerdings das Regelwerk des § 17 BImSchG als Ganzes Ausfluss der Schadensvermeidungsvariante des Verursacherprinzips ist, so bildet § 17 Abs. 2 BImSchG doch unübersehbar eine Durchbrechung dieses Verursacherprinzips[897] und auch der grundsätzlich bestehenden Betreiberpflichten. Diese beiden Aspekte zwingen daher für sich genommen nicht zu einer restriktiven Nichtberücksichtigung des Arbeitsplatzaspektes.

Luftschadstoffe haben nicht nur punktuelle Auswirkungen, sondern verteilen sich oftmals weiträumig und summieren sich. Dementsprechend könnten die Betreiber emittierender Anlagen bei einer stark einzelfallbezogenen Betrachtungsweise regelmäßig darauf verweisen, dass ihre Emissionen *für sich und isoliert betrachtet* die Immissionssituation nicht spürbar verschlechtern und die von ihnen hervorgerufenen Immissionen kaum messbar und unschädlich sind. Aufgrund der Summierung der Einzelemissionen können die Gesamtwirkungen je-

---

893 Soell S. 13; Thomas, WiVerw 1980, 244 (253); Schmidt / Müller, JuS 1986, 127 (127); Sellner Rn 456.

894 Jarass, DVBl. 1986, 314 (315).

895 Lintz, ZfU 1994, 57 (59).

896 Hoppe, DVBl. 1982, 19 (21 l. Sp.).

897 Koch, WiVerw 1983, 158 (166).

doch sehr erheblich sein. Die Bekämpfung von Luftverschmutzung eignet sich daher ihrer Struktur nach nicht für ein behördliches Handeln von Fall zu Fall, sondern gebietet ein grundsätzlich alle Emittenten einbeziehendes gleichmäßiges und striktes Vorgehen: Zu fragen ist weniger nach dem Umweltnutzen einer Anordnung im Einzelfall als vielmehr nach den negativen Auswirkungen eines allgemeinen Verzichts auf den Erlass nachträglicher Anordnungen für die Umwelt, anders ausgedrückt: was wäre, wenn alle Anlagenbetreiber so wie der konkret betroffene Betreiber behandelt würden ? Dieses Gebot der Gleichbehandlung hängt nicht zuletzt mit der gebotenen Vermeidung von Wettbewerbsverzerrungen[898] zusammen. Die frühere Eingriffsschranke der „wirtschaftlichen Vertretbarkeit" sollte derartige Verzerrungen dadurch vermeiden, dass sie das individuelle Leistungsvermögen eines Betriebes nur dann berücksichtigte, wenn es überdurchschnittlich war. Die überdurchschnittliche Leistungsfähigkeit konnte also zu besonderen Verpflichtungen führen, die unterdurchschnittliche Leistungsfähigkeit jedoch grundsätzlich nicht zur Reduzierung von Standards. Da die gesetzliche Neufassung den Immissionsschutz – wie oben dargelegt – verbessern und den Erlass nachträglicher Anordnungen erleichtern sollte, hat sich daran nichts geändert. Der Gesichtspunkt der Arbeitsplätze hat ersichtlich einen engen und untrennbaren Bezug zur wirtschaftlichen Situation eines Betriebes. Würde man diesbezüglich eine Berufung eines unterdurchschnittlich leistungsfähigen Betriebes auf die bei ihm gefährdeten Arbeitsplätze zulassen, ließe sich die geschilderte typisierte Verhältnismäßigkeitsprüfung umgehen. Daher kann eine nachträgliche Anordnung aufgrund der mit ihr verbundenen Arbeitsplatzverluste nur dann unverhältnismäßig sein, wenn Arbeitsplatzverluste nicht nur beim betroffenen Unternehmen, sondern auch beim wirtschaftlich gesunden Durchschnittsbetrieb zu gewärtigen sind.
Wenngleich der Gesichtspunkt der Arbeitsplätze bezüglich der Verhältnismäßigkeit keine eigenständige Bedeutung hat, kann er doch im Rahmen des - deutlich eingeschränkten - Ermessens berücksichtigt werden.

2. Betriebsuntersagung sowie Stilllegung und Beseitigung einer Anlage nach § 20 BImSchG

2.1 Die Betriebsuntersagung nach § 20 Abs.1 BImSchG

Nach § 20 Abs.1 BImSchG kann der Betrieb einer genehmigungsbedürftigen Anlage ganz oder teilweise untersagt werden, wenn der Anlagenbetreiber einer Auflage, einer vollziehbaren nachträglichen Anordnung nach § 17 BImSchG oder einer in einer nach § 7 BImSchG erlassenen Rechtsverordnung normierten abschließend bestimmten Pflicht nicht nachkommt und die Auflage, die Anordnung oder die Pflicht Beschaffenheit oder Betrieb der Anlage betreffen. Ein

[898] Soell S. 20; Sellner Rn 434 (zum Gleichheitssatz); Hoppe S. 129 ff.

Verstoß gegen nur formale Verpflichtungen wie etwa Mitteilungspflichten berechtigt also nicht zur Untersagung; nur zur Begründung von Mitteilungs-, Anzeige- oder Überwachungspflichten erlassene nachträgliche Anordnungen sind ausschließlich nach den Landesvollstreckungsgesetzen durchzusetzen, gestatten also ebenfalls keine Untersagungsverfügung gemäß § 20 Abs.1 BImSchG[899]. Der Tatbestand des § 20 Abs.1 BImSchG setzt mithin in allen Varianten die Verletzung materieller Pflichten voraus.
Entsprechend dem Wortlaut steht die - vollständige oder teilweise - Betriebsuntersagung im pflichtgemäßen behördlichen Ermessen[900]. Anerkanntermaßen kann und muss die Behörde die Untersagung auf diejenigen Betriebseinheiten, Maschinen und Aggregate oder Betriebsweisen beschränken, von denen wegen Nichterfüllung der Auflage, der nachträglichen Anordnung oder der abschließend bestimmten Pflicht Gefahren, erhebliche Nachteile oder erhebliche Belästigungen drohen[901]; sie hat zu prüfen, ob ein den rechtlichen Anforderungen genügender Zustand statt durch eine Untersagung nicht auch durch die Anordnung bestimmter technischer oder organisatorischer Maßnahmen oder die Durchsetzung von Auflagen und nachträglichen Anordnungen mit den Mitteln des Verwaltungszwanges erreicht werden kann[902]. Letztlich folgt dies aus dem Verhältnismäßigkeitsprinzip. Es bestehen keine Bedenken, im Rahmen der Mittelauswahl auf den Erhalt von Arbeitsplätzen besondere Rücksicht zu nehmen und vor diesem Hintergrund beispielsweise Auflagen im Wege der Vollstrekkung und nicht im Wege der Betriebsuntersagung durchzusetzen. Ein Verzicht auf jegliches Einschreiten kommt bei ernsthaften Zweifeln an der Rechtmäßigkeit der in Rede stehenden Auflagen oder nachträglichen Anordnungen in Betracht[903]. In einer solchen Situation vermag der Aspekt der mit einer Betriebsuntersagung verbundenen Arbeitsplatzgefährdung zusätzlich gegen die Verfügung einer Betriebsuntersagung zu sprechen und kann insofern berücksichtigt werden. Es darf allerdings nicht übersehen werden, dass der Aspekt der Arbeitsplatzerhaltung bereits im Rahmen des Erlasses nachträglicher Anordnungen oder auch von Auflagen Berücksichtigung finden kann. Die Berücksichtigung des Arbeitsplatzgesichtspunktes kann also dazu führen, dass aufgrund eines Verzichtes auf nachträgliche Anordnungen oder Auflagen die tatbestandlichen Voraussetzungen für eine Betriebsuntersagung nach § 20 Abs.1 BImSchG gar nicht vorliegen. Und es ist nicht davon auszugehen, dass die Berücksichtigung des Arbeitsplatzaspektes im Rahmen des Tatbestandes möglich ist und zusätzlich im Rahmen des Ermessens auf eine Betriebsuntersagung allein wegen der dann eintretenden Arbeitsplatzgefährdung verzichtet werden kann. Ein Verzicht auf

---

[899] Schmatz / Nöthlichs § 20 Ziff.1; Koch in GK § 20 Rn 24.
[900] Schmatz / Nöthlichs § 20 Ziff.4.1; Ule § 20 C 41; Jarass § 20 Rn 14; Hansmann in Landmann / Rohmer UmwR I BImSchG § 20 Rn 32.
[901] Koch in GK § 20 Rn 45.
[902] Schenke, NuR 1989, 8 (11); Schmatz / Nöthlichs § 20 Ziff.4.1; vgl. Jarass § 20 Rn 14.
[903] Hansmann in Landmann / Rohmer UmwR I BImSchG § 20 Rn 32 mwN.

die Betriebsuntersagung gemäß § 20 Abs.1 BImSchG allein aufgrund des sonst (möglicherweise) eintretenden Verlustes von Arbeitsplätzen ist also nicht statthaft.

2.2 Anlagenstilllegung und –beseitigung nach § 20 Abs.2 BImSchG

Nach § 20 Abs.2 BImSchG soll die Stilllegung oder Beseitigung einer ohne die erforderliche Genehmigung errichteten, betriebenen oder wesentlich geänderten Anlage angeordnet werden. Die Beseitigung ist anzuordnen, wenn die Allgemeinheit oder die Nachbarschaft nicht auf andere Weise ausreichend geschützt werden kann. Ohne Genehmigung wird eine Anlage nicht nur beim Fehlen jeglicher Genehmigung trotz Genehmigungsbedürftigkeit betrieben, sondern auch dann, wenn die Beschaffenheit oder der Betrieb wesentlich von den Inhaltsbestimmungen der Genehmigung abweicht oder eine vorhandene Genehmigung wieder entfällt[904]. Wie sich aus der Formulierung des § 20 Abs.2 S.1 BImSchG ergibt, ist die zuständige Behörde nicht in jedem Fall zur Stilllegung oder Beseitigung strikt verpflichtet, sondern hat diesbezüglich ein – allerdings sehr eingeschränktes – Ermessen. Die Stilllegung ist als Regelfall vorgesehen, lediglich in atypischen Fällen kann auf eine Stilllegung verzichtet werden[905]. Sofern begründeter Anlass zu der Annahme besteht, dass die Anlage materiell den immissionsschutzrechtlichen Anforderungen entspricht und lediglich mangels erforderlicher Genehmigung formell illegal ist, kann es ausreichen, den Betreiber zur unverzüglichen Veranlassung eines Genehmigungsverfahrens anzuhalten. Von einer Stilllegung kann dann abgesehen werden. Die Behörde braucht allerdings nicht umfangreiche Ermittlungen über die materielle Genehmigungsfähigkeit anzustellen, Zweifel gehen zu Lasten des Betreibers[906]. Umfassende behördliche Ermittlungen sind umso weniger angebracht, je schädlicher die von dem ungenehmigten Betrieb der Anlage ausgehenden Umwelteinwirkungen sind. Wie das Bundesverwaltungsgericht zu Recht ausführt, wiegt insbesondere der Schutz menschlicher Gesundheit ungleich schwerer als das Interesse des Betreibers, den möglicherweise nicht gefährlichen Betrieb einer ungenehmigten Anlage vorerst fortsetzen zu dürfen[907].

2.3 Der Fall Akkumulatorenfabrik Sonnenschein (OVG Berlin)

Im „Fall Sonnenschein"[908] beantragten mehrere Nachbarn einer Akkumulatorenfabrik in Berlin–Marienfelde beim Senator für Stadtentwicklung und Umwelt-

---

[904] Schmatz / Nöthlichs § 20 Ziff.2.

[905] BVerwGE 84, 220 (233); VGH Mannheim VBlBW 1991, 375 (376); Jarass § 20 Rn 39; Koch in GK § 20 Rn 93.

[906] Engelhardt / Schlicht § 20 Rn 10; Jarass § 20 Rn 39.

[907] BVerwGE 84, 220 (233).

[908] VG Berlin, NVwZ 1985, 779 ff.; OVG Berlin, NVwZ 1985, 756 ff.

schutz die Stilllegung möglichst der gesamten Fabrik, jedenfalls aber bestimmter Anlagen. Auf dem seit 1937 als entsprechende Produktionsstätte genutzten Betriebsgelände wurden vor allem Starterbatterien hergestellt. Nach Ablehnung des Antrags erhoben sie Klage beim VG und begehrten außerdem die vorläufige Stilllegung des Betriebs der Bleischmelzanlagen und der Pastenmischerei. Der Antrag beim VG hatte Erfolg. Für die Bleischmelzöfen existierten die erforderlichen Genehmigungen nicht[909]. Das Gericht weist darauf hin, dass dem Verwaltungsorgan durch das eingeschränkte Ermessen in § 20 Abs.2 S.1 BImSchG ein Absehen von der gesetzlichen Rechtsfolge nur in atypischen Fällen gestattet sei. Das BImSchG gehe davon aus, dass die Umweltverträglichkeit einer genehmigungsbedürftigen Anlage vor Abschluss des Genehmigungsverfahrens nicht geklärt sei, die Vermeidung schädlicher Umwelteinwirkungen müsse „sichergestellt" sein (§ 5 Nr.1, § 6 BImSchG). Die Bedeutung des Genehmigungsverfahrens werde auch durch § 327 Abs.2 StGB unterstrichen, der bereits den ungenehmigten Betrieb einer nach dem BImSchG genehmigungsbedürftigen Anlage unabhängig von einer Stilllegungsverfügung bei Vorsatz und Fahrlässigkeit mit Freiheitsstrafe bedrohe. Die Schlussfolgerung: „Bei dieser Rechtslage ist ein Abweichen von der Verpflichtung des § 20 Abs.2 S.1 BImSchG für die Behörde überhaupt nur denkbar, wenn am Vorliegen der Genehmigungsvoraussetzungen des § 6 BImSchG nicht die mindesten Zweifel bestehen können, ohne dass hierfür weitreichende Ermittlungen notwendig wären." Die Genehmigungsfähigkeit des Betriebes in seiner gegenwärtigen Form sei jedoch ausgeschlossen. Aus der nachbarschützenden Norm des § 20 Abs.2 BImSchG folge ein Anspruch der Antragsteller auf Stilllegung. Dessen sofortige Verwirklichung im Wege der einstweiligen Anordnung sei auch nötig im Sinne von § 123 Abs.1 S.2 VwGO. § 20 Abs.2 BImSchG ziele darauf ab, der Nachbarschaft „einstweilen" und so lange Schutz zu gewähren, bis durch das erforderliche Genehmigungsverfahren sichergestellt ist, dass von der Anlage keine schädlichen Umwelteinwirkungen ausgehen können. Im Wege einer Interessenabwägung zu berücksichtigende, der einstweiligen Anordnung entgegenstehende Besonderheiten seien nicht zu erkennen. Die beträchtlichen wirtschaftlichen Interessen an der Fortführung des Betriebes hält das Gericht ebenso für unbeachtlich wie einen zu befürchtenden Verlust von Arbeitsplätzen: „Der Gesetzgeber hat mit der Regelung des Genehmigungsverfahrens entschieden, dass er nur solche wirtschaftlichen Interessen geschützt wissen will, die im Rahmen der umweltrechtlichen Vorschriften verfolgt werden. Dasselbe gilt für das Vorbringen der Beigeladenen, es sei der *Verlust von Arbeitsplätzen* zu befürchten. Abgesehen davon, dass in dieser Hinsicht den betroffenen Arbeitnehmern und nicht den Beigeladenen zustehende Interessen in Frage stehen, hat der Gesetzgeber die politische Entschei-

[909] Genehmigungen erforderlich nach § 4 Abs.1 BImSchG i.V.m. § 2 Nr.6 der 4. BImSchV bzw. nach § 16 Abs.1 GewO a.F. i.V.m. der Neufassung der Verordnung über genehmigungsbedürftige Anlagen nach § 16 GewO vom 7.7.1971.

dung getroffen, dass Arbeitsplätze, die entgegen den umweltrechtlichen Geboten eingerichtet werden, keinen Schutz genießen. (...) Wer die gesetzlichen Bestimmungen des Wirtschaftslebens missachtet und damit die gesetzlichen Voraussetzungen für die Beendigung der betreffenden wirtschaftlichen Betätigung herbeiführt, kann dieser Sanktion nicht eigene wirtschaftliche Interessen und die *Belange von Arbeitnehmern* entgegensetzen.“ Dementsprechend heißt es im Zusammenhang mit dem eingeschränkten Ermessen des § 20 Abs.2 BImSchG im ersten Leitsatz der Entscheidung, wirtschaftliche Interessen des Anlagenbetreibers sowie das *Interesse an der Erhaltung von Arbeitsplätzen* seien regelmäßig ohne Bedeutung.

Im Beschwerdeverfahren wurde der Antrag auf vorläufige Stilllegung des Betriebs der Bleischmelzanlagen und der Pastiererei hingegen vom OVG Berlin abgelehnt[910]. Auch das OVG stellt zwar nach summarischer Prüfung ein Fehlen der erforderlichen Genehmigung für die Anlagenkomplexe fest. Nach Auffassung des Gerichts haben die Antragsteller jedoch nicht glaubhaft gemacht, dass ihnen ein Rechtsanspruch auf die Stilllegung der Anlagen zusteht und durch die Ablehnung der Stilllegung ein schwerer Nachteil droht, der zu sofortigen Maßnahmen zwingt. Denn der erkennende Senat sah hier eine atypische Fallgestaltung als gegeben an, welche die Behörde trotz ihres engen Ermessensspielraums bei § 20 Abs.2 BImSchG zu einem Absehen von einer Stilllegungs- oder Beseitigungsanordnung berechtigt. Die Atypik wurde in dem Umstand erblickt, dass der Betrieb schon seit längerer Zeit einer ständig gesteigerten Überwachung und verschiedenen Einwirkungsmaßnahmen seitens der zuständigen Behörden unterliegt und die von diesem ausgehenden Umwelteinwirkungen somit unter Kontrolle sind[911]. Da demnach ein Anspruch auf Stilllegung nicht bestand und die Wahrscheinlichkeit eines Erfolges im Klageverfahren nicht glaubhaft gemacht war, „wäre ein Bedürfnis für den Erlass einer einstweiligen Anordnung im Sinne von § 123 Abs.1 VwGO nur dann gegeben, wenn diese nach Abwägung aller beteiligten Interessen – *einschließlich der wirtschaftlichen Folgen* – zum Schutze der Antragsteller vor ihnen ansonsten drohenden gegenwärtigen und schwerwiegenden Beeinträchtigungen wichtiger Rechtsgüter unabdingsbar notwendig wäre.“[912] Da die im Streit stehenden Anlagen für die Aufrechterhaltung der Akkumulatorenfabrik von wesentlicher Bedeutung sind, hätte ihre Stilllegung den weitgehenden Ausfall des gesamten Betriebes für mehrere Mo-

---

[910] OVG Berlin, NVwZ 1985, 756 ff.

[911] OVG Berlin, NVwZ 1985, 756 (758 r.Sp.): „Wenn die zuständige Behörde im Rahmen ihrer Entscheidung nach § 20 Abs.2 S.1 BImSchG diesem öffentlichen Interesse an der Legalität des Betriebes genehmigungspflichtiger Anlagen bei einer atypischen Fallgestaltung wie der vorliegenden nicht den Vorrang einräumt, sondern sich dafür entscheidet, den weiteren Betrieb der Anlage vorerst bis zum Abschluß des Genehmigungsverfahrens zu dulden, weil sie die davon ausgehenden Umwelteinwirkungen tatsächlich und rechtlich weitgehend unter Kontrolle hält, so handelt sie ermessensfehlerfrei.“

[912] OVG Berlin, NVwZ 1985, 756 (758 r.Sp.).

nate zur Folge. „Auch die damit verbundene Möglichkeit des *Verlustes eines großen Teils der Berliner Arbeitsplätze* gehört zu den im privaten Interesse der Arbeitnehmer und als öffentlicher Belang ins Gewicht fallenden möglicherweise irreparablen Folgen einer derartigen Anordnung“[913]. Demgegenüber seien schwerwiegende Beeinträchtigungen der Antragsteller, die die besondere Dringlichkeit einer vorläufigen Stilllegung begründen könnten, nicht zu befürchten. Was den Aspekt der Arbeitsplätze betrifft, widerspricht das OVG dem vorinstanzlichen VG also nicht – denn die im Falle des § 20 Abs.2 BImSchG für das Bestehen eines behördlichen Ermessensspielraums erforderliche Atypik stützt es auf die intensive Überwachung der Anlagen, nicht aber auf die Gefährdung von Arbeitsplätzen. Dieser Gesichtspunkt wird erst im Rahmen der Interessenabwägung nach § 123 VwGO thematisiert. Ob das Urteil allerdings ohne Berücksichtigung des Arbeitsplatzbelanges im Ergebnis anders ausgefallen wäre, erscheint fraglich. Denn zum einen ist hier nach eigenem Bekunden des Gerichts ein Anordnungsanspruch nicht glaubhaft gemacht worden – mag die Klage auch nicht offensichtlich unbegründet sein. Zum anderen sind schwerwiegende Beeinträchtigungen der Antragsteller nach Überzeugung des Senats nicht zu befürchten. Dadurch fehlt es jedoch an einer besonderen Dringlichkeit der Stilllegung und somit auch am Anordnungsgrund. Die hier vorgenommene weitere Interessenabwägung ist also keineswegs selbstverständlich und zwingend. Und das wirtschaftliche Interesse an einer Nutzung der Anlagen hat auch ohne Berücksichtigung des Arbeitsplatzaspektes erhebliches Gewicht. Die Möglichkeit des Verlustes von Arbeitsplätzen ist also ergänzender, nicht aber zentraler Bestandteil der Entscheidung. Es ist darauf hinzuweisen, dass für den Fall der Anlagenstilllegung seitens des Betriebes die Befürchtung des Verlustes von Arbeitsplätzen geäußert wird. Wenngleich der Vertreter des Betriebes natürlich eigene Interessen verfolgt und parteiisch ist, ist es nicht unwahrscheinlich, dass sich der mehrmonatige Ausfall der für den Betrieb elementaren Anlagen nicht nur auf den Unternehmensgewinn, sondern auch auf die Arbeitsplätze auswirkt. Trotzdem ist der Verlust von Arbeitsplätzen nicht erwiesen, das OVG spricht zutreffend von der Möglichkeit des Verlustes von Arbeitsplätzen. Im Rahmen der beim vorläufigen Rechtsschutz nur gebotenen summarischen Prüfung ist eine diesbezügliche weitere Aufklärung aber auch nicht angebracht. Positiv fällt auf, dass das OVG den Arbeitsplatzaspekt nicht nur als Gesichtspunkt im Rahmen eines allgemeinen wirtschaftlichen Interesses anführt, sondern als privates Interesse der Arbeitnehmer einerseits und öffentlichen Belang andererseits vom wirtschaftlichen Interesse des Unternehmens als solchem trennt.

---

[913] OVG Berlin, NVwZ 1985, 756 (759 l.Sp.).

2.4 Der Zusammenhang mit der strafrechtlichen Sanktionierung

Sofern anzunehmen ist, dass eine Anlage materiell den immissionsschutzrechtlichen Anforderungen entspricht, kann die im Falle einer Stilllegung eintretende Arbeitsplatzgefährdung durchaus als zusätzliches Argument gegen eine Stilllegungsverfügung berücksichtigt werden. Sofern die materielle Rechtmäßigkeit des Anlagenbetriebes eindeutig feststeht, ist eine Stilllegung nach dem Verhältnismäßigkeitsgrundsatz ohnehin grundsätzlich ausgeschlossen[914] - also auch dann, wenn trotz Stilllegung keine Gefährdung von Arbeitsplätzen eintreten würde. Der Aspekt der Arbeitsplatzgefährdung hat in dieser Konstellation also keine eigenständige Bedeutung.
Im Gegensatz zur bloß stillgelegten Anlage kann eine beseitigte Anlage nicht erneut in Betrieb genommen werden, sobald die erforderliche Genehmigung erteilt ist. Dementsprechend gefährdet die Beseitigung einer Anlage in wesentlich höherem Maße Arbeitsplätze als die - gegebenenfalls nur vorübergehende – Stilllegung. Nach dem Grundsatz der Verhältnismäßigkeit darf eine Beseitigung nur angeordnet werden, wenn konkrete Tatsachen die Annahme rechtfertigen, dass die Stilllegung zur Vermeidung von Schäden nicht ausreicht[915].
Bei der Bestimmung des Ermessensspielraumes und damit auch des Spielraumes zur Berücksichtigung des Arbeitsplatzaspektes sowohl bei der Untersagung nach § 20 Abs.1 BImSchG als auch bei der Stilllegung oder Beseitigung nach § 20 Abs.2 BImSchG ist zu berücksichtigen, dass die Nichtbeachtung vollziehbarer immissionsschutzrechtlicher Anordnungen und die Errichtung einer Anlage oder ihre wesentliche Änderung ohne die dazu erforderliche Genehmigung gemäss § 62 Abs.1 Nrn. 1, 2, 4 und 7 BImSchG Ordnungswidrigkeiten darstellen und das Betreiben einer genehmigungsbedürftigen Anlage ohne die erforderliche Genehmigung oder entgegen einer vollziehbaren Untersagungsverfügung nach § 327 Abs.2 StGB sogar einen Straftatbestand erfüllt. Die Strafbarkeit eines Verhaltens ist für die Ermittlung des Ermessensspielraums der Verwaltung nicht ohne Bedeutung. Es wäre beispielsweise nicht einzusehen, wenn ein Dieb zwar wegen Diebstahl nach § 242 StGB bestraft würde, das Gestohlene jedoch nicht herauszugeben oder jedenfalls dafür keinen Schadenersatz zu leisten hätte. Denn das Strafrecht dient nicht nur ebenfalls dem Schutz von Rechtsgütern, sondern normiert sogar das unerlässliche „ethische Minimum". Dementsprechend bedarf es einer besonderen Begründung, wenn das Betreiben einer Anlage ohne die erforderliche Genehmigung zwar als Straftat zu qualifizieren ist, eine behördliche Beendigung des strafbaren und rechtswidrigen Zustandes durch Stilllegung der Anlage jedoch nicht erfolgt. Allerdings resultiert die Genehmigungsbedürftigkeit von Anlagen aus deren generellem Gefährdungspotential; die Strafbeweh-

---

914 VGH München, GewArch 1986, 396; VGH Mannheim, VBlBW 1991, 375 (376).
915 Engelhardt / Schlicht § 20 Rn 9; Hansmann in Landamnn / Rohmer UmwR I BImSchG § 20 Rn 49; Jarass § 20 Rn 33; Koch in GK § 20 Rn 103.

rung des unerlaubten Betreibens von Anlagen soll daher präventiv verhindern, dass Anlagen ohne die erforderliche Genehmigung betrieben werden. Sind aber Gefahren im Einzelfall ersichtlich ausgeschlossen, so kann ein behördliches Einschreiten verzichtbar sein, ohne dass der Grund für eine Bestrafung entfällt[916]. Ein zwingender Erst-recht-Schluss von der Strafbarkeit auf eine Pflicht der Verwaltung zum Einschreiten besteht also nicht.
Eine Strafbarkeit nach dem Umweltstrafrecht kann trotz Tatbestandsmäßigkeit entfallen, wenn die Tat aufgrund Notstandes nach § 34 StGB gerechtfertigt ist[917]. In der Rechtsprechung ist grundsätzlich anerkannt, dass die Aufrechterhaltung der Produktion und die Sicherung von Arbeitsplätzen durchaus ein Rechtsgut im Sinne des § 34 StGB sein kann[918]. Es kann Situationen geben, in denen nur eine den Vorschriften widersprechende Aufrechterhaltung der Produktion einen Betrieb und dessen Arbeitsplätze zu erhalten imstande ist. Keinesfalls aber darf die Sicherung von Arbeitsplätzen dazu führen, dass Anwohner Körperverletzungen und erheblichen gesundheitlichen Beeinträchtigungen ausgesetzt sind[919] - dann fehlt es bereits am wesentlichen Überwiegen des geschützten Interesses der Arbeitsplatzerhaltung gegenüber dem beeinträchtigten Interesse und an der Angemessenheit des Mittels. Teilweise wird eine Rechtfertigung nach § 34 StGB mangels Angemessenheit des Mittels oder mangels Erforderlichkeit verneint, wenn sich der Täter ohne berechtigten Anlass in eine konkrete Konfliktsituation begeben und dabei die Kollisionslage vorausgesehen hat[920], nach vordringender Auffassung kommt eine Rechtfertigung von Umweltstraftaten im Wesentlichen nur in unvorhersehbaren Not- und Katastrophenfällen in Betracht[921]. Die weitgehende Akzessorietät zum Verwaltungsrecht kommt darin zum Ausdruck, dass „unter Verletzung verwaltungsrechtlicher Pflichten" (§§ 324a Abs.1, 325 Abs.2, 325 a Abs.1 u. 2, 326 Abs.3 StGB), „ohne die er-

---

[916] Dass das tatbestandsmäßige Handeln an sich genehmigungsfähig gewesen wäre, stellt keinen Rechtfertigungsgrund dar – LG Bremen, NStZ 1982, 163 (164); Cramer in Schönke / Schröder Vorbem. §§ 324 ff. Rn 19, § 327 Rn 19.

[917] Taten nach §§ 325, 327 StGB können prinzipiell nach § 34 StGB gerechtfertigt sein - Steindorf in Leipziger Kommentar § 327 Rn 26; Horn in Systematischer Kommentar § 325 Rn 13.

[918] BGH bei Dallinger, MDR 1975, 723 (723) – gesundheitsschädigende Dämpfe einer Fabrik; OLG Hamm, NJW 1952, 838 (838) – Verstoß gegen Preisvorschrift; BayOLG, NJW 1953, 1602 (1603) – Verstoß gegen Preisvorschrift; OLG Köln, NJW 1953, 1844 (1845) – verbotenes Kompensationsgeschäft; OLG Stuttgart, BB 1976, 951 (951) – industrielle Abwässer; OLG Stuttgart, ZfW 1977, 118 (124) – industrielle Abwässer; Staatsanwaltschaft beim LG Mannheim, NJW 1976, 585 (586) – industrielle Abwässer.

[919] BGH bei Dallinger, MDR 1975, 723 (723); Staatsanwaltschaft beim LG Mannheim, NJW 1976, 585 (586).

[920] OLG Stuttgart, BB 1976, 951 (951); ähnlich OLG Stuttgart, ZfW 1977, 118 (124); LG München, NuR 1986, 259 (260).

[921] Rudolphi, NStZ 1984, 248 (253); Schall, NStZ 1992, 209 (215) mwN; dahingehend auch Lenckner in Schönke / Schröder § 34 Rn 35.

forderliche Genehmigung“ (§§ 327 Abs.1 u.2, 326 Abs. 2 StGB) oder „unbefugt“ (§§ 324 Abs.1, 326 Abs.1 StGB) gehandelt worden sein muss. Die Auswirkungen der verwaltungsrechtlichen Regelungen auf Wirtschaft und Arbeitsplätze sind bei deren Ausgestaltung vom Gesetzgeber berücksichtigt worden und können daher grundsätzlich auch nur bei deren Anwendung, nicht jedoch im Rahmen des Strafrechts relevant sein. Die mögliche Gefährdung von Arbeitsplätzen stellt sich als vom Gesetzgeber einkalkulierte, gesetzesadäquate und damit grundsätzlich hinzunehmende Folge von Umweltschutzvorschriften etwa des Immissionsrechts dar[922]. Der drohende Zusammenbruch eines Betriebes und die damit einhergehenden Arbeitsplatzverluste rechtfertigen keine Straftaten gegen Eigentum oder Vermögen, für Umweltstraftaten kann prinzipiell nichts anderes gelten.
Nicht zuletzt aus diesen Zusammenhängen ergibt sich, dass weder auf eine Untersagungsverfügung nach § 20 Abs.1 BImSchG noch auf eine Beseitigungsverfügung nach § 20 Abs.2 BImSchG allein wegen des Verlustes oder der Gefährdung von Arbeitsplätzen verzichtet werden kann. Der Arbeitsplatzgesichtspunkt kann lediglich dann als zusätzlicher Aspekt Bedeutung erlangen, wenn der Verzicht auf ein Einschreiten aus anderen Gründen erwogen werden darf.

Zusammenfassung Teil 7:

Die Erteilung einer vorläufigen Gaststättenerlaubnis nach § 11 GastG liegt im behördlichen Ermessen. Bei der Ermessensentscheidung kann nicht nur der Grad der Wahrscheinlichkeit der Erteilung der endgültigen Erlaubnis, sondern – insbesondere bei offener Prognose im Hinblick auf die Erteilung der endgültigen Erlaubnis - auch die bei einer vorübergehenden Schließung der Gaststätte eintretende Gefährdung von Arbeitsplätzen berücksichtigt werden.

Der Erlass einer Abbruchverfügung und einer Nutzungsuntersagung nach § 65 LBO BaWü stehen im behördlichen Ermessen. Im Rahmen dieses Ermessens und nicht erst im Vollstreckungsverfahren können auch wirtschaftliche und soziale Folgen der Abbruchverfügung beim Adressaten und bei mittelbar betroffenen Dritten berücksichtigt werden. Andernfalls könnte eine für eine Ermessenentscheidung regelmäßig charakteristische Abwägung zwischen öffentlichen und privaten Interessen überhaupt nicht stattfinden. Zu diesen wirtschaftlichen und sozialen Gesichtspunkten zählt auch die Erhaltung von Arbeitsplätzen.

Bezüglich der Verhinderung der Fortsetzung eines Betriebes nach § 15 Abs.2 GewO, des Widerrufs der Gaststättenerlaubnis nach § 15 Abs.3 GastG und der

[922] Rudolphi, NStZ 1984, 248 (253); Laufhütte / Möhrenschlager, ZStW 92 (1980), 912 (932); Jakobs 13. Abschnitt Rn 42; Lenckner in Schönke / Schröder § 34 Rn 35. Der besonderen Konfliktsituation ist allerdings beim Strafmaß Rechnung zu tragen (§ 46 StGB).

Untersagung der Fortsetzung eines Handwerksbetriebes nach § 16 Abs.3 HWO besteht Ermessen. Im Rahmen dieses Ermessens kann auch der Gesichtspunkt der Arbeitsplätze berücksichtigt werden. Dies kann insbesondere durch behördliches Zuwarten bei Verkaufsverhandlungen geschehen.
Die Berücksichtigung des Arbeitsplatzaspektes im Rahmen des Erlasses nachträglicher Anordnungen nach § 17 BImSchG wird teilweise befürwortet und teilweise abgelehnt; auch eine Differenzierung nach Schutz- und Vorsorgemaßnahmen wird vertreten. Wenngleich die in § 17 Abs.2 BImSchG genannten Kriterien die (Un-)Verhältnismäßigkeit nicht abschließend definieren und auf unmittelbar anlagebezogene Gesichtspunkte beschränken und § 17 Abs.2 BImSchG eine Durchbrechung des konsequenten Verursacherprinzips darstellt, ergibt sich insbesondere aus dem Vergleich mit dem früheren Kriterium der wirtschaftlichen Vertretbarkeit, das eine unterdurchschnittliche Leistungsfähigkeit einzelner Betriebe nicht berücksichtigte, und aus dem Verweis auf § 21 BImSchG, dass eine nachträgliche Anordnung aufgrund der mit ihr verbundenen Arbeitsplatzverluste nur dann unverhältnismäßig sein kann, wenn diese nicht nur beim betroffenen Unternehmen, sondern auch beim wirtschaftlich gesunden Durchschnittsbetrieb zu gewärtigen sind. Im Rahmen des deutlich eingeschränkten Ermessens kann der Gesichtspunkt der Arbeitsplätze indes berücksichtigt werden. Zu beachten ist jedoch, dass sich die Verhinderung von Luftverschmutzung ihrer Struktur nach nicht für ein behördliches Handeln von Fall zu Fall eignet, sondern grundsätzlich ein gleichmäßiges und striktes Vorgehen gebietet.

Weder auf eine Untersagungsverfügung nach § 20 Abs.1 BImSchG noch auf eine Beseitigungsverfügung nach § 20 Abs.2 BImSchG kann allein wegen des Verlustes oder der Gefährdung von Arbeitsplätzen verzichtet werden. Dieser Gesichtspunkt kann nur dann als zusätzlicher Aspekt Bedeutung erlangen, wenn aus anderen Gründen auf ein Einschreiten verzichtet werden darf. Beim Absehen von einer Auflage oder Anordnung aus Arbeitsplatzgründen fehlt es nämlich bereits an den tatbestandlichen Voraussetzungen des § 20 Abs.1 BImSchG. Außerdem folgt dies aus dem Umstand, dass die Verwirklichung der Tatbestände des § 20 Abs.1 und Abs.2 BImSchG eine Ordnungswidrigkeit oder gar Straftat darstellt.

Teil 8: Informales Verwaltungshandeln und Verwaltungspraxis

I. Informales Verwaltungshandeln

Sogenanntes informales Verwaltungshandeln beinhaltet Handlungsformen wie Vorverhandlungen, Absprachen und ähnliche Arten der Kooperation. Formloses staatliches Handeln im Sinne von Verständigungen oder Absprachen kann sich indes auch im Rahmen von und neben rechtlich geregeltem Handeln vollziehen[923]. Es befindet sich also nicht nur in einem Alternativ-, sondern auch in einem Ergänzungsverhältnis zu den von der Rechtsordnung vorgesehenen Verfahrenshandlungen und Entscheidungen. Ein generelles Verbot informeller Verfahrensweisen lässt sich der geltenden Rechtsordnung nicht entnehmen[924]. Auch bei informalem Vorgehen sind die Behörden an Recht und Gesetz gebunden, insbesondere an die rechtliche Kompetenzordnung, den Gleichheitssatz, das Koppelungsverbot, das Gebot unparteiischer Amtsführung und das Verbot von Vereinbarungen zu Lasten Dritter[925].
Zum informalen Verwaltungshandeln gehören rechtlich unverbindliche normvertretende Absprachen, in denen Unternehmen oder Verbände freiwillige Maßnahmen zur Behebung bestimmter Mißstände zusagen und der Staat im Gegenzug verspricht, von bindenden gesetzlichen Regelungen einstweilen abzusehen[926]. Die Schaffung oder Erhaltung von Arbeitsplätzen bildet hier allenfalls die Motivation für den Regelungsverzicht, erlangt jedoch keine rechtliche Bedeutung.
Des weiteren geschieht informales Verwaltungshandeln in Form von Vorverhandlungen insbesondere zur Realisierung größerer Investitionsprojekte, mit denen regelmäßig auch zusätzliche Arbeitsplätze verbunden sind. In diesen Fällen hat der potentielle Antragsteller großes Interesse daran, bereits vor der förmlichen Antragstellung von den zuständigen Behörden über die Erfolgsaussichten zu erfahren[927] oder die Behörde zu beeinflussen[928]. Wiederum kann der Arbeitsplatzaspekt insofern von Bedeutung sein, als die zuständigen Behörden die Realisierung des geplanten Projekts aufgrund der mit ihm verbundenen Schaffung von Arbeitsplätzen anstreben und dem Antragsteller durch entsprechende Vorverhandlungen und Vorabauskünfte entgegenkommen. Auch dann ist der Arbeitsplatzaspekt jedoch nur Beweggrund für rechtlich nicht verbindliches Verwaltungshandeln und daher ohne rechtliche Bedeutung.

---

923 Bauer, VerwArch 78 (1987), 241 (246); vgl. auch Martin Schulte S.26.; Schlette S.217.
924 Bohne S.372; Bauer, VerwArch 78 (1987), 241 (260 f.).
925 Bauer, VerwArch 78 (1987), 241 (262) mwN.
926 Bohne, VerwArch 75 (1984), 343 (361).
927 Grund können die bereits mit der Antragstellung verbundenen erheblichen Kosten, aber auch die Vermeidung einer ablehnenden Behördenentscheidung aus Gründen des Firmenimages sein (Bulling, DÖV 1989, 277, 279; Lübbe-Wolff, NuR 1989, 295, 297).
928 Lübbe-Wolff, Nur 1989, 295 (297).

Verhandlungen werden außerdem zur Erforschung des Sachverhalts geführt, wenn eine Behörde im Rahmen ihrer Überwachungstätigkeit rechtswidrige Zustände oder jedenfalls Anhaltspunkte dafür feststellt. Kann der Aspekt der Schaffung und Erhaltung von Arbeitsplätzen im Rahmen einer zu treffenden Ermessensentscheidung berücksichtigt werden, so ist auch eine entsprechende Ermittlung der Fakten zur Erstellung einer fundierten Prognose erforderlich und rechtlich unbedenklich.

Schließlich wird vielfach auch der bewusste behördliche Verzicht auf ein Einschreiten – etwa eine Anordnung oder Auflage nach § 17 BImSchG - zum informalen Verwaltungshandeln gezählt. Darunter fällt auch die sogenannte behördliche Duldung rechtswidriger Zustände, die mit bestimmten Absprachen zur Beseitigung dieser Zustände einhergehen kann, aber auch als bewusste Untätigkeit trotz Kenntnis des rechtswidrigen Zustandes vorkommt. Nach teilweise vertretener Auffassung ist die bewusste Duldung wegen fehlender Normierung in den Verwaltungsverfahrensgesetzen[929], mangels gesetzlicher Ermächtigung sowie wegen mangelnder Rechtssicherheit, Bestimmtheit und Gleichbehandlung für generell rechtswidrig gehalten[930]. Diesen Einwänden ist jedoch entgegenzuhalten, dass die Verwaltungsverfahrensgesetze keineswegs jede behördliche (Un-) Tätigkeit umfassend regeln, sondern nur die auf den Erlass eines Verwaltungsaktes oder den Abschluss eines öffentlich-rechtlichen Vertrages gerichtete. Vor allem aber kann die Duldung durchaus eine Form rechtmäßiger Ermessensausübung sein[931] und ist nicht schon aufgrund allgemeiner Erwägungen von vornherein unstatthaft. Ob und inwieweit eine bestimmte Ermessensnorm eine Duldung ermöglicht, ist anhand dieser Norm zu bestimmen und wurde im Hinblick auf den Arbeitsplatzaspekt bei verschiedenen Ermessensvorschriften hier bereits getan. Dabei ist zu beachten, dass aufgrund der je nach Ermessensnorm unterschiedlichen Zwecke der Ermessenseinräumung die im Rahmen der Ermessenserwägungen berücksichtigungsfähigen Gesichtspunkte – wie eben der Aspekt der Schaffung und Erhaltung von Arbeitsplätzen – je nach Ermessensvorschrift variieren und allgemeingültige Aussagen nicht getroffen werden können[932].

Insgesamt lässt sich also feststellen, dass der Arbeitsplatzaspekt im Zusammenhang mit informalem Verwaltungshandeln entsprechend dem Charakter dieses Handelns zwar faktisch, nicht aber rechtlich von Bedeutung ist. Nur sofern der Arbeitsplatzaspekt im Rahmen der Rechtsanwendung berücksichtigt werden

---

929 Hallwaß, NuR 1987, 296 (299) – argumentiert wird, dass die Verwaltunsgverfahrensgesetze die Grundprinzipien abschließend für alle Arten von Verwaltungsverfahren und mithin die Notwendigkeit eines Verfahrens normieren, das Institut der Duldung als „Nichtverfahren" jedoch gerade nicht kennen; genannt wird auch ein Verstoss der Duldung gegen §§ 9, 22 S.2Nr.1 VwVfG.

930 Hallwaß, NuR 1987, 296 (299).

931 Robbers, DÖV 1987, 272 (278).

932 Vgl. Voßkuhle, Die Verwaltung 29 (1996), 511 (517).

kann, ist für seine Berücksichtigung im Rahmen informalen Verwaltungshandelns Raum. Im Zusammenhang mit dem Arbeitsplatzaspekt bedarf es daher keiner vertieften Auseinandersetzung mit der Thematik des informalen Verwaltungshandelns.

II. Die Verwaltungspraxis

Im Zusammenhang mit der Bedeutung des Arbeitsplatzaspektes ist neben dogmatischen Fragen und sich mit diesem Gesichtspunkt befassenden Gerichtsurteilen auch von Interesse, welche Rolle die Schaffung und Erhaltung von Arbeitsplätzen in der Verwaltungspraxis der mit dem Vollzug der thematisierten Normen befassten Behörden spielt. Größere empirische Untersuchungen zur Rechtstatsachenforschung im Allgemeinen und zur Verwaltungspraxis im Besonderen sind allerdings nicht eben zahlreich[933].

1. Untersuchungen zum Immissionsschutzrecht

1.1 Die Untersuchung von Lambrecht

Einer Untersuchung von Claus Lambrecht zum Vollzug des BImSchG in der Eisen- und Stahlindustrie aus dem Jahre 1976 zufolge überschritt damals das Gesamtstaubaufkommen im Abgas der Sinteranlagen die Emissionswerte der TA Luft vermutlich bei vier von elf untersuchten Unternehmen[934]. Lambrecht beschäftigt sich mit einer nicht zuletzt aus Sorge um den Verlust von Arbeitsplätzen denkbaren eventuellen mangelnden Vollzugsabsicht des Gesetzgebers, verneint diese jedoch mit Hinweis vor allem auf das umfangreiche Instrumentarium, welches den mit dem Vollzug des BImSchG betrauten Behörden zur Verfügung steht[935]. Als wahrscheinliche Gründe für die recherchierten „Vollzugsdefizite" machte er mangelndes Rechtsbewusstsein der Betreiber und fehlende untergesetzliche Normen aus[936]. Der Aspekt der Arbeitsplatzerhaltung jedenfalls spielte in den von ihm untersuchten Fällen keine ersichtliche Rolle.

1.2 Die Untersuchung von Mayntz

In einer den Untersuchungszeitraum zwischen Oktober 1975 und April 1977 umfassenden Studie unter der Projektleitung von Renate Mayntz wurde die behördliche Umsetzung von Gesetzen im Bereich der Luftreinhaltung und des Gewässerschutzes untersucht. Ziel war insbesondere die Erforschung von

933 Voßkuhle, VerwArch 85 (1994), 567 (571) spricht von einem ernüchternden Befund.
934 Lambrecht S. 154.
935 Ders. S. 38 – er verweist auf die §§ 10 Abs.1, 16, 26 (Kenntnisverschaffung); 4 ff., 15 (vorbeugendes Tätigwerden); 12, 17, 20 f., 26 (nachträgliches Eingreifen).
936 Ders. S. 121 ff., 233.

Merkmalen der Gesetzesdurchführung, die eine zielkonforme Wirkung oder eine effektive Problemlösung beeinträchtigen[937]. Die befragten Behördenmitarbeiter schätzten, dass je nach Bundesland zwischen vier und 20 % der Anlagen nicht den Anforderungen des Standes der Technik entsprachen, dass 20 % der Anlagen die Werte der TA Luft gelegentlich und 5 % sie anhaltend überschritten und dass die Dunkelziffer der unentdeckten Verletzungen sonstiger Auflagen etwa 20 % beträgt[938].

1.2.1 Genehmigungsentscheidungen

Bei Genehmigungsentscheidungen wurden der Untersuchung zufolge über unbestimmte Rechtsbegriffe wie insbesondere den „Stand der Technik" soziale und wirtschaftliche Gesichtspunkte berücksichtigt, obwohl „rechtlich ohne Bedeutung"[939]. Im Hinblick auf Änderungsgenehmigungen für vorhandene Anlagen wurde behördlicherseits teilweise eingeräumt, dass man sich mit den Werten der TA Luft begnügt und nicht auf der Einhaltung des Standes der Technik besteht. Gerade bei Änderungsgenehmigungen spielt auch der Aspekt der Arbeitsplätze bisweilen eine Rolle. Im Genehmigungsverfahren nach §§ 4 ff. BImSchG ist die Position der Behörde relativ günstig – hier will das Unternehmen etwas von der Behörde und nicht umgekehrt wie bei nachträglichen Maßnahmen, die Durchsetzung der Immissionsschutzbelange erfordert keine Änderung des status quo[940]. Dementsprechend wurde im Allgemeinen in den Interviews die Stellung der Vollzugsbehörden als stark genug zur Verhinderung der Ansiedlung von Gewerbebetrieben in der Nähe von Wohn- und Erholungsgebieten eingeschätzt. Das galt nach überwiegender Auffassung allerdings nicht für die Ansiedlung von – gerade besonders umweltrelevanten - Großbetrieben. Dabei setzten sich wirtschaftliche Interessen und das Bestreben der *Schaffung von Arbeitsplätzen* nicht selten gegenüber den Belangen des Immissionsschutzes durch. Bemerkenswerterweise wurden solche „wirtschaftsfreundlichen" Entscheidungen nur formal von den zuständigen Genehmigungsbehörden, inhaltlich jedoch auf der Ministerialebene getroffen[941]. Die inhaltlichen Auswirkungen stufte der Um-

---

[937] Im Untersuchungszeitraum wurden in drei Bundesländern 57 Interviews geführt und sodann anhand schriftlicher Fragebögen 40 Einzelfallstudien gewonnen. Eine Absicherung der Ergebnisse erfolgte durch eine flächendeckende schriftliche Befragung, wobei die Rücklaufquote beim Immissionsschutz 78,1 % betrug.

[938] Mayntz u.a. S. 32 f.; außerdem wurde geschätzt, dass etwa 10 % der Anlagen (im jeweiligen Amtsbezirk) ohne die erforderliche Genehmigung betrieben werden, wobei hier das Genehmigungserfordernis überwiegend aus einer wesentlichen Änderung der Anlagen resultierte.

[939] Dies. S. 36.

[940] Mayntz u.a. S. 142 f.; Jarass, DVBl. 1986, 314 (321).

[941] Mayntz u.a. S. 143; BT-Drs. 8 / 1938 S. 476. Allgemein führt der oftmals erhebliche Druck auf die Ministerialverwaltung etwa durch Unternehmen, Kommunalpolitiker, Land-

weltrat als ambivalent ein: einerseits könne den Angelegenheiten des Immissionsschutzes so die ihnen zustehende Bedeutung verliehen werden, andererseits könnten auch Gesichtspunkte maßgebend werden, die nicht den Zielen des Immissionsschutzes entsprechen[942].

1.2.2 Anlagensanierung

Wesentlich erheblichere Defizite fand die Studie bei der Anlagenüberwachung heraus, was nach Angaben der Interviewten in erster Linie auf die unzulängliche Ausstattung mit Personal und technischen Mitteln zurückzuführen war[943]. Zur Sanierung bestehender Anlagen verzichteten die Behörden nach der genannten Studie zumeist auf den Erlass nachträglicher Anordnungen oder sonstiger förmlicher Maßnahmen und trafen stattdessen informale – also rechtlich unverbindliche - oder auch vertragliche Absprachen[944]. Außer durch technische Probleme wurden Sanierungen nicht selten dadurch erschwert, dass ein originäres Eigeninteresse der Anlagenbetreiber an der oftmals mit hohen Kosten verbundenen Sanierung nicht besteht. Zu den gegen Verbesserungsmaßnahmen angeführten wirtschaftlichen und sozialen Standardargumenten zählte neben dem der drohenden Wettbewerbsverzerrung auch das des zu befürchtenden *Verlustes von Arbeitsplätzen*[945]. In der Studie wurde des weiteren auf den häufig von Presse, Wirtschaftsverbänden, Gewerkschaften und politischen Instanzen auf die Immissionsschutzbehörden ausgeübten Druck hingewiesen. Es ist anzunehmen, dass bei diesem Druck gerade das Arbeitsplatzargument eine erhebliche Rolle spielte – so betonten insbesondere untere Verwaltungsbehörden der allgemeinen Verwaltung, dass seitens der kommunalen politischen Gremien großer Wert auf die Vermeidung von Arbeitsplatzverlusten infolge von Immisionsschutzmaßnahmen gelegt werde[946]. Absprachen und damit Konsenslösungen bieten insbesondere den Vorteil der Vermeidung langjähriger und aufwendiger gerichtlicher Auseinandersetzungen. Die mit Absprachen verbundenen Vorteile für die Anlagenbetreiber bestehen in behördlichen Zugeständnissen, Absprachen führen also

tagsabgeordnete, politische Parteien oder Bürgerinitiativen dazu, dass sich das Ministerium in mehr Fällen einschalten muss, als es möchte.

942 BT-Drs. 8 / 1938 S. 476 f. (1532).

943 Mayntz u.a. S. 23 ff.; die Überwachung und Kontrolle genehmigter Anlagen fand zumeist aufgrund äußerer Anstöße (Bürgerbeschwerden !) statt.

944 Mayntz u.a. S. 400 ff.; Knoepfel / Weidner, ZfU 1983, 87 (100 f.); Bohne, VerwArch 75 (1984), 343 (354); Jarass, DVBl. 1986, 314 (319).

945 Beispielhaft wird der Fall der Entstaubung eines Stahlwerkes angeführt, wo seitens des Betreibers mit dem durch die geforderten Immissionsschutzmaßnahmen bedingten Verlust von 2000 Arbeitsplätzen argumentiert wurde (Der Spiegel 8 / 1976 S.46; Mayntz u.a. S.397 f.).

946 Mayntz u.a. S. 413.

zu einem Verzicht auf das rechtlich mögliche Maximalmaß an Immissionsschutz[947].

1.2.3 Das eigene Aufgabenverständnis der Behörden

Die Studie enthält auch Informationen zum eigenen Aufgabenverständnis der Immissionsschutzbehörden. Verschiedene Äußerungen von Behördenvertretern ließen bei der Kollision des Immissionsschutzes mit anderen Interessen Kompromissbereitschaft erkennen. So wurden die Auffassungen geäußert, die Beeinträchtigung von Produktionsausweitungen könne nicht im Sinne des Immissionsschutzes sein, und in Rezessionszeiten müsse man zunächst auf die *Erhaltung der Arbeitsplätze* und erst danach auf die Belange des Immissionsschutzes achten. Überwiegend betrachteten sich die Behörden als Partner der Wirtschaft, die deren Entwicklung zwar steuern, nicht aber behindern sollten[948].

1.3 Die Untersuchung von Hill und Weber

In einer 1996 von Hermann Hill und Annette Weber veröffentlichten, im Auftrag des Umweltbundesamtes durchgeführten Untersuchung zu den Vollzugserfahrungen mit umweltrechtlichen Zulassungsverfahren in den neuen Ländern wurde der mit dem Ziel des „Aufschwungs Ost" verbundene politische Druck hervorgehoben, der insbesondere auf den Immissionsschutzbehörden gelastet habe. Wegen der – zum Teil weitreichenden – wirtschafts-, sozial- und strukturpolitischen Relevanz der Entscheidungen spielten nach Einschätzung der Befragten Investitionssummen, *Arbeitsplätze* sowie allgemeine konjunkturelle Auswirkungen eines Vorhabens auf eine Region eine bedeutende Rolle. Insbesondere Behörden auf kommunaler Ebene waren der Untersuchung zufolge von Versuchen politischer Einflussnahme auf Verfahren betroffen[949].

---

947 So wurden Fristen gewährt, mit Rücksicht auf Verbesserungsmaßnahmen von der Verhängung von Bußgeldern abgesehen, nur die Einhaltung der TA-Luft-Werte bei gleichzeitiger Verbesserung der Gesamtemissionssituation oder bei Unsicherheit über das seinerzeit noch geltende Erfordernis der „wirtschaftlichen Vertretbarkeit" sogar nur niedrigere Werte verlangt. Bei Zweifeln über den Stand der Technik wurden diesbezüglich Konzessionen gemacht und nur Minimalanforderungen gestellt, bei sofortiger Verbesserung einer Anlage wurde bei weiteren Anlagen des gleichen Betreibers von Maßnahmen abgesehen oder für Auflagen bei Neugenehmigungen wurden im Gegenzug Fristen für Verbesserungen an anderen Anlagen gewährt (BT-Drs. 8 / 1938 S.483; Mayntz S.40).

948 BT-Drs. 8 / 1938 S. 480 r. Sp.

949 Hill / Weber S. 247.

1.4 Der Praktikerbericht von Lübbe-Wolff

In ihrem sich auf eigene Erfahrungen in der Umweltverwaltung und Erfahrungen von Kollegen stützenden Praktikerbericht von 1993 führt Gertrude Lübbe-Wolff das von ihr konstatierte Vollzugsdefizit im Umweltrecht unter anderem darauf zurück, dass die direkt mit umweltrechtlichen Vollzugsaufgaben befassten Ämter, Abteilungen, Dezernate usw. zumeist Teil einer Gesamtverwaltung sind, die auch gegenläufige Interessen wie die Förderung des ortsansässigen Gewerbes, die *Erhaltung von Arbeitsplätzen* und die Wahrung und Förderung der Standortattraktivität verfolgt. Oftmals würden rechtswidrige Zustände geduldet, um eine Gefährdung von Existenzfähigkeit und Standortentscheidung von Betrieben und damit eine Gefährdung von *Arbeitsplätzen* und Gewerbesteuereinkünften zu vermeiden[950]. Unmittelbarer Einfluss durch höhere Verwaltungsebenen werde über Auslegungs-, Ermessens- und Abwägungsspielräume ausgeübt. Dass schon die Auffassung der Behördenleitung über den optimalen Vollzug erheblichen Einfluss auf die jeweiligen Entscheidungen und Maßnahmen habe und es daher oft überhaupt keiner direktiven Weisungseingriffe in die Arbeit der sich mit Umweltschutz befassenden Dienststellen bedürfe, liegt nach Lübbe-Wolff nicht zuletzt an der Abhängigkeit von Karriere und Status der Mitarbeiter von ihrem Ansehen bei der Behördenleitung[951].
Als vollzugserschwerend führt sie ferner das Fehlen eines eigenen Vollzugsinteresses bei den Vollzugsadressaten, das den Behörden bezüglich des Vollzugs vielfach eingeräumte Ermessen, die aus Generalklauseln einerseits und einer unübersehbaren Normenflut andererseits resultierende Rechtsunsicherheit, den nicht zuletzt aus dem Angewiesensein auf eine große Menge an Informationen über die konkreten Verhältnisse beim Normadressaten beruhenden hohen Kooperationsbedarf, fehlende Anreize zur Kooperation mit den Behörden, fehlende Klagemöglichkeiten bei lediglich der Umweltvorsorge dienenden Regelungen, organisatorische und personelle Defizite wie Rekrutierungsbeschränkungen, fehlende Leistungsanreize und Personalmangel sowie das Fehlen vollzugsgünstiger Darlegungslasten an.

2. Rechtstatsachenuntersuchung zum Baurecht

Zur Baugenehmigungspraxis existiert eine im Auftrag des Bundesministers für Raumordnung, Bauwesen und Städtebau in Auftrag gegebene Rechtstatsachen-

---

[950] Lübbe-Wolff, NuR 1989, 295 (301); dies., NuR 1993, 217 (219) – Grundlage sind Erfahrungen in einem schwerpunktmäßig mit Gewässerschutz befassten kommunalen Umweltamt, die den Erfahrungsaustausch mit anderen Ämtern und Behörden der Umweltverwaltung mit einschließen (dies., NuR 1989, 295, 295).
[951] Lübbe-Wolff, NuR 1993, 217 (219 f.).

untersuchung des Berliner Instituts für Stadtforschung aus den 80er Jahren, die auch über einige hier relevante Aspekte Aufschluss gibt[952].

2.1 Die Aufstellung von Bebauungsplänen

Die Kommunen wiesen auch bei vergleichbarer städtebaulicher Ausgangssituation ein unterschiedliches Planungsverhalten auf. So ermöglichten sie die Durchführung von – etwa wegen der damit verbundenen Arbeitsplätze - politisch erwünschten größeren Investitionsvorhaben im bebauten Bereich zum Teil über Einzelgenehmigungen (§§ 34, 31 Abs. 2 BauGB) und zum Teil über förmliche Planungen. Als einer der Gründe für diese unterschiedliche „Planungskultur" erwies sich die stadtökonomische Situation: Städte, die um jeden investitionswilligen Bauherrn ringen mussten und damit gegenüber Investoren eine schwächere Verhandlungsposition hatten, konnten es sich schwerer als andere leisten, einen Investor zugunsten öffentlicher Diskussionsprozesse im Rahmen von Bebauungsplanverfahren warten zu lassen[953].
Danach wurden insbesondere aus Anlass der Ausweisung von Wohnbauland oder gewerblichen Flächen im bisherigen Außenbereich (sehr) häufig Bebauungspläne aufgestellt, einzelne größere kommunale oder private Bauvorhaben hingegen führten seltener zur Aufstellung von Bebauungsplänen. Nach Einschätzung einer großen Mehrheit wird aus Anlass der Schaffung von Gewerbe- und Industriefläche im bisherigen Außenbereich immer oder regelmäßig ein Bebauungsplanverfahren durchgeführt. Aus Anlass der Ermöglichung größerer Einzelvorhaben im Innenbereich wurde ein Bebauungsplanverfahren nicht so häufig durchgeführt. Im Hinblick auf die Überplanung von Gemengelagen bezeichneten 60 % der befragten höheren Verwaltungsbehörden die damit einhergehenden städtebaulichen und planungsrechtlichen Probleme als groß, 32 % als mittel und lediglich 8 % als gering.

2.2 Die Befreiung nach § 31 Abs.2 BauGB

Die Befreiung nach § 31 Abs.2 BauGB scheint der Untersuchung zufolge bei der Realisierung von – arbeitsplatzmäßig immerhin besonders relevanten – Großprojekten eine besondere Rolle zu spielen. So bewerteten es 21 % der Befragten als zutreffend und 40 % als vereinzelt zutreffend, dass die Befreiungs-

[952] Befragt wurden sämtliche Mittelinstanzen (Regierungspräsidien / Regierungen) der alten Länder sowie die obersten Baubehörden von Schleswig-Holstein und dem Saarland, wo eine Mittelinstanz nicht besteht. Die Rücklaufquote bei diesen höheren Verwaltungsbehörden betrug 89 %. Ferner wurde eine Umfrage bei Experten der Stadtplanungsämter und Baugenehmigungsbehörden bei Städten und Kreisen durchgeführt, in die sämtliche Städte mit mehr als 30.000 Einwohnern und die übrigen Gemeinden stichprobenartig einbezogen waren, wobei die Rücklaufquote bei über 50 % lag (Wollmann 1.3 – S. 16 f.).
[953] Wollmann u.a. 2.1.3.2 (S. 26 f.).

bereitschaft bei bedeutsamen Investitionsvorhaben größer als bei kleineren Bauvorhaben ist[954]. Der Studie zufolge ging von für eine Gemeinde wichtigen, großen Projekten mehrfach ein erheblicher Termin- und Interessendruck aus. Nicht selten übten neben den Investoren auch die Wirtschaftsförderungsdezernate und die politischen Gremien Druck aus, was in der Folge zu einem Zulassungsdruck führte[955]. Beispielhaft für die Befreiung zugunsten eines Großprojekts wird ein in Abstimmung mit dem vorgesehenen Investor erarbeiteter Bebauungsplan[956] aufgeführt, der nach dem Konkurs des Investors Makulatur wurde. Zwar fand sich ein anderer Interessent, der jedoch ein integriertes Einkaufszentrum und damit ein anderes Nutzungs- und Baukonzept plante. Um Zeit zu sparen, Abstimmungsschwierigkeiten mit der Raumordnung zu vermeiden und die Bürgerbeteiligung zu umgehen[957], verzichtete die Verwaltung im Einverständnis mit Planungsausschuss und Rat auf eine Änderung des vorhandenen Bebauungsplans und erteilte stattdessen Befreiungen von diesem[958].

2.3 Informales Verwaltungshandeln

Des weiteren gelangte die Untersuchung zu dem Ergebnis, dass gerade in den durch Investitionsvolumen sowie städtebauliche Einordnung und Funktion schwerwiegenden Baugenehmigungsfällen vielfach informale Handlungsweisen jenseits der förmlichen baurechtlichen Verfahren traten. Dies erleichterte es den Baugenehmigungsbehörden in den entsprechenden Fällen, sich mit den Vorschriften zu „arrangieren" und der jeweiligen Situation samt den Interessen von Bauherr einerseits und Verwaltung andererseits im Sinne eines Ausgleichs gerecht zu werden[959]. Als Gefahren solch informalen Handelns wurden die mögliche Verletzung des Gleichheitssatzes aufgrund unterschiedlichen Zugangs der Bauinteressenten zu informalen „Regelungsmöglichkeiten" und die drohende Verletzung der Beteiligungsrechte von Drittbetroffenen und Öffentlichkeit infolge der Umgehung eines förmlichen Planungs- und damit Beteiligungsverfah-

---

954 Von den Befragten der höheren Verwaltungsbehörden hielten den Zusammenhang sogar 56 % für zutreffend und 36 % für teilweise zutreffend, unter den Befragten der kleineren Gemeinden mit weniger als 5000 Einwohnern stimmten 47,6 % der These nicht zu (ders. Tabellen 2.2.2 (S.122), 3.2.2.1 (S.152), 3.2.2.5 (S.156).

955 Ders. S. 34 – „Die Ablehnung eines solchen Vorhabens war dann häufig nur noch mit Schützenhilfe durch die Aufsichtsbehörde möglich".

956 Den gesetzlich geregelten Vorhaben- und Erschließungsplan gab es damals noch nicht.

957 „Wir hätten in der Bürgerbeteiligung Schiffbruch erlitten."

958 Wellmann u.a. 2.2.1. (S. 33 l. Sp.); ohne die Befreiungen hätte anstelle des im Plan vorgesehenen Mischgebietes ein Kerngbiet ausgewiesen werden müssen, außerdem wäre eine Planänderung bezüglich der Baukörper erforderlich gewesen.

959 Ders. 3.4.5 (S. 68 r. Sp.).

rens hervorgehoben, außerdem die Gefahr eines willkürlichen Vorgehens der Verwaltung[960].

[960] ders. 3.4.5 (S. 68 r. Sp. / S. 69 l. Sp.) – so klagte ein Experte in der Stadtverwaltung (Schreiben vom 14.5.1984 an die Verfasser der Studie): „Dem normalen Bürger scheint das Bauen generell verboten zu sein ... Der kundige Bürger hat einen Architekten, kennt Leute auf dem Rathaus und findet Schlupflöcher im Gesetz ... Daneben gibt es eine „herrschende Gruppe“, die politisch repräsentiert ist oder in der Lobby Einfluss nimmt ... Recht hat, wer Recht bekommt (...)“.

Teil 9: System der Berücksichtigung des Arbeitsplatzaspektes

I. Arbeitsplätze als Rechtsgut ?

Wie in Teil 2 dargelegt, stellen der Erhalt und die Schaffung von Arbeitsplätzen nicht nur ein faktisches Interesse, sondern auch einen verfassungsrechtlich geschützten Wert dar. Sind Arbeitsplätze damit aber ein Rechtsgut wie Leben, Freiheit, körperliche Unversehrtheit, Eigentum, Vermögen oder Ehre ? Abstrakt formuliert sind Rechtsgüter Lebensgüter, Sozialwerte und rechtlich anerkannte Interessen des Einzelnen oder der Allgemeinheit, die wegen ihrer besonderen Bedeutung für die Gesellschaft Rechtsschutz genießen[961]. An der großen Bedeutung für die Gesellschaft wie für den Einzelnen mangelt es den Arbeitsplätzen gewiss nicht. Da es bei den exemplarisch genannten Rechtsgütern um die Bewahrung bestehender Werte geht, sind die Überlegungen auf den Erhalt existierender Arbeitsplätze zu beschränken. In der Rechtsprechung ist die Erhaltung von Arbeitsplätzen als Rechtsgut im Sinne des § 34 StGB anerkannt worden[962], wobei zur Begründung allenfalls ohne nähere Erläuterung auf die zahlreichen zum Schutz des Arbeitsplatzes geschaffenen Gesetzesbestimmungen hingewiesen wird[963]. Nach Fabricius ist der Rechtsgutscharakter des Arbeitsplatzes allgemein anerkannt[964]. Strafrechtlich sind Arbeitsplätze und ihre Erhaltung allerdings nicht geschützt. Auch eine höhere Strafe für den Fall der unmittelbaren Vernichtung von Arbeitsplätzen infolge einer Straftat wie beispielsweise eines Betruges ist nirgends ausdrücklich und zwingend vorgesehen. Bei den dem Kündigungsschutzgesetz unterfallenden Arbeitsverhältnissen ist eine Kündigung gemäß § 1 Abs.2 S.1 KSchG außer aus personen- und verhaltensbedingten Gründen auch aus dringenden betrieblichen Erfordernissen rechtmäßig. Damit soll gegebenenfalls eine Reduzierung des Personalbestandes auf den Bedarf ermöglicht werden. Weshalb sich der Personalbedarf verringert, ist grundsätzlich irrelevant. Das kann mit den Außenbeziehungen des Unternehmens wie etwa mit einer sich verschlechternden Auftragslage, aber auch mit bewussten unternehmerischen Entscheidungen wie etwa Rationalisierungsmaßnahmen zusammenhängen. Soweit unternehmerische Entscheidungen zugrundeliegen, werden diese nicht auf ihre zwingende Notwendigkeit oder Angemessenheit überprüft[965]. Der Kündigungsschutz dient also mitnichten dem Erhalt von Arbeits-

---

961 Wessels / Beulke Rn 7.

962 Ausdrücklich BGH bei Dallinger, MDR 1975, 722 (723); BayObLG, NJW 1953, 1602 (1603) unter Hinweis auf das Sozialstaatsprinzip; OLG Stuttgart, ZfW 1977, 118 (124); OLG Oldenburg, NJW 1978, 1869; Müller, NJW 1964, 1351 (1353).

963 OLG Hamm, B.v. 28.3.1952 – 1 Ws 71/52.

964 Fabricius, AcP 160 (1961), 273 (305 Fn 111).

965 Allerdings ist nach der Rechtsprechung die Entlassung eines Arbeitnehmers dann nicht als dringendes betriebliches Erfordernis anzusehen, wenn die zugrundeliegende unternehmerische Entscheidung als *offenbar unsachlich, unvernünftig oder willkürlich* angesehen werden

plätzen oder der Verhinderung von Arbeitslosigkeit schlechthin, sondern dem Schutz konkreter Arbeits*verhältnisse* bei bestehenden Arbeitsplätzen. Gegenstand eines jeden Arbeitsverhältnisses ist ein mit diesem untrennbar verbundener Arbeitsplatz. Ob es ein durch § 823 BGB geschütztes „Recht am Arbeitsplatz", also einen deliktischen Vermögensschutz bei Arbeitsplatzverlust gibt, ist überaus umstritten[966]. Und anders als das durch Individualität gekennzeichnete Arbeitsverhältnis ist der Arbeitsplatz eine von den Personen des Arbeitgebers und des Arbeitnehmers losgelöste betriebsorganisatorische Einheit[967]. Gerade diese fehlende Möglichkeit, Arbeitsplätze individuellen natürlichen oder juristischen Personen zuzuordnen, spricht gegen die Einordnung von Arbeitsplätzen als Rechtsgüter.

II. Berücksichtigungsfähigkeit des Arbeitsplatzaspektes

1. Die grundsätzliche Berücksichtigungsfähigkeit des Arbeitsplatzaspektes

Wie die Untersuchung der verschiedenen Normen und dogmatischen Institute gezeigt hat, ist eine Berücksichtigung des Aspektes der Schaffung und Erhaltung von Arbeitsplätzen nicht nur im Rahmen entsprechender ausdrücklicher Berücksichtigungsgebote, sondern grundsätzlich auch im Rahmen unbestimmter Rechtsbegriffe, öffentlich-rechtlicher Verträge, des Ermessens und der Verhältnismäßigkeit möglich. Diese Berücksichtigungsfähigkeit hängt nicht zuletzt mit dem sich aus dem Sozialstaatsprinzip in Verbindung mit der Berufsfreiheit ergebenden staatlichen Auftrag zusammen, sich unter Berücksichtigung sonstiger Belange um eine ausreichende Anzahl an Arbeitsplätzen zu bemühen. Sowohl das Sozialstaatsprinzip als auch das Grundrecht der Berufsfreiheit besitzen für die Auslegung und Anwendung öffentlich-rechtlicher Normen Relevanz[968]. Diese grundsätzliche Berücksichtigungsfähigkeit bedeutet zunächst, dass die Beachtung des Arbeitsplatzgesichtspunktes nicht generell als sachfremd ausgeschlossen ist und sagt nichts darüber, ob eine Berücksichtigung des Arbeitsplatzaspektes bei bestimmten Normen und im konkreten Fall möglich oder gar geboten ist. Bei welchen Konstellationen eine Berücksichtigung möglich oder angezeigt ist, wird unter II. dargestellt. Zunächst ist jedoch auf die Berücksichti-

muss; es darf aber nicht geprüft werden, ob die vom Unternehmer erwarteten Vorteile in einem vernünftigen Verhältnis zu den Nachteilen stehen, die die Arbeitnehmer durch die Kündigungen erleiden (so BAG, DB 1987, 2207 = NJW 1987, 3216).

966 Hager in Staudinger § 823 Rn B 190 f.; Zeuner in Soergel § 823 Rn 151 (der beruflichen und gewerblichen Betätigung sei auch dort Schutz zu gewähren, wo es an einem betrieb fehlt); Mertens in Münchener Kommentar § 823 Rn 516 (deliktischer Schutz bei gezielter Vernichtung eines Unternehmens).

967 Fabricius, AcP 160 (1961), 273 (307).

968 Schreiber S.64; Sachs in Stelkens / Bonk / Sachs § 40 Rn 84 f.; siehe Teil 2 / 1. Kapitel III.1.

gung des Arbeitsplatzaspektes vor dem Hintergrund der verfassungsrechtlich und einfachgesetzlich normierten Wirtschaftsordnung und insbesondere der Wettbewerbsfreiheit einzugehen.

2. Berücksichtigung des Arbeitsplatzaspektes und Wirtschaftsordnung

2.1 Wirtschaftsordnung nach dem Grundgesetz

Das Grundgesetz enthält anders als die Weimarer Reichsverfassung[969] keine expliziten Regelungen über die Wirtschafts- und Sozialverfassung und schreibt nach überwiegender Auffassung weder ein bestimmtes Wirtschaftssystem wie das der sozialen Marktwirtschaft noch gar eine bestimmte wirtschaftspolitische Konzeption zwingend vor[970], einer Steuerung der Wirtschaft mit nicht marktkonformen Mitteln zur Gestaltung der sozialen Ordnung steht es demnach nicht entgegen. Jedoch gewährleisten die Grundrechte und unter ihnen insbesondere die Freiheit von Berufswahl und Berufsausübung (Art. 12 GG)[971] und die sich auch auf Unternehmenseigentum beziehende Eigentumsgarantie (Art. 14 GG)[972] als Marktfreiheiten auch eine wirtschaftliche Betätigung des Einzelnen, prägen die Wirtschaft und setzen der wirtschaftspolitischen Gesetzgebung und der Wirtschaftsverwaltung dadurch Grenzen. Die Enthaltsamkeit des Grundgesetzes zur Wirtschaftsverfassung kann keinesfalls in eine reduzierte Garantiewirkung der Freiheitsrechte im ökonomischen Bereich umgedeutet werden[973]. Die „wirtschaftspolitische Neutralität des Grundgesetzes" wird dementsprechend überwiegend im Sinne einer von der Verfassung vorgegebenen freiheitlichen Wirtschaftsordnung verstanden[974]. Die genannten Freiheiten mit wirtschaftlichem Bezug können zwar in nicht unerheblichem Umfang kraft Gesetzes eingeschränkt werden, sofern dafür ein legitimer Grund besteht, sind aber nach Art. 19 Abs.2 GG in ihrem Wesensgehalt unantastbar. Aus der allgemeinen Handlungsfreiheit nach Art. 2 Abs.1 GG oder der Berufsfreiheit nach Art. 12 GG leitet die Rechtsprechung die Wettbewerbsfreiheit[975] her. Markt und Wett-

[969] Vgl. Artt. 151-165 WRV.

[970] BVerfGE 4, 7 (17); 7, 337 (400); 14, 19 (23); 30, 292 (315); 39, 210 (225); 50, 290 (337) – wirtschaftspolitische Neutralität des GG; Baumbach / Hefermehl Allg Rn 42; aA Nipperdey, demzufolge die soziale Marktwirtschaft verfassungsrechtlich garantiert ist.

[971] Sowohl ein Unternehmer als natürliche Person als auch ein Unternehmen in der Rechtsform einer juristischen Person stehen unter dem Schutz des Art. 12 GG – BVerfGE 21, 261 (266); 22, 380 (383); 23, 208 (223); 30, 292 (312); Rüfner, DVBl. 1976, 689 (690).

[972] Art. 14 GG garantiert auch Gebrauch und private Verfügungsbefugnis über vermögenswerte Rechte in wirtschaftspolitisch relevanter Größe – Rüfner, DVBl. 1976, 689 (690).

[973] Papier HBVerfR § 18 Rn 4.

[974] Rüfner, DVBl. 1976, 689 (691); Leisner S. 58.

[975] Scholz in Maunz / Dürig Art. 12 Rn 79 ff.; zur Wettbewerbsfreiheit BVerfGE 4, 7 (24); 21, 292 (297); 32, 311 (317 f.); Art. 2 Abs.1 GG: BVerwGE 30, 191 (198); 60, 154 (159); 65, 167 (174); BVerwG, NJW 1982, 2513 (2515); NVwZ 1984, 306 (307); OVG Münster, NJW

bewerb sind also zwar nicht institutionell abgesichert, ihre Beseitigung wird aber durch die Einzelgrundrechte verhindert[976].

2.2 Einfachgesetzliche Normierung der Wirtschaftsordnung

Daneben ist die marktwirtschaftliche Wettbewerbsordnung insbesondere einfachgesetzlich normiert. So heißt es in Art.1 Abs. 3 S. 1 des gemäß Art. 40 Abs.1 des Einigungsvertrages auch nach der Wiedervereinigung fortgeltenden Staatsvertrages zur Währungs-, Wirtschafts- und Sozialunion, Grundlage der Wirtschaftsunion sei die Soziale Marktwirtschaft[977], die nach der Legaldefinition in Art.1 Abs.3 S.2 des Staatsvertrages „insbesondere ... durch Privateigentum, Leistungswettbewerb, freie Preisbildung und grundsätzlich volle Freizügigkeit von Arbeit, Kapital, Gütern und Dienstleistungen" gekennzeichnet ist. Ferner sei an das Wettbewerbs- und Kartellrecht mit den Gesetzen gegen unlauteren Wettbewerb und gegen Wettbewerbsbeschränkungen erinnert. Beide setzen das Bestehen von Wettbewerb voraus. Das im GWB niedergelegte grundsätzliche Verbot von Wettbewerbsbeschränkungen richtet sich nach § 1 GWB an Unternehmen und Vereinigungen von Unternehmen. Diese sollen den Wettbewerb nicht manipulieren und sich nicht einander vor gegenseitiger Konkurrenz schützen. Die Entscheidung für Marktwirtschaft und Wettbewerb wird mittels des GWB also auch gegen den Willen der beteiligten Unternehmen vom Staat durchgesetzt[978] - dies impliziert zugleich eine Zurückhaltung des Staates bei Maßnahmen zum Zweck des Konkurrenzschutzes. Auch im Stabilitätsgesetz ist eine marktwirtschaftliche Ordnung vorausgesetzt[979]. Das Element der Marktkonformität gesetzlicher Maßnahmen und staatlicher Regelungen prägt beispielsweise die Insolvenzordnung. Nach der Gesetzesbegründung ist dort sorgfältig darauf geachtet worden, dass das Insolvenzverfahren eine marktkonforme Insolvenzbewältigung ermöglicht; jede Bevormundung der privaten Beteiligten durch Gericht und Insolvenzverwalter soll unterbleiben. Es ist ausdrücklich kein Ziel des Insolvenzrechts, gegen die Kräfte des Marktes zu einer Perpetuierung von Unternehmensträgern beizutragen[980]. Vielmehr stellt die gleichmäßige Gläubiger-

---

1980, 2323 (2324); VGH München, NJW 1985, 759. Art. 12 GG stellt das gegenüber Art. 2 Abs.1 GG speziellere Grundrecht dar. Das spricht dafür, die Wettbewerbsfreiheit als Ausfluß der Berufsfreiheit zu betrachten (BVerwGE 71, 183, 189).

[976] Schmidt HBStR III § 83 Rn 21; ders. HBStR III § 83 Rn 20: der dem einzelnen mit den Grundrechten gewährte Anteil an der Wirtschafts- und Sozialgestaltung schließt die absolute Herrschaft des politischen Systems über die Wirtschaft aus.

[977] Dass der Staatsvertrag – obwohl mit Zweidrittelmehrheit verabschiedet - kein Verfassungsrecht ist, ergibt sich schon aus Art. 79 Abs.1 S.1 GG, wonach das Grundgesetz nur durch ein Gesetz geändert werden kann, das den Wortlaut des Grundgesetzes ausdrücklich ändert oder ergänzt (dazu Schmidt-Preuß, DVBl. 1993, 236, 238).

[978] Püttner, DÖV 1976, 433 (435).

[979] Zum Stabilitätsgesetz Teil 2 1. Kapitel IV.

[980] BT-Drs. 12 / 2443 S. 76 f.

befriedigung den primären Zweck des Insolvenzverfahrens dar, während die Erhaltung des insolventen Unternehmens – die ja Voraussetzung für die Erhaltung der bedrohten Arbeitsplätze ist – lediglich als sekundärer Verfahrenszweck der gleichmäßigen Gläubigerbefriedigung dient.
Die Wettbewerbsordnung gebietet jedoch nicht nur den Verzicht auf bewussten und direkten Konkurrenzschutz, sondern auch die Vermeidung von Wettbewerbsverzerrungen[981]. Dem Prinzip der Marktkonformität staatlicher Maßnahmen entspricht der Vorrang der Global- vor der Individualsteuerung[982]. Die Berücksichtigung des Arbeitsplatzgesichtspunktes im Rahmen von Ermessen und Verhältnismäßigkeit bedeutet – sofern Maßstab nicht ein gedachter „Durchschnittsbetrieb" ist - eine Berücksichtigung der wirtschaftlichen Auswirkungen einer Entscheidung auf einen konkreten Betrieb und scheint daher mit den genannten Grundsätzen in einem Spannungsverhältnis zu stehen.

2.3 Die Leistungsfähigkeit als Maßstab für Pflichten

Indes widerspricht ein unterschiedliches Maß öffentlich-rechtlicher Pflichten je nach individueller Leistungsfähigkeit eines Betriebes dem Gleichheitsgrundsatz des Art.3 Abs.1 GG nicht und ist der Rechtsordnung auch keineswegs fremd. Deutlich wird dies insbesondere im Steuerrecht. Eine Besteuerung nach der wirtschaftlichen Leistungsfähigkeit ist verfassungsrechtlich nicht nur möglich, sondern geboten[983] - die wirtschaftlichen und sozialen Verhältnisse des Einzelnen sind zu berücksichtigen. Die Steuergesetze sehen mit ihren unterschiedlichen prozentualen Steuersätzen nicht nur eine zum Gewinn proportional wachsende Steuerpflicht, sondern eine überproportional zunehmende, progressive Steuerpflicht vor. Des weiteren hat das Bundesverfassungsgericht eine Besserstellung mittelständischer Betriebe durch den Steuergesetzgeber mehrfach als gegenüber dem Gleichheitsgebot verfassungsrechtlich beachtlich anerkannt[984] und im Zusammenhang mit der Erbschaftsteuer angemahnt, bei der Gestaltung der Abgabenlast zu beachten, dass die Existenz namentlich mittelständischer Unternehmen durch zusätzliche finanzielle Belastungen gefährdet werden kann[985]. Zwar knüpft die Besteuerung an den Gewinn und damit an das Ergebnis unternehmerischer Betätigung an, während Eingriffe der Durchsetzung von Normen und rechtmäßigen Zuständen dienen, durch die der Rahmen festgelegt ist, innerhalb dessen wirtschaftliche Betätigung und Teilnahme am Wettbewerb

---

981 Papier, HBVerfR § 18 Rn 77.
982 Zacher HBStR II § 28 Rn 59.
983 BVerfGE 8, 51 (68 f.); 36, 66 (72); 43, 108 (123); 61, 319 (343 f.); 81, 228 (236); 82, 60 (86 f.); 89, 346 (352); Papier HBVerfR § 18 Rn 108; Kannengießer in Schmidt-Bleibtreu / Klein Art. 3 Rn 32; vgl. auch Art. 134 WRV.
984 BVerfGE 13, 97 (110 ff.); 16, 147 (182 ff.); 21, 160 (169); 23, 50 (59 ff.); 39, 210 (227 ff.).
985 BVerfGE 93, 165 (175).

zulässig sind. Es ist aber nicht zu leugnen, dass sich die Höhe der für einen bestimmten Zeitraum zu zahlenden Steuern auf die künftige Liquidität auswirkt. Ergebnis vergangener unternehmerischer Betätigung und Rahmen aktueller und künftiger unternehmerischer Betätigung können also nicht strikt voneinander getrennt werden.
An die wirtschaftliche Leistungsfähigkeit im Allgemeinen und die Gefährdung von Arbeitsplätzen im Besonderen wird beispielsweise auch in § 16 BetrAVG angeknüpft, demzufolge ein Arbeitgeber bei der Entscheidung über die Anpassung laufender Leistungen der betrieblichen Altersversorgung seine wirtschaftliche Lage berücksichtigen kann und muss[986]. Nach der Rechtsprechung scheidet eine Erhöhung der Leistungen der betrieblichen Altersversorgung aus, wenn sie die Substanz des Unternehmens auszehrt, seine gesunde wirtschaftliche Entwicklung verhindert und *Arbeitsplätze gefährdet*[987]. Die zum Erhalt und zur Schaffung von Arbeitsplätzen erforderlichen Investitionen haben Vorrang vor der Befriedigung des Anpassungsbedarfs[988]. Der Sache nach besteht also aufgrund einer Zusage des Arbeitgebers ein zivilrechtlicher Anspruch des Arbeitnehmers auf betriebliche Altersversorgung, der nach dem BetrAVG jedoch nur unter Berücksichtigung der wirtschaftlichen Leistungsfähigkeit erhöht werden muss.
Nach § 112 Abs.5 Nr.3 BetrVG ist bei der Bemessung des Gesamtbetrags von Sozialplanleistungen darauf zu achten, dass der Fortbestand des Unternehmens oder die nach Durchführung der Betriebsänderung verbleibenden Arbeitsplätze nicht gefährdet werden. Hier werden die Betriebspartner und damit auch der Unternehmer also vom Gesetzgeber aufgefordert, bei der Vereinbarung freiwilliger Zahlungspflichten des Unternehmers auf die wirtschaftliche Leistungsfähigkeit und den Erhalt von Arbeitsplätzen Rücksicht zu nehmen.
Auch die Pfändungsschutzbestimmungen der §§ 811, 850 ff. ZPO als öffentlichrechtliche Beschränkung staatlicher Vollstreckungsgewalt[989] bedeuten der Sache nach den jedenfalls zeitweisen Verzicht auf die Durchsetzung einer gerichtlich festgestellten Zahlungspflicht. Durch die Vollstreckungsschutzbestimmungen bleibt das privatrechtliche Anspruchs- und Haftungssystem unberührt; der Vollstreckungsschutz ist seiner Idee nach – wie auch die Insolvenz – lediglich als Aufschub der Rechtsdurchsetzung, nicht hingegen als Verhinderung des Voll-

---

[986] Zwar beruht die Gewährleistung betrieblicher Altersversorgung auf einer freien Arbeitgeberentscheidung, die Anpassung nach billigem Ermessen nach Maßgabe des BetrAVG jedoch auf einer gesetzlichen Pflicht.
[987] BAGE 48, 272 (279); 48, 284 (290); 61, 94 (98); Löwisch, NJW 1997, 905 (906).
[988] BAGE 29, 294 (316); 32, 317 (324 f.); 48, 272 (279); nach Höfer § 16 Rn 3566 können auch einzelne Arbeitsplätze vernichtende Erneuerungsinvestitionen als vorrangig angesehen werden, wenn u.U. auf Dauer den Fortbestand des Unternehmens und somit eine Vielzahl anderer Arbeitsplätze sichern.
[989] Stein-Jonas § 811 Rn 2.

streckungserfolges zu verstehen[990]. Insofern bestehen durchaus Parallelen zum – zeitweisen – Verzicht auf ein behördliches Einschreiten trotz Bestehens eines rechtswidrigen Zustands, das an der Geltung entsprechender öffentlich-rechtlicher Pflichten nichts ändert. Auch der Vollstreckungsschutz ist mit dem Sozialstaatsprinzip verknüpft – geschützt wird nicht nur der Schuldner, sondern mittelbar auch die Allgemeinheit, da ein „kahlgepfändeter" Schuldner droht, der staatlichen Sozialhilfe anheimzufallen[991].

Ferner ist die Rechtmäßigkeit von Lohnsenkungen durch Änderungskündigungen zur Erhaltung von Arbeitsplätzen anerkannt. So hält die Rechtsprechung entsprechende Änderungskündigungen dann für zulässig, wenn durch die Senkung der Personalkosten die Stilllegung des Betriebes oder die Reduzierung der Belegschaft verhindert werden kann und soll[992]. Dann sei eine Änderungskündigung nicht nur möglich, sondern das Ultima-Ratio-Prinzip gebiete bei entsprechender Bereitschaft des Arbeitnehmers sogar ihren Ausspruch anstelle einer Beendigungskündigung[993]. Auch in der Literatur wird die Rechtmäßigkeit von Änderungskündigungen zur Arbeitsplatzerhaltung ganz überwiegend nicht in Frage gestellt, unterschiedlich sind lediglich die an sie zu stellenden Anforderungen. Diese reichen vom strikten Nachweis, dass ohne die Kündigung der Betrieb nicht weitergeführt werden kann, über eine Bedrohung nur des entsprechenden Arbeitsplatzes[994] bis hin zum bloßen Fehlen einer angemessenen Rentabilität[995]. Bezüglich der Intensität der Gefahr des Arbeitsplatzabbaus wird teilweise eine akute Gefahr verlangt, teilweise bereits ein nützlicher Sanierungsbeitrag für ausreichend gehalten[996]. Sofern die Möglichkeit einer Entgeltabsenkung durch Änderungskündigung auch zum Zweck der Erhaltung von Arbeitsplätzen bezweifelt wird, wird dies mit der geltenden Rechtslage nach dem KSchG begründet[997]. Die Möglichkeit der Lohnsenkung durch Änderungskündigung wird also nicht aus prinzipiellen, insbesondere verfassungsrechtlichen Erwägungen verneint.

Schließlich ist von der Rechtsprechung die Möglichkeit der außerordentlichen Kündigung eines Tarifvertrages anerkannt[998]. Die Beendigung eines Tarifvertrages durch außerordentliche Kündigung ist selbst dann nicht ausgeschlossen, wenn der – befristete oder unbefristete - Tarifvertrag Regelungen zur ordentli-

---

990 ebd.

991 Schilken in Münchener Kommentar § 811 Rn 2.

992 BAG, NZA 1986, 824; LAG Köln, LAGE § 2 KSchG Nr.10.

993 BAGE 47, 26 (32 f.); zustimmend Dänzer-Vanotti / Engels, DB 1986, 1390 (1391).

994 Ein Teil des Schrifttums wendet sich gegen die Befugnis, auch gegen solche Arbeitnehmer eine Gehaltsminderung durchzusetzen, deren Arbeitsverhältnisse bei einer Weiterbeschäftigung zu unveränderten Bedingungen nicht konkret in Gefahr sind, so Dänzer-Vanotti / Engels DB 1986, 1390 (1392).

995 Löwisch, NZA 1988, 633 (637).

996 Vgl. Krause, DB 1995, 574 (577).

997 Kittner, NZA 1997, 968 (974).

998 BAGE 85, 28 (43); BAG, DB 1997, 2331.

chen Kündigung enthält, sofern die Fortsetzung des Tarifvertrages bis zum vereinbarten Ende oder bis zum Ablauf der ordentlichen Kündigungsfrist einer Seite nicht zugemutet werden kann[999]. Und die Unzumutbarkeit des Festhaltens an einem Tarifvertrag ist dann zu bejahen, wenn eine grundlegende, von den Tarifparteien nicht vorausgesehene und von ihren Vorstellungen abweichende Änderung der wirtschaftlichen Situation vorliegt, die zu weiterer Gefährdung von Unternehmen und *Arbeitsplätzen* sowie zur Investitionsblockade führt[1000]. Für die Zumutbarkeit ist nicht primär auf die Belange des Arbeitgeberverbandes als tarifschließender Partei, sondern vielmehr auf die Situation der Mitgliedsunternehmen abzustellen, da der Verband im tariflichen Bereich deren Interessen vertritt und zu vertreten hat. Zur Beurteilung des Vorliegens einer unzumutbaren Notlage ist allerdings nicht auf die Lage der unteren Grenzbetriebe abzustellen, eine Überforderung einzelner Betriebe begründet also mitnichten die Unzumutbarkeit des Verbandstarifvertrages. Unzumutbarkeit eines Tarifvertrages kommt vielmehr erst bei Überforderung der überwiegenden Mehrzahl der Mitgliedsunternehmen in Betracht[1001]. Die eigentlich nach § 4 Abs.5 TVG bestehende umfassende Nachwirkung gekündigter Tarifverträge muss zur Erreichung des mit der außerordentlichen Kündigung verfolgten Zweckes – eben der Vermeidung unzumutbarer Belastungen – teleologisch dahingehend reduziert werden, dass sich die Nachwirkung nicht auf solche Tarifnormen bezieht, deren Einhaltung gerade die Unzumutbarkeit der Vertragsfortführung begründet[1002].
Durch die Erhaltung von Betrieben aufgrund einer entsprechenden Ermessensausübung wird im übrigen auch ein Stück Wettbewerb erhalten. Das Interesse an der Erhaltung einer gesunden Struktur in einer Branche mit einer möglichst großen Anzahl leistungsfähiger, rentabel arbeitender Betriebe kann sogar die vorübergehende Beschränkung des Wettbewerbs durch ein Kartell rechtfertigen[1003].
Schließlich sind vollkommen marktneutrale Maßnahmen, die die Marktlage für alle Unternehmungen in gleicher Weise beeinflussen, praktisch kaum zu finden[1004] und man kann regelmäßig nicht zuverlässig bestimmen, welche Maßnahmen marktkonform sind und welche nicht.

---

[999] BAG, DB 1997, 2331 (2332); Buchner, NZA 1993, 289 (298); Oetker, RdA 1995, 82 (93).
[1000] Buchner, NZA 1993, 289 (298).
[1001] Buchner, NZA 1993, 289 (298); Oetker, RdA 1995, 82 (95).
[1002] Bauer-Diller, DB 1993, 1025 (1030); Buchner, NZA 1993, 289 (299); Oetker, RdA 1995, 82 (95).
[1003] Immenga / Dannecker / Mestmäcker zur § 4 GWB Rn 9.
[1004] Saladin, VVDStRL 35 (1976), 7 (25 FN 53).

3. Möglichkeiten der Berücksichtigung im Einzelnen

3.1 Ausdrückliche gesetzliche Erwähnung des Arbeitsplatzaspektes

Wenn die Berücksichtigung des Gesichtspunktes der Schaffung oder Sicherung von Arbeitsplätzen – insbesondere im Rahmen komplexer Abwägungsvorgänge – ausdrücklich vorgeschrieben ist, kann und muss der Arbeitsplatzaspekt beachtet werden. Ausdrückliche Erwähnung findet der Arbeitsplatzaspekt vornehmlich in unbestimmten und außerordentlich abstrakten Normen, die Leitgedanken der jeweiligen Gesetze für die durch sie zu regelnden Lebensbereiche zum Ausdruck bringen. Es handelt sich letztlich um in Gesetzesform gegossene politische Deklamationen – so ist etwa § 1 StabG auch als Bestandteil einer Regierungserklärung oder eines Parteiprogramms vorstellbar. Diese Normen fordern ihrer Eigenart entsprechend zu Abwägungen auf, auch wenn dies anders als bei § 1 BauGB nicht explizit Ausdruck im Gesetz findet.
Sofern die Sicherung oder Schaffung von Arbeitsplätzen wie bei §§ 1, 3 InVorG die tatbestandliche Voraussetzung einer bestimmten Rechtsfolge und letztlich einer behördlichen Maßnahme – einer Erlaubnis oder sonstigen Begünstigung - bildet, ist die Verwaltung ebenfalls zur Berücksichtigung des Arbeitsplatzaspektes verpflichtet. Die Berücksichtigungspflicht beschränkt sich hier nicht auf die Einstellung dieses Gesichtspunktes in umfassende Abwägungserwägungen, sondern fordert die – je nach Wortlaut und Auslegung der einschlägigen Norm sichere, wahrscheinliche oder mögliche – Schaffung oder Erhaltung von Arbeitsplätzen. Die Schaffung oder Erhaltung von Arbeitsplätzen ist tatbestandliche Voraussetzung für eine behördliche Maßnahme als Rechtsfolge – mag diese im behördlichen Ermessen liegen oder nicht. Die entsprechende Maßnahme bezweckt dann, dass Arbeitsplätze überhaupt oder jedenfalls möglichst rasch entstehen. Wenn der Gesichtspunkt der Schaffung und Erhaltung von Arbeitsplätzen ausdrückliches Tatbestandsmerkmal in einem konditionalen Rechtssatz ist, erlangt er stärkere Verbindlichkeit als im Rahmen von Abwägungen.

3.2 Der Arbeitsplatzaspekt im Rahmen des Verhältnismäßigkeitsprinzips

Außerdem kann das Verhältnismäßigkeitsprinzip eine Berücksichtigung des Arbeitsplatzaspektes gebieten. Wenn eine Maßnahme aufgrund der durch sie gefährdeten oder absehbar verlorengehenden Arbeitsplätze ausnahmsweise unverhältnismäßig ist, darf sie nicht durchgeführt werden. Der Arbeitsplatzaspekt kann hier staatlichem Handeln also äußerste verbindliche Grenzen setzen und somit eine Sperrwirkung entfalten. Vorrangig zu prüfen ist allerdings stets, ob der Verlust von Arbeitsplätzen im Rahmen der anzuwendenden Norm überhaupt zur Unverhältnismäßigkeit führen kann.

3.3 Der Arbeitsplatzaspekt im Rahmen unbestimmter Rechtsbegriffe

Die Sorge um eine ausreichende Anzahl von Arbeitsplätzen stellt eine über das Sozialstaatsprinzip und die Berufsfreiheit mit Verfassungsrang ausgestattete staatliche Aufgabe dar[1005]. Dementsprechend stellen die Schaffung und Erhaltung von Arbeitsplätzen abstrakt – also losgelöst von konkreten Rechtsnormen - ein öffentliches Interesse, einen Allgemeinwohlbelang dar[1006]. Da die Schaffung und Erhaltung von Arbeitsplätzen in einem generellen Sinn ein öffentliches Interesse darstellt, *kann* sie auch ein öffentliches Interesse im Sinne einer bestimmten Regelung sein. Ob der Arbeitsplatzaspekt auch ein öffentliches Interesse im Sinne einer bestimmten Norm darszustellen vermag, richtet sich nach dem Kontext, in welchen der Begriff des öffentliches Interesses eingebettet ist. Maßgeblich sind insoweit insbesondere Struktur sowie Sinn und Zweck der betreffenden Norm. Wie dargelegt, ist dies etwa bei § 31 Abs.2 S.1 BauGB und bei § 8 a BImSchG der Fall.

Diese Normen stehen indes exemplarisch für solche Regelungen, die im öffentlichen Interesse, aus Gründen des Gemeinwohls oder aufgrund ähnlicher tatbestandlicher Voraussetzungen eine Befreiung von ansonsten zu erfüllenden Bedingungen bestimmten (§ 31 Abs.2 S.1 BauGB) oder sonst Privilegien gewähren (§ 8 a BImSchG). Da die Schaffung und Erhaltung von Arbeitsplätzen generell ein mit Verfassungsrang ausgestattetes öffentliches Interesse etc. darstellt, ist davon auszugehen, dass der Arbeitsplatzaspekt auch ein öffentliches Interesse etc. im Sinne einer begünstigenden Norm der genannten Art ist, sofern nach Sinn und Zweck, Systematik oder gesetzgeberischem Willen keine Anhaltspunkte für das Gegenteil bestehen. Dafür spricht auch der Umstand, dass durch eine solche Begünstigung kein Eingriff in Grundrechte stattfindet, sondern der Freiheitsraum vielmehr erweitert wird. Die Gefahr ausufernder „Sondergenehmigungen" oder anderer Privilegierungen mit dem Hintergrund der Arbeitsplatzschaffung oder –erhaltung besteht nicht, da der begünstigende Verwaltungsakt regelmäßig an weitere Voraussetzungen geknüpft sein wird, mit denen etwaige negative Begleiterscheinungen ausgeschlossen oder minimiert werden. Außerdem wird die begünstigende Rechtsfolge in der Regel im behördlichen Ermessen stehen und eine Pflicht zur Gewährung der Begünstigung nur ausnahmsweise bestehen.

1005 BVerfGE 21, 245 (251); Olbersdorf, AuR 1955, 129 (138 ff.); Hambusch, AuR 1972, 269 (271); Badura, FS für Berber S.11 (21); Achterberg, JZ 1975, 713 (720/721); Schwerdtner, ZfA 1977, 47 (69); Scholz in Böckenförde u.a. S.75 (82); Pitschas S.8 f.; Papier, DVBl. 1984, 801 (811); Wienholtz, AöR 109 (1984), 532 (539 f.); Mückenberger, NZA 1985, 518 (518); Wipfelder, RdA 1985, 93 (94); Sterzel, ZRP 1993, 13 (17); Wieland, DVBl. 1999, 1709 (1710); Maunz / Zippelius § 29 I 3.

1006 Vgl. Teil 5 I. 2.

Anders verhält es sich bei Normen, die – wie etwa § 69 a GewO – Eingriffsmaßnahmen im öffentlichen Interesse gestatten.
Eine Grundrechtsbeeinträchtigung darf entsprechend dem Vorbehalt des Gesetzes nur durch oder aufgrund eines förmlichen Gesetzes erfolgen[1007]. Der Gesetzesvorbehalt verlangt darüber hinaus, dass alle wesentlichen Fragen vom Parlament selbst entschieden werden[1008]. Dementsprechend muss das Gesetz die Tätigkeit der Verwaltung inhaltlich normieren[1009] und darf sich nicht darauf beschränken, allgemein gehaltene Grundsätze aufzustellen. Das Rechtsstaatsprinzip gebietet ferner, dass grundrechtsrelevante Vorschriften in ihren Voraussetzungen und ihrem Inhalt so klar formuliert sein müssen, dass die Rechtslage für den Betroffenen erkennbar ist und er sein Verhalten danach einrichten kann[1010]. Dies gemahnt zu einer restriktiven Auslegung unbestimmter Rechtsbegriffe wie insbesondere dem des öffentlichen Interesses, soweit diese im Rahmen von Eingriffsnormen verwendet werden.
Vielfach handelt es sich bei derartigen Ermächtigungsgrundlagen zudem um Normen zur Abwehr von Gefahren für die öffentliche Sicherheit und Ordnung, auch wenn dies nicht so explizit wie in den polizeirechtlichen Generalklauseln zum Ausdruck gelangt. Solche Gefahrenabwehrnormen zeichnen sich durch den Schutz bestimmter Güter im Sinne des Schutzes eines tatsächlich vorhandenen Bestandes aus[1011]. Dies unterscheidet die Gefahrenabwehr von der darüber hinausgehenden Wohlfahrtspflege. Maßnahmen zur Schaffung neuer Arbeitsplätze können somit schon deshalb nicht mit Gefahrenabwehrnormen legitimiert werden.
Auch Maßnahmen zum Erhalt bestehender Arbeitsplätze können jedoch ohne besondere Anhaltspunkte nicht auf der Grundlage von Gefahrenabwehrnormen im Rahmen unbestimmter Rechtsbegriffe wie dem des öffentlichen Interesses ergriffen werden. Die Gefahrenabwehr bezieht sich bei den polizeirechtlichen Generalklauseln und ohne anderweitige Anhalstpunkte auch bei sonstigen – speziellen- Gefahrenabwehrnormen auf die Abwehr von Gefahren für die öffentliche Sicherheit und Ordnung. Öffentliche Sicherheit beinhaltet die Unversehrtheit von Leben, Gesundheit, Freiheit, Ehre und Vermögen des Einzelnen, den Bestand und das Funktionieren des Staates und seiner Einrichtungen sowie die Unverletzlichkeit der Rechtsordnung[1012]. Unabhängig davon, ob es sich bei Arbeitsplätzen um Rechtsgüter handelt, stellen Arbeitsplätze somit keine von der öffentlichen Sicherheit umfassten Schutzgüter dar. Dies wiederum bedeutet,

---

1007 Jarass / Pieroth Art.20 Rn 47.
1008 BVerfGE 95, 267 (307); 83, 130 (152); 98, 218 (251).
1009 BVerfGE 6, 32 (42); 8, 71 (76); 8, 274 (325); 9, 83 (87); 13, 153 (160); 20, 150 (158).
1010 BVerfGE 21, 73 (79); 52, 1 (41).
1011 Drews / Wacke / Vogel / Martens § 13 - 2.a).
1012 Drews / Wacke / Vogel / Martens § 15 – 2.b) und 2.c); Möstl S. 68; Schenke Rn 53; entsprechende Legaldefinitionen enthalten § 54 Nr.1 ThürOBG, § 2 Nr.2 BremPolG, § 3 Nr.1 SachsAnhSOG.

dass – auch spezielle – Gefahrenabwehrnormen grundsätzlich nicht dem Schutz von Arbeitsplätzen dienen. Damit kann der Arbeitsplatzapsekt auch nicht im Rahmen unbestimmter Rechtsbegriffe, die in Gefahrenabwehrnormen verwendet werden, berücksichtigt werden. Da zur öffentlichen Sicherheit auch die Unverletzlichkeit der Rechtsordnung im Sinne des Schutzes öffentlich-rechtlicher Normen zählt, ist allerdings denkbar, dass im Rahmen der Gefahrenabwehr auf der Grundlage entsprechender Ermächtigungsnormen Maßnahmen bei Verletzung und zur Einhaltung von Normen ergriffen werden, die ihrerseits der Erhaltung oder Schaffung von Arbeitsplätzen dienen.
Die Schaffung und Erhaltung von Arbeitsplätzen stellt also regelmäßig kein öffentliches Interesse im Sinne solcher Normen dar, die zu Eingriffen im öffentlichen Interesse ermächtigen.

Bei unbestimmten Rechtsbegriffen wie etwa dem der Zumutbarkeit kann sich die Frage stellen, ob sie eine Kompensation von Nachteilen einer Maßnahme durch mit eben dieser Maßnahme verbundene Vorteile erlauben. Dann wäre eine Berücksichtigung des Arbeitsplatzaspektes im Sinne eines Ausgleichs von Nachteilen durch den Vorteil der Schaffung oder Erhaltung von Arbeitsplätzen denkbar. Aufgrund der Möglichkeit und Notwendigkeit ihrer Konkretisierung eröffnen unbestimmte Rechtsbegriffe zwar jedenfalls der Judikative Spielräume und die Gesetzesanwendung beschränkt sich keineswegs auf bloße Subsumtion. Prinzipiell ist jedoch davon auszugehen, dass unbestimmte Rechtsbegriffe keine gestaltende Abwägung und damit keine Kompensation von Vor- und Nachteilen ermöglichen. Für eine derartige gestaltende Abwägung, die einen Vergleich gänzlich unterschiedlicher und somit keineswegs mathematisch vergleichbarer Werte und Güter mit sich bringt, fehlt in der Regel bereits ein Hinweis im Wortlaut des unbestimmten Rechtsbegriffs und damit der Norm. Ein unbestimmter Rechtsbegriff kann nicht als Aufforderung zu einer durchaus wertungsoffenen und durch den Begriff wenig determinierten Abwägung verstanden werden. Die vom Rechtsstaatsprinzip geforderte Rechtssicherheit verlangt, dass Entscheidungen von Verwaltung und Gerichten möglichst vorhersehbar sind, dass Rechte und Pflichten der jeweiligen Normadressaten für diese ersichtlich sind und sie sich darauf einstellen können.
Eine Abwägung der mit einem Projekt – etwa einem betrieblichen Gebäude – verbundenen Vorteile im Allgemeinen und Arbeitsplätze im Besonderen mit den mit diesem Projekt einhergehenden Nachteilen ist ausgeschlossen, wenn ein Rechtsbegriff wie beispielsweise das „Entgegenstehen öffentlicher Belange" in § 35 Abs.1 BauGB lediglich eine die gesetzgeberische Entscheidung nachvollziehende Abwägung gestattet. Davon ist regelmäßig auszugehen, wenn der Gesetzeswortlaut keinen Hinweis auf eine umfassende gestaltende Abwägung enthält.

3.4 Der Arbeitsplatzaspekt im Rahmen des Ermessens

Inwiefern der Gesichtspunkt der Schaffung und Erhaltung von Arbeitsplätzen im Rahmen eingeräumten Ermessens berücksichtigt werden kann und muss, hängt zunächst einmal von der konkreten Norm ab. Der Wortlaut enthält diesbezüglich zumeist keine eindeutigen Hinweise. Daneben sind die jeweilige Vorschrift und ihr Ermessen nach Sinn und Zweck, nach dem etwa dokumentierten Willen des Gesetzgebers und nach ihrer systematischen Stellung im Gesetz auszulegen. Die aus dem Sozialstaatsprinzip abgeleitete staatliche Pflicht, für eine ausreichende Zahl an Arbeitsplätzen Sorge zu tragen[1013], spricht für eine Berücksichtigung des Arbeitsplatzaspektes. Wie bereits erläutert, ist das Sozialstaatsprinzip nicht nur vom Gesetzgeber und bei der Gesetzesauslegung, sondern auch von Verwaltung und Rechtsprechung bei Entscheidungsspielräumen wie insbesondere dem Ermessen zu beachten. Gleichwohl gebietet das Sozialstaatsprinzip für sich genommen keineswegs zwingend eine Berücksichtigung des Arbeitsplatzbelanges. Immerhin können andere ebenfalls mit Verfassungsrang ausgestattete Belange gerade gegen dessen Beachtlichkeit sprechen, und seine Konkretisierung obliegt in erster Linie dem Gesetzgeber. Aus den untersuchten Normen wird deutlich, dass der Gesichtspunkt der Schaffung und Erhaltung von Arbeitsplätzen jedoch im Allgemeinen keine sachfremde oder sonst unzulässige Ermessenserwägung darstellt, wenn ein Eingriff zum Verlust von Arbeitsplätzen führen kann. Die Berücksichtigung des Gesichtspunktes der Erhaltung von Arbeitsplätzen im Bau-, Immissionsschutz- und Wirtschaftsverwaltungsrecht in den Ermessenserwägungen bedeutet einen Verzicht auf ein sofortiges Eingreifen bzw. die Befreiung von grundsätzlich erforderlichen Voraussetzungen und hat damit eine tendenziell eingriffsvermeidende oder eingriffsreduzierende Wirkung. Vor dem Hintergrund des Gesetzesvorbehalts folgt daraus, dass die Berücksichtigung des Arbeitsplatzgesichtspunktes regelmäßig keiner besonderen Rechtfertigung bedarf.

Sofern das Gesetz die berücksichtigungsfähigen Gesichtspunkte – wie meist - nicht ausdrücklich nennt, besteht eine Freiheit zur Entscheidung nach pflichtgemäßem Ermessen. Dass die Behörde einen Gesichtspunkt berücksichtigen darf, bedeutet in diesen Fällen indes regelmäßig keine Pflicht zur Berücksichtigung dieses Gesichtspunktes[1014]. Auch sofern der Arbeitsplatzbelang beim Ermessen berücksichtigt werden kann, führt dies regelmäßig nicht dazu, dass er im Ergebnis berücksichtigt werden muss und nur eine einzige Entscheidung ermessensfehlerfrei ist.

[1013] vgl. Teil 2, 1. Kapitel III.3.

[1014] Kopp / Ramsauer VwVfG § 40 Rn 25.

Bestimmte Konstellationen verbieten allerdings die Berücksichtigung des Arbeitsplatzaspektes im Rahmen der Ermessensausübung oder gebieten jedenfalls besondere Zurückhaltung.
Sofern der Verwaltung Ermessen ausschließlich eingeräumt ist, um der Verwaltung mit ihren begrenzten Kapazitäten flexible Schwerpunktsetzungen des Eingreifens zu ermöglichen, ist eine unmittelbare Berücksichtigung des Arbeitsplatzaspektes nicht möglich. Die Verwaltung wird sich dann vorrangig der Fälle annehmen, in welchen beim Verzicht auf ein (sofortiges) Eingreifen voraussichtlich besonders große Gefahren oder Schäden oder eine besonders negative „Vorbildwirkung" zu gewärtigen sind. Allerdings können und dürfen Schwerpunktsetzungen aufgrund begrenzter Kapazitäten durchaus dazu führen, von einem Eingreifen wegen der damit verbundenen Arbeitsplatzgefährdungen (zunächst) abzusehen und eine anderweitige Schwerpunktsetzung vorzunehmen.
Einige Ermessensnormen enthalten – insbesondere in Form eines unbestimmten Rechtsbegriffs - ein Tatbestandsmerkmal, in dessen Rahmen der Arbeitsplatzgesichtspunkt beachtet werden kann oder gar zu beachten ist. Bei derartigen Koppelungsnormen ist eine materielle Verzahnung von Tatbestands- und Rechtsfolgenseite der Norm zu einer einheitlichen Ermessensvorschrift zu vermeiden[1015]. Vielmehr sind die Prüfung des Vorliegens der tatbestandlichen Voraussetzungen einerseits und die Ermessensausübung andererseits strikt zu trennen. Dies schließt jedoch nicht aus, dass von den Tatbestandsvoraussetzungen umfasste Belange auch bei der Ermessensausübung von Bedeutung sind[1016]. Sofern der Arbeitsplatzgesichtspunkt tatbestandsmäßig ausdrücklich oder im Wege eines unbestimmten Rechtsbegriffs Berücksichtigung findet, kann im Rahmen der Ermessensausübung insbesondere geprüft und beachtet werden, welche Auswirkungen die Vornahme oder Unterlassung einer Maßnahme auf welche Anzahl und Art von Arbeitsplätzen in der konkreten Situation hat.

Eine Berücksichtigung des Arbeitsplatzgesichtspunktes im Rahmen der Ermessensausübung darf schließlich nicht zu einer Gefährdung wichtiger Rechtsgüter wie insbesondere von Leben und Gesundheit führen. Sofern nur ein (sofortiges) Gebrauchmachen von der im Rahmen der Ermächtigungsnorm eingeräumten Befugnisse einen Schaden für Leben oder Gesundheit verhindern kann, ist das Ermessen auf eine Pflicht zur Ergreifung der erforderlichen Maßnahme reduziert. Das besondere Verwaltungsrecht wie etwa das hier thematisierte Bau-, Umwelt- und Wirtschaftsverwaltungsrecht zeichnet sich vielfach dadurch aus, dass es das Entstehen von Gefährdungen für Rechtsgüter durch vorbeugende

---

[1015] Sachs in Stelkens / Bonk / Sachs § 40 Rn 38 ff; der anderslautende Beschluss des Gemeinsamen Senates der Obersten Gerichtshöfe des Bundes (BVerwGE 39, 355 ff.) bezieht sich speziell auf § 131 RAO und erlaubt keine Verallgemeinerung.
[1016] VGH Kassel, GewArch 1990, 70 (72) für die besondere Gestaltung der Sperrzeit nach § 18 Abs.1 S.2 GastG, § 4 Sperrzeit VO; VGH Mannheim, VBlBW 1994, 325 (326) für den besonderen Ausweisungsschutz nach §§ 48 Abs.1, 47 Abs.3 S.2 AuslG.

Maßnahmen bereits im Vorfeld verhindern soll und ein Eingreifen nicht erst beim Vorliegen von Gefahren für die öffentliche Sicherheit im Sinne des Polizeirechts, sondern bereits zur Vermeidung von bloßen Belästigungen und Unannehmlichkeiten ermöglicht[1017]. In diesem Vorfeld der Gefahrenabwehr im engeren Sinne besteht regelmäßig Ermessen im Hinblick auf das Ob und Wie des Eingreifens; die Abwehr von Gefahren für Leben und Gesundheit hingegen darf nicht unterbleiben, um Arbeitsplätze zu schonen. Nach Art.2 Abs.2 S.1 GG hat jeder das Recht auf Leben und körperliche Unversehrtheit. Dies beinhaltet nicht nur ein Abwehrrecht gegen Gefährdungen des Lebens und der körperlichen Unversehrtheit durch staatliche Maßnahmen, sondern begründet auch und gerade eine staatliche Pflicht zum Schutz dieser Rechtsgüter[1018]. Zu recht betont das Bundesverfassungsgericht, dass das menschliche Leben innerhalb der grundgesetzlichen Ordnung als Basis der Menschenwürde und Voraussetzung aller anderen Grundrechte einen Höchstwert darstellt und sich der Staat dementsprechend schützend und fördernd vor das Leben zu stellen und es insbesondere auch vor rechtswidrigen Eingriffen durch andere zu bewahren hat[1019]. Auch der körperlichen Unversehrtheit ist im Gefüge der Grundrechte ein besonders hoher Rang eingeräumt[1020]. Jede Beeinträchtigung der Gesundheit im biologisch-physiologischen Sinne stellt eine Beeinträchtigung der körperlichen Unversehrtheit im Sinne des Art. 2 Abs.2 GG dar[1021].
Eine Berücksichtigung des Arbeitsplatzgesichtspunktes ist hingegen möglich, wenn mehrere gleichermaßen effektive Möglichkeiten der Gefahrenabwehr zur Auswahl stehen und sich die Alternativen unterschiedlich auf bestehende Arbeitsplätze auswirken.

Beim Erlass einer Abbruchverfügung geht es ebenso wie bei der Verhinderung der Fortsetzung eines ohne die erforderliche Genehmigung betriebenen Gewerbes um ein behördliches Einschreiten zur Beseitigung rechtswidriger Zustände. Zumal wenn der rechtswidrige Zustand nicht in absehbarer Zeit legalisiert werden kann, gilt es in solchen Konstellationen zu beachten, dass durch unrechtmäßiges Verhalten möglichst keine „vollendeten Tatsachen" geschaffen werden sollen und dieses nicht belohnt werden soll. Das spricht jedenfalls gegen einen völligen Verzicht auf jegliche Konsequenzen. Oftmals können Arbeitsplätze jedoch schon durch einen zeitlichen Aufschub gesichert werden – sei es, dass sich die wirtschaftliche Situation des Betriebes bessert oder dass der Betrieb verkauft werden kann. Und sofern die – zeitweise – Schonung eines Betriebes aus Rücksichtnahme auf die vorhandenen Arbeitsplätze erfolgt, dient sie dem öffentlichen Interesse und den betroffenen Arbeitnehmern, die für die Eingriffsmaßnahmen

[1017] Vgl. z.B. die in § 1 BImSchG normierte Zwecksetzung.
[1018] BVerfGE 39, 1 (42); 46, 160 (164); 49, 24 (53); 77, 170 (214) mwN.
[1019] BVerfGE 39, 1 (42); 46, 160 (164).
[1020] BVerfGE 46, 160 (164); 49, 24 (53); OVG Münster, MDR 1982, 787 (788).
[1021] von Münch / Kunig Art.2 Rn 65.

erfordernden rechtswidrigen Zustände keine Verantwortung tragen. Der verantwortliche Betriebsinhaber profitiert also nur reflexartig infolge der partiellen Übereinstimmung seiner ökonomischen Interessen mit dem Interesse der von ihm beschäftigten Arbeitnehmer an der Erhaltung ihrer Arbeitsplätze, das zugleich ein öffentliches Interesse darstellt.
Sofern die Verwirklichung des Tatbestandes einer Ermächtigungsnorm zugleich die Verwirklichung eines Straftatbestandes bedeutet, ist die darin zum Ausdruck gelangende Wertung bei der Ermessensausübung als gegen den Verzicht auf ein Einschreiten sprechender Gesichtspunkt zu berücksichtigen. Ungeachtet der Strafbarkeit kann ein behördliches Einschreiten zwar etwa mangels Gefahr verzichtbar sein[1022], ein Eingriffsverzicht allein aus Gründen der Sicherung von Arbeitsplätzen kommt dann jedoch nicht in Betracht.

III. Art und Weise der Berücksichtigung des Arbeitsplatzapsektes

1. Defensive und offensive Berücksichtigung des Arbeitsplatzaspektes

Arbeitsplätze können argumentativ sowohl defensiv als auch offensiv verwendet werden. In einer Defensivsituation kann der Arbeitsplatzaspekt im Rahmen des Ermessens gegen einen staatlichen Eingriff beispielsweise in Form einer Abbruchverfügung, einer Verhinderung der Betriebsfortsetzung nach § 15 Abs.2 GewO oder einer nachträglichen Anordnung nach § 17 BImSchG sprechen, sofern durch die Maßnahme Arbeitsplätze vernichtet werden. Der Gesichtspunkt der Arbeitsplätze kann aber nicht nur „Verhinderungsgrund“, sondern auch Grund für staatliche Maßnahmen sein oder jedenfalls für diese sprechen. Dies ist bei der arbeitsplatzbedingten Enteignung ebenso der Fall wie bei der Ausweisung von Gewerbegebieten, beim Investitionsvorranggesetz, bei der Zulassung vorzeitigen Beginns nach § 8 a BImSchG oder der Erteilung einer vorläufigen Erlaubnis nach § 11 GastG. Typischerweise zeichnen sich diese „offensiven“ Konstellationen dadurch aus, dass hier nicht der Erhalt bestehender, sondern die Schaffung neuer Arbeitsplätze in Rede steht. Allerdings können durch eine die Erweiterung eines Betriebes ermöglichende und seine Konkurrenzfähigkeit erhöhende Maßnahme auch Arbeitsplätze gesichert werden, die ohne eine solche Maßnahme gefährdet wären.

2. Berücksichtigung des Arbeitsplatzaspektes durch gestaltende Planung, Begünstigung und Eingriffsverzicht

Korrespondierend mit der Berücksichtigung des Arbeitsplatzaspektes im Rahmen ausdrücklicher Berücksichtigungsgebote, unbestimmter Rechtsbegriffe, der Ermessensausübung und des Verhältnismäßigkeitsprinzips und den geschilder-

[1022] Vgl. Teil 7 Ziff. 2.4 (zu § 327 Abs.2 StGB).

ten Kategorien defensiver und offensiver Berücksichtigung des Arbeitsplatzgesichtspunktes kann dieser im Rahmen gestaltender Planung, durch Erlass eines begünstigenden Verwaltungsaktes, durch Verträge, durch den teilweisen oder vollständigen Eingriffsverzicht oder die zeitliche Verschiebung einer Eingriffsmaßnahme erfolgen.

2.1 Berücksichtigung durch gestaltende Planung

Eine Berücksichtigung des Gesichtspunktes der Schaffung und Erhaltung von Arbeitsplätzen im Rahmen gestaltender Planung wie bei der Entwicklung von Raumordnungs- und Regionalplänen sowie bei der Aufstellung der Bauleitpläne kann durch die planungstechnische Ermöglichung arbeitsplatzschaffender Nutzungen und vielfältige weitere Maßnahmen erfolgen. Der Arbeitsplatzbelang muss allerdings mit anderen zu berücksichtigenden Belangen abgewogen werden. Seine spezifische Bedeutung ergibt sich aus der konkreten regionalen oder örtlichen Situation.

2.2 Berücksichtigung durch begünstigenden Verwaltungsakt

Der Arbeitsplatzaspekt kann auch durch Erlass eines begünstigenden Verwaltungsaktes Berücksichtigung finden. Beispiele hierfür sind ein den Investor begünstigender Investitionsvorrangbescheid auf der Grundlage des § 3 InVorG, die den Anlagenbetreiber begünstigende Zulassung vorzeitigen Beginns nach § 8 a Abs.1 BImSchG und die den Bauherrn begünstigende Befreiung von den Festsetzungen des Bebauungsplanes nach § 31 Abs.2 Nr.1 BauGB. Erhalt oder Schaffung von Arbeitsplätzen sind in dieser Konstellation tatbestandliche Voraussetzung für eine Maßnahme, welche ihrerseits die Schaffung oder Erhaltung von Arbeitsplätzen fördert, indem sie etwa ansonsten bestehende Hindernisse beseitigt. Die Arbeitsplatzschaffung oder –erhaltung kann dabei ausdrückliches Tatbestandsmerkmal oder unter einen unbestimmten Rechtsbegriff wie den des „Öffentlichen Interesses“ zu subsumieren sein. In der Sache wird mithin eine Privilegierung unter der Voraussetzung der Erhaltung oder insbesondere Schaffung von Arbeitsplätzen durch den Begünstigten gewährt mit dem Ziel, dass Arbeitsplätze geschaffen oder erhalten werden. Der Normzweck stellt somit eine tatbestandliche Voraussetzung dar, Zweck und Tatbestand sind auf diese Weise miteinander verknüpft.

2.3 Berücksichtigung durch Verträge

Außerdem können sich Investoren zur Schaffung oder Erhaltung von Arbeitsplätzen im Rahmen öffentlich-rechtlicher Verträge verpflichten. Strukturell handelt es sich hier wie beim Erlass eines begünstigenden Verwaltungsaktes zum Zweck und unter der Voraussetzung der Schaffung von Arbeitsplätzen um die

Gewährung einer dem Investor nicht schon kraft Gesetzes zustehenden Begünstigung aufgrund und unter der Voraussetzung der Arbeitsplatzschaffung. Ohne eine Begünstigung im weitesten Sinne bestünde nämlich für den Investor kein Anlass, sich zur Schaffung bzw. Erhaltung von Arbeitsplätzen zu verpflichten. Im Rahmen eines Vertrages verpflichtet sich der Investor selbst freiwillig zur Schaffung oder zum Erhalt von Arbeitsplätzen, im Rahmen begünstigender Normen ist die Schaffung oder der Erhalt von Arbeitsplätzen hingegen gesetzliche Voraussetzung für die begünstigende Rechtsfolge. Der Sache nach setzt sich der Investor und (potentielle) Arbeitgeber indes auch hier freiwillig der Relevanz des Arbeitsplatzgesichtspunktes aus, da ihm die Begünstigung und die Schaffung ihrer Voraussetzungen nicht aufgezwungen wird. Im Unterschied zum Vertrag besteht im Rahmen der erläuterten begünstigenden Normen keine Pflicht des Investors zur Schaffung oder zum Erhalt von Arbeitsplätzen, vielmehr trägt die Behörde das Risiko, dass die prognostizierten Arbeitsplätze tatsächlich entstehen.

2.4 Berücksichtigung durch Eingriffsverzicht oder -verschiebung

Des weiteren kann der Arbeitsplatzaspekt durch einen teilweisen oder vollständigen Verzicht auf einen Eingriff im Sinne eines belastenden Verwaltungsaktes oder die zeitliche Verschiebung eines solchen Eingriffs berücksichtigt werden. Dogmatisch geschieht dies über das der Verwaltung im Rahmen einer Ermächtigungsnorm eingeräumte Ermessen oder ausnahmsweise unabhängig von Ermessen über das Verhältnismäßigkeitsprinzip. Beispiele sind der – jedenfalls momentane - Verzicht auf eine Abbruchverfügung oder Nutzungsuntersagung nach § 65 LBO, auf die Verhinderung der Fortsetzung eines Betriebes nach § 15 Abs.2 GewO, auf den Widerruf einer Gaststättenerlaubnis nach § 15 Abs.3 GastG, auf die Untersagung der Fortsetzung eines Handwerksbetriebes nach § 16 Abs.3 HWO oder auf den Erlass einer nachträglichen Anordnung nach § 17 Abs.1 BImSchG. In diesen Fällen handelt es sich um eine defensive Berücksichtigung des Arbeitsplatzaspektes. Sofern eine Maßnahme wegen der mit ihr verbundenen Arbeitsplatzverluste nicht ausnahmsweise unverhältnismäßig und daher zu unterlassen ist, besteht grundsätzlich zwar die Möglichkeit, nicht jedoch die Pflicht, zur Erhaltung von Arbeitsplätzen von einer Maßnahme auf der Grundlage der jeweiligen Ermächtigungsnorm abzusehen oder diese zu verschieben.

2.5 Der Faktor Zeit

Bei der Berücksichtigung des Arbeitsplatzgesichtspunktes ist der Faktor Zeit von maßgeblicher Bedeutung. Dies beschränkt sich keineswegs auf die Zulassung vorzeitigen Beginns nach § 8 a BImSchG oder die vorläufige Erlaubnis nach § 11 GastG. Dabei handelt es sich um Normen, die einen Sachverhalt bis zu einer endgültigen Entscheidung regeln und sich durch das Element der Vorläufigkeit auszeichnen. Auch soweit eine Behörde im Rahmen ihres Eingriffsermessens oder des Verhältnismäßigkeitsgebots auf Arbeitsplätze Rücksicht nimmt, kann diese Rücksichtnahme keineswegs nur im völligen Verzicht auf ein Einschreiten bestehen. Vielmehr genügt zur Erhaltung von Arbeitsplätzen oftmals die Gewährung einer Frist zur Herstellung des angestrebten rechtmäßigen Zustands – sei es bei der Gewerbeuntersagung wegen Unzuverlässigkeit nach § 35 GewO, sei es bei einer Abbruchverfügung nach § 65 LBO oder bei einer nachträglichen Anordnung nach § 17 BImSchG[1023].

2.6 Unternehmerische Entscheidungen

Eine Berücksichtigung des Arbeitsplatzaspektes im Rahmen von unbestimmten Rechtsbegriffen, Ermessensentscheidungen oder Verhältnismäßigkeitserwägungen führt nicht zu einer Art „staatlicher Zwangsverwaltung" der betroffenen Betriebe in dem Sinne, dass fortan behördlicherseits unternehmerische Entscheidungen bestimmt werden. Derartige behördliche Entscheidungsbefugnisse würden einen Grundrechtseingriff darstellen, der nach dem Vorbehalt des Gesetzes einer gesetzlichen Grundlage bedürfte. Eine solche gesetzliche Eingriffsermächtigung existiert jedoch nicht. Die eine staatlich veranlasste zwangsweise Fremdbestimmung darstellende und explizit geregelte Insolvenzverwaltung bildet eine Ausnahme, die gerade nur für den Fall der Insolvenz eines Unternehmens – also bei Zahlungsunfähigkeit, drohender Zahlungsunfähigkeit oder Überschuldung[1024] – gilt. Ungeachtet dieser Rechtslage bleibt anzumerken, dass die Verwaltung zur vollständigen oder partiellen Geschäftsführung im Sinne des Treffens zentraler unternehmerischer Entscheidungen gar nicht in der Lage wäre. Es ändert sich also nichts an der Befugnis der das wirtschaftliche Risiko tragenden Unternehmen[1025], über betriebliche Organisation, Investitionen und auch Arbeitsplätze zu entscheiden. Der Unternehmer kann und muss darüber befinden, ob, welche Menge und wo er produzieren oder Dienstleistungen erbringen will, welche Werbungs-, Finanzierungs-, Einkaufs- und Absatzpolitik er betreibt und welche Arbeitsmethoden angewandt werden. Insofern besteht eine Parallele zum Kündigungsschutzgesetz – auch dort ist die der betriebsbedingten Kündigung vorausgehende unternehmerische Entscheidung in einem Kündigungsschutzverfahren grundsätzlich gerichtlich nicht auf ihre Zweckmäßigkeit und

---

[1023] Vgl. dazu Ziffer 6.1.4 TA Luft: „Nachträgliche Anordnungen zum Schutz vor schädlichen Umwelteinwirkungen sollen unverzüglich nach Klärung der Eingriffsvoraussetzungen getroffen werden (...) Für die Durchführung der Maßnahmen kann unter Berücksichtigung des Verhältnismäßigkeitsgrundsatzes eine Frist eingeräumt werden (...).

[1024] §§ 16 – 19 InsO.

[1025] Nach Püttner, DÖV 1976, 433 (436) soll nach der geltenden Wirtschaftsordnung derjenige, der das wirtschaftliche Risiko trägt, auch eine entsprechende Entscheidungsmacht haben, ohne dass dies allerdings verfassungsrechtlich abgesichert sei.

Notwendigkeit überprüfbar und unterliegt lediglich einer Missbrauchskontrolle im Hinblick auf offensichtliche Unsachlichkeit oder Willkür[1026]. Durch diese eingeschränkte Kontrolle sollen lediglich unternehmerische Maßnahmen verhindert werden, deren eigentliches Ziel es ist, bestimmte Mitarbeiter kündigen zu können. Wie das Kündigungsschutzgesetz der unternehmerischen Freiheit bezüglich Kündigungen zum Schutz der Arbeitnehmer Grenzen setzt, so begrenzen Eingriffsgesetze die unternehmerische Entscheidungs- und Handlungsfreiheit im Hinblick auf andere Gesichtspunkte zum Schutz der Allgemeinheit. Bei einer mit dem Eingriff in Rechte Dritter verbundenen Enteignung bedarf es allerdings einer besonderen rechtlichen Absicherung, um den erstrebten Gemeinwohlnutzen sicherzustellen[1027]. Die Situation unterscheidet sich hier gerade durch den Grundrechtseingriff von der Berücksichtigung des Arbeitsplatzaspektes in den übrigen Konstellationen.

2.7 Die Nutzung privater Unternehmensinteressen

Für die Berücksichtigung des Gesichtspunktes der Arbeitsplätze im Rahmen von Verwaltungsentscheidungen – sei es im Rahmen von Verhältnismäßigkeit und Ermessen, sei es im Rahmen von unbestimmten Rechtsbegriffen oder Verträgen – ist kennzeichnend, dass die Verwaltung nicht unmittelbar selbst Arbeitsplätze schafft, sondern private Unternehmen durch aktive Maßnahmen oder den Verzicht auf Eingriffe oder deren Modifikation in die Lage versetzen oder dazu motivieren will, Arbeitsplätze zu schaffen oder zu sichern. Die im privaten Interesse ausgeübte unternehmerische Tätigkeit wird zwecks Erhalt oder Schaffung von Arbeitsplätzen und damit im öffentlichen Interesse ermöglicht, gefördert oder jedenfalls nicht behindert. Privates wirtschaftliches Interesse wird damit als Hebel zur Förderung eines öffentlichen wirtschaftlichen und sozialen Interesses genutzt. Eine strikte Trennung von privaten und öffentlichen Interessen ist im Bereich der Wirtschaft nicht möglich[1028]. Das Interesse des Arbeitgebers am betrieblichen Erfolg und das Arbeitnehmerinteresse und öffentliche Interesse an der Schaffung und Sicherung von Arbeitsplätzen sind partiell kongruent. Wie die geschilderten Fälle aus der Rechtsprechung deutlich gemacht haben, berufen sich die Arbeitgeber daher gegebenenfalls auf den Arbeitsplatzaspekt – sei es, dass sie sich um die Abwehr oder Milderung staatlicher Eingriffsmaßnahmen bemühen, sei es, dass sie eine staatliche Leistung, also ein behördliches Tätigwerden etwa in Form eines Investitionsvorrangbescheids auf der Grundlage des

---

[1026] BAG NZA 1987, 776.

[1027] Bezeichnenderweise erforderte insbesondere die Konzentration arbeitsplatzschaffender Industrie in Ballungsgebieten eine Ausweitung des Bauordnungs- zum Bauleitplanungsrecht und seine Ergänzung durch das Regionalplanungs- und Raumordnungsrecht, also die Entstehung von Regelwerken, innerhalb derer der Arbeitsplatzaspekt zu berücksichtigen ist.

[1028] Saladin, VVDStRL 35 (1976), 7 (18); Reiling, DÖV 2004, 181 (186); vgl. auch Rossen S.3; zur Dichotomie von Staat und Gesellschaft Martin Schulte S.77 ff.

§ 3 InVorG, die Zulassung vorzeitigen Beginns nach § 8 a BImSchG oder die Erteilung einer vorläufigen Erlaubnis nach § 11 GastG begehren.

IV. Die Bestimmung der Auswirkungen auf Arbeitsplätze

1. Auswirkungen einer Maßnahme auf Arbeitsplätze

Die Berücksichtigung des Arbeitsplatzaspektes setzt eine Prüfung voraus, ob sich die Vornahme oder Unterlassung einer Maßnahme auf bestehende oder potentiell künftig entstehende Arbeitsplätze auswirkt.
Sofern die Schaffung oder Erhaltung von Arbeitsplätzen gerade Zweck einer Maßnahme und die in Aussicht genommene Maßnahme zur Erreichung des Zweckes geeignet ist, impliziert dies die Auswirkung der Maßnahme auf die Arbeitsplatzsituation. Als Beispiele sind etwa die Enteignung zur Schaffung von Arbeitsplätzen und der Investitionsvorrangbescheid zur Sicherung oder Schaffung von Arbeitsplätzen zu nennen, des weiteren können auch Bebauungspläne und Vereinbarungen dem Zweck der Arbeitsplatzschaffung und –erhaltung zu dienen bestimmt sein. Gerade wenn eine mit dem Motiv der Schaffung oder Erhaltung von Arbeitsplätzen avisierte Maßnahme einen Eingriff darstellt – wie die Enteignung - oder sonst mit Nachteilen für Dritte oder die Allgemeinheit verbunden ist, wie dies regelmäßig bei arbeitsplatzbezogenen Bebauungsplänen der Fall sein wird, muss sorgfältig geprüft werden, ob aufgrund der Maßnahme Arbeitsplätze entstehen oder bestehen bleiben, die ansonsten nicht entstehen oder erhalten würden. Die Maßnahme muss also kausal für den Erhalt bzw. die Schaffung von Arbeitsplätzen sein.
Gestaltende Planungen wie die Raumordnung und Bauleitplanung können neben intendierten auch nicht intendierte Auswirkungen auf bestehende Arbeitsplätze und auf das Entstehen neuer Arbeitsplätze haben. Im Rahmen der gebotenen Abwägung sind diese mit einer Planung verbundenen vorhersehbaren Nebenfolgen zu berücksichtigen. Umgekehrt kann sich allerdings auch eine Planung, die etwa durch Ausweisung von Gewerbegebieten gerade arbeitsplatzschaffende Vorhaben ermöglichen soll, als für Arbeitsplätze nicht relevant erweisen, wenn die Schaffung von Arbeitsplätzen mangels Investoren nicht realisiert wird.
Schließlich können Eingriffsmaßnahmen vorhandene Arbeitsplätze vernichten oder gefährden und sich damit auf bestehende Arbeitsplätze auswirken. Hier sind die voraussichtlichen Auswirkungen einer Maßnahme im Einzelfall zu prüfen. Auswirkungen auf Arbeitsplätze bestehen nicht, wenn ein Eingriff in der konkreten Situation nicht zum Verlust oder zur Gefährdung von Arbeitsplätzen führt.
Auswirkungen auf Arbeitsplätze bestehen also, wenn die Vornahme einer Maßnahme – sei es der Erlass eines begünstigenden Verwaltungsaktes, die Verabschiedung eines Bebauungsplanes oder der Erlass eines belastenden Verwaltungsaktes – zum Verlust oder zur Gefährdung bestehender oder zur Entstehung

neuer Arbeitsplätze führt. Die Maßnahme muss also für die Schaffung oder den Verlust bzw. die Gefährdung von Arbeitsplätzen kausal sein. Die Auswirkungen sind im Wege einer Prognose zu ermitteln.

2. Der Arbeitsplatzeffekt als mittelbare Folge

Der Arbeitsplatzeffekt ist zumeist nur Motiv und mittelbare Folge von Maßnahmen und des Verzichts auf Eingriffsmaßnahmen, nicht aber deren Inhalt. Die Berücksichtigung des Arbeitsplatzbelanges im Rahmen der Aufstellung von Bauleitplänen nach § 1 Abs.5 S.2 Nr. 8 BauGB erfolgt mittels Ausweisung etwa von Gewerbeflächen oder mittels Absicherung vorhandener gewerblicher Standorte bei der Überplanung bebauter Gebiete mit der Intention der Schaffung und Erhaltung von Arbeitsplätzen, nicht hingegen durch Festsetzung einer Verpflichtung bestimmter Arbeitgeber, bestimmte Arbeitsplätze zu schaffen oder zu erhalten. Auch städtebauliche und sonstige Verträge verpflichten den aktuellen oder künftigen Betriebsinhaber regelmäßig nicht zur Arbeitsplatzschaffung oder -erhaltung, sondern nur zur Tätigung bestimmter Investitionen. Nicht anders verhält es sich bei einer Berücksichtigung des Arbeitsplatzaspektes im Rahmen unbestimmter Rechtsbegriffe – eine Genehmigung ermöglicht eine Realisierung arbeitsplatzschaffender Vorhaben, verpflichtet den Adressaten jedoch regelmäßig weder zur Realisierung des Vorhabens noch zur Schaffung von Arbeitsplätzen. Auch bei der Berücksichtigung des Arbeitsplatzaspekts im Rahmen der Ermessensausübung und der Anwendung des Verhältnismäßigkeitsprinzips gilt nichts anderes: auf eine Eingriffsmaßnahme zur Verhinderung eines rechtswidrigen Zustands oder das Bestehen einer grundsätzlich erforderlichen Voraussetzung wird aus Rücksicht auf sonst gefährdete Arbeitsplätze einstweilen verzichtet, ohne dass die Erhaltung bestimmter Arbeitsplätze für eine bestimmte Mindestzeit rechtliche Voraussetzung dafür ist.

3. Die Zurechenbarkeit der Auswirkungen auf Arbeitsplätze

Dass die Schaffung oder Erhaltung von Arbeitsplätzen und die Nichtentstehung oder der Verlust von Arbeitsplätzen regelmäßig nicht Inhalt staatlicher Anordnungen, sondern lediglich Folge staatlicher Tätigkeit oder des bewussten Verzichts auf diese sind, schließt es nicht aus, diese Folge der Verwaltung zuzurechnen. Zwar gewährleisten weder die Berufsfreiheit nach Art.12 GG noch ein sonstiges Grundrecht ein Recht auf Arbeit durch Schaffung oder Sicherung eines konkreten Arbeitsplatzes[1029] und dementsprechend stellt der Verlust bestehender Arbeitsplätze aufgrund einer staatlichen Eingriffsmaßnahme gegenüber den betroffenen Arbeitnehmern keinen Grundrechtseingriff dar. Vielmehr besteht ein Eingriff ausschließlich gegenüber dem Adressaten der staatlichen Maßnahme,

---

[1029] Vgl. Teil 2 Kapitel 1 II.1.

etwa in Form einer Betriebsschließung. Aufgrund der strukturellen Vergleichbarkeit der Fallkonstellationen lassen sich jedoch für die Bestimmung der Zurechenbarkeit die Grundsätze über die Zurechenbarkeit mittelbar-faktischer Grundrechtseingriffe heranziehen. Handelt es sich bei einer staatlichen Maßnahme um einen Grundrechtseingiff gegenüber einer bestimmten Person, so sind diese Maßnahme und ihre Folgen dem Staat auch stets zurechenbar. Umgekehrt stellt aber nicht jede dem Staat zurechenbare Folge auch einen Grundrechtseingriff für die von dieser Folge Betroffenen dar.

Nach dem klassischen Verständnis vom Grundrechtseingriff muss dieser beabsichtigte unmittelbare und nicht bloß mittelbare Folge staatlichen Handelns sein. Es muss sich um einen Rechtsakt mit rechtlicher und nicht nur tatsächlicher Wirkung handeln, der mit Befehl und Zwang angeordnet und durchgesetzt wird[1030]. Da Arbeitsverhältnisse durch die Betriebsinhaber nur als Folge staatlicher Maßnahmen oder des Verzichts darauf und nicht aufgrund entsprechender Verpflichtungen begründet, beendet oder erhalten werden, stellt sich die Schaffung oder Erhaltung von Arbeitsplätzen oder eben auch deren Verlust als über den Arbeitgeber vermittelte mittelbare Folge staatlichen Handelns dar. Sich auf die Existenz von Arbeitsplätzen auswirkende Betriebseinschränkungen oder –schließungen einerseits und Betriebsgründungen oder –erweiterungen andererseits erfolgen nicht unmittelbar durch die Verwaltung, sondern durch Maßnahmen des Arbeitgebers. Daran ändert die oftmals fehlende Freiwilligkeit der Durchführung der Maßnahme nichts. Unternehmerische Maßnahmen liegen also nicht nur vor, wenn etwa behördliche Anordnungen Betriebe finanziell so belasten, dass sich der Arbeitgeber aus Zweckmäßigkeitsgründen – mehr oder weniger freiwillig - zu Rationalisierungen, Einschränkungen oder Stilllegungen mit der Folge von Entlassungen entschließt. Auch erzwungene Maßnahmen ohne Entscheidungsspielraum seitens des Unternehmers wie etwa eine Gewerbeuntersagung nach § 35 GewO stellen solche des Unternehmers dar. Entlassungen infolge wegfallender Arbeitsplätze werden durch das Rechtsinstitut der betriebsbedingten Kündigung realisiert, zu deren Wirksamkeitsvoraussetzungen bei Anwendbarkeit des KSchG regelmäßig eine vorgelagerte Unternehmerentscheidung gehört[1031], die in der Regel auch vorliegt[1032]. Eine eindeutig zum Wegfall von Arbeitsplätzen führende Betriebsschließung etwa stellt eine Unternehmerentscheidung dar. Das entsprechende behördliche Handeln ist hinsichtlich seiner mittelbaren Folgen auch kein Rechtsakt, diese mittelbaren Folgen sind vielmehr lediglich tatsächliche – intendierte oder auch unerwünschte - Auswirkungen eines Rechtsaktes.

[1030] Meyn, JuS 1990, 630 (632); Philipp S. 89; Pieroth / Schlink Rn 238.

[1031] von Hoyningen-Huene, NZA 1994, 1009 (1010 f.); aus BAG NZA 1990, 65 (65) ist eine gestaltende Unternehmerentscheidung allerdings nicht unbedingt erforderlich.

[1032] Ascheid, DB 1987, 1144 ff.; von Hoyningen-Huene, NZA 1994, 1009 (1010 f.); Preis, NZA 1995, 241 (243).

Inzwischen ist allgemein anerkannt, dass auch eine durch staatliches Handeln bewirkte bloß faktische und mittelbare – also über das Verhalten Dritter vermittelte – Betroffenheit eines Grundrechtsträgers als Grundrechtseingriff zu qualifizieren und damit dem Staat zurechenbar sein kann[1033]. Die Rechtsprechung erachtet einen Eingriff nicht nur bei beabsichtigten und bezweckten Auswirkungen staatlicher Maßnahmen, sondern auch bei nur vorhergesehenen, in Kauf genommenen „Nebenfolgen" entsprechender Maßnahmen als möglich[1034]. Danach sind auch infolge einer hoheitlichen Maßnahme wie etwa der Anordnung einer Gewerbeuntersagung, Abrissverfügung oder immissionsschutzrechtlichen Anordnung eintretende Arbeitsplatzverluste der Verwaltung zurechenbar, sofern sie von dieser vorhergesehen wurden oder evident sind. Sofern es sich bei dem Arbeitsplatzeffekt nicht um in Kauf genommene unerwünschte Nebenfolgen, sondern um mit einem Verwaltungshandeln gerade intendierte Folgen handelt, ist die Zurechenbarkeit offensichtlich.
In der Literatur wird das Kriterium der Finalität teilweise als Voraussetzung für das Vorliegen eines Grundrechtseingriffs betrachtet, teilweise als Voraussetzung ausdrücklich abgelehnt[1035]. Ungeachtet der Fragwürdigkeit einer Reduzierung der Eingriffskonstellationen auf intendierte, bezweckte Folgen staatlicher Maßnahmen eignet sich das Kriterium der Finalität jedenfalls dann nicht für die Zurechenbarkeit von Arbeitsplatzverlusten, wenn diese als in Kauf genommene Konsequenz eines Verwaltungshandelns mit ganz anderer Zielrichtung eintreten. Sofern die Erhaltung oder Schaffung von Arbeitsplätzen allerdings als „öffentliches Interesse" oder Ausfüllung eines sonstigen unbestimmten Rechtsbegriffs zu den tatbestandlichen Voraussetzungen einer Norm zählt, zielt die staatliche Tätigkeit – also die Realisierung der Rechtsfolge der Norm – gerade auf die Erhaltung oder Schaffung von Arbeitsplätzen, die Finalität ist insoweit also charakteristisch.

4. Berücksichtigung von Fernwirkungen

Im Rahmen von unbestimmten Rechtsbegriffen, Ermessensentscheidungen und Verhältnismäßigkeit geht es nicht um die Berücksichtigung von Arbeitsplatzeffekten schlechthin, sondern um die Berücksichtigung der unmittelbar von einer staatlichen Maßnahme gefährdeten oder durch eine Entscheidung zu schaffenden Arbeitsplätze. Aufgrund der vielfältigen wirtschaftlichen Konkurrenzen und Interdependenzen können Erhalt und Schaffung von Arbeitsplätzen in einem Unternehmen zum Verlust von Arbeitsplätzen in einem anderen Unternehmen führen. Derartige mittelbare Auswirkungen sind jedoch nicht zu berücksichtigen. Schon wegen der unzähligen am Wirtschaftsleben Beteiligten und dem Zu-

---

1033 Bleckmann / Eckhoff, DVBl. 1988, 373 ff.; Schwabe, DVBl. 1988, 1055 ff.; Schoch, DVBl. 1991, 667 (670); Pieroth / Schlink Rn 240.
1034 BVerwGE 87, 37 (41 f., 43 f.).
1035 vgl. Meyn, JuS 1990, 630 (632).

sammenwirken vielfältigster Faktoren lässt sich praktisch kaum ermitteln, inwiefern sich die Berücksichtigung des Arbeitsplatzaspektes bei einem Betrieb auf die Arbeitsplätze anderer Betriebe auswirkt. Damit fehlt es auch an dem Kriterium der Vorhersehbarkeit, das für die Zurechnung von Auswirkungen behördlichen Verhaltens entsprechend der Grundsätze mittelbar-faktischer Grundrechtseingriffe heranzuziehen ist. Außerdem lassen unbestimmte Rechtsbegriffe eine umfassende Abwägung von Vor- und Nachteilen in der Regel nicht zu[1036] und die Einbeziehung solcher Fernwirkungen in die Folgenbetrachtung widerspricht dem Charakter von auf einzelne Betriebe bezogenen Maßnahmen.

V. Ermittlung der Auswirkungen auf Arbeitsplätze

1. Der Amtsermittlungsgrundsatz

Dass die Schaffung von Arbeitsplätzen Ziel staatlichen Handelns ist oder in dessen Rahmen berücksichtigt werden kann, sagt noch nichts darüber aus, wie die Verwaltung Kenntnis von den arbeitsplatzschaffenden oder –vernichtenden Auswirkungen ihres Tuns erlangt und wie sie sich um entsprechende Kenntnis bemühen muss. Nach § 24 VwVfG ermittelt die Behörde den Sachverhalt grundsätzlich von Amts wegen und hat alle für den Einzelfall bedeutsamen, auch die für die Beteiligten günstigen Umstände zu ermitteln. Der Gegenstand der Ermittlungen bestimmt sich nach dem Inhalt des je maßgeblichen Rechtssatzes[1037]. Die Behörde muss also ermitteln, ob etwa die das „öffentliche Interesse" ausmachenden Arbeitsplätze als tatbestandliche Voraussetzung einer Norm entstehen werden. Sie muss aber auch ermitteln, ob durch eine Maßnahme Arbeitsplätze gefährdet werden. Allerdings sollen die Beteiligten – im hier interessierenden Zusammenhang also die Betriebsinhaber als Arbeitgeber - nach § 26 Abs.2 VwVfG bei der Sachverhaltsermittlung mitwirken und insbesondere ihnen bekannte Tatsachen und Beweismittel angeben. Damit ist keine vollstreckbare Mitwirkungsverpflichtung normiert, wohl aber eine Mitwirkungslast, deren Nichterfüllung für die nicht mitwirkenden Beteiligten bedeutet, dass sie möglicherweise die negativen Folgen eines aufgrund ihrer fehlenden Mitwirkung unrichtig oder unvollständig aufgeklärten Sachverhalts hinnehmen müssen[1038] - der Umstand der Nichtmitwirkung ist von der Behörde im Rahmen der Beweiswürdigung zu berücksichtigen[1039] und die Pflicht der Behörde zur Sachverhaltsaufklärung endet, wenn der Beteiligte eine ihm mögliche und zumutbare Mitwir-

---

[1036] Vgl. Ziffer 2.

[1037] Clausen in Knack § 24 Rn 3.1.

[1038] Martens, JuS 1978, 99 (102); Meyer / Borgs § 26 Rn 5; Obermayer § 26 Rn 149 ff.; Stelkens / Kallerhoff in Stelkens / Bonk / Sachs § 26 Rn 47; Kopp § 26 Rn 33 u. 41; Clausen in Knack § 26 Rn 7.

[1039] BVerwGE 34, 248 ff.; OVG Münster OVGE 16, 293 (295); Stelkens / Kallerhoff in Stelkens / Bonk / Sachs § 26 Rn 52.

kung unterlässt[1040]. Was die Behörde nicht sieht und sich ihr auch nicht aufdrängen muss, ist nur zu berücksichtigen, sofern es vorgetragen wurde[1041]. Da für Verwaltungsentscheidungen regelmäßig Vorgänge und Umstände aus der Sphäre des Bürgers maßgebend sind, kommt ihm bei der Beschaffung von Tatsachenmaterial eine wichtige Rolle zu und man kann generell davon ausgehen, dass, wer etwas für sich Günstiges erreichen will – sei es eine Genehmigung, sei es der jedenfalls vorübergehende Verzicht auf mögliche Eingriffsmaßnahmen – alles ihm Bekannte vorbringen wird, um das von ihm erwünschte behördliche Tun oder Unterlassen zu erreichen. Ob infolge einer Maßnahme Arbeitsplätze geschaffen, erhalten oder eben auch gefährdet werden könnten, der Arbeitsplatzaspekt also zumindest tangiert ist, wird für die Verwaltung vielfach auch ohne entsprechende Hinweise des betroffenen Unternehmers ersichtlich sein. Das gilt für die Ausweisung von Baugebieten und die Überplanung bebauter Gebiete ebenso wie für arbeitsplatzschaffende Projekte oder die Zulassung vorzeitigen Beginns nach § 8 a BImSchG, aber auch für Genehmigungswiderrufe und Betriebsuntersagungen im Wirtschaftsverwaltungs- und Immissionsschutzrecht. Dass die Behörde Auswirkungen auf Arbeitsplätze ohne weiteres als möglich erkennt, schließt Mitwirkungslasten der betroffenen Unternehmer bei der Ermittlung der zur Beurteilung der tatsächlich zu erwartenden Arbeitsplatzauswirkungen keineswegs aus.

2. Die Notwendigkeit von Prognosen

Die Berücksichtigung des Arbeitsplatzaspektes erfordert immer Prognosen[1042]. Im Rahmen von Verwaltungsentscheidungen sind Prognosen indes keineswegs selten. Zentraler Begriff des Gefahrenabwehrrechts und Tatbestandsvoraussetzung zahlreicher Rechtsgrundlagen ist der Begriff der Gefahr – und eine solche ist bei einer mit hinreichender Wahrscheinlichkeit zu einem Schaden führenden Sachlage gegeben, impliziert also ein prognostisches Element. Auch beim gewerberechtlichen Begriff der Unzuverlässigkeit ist die Prognose des ordnungsgemäßen Betreibens des Gewerbes in der Zukunft maßgebend.

Das Erfordernis von Prognosen bei der Berücksichtigung des Arbeitsplatzaspektes gilt nicht nur für das Entstehen neuer, sondern auch für den Erhalt bestehender Arbeitsplätze – in beiden Fällen sind zukünftige Entwicklungen abzuschätzen und zu bewerten. Es gilt zu beurteilen, ob aufgrund der Vornahme

---

[1040] BVerwG NJW 1959, 2134; 1986, 1704; NVwZ 1987, 404; Stelkens / Kallerhoff in Stelkens / Bonk / Sachs § 26 Rn 52; Clausen in Knack § 26 Rn 7.

[1041] Kopp / Ramsauer § 24 Rn 12 a bezüglich Planungsverfahren; zur vergleichbaren Situation im Verwaltungsprozess BVerwG NJW 1964, 786; BayVBl. 1972, 813; BGH NVwZ 1983, 309.

[1042] Prognosen sind Wahrscheinlichkeitsurteile über den Eintritt eines Ereignisses oder die Entwicklung eines Sachverhalts in angebbarer Zukunft – Schmidt-Aßmann in Maunz / Dürig Art.19 Abs.4 Rn 198 mwN.

oder Unterlassung einer Maßnahme Arbeitsplätze entstehen oder erhalten bleiben. Entscheidend ist das Bestehen einer Kausalität zwischen der Maßnahme und der Schaffung, dem Erhalt oder der Gefährdung von Arbeitsplätzen. Der Erhalt bestehender Arbeitsplätze ist regelmäßig einfacher als die Entstehung neuer Arbeitsplätze prognostizierbar. Die Prognoseunsicherheiten beruhen nicht zuletzt auf dem dynamischen Charakter des marktwirtschaftlichen Geschehens, das mit steter potentieller und tatsächlicher Veränderung, Entstehung und Zerstörung verbunden ist. Unternehmer haben ein Interesse daran, von staatlichen Eingriffsmaßnahmen verschont zu bleiben oder von „Begünstigungen" zu profitieren. Daher besteht die Gefahr, dass sie sich zur Durchsetzung dieser Interessen auch dann auf den Aspekt der Arbeitsplätze berufen, wenn tatsächlich keine Arbeitsplätze gefährdet sind – also die Gefahr von „Mitnahmeeffekten".
Der prognostische Charakter von auf der Grundlage unbestimmter Rechtsbegriffe zu treffender Entscheidungen zieht allerdings nicht zwangsläufig einen entsprechenden gerichtlich nicht überprüfbaren behördlichen Beurteilungsspielraum nach sich[1043] - eine solche Maxime wäre angesichts der weiten Verbreitung prognostischer Urteile mit dem prinzipiell umfassenden Prüfungsauftrag der Gerichte nicht vereinbar[1044]. So ist beispielsweise die Gefahrenbeurteilung im Polizeirecht ebenso voll überprüfbar[1045] wie das Zuverlässigkeitsurteil im Gewerberecht[1046]. Für einen auf dem Prognosecharakter basierenden Beurteilungsspielraum müssen weitere Elemente wie ein planerischer, verkehrs- oder wirtschaftspolitischer Einschlag hinzutreten[1047].

3. Die Begründung von Verwaltungsakten

Nach § 39 (L)VwVfG müssen schriftliche Verwaltungsakte mit einer Begründung versehen werden, die erkennen lässt, von welchen wesentlichen tatsächlichen und rechtlichen Voraussetzungen und Überlegungen die Behörde bei ihrer Entscheidung ausging[1048]. Eine Ausnahme von dieser Begründungspflicht besteht allerdings nach § 39 Abs.2 Nr.1 (L)VwVfG unter anderem bei begünstigenden Verwaltungsakten ohne belastende Drittwirkung. Der aus Arbeitsplatz-

---

[1043] Breuer, AöR 101 (1976), 46 (76); Obermayer § 40 Rn 75; Sachs in Stelkens / Bonk / Sachs § 40 Rn 203; Schmidt-Aßmann in Maunz / Dürig Art. 19 Abs.4 Rn 198.
[1044] Schmidt-Aßmann in Maunz / Dürig Art. 19 Abs.4 Rn 198.
[1045] Hansen-Dix S. 33, 195 ff..
[1046] BVerwGE 28, 201 (210); Marcks in Landmann / Rohmer GewO § 35 Rn 29.
[1047] Obermayer § 40 Rn 75; Knack § 40 Rn 6.2.4. Ein Beurteilungsspielraum ist von der Rechtsprechung zum Beispiel angenommen worden bezüglich der Einschätzung, ab welcher Zahl zugelassener Taxen die Funktionsfähigkeit des örtlichen Taxengewerbes bedroht sein wird (BVerwG, DVBl. 1989, 52, 53) und ob die Bewerber gemäß § 10 Abs.3 GüKG die Gewähr dafür bieten, das öffentliche Verkehrsbedürfnis am besten zu befriedigen (BVerwGE 80, 270, 275).
[1048] Stelkens in Stelkens / Bonk / Sachs § 39 Rn 21; Kopp / Ramsauer VwVfG § 39 Rn 11 mwN.

gründen erfolgte Bescheid über die Zulassung vorzeitigen Beginns nach § 8 a BImSchG muss allerdings schon nach § 24 a Abs.2 Nr.5 der 9. BImSchV eine Begründung enthalten, aus der die wesentlichen tatsächlichen und rechtlichen Gründe für die Entscheidung und damit auch die Bedeutung des Arbeitsplatzaspektes hervorgehen sollen. Die aufgrund einer Befreiung von den Voraussetzungen des Bebauungsplanes nach § 31 Abs.2 Nr.1 BauGB erteilte Baugenehmigung kann die Nachbarn belasten[1049] und ist daher ebenfalls zu begründen. Auch wenn eine Begründung einmal nach § 39 Abs.2 (L)VwVfG nicht erforderlich ist, ändert dies nichts an der Befugnis der Behörde zur Begründung.
Eine Begründung ist mangels Vorliegen eines Verwaltungsaktes nicht erforderlich, wenn die Verwaltung aus Gründen der Erhaltung von Arbeitsplätzen auf den Erlass eines belastenden Verwaltungsaktes wie etwa einer baurechtlichen Abbruchverfügung oder einer Verhinderung rechtswidrigen Betreibens eines Gewerbes gänzlich verzichtet. Erforderlich ist eine Begründung hingegen, wenn – gegebenenfalls trotz negativer Auswirkungen auf Arbeitsplätze oder weil eine behauptete Arbeitsplatzgefährdung nach Überzeugung der Behörde nicht besteht - eine belastende Maßnahme ergriffen wird.
Nach § 39 Abs.1 S.3 (L)VwVfG soll die Begründung von Ermessensentscheidungen auch die Gesichtspunkte erkennen lassen, von denen die Behörde bei der Ausübung ihres Ermessens ausgegangen ist. Schon angesichts der rechtsstaatlichen Bedeutung der Begründungspflicht darf lediglich in Ausnahmefällen auf die Begründung verzichtet werden[1050]. Die wesentlichen Abwägungsgesichtspunkte und die Motivation der Behörde für ihre Entscheidung in den wesentlichen Elementen sind grundsätzlich darzustellen[1051]; dazu zählt auch der Arbeitsplatzaspekt, sofern er im konkreten Fall Relevanz besitzt oder jedenfalls erörtert worden ist. Sofern der Arbeitsplatzgesichtspunkt hingegen weder vom Betroffenen vorgebracht wurde noch für die Behörde erkennbar und somit nach § 24 VwVfG nicht zu ermitteln war, braucht er schon deshalb auch nicht in der Begründung dargelegt zu werden[1052]. Streitig ist allerdings, inwieweit lediglich im öffentlichen Interesse angestellte Ermessensüberlegungen in die Begründung aufzunehmen sind[1053] - nach jedenfalls teilweise vertretener Auffassung bezieht sich die Begründungspflicht nicht auf Umstände, die im Rahmen der Ermessensregelung nicht zu den geschützten Interessen des Betroffenen zählen[1054]. Demnach müsste der Arbeitsplatzgesichtspunkt im Rahmen der Begründung regel-

---

[1049] Löhr in Battis / Krautzberger / Löhr § 31 Rn 91.
[1050] Kamphausen / Kampmann, BauR 1986, 403 (410); Schwab, DÖD 1994, 80 (80); Stelkens in Stelkens / Bonk / Sachs § 39 Rn 33.
[1051] Dolzer, DÖV 1985, 9 (15); Schwab, DÖD 1994, 80 (80); Stelkens in Stelkens / Bonk / Sachs § 39 Rn 30 Kopp VwVfG § 39 Rn 18.
[1052] Stelkens in Stelkens / Bonk / Sachs § 39 Rn 30.
[1053] Verneinend zum Auswahlermessen bei Wehrpflichtigen BVerwGE 79, 68, kritisch dazu Wolf, DVBl 1988, 1226 (1227).
[1054] Dolzer, DÖV 1985, 9 (15); Schwab, DÖD 1994, 80 (82).

mäßig nicht erörtert werden, da die Schaffung oder Erhaltung von Arbeitsplätzen gerade nicht zu den geschützten Interessen des Investors oder Arbeitgebers als maßgeblichen Adressaten der Verwaltungsakte zählt. Eine Begründung dient jedoch nicht nur der Ermöglichung eines effektiven Rechtsschutzes, sondern auch der Erläuterung und Selbstkontrolle und damit letztlich der Akzeptanz der behördlichen Entscheidung. Vor diesem Hintergrund sollte sich die Begründung auch dann mit dem Gesichtspunkt der Schaffung oder Erhaltung von Arbeitsplätzen befassen, wenn dieser nur ein öffentliches Interesse oder ein – rechtlich nicht geschütztes – Interesse betroffener Arbeitnehmer darstellt.
Die Richtigkeit und Vollständigkeit der rechtlichen Erwägungen und der tatsächlichen Feststellungen ist eine Frage der materiellrechtlichen Überprüfung, nicht jedoch der verfahrensrechtlichen Begründungspflicht.

VI. Berücksichtigungsanspruch und Klagebefugnis der Betroffenen

Angesichts der Verflechtung von privaten Arbeitnehmerinteressen und öffentlichem Interesse an Arbeitsplätzen erscheint es denkbar, dass neben den Arbeitgebern als Adressaten betriebsbezogener behördlicher Maßnahmen auch betroffene Arbeitnehmer diese Maßnahmen gerichtlich überprüfen lassen können. Diese würden dann zugleich mit ihren je eigenen Interessen auch die Interessen anderer Arbeitnehmer und letztlich das öffentliche Interesse an der Erhaltung von Arbeitsplätzen unterstützen.
Die Arbeitnehmer der von Eingriffsmaßnahmen betroffenen Betriebe sind nicht Adressaten der jeweiligen staatlichen Eingriffe, sondern Dritte. Nach § 42 Abs.2 VwGO ist klagebefugt nur, wer geltend macht, durch einen Verwaltungsakt oder seine Ablehnung bzw. Unterlassung in seinen Rechten verletzt zu sein; eine Popularklage ist also ausgeschlossen. Kennzeichnend für die hier auftretende Konstellation ist die parallele Belastung von Betriebsinhaber und Arbeitnehmern als Dritten, die dem Staat mit gleichgerichteten Interessen – nämlich der Vermeidung staatlicher Eingriffe mit der Folge einer Gefährdung oder Beseitigung von Arbeitsplätzen - gegenüberstehen[1055]. Anders als in den „klassischen" Drittbeteiligungsfällen besteht also gerade kein horizontaler Konflikt zwischen einem Handelnden – etwa einem Bauherrn oder Anlagenbetreiber – und einem Dritten – etwa einem Nachbarn - mit der Folge, dass sich der Dritte gegen den vom Handelnden erstrebten Zustand zur Wehr setzt. Auch in der hier einschlägigen Konstellation stellt sich die Frage nach dem drittschützenden Charakter der einschlägigen Normen in Bezug auf die Arbeitnehmer, ob also bei Eingriffen gegen Normen verstoßen wird, die auch dem Interesse der betroffenen Arbeitnehmer zu dienen bestimmt sind bzw. ob bei den Betriebsinhaber und damit mittelbar die Arbeitnehmer begünstigenden Maßnahmen nicht nur dem Arbeitgeber, sondern auch den Arbeitnehmern ein subjektiv-öffentliches Recht auf eine entspre-

[1055] Vgl. Schmidt-Preuß S.26.

chende Maßnahme – etwa die Erteilung einer Erlaubnis – oder zumindest auf ermessensfehlerfreie Entscheidung über die Begünstigung zusteht[1056]. Keineswegs jede Norm des öffentlichen Rechts, welche die Interessen bestimmter Personen oder Personengruppen tangiert, hat über ihren objektiv-rechtlichen Geltungsanspruch hinaus auch diese Personen oder Personengruppen schützenden Charakter; vielmehr sind entsprechende Rechte von bloßen Rechtsreflexen abzugrenzen, die auf Normen beruhen, die ausschließlich dem öffentlichen Interesse oder dem Individualinteresse anderer dienen und lediglich faktisch in der Nebenwirkung auch dem eigenen Individualinteresse zugute kommen[1057]. Die Rechtsbeziehungen zwischen dem durch eine behördliche Maßnahme belasteten Adressaten und der Behörde einerseits und dem mittelbar beeinträchtigten Dritten und der Behörde andererseits[1058] sind auseinanderzuhalten[1059]. Ob ein behördliches Einschreiten gegen den Arbeitgeber als Adressaten zulässig ist oder ob dem Arbeitgeber behördlicherseits eine Begünstigung zu gewähren ist, richtet sich nach deren Rechtsbeziehung und sagt nichts automatisch darüber aus, inwiefern ein Arbeitnehmer sich gerichtlich gegen den Eingriff wenden oder das begünstigende Verwaltungshandeln verlangen kann. Eine Klagebefugnis der von belastenden Maßnahmen parallel zum Adressaten betroffenen Dritten kann sich insbesondere aus Grundrechten ergeben[1060]. Zur Schließung oder Verkleinerung von Betrieben führende Maßnahmen stellen jedoch keinen Eingriff in die Berufsfreiheit oder sonstige Grundrechte der betroffenen Arbeitnehmer dar[1061]. Und die Berücksichtigung des Arbeitsplatzaspektes erfolgt primär im öffentlichen Interesse und nicht als Berücksichtigung privater Individualinteressen. Dass das Öffentliche Recht in seinem Kern Ausgleichs- und Konfliktentscheidung über private Interessen ist und die Interessen vieler oder aller zu öffentlichen Interessen erhebt, die öffentlichen Interessen ihrer Herleitung nach also von den Individualinteressen herstammen, wenngleich sie mehr als deren Summe sind[1062], steht dem nicht entgegen. Grundsätzlich können Dritte vom Staat nicht verlangen, eine nachteilige Einflussnahme auf das Verhalten eines anderen zu unterlassen – auch wenn sie mittelbar betroffen sind[1063]. Die Möglichkeit der Rechtsverteidigung der Arbeitnehmer als Drittbetroffener gegenüber unmittelbar

---

1056 So die herrschende Schutznormtheorie; vgl. Ramsauer in AöR 111 (1986), 501 (510); Kopp / Schenke § 42 Rn 43, 48.

1057 OVG Münster NJW 1965, 650; BVerfG NJW 1990, 2249; BVerfGE 83, 182 (194); Happ in Eyermann § 42 Rn 85 ff.

1058 sowie die Rechtsbeziehung zwischen Adressat und Drittem.

1059 Preu S. 35.

1060 So wird die Klagebefugnis eines Ehegatten bei Versagung der für den anderen Ehegatten beantragten Aufenthaltserlaubnis wegen Art.6 Abs.1 GG bejaht (BVerwGE 42, 141; 55, 8 (11); VGH Mannheim NVwZ 1987, 920).

1061 vgl. Ziffer 8.

1062 Wahl in Schoch / Schmidt-Aßmann / Pietzner Vorb § 42 Abs.2 Rn 49, allerdings im Hinblick auf horizontale Konflikte zwischen Privaten.

1063 Preu S. 60.

nur den Arbeitgeber als Adressaten betreffenden Hoheitsakten besteht nicht. Sie haben kein Recht darauf, dass der Unternehmer nicht in seiner Gewerbebetätigungsfreiheit beschnitten wird. Ob ein Betrieb infolge unternehmerischen Versagens oder aufgrund – möglicherweise rechtswidriger - aufsichtsbehördlicher Maßnahmen eingestellt werden muss, ist für diese „zufällig"; wirtschaftliche Leistungsfähigkeit des Arbeitgebers und Fortbestand von Arbeitsplätzen sind insoweit ungesichert[1064]. Die Arbeitnehmer sind mithin darauf verwiesen, ihre Interessen gegenüber dem sie unmittelbar entlassenden Arbeitgeber zu verfolgen, es kommt insofern also auf das für dieses Rechtsverhältnis maßgebliche Arbeits- und insbesondere Kündigungsschutzrecht an. Damit ist die Anwendung solcher Rechtsnormen sichergestellt, die auf die Konflikte im unmittelbaren Störungsverhältnis zugeschnitten sind. Eine Pflichtverletzung durch den Arbeitgeber als Adressaten der belastenden Maßnahme gegenüber seinen Arbeitnehmern als Drittbetroffenen wird von der Behörde nicht verlangt – entgegenstehende vertragliche Verpflichtungen werden nach allgemeinen rechtsgeschäftlichen Regeln angepasst oder, insbesondere durch Kündigung, aufgehoben[1065]. Wenn durch eine Verwaltungsmaßnahme die Leistungsfähigkeit oder Leistungswilligkeit des Arbeitgebers zum Nachteil des Arbeitnehmers beeinträchtigt wird und der Arbeitnehmer vom Arbeitgeber infolge rechtmäßiger Kündigung weder die primär geschuldete Leistung in Form von Beschäftigung und Lohn noch Schadensersatz oder die Einlegung verwaltungsgerichtlicher Rechtsbehelfe durch den Arbeitgeber beanspruchen kann, erscheint es auch nicht plausibel, weshalb ihm ein direktes Vorgehen gegen das den Arbeitgeber belastende Verwaltungshandeln möglich sein sollte. Ob der unmittelbar belastete Arbeitgeber gegen seine potentiell oder gar evident rechtswidrige Belastung mit Rechtsmitteln vorgeht, unterliegt seiner Entscheidungsautonomie – ein interessierter Dritter kann sich nicht ohne weiteres zum Verteidiger dieser Rechtsposition aufschwingen. So wie ein Arbeitnehmer generell keinen Einfluss auf die unternehmerischen Entscheidungen seines Arbeitgebers hat, kann er vom Arbeitgeber auch nicht verlangen, dass dieser gegen einen ihn belastenden Behördenakt vorgeht.

VII. Das Gewicht des Arbeitsplatzbelanges

Nicht nur im Rahmen der Raumordnungs- und Bauleitplanung, sondern auch innerhalb der Ermessensausübung, der Prüfung der Verhältnismäßigkeit und teilweise auch bei unbestimmten Rechtsbegriffen wie dem des Wohls der Allgemeinheit in Art.14 Abs.3 GG ist der Sache nach eine Abwägung des Arbeitsplatzaspektes mit anderen Interessen oder Rechtsgütern vorzunehmen. Infolge der erforderlichen Abwägung ist eine Gewichtung des Arbeitsplatzgesichtspunktes im einzelnen Fall vorzunehmen. Welches Gewicht dem Arbeitsplatzbe-

---

[1064] Preu S.61.
[1065] Preu S.60.

lang im konkreten Fall zukommt, kann nur in Relation zu den mit diesem abzuwägenden Belangen bestimmt werden. Das Gewicht des isoliert von den anderen betroffenen Belangen betrachteten Arbeitsplatzaspektes hängt von verschiedenen Faktoren ab.
So ist die Bedeutung des Arbeitsplatzaspektes von der Zahl der betroffenen Arbeitsplätze abhängig. Je mehr Arbeitsplätze durch eine Maßnahme verloren gehen oder geschaffen werden, desto größeres Gewicht hat der Arbeitsplatzbelang. Dieses quantitative Element besteht hier ebenso wie bei anderen Belangen.
Tendenziell haben Erhalt und Sicherung bestehender Arbeitsplätze ein größeres Gewicht als die Schaffung neuer Arbeitsplätze. Schonung und Schutz vorhandener Werte ist ein die gesamte Rechtsordnung bestimmender Leitgedanke, der sich im Rechtsgüterschutz des Strafrechts ebenso manifestiert wie im das öffentliche Recht durchziehenden Aspekt der Abwehr von Gefahren für unterschiedliche Rechtsgüter und Interessen, im zivilrechtlichen Deliktsrecht oder im arbeitsrechtlichen Kündigungsschutz. In einer marktwirtschaftlichen Ordnung hat ein Unternehmer zwar schon deshalb weder Anspruch auf einen bestimmten Gewinn noch auf den Bestand seines Unternehmens[1066], da die dafür neben anderen Faktoren entscheidende Markt- und Konkurrenzsituation im Prinzip nicht im staatlichen Einflussbereich liegt. Anders ist dies jedoch bei staatlichen Eingriffsmaßnahmen. Dann ist es der Verwaltung durchaus möglich, diese Maßnahmen so zu gestalten, dass die betroffenen Betriebe und Arbeitsplätze erhalten bleiben.
Des weiteren hängt die Bedeutung des Arbeitsplatzgesichtspunktes von der Wahrscheinlichkeit der Auswirkungen einer Maßnahme auf Arbeitsplätze ab: ein Verlust von Arbeitsplätzen wiegt schwerer als eine bloße Gefährdung, bei welcher ein Arbeitsplatzverlust nicht sicher ist. Und der voraussichtlich sichere Erhalt von Arbeitsplätzen hat größeres Gewicht als die nur mögliche Sicherung, bei der entweder nicht feststeht, ob die betroffenen Arbeitsplätze nicht auch ohne die Sicherungsmaßnahme bestehenblieben, oder nicht sicher ist, ob die Arbeitsplätze überhaupt erhalten werden.
Das Gewicht betroffener Arbeitsplätze ist auch davon abhängig, welcher Bedarf für sie in der betroffenen Region besteht. Der Belang der Schaffung und Erhaltung von Arbeitsplätzen ist umso gewichtiger einzustufen, je mehr Arbeitsplätze fehlen und je schwieriger für die vom Arbeitsplatzverlust betroffenen Arbeitnehmer voraussichtlich die Erlangung eines neuen Arbeitsplatzes ist. Ein Indikator dafür ist die allgemeine regionale Arbeitslosenquote. Aussagekräftiger ist allerdings die Arbeitsmarktsituation im Hinblick auf die konkret betroffene Branche und die von den Arbeitnehmern ausgeübten Berufe sowie unter Be-

[1066] So sind künftige Verdienstmöglichkeiten und in der Zukunft liegende Chancen nicht durch Art. 14 GG geschützt – BVerfGE 30, 292 (335); BVerwGE 95, 341 (349); Papier in Maunz / Dürig Art. 14 Rn 100.

rücksichtigung persönlicher arbeitsmarktrelevanter Eigenschaften der betroffenen Arbeitnehmer wie insbesondere das Alter.
Schließlich stellt sich die Frage, ob Arbeitsplätzen mit hohen Anforderungen an die Qualifikation des Arbeitnehmers, hoher Wertschöpfung, hohem Einkommen oder hohem gesellschaftlichem Ansehen ein größeres Gewicht zukommt als solchen, die diese Eigenschaften nicht aufweisen. Da die genannten Merkmale in einem gewissen Zusammenhang stehen, sind viele Arbeitsplätze nicht nur von einem, sondern von sämtlichen oder jedenfalls mehreren dieser Merkmale geprägt. Bezüglich der Bedeutung „einfacher" und „qualifizierter" Arbeitsplätze ist zwischen der Schaffung neuer und der Erhaltung bestehender Arbeitsplätze zu differenzieren. Sofern es um die Erhaltung bestehender Arbeitsplätze geht, ist das Gewicht der betroffenen Arbeitsplätze tendenziell unabhängig von deren durch die genannten Merkmale geprägten Status. Denn die betroffenen Arbeitnehmer trifft ein Verlust ihres Arbeitsplatzes unabhängig von dessen Status – der Verlust eines „einfachen" Arbeitsplatzes wiegt nicht weniger schwer als der eines „qualifizierten" Arbeitsplatzes. Zu Recht hat das Bundesverfassungsgericht den gleichen Wert und die gleiche Würde jeder legalen Arbeit festgestellt[1067]. Auch vor dem Hintergrund des Sozialstaatsprinzips wäre es bedenklich, „einfachen" Arbeitsplätzen generell ein minderes Gewicht zuzubilligen.
Sofern es hingegen um die Schaffung neuer Arbeitsplätze geht, kommt „qualifizierten" Arbeitsplätzen tendenziell ein höheres Gewicht als „einfachen" Arbeitsplätzen zu. Dies gilt ungeachtet des Raumordnungs- und Bauleitplänen zugrundeliegenden politischen Gestaltungsspielraums mit der Möglichkeit zur Prioritätensetzung auch bei planungsrechtlichen Abwägungen. Daneben ist jedoch auch der vorstehend erläuterte Gesichtspunkt zu beachten, für welche Arbeitsplätze in der konkreten Situation ein besonderer Bedarf besteht – dieser Gesichtspunkt kann auch gerade für die Schaffung „einfacher" Arbeitsplätze sprechen.

VIII. Rechtspolitische Bewertung

Unabhängig von der juristischen Problematik der Berücksichtigung des Arbeitsplatzaspektes im Rahmen von unbestimmten Rechtsbegriffen und Ermessensnormen stellt sich die Frage, wie die eine solche Berücksichtigung ermöglichenden oder gebietenden Rechtsinstitute im Allgemeinen und die Berücksichtigung von Arbeitsplätzen im Besonderen zu bewerten sind.
Bezüglich der tatsächlichen Bedeutung ist hervorzuheben, dass sich die Berücksichtigung des Arbeitsplatzaspektes im Rahmen von unbestimmten Rechtsbegriffen, Ermessen und Verhältnismäßigkeit auf konkrete Einzelfälle bezieht, die im Allgemeinen auch in der Summe keine nennenswerte gesamtwirtschaftliche Bedeutung haben. Das schließt nicht aus, dass sie für die Verhältnisse der je-

[1067] BVerfGE 59, 231 (262).

weiligen örtlichen oder regionalen Arbeitsmärkte erheblich sein können. Für eine makroökonomisch spürbare Schaffung von Arbeitsplätzen und Verminderung der Arbeitslosigkeit sind die Ausgestaltung insbesondere des Arbeits-[1068], Steuer-, Sozial- und Wirtschaftsverwaltungsrechts wichtig, nicht aber behördliche Einzelfallentscheidungen. Daher wird umgekehrt auch ein Rückgang der Arbeitslosigkeit allenfalls sehr begrenzte Bedeutung für die Berücksichtigung des Arbeitsplatzaspektes haben.

Charakteristisch für die hier erörterten Normen ist, dass sie im Falle des Ermessens der Verwaltung Abwägungs- und Entscheidungsspielräume eröffnen, im Falle der unbestimmten Rechtsbegriffe den Gerichten die Auslegung und Konkretisierung tatbestandlicher Voraussetzungen ermöglichen und auferlegen. Die Tätigkeit der Verwaltung beschränkt sich also nicht darauf, das für den Einzelfall umzusetzen, was der Gesetzgeber in abstrakter Weise für jeden Einzelfall bereits festgelegt hat. Sie exekutiert nicht nur gesetzgeberische Entscheidungen, sondern konkretisiert und gestaltet Verwaltungszwecke[1069]. Die Bindung der Verwaltung an Recht und Gesetz besteht immer und wird davon nicht berührt. Rechtliche Regelungen gelten auch dann, wenn sie im Widerspruch zu ökonomischer Rationalität stehen und ihre Anwendung mehr Nach- als Vorteile bringt[1070] – was schon aufgrund der fehlenden unmittelbaren Vergleichbarkeit der Vor- und Nachteile und dem Einfließen von Wertungen nur in seltenen Fällen objektiv klar festzustellen ist. Die Verwaltung ist nicht mehr oder weniger strikt an die Gesetze gebunden, sondern sie ist strikt an die mehr oder minder umfangreiche Entscheidungsspielräume eröffnenden, mehr oder minder unbestimmten Normen gebunden. Wie weit der Entscheidungsspielraum der Verwaltung im Einzelfall reicht, bestimmt sich nach dem jeweiligen Gesetz. In Anlehnung an den kategorischen Imperativ von Kant lässt sich formulieren, dass die Maxime von Gesetzesauslegung und Gesetzesanwendung dem Prinzip einer allgemeinen Gesetzgebung entsprechen sollte. Dies bedeutet jedoch nicht notwendig eine Übereinstimmung mit der Maxime des Gesetzes[1071]; vielmehr sind die Maxime der Einhaltung des Gesetzes und die Maxime der einzelfallgerechten Gesetzesanwendung in einen Ausgleich zu bringen.

Das aus Rechtsstaats- und Demokratieprinzip hergeleitete Prinzip des Gesetzesvorbehalts, demzufolge der Gesetzgeber alle wesentlichen staatlichen Entscheidungen selbst zu treffen hat, steht einer flexiblen Abgrenzung der Tätigkeitsfelder und Kompetenzen von Gesetzgebung und Verwaltung nicht entgegen[1072]. Regelt der Gesetzgeber – insbesondere politisch heikle – Sachverhalte durch unbestimmte Rechtsbegriffe, so wird die Grenze zwischen politischen Angele-

[1068] Nach Söllner S. 195 ist der Einfluss der Institutionen des Arbeitsrechts auf die Gesamtsituation am Stellenmarkt allerdings eher gering zu veranschlagen.

[1069] Hoffmann-Riem S.19.

[1070] Vgl. Ott / Schäfer, JZ 1988, 213 (214).

[1071] Brieskorn in ARSP Beiheft Nr.53 S.81 (83 f.).

[1072] Hill, DÖV 1987, 885 (893).

genheiten und Rechtsfragen allerdings unscharf, Entscheidungen von Gerichten und Verwaltung werden politisiert[1073]. Die Entscheidungsverfahren von Gerichten und Verwaltung sind nicht auf die Abklärung grundlegender politischer Fragen und einen breiten Interessenausgleich in der Gesellschaft gerichtet. Ebensowenig verbietet der Grundsatz einer hinreichend bestimmten Programmierung des Verwaltungshandelns allerdings jegliche abwägende, die Umstände des Einzelfalls berücksichtigende Verwaltungsentscheidung[1074]. Ein Maximum an Steuerung der Verwaltung ist weder verfassungsrechtlich noch praktisch der Idealzustand. Die Verarbeitungs- und Anpassungsbereitschaft eines Systems wie der Verwaltung hängt auch von der Fähigkeit und Bereitschaft der regelnden Instanzen ab, die jeweils vorhandenen Aspekte und Interessen zutreffend zu erfassen und zu berücksichtigen. Ein aus verschiedenen Subsystemen wie Gesetzgebung, Rechtsprechung und Verwaltung bestehendes Gesamtsystem wie der Staat kann nur dann eine optimale Problemverarbeitungskapazität aufweisen, wenn die Subsysteme mit ausreichenden Selbstregelungskapazitäten für Teilfragen ausgestattet sind[1075].

Ein auf klaren gesetzgeberischen Handlungsanweisungen beruhender schlichter Gesetzesvollzug ohne das Erfordernis und die Möglichkeit wertender und abwägender Entscheidungen bedeutet andererseits eine erhebliche Entlastung der Verwaltung: der im einzelnen Fall zu betreibende Ermittlungs- und Entscheidungsaufwand wird aufgrund der reduzierten Komplexität gering gehalten und die Verwaltung kann zur Begründung ihres Tuns schlicht auf die Gesetzeslage und damit die Verantwortung des Gesetzgebers verweisen[1076], statt ihre Abwägung rechtfertigen und die Folgen ihrer Entscheidung bedenken zu müssen. Sobald der Arbeitsplatzaspekt im Rahmen behördlicher Gesetzesanwendung und Entscheidungsfindung berücksichtigt werden kann, beinhaltet dies zwangsläufig eine Mitverantwortung der Verwaltung für die Auswirkungen ihres Handelns oder Unterlassens auf den Bestand von Arbeitsplätzen.

Unbestimmte Rechtsbegriffe und Ermessensnormen beinhalten die Gefahr fehlender klarer, durchschaubarer Direktiven und Maßstäbe; die Rechtslage ist dadurch vielfach für den rechtsunterworfenen Bürger nicht eindeutig, Entscheidungen von Verwaltung und Gerichten sind nicht zuverlässig vorhersehbar, Gesetze werden möglicherweise unterschiedlich und von subjektiven Werturteilen beeinflusst angewendet. Dies erscheint nicht nur faktisch, sondern auch mit Blick auf die vom Rechtsstaatsprinzip geforderte Rechtssicherheit bedenklich[1077].

1073 Vgl. Schneider, JZ 1987, 696 (698).
1074 Hill, DÖV 1987, 885 (893).
1075 Zippelius, ARSP 87 (2001), 516 (521 f.).
1076 vgl. Treutner S.229.
1077 Allerdings gehört zum Rechtsstaatsprinzip auch das die Rechtssicherheit tendenziell beeinträchtigende Verhältnismäßigkeitsprinzip.

Unzweifelhaft besteht die Gefahr, dass der Gesichtspunkt der Arbeitsplätze im Rahmen von Ermessensentscheidungen zu einer Vernachlässigung des eigentlichen Gesetzeszwecks führt oder dass gar der von einer potentiellen Eingriffsmaßnahme betroffene Adressat eine Gefährdung von Arbeitsplätzen aufgrund potentieller Eingriffsmaßnahmen nur vorschiebt und die Behörde dies ihren Erwägungen vorschnell zugrundelegt.
Bei der Berücksichtigung des Arbeitsplatzaspektes im Rahmen der Rechtsanwendung begegnen sich die Systeme Recht und Wirtschaft. Das Recht dient dem Frieden und der Sicherung von Erwartungen, die Wirtschaft der Befriedigung des menschlichen Bedarfs an Gütern und Dienstleistungen. Wenngleich die Systeme Recht und Wirtschaft etwas füreinander leisten und einander bedürfen, erfüllen sie ihre Funktionen, indem sie alles nur im Sinne eben jener Funktionen auslegen und in gewissem Sinne füreinander blind sind[1078].
Dies alles mahnt zur Vorsicht, spricht jedoch nicht prinzipiell gegen die Möglichkeit einer Berücksichtigung des Arbeitsplatzaspekts. Und eine der Verwaltung Entscheidungs- und Abwägungsspielräume eröffnende Rechtslage bietet den Vorteil der Möglichkeit zur flexiblen Berücksichtigung der Umstände des Einzelfalls, zur situationsgerechten Anwendung abstrakter Vorgaben. Damit besteht eher als bei schematischer Rechtsanwendung die Chance, durch eine auf den konkreten Fall abgestimmte Vorgehensweise einen angemessenen Interessenausgleich herbeizuführen und negative Nebenfolgen wie den Verlust von Arbeitsplätzen zu vermeiden. Im Rahmen von Gestaltungs-, Abwägungs- und Ermessensspielräumen kann die Rechtsanwendung auf der Grundlage einer ökonomischen Analyse unter dem Gesichtspunkt der Schaffung oder Erhaltung von Arbeitsplätzen erfolgen[1079].
Maßstab für Effizienz und Legitimation der Verwaltung ist nicht ausschließlich der exakte Normvollzug, sondern auch die Akzeptanz des Verwaltungshandelns durch die Betroffenen, was sich normativ mit dem Rechtsstaatsprinzip begründen lässt[1080]. Der moderne Staat ist vielfach durchaus auf die Kooperation von Staat und Bürgern und Unternehmen angewiesen[1081]; und Kooperation und Akzeptanz bedingen sich gegenseitig. Ein auch die mittelbaren Folgen für Arbeitsplätze berücksichtigendes Vorgehen vermag die Akzeptanz beim Betriebsinhaber als Adressaten, den Arbeitnehmern und der sonstigen Bevölkerung durchaus zu fördern. Auch offene Normen führen nicht zu einer allgemeinen Billigkeitskompetenz der Verwaltung, sondern nur zu deren Feinsteuerung als ergänzende Fortentwicklung der gesetzlichen Steuerung.

[1078] Roellecke, Rechtstheorie 31 (2000), 1 (6 f.).
[1079] Vgl. Stober, Rechtstheorie 21 (1990), 86 (98).
[1080] Hensche, Rechtstheorie 29 (1998), 103 (106 f.) – allerdings lassen sich mit dem Rechtsstaatsprinzip auch die gegenläufigen Grundsätze der Rechtssicherheit und Praktikabilität begründen; Treutner S.22.
[1081] Stober, Rechtstheorie 21 (1990), 86 (99).

Schließlich ist davon auszugehen, dass der Arbeitsplatzaspekt bei etlichen Entscheidungen und Maßnahmen berücksichtigt wird, ohne dass dies in Begründungen oder Vermerken auch offengelegt wird[1082]. Vor diesem Hintergrund dient es der Transparenz und damit der besseren Kontrollierbarkeit, wenn die Bedeutung des Aspektes der Schaffung oder Erhaltung von Arbeitsplätzen für eine bestimmte Entscheidung dargelegt und transparent gemacht wird.

[1082] Teilweise wird sogar behauptet, in richterlichen Entscheidungen würden generell oftmals dogmatische Konstruktionen nur vorgeschoben und die wahren Gründe verschleiert – so Dekkert S.5; Sambuc S.90; dagegen Hensche, Rechtstheorie 29 (1998), 103 (114).

Literaturverzeichnis

- *Achterberg, Norbert*: Das nachvertragliche Wettbewerbsverbot in verfassungsrechtlicher Sicht, in: JZ 1975, S.713 ff.
- *Achterberg, Norbert / Püttner, Günter / Würtenberger, Thomas*: Besonderes Verwaltungsrecht, 2. Auflage Heidelberg 2000
- *Adler, Hans Peter*: Nachträgliche Anforderungen an Gewerbebetriebe, Berlin 1970
- *Alexy, Robert*: Ermessensfehler, in: JZ 1986, S.701 ff.
- *Alexy, Robert*: Theorie der Grundrechte, Frankfurt 2001 (Nachdruck)
- *Arndt, Claus*: Soziale „Grundrechte" als Staatsziele in einer künftigen deutschen Verfassung, in: RuP 1990, S.69 ff.
- *Arndt, Hans-Wolfgang*: Wirtschaftsverwaltungsrecht, in: Udo Steiner (Hrsg.): Besonderes Verwaltungsrecht, 7. Auflage Heidelberg 2003, S.875 ff.
- *von Arnim, Hans Herbert*: Gemeinwohl und Gruppeninteressen: die Durchsetzungsschwäche allgemeiner Interessen in der pluralistischen Demokratie; ein Beitrag zu verfassungsrechtlichen Grundfragen der Wirtschaftsordnung, Frankfurt 1977
- *Ascheid, Reiner*: Betriebsbedingte Kündigung – Unternehmerentscheidung und außerbetriebliche Gründe, in: DB 1987, S. 1144 ff.
- *Bachof, Otto*: Beurteilungsspielraum, Ermessen und unbestimmter Rechtsbegriff im Verwaltungsrecht, in: JZ 1955, S. 97 ff.
- *Bachof, Otto*: Begriff und Wesen des sozialen Rechtsstaates, in: VVDStRL 12 (1954), S.37 ff.
- *Bader, Johann / Funke-Kaiser, Michael / von Albedyll, Jörg*: Verwaltungsgerichtsordnung – Kommentar anhand der höchstrichterlichen Rechtsprechung, Heidelberg 1999
- *Badura, Peter*: Grundfreiheiten der Arbeit. Zur Frage der Kodifikation „sozialer Grundrechte", in: Dieter Blumenwitz, Albrecht Randelzhofer (Hrsg.): Festschrift für Friedrich Berber, München 1973, S.11 ff.
- *ders.*: Das Prinzip der sozialen Grundrechte und seine Verwirklichung im Recht der BRD, in: Der Staat 14 (1975), S.17 ff.
- *ders.*: Wachstumsvorsoge und Wirtschaftsfreiheit, in: Hamburg, Deutschland, Europa: Beiträge zum deutschen und europäischen Verfassungs-, Verwaltungs- und Wirtschaftsrecht – Festschrift für Hans Peter Ipsen zum siebzigsten Geburtstag, Tübingen 1977, S. 367 ff.
- *ders.*: Arbeit als Beruf (Art. 12 Abs.1 GG), in: Peter Hanau, Gerhard Müller, Herbert Wiedemann, Otfried Wlotzke (Hrsg.): Festschrift für Wilhelm Herschel zum 85. Geburtstag, München 1982, S. 21 ff.
- *ders.*: Wirtschaftsverwaltungsrecht, in: Eberhard Schmidt-Aßmann (Hrsg.): Besonderes Verwaltungsrecht, 12. Auflage Berlin 2003, S.245 ff.
- *Bahls, Dietrich*: Wirtschaftspolitische Ausgangslagen und rechtliche Probleme der Erdölversorgung, dargestellt am Beispiel des Raffineriezentrums In-

golstadt mit der Transalpinen Erdölleitung (TAL) von Triest, in: DVBl. 1972, S.446 ff.

- *Bahnmüller, Reinhard*: Arbeitslose als politisches Konfliktpotential ?, in: Wacker, Ali (Hrsg.): Vom Schock zum Fatalismus ? Soziale und psychische Auswirkungen der Arbeitslosigkeit, 2. Auflage Frankfurt a.M. usw. 1981, S.107 ff.
- *Baltes, Joachim*: Immissionsgrenzwerte und Art.2 Abs.2 GG, in: BB 1978, S. 130 ff.
- *Bardenz, Alexander*: Rechtsfragen des Trödelmarkts, in: GewArch 1998, S. 53 ff.
- *Barth, Dieter*: Recht auf Arbeit, Köln 1976
- *Baruzzi, Arno*: Recht auf Arbeit und Beruf ? Sieben Thesen, Freiburg usw. 1983
- *Battis, Ulrich / Krautzberger, Michael / Löhr, Rolf-Peter*: Baugesetzbuch (Kommentar), 8.Auflage München 2002
- *Bauer, Hartmut*: Informelles Verwaltungshandeln im öffentlichen Wirtschaftsrecht, in: VerwArch 78 (1987), S.241 ff.
- *Bauer, Joachim*: Die Behandlung der sogenannten unverdienten Wertsteigerungen bei der Enteignungsentschädigung, insbesondere in der höchstrichterlichen Rechtsprechung, Berlin 1975
- *Bauer, Joachim*: Handeln zu Zwecken des Wettbewerbs, Heidelberg 1991
- *Baumbach, Adolf / Hefermehl, Wolfgang*: Wettbewerbsrecht, 21. Auflage München 1999
- *Bayer, Alfred*: Einführung, in: Hanns Seidel Stiftung e.V. (Hrsg.), Politische Studien, Sonderheft 2/1996: Zukunft der Arbeit, S.3 ff.
- *van Bebber, Werner*: Gemocht wird, wer bezahlt – Unterschiedliches Staatsverständnis in Ost und West, in: FAZ vom 29.5.1999.
- *Benda, Ernst*: Die Menschenwürde, in: Ernst Benda / Werner Maihofer / Hans-Jochen Vogel, Handbuch des Verfassungsrechts der Bundesrepublik Deutschland, 2. Auflage Berlin usw. 1994, S.107 ff. – zitiert: Benda, HBVerfR.
- *ders.*: Der soziale Rechtsstaat, in: Handbuch des Verfassungsrechts der Bundesrepublik Deutschland, 2. Auflage Berlin usw. 1994, S. 719 ff.
- *ders.*: Aktuelle Ziele der Wirtschaftspolitik und tragende Grundsätze der Wirtschaftsverfassung, in: NJW 1967, S. 849 ff.
- *Bender, Bernd*: Der Verwaltungsrichter im Spannungsfeld zwischen Rechtsschutzauftrag und technischem Fortschritt, in: NJW 1978, S.1945 ff.
- *Berg, Wilfried*: Einzelhandelsgroßprojekte – planungs- und wirtschaftsrechtliche Probleme und Perspektiven, in: WiVerw 1990, S.209 ff.
- *Berkemann, Jörg (Hrsg.)*: Planung und Plankontrolle – Entwicklungen im Bau- und Fachplanungsrecht; Otto Schlichter zum 65. Geburtstag, Köln 1995
- *ders.*: Berliner Schwerpunkte-Kommentar zum Baugesetzbuch 1998; herausgegeben von Otto Schlichter, bearbeitet von Jörg Berkemann; Köln 1998

- *Bieback, Karl-Jürgen*: Sozialer Hintergrund der Diskussion über das Recht auf Arbeit, in: Udo Achten u.a., Recht auf Arbeit – eine politische Herausforderung, Neuwied usw. 1978, S.105 ff.
- *ders.*: Sicherheit im Sozialstaat – Verfassungsrechtlicher Schutz gegen Abbau und Umstrukturierung von Sozialleistungen, in: KJ 31 (1998), S.162 ff.
- *Biedenkopf, Kurt*: Rechtsfragen der konzertierten Aktion, in: BB 1968, S.1005 ff.
- *Bielenberg, Walter*: Einige Vollzugsprobleme des neuen Baugesetzbuches, in: ZfBR 1988, S.55 ff.
- *ders.*: Aufstellung eines Vorhaben- und Erschließungsplanes – Hinweise für die Praxis, in: ZfBR 1996, S.6 ff.
- *Bielenberg, Walter / Dyong, Hartmut / Söfker, Wilhelm*: Das Bundesbaurecht: Kommentar zu Bauleitplanung und ihrer Sicherung, Heilungsklauseln, Planungsschadenrecht, Zulässigkeit von Vorhaben und Baunutzungsverordnung; Leitfaden zu anderen novellierten Bereichen; synoptische Gesetzestexte zu den Novellen zum Bundesbaugesetz sowie Texte zur Baunutzungsverordnung und zum Städtebauförderungsgesetz mit Darstellung der Änderungen; 4. Auflage München u.a. 1984
- *Bielenberg, Walter / Krautzberger, Michael / Söfker, Wilhelm*: Baugesetzbuch mit BauGB-MaßnahmenG und BauNVO, Leitfaden und Kommentierung, 4. Auflage München 1994
- *Bielenberg, Walter / Runkel, Peter / Spannowsky, Willy*: Raumordnungs- und Landesplanungsrecht des Bundes und der Länder (Band 2), Loseblatt, Berlin 2004
- *Birk, Hans-Jörg*: Der Vorhaben- und Erschließungsplan: praxisbedeutsame Schwerpunkte, in: NVwZ 1995, S. 625 ff.
- *Blank, Michael / Fangmann, Helmut*: Arbeitslosigkeit und Grundgesetz, in: AuR 1988 S.235 ff.
- *Bleckmann, Albert*: Die kommunale Leistungsverwaltung, insbesondere die Subventionsvergabe im europäischen Binnenmarkt, in: NVwZ 1990, S. 820 ff.
- *ders.*: Staatsrecht 1: Staatsorganisationsrecht: Grundlagen, Staatszielbestimmungen und Staatsorganisationsrecht des Bundes, Köln 1993
- *Bleckmann, Albert / Eckhoff, Rolf*: Der „mittelbare" Grundrechtseingriff, in: DVBl. 1988, S.373 ff.
- *Blüm, Norbert*: Die Arbeit geht weiter – Zur Krise der Erwerbsgesellschaft, München 1983.
- *Böckenförde, Ernst-Wolfgang / Grawert, Rolf*: Bundesrecht und Landesverfassung – Kollisionsfälle und Geltungsprobleme, in: DÖV 1971, S. 119 ff.
- *Boeddinghaus, Gerhard*: Baunutzungsverordnung, 5. Auflage Heidelberg 2005

- *Bohne, Eberhard*: Der informale Rechtsstaat – Eine empirische Untersuchung zum Gesetzesvollzug unter besonderer Berücksichtigung des Immissionsschutzes, Berlin 1981
- *Boewer, Dietrich*: Zur Verfassungsmäßigkeit des Auflösungszeitpunktes gemäß § 9 Abs.2 KSchG, in: DB 1982, S.751 ff.
- *Bohne, Eberhard*: Informales Verwaltungs- und Regierungshandeln als Instrument des Umweltschutzes – Alternativen zu Rechtsnorm, Vertrag, Verwaltungsakt und anderen rechtlich geregelten Handlungsformen ?, in: VerwArch 75 (1984), S.343 ff.
- *Bracher, Christian-Dietrich*: Die bauaufsichtliche Zusage formell und materiell rechtswidriger baulicher Anlagen, in: ZfBR 1987, S. 127 ff.
- *Brakelmann, Günter*: Das Recht auf Arbeit, in: Jürgen Moltmann (Hrsg.): Recht auf Arbeit – Sinn der Arbeit, München 1979, S.9 ff.
- *Brakelmann, Günter*: Sinn der Arbeit – Sinn des Lebens, in: Volker Beuthien (Hrsg.): Arbeitnehmer oder Arbeitsteilhaber – Zur Zukunft des Arbeitsrechts in der Wirtschaftsordnung, Stuttgart 1987, S.13 ff.
- *Breier, Siegfried*: Die Zulassung vorzeitigen Beginns nach § 15 a BImSchG, in: BB 1993, S. 155 ff.
- *Breuer, Rüdiger*: Freiheit des Berufs, in: Josef Isensee / Paul Kirchhof (Hrsg.): Handbuch des Staatsrechts, Bd. VI, § 147, Heidelberg 2001 – zitiert: HdbStR VI § 147.
- *ders.*: Direkte und indirekte Rezeption technischer Regeln durch die Rechtsordnung, in: AöR 101 (1976), S.46 ff.
- *ders.*: Die Entwicklung des Immissionsschutzrechts 1974 – 1976, in: NJW 1977, S. 1025 ff.
- *ders.*: Anmerkung zu BVerfGE 56, 249 ff.(„Bad Dürkheimer Gondelbahn"), in: DVBl. 1981, 971 ff.
- *Brocker, Manfred*: Von der Verachtung der Arbeit in der Antike zur Produktionseuphorie der Moderne – Aspekte eines Wertewandels, in: ZfP 45 (1998), S. 135 ff.
- *Brohm, Winfried*: Der Schutz privater Belange bei Bauplanungen – Antragsbefugnis, Abwägungsgebot, Plangewährleistungsrechte, insbesondere für gewerbliche Interessen, in: NJW 1981, S. 1689 ff.
- *Brügelmann, Hermann / Dürr, Hansjochen*: Baugesetzbuch, Kommentar, Loseblatt, Stuttgart usw., Stand: 2002, zitiert: Bearbeiter in Brügelmann
- *von Brünneck, Alexander*: Das Wohl der Allgemeinheit als Voraussetzung der Enteignung, in: NVwZ 1986, S.425 ff.
- *Brugger, Winfried*: Freiheit des Berufs und Recht auf Arbeit im Verfassungsrecht, in: Hans Ryffel / Johannes Schwartländer (Hrsg.): Das Recht des Menschen auf Arbeit, Kehl am Rhein usw.1983, S.111 ff.
- *ders.*: Verfassungswidrigkeit der planakzessorischen Enteignung nach § 85 Abs.1 Nr.1 und § 87 BBauG (= BauGB) ?, in: ZfBR 1987, S.60 ff.

- *Bryde, Brun-Otto*: Artikel 12 Grundgesetz – Freiheit des Berufs und Grundrecht der Arbeit, in: NJW 1984 S. 2177 ff.
- *Buchner, Herbert*: Kündigung der Tarifregelungen über die Entgeltanpassung in der Metallindustrie der östlichen Bundesländer, in: NZA 1993, S.289 ff.
- *Büge, Dirk / Tünnesen-Harmes, Christian*: Das Gesetz zur Beschleunigung und Vereinfachung immissionsschutzrechtlicher Genehmigungsverfahren und seine praktische Bedeutung für die Betreiber genehmigungspflichtiger Anlagen, in: GewArch 1997, S. 48 ff.
- *Bull, Hans Peter*: Die Staatsaufgaben nach dem Grundgesetz, 2.Auflage Kronberg 1977
- *Bulling, Manfred*: Kooperatives Verwaltungshandeln (Vorverhandlungen, Arrangements, Agreements und Verträge) in der Verwaltungspraxis, in: DÖV 1989, S. 277 ff.
- *Bullinger, Martin*: Die Enteignung zugunsten Privater, in: Der Staat 1 (1962), S.449 ff.
- *ders.*: Das Ermessen der öffentlichen Verwaltung – Entwicklung, Funktionen, Gerichtskontrolle, in: JZ 1984, S. 1001 ff. = ders. (Hrsg.): Verwaltungsermessen im modernen Staat (Landesberichte und Generalbericht der Tagung für Rechtsvergleichung 1985 in Göttingen), Baden-Baden 1986, S.131 ff.
- *Bürgi, Martin / Vogler, Bernd*: Der Privilegierungstatbestand des § 35 Abs.1 Nr.5 Var.2 BauGB – Bedeutung und Struktur, insbesondere im Hinblick auf die Behandlung von Abfallentsorgungsanlagen, in: UPR 1992, S.136 ff.
- *Burmeister, Joachim*: Verträge und Absprachen zwischen der Verwaltung und Privaten, in: VVDStRL 52 (1993) S.190 ff.
- *Buß, Eugen*: Lehrbuch der Wirtschaftssoziologie, 2. Auflage Berlin usw. 1996
- *Charbonnier, Volker*: Öffentliche Wirtschaftsförderung. Überlegungen zur rechtlichen Gestaltung der Wirtschaftsförderungsverhältnisse nach Maßgabe der Verwaltungsgegebenheiten, Hamburg 1970
- *Cholewa, Werner / Dyong, Hartmut / von der Heide, Hans Jürgen / Arenz, Willi*: Raumordnung in Bund und Ländern, Bd.I, Kommentar, Loseblatt, Stuttgart
- *Classen, Claus Dieter*: Erheblichkeit und Zumutbarkeit bei schädlichen Umwelteinwirkungen, in: JZ 1993, S. 1042 ff.
- *Correll, Cathrin*: Problembereiche und Möglichkeiten des öffentlich-rechtlichen Vertrags – ein deutsch-österreichischer Rechtsvergleich, in: DÖV 1998, S. 363 ff.
- *Crone-Erdmann, Hans-Georg*: Einkaufszentren und Verbrauchermärkte im Ordnungsrahmen des Planungsrechts, in: GewArch 1975, S.319 ff.
- *Dänzer-Vanotti, Christoph / Engels, Dieter*: Möglichkeiten und Grenzen der Lohnsenkung durch Änderungskündigung, in: DB 1986, S.1390 ff.
- *Därr, Manfred*: Rechtsschutz für „Schwarzbauten“ gegen Abbruch, in: DÖV 1976, S.111 ff.

- *Daum, Werner*: Soziale Grundrechte, in: RdA 1968, S.81 ff.
- *Dechsling, Rainer*: Das Verhältnismäßigkeitsgebot, München 1989
- *Deckert, Martina Renate*: Folgenorientierung in der Rechtsanwendung, München 1995
- *Degenhart, Christoph*: Das allgemeine Persönlichkeitsrecht, in: JuS 1992, S.361 ff.
- *Deiseroth, Dieter*: Großkraftwerke vor Gericht – Studie zu den Auseinandersetzungen um Energie, Arbeitsplätze und Umweltschutz in der Bundesrepublik Deutschland, Frankfurt/Main usw. 1986
- *Denninger, Erhard / Hoffmann-Riem, Wolfgang / Schneider, Hans-Peter / Stein, Ekkehard (Hrsg.)*: Kommentar zum Grundgesetz für die Bundesrepublik Deutschland in zwei Bänden (Alternativkommentar), 3. Auflage 2001
- *Detterbeck, Steffen / Musielak, Hans-Joachim*: Das Recht des Handwerks – Kommentar zur Handwerksordnung nebst anderen für das Handwerksrecht bedeutsamen Rechtsvorschriften und Bestimmungen, 3.Auflage München 1995
- *Dickersbach, Alfred*: Die Gewerbeuntersagung wegen Unzuverlässigkeit, in: WiVerw 1982, S. ff.
- *Dörfler, Reinhard*: Die Vereinbarkeit sozialer Grundrechte mit dem Grundgesetz der Bundesrepublik Deutschland, Diss. Erlangen-Nürnberg 1978
- *Dörr, Dieter*: Die neuere Rechtsprechung des Bundesverfassungsgerichts zur Eigentumsgarantie des Art.14 GG – ein Beitrag zur Harmonisierung der Schranken von Art.14 GG und Art.12 GG, in: NJW 1988, S.1049 ff.
- *Dörr, Dieter*: Das Recht auf Arbeit und die Berufsfreiheit des Artikels 12 Grundgesetz, in: Rupert Scholz (Hrsg.): Wandel der Arbeitswelt als Herausforderung des Rechts, Köln 1988, S.252 ff.
- *Dolde, Klaus-Peter*: Städtebauliche Enteignung und planerische Abwägung, in: Festschrift für Horst Sendler S.225 ff.
- *ders.*: Konfliktsituationen zwischen gewerblicher Wirtschaft und Wohnen als Problem des Städtebaurechts, in: DVBl.1983, S.732 ff.
- *ders.*: Bestandsschutz von Altanlagen im Immissionsschutzrecht, in: NVwZ 1986, S. 873 ff.
- *Dolderer, Michael*: Das Baugesetzbuch 1998 – Neuerungen im Baurechtsvollzug und die gemeindliche Planungshoheit, in: NVwZ 1998, S. 567 ff.
- *Dolzer, Rudolf*: zum Begründungsgebot im geltenden Verwaltungsrecht, in: DÖV 1985, S.9 ff.
- *Dombrowski, Harald*: Missbrauch der Verwaltungsmacht – zum Problem der Koppelung verschiedener Verwaltungszwecke, Dissertation Mainz 1967
- *Dreier, Horst*: Grundgesetz (Kommentar), 1. Band Tübingen 2004
- *Drews / Wacke / Vogel / Martens*: Gefahrenabwehr, 9. Auflage Köln usw. 1986

- *Drosdzol, Wolf-Dietrich*: Die städtebauliche Gemengelagendiskussion – ein Beitrag zum Nebeneinander von Gewerbe und Wohnnutzung, in: NVwZ 1985, S.785 ff.
- *Dürig, Günter*: Die konstanten Voraussetzungen des Begriffs „Öffentliches Interesse“
- *ders.*: Verfassung und Verwaltung im Wohlfahrtsstaat, in: JZ 1953, S. 193 ff.
- *ders.*: Zurück zum klassischen Enteignungsbegriff ?, in: JZ 1954, S.4 ff.
- *Dürr, Hansjochen*: Der Begriff des Nachteils bei der Normenkontrolle von Bebauungsplänen, in: DÖV 1990, S. 136 ff.
- *Dürr, Hansjochen / Aschke, Manfred*: Baurecht, 1. Auflage Baden-Baden 2001 (Auflage ?)
- *Ebert, Christoph*: Das „Recht am Arbeitsplatz“, Dissertation Marburg 1989
- *Ebinger, Barbara*: Der unbestimmte Rechtsbegriff im Recht der Technik: eine Untersuchung anhand des Beispiels der „Gefahren, erhebliche Nachteile oder Belästigungen“ im Anlagengenehmigungsverfahren, Berlin 1993
- *von Ebner, Hans-Christoph*: Gewerbepolitik in der Bundesrepublik Deutschland seit 1945, in: GewArch 1986, S. 209 ff.
- *Echterhölter, Rudolf*: Der Internationale Pakt der Vereinten Nationen über wirtschaftliche, soziale und kulturelle Rechte, in: BABl. 1973, Heft 10, S.496 ff.
- *Ehlers, Dirk*: Anmerkung zum Urteil des BVerwG vom 15.12.1989 (7 C 6.88), in: JZ 1990, S.594 f.
- *Ehmke, Horst*: Ermessen und unbestimmter Rechtsbegriff im Verwaltungsrecht, Tübingen 1960
- *Enders, Christoph*: Die Menschenwürde in der Verfassungsordnung – zur Dogmatik des Art.1 GG, Tübingen 1997
- *Erbguth, Wilfried*: Das Baugesetzbuch und seine Auswirkung auf die Regional- und Landesplanung, in: NVwZ 1988, S. 289 ff.
- *Erichsen, Hans-Uwe*: Baudispens und Übermaßverbot, in: DVBl.1967, S.269 ff.
- *ders.*: Die sog. unbestimmten Rechtsbegriffe als Steuerungs- und Kontrollmaßgaben im Verhältnis von Gesetzgebung, Verwaltung und Rechtsprechung, in: DVBl.1985, S.22 ff.
- *Ernst, Werner*: Zur staatlichen Verantwortung für umweltbelastende Entscheidungen, in: BauR 1978, S.1 ff.
- *Ernst, Werner / Hoppe, Werner*: Das öffentliche Bau- und Bodenrecht, Raumplanungsrecht: juristisches Kurzlehrbuch für Studium und Praxis, 2. Auflage München 1981
- *Ernst, Werner / Zinkahn, Willy / Bielenberg, Walter*: Baugesetzbuch-Kommentar, Loseblatt-Ausgabe München
- *Erwe, Helmut*: Ausnahmen und Befreiungen im Öffentlichen Baurecht: Baugesetzbuch – Baunutzungsverordnung – Landesbauordnungen, Wiesbaden 1987

- *Eschenauer, Jörg*: Das Recht auf Arbeit in ethisch-politischer Perspektive, Frankfurt a.M. 1983.
- *Eyermann, Erich*: Verwaltungsgerichtsordnung (Kommentar), 10. Auflage München 1998
- *Eyermann, Erich*: Der Felsblock als Sisyphos ? – Die Planung als (un)lösbares Problem, in: UPR 1985, S.225 ff.
- *Faber, Heiko*: Verwaltungsrecht, 4. Auflage Tübingen 1995
- *Fehling, Michael*: Verwaltung zwischen Unparteilichkeit und Gestaltungsaufgabe, Tübingen 2001
- *Fehnemann, Ursula*: Anmerkung zu BVerfG, Beschluß vom 13.5.1986, in: JZ 1986, 1055 ff.
- *ders.*: Konturen eines modernen Umweltschutzrechts – von der Gewerbeordnung bis zum Bundes-Immissionsschutzgesetz, in: DÖV 1974, S. 613 ff.
- *ders.*: Zumutbarkeitsgrenzen als Wege zur Konfliktlösung am Beispiel des Immissionsschutzrechts, in: DVBl. 1979, S. 301 ff.
- *ders.*: Der Vorsorgegrundsatz des Bundes-Immissionsschutzgesetzes, in: DVBl. 1980, 133 ff.
- *ders.*: Die Novellierung des Bundes-Immissionsschutzgesetzes – ein Konzept zur Vorsorge-Sanierung, in: UPR 1985, S. 385 ff.
- *ders.*: Bestandsschutz immissionsschutzrechtlich genehmigter Anlagen im Wandel, in: WiVerw 1986, S.67 ff.
- *Feldhaus, Gerhard*: Bundesimmissionsschutzrecht (Kommentar) Band 1 Teil 1, Loseblatt, Heidelberg
- *Feldhaus, Gerhard / Ludwig, Herbert*: Die TA-Luft 1983, in: DVBl. 1983, S. 565 ff.
- *von Feldmann, Peter / Groth, Klaus-Martin*: Das neue Baugesetzbuch – ein Gesetz für die Praxis ?, in: DVBl.1986, S.652 ff.
- *Fickert, Hans Carl*: Grundlagen, Entwicklung und Reichweite des Rechtsinstituts Bestandsschutz, seine bauplanungsrechtliche Fortbildung und seine Bedeutung innerhalb des Städtebaurechts, in: Driehaus, Hans-Joachim / Birk, Hans-Jörg (Hrsg.): Baurecht – aktuell, Festschrift für Felix Weyreuther, Köln 1993, S.319 ff.
- *Fickert, Hans Carl / Fieseler, Herbert*: Baunutzungsverordnung: Kommentar unter besonderer Berücksichtigung des Umweltschutzes mit ergänzenden Rechts- und Verwaltungsvorschriften, 9. Auflage Stuttgart 1998
- *Fieberg, Gerhard*: Enteignung und Offene Vermögensfragen in der ehemaligen DDR, Köln 1991
- *Finkelnburg, Klaus / Ortloff, Karsten-Michael*: Öffentliches Baurecht - Bd. I: Bauplanungsrecht, 5. Auflage München 1998
- *dies.*: Öffentliches Baurecht – Bd. II: Bauordnungsrecht, Nachbarschutzrecht, Rechtsschutz, 5. Auflage München 1998

- *Fischer, Hartmut*: Zur Bauleitplanung für überwiegend bebaute Gebiete – Voraussetzungen, Rechtsprechung und Anwendungsprobleme des § 1 Abs. 10 BauNVO, in: DVBl. 2002, S. 950 ff.
- *Fluck, Jürgen*: Wider die Restriktionen bei der Zulassung vorzeitigen Beginns nach § 15a BImSchG, in: DÖV 1994, S.885 ff.
- *ders.*: Die Duldung des unerlaubten Betreibens genehmigungsbedürftiger Anlagen – ein Beitrag zu den verwaltungsrechtlichen und strafrechtlichen Wirkungen informellen Verwaltungshandelns, in: NuR 1990, S.197 ff.
- *Försterling, Wolfram*: Recht der offenen Vermögensfragen, München 1993
- *Forkel, Hans-Walter*: § 35 Abs.1 GewO: Zur Unzuverlässigkeit insbesondere wegen Steuerrückständen, in: GewArch 2004, S.53 ff.
- *Forsthoff, Ernst*: Begriff und Wesen des sozialen Rechtsstaates, in: VVDStRL 12, S.8 ff.
- *von und zu Franckenstein, Georg*: Public Private Partnership in der Bauleitplanung – Möglichkeiten und Grenzen, in: UPR 2000, S. 288 ff.
- *Frank, Götz*: Einzelhandelsinteressen in der Bauleitplanung bei der Gebietsausweisung für Verbrauchermärkte, NVwZ 1987, S.369 ff.
- *Franssen, Everhardt (Hrsg.)*: Bürger, Richter, Staat: Festschrift für Horst Sendler zum Abschied aus seinem Amt, München 1991.
- *Frenzel, Michael*: Das öffentliche Interesse als Voraussetzung der Enteignung, Dissertation Bochum 1978
- *Frey, Dieter*: Warum braucht der Mensch Arbeit – und unter welchen Bedingungen erreichen wir gleichzeitig Effizienz und Menschlichkeit in den Betrieben ?, in: Hanns Seidel Stiftung e.V. (Hrsg.), Politische Studien, Sonderheft 2/1996: Zukunft der Arbeit, S.8 ff.
- *Friauf, Karl Heinrich*: Kommentar zur Gewerbeordnung (begründet von Eberhard Fuhr), Loseblatt-Ausgabe, Neuwied
- *ders.*: Bestandsschutz zwischen Investitionssicherheit und Anpassungsdruck, in: WiVerw 1989, S. 121 ff
- *Friedrich, Horst / Wiedemeyer, Michael*: Arbeitslosigkeit – ein Dauerproblem. Dimensionen. Ursachen. Strategien. Opladen 1998
- *Fröhler, Ludwig / Kormann, Joachim*: Kommentar zur Gewerbeordnung, Heidelberg 1978
- *Fürstenberg, Friedrich*: Normative Aspekte moderner Berufswirklichkeit, in: Hans Ryffel / Johannes Schwartländer (Hrsg.): Das Recht des Menschen auf Arbeit, Kehl am Rhein usw. 1983, S.53 ff.
- *Gaentzsch, Günter*: Baugesetzbuch (Kommentar) mit BauGB-MaßnG, Köln 1991
- *Gallas, Andreas / Eisenbarth, Siegfried*: Immissionsschutz und Landesverteidigung, in: UPR 1986, S. 417 ff.
- *Gaspary, Udo*: Die sozialpolitisch relevanten Sonderorganisationen der Vereinten Nationen, in: M. von Hauff / B. Pfister-Gaspary, Internationale Sozialpolitik, Stuttgart usw. 1982, S. 89 ff.

- *Geddert-Steinacher, Tatjana*: Menschenwürde als Verfassungsbegriff: Aspekte der Rechtsprechung des Bundesverfassungsgerichts zu Art. 1 Abs.1 Grundgesetz, Berlin 1990
- *Gelzer, Konrad / Bracher, Christian-Dietrich / Reidt, Olaf*: Bauplanungsrecht, 6. Auflage Köln 2001
- *Gentz, Manfred*: Zur Verhältnismäßigkeit von Grundrechtseingriffen, in: NJW 1968, S.1600 ff.
- *Gerber*: Die Sozialstaatsklausel des Grundgesetzes, in: AöR 81 (1956), S.1 ff.
- *Gerhardt, Michael*: Gibt es verfassungsrechtliche Besonderheiten bei den Enteignungen zugunsten Privater ?, in: Festschrift für Wolfgang Zeidler Bd. II S. 1663 ff.
- *Gern, Alfons*: Güterabwägung als Auslegungsprinzip des öffentlichen Rechts, in: DÖV 1986, S.462 ff.
- *Giehl, Joachim*: Direkte Demokratie, Dissertation München 1996
- *Giesler, Volkmar*: Nachträgliche Anordnungen an Gewerbebetriebe zum Zwecke des Immissionsschutzes, Dissertation Göttingen 1974
- *Gode, Johannes*: Recht auf Arbeit, in: DVBl. 1990, S.1207 ff.
- *Görgens, Egon*: Beschäftigungspolitik, München 1981.
- *Goerlich, Helmut*: Erfordernisse rationaler Gesetzgebung nach Maßstäben des Bundesverfassungsgerichts, in: JR 1977, S.89 ff.
- *Grabitz, Eberhard*: Der Grundsatz der Verhältnismäßigkeit in der Rechtsprechung des Bundesverfassungsgerichts, in: AöR 98 (1978), S. 568 ff.
- *ders.*, Zweck und Maß der Vorsorge nach dem Bundes-Immissionsschutzgesetz, in: WiVerw 1984, S. 232 ff.
- *Grabitz, Eberhard / Hilf, Meinhard*: Das Recht der Europäischen Union – Bd. I: EUV / EGV, Loseblatt, München
- *Gramlich, Ludwig*: „Privatbegünstigende“ Enteignung als Verfassungsproblem, in: JZ 1986, S.269 ff.
- *von der Groeben, Hans / Schwarze, Jürgen*: Kommentar zum Vertrag über die Europäische Union und zur Gründung der Europäischen Gemeinschaft, 6. Auflage Baden-Baden 2003
- *Grooterhorst, Johannes*: Die Neuregelung der Wirkung der Ziele der Raumordnung und Landesplanung in § 35 Abs.3 BauGB, in: DÖV 1987, S. 910 ff.
- *Gross, Gerhard / Hoffmann, Lutz / Schlich-Trakies, Franz*: Die Rolle der kleinteiligen Gebietsdarstellung im Münchner Flächennutzungsplan bei der Standortsicherung von Betrieben in Gemengelagen, in: Gerd Hennings (Hrsg.): Standortsicherung von Betrieben in Gemengelagen – Programme, Pläne, Konzepte und Maßnahmen, S.71 ff.
- *Gurlit, Elke*: Verwaltungsvertrag und Gesetz – eine vergleichende Untersuchung zum Verhältnis von vertraglicher Bindung und staatlicher Normsetzungsautorität, Tübingen 2000

- *Häberle, Peter*: Das Bundesverfassungsgericht im Leistungsstaat. Die Numerus-Clausus-Entscheidung vom 18.07.1972, in: DÖV 1972, S.729 ff.
- *Häberle, Peter*: Arbeit als Verfassungsproblem, in: JZ 1984, S.345 ff.
- *ders.*: Grundrechte im Leistungsstaat, in: VVDStRL 30 (1972), S.43 ff.
- *Hallwaß, Carsten*: Rechtmäßigkeit behördlich geduldeter Umweltbeeinträchtigungen ?, in: NuR 1987, S.296 ff.
- *Hamann, Andreas*: Enteignung von Grundstücken zu Gunsten größerer industrieller Vorhaben, in: BB 1957, S. 1258 f.
- *Hamann, Andreas / Lenz, Helmut*: Das Grundgesetz für die Bundesrepublik Deutschland, 3. Auflage 1970
- *Hambusch, Lutz*: Die Problematik des Rechts auf Arbeit, in: AuR 1972, S.268 ff.
- *Hanning, August*: Umweltschutz und überbetriebliche technische Normung, Köln u.a. 1976
- *Hanning, A. / Schmieder, K.*: Gefahrenabwehr und Risikovorsorge im Atom- und Immissionsschutzrecht, in: DB Beilage Heft 46, 1977.
- *Hansen-Dix, Frauke*: die Gefahr im Polizeirecht, im Ordnungsrecht und im Technischen Sicherheitsrecht, Köln u.a.1982
- *Harrison, Richard*: Die demoralisierende Erfahrung längerfristiger Arbeitslosigkeit, in: Ali Wacker (Hrsg.): Vom Schock zum Fatalismus ? Soziale und psychische Auswirkungen der Arbeitlosigkeit, 2. Auflage Frankfurt a.M. 1981, S.38 ff.
- *von der Heide, Hans-Jürgen*: Abrüstung als Verwaltungsproblem, in: DÖV 1993, S.510 ff.
- *Heinsohn, Stephanie*: Der öffentlichrechtliche Grundsatz der Verhältnismäßigkeit (Historische Ursprünge im deutschen Recht, Übernahme in das Recht der Europäischen Gemeinschaften sowie Entwicklungen im französischen und im englischen Recht), Dissertation Münster 1997
- *Hege, Hans*: Das Grundrecht der Berufsfreiheit im Sozialstaat, Berlin 1977.
- *Henke, Wilhelm*: System und Institute des öffentlichen Rechts der Wirtschaft, in: DVBl. 1983, S.982 ff.
- *Hennings, Gerd*: Gewerbestandortsicherung in Gemengelagen als Daueraufgabe, in: ders. (Hrsg.): Standortsicherung von Betrieben in Gemengelagen – Programme, Pläne, Konzepte und Maßnahmen, Dortmund 1989, S. 7 ff.
- *ders./ Ingenmey, Franz-Josef / Jüngst, Stefan*: Bebauungspläne zur Gewerbestandortsicherung in Gemengelagen, in: Gerd Hennings (Hrsg.): Standortsicherung von betrieben in Gemengelagen – Programme, Pläne, Konzepte und Maßnahmen, S.89 ff.
- *Hensche, Martin*: Probleme einer folgenorientierten Rechtsanwendung, in: Rechtstheorie 29 (1998), S.103 ff.
- *Herdegen, Matthias*: Beurteilungsspielraum und Ermessen im strukturellen Vergleich, in: JZ 1991, S.747 ff.

- *Herzog, Roman*: Zur Auslegung des Sozialstaatsprinzips, in: BayVBl. 1976, S. 161 ff.
- *ders.*: Grundrechte und Gesellschaftspolitik, in: Festschrift für Ernst E. Hirsch, Berlin 1968, S. 63 ff.
- *Hesse, Konrad*: Grundzüge des Verfassungsrechts der Bundesrepublik Deutschland, 20. Auflage Heidelberg 1999
- *Hill, Hermann*: Rechtsprobleme des Lärmschutzes bei der Ausweisung von Industriegebieten im Bebauungsplan, in: ZfBR 1980, S.223 ff.
- *ders.*: Rechtsstaatliche Bestimmtheit oder situationsgerechte Flexibilität des Verwaltungshandelns, in: DÖV 1987, S. 885 ff.
- *Hill, Hermann / Weber, Annette*: Vollzugserfahrungen mit umweltrechtlichen Zulassungsverfahren in den neuen Ländern, Baden-Baden 1996
- *Himmelmann, Steffen*: Kompetenzen der Städte und Gemeinden auf dem Gebiet des Immissionsschutzes, in: DÖV 1993, S.497 ff.
- *Hinds, Caroline*: Die neue Verfassung des Freistaates Sachsen – berechtigte oder unberechtigte Kritik an der Verfassungsgebung, in: ZRP 1993, S. 149 ff.
- *Hirschberg, Lothar*: Der Grundsatz der Verhältnismäßigkeit, Göttingen 1981
- *Höhnberg, Ulrich*: Verhältnis von Landes- und Regionalplanung zur Bauleitplanung, insbesondere zu Umfang und Intensität der Bindungswirkung, in: ZfBR 1986, S. 214 ff.
- *Hölzel, Christoph*: Die Arbeit – ein Ausdruck des Personenwesens des Menschen, Dissertation Erlangen 1964.
- *Hoffmann, Egon / Seitter, Oswald*: Gaststättenrecht – Kommentar zum Gaststättengesetz mit den einschlägigen Vorschriften des Bundes und der Länder, 4.Auflage Heidelberg 1995
- *Hoffmann, Gerd*: Berufsfreiheit als Grundrecht der Arbeit, Baden-Baden 1981
- *Hoffmann-Riem, Wolfgang*: Die grundrechtliche Freiheit der arbeitsteiligen Berufsausübung, in: Rolf Stödter / Werner Thieme, Hamburg, Deutschland, Europa, Beiträge zum deutschen und europäischen Verfassungs-, Verwaltungs- und Wirtschaftsrecht, Festschrift für Hans Peter Ipsen, Tübingen 1977, S.385 ff.*von Holleben, Horst*: Der Standort industrieller Anlagen unter dem Gesichtspunkt des § 5 Nr.1 BImSchG – Bemerkung zum Voerde-Urteil des OVG Münster, in: GewArch 1977, S.45 ff.
- *von Holleben, Horst*: Die nachträgliche Anordnung von Schutzmaßnahmen gemäß § 17 Bundes-Immissionsschutzgesetz, in: GewArch 1976, S.112 ff.
- *ders.*: Der Standort industrieller Anlagen unter dem Gesichtspunkt des § 5 Nr.1 BImSchG, in: GewArch 1977, S. 45 ff.
- *ders.*: Die Sicherung bestehender gewerblicher Standorte bei der Überplanung dicht bebauter Bereiche, in: GewArch 1978, S.41 ff.
- *ders.*: Heranrückende Wohnbebauung – Gefahr für Gewerbebetriebe, in: DVBl. 1981, S. 903 ff.

- *ders.*: Die Festsetzung von Emissions- oder Immissionswerten in Bebauungsplänen, in: UPR 1983, S. 76 ff.
- *Honig, Gerhart*: Handwerksordnung (Kommentar), 2. Auflage München 1999
- *Hoppe, Werner*: Eingriff in gewerbliche Betriebe durch nachträgliche Anordnung von Schutzmaßnahmen, in: BB 1966, S.1372 ff.
- *ders.*: Das Ermessen bei der Erteilung baurechtlicher Ausnahmen und Befreiungen, in: DVBl.1969, S.340 ff.
- *ders.*: Die „wirtschaftliche Vertretbarkeit" im Bundesimmissionsschutzgesetz, in: NJW 1977, S.1849 ff.
- *ders.*: Der Begriff der „wirtschaftlichen Vertretbarkeit" im Bundesimmissionsschutzgesetz, in: DVBl. 1982, S.19 ff.
- *ders.*: Zum Begriff der „wirtschaftlichen Vertretbarkeit" im Umweltschutzrecht, in: DVBl.1983, S.20 ff.
- *ders.*: Befreiungstatbestände im Bundesbaugesetz und bauplanerische Abwägung nach § 1 Abs. 7 BBauG – Ein Beitrag zur Auslegung und Anwendung des § 37 Abs. 1 und 2 BBauG, in: DVBl. 1983, S.1077 ff.
- *ders.*: Ziele und Grundsätze der Raumordnung und Landesplanung in normtheoretischer Sicht in ders.: Grundfragen des Planungsrechts, Münster 1998
- *Hoppe, Werner / Beckmann,* : Umweltrecht, 2. Auflage München 2000
- *Hoppe, Werner / Grotefels, Susan*: Öffentliches Baurecht, München 1995
- *Hoppenberg, Michael*: Handbuch des öffentlichen Baurechts, München 1996
- *Horn, Hans-Rudolf*: Rechtsstaat und Elektrizität – Zum Kraftwerkverbot des OVG Münster, in: DVBl. 1977, S. 13 ff.
- *Hornmann, Gerhard*: Hessische Bauordnung (HBO) Kommentar, München 2004
- *von Hoyningen-Huene, Gerrick*: Betriebsbedingte Kündigungen in der Wirtschaftskrise, in: NZA 1994, S. 1009 ff.
- *Hübner, Jürgen*: Das Gesetz über besondere Investitionen in der DDR und seine Novellierung, in: DtZ 1991, S.161 ff.
- *Hüttenbrink, Jost*: „Zur Zulässigkeit von Einkaufszentren, Verbrauchermärkten und sonstigen großflächigen Handelsbetrieben im unbeplanten Innenbereich unter Berücksichtigung von § 11 Abs.3 BauNVO", in: BauR 1982, S.412 ff.
- *ders.*: Können Gemeinden oder die Baugenehmigungsbehörden die Ansiedlung von nicht-großflächigen Einzelhandelsbetrieben oder Verbrauchermärkten in ausgewiesenen Misch-, Gewerbe- oder Industriegebieten verhindern ?, in: DVBl. 1983, S.530 ff.
- *Immenga, Ulrich / Dannecker, Gerhard / Mestmäcker, Ernst-Joachim*: Gesetz gegen Wettbewerbsbeschränkungen, 3.Auflage 2001
- *Isele, Helmut Georg*: Die europäische Sozialcharta, Wiesbaden 1967

- *Isensee, Josef*: Verfassung ohne soziale Grundrechte. Ein Wesenszug des Grundgesetzes, in: Der Staat 19 (1980), S.367 ff.
- *Jackisch, Axel*: Die Enteignung zugunsten Privater, Dissertation 1996
- *Jäde, Henning*: „Schwarzbau“ und Bauaufsicht – Grundprobleme von Beseitigungsanordnung, Nutzungsuntersagung und Baueinstellung, in: ThürVBl. 1993, S.82 ff.
- *Jakobs, Günther*: Strafrecht, Allgemeiner Teil: die Grundlagen und die Zurechnungslehre, 2. Auflage Berlin u.a. 1993
- *Jakobs, Michael Ch.*: Der Grundsatz der Verhältnismäßigkeit (Mit einer exemplarischen Darstellung seiner Geltung im Atomrecht), Köln u.a.1985
- *Jarass, Hans D.*: Bundesimmissionsschutzgesetz (Kommentar), 6.Auflage 2005
- *ders.*: Schädliche Umwelteinwirkungen – Inhalt und Grenzen eines Kernbegriffs des Immisisonsschutzrechts, in: DVBl. 1983, S.725 ff.
- *ders.*: Effektivierung des Umweltschutzes gegenüber bestehenden Anlagen, in: DVBl.1985, S.193 ff.
- *ders.*: Reichweite des Bestandsschutzes industrieller Anlagen gegenüber umweltrechtlichen Maßnahmen – Anforderungen an bestehende Anlagen und ihre Durchsetzung mittels formaler und informaler Instrumente, in: DVBl. 1986, S.314 ff.
- *ders.*: Zum Kampf um Kirchturmuhren und nächtens betriebene Tankstellen, in: JZ 1993, S. 601 ff.
- *Jarass, Hans D. / Pieroth, Bodo*: Grundgesetz für die Bundesrepublik Deutschland, Kommentar, 7. Auflage München 2004
- *Jarosch, Roland*: Die Prüfung unbestimmter Rechtsbegriffe durch die Verwaltungsgerichte, in: DVBl. 1954, S. 521 ff.
- *Jaspers, Karl*: Vom Ursprung und Ziel der Geschichte, Frankfurt a.M. usw. 1955.
- *Jellinek, Walter*: Verwaltungsrecht, 3. Auflage 1931 (Nachtrag 1950; Neudruck 1966)
- *Jellinek, Hansjörg*: Ermessensausübung durch Verwaltungsbehörden – Bericht über die Empfehlung des Europarates vom 11.3.1980, in: ZRP 1981, S.68 ff.
- *Jesch, Volkmar / Ley, Nikolaus / Racky, Klaus / Winterstein, Ingo / Kuhn, Bernhard*: Investitionsvorranggesetz – Kommentar, 2.Auflage Berlin usw. 1996
- *Jescheck, Hans-Heinrich*: Strafgesetzbuch: Leipziger Kommentar, 10. Auflage Berlin
- *Junker, Armin u.a.*: TA Luft: Kommentar aus juristischer, technisch-naturwissenschaftlicher und betriebswirtschaftlicher Sicht, Köln (Loseblatt)
- *Jutzi, Siegfried*: Landesverfassungsrecht und Bundesrecht: Kollisionslagen und Geltungsprobleme, exemplifiziert an sozialen und wirtschaftlichen Bestimmungen des Landesverfassungsrechts, Berlin 1982

- *Kahnert, Rainer*: Wirtschaftsentwicklung, Sub- und Desurbanisierung, in: IRA 1998, S. 509 ff.
- *Kamphausen, Peter / Kampmann, Bernd*: Bestimmtheit und Begründung von Verwaltungsakten, insbesondere der Bauverwaltung, in: BauR 1986, S.403 ff.
- *Karpen, Ulrich*: Wirtschaftsordnung und Grundgesetz, in: Jura 1985, S. 188 ff.
- *Katzenstein, Dieter*: Das Sozialstaatsprinzip in der Rechtsprechung des BVerfG, in: ZSR 1985, S.189 ff.
- *Keil, Martin*: Überblick über die Rechtsprechung zum Investitionsvorrangrecht, in: VIZ 1994, S.578 ff.
- *Kellner, Hugo*: Neue Erkenntnisse zum sogenannten Beurteilungsspielraum ? in DÖV 1972, S.801 ff.
- *Kempen, Otto Ernst*: Grundgesetz und Arbeitsmarkt, in: Michael Kittner (Hrsg.): Arbeitsmarkt – Ökonomische, soziale und rechtliche Grundlagen, Heidelberg 1981, S.129 ff.
- *ders.*: Die Zweischneidigkeit des Rechts auf Arbeit – Reflexionen über eine wenig reflektierte Forderung, in: Wolfgang Däubler / Manfred Bobke / Karl Kehrmann (Hrsg.): Arbeit und Recht – Festschrift für Albert Gnade, Köln 1992
- *Keppeler, Jürgen*: Die Grenzen des behördlichen Versagungsermessens, Dissertation Konstanz 1989
- *Kienzle, Werner*: Die Gewerbeuntersagung nach § 35 GewO, Berlin und Frankfurt 1965
- *ders.*: Die Gewerbeuntersagung nach der Neufassung des § 35 GewO, in: GewArch 1974, S.253 ff.
- *Kimme, Johannes*: Offene Vermögensfragen – Gemeinsame Erklärung, VermG, AnmO, GVO, InVorG, KVG, VZOG, EGBGB u.a., Kommentar, Köln (Loseblatt)
- *Kischel, Uwe*: Formelle und materielle Illegalität im Recht der Gefahrenabwehr, in: DVBl. 1996, S. 185 ff.
- *Kittner, Michael*: Recht auf Arbeit: oberster staatlicher Verfassungsgrundsatz, in: Ernst-Wolfgang Böckenförde / Jürgen Jekewitz / Thilo Ramm (Hrsg.): Die sozialen Grundrechte, Heidelberg usw. 1981, S.91 ff.
- *ders.*: Leichter kündigen als änderungskündigen ?, in: NZA 1997, S.968 ff.
- *Klees, Bernd*: Das Recht auf Arbeit – Bestandsaufnahme – Kritik – Perspektive, Frankfurt am Main 1984
- *Kloepfer, Michael*: Umweltrecht, 3. Auflage München 2004
- *ders.*: Umweltschutz als Verfassungsrecht: Zum neuen Art. 20 a GG, in: DVBl. 1996, S.73 ff.
- *Knack, Hans Joachim*: Verwaltungsverfahrensgesetz (Kommentar), 7.Auflage Berlin usw. 2000

- *Knopp, Lothar / Wolf, Almut*: Änderungen des immissionsschutzrechtlichen Industrieanlagen-Zulassungsverfahrens – Ein Beitrag zur Sicherung des „Wirtschaftsstandorts Bundesrepublik Deutschland“ ?, in: BB 1997, S. 1593 ff.
- *Koch, Christian*: Vorläufige Verwaltungsakte im Gaststättenrecht, in: GewArch 1992, S.374 ff.
- *Koch, Hans-Joachim*: Der Erheblichkeitsbegriff in § 3 Abs.1 BImSchG und seine Konkretisierung durch die TA Lärm, in: Hans-Joachim Koch (Hrsg.): Schutz vor Lärm, 1. Auflage Baden-Baden 1990, S. 41 ff.
- *ders.*: Die wirtschaftliche Vertretbarkeit nachträglicher Anordnungen, in: WiVerw 1983, S.158 ff.
- *ders.*: Rechtsgrundlagen für das Aufstellen und Betreiben von Altglascontainern, in: NuR 1996, S. 276 ff.
- *ders.* (Hrsg.): Gemeinschaftskommentar zum Bundes-Immissionschutzgesetz (GK-BImSchG), bearbeitet von Alexander Blankenagel, Düsseldorf (Loseblatt)
- *Köhler, Helmut / Baumbach, Adolf / Hefermehl, Wolfgang*: Wettbewerbsrecht: Gesetz gegen den unlauteren Wettbewerb, Preisangabenverordnung, 23. Auflage München 2004
- *König, Hans-Günther*: Verfassung und Verwaltung im Eingriffsrecht, in: BayVBl. 1983, S.161 ff.
- *Kopp, Ferdinand / Schenke, Wolf-Rüdiger*: Verwaltungsgerichtsordnung (Kommentar), 13. Auflage München 2003
- *Kopp, Ferdinand / Ramsauer, Ulrich*: Verwaltungsverfahrensgesetz (Kommentar), 8. Auflage München 2003
- *Korbmacher, Günter*: Eigentums- und entschädigungsrechtlich bedeutsame Entscheidungen in der fachplanerischen Abwägung, in: DÖV 1982, S.517 ff.
- *Kratzmann, Horst*: Grundrechte. Rechte auf Leistungen, Bern 1974
- *Krause, Rüdiger*: Die Änderungskündigung zum Zweck der Entgeltreduzierung, in: DB 1995, S.574 ff.
- *von Krauss, Rupprecht*: Der Grundsatz der Verhältnismäßigkeit, Dissertation 1955
- *Krautzberger, Michael*: Gewerbestandortsicherung im Rahmen der Städtebaupolitik des Bundes, in: Gerd Hennings (Hrsg.): Standortsicherung von Betrieben in Gemengelagen – Programme, Pläne, Konzepte und Maßnahmen, S.11 ff.
- *Krüger, Hildegard*: Anmerkung zu BayVerfGH, DÖV 1961, S.710 ff., in: DÖV 1961, S.712 f.
- *Krüger, Ralf*: Die bewußte Tötung bei polizeilichem Schußwaffengebrauch, in: NJW 1973, S. 1 ff.
- *Krugmann, Michael*: Unzuverlässigkeit und Verhältnismäßigkeit – Duldung des Betäubungsmittelkonsums durch Gastwirte, in: GewArch 1995, S.398 ff.

- *Krumbacher, Florian N.*: Vorläufiger Rechtsschutz vor nationalen Gerichten in Fällen mit Gemeinschaftsrechtsbezug, Dissertation Regensburg 1997 (Frankfurt usw. 1998)
- *Kube, Dietmar*: Abschied vom gewerberechtlichen Genehmigungsverfahren ? Zur Problematik der Einbeziehung der §§ 16 ff. Gewerbeordnung in das Bundes-Immissionsschutzgesetz, in: BB 1972, S. 384 ff.
- *Kunig, Philip*: Verträge und Absprachen zwischen Verwaltung und Privaten, in: DVBl. 1992, S. 1193 ff.
- *Kutscha, Martin*: Soziale Grundrechte und Staatszielbestimmungen in den neuen Landesverfassungen, ZRP 1993, S. 339 ff.
- *Kutscheidt, Ernst*: Immissionsschutz bei nicht genehmigungsbedürftigen Anlagen, in: NVwZ 1983, S. 65 ff.
- *Laferi, Michael*: Erfahrungen mit dem „Besonderen Wohngebiet" am Beispiel der Stadt Düsseldorf, in: Gerd Hennings (Hrsg.): Standortsicherung von Betrieben in Gemengelagen – Programme, Pläne, Konzepte und Maßnahmen, S.80 ff.
- *Lambrecht, Claus*: Vollzugseignung des Bundes-Immissionsschutzgesetzes in der Eisen- und Stahlindustrie, Dissertation Hamburg 1977
- *von Landmann, Robert / Rohmer, Gustav / Marcks, Peter*: Gewerbeordnung und ergänzende Vorschriften – Band I: Gewerbeordnung Kommentar, Loseblatt-Ausgabe, München
- *von Landmann, Robert / Rohmer, Gustav*: Gewerbeordnung und ergänzende Vorschriften – Band II: ergänzende Vorschriften, Loseblatt-Ausgabe, München
- *von Landmann, Robert / Rohmer, Gustav*: Umweltrecht Band I, Bundes-Immissionsschutzgesetz Kommentar Loseblatt München (herausgegeben von Klaus Hansmann)
- *Laubinger, Hans-Werner*: Die gewerberechtliche Unzuverlässigkeit und ihre Folgen, in: VerwArch 89 (1998), S.145 ff.
- *Laufhütte, Heinrich / Möhrenschlager, Manfred*: Umweltstrafrecht in neuer Gestalt, in: ZStW 92 (1980), S.912 ff.
- *Lecheler, Helmut*: Artikel 12 GG – Freiheit des Berufs und Freiheit der Arbeit, in: VVDStRL 43 (1985), S.48 ff.
- *Leipold, Dieter*: Einstellungsfragebögen und das Recht auf Arbeit, in: AuR 1971, S.161 ff.
- *Leisner, Walter*: Privatinteressen als öffentliches Interesse, in: DÖV 1970, S.217 ff.
- *ders.*: Der Abwägungsstaat – Verhältnismäßigkeit als Gerechtigkeit ?, Berlin 1997
- *Lenz, Carl Otto / Borchardt, Klaus-Dieter*: Eu- und EG-Vertrag, Kommentar, 3. Auflage Köln usw. 2003
- *Lenz, Wolfgang*: Standortsicherung für Betriebe der gewerblichen Wirtschaft – Die Bildung von Mittelwerten in Grenzbereichen, in: BauR 1990, S. 15 ff.

- *Lenz, Wolfgang / Heintz, Detlef*: Bestandsschutz im Bau-, Gewerbe- und Planungsrecht, in: ZfBR 1989, S.142 ff.
- *Lerche, Peter*: Übermaß und Verfassungsrecht: zur Bindung des Gesetzgebers an die Grundsätze der Verhältnismäßigkeit und der Erforderlichkeit, Köln 1961
- *Lindner, Josef Franz*: Zur grundrechtsdogmatischen Struktur der Wettbewerbsfreiheit, in: DÖV 2003, S.185 ff.
- *Löw, Konrad*: Ist die Würde des Menschen eine Anspruchsgrundlage ?, in: DÖV 1958, S.516 ff.
- *Löwisch, Manfred*: Die Änderung von Arbeitsbedingungen auf individualrechtlichem Wege, in: NZA 1988, S.633 ff.
- *ders.*: Tariföffnung bei Unternehmens- und Arbeitsplatzgefährdung, in: NJW 1997, S. 905 ff.
- *Lohmann, Hans Henning*: Die Zweckmäßigkeit der Ermessensausübung als verwaltungsrechtliches Rechtsprinzip, Dissertation Marburg 1972
- *ders.*: Zum „Ermessen" bei Erteilung einer vorläufigen Gaststättenerlaubnis (§ 11 GastG) – Zum Beschluß des OVG Münster vom 17.5.1973, in: DVBl.1974, S.321 ff.
- *Lübbe-Wolff, Gertrude*: Das Kooperationsprinzip im Umweltrecht – Rechtsgrundsatz oder Deckmantel des Vollzugsdefizits ?, in: NuR 1989, S. 295 ff.
- *dies.*: Vollzugsprobleme der Umweltverwaltung, in: NuR 1993, S. 217 ff.
- *Luhmann, Niklas*: Grundrechte als Institution. Ein Beitrag zur politischen Soziologie, 2. Auflage Berlin 1974
- *Luthe, Ernst-Wilhelm*: Optimierende Sozialgestaltung, Tübingen 2001
- *Mager, Ute*: Die Neufassung des Befreiungstatbestandes gemäß § 31 Abs.2 BauGB 1998 – ein Beitrag zum Verhältnis von Befreiung und vereinfachter Planänderung, in: DVBl. 1999, S. 205 ff.
- *Mainczyk, Lorenz*: Baugesetzbuch (Kommentar), 2.Auflage Stuttgart usw. 1994
- *von Mangoldt, Hermann / Klein, Friedrich / Starck, Christian*: Das Bonner Grundgesetz, 4.Auflage München 2000
- *Marcks, Peter* in Landmann / Rohmer: Kommentar zur Gewerbeordnung (Loseblatt)
- *Marcks, Peter*: Verschärfung der Untersagungsvorschrift des § 35 Gewerbeordnung, in: GewArch 1974, S.79 ff.
- *Markou, Dimitrios*: Der Interessenkonflikt zwischen Gewerbebetrieben und Nachbarschaft am Beispiel des § 17 Bundes-Immissionsschutzgesetz, Frankfurt 1986
- *Martens, Wolfgang*: Grundrechte im Leistungsstaat, in: VVDStRL 30 (1972), S.7 ff.
- *ders.*: Immissionsschutzrecht und Polizeirecht, in: DVBl. 1981, S. 597 ff.
- *ders.*: Tendenzen der Rechtsprechung zum Sofortvollzug der Zulassung von großtechnischen Anlagen, in: DVBl.1985, S. 541 ff.

- *Maunz, Theodor / Zippelius, Reinhold*: Deutsches Staatsrecht, 30. Auflage München 1998
- *Maunz, Theodor / Dürig, Günter / Herzog, Roman / Scholz, Rupert*: Grundgesetz Kommentar, München (Loseblatt) – zitiert: Verfasser, in: Maunz / Dürig
- *Mayen, Thomas*: Die Festsetzung von Lärmgrenzwerten in Bebauungsplänen, in: NVwZ 1991, S. 842 ff.
- *Mayntz, Renate / Derlien, Hans-Ulrich / Bohne, Eberhard / Hesse, Beate / Hucke, Jochen / Müller, Axel*: Vollzugsprobleme der Umweltpolitik – Empirische Untersuchung der Implementation von Gesetzen im Bereich der Luftreinhaltung und des Gewässerschutzes, 1978
- *Menger, Christian-Friedrich*: Höchstrichterliche Rechtsprechung zum Verwaltungsrecht: Zum Verhältnis von Landesrecht zu inhaltsgleichem Bundesrecht, in: VerwArch 62 (1971), S.75 ff.
- *ders.*: Zu den Handlungsformen bei der Vergabe von Subventionen, in: VerwArch 69 (1978), S.93 ff.
- *Menger, Hans / Borgs-Maciejewski, Hermann*: Verwaltungsverfahrensgesetz, 2. Auflage Frankfurt 1982
- *Menke, Rainard*: Die Festsetzung von Grenzwerten für Umweltbelastungen im Bebauungsplan als Mittel zur Konfliktbewältigung in Gemengelagen, in: NuR 1985, S. 137 ff.
- *Metzner, Richard*: Gaststättengesetz, Kommentar, München 2002
- *Meyer, Hans / Borgs-Maciejewski, Hermann*: Verwaltungsverfahrensgesetz, 2. Auflage Frankfurt 1982
- *Meyer-Abich, Jann*: Anmerkung zur „Voerde-Entscheidung“ des OVG Münster, in: NJW 1976, S. 2365 f.
- *Meyer-Teschendorf, Klaus G.*: Verfassungsmäßiger Schutz der natürlichen Lebensgrundlagen, in: ZRP 1994, S.73 ff.
- *Meyn, Karl-Ulrich*: Aspekte zur Problematik von Beurteilungsspielraum und Ermessen, in: JA 1980, S.327 ff.
- *ders.*: Warnung der Bundesregierung vor Jugendsekten, in: JuS 1990, S. 630 ff.
- *Michel, Elmar / Kienzle, Werner / Pauly, Renate*: Das Gaststättengesetz: Kommentar, 14. Auflage Köln usw. 2003
- *Möller, Alex*: Gesetz zur Förderung der Stabilität und des Wachstums der Wirtschaft und Art. 109 Grundgesetz – Kommentar unter besonderer Berücksichtigung der Entstehungsgeschichte, 2. Auflage 1969 (bearbeitet von Christoph Böckenförde)
- *Möstl, Markus*: Die staatliche Garantie für die öffentliche Sicherheit und Ordnung: Sicherheitsgewährleistung im Verfassungsstaat, im Bundesstaat und in der Europäischen Union, Tübingen 2002
- *Moormann, Franz-Josef*: Die Änderung des Bundes-Immissionsschutzgesetzes durch das Gesetz zur Beschleunigung und Verein-

fachung immissionsschutzrechtlicher Genehmigungsverfahren, in: UPR 1996, S. 408 ff.

- *Mückenberger, Ulrich*: Der verfassungsrechtliche Schutz des Dauerarbeitsverhältnisses, in: NZA 1985, S.518 ff.
- *Müller, Karl*: Bebauungsplan in der Gemengelage; mögliche planerische Festsetzungen zur Konfliktbewältigung, in: BauR 1994, S. 191 ff. (Teil 1) u. S. 294 ff. (Teil 2)
- *Müller, Martin*: Die Novellierung der Handwerksordnung 2004, in: NVwZ 2004, S. 403 ff.
- *Müller, Richard / Röck, Werner*: Konjunktur-, Stabilisierungs- und Wachstumspolitik – theoretische Grundlagen und wirtschaftspolitische Konzepte, 4. Auflage Stuttgart usw. 1993.
- *Müller, Rudolf*: Strafverfolgung der Vergehen gegen das Bundeswasserhaushaltsgesetz, in: NJW 1964, S. 1351 ff.
- *Müller-Volbehr, Jörg*: Das Soziale in der Marktwirtschaft, in: JZ 1982, S.132 ff.
- *von Münch, Ingo / Kunig, Philip (Hrsg.)*: Grundgesetz-Kommentar, 5.Auflage München 2000
- *Murswiek, Dietrich*: Die staatliche Verantwortung für die Risiken der Technik - Verfassungsrechtliche Grundlagen und immissionsschutzrechtliche Ausformung, Berlin 1985
- *ders.*: Anmerkung zur „Feuerwehrsirenen-Entscheidung" des BVerwG, in: JZ 1989, S. 240 ff.
- *ders.*: Staatsziel Umweltschutz, in: NVwZ 1996, S.222 ff.
- *Musielak, Hans-Joachim / Detterbeck, Steffen*: Das Recht des Handwerks: Kommentar zur Handwerksordnung nebst anderen für das Handwerksrecht bedeutsamen Rechtsvorschriften und Bestimmungen, 3. Auflage München
- *von Nell-Breuning, Oswald*: Die Stellung der Arbeit unter den Werten des Lebens, in: Oswald von Nell-Breuning (Hrsg.): Unser Verhältnis zur Arbeit, Stuttgart 1960, S.7 ff.
- *Nenninger, Bernd*: Das Recht auf Arbeit in Japan und Deutschland – Eine rechts- und kulturvergleichende Untersuchung, Dissertation Bayreuth 1991.
- *Nüßgens, Karl / Boujong, Karlheinz*: Eigentum, Sozialbindung, Enteignung, München 1987
- *Obermayer, Klaus*: Kommentar zum Verwaltungsverfahrensgesetz, 2.Auflage Neuwied und Frankfurt/M. 1990
- *ders.*: Verfassungswidriges Enteignungsrecht, in: BayVBl. 1971, S.209 ff.
- *Oetker, Hartmut*: Die Kündigung von Tarifverträgen, in: RdA 1995, S.82 ff.
- *Olbersdorf, Gert*: Sozialer Rechtsstaat und Arbeitsrecht, in: AuR 1955, S.129 ff.
- *Opaschowski, Horst W.*: Arbeit. Freizeit. Lebenssinn ?, Leverkusen 1983
- *ders.*: Psychologie und Soziologie der Freizeit, Opladen 1988

- *Ossenbühl, Fritz*: Tendenzen und Gefahren der neueren Ermessenslehre, in: DÖV 1968, S.618 ff.
- *ders.*: Vom unbestimmten Gesetzesbegriff zur letztverbindlichen Verwaltungsentscheidung, in: DVBl. 1974, S.309 ff.
- *ders.*: Der polizeiliche Ermessens- und Beurteilungsspielraum – zur Dogmatik von Gebfahrenabwehrentscheidungen, in: DÖV 1976, S. 463 ff.
- *ders.*: Die Interpretation der Grundrechte in der Rechtsprechung des Bundesverfassungsgerichts, in: NJW 1976, S.2100 ff.
- *ders.*: Die gerichtliche Überprüfung der Beurteilung technischer und wirtschaftlicher Fragen in Genehmigungen des Baus von Kraftwerken, in: DVBl. 1978, S. 1 ff.
- *ders.*: Vorsorge als Rechtsprinzip im Gesundheits-, Arbeits- und Umweltschutz, in: NVwZ 1986, S.161 ff.
- *Ott, Claus / Schäfer, Hans-Bernd*: Die ökonomische Analyse des Rechts – Irrweg oder Chance wissenschaftlicher Rechtserkenntnis ?, in: JZ 1988, S.213 ff.
- *Pache, Eckhard*: Tatbestandliche Abwägung und Beurteilungsspielraum: zur Einheitlichkeit administrativer Entscheidungsfreiräume und zu deren Konsequenzen im verwaltungsgerichtlichen Verfahren; Versuch einer Modernisierung, Tübingen 2001
- *Papier, Hans Jürgen*: Art.12 GG – Freiheit des Berufs und Grundrecht der Arbeit, in: DVBl.1984, S.801 ff.
- *ders.*: Anmerkung zum „Boxberg-Urteil" des BVerfG, in: JZ 1987, S.619 ff.
- *Partsch, Karl Josef*: Internationale Menschenrechte ?, in: AöR 74 (1948), S.158 ff.
- *Pauly, Manfred*: Die Untersagungsverfügung nach § 16 Abs.3 der Handwerksordnung, in: GewArch 1985, S.10 ff.
- *Perski, Ulrich*: Zur Frage der Aufnahme sozialer Grundsätze in das Grundgesetz, in: RuP 1995, S.153 ff.
- *Philipp, Renate*: Staatliche Verbraucherinformationen im Umwelt- und Gesundheitsrecht, Köln 1989
- *Pieroth, Bodo / Schlink, Bernhard*: Grundrechte – Staatsrecht II, 20. Auflage Heidelberg 2004
- *Pietzcker, Jost*: Recht auf Arbeit – verfassungsrechtliche Aspekte, in: Recht auf Arbeit, Symposium für Karl Josef Partsch, Bonn 1984, S.15 ff.
- *ders.*: Art.12 GG – Freiheit des Berufs und Grundrecht der Arbeit, in: NVwZ 1984, S.550 ff.
- *ders.*: Zuständigkeitsordnung und Kollisionsrecht im Bundesstaat, in: Handbuch des Staatsrechts, Bd. IV § 99 (S.693 ff.), Heidelberg 2001
- *Pietzonka*: Der baurechtliche Dispens, in: NJW 1957, S.1582 ff.
- *Pitschas, Rainer*: Berufsfreiheit und Berufslenkung, Berlin 1983
- *Podlech, Adalbert*: Eigentum – Entscheidungsstruktur der Gesellschaft, in: Der Staat 19 (1980), S.31 ff.

- *Porger, Karl-Wilhelm*: Die Bedeutung der Eingriffs- und Ausgleichsregelungen bei der Bereitstellung von Bauland für Gewerbe- und Industriezwecke, in: WiVerw 1992, S.175 ff.
- *Preis, Ulrich*: Autonome Unternehmerentscheidung und „dringendes betriebliches Erfordernis", in: NZA 1995, S.241 ff.
- *Preu, Peter*: Subjektivrechtliche Grundlagen des öffentlichrechtlichen Drittschutzes, Berlin 1992
- *Püttner, Günter*: Unternehmen und Unternehmer in der verfassungsrechtlichen Ordnung der Wirtschaft, in: DÖV 1976, S.433 ff.
- *Rabe, Klaus*: Das Vorgehen der Bauaufsichtsbehörde gegen illegale Bauwerke, in: BauR 1978, S.166 ff.
- *Ramm, Thilo*: Das Recht auf Arbeit und die Gesellschaftsordnung, in. Hans Ryffel / Johannes Schwartländer (Hrsg.): Das Recht des Menschen auf Arbeit, Kehl usw. 1983, S.65 ff.
- *Ramsauer, Ulrich*: Die Rolle der Grundrechte im System der subjektiven öffentlichen Rechte, in: AöR 111 (1986) S.501 ff.
- *Randelzhofer, Albrecht / Wilke, Dieter*: Die Duldung als Form flexiblen Verwaltungshandelns, Berlin 1981
- *Rapp, Ulrich*: Inwieweit können illegale Bauwerke geduldet werden ?, in: BauR 1983, S.126 ff.
- *Rasch, Ernst*: Die Abbruchverfügung, in: BauR 1975, S. 94 ff.
- *Rasch, Ernst*: Die zwangsweise Durchsetzung von baurechtlichen Beseitigungsanordnungen, in: BauR 1988, S. 266 ff.
- *Rath, Michael*: Die Garantie des Rechts auf Arbeit, Göttingen 1974
- *Rebmann, Kurt*: Münchener Kommentar zum Bürgerlichen Gesetzbuch, 4. Auflage München 2001
- *Reidt, Olaf*: Anwendungsprobleme des Vorhaben- und Erschließungsplans, in: BauR 1995, S. 788 ff.
- *ders.*: Der „neue" Vorhaben- und Erschließungsplan / vorhabenbezogene Bebauungsplan nach dem BauROG, in: BauR 1998, S.909 ff.
- *Reuter, Dieter*: Das Recht auf Arbeit – ein Prinzip des Arbeitsrechts ?, in: RdA 1978, S.344 ff.
- *Ritter, Ernst-Hasso*: Abwägungsgesichtspunkte für die Bauleitplanung in Gemengelagen, in: NVwZ 1984, S. 609 ff.
- *Rittstieg, Helmut*, Art.12 GG in: Alternativkommentar zum Grundgesetz für die Bundesrepublik Deutschland
- *Robbers, Gerhard*: Schlichtes Verwaltungshandeln – Ansätze zu einer dogmatischen Strukturierung, in: DÖV 1987, S. 272 ff.
- *Roellecke, Gerd*: Gesetzmäßigkeitsprinzip und verwaltungsrechtliche Auflagen und Bedingungen, in: DöV 1968, S.333 ff.
- *ders.*: Zur Unterscheidung und Koppelung von Recht und Wirtschaft, in: Rechtstheorie 31 (2000), S.1 ff.

- *Rohde, Achim*: Staatsaufgabe Umweltschutz: Probleme der Praxis, in: DÖV 1979, S. 485 ff.
- *Rossen, Helge*: Vollzug und Verhandlung – die Modernisierung des Verwaltungsvollzugs, Tübingen 1999
- *Roters, Wolfgang*: Baufreiheit und Immissionsschutz im unbeplanten Innenbereich, in: DÖV 1980, S. 701 ff.
- *Rovira, German*: Das Persönlichkeitsrecht auf Arbeit, Salzburg 1978
- *Rudolphi, Hans-Joachim*: Primat des Strafrechts im Umweltschutz ?, in: NStZ 1984, S.248 ff.
- *ders.*: Systematischer Kommentar zum Strafgesetzbuch, Neuwied (Loseblatt)
- *Rüfner, Wolfgang*: Unternehmen und Unternehmer in der verfassungsrechtlichen Ordnung der Wirtschaft, in: DVBl. 1976, S. 689 ff.
- *Ruland, Franz*: Recht auf Arbeit – Recht auf Arbeitslosenunterstützung ,in: Selmer, Peter (Hrsg.): Gedächtnisschrift für Wolfgang Martens, Berlin 1987, S. 679 ff.
- *Rupp, Hans Heinrich*: Vom Wandel der Grundrechte, in: AöR 101, S.161 ff.
- *Ryffel, Hans*: Philosophisch-anthropologische Aspekte der Arbeit im Hinblick auf ein Menschenrecht auf Arbeit, in: Hans Ryffel / Johannes Schwartländer (Hrsg.): Das Recht des Menschen auf Arbeit, Kehl am Rhein usw. 1983, S. 211 ff.
- *Sach, Karsten*: Genehmigung als Schutzschild ? Die Rechtsstellung des Inhabers einer immissionsschutzrechtlichen Genehmigung, Berlin 1994
- *Sadler, Gerhard*: Verwaltungsvollstreckungsgesetz, Verwaltungszustellungsgesetz: Kommentar anhand der Rechtsprechung, 5. Auflage Heidelberg 2002
- *Sambuc, Thomas*: Folgenerwägungen im Richterrecht: die Berücksichtigung von Entscheidungsfolgen bei der Rechtsgewinnung, erörtert am Beispiel des § 1 UWG, Berlin 1977
- *Sarnighausen, Hans-Cord*: Abschied vom Bestandsschutz im öffentlichen Baurecht ?, in: DÖV 1993, S. 758 ff.
- *Schaeffer, Klaus*: Der Begriff der Unzuverlässigkeit in § 35 Abs.1 GewO, in: WiVerw 1982, S. 100 ff.
- *Schambeck, Herbert*: Grundrechte und Sozialordnung: Gedanken zur Europäischen Sozialcharta, Berlin 1969
- *Schaub, Volker*: Das Recht auf Arbeit im deutschen und italienischen Recht, Stuttgart usw. 1981
- *Scheffler, Hans-Herman*: Die allgemeine Pflicht zur Begründung von Verwaltungsakten – ein Beitrag zum VwVfG des Bundes, in: DÖV 1977, S.767 ff.
- *Scheier, Michael*: Zulassung vorzeitigen Beginns – Probleme beim Vollzug der §§ 9 a WHG, 7 a AbfG, 15 a BImSchG, in: NVwZ 1993, S. 529 ff.

- *Schenke, Wolf-Rüdiger*: Die planungsrechtliche Problematik der Ansiedlung von größeren Einzelhandelsgeschäften und Einkaufszentren, in: UPR 1986, S. 281 ff.
- *ders.*: Zur Problematik des Bestandsschutzes im Baurecht und Immissionsschutzrecht, in: NuR 1989, S.8 ff.
- *ders.*: Polizei- und Ordnungsrecht, 3.Auflage Heidelberg 2004
- *Scheuner, Ulrich*: Die Funktion der Grundrechte im Sozialstaat, in: DÖV 1971, S.505 ff.
- *ders.*: Staatszielbestimmungen, in: Festschrift für Ernst Forsthoff zum 70. Geburtstag, 2. Auflage München 1974, S. 325 ff.
- *Schild, Wolfgang*: Das Problem eines Rechts auf Arbeit bei Karl Marx, in: Hans Ryffel / Johannes Schwartländer (Hrsg.): Das Recht des Menschen auf Arbeit, Kehl am Rhein usw. 1983, S.33 ff.
- *Schlarmann, Lieselotte*: Die Alternativenprüfung im Planungsrecht, Münster 1991
- *Schlette, Volker*: Die Verwaltung als Vertragspartner: Empirie und Dogmatik verwaltungsrechtlicher Vereinbarungen zwischen Behörden und Bürger, Tübingen 2000
- *Schlichter, Otto*: Gesetzgebung und Rechtsprechung im Spannungsfeld zwischen Umweltschutz und Wirtschaft, in: GewArch 1978, S. 313 ff.
- *ders.*: Bebauungsplan und Baunutzungsverordnung – Gedanken zur Typisierungslehre, zum Bestandsschutz und zur Befreiung, in: ZfBR 1979, S.53 ff.
- *ders.*: Immissionsschutz und Planung, in: NuR 1982, S. 121 ff.
- *ders.*: Zulässigkeit von Vorhaben im Außenbereich unter besonderer Berücksichtigung von Raumordnung und Landesplanung sowie Natur- und Landschaftsschutz, in: Agrarrecht 1985, S.245 ff.
- *Schlichter, Otto / Friedrich, Klaus*: Bauplanungsrechtliche Steuerung der Ansiedlung von Gewerbebetrieben – Überlegungen zur Bewältigung der durch Vergnügungsstätten und großflächige Einzelhandelsunternehmen verursachten städtebaulichen Probleme, in: WiVerw 1988, S.199 ff.
- *Schlichter, Otto / Driehaus, Hans-Joachim*: Berliner Kommentar zum Baugesetzbuch, Loseblatt-Ausgabe, Köln
- *Schmidbauer, Wilhelm*: Enteignung zugunsten Privater, Dissertation Regensburg 1988
- *Schmidt, Reiner*: Öffentliches Wirtschaftsrecht, Besonderer Teil Band 1, 1995
- *Schmidt, Reiner / Müller, Helmut*: Grundfälle zum Umweltrecht, in: JuS 1985, S. 956 ff.
- *Schmidt, Reiner / Müller, Helmut*: Einführung in das Umweltrecht, 5. Auflage München 1999
- *Schmidt, Karsten*: Gesetzliche Vertretung und Minderjährigenschutz im Unternehmensprivatrecht, in: BB 1986, 1238 ff.

- *Schmidt-Aßmann, Eberhard*: Bauen in unbeplanten Bereichen, in: JuS 1981, S 731 ff.
- *ders.*: Bemerkungen zum Boxberg-Urteil des BVerfG, in: NJW 1987, S.1587 ff.
- *ders.*: Die Europäisierung des Verwaltungsverfahrensrechts, in: Festgabe 50 Jahre Bundesverwaltungsgericht, Köln 2003, S. 569 ff.
- *Schmidt-Bleibtreu, Bruno / Klein, Franz*: Kommentar zum Grundgesetz für die Bundesrepublik Deutschland, 10. Auflage Neuwied und Kriftel 2004
- *Schmidt-Eichstaedt, Gerd*: Ermessen, Beurteilungsspielraum und eigenverantwortliches Handeln der Verwaltung, in: AöR 98 (1973), S.173 ff.
- *ders.*: Der Konkretisierungsauftrag der Verwaltung, in: DVBl.1985, S.645 ff.
- *ders.*: Die Befreiung im Spannungsfeld zwischen Bauleitplanung und Einzelfallentscheidung, in: DVBl.1989, S.1 ff.
- *ders.*: Die Befreiung nach § 31 Abs.2 BauGB und andere „Abweichungen“, in: NVwZ 1998, S.571 ff.
- *Schmidt-Preuß, Matthias*: Kollidierende Privatinteressen im Verwaltungsrecht: das subjektive öffentliche Recht im multipolaren Verwaltungsrechtsverhältnis, Berlin 1992
- *Schmidt-Preuß, Matthias*: Soziale Marktwirtschaft und Grundgesetz vor dem Hintergrund des Staatsvertrages zur Währungs-, Wirtschafts- und Sozialunion, in: DVBl. 1993, S. 236 ff.
- *Schmitt-Glaeser, Walter*: Planung und Grundrechte, in: DÖV 1980, S.1 ff.
- *Schmölling, Jürgen / Mäder, Werner*: Zum Vorsorgeanspruch des Bundes-Immissionsschutzgesetzes, in: GewArch 1979, S.47 ff.
- *Schnapp, Friedrich E.*: Die Verhältnismäßigkeit des Grundrechtseingriffs, in: JuS 1983, S. 850 ff.
- *Schneider, Hans-Peter*: Artikel 12 GG – Freiheit des Berufs und Grundrecht der Arbeit, in: VVDStRL 43, S.7 ff.
- *Schneider, Uwe H.*: Zur Verantwortung der Rechtswissenschaft, in: JZ 1987, S.696 ff.
- *Schoch, Dietrich*: Sozialhilfe – ein Leitfaden für die Praxis, 3. Auflage München 2001
- *Schoch, Friedrich*: Grundfragen des verwaltungsgerichtlichen Rechtsschutzes, in: VerwArch 82 (1991), S.145 ff.
- *ders.*: Staatliche Informationspolitik und Berufsfreiheit, in: DVBl. 1991, S. 667 ff.
- *Schoch, Friedrich / Schmidt-Aßmann, Eberhard / Pietzner, Rainer*: Verwaltungsgerichtsordnung (Kommentar), Loseblatt
- *Schönke, Adolf / Schröder, Horst / Lenckner, Theodor*: Strafgesetzbuch: Kommentar, 26. Auflage München 2001
- *Scholz, Rupert*: Das Recht auf Arbeit. Verfassungsrechtliche Grundlagen, Möglichkeiten und Grenzen der Kodifikation, in: Ernst-Wolfgang Böcken-

förde, Jürgen Jekewitz, Thilo Ramm (Hrsg.): Die sozialen Grundrechte, Heidelberg usw. 1981, S.75 ff.

- *Schreiber, Werner*: Das Sozialstaatsprinzip des GG in der Praxis der Rechtsprechung, Berlin 1972
- *Schrödter, Hans / Breuer, Rüdiger*: Baugesetzbuch (Kommentar), München 1998
- *Schuegraf, Elmar*: Der Ermessensspielraum bei der Baubeseitigung, in: BayVBl. 1967, S. 296 ff.
- *Schulte, Hans*: Eigentum und öffentliches Interesse, Berlin 1970
- *Schulte, Martin*: Schlichtes Verwaltungshandeln – verfassungs- und verwaltungsrechtsdogmatische Strukturüberlegungen am Beispiel des Umweltrechts, Tübingen 1995
- *Schultz, Günter*: Blick in die Zeit, in: MDR 1977, S.640 ff.
- *Schulze-Fielitz, Helmuth*: Bestandsschutz im Verwaltungsrecht – besonders im Bau-, Immissionsschutz- und Atomrecht, in: Verwaltung 20 (1987), S.307 ff.
- *Schwab, Siegfried*: Die Begründung bei Ermessens- und Beurteilungsentscheidungen, in: DÖD 1994, S.80 ff.
- *Schwabe, Jürgen*: Umwelt und Recht – Krankenversorgung und Verfassungsrecht, in: NJW 1969, S.2274 ff.
- *ders.*: Nochmals: Der mittelbare Grundrechtseingriff", in: DVBl. 1988, S.1055 ff.
- *Schwerdtfeger, Günther*: Das Bundes-Immissionsschutzgesetz, in: NJW 1974, S. 777 ff.
- *ders.*: Öffentliches Recht in der Fallbearbeitung – Grundfallsystematik, Methoden, Fehlerquellen, Frankfurt 2005
- *Schwerdtner, Eberhard*: Sport und Umwelt – ein nicht zu lösendes Problem ?, in: NVwZ 1989, S. 936 ff.
- *Schwerdtner, Peter*: Die Garantie des Rechts auf Arbeit – Ein Weg zur Knechtschaft ?, in: ZfA 1977, S. 47 ff.
- *Sellmann, Klaus –Albrecht*: Die bauaufsichtliche Duldung durch Verwaltungsakt, in: Festschrift für Gelzer S. 249 ff.
- *Sellner, Dieter*: Die Genehmigung nach dem Bundes-Immissionsschutzgesetz – Genehmigungstypen, Genehmigungsverfahren, Rechtsschutz, in: NJW 1975, S. 801 ff.
- *ders.*: Zum Vorsorgegrundsatz im Bundes-Immissionsschutzgesetz, in: NJW 1980, S.1255 ff.
- *ders.*: Immissionsschutzrecht und Industrieanlagen, 2.Auflage München 1988
- *Sellner, Dieter / Löwer, Wolfgang*: Immissionsschutzrecht der nicht genehmigungsbedürftigen Anlagen, in: WiVerw 1980, S. 221 ff.
- *Sendler, Horst*: Teilhaberechte in der Rechtsprechung des BVerwG, in: DÖV 1978, S.581 ff.

- *ders.*: Über formelle und materielle (Il)legalität im Baurecht und anderswo, in: Raumplanung und Eigentumsordnung, Festschrift für Werner Ernst zum 70. Geburtstag, München 1980
- *ders.*: Wer gefährdet wen – Eigentum und Bestandsschutz den Umweltschutz oder umgekehrt ?, in: UPR 1983, S.33 ff.
- *ders.*: Bestandsschutz im Wirtschaftsleben, in: WiVerw 1993, S. 235 ff.
- *Simma, Bruno*: Charta der Vereinten Nationen (Kommentar), München 1991
- *Simon, Alfons*: Bayerische Bauordnung 1998, München 1998
- *Smith, Adam*: Der Wohlstand der Nationen: eine Untersuchung seiner Natur und seiner Ursachen; herausgegeben von Horst Claus Rechtenwald, München 2001 (Originaltitel: An inquiry into the nature and causes of the wealth of nations)
- *Söfker, Wilhelm*: Lösung von Standortkonflikten bei engem Nebeneinander von Industrie und Wohnen, in: ZRP 1980, S. 321 ff.
- *ders.*: Besondere städtebaurechtliche Fragen bei der Aufschließung und Überplanung von Flächen für Gewerbe- und Industriezwecke, in: WiVerw 1991, S. 165 ff.
- *Söfker, Wilhelm*: Der Vorhaben- und Erschließungsplan – eine vergleichende Betrachtung und Erläuterung einzelner Regelungsbereiche, in: ZfBR 1992, S.149 ff.
- *Soell, Hermann*: Der Grundsatz der wirtschaftlichen Vetretbarkeit im Bundesimmissionsschutzgesetz, Tübingen 1980
- *ders.*: Aktuelle Probleme und Tendenzen im Immissionsschutzrecht, in: ZRP 1980, S. 105 ff.
- *Söllner, Alfred / Waltermann, Raimund*: Grundriss des Arbeitsrechts, München 2003
- *Soergel, Hans T. / Siebert, Wolfgang*: Bürgerliches Gesetzbuch: mit Einführungsgesetz und Nebengesetzen, 12. Auflage Stuttgart 1998
- *Sommermann, Karl-Peter*. Staatsziele und Staatszielbestimmungen, Tübingen 1997
- *Sparwasser, Reinhard / Engel, Rüdiger / Voßkuhle, Andreas*: Umweltrecht – Grundzüge des öffentlichen Umweltschutzrechts, 5. Auflage Heidelberg 2003
- *Starck, Christian*: Das Verwaltungsermessen und dessen gerichtliche Kontrolle, in: Festschrift für Horst Sendler, München 1991, S. 167 ff.
- *Stein, Friedrich / Jonas, Martin / Berger, Christian*: Kommentar zur Zivilprozeßordnung, 22. Auflage Tübingen
- *Steinberg, Rudolf u.a.*: Zur Beschleunigung des Genehmigungsverfahrens für Industrieanlagen: eine empirische und rechtspolitische Untersuchung, Baden-Baden 1991
- *Steinberg, Rudolf / Hemann de Miquel, Helga / Scharioth, Joachim / Fertsch, Barbara / Mangold, Sandra*: Genehmigungsverfahren für gewerbliche Investitionsvorhaben in Deutschland und ausgewählten Ländern Europas: Ablei-

tung von Maßnahmen zur Verbesserung der Genehmigungsverfahren in Deutschland, deren rechtliche und rechtspolitische Würdigung sowie die Bedeutung von Genehmigungsverfahren für den Standort Deutschland, Baden-Baden 1995 (zitiert: Steinberg)

- *Stelkens, Paul / Bonk, Joachim / Sachs, Michael*: Verwaltungsverfahrensgesetz: Kommentar, 6. Auflage München 2001
- *Stengel, Rüdiger*: Die Grundstücksenteignung zugunsten privater Wirtschaftsunternehmen, Dissertation Heidelberg 1967
- *Stern, Klaus*: Ermessen und unzulässige Ermessensausübung, Berlin 1964
- *ders.*: Gesetz zur Stabilität und Sicherung des Wirtschaftswachstums. Einige Grundsatzfragen, in: DÖV 1967, S. 657 ff.
- *ders.*: Die Neufassung des Art.109 GG, in: NJW 1967, S.1831 ff.
- *ders.*: Das Staatsrecht der Bundesrepublik Deutschland, Bd. I, 2. Auflage München 1984
- *Stern, Klaus / Münch, Paul / Hansmeyer, Karl Heinrich*: Gesetz zur Stabilität und Sicherung des Wirtschaftswachstums (StWG), 2. Auflage Stuttgart usw. 1972
- *Sterzel, Dieter*: Staatsziele und soziale Grundrechte, in: ZRP 1993, S. 13 ff.
- *Stich, Rudolf*: Die drei Baunutzungsverordnungen 1962, 1968 und 1977 – Hauptanliegen, Unterschiede und Anwendungsbereiche, in: DÖV 1978, S. 537 ff.
- *ders.*: Rechtliche Hürden bei Gewerbebau und Gewerbenutzung – praxisbezogene Hinweise für sicheres Planen, Bauen und Nutzen von Gewerbeflächen, in: GewArch 1996, S.441 ff.
- *ders.*: Die umweltrechtlichen Probleme der Aufschließung von Gewerbe- und Industrieflächen, in: WiVerw 1991, S.142 ff.
- *Stich, Rudolf / Porger, Karl-Wilhelm*: Immissionsschutzrecht des Bundes und der Länder: Kommentar zum Bundes-Immissionsschutzgesetz (BImSchG) und Sammlung der Rechts- und Verwaltungsvorschriften des Bundes zur Durchführung des BImSchG, der sonstigen Immissionsschutzvorschriften des Bundes, der Immissionsschutzvorschriften der Länder, der wichtigsten Gerichtsentscheidungen zum öffentlichen und privaten Immissionsschutz, Stuttgart, Loseblatt
- *Stiens, Andrea*: Chancen und Grenzen der Landesverfassungen im deutschen Bundesstaat der Gegenwart, Dissertation Trier 1997
- *Stober, Rolf*: Zur verfassungsrechtlichen Lage der kommunalen Wirtschaftsverwaltung (Wirtschaftsüberwachung, -förderung und –planung), in: JZ 1984, S.105 ff.
- *ders.*: Gewerbliche Wirtschaft und Baunutzungsrecht, in: WiVerw 1984, S.129 ff.
- *ders.*: Politische und ökonomische Rationalität im Staats- und Verwaltungsrecht, in: Rechtstheorie 21 (1990), S.86 ff.

- *ders.*: Allgemeines Wirtschaftsverwaltungsrecht – Grundlagen des Wirtschaftsverfassungs- und Wirtschaftsverwaltungsrechts, des Weltwirtschafts- und Binnenmarktrechts, 14. Auflage Stuttgart usw. 2004
- *ders.*: Besonderes Wirtschaftsverwaltungsrecht, 13. Auflage Stuttgart usw. 2004
- *Stolleis, Michael*: Öffentliches Interesse als juristisches Problem, in: VerwArch 1974 S.1 ff
- *Stollenwerk, Christoph*: Die Tatbestandsmerkmale des § 315 a Nr.4 StGB unter besonderer Berücksichtigung der Rechtsprechung, Mainz 1961
- *Stuby, Gerhard*: Das Recht auf Arbeit als Grundrecht und als internationales Menschenrecht, in: Udo Achten u.a., Recht auf Arbeit – eine politische Herausforderung, Neuwied usw. 1978, S.75 ff.
- *Stummer, Helmut*: Die öffentliche Zweckbindung der enteigneten Sache, Dissertation München 1967
- *Sung Kim, Hyung*: Die Bedeutung des Verhältnismäßigkeitsprinzips bei den wirtschaftslenkenden Gesetzen, Dissertation Göttingen 1988
- *Tettinger, Peter J.*: Das Grundrecht der Berufsfreiheit in der Rechtsprechung des Bundesverfassungsgerichts, in: AöR 108 (1983), S. 92 ff.
- *Tettinger, Peter J. / Wank, Rolf*: Gewerbeordnung (Kommentar), München 2004
- *Thiele, Wolfgang*: Konkretisierungen des Rechts auf Arbeit im Arbeitsrecht ?, in: Hans Ryffel / Johannes Schwartländer (Hrsg.): Das Recht des Menschen auf Arbeit, Kehl usw. 1983, S. 97 ff.
- *Thomas, Joachim*: Die wirtschaftliche Vertretbarkeit nach dem Bundes-Immissionsschutzgesetz, in: WiVerw 1980, S.244 ff.
- *Thurow, Birgitta*: Der vorhabenbezogene Bebauungsplan – ein zukunftsweisendes Planungsinstrument ? in: UPR 2000, S. 16 ff.
- *Tomandl, Theodor*: Der Einbau sozialer Grundrechte in das positive Recht, Tübingen 1967
- *Treutner, Erhard*: Kooperativer Rechtsstaat: das Beispiel Sozialverwaltung, Baden-Baden 1998
- *Uerpmann, Robert*: Das öffentliche Interesse - seine Bedeutung als Tatbestandsmerkmal und Rechtsbegriff, Tübingen 1999
- *Ule, Carl Hermann*: Unbestimmte Begriffe und Ermessen im Umweltschutzrecht, in: DVBl. 1973, S. 756 ff.
- *ders.*: Verwaltungsprozeßrecht: ein Studienbuch, München 1987
- *Ule, Carl Hermann / Laubinger, Werner*: Bundes-Immissionsschutzgesetz, Loseblatt-Ausgabe, Neuwied
- *Uske, Hans*: Das Fest der Faulenzer – Die öffentliche Entsorgung der Arbeitslosigkeit, Dissertation Duisburg 1995
- *van der Ven, J.J.M.*: Einschränkung und Ausstrahlung sozialer Grundrechte, in: Wolfgang Gitter / Werner Thieme / Hans F. Zacher (Hrsg.): Im Dienste

des Sozialrechts, Festschrift zum 65. Geburtstag von Georg Wannagat, Köln usw. 1981, S.643 ff.

- *Vogel, Klaus*: Grundzüge des Finanzrechts des Grundgesetzes, in: Handbuch des Staatsrechts (zitiert: HdbStR) Bd. IV § 87 (S.3 ff.), 2. Auflage Heidelberg 1999
- *Vogel, Klaus / Wiebel, Markus*: Bonner Kommentar (Grundgesetz)
- *Vogel, Werner*: Praktische Überlegungen zu Bebauungsplänen in nicht auflösbaren Gemengelagen, in: BauR 1983, S.330 ff.
- *Vogels, Alois*: Die Verfassung für das Land Nordrhein-Westfalen, Stuttgart usw. 1951
- *Voßkuhle, Andreas*: Verwaltungsdogmatik und Rechtstatsachenforschung, in: VerwArch 85 (1994), S.567 ff.
- *ders.*: Duldung rechtswidrigen Verwaltungshandelns ? Zu den Grenzen des Opportunitätsprinzips, in: Die Verwaltung 29 (1996), S.511 ff.
- *Wacker, Ali*: Ansätze, Probleme und Grenzen psychologischer Arbeitslosenforschung, in: Ali Wacker (Hrsg.): Vom Schock zum Fatalismus ? Soziale und psychische Auswirkungen der Arbeitslosigkeit, 2. Auflage 1981 Frankfurt a.M. usw., S.15 ff.
- *Walter, Maximilian*: Stabilisierungspolitik, Berlin 1998.
- *Wank, Rolf*: Das Recht auf Arbeit im Verfassungsrecht und im Arbeitsrecht, Königstein 1980.
- *Weidemann, Clemens*: Ziele der Raumordnung und Landesplanung als öffentliche Belange im Sinne der §§ 34, 35 BBauG ?, in: NVwZ 1983, S.441 ff.
- *Weber, Max*: Die Wirtschaftsethik der Weltreligionen in: Gesammelte Aufsätze zur Religionssoziologie, Tübingen 1963/5, S.237 ff.
- *Weber, Werner*: Die verfassungsrechtlichen Grenzen sozialstaatlicher Forderungen, in: Der Staat 4, S.409 ff.
- *Weidemann, Clemens*: Ziele der Raumordnung und Landesplanung als öffentliche Belange im Sinne der §§ 34, 35 BauGB ?, in: NVwZ 1983, S. 441 ff.
- *Weides, Peter / Jahnz, H.*: Rechtsfragen der Enteignung nach dem Bundesbaugesetz, in: DVBl. 1984, S.921 ff.
- *Weinstock, Heinrich*: Arbeit und Bildung. Die Rolle der Arbeit im Prozeß um unsere Menschwerdung, 4. Auflage Heidelberg 1964.
- *Wendt, Rudolf*: Eigentum und Gesetzgebung, Hamburg 1985
- *ders.*: Der Garantiegehalt der Grundrechte und das Übermaßverbot, in: AöR 104 (1979), S.414 ff.
- *Werner, Sascha*: Legalenteignung zur Baulandbeschaffung für die neue Messe Stuttgart – eine Alternative zur geplanten Administrativenteignung ?, in: VBlBW 1998, S.323 ff.
- *Wessels, Johannes / Beulke, Werner*: Strafrecht, Allgemeiner Teil, 34. Auflage Heidelberg 2004

- *Weyreuther, Felix*: Bauen im Außenbereich, Köln usw. 1979
- *ders.*: Das bebauungsrechtliche Gebot der Rücksichtnahme und seine Bedeutung für den Nachbarschutz, in: BauR 1975, S. 1 ff.
- *ders.*: Rechtliche Bindung und gerichtliche Kontrolle planender Verwaltung im Bereich des Bodenrechts, in: BauR 1977, S.293 ff.
- *Wieland, Joachim*: Arbeitsmarkt und staatliche Lenkung (Leitsätze), in: DVBl. 1999, S. 1709 ff.
- *Wieland, Joachim*: Arbeitsmarkt uns staatliche Lenkung, in: VVDStRL 59 (2000), S. 13 ff.
- *Wienholtz, Ekkehard*: Arbeit, Kultur und Umwelt als Gegenstände verfassungsrechtlicher Staatszielbestimmungen, in: AöR 109 (1984), S.532 ff.
- *Wilke, Dieter*: Die juristische Konstruktion der bauplanungsrechtlichen Befreiung in der Rechtsprechung des Bundesverwaltungsgerichts, in: Festschrift für Konrad Gelzer zum 75. Geburtstag, S.165 ff.
- *Wipfelder, Hans-Jürgen*: Das Recht auf Arbeit im bundesdeutschen, österreichischen und schweizerischen Verfassungsrecht, in: RdA 1985, S.93 ff.
- *Wössner, Mark*: Schlußplädoyer, in: Stefan Empter / Frank Frick (Hrsg.): Beschäftigungspolitik als ordnungspolitische Aufgabe, Gütersloh 1996.
- *Wollmann, Hellmut*: Rechtstatsachenuntersuchung zur Baugenehmigungspraxis – im Auftrag des Bundesministers für Raumordnung, Bauwesen und Städtebau
- *Wüterich, Christoph*: Zur Duldung im Umweltstrafrecht, in: UPR 1988, S.248 ff.
- *Wunderlich, Christian*: Die Rechtsprechung des Bundesverfassungsgerichts zur Eigentumsgarantie und ihre Auswirkungen auf die Staatshaftung für legislatives Unrecht, Dissertation Köln 1993
- *Zacher, Hans F.*: Das soziale Staatsziel, in: HdbStR Bd. I § 25 (S.1045 ff.)
- *Ziegert, Ulrich*: Konfliktsituation zwischen gewerblicher Wirtschaft und Wohnen als Problem des Städtebaurechts im Außenbereich und im nicht beplanten Innenbereich, in: BauR 1984, S. 15 ff. (Teil 1) u. S. 138 ff. (Teil 2).
- *Ziegler, Jürgen*: Überplanung bebauter Gebiete, insbesondere in Gemengelagen, in: ZfBR 1984, S. 110 ff.
- *Ziegler, Jürgen*: Differenzierende Festsetzungen in den Baugebieten; zur Auslegung des § 1 Abs. 4 bis 9 BauNVO und zu den Sondergebieten, in: ZfBR 1994, S.51 ff.
- *Zielke, Oliver*: Das Recht auf Arbeit in der Verfassung, in: RdA 1992, S.185 ff.
- *Zimmer, Gerd-Herbert*: Flurbereinigung aus städtebaulichen Gründen und privatnützige Enteignung, in: DÖV 1986, S.1001 ff.
- *Zippelius, Reinhold*: Das Recht – ein Instrument rationaler Steuerung ?, in: ARSP 87 (2001), S.516 ff.

- *Zoubek, Gerhard / Menke, Rainard*: Dynamische Konfliktlösungen für städtebauliche Gemengelagen in unbeplanten Innenbereichen, in: UPR 1984, S. 249 ff.
- *Zuck, Rüdiger*: Wirtschaftsverfassung und Stabilitätsgesetz, München 1975
- *ders.*: Die globalgesteuerte Marktwirtschaft und das neue Recht der Wirtschaftsverfassung, in: NJW 1967, S. 1301 ff.
- *Zuleeg, Manfred*: Der Internationale Pakt über wirtschaftliche, soziale und kulturelle Rechte, in: RdA 1974, S. 321 ff.

Sonstiges:

- Bundesministerium des Inneren / Bundesministerium der Justiz (Hrsg.): Staatszielbestimmungen / Gesetzgebungsaufträge. Bericht der Sachverständigenkommission, 1983.
- Ausarbeitung des Länderausschusses Immissionsschutz: Durchführung des § 17 Abs.2 BImSchG, in: UPR 1987, S.37 ff.
- Denkschrift der Bundesregierung, BT-Drs. IV/2117, 1964, Bd.89.
- Gesellschaftliche Grundlagen der längerfristigen Sicherung des wirtschaftlichen Wachstums
- (Prognos-Gutachten 1969)
- Jahresgutachten des Sachverständigenrates 1964 / 65
- Vorrang für Investitionen in den neuen Bundesländern (Empfehlungen zur Anwendung des Investitionsvorranggesetzes für Immobilien vom 1.September 1992, herausgegeben vom Bundesminister der Justiz, Bonn, 2.Auflage 1993)
- Umweltrecht mildern ? Immissionsschutz und Standortvorsorge – Anhörung des Arbeitskreises für Umweltrecht am 10.3.1978 in Bonn, Berlin 1978
- Landesentwicklungsplan Baden-Württemberg (1983 – GBl. 1984 S.37 ff.)
- Landesraumordnungsplan Schleswig-Holstein (1998)
- Regionalplan Bodensee-Oberschwaben (1996)
- Regionalplan Mittlerer Oberrhein (1992)
- Regionalplan Neckar-Alb (1993)
- Regionalplan 2000 Nordschwarzwald (1989/90)
- Regionalplan Schleswig-Holstein Süd – Planungsraum I – Kreise Herzogtum Lauenburg / Pinneberg / Segeberg / Stormarn (Fortschreibung 1998 vom 5.10.1998)
- Regionalplan Südlicher Oberrhein (1995 – Bekanntmachung im Staatsanzeiger Baden-Württemberg Nr.51/52 am 3.7.1995)

Zeitschriften:

Agrarrecht
AöR = Archiv des öffentlichen Rechts
ARSP = Archiv für Rechts- und Sozialphilosophie
AuR = Arbeit und Recht
BauR = Baurecht
BayVBl. = Bayerische Verwaltungsblätter
BB = der Betriebs-Berater
DB = Der Betrieb
Der Staat
DÖD = Der öffentliche Dienst
DÖV = Die öffentliche Verwaltung
DtZ = Deutsch-Deutsche Rechts-Zeitschrift
DVBl. = Deutsches Verwaltungsblatt
FAZ = Frankfurter Allgemeine Zeitung
GewArch = Gewerbearchiv
IRA = Informationen zur Raumentwicklung
JA = Juristische Arbeitsblätter
JR = Juristische Rundschau
Jura = Juristische Ausbildung
JuS = Juristische Schulung
JW = Juristische Wochenschrift
JZ = Juristenzeitung
KJ = Kritische Justiz
MDR = Monatsschrift für deutsches Recht
NJW = Neue Juristische Wochenschrift
NStZ = Neue Zeitschrift für Strafrecht
NuR = Natur und Recht
NVwZ = Neue Zeitschrift für Verwaltungsrecht
NZA = Neue Zeitschrift für Arbeitsrecht
RdA = Recht der Arbeit
Rechtstheorie
RuP = Recht und Politik
ThürVBl. = Thüringer Verwaltungsblätter
UPR = Umwelt- und Planungsrecht
VBlBW = Verwaltungsblätter für Baden-Württemberg
Verwaltung = Die Verwaltung
VerwArch = Verwaltungsarchiv
VIZ = Zeitschrift für Vermögens- und Investitionsrecht
VVDStRL = Veröffentlichungen der Vereinigung der deutschen Staatsrechtslehrer
WiVerw = Wirtschaft und Verwaltung. Vierteljahresbeilage zum Gewerbearchiv

ZIP = Zeitschrift für Wirtschaftsrecht
ZfA = Zeitschrift für Arbeitsrecht
ZfBR = Zeitschrift für deutsches und internationales Baurecht
ZfP = Zeitschrift für Politik
ZRP = Zeitschrift für Rechtspolitik
ZSR = Zeitschrift für Sozialreform
ZStW = Zeitschrift für die gesamte Strafrechtswissenschaft

Kolibri 360 GmbH
Ferdinand-Jühlke-Straße 7
99095 Erfurt, Deutschland
produktsicherheit@kolibri360.de

Druck:
CPI Druckdienstleistungen GmbH
im Auftrag der
Kolibri 360 GmbH
Ferdinand-Jühlke-Str. 7
99095 Erfurt